엑셀로 만드는

WMS

(물류창고관리시스템)

엑셀VBA 및 MS SQL Server 활용

김정현 · 박종석 공저

WIDcloud

저자약력

김정현 (kjh105208@naver.com, jhk9022@asetec.co.kr)

명지대학교 산업경영공학 박사
서경대학교 물류대학원 석사
KAIST 컨버전스 AMP 24기 수료
서울대학교 경영대학 AMP 96기 수료

동원산업 물류부문 경영정보팀장
국제종합물류 IT추진팀장
웅진그룹 통합물류TFT
대한통운 IT서비스팀 부장
지오영, 케어캠프 정보기술실 상무
아세테크 물류연구소 상무(현)

박종석 (jspark@asetec.co.kr)

명지대학교 산업경영공학 박사
명지대학교 유통대학원 물류학 석사
日本武臧工業大學 大學院 시스템공학 석사
동아대학교 전자공학 학사

일본 MEITEC 한국지점 지점장대리
아세테크 대표이사
현대L&S 대표
아세테크 이사회 의장(현)

머리말

기업들은 모바일, AI, 빅데이터, DT 등 다양한 최신 IT기술을 적극적으로 활용하고 있다. 하지만 아직도 많은 중소기업들은 예산의 한계, 투자에 대한 부담, 내부 역량 부족 등으로 IT기술을 제대로 적용하지 못하고 있거나, 여전히 수작업이나 단순 엑셀 작업에 의존하여 업무를 수행하고 있다.

이제 막 IT를 배우려고 하는 입문자들 역시 너무 많은 새로운 IT기술들이 범람하고 있는 상황에서 맹목적으로 새로운 기술을 습득하고자 노력하고 있지만, 정작 이를 비즈니스에 어떻게 활용해야 하는지에 대한 어려움을 겪고 있는 것이 현실이다.

우리가 사용하고 있는 PC에는 대부분 MS사의 엑셀 프로그램이 설치되어 있다. 엑셀 프로그램에는 별도로 설치하지 않더라도 엑셀VBA(Visual Basic for Application)이라는 개발언어가 내장되어 있다. 엑셀VBA는 사용하기 쉽고 엑셀에 최적화된 프로그래밍 언어이기 때문에 빠르고 쉽게 원하는 업무들을 자동화할 수 있다.

MS의 SQL Server 데이터베이스는 수 백만, 수억 건 이상의 데이터를 안전하게 저장 관리하고 여러 사용자들과 실시간으로 공유가 가능하다. 또한, 데이터 분석이나 원하는 업무를 개발할 수 있는 강력한 프로그래밍 언어인 저장프로시저(Stored Procedure)를 갖추고 있어 이를 적절히 활용한다면 강력한 프로그래밍이 가능하다.

이 책은 엑셀VBA와 SQL Server 데이터베이스의 장점을 결합하여 물류기업 등에서 많이 활용하고 있는 WMS시스템을 직접 개발함으로써 IT개발 역량을 배우고 더 나아가서 이를 활용해 독자들이 원하는 업무시스템을 스스로 개발할 수 있도록 하는 것을 목적으로 하였다.

이 책에서 다루는 주제

WMS시스템을 엑셀VBA(매크로)와 MS SQL Server 데이터베이스를 활용하여 직접 개발 및 활용할 수 있도록 주요 프로세스들을 설명하고 개발을 위한 프로그램 소스코드 등을 제공한다.

시스템을 설치하는 방법부터 WMS의 주요 프로세스인 기준정보, 입고, 출고, 재고관리 등의 주요 프로세스들을 처음 접하는 독자들도 쉽게 파악할 수 있도록, 화면 설계와 개발과정을 최대한 자세히 설명하려고 노력하였다.

이 책의 활용

이 책은 기본적인 엑셀VBA 그리고 MS SQL Server에 대한 기초적인 지식 그리고 WMS의 기본 개념과 프로세스들을 이해하고 화면을 설계하고 개발하는데 중점을 두고 있다. 최대한 독자가 이해할 수 있도록 쉽게 설명하고자 하였으나 여러가지 제약으로 부족한 부분이 있을 수 있다.

만약 기초지식이 부족한 독자들이 있더라도 너무 걱정하지 말고 차근차근 과정을 따라 실습하기를 권장한다. 먼저 WMS시스템을 설치하고 먼저 전체적인 관점에서 실행해 보고, 프로그램 소스코드들을 하나씩 분석하기를 권장한다.

그래도 부족한 부분들은 SQL Server 이론서, WMS 원리와 이해 등 저자가 출판한 책이나 여러 관련 자료들을 참고하여 습득하기를 바란다.

"모방은 창조의 어머니"라는 말이 있다. 이 책에서 소개하고 있는 WMS시스템을 응용하여 독자들이 각자 각자의 업무에 충분히 적용할 수 있기를 기대한다.

프로그램 라이선스 및 제약사항

이 책에서 제공하고 있는 WMS시스템은 학습이나 교육을 목적으로 하고 있으며 프로그램 사용 중 발생되는 오류나 손해 등 일체의 제반 문제나 피해는 책임지지 않음을 알린다. 또한, 아래 인터넷카페에 소개되는 설치 파일 및 소스코드는 기능 개선 및 오류 수정을 위해 수시로 변경 개선되어 책의 내용과 일부 차이가 있을 수도 있음을 알린다.

본 프로그램을 그대로 또는 수정하여 실 업무에 적용하는 것은 얼마든지 가능하다. 하지만 사전동의 없이 본 소스코드나 실행파일을 공식 네이버 카페를 제외한 곳에서 무단 배포 하거나 이를 활용하여 프로그램의 판매 등 영리 목적으로는 사용될 수 없다. 부득이한 경우에는 사전 동의를 받아야 한다.

본 책에서 소개하고 있는 MS 엑셀 프로그램이나 MS SQL Server 라이선스는 MS사의 정책에 따르며 필히 정품을 사용하기를 권고하며 무료버전인 SQL Server Express 버전이나 개발자 버전인 Developer 버전 사용을 추천 한다.

인터넷 카페 활용

이 책을 학습하는데 필요한 각종 소스코드, 설치 자료, 문의사항 Q&A 그리고 각종 정보공유 등을 할 수 있는 인터넷 카페를 개설 하여 운영하고 있다. 적극적으로 활용하여 원하는 결과를 얻을 수 있기를 기대한다.

- 인터넷카페주소 : cafe.naver.com/excelwms
- 문의메일 : kjh105208@naver.com, jhk9022@asetec.co.kr
  jspark@asetec.co.kr

목 차

제6장_출고업무 개발

제7장_재고관리

제8장_DB 공통모듈

제9장_엑셀VBA 공통모듈

Chapter

01

개 요

1. 기업의 IT 환경

우리는 스마트폰을 통해 은행이나 증권 업무를 볼 뿐만 아니라 음식이나 커피 배달을 받는다. 간단한 보고서 작성도 AI의 도움을 받아 비교적 쉽게 작성할 수 있는 시대가 되었다. 많은 기업들이 모바일, AI, 빅데이터, DT 등으로 불리는 수없이 많은 최신의 IT기술들을 앞다투어 도입하고 이를 적극적으로 활용하기 위해 노력하고 있다.

10억원을 투자하여 IT시스템을 새로 도입해야 하는 프로젝트를 해야 한다고 가정해 보자. 10,000명 정도 되는 대기업에서는 그리 어렵지 않게 투자를 결정할 수 있다. 왜냐하면 10억원을 10,000명으로 나누면 10만원 수준이기 때문이다. 10만원이라는 투자금액보다는 이를 사용함으로써 얻을 수 있는 이익이 훨씬 크다는 판단이 나올 수 있는 가능성이 매우 높기 때문이다. IT관련 스타트업 기업도 IT시스템을 활용하여 고객들과 소통하고 이를 통해 매출이나 이익을 창출하는 기업들이기 때문에 최신 IT 기술 도입을 생존의 문제로 인식하고 적극적으로 투자하고 있다.

하지만, 여전히 양극화가 존재하고 있는 것 또한 현실이다. 대부분의 중소 중견기업들은 10억원이라는 투자금액이 상대적으로 엄청나게 크게 느껴질 수 밖에 없다. 300명 정도의 중소기업이라 가정하면 인당 334만원 정도의 비용을 투입하기 때문에 상대적으로 부담스러울 수 밖에 없다. 더구나 10억원이라는 초기 투자 비용뿐 아니라 시스템을 지속적으로 유지할 수 있는 인력이나 체계, 그리고 회사내의 표준적인 프로세스 정립도 제대로 되어 있지 않기 때문에 더욱 위험부담이 크다.

이러한 상황을 극복하기 위해 중소 중견기업들은 중소기업형 ERP 패키지 등의 시스템을 도입하는 등의 노력하고 있다. 하지만 중소기업의 특성상 인사관리나 재무관리 등의 일부 표준적인 업무를 제외한 영업, 구매, 물류, 생산 등 대부분의 업무들은 각 기업들 마다 특성들이 존재하기 때문에 기존 패키지를 그대로 사용할 수 없고 각기 다른 비즈니스 환경에 맞도록 수정작업(커스터마이징)하거나 별도의 시스템을 개발하고 이를 연계(인터페이스)해야 한다.

보통 시스템을 개발하거나 수정하려면 웹 개발자, 디자이너, DB개발자 등 최소 3명 내외의 전문 개발인력이 투입이 되어야 하고 업무에 따라 개발기간은 다르겠지만 수개월 이상 투입해야 하기 때문에 이에 따른 비용은 보통 수천만원에서 수억원을 호가하는 경우가 많아 중소 중견기업에서는 감당하기 어렵다.

이러한 현실적인 문제 때문에 IT의 활용하고자 하는 의지는 강하지만 정작 중요 핵심 프로세스인 영업, 구매, 물류, 생산, 마케팅 등 중요한 프로세스들은 인력에 의존하여 수작업으로 업무를 처리하거나 엑셀로 최소한의 데이터를 관리하는 수준에 머물러 있는 경우를 그동안 많이 보아왔다.

2. 엑셀 VBA와 데이터베이스

어느 기업 사무실에 방문할 일이 있었는데 사무실을 이동하면서 수많은 모니터에 어떤 화면들이 열려 있는지를 유심히 본 적이 있었는데, 대략 메일/결재 관련 그룹웨어가 약 30%, ERP 등의 업무시스템이 약 20% 나머지 50% 정도는 엑셀 화면을 열어 놓고 있었다. 물론 기업의 상황이나 환경에 따라 그 비율이나 활용도는 달라질 수 있지만 많은 사람들이 엑셀을 적극적으로 사용하고 있다는 점은 어느 회사나 비슷한 상황이다.

엑셀 프로그램은 실무자의 데이터 계산 및 보고서 작성 등에 아주 유용한 획기적인 도구이다. 데이터를 눈으로 직접 보면서 계산할 수 있고 필터나 피벗 테이블을 통해 데이터를 분석하거나 집계할 수도 있다. 원하는 보고서나 그래프도 뚝딱 만들어 낼 수 있는 아주 유연성이 높고 빠르고 편리한 프로그램이다. 게다가 엑셀에는 엑셀매크로(엑셀VBA)라는 엑셀에 특화된 Visual Basic 프로그래밍 언어가 내장되어 있어 사용자는 단순 반복적으로 하고 있는 업무들을 버튼 하나로 빠르게 자동화할 수 있다.

엑셀이 장점만 있는 것은 아니다. 가장 큰 문제가 데이터를 공유하기가 무척이나 어렵다. 엑셀 파일에 일부 내용이 추가 되거나 수정된 내용을 구성원들에게 공유하기 위해서는 변경된 파일을 다시 메일로 보내거나 공유폴더를 활용하여 관리해야 한다. 공유폴더를 활용해 구성원들끼리 동시에 엑셀 파일의 내용을 변경할 경우에는 충돌로 인한 오류도 자주 발생된다. 최근에는 엑셀 데이터를 실시간으로 공유할 수 있도록 마이크로소프트사에서 SharePoint나 Teams 같은 솔루션들을 제공하므로, 이를 활용하면 비교적 안전하게 데이터를 공유할 수 있다. 그러나 아직 활성화 되기에는 시간과 비용이 많이 소요된다. 또한, 엑셀 시트당 최대 100만행 까지만 저장할 수 있고 데이터나 수식이 복잡할 경우에는 속도가 느려지는 문제점, 숫자 항목에 문자를 입력해도 경고 없이 문자가 입력되어 문서의 신뢰성과 일관성이 떨어지는 문제점도 있다.

데이터베이스(MS SQL Server)는 이러한 엑셀의 단점과 불편함을 해결할 수 있는 솔루션이다. 데이터베이스는 수억 건 이상의 대용량 데이터도 안전하게 저장할 수 있고 변경되는 데이터를 사용자들과 실시간으로 공유할 수 있다. 만약 제품코드 목록에 없는 입고 데이터를 입력할 경우 오류를 발생 시킬 수 있고, 숫자를 입력해야 할 항목에 영문자가 입력되어도 오류가 발생되기 때문에 보다 신뢰성 있게 데이터를 유지하고 관리할 수 있다. 또한, 데이터베이스는 강력한 프로그래밍 언어를 내장하고 있다. 우리는 데이터베이스의 강력한 프로그래밍 언어인 저장프로시저(Stored Procedure)를 활용하여 WMS시스템의 핵심 프로그램 로직들을 개발한다.

저자는 엑셀과 데이터베이스의 장점을 결합하여 데이터는 MS SQL Server를 활용하여 안전하게 데이터를 관리하고 핵심 비즈니스 로직을 개발하고, 사용자가 접근하는 화면은 친숙한 엑셀 매크로(VBA)를 이용하여 개발 한다면 작은 투자비용으로 빠르고 편리한 업무 시스템을 만들 수 있을 것이라는 생각을 가지게 되었다.

저자는 다수의 기업들에 영업, 구매, 물류 등의 업무 시스템을 개발하면서 실제 적용한 결과를 종합해 보면 일반적인 웹개발 방법에 비해 약 70% 이상의 비용 절감과 개발기간 단축을 경험하였다. 무엇보다 시스템 구조가 간단하고 쉬운 프로그래밍이 가능하기 때문에 전문개발자가 아닌 전문 지식이 다소 부족한 초보자나 실무자들도 쉽게 배우고 응용할 수 있다는 확신을 가질 수 있었으며 화면 개발 상용도구나 웹에서 보고서 출력을 위한 상용 라이선스를 구매하거나 유지해야 하는 비용도 절감할 수 있는 장점이 있다.

향후, 모바일이나 웹시스템으로 확장할 경우에도 이미 개발 및 운영중인 MS SQL Server 데이터베이스의 저장프로시저(Stored Procedure)를 그대로 호출하여 사용할 수 있어 시행착오, 개발기간과 비용을 대폭 줄일 수 있다.

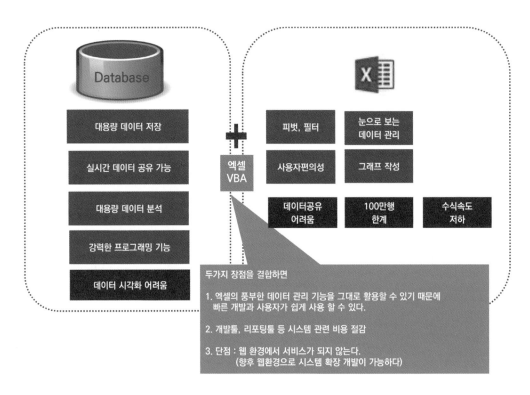

[그림 1-1] 엑셀과 데이터베이스 연계 방안

3. WMS시스템

WMS를 간단히 정의하면 창고를 로케이션 기반으로 재고를 정확히 입출고 및 관리하는 일련의 시스템이라고 할 수 있다. WMS시스템을 주제로 선정한 이유는 아직도 많은 물류현장에서 엑셀에 의존하여 창고를 운영하고 있고 아직 이렇다 할 WMS 원리를 배우기 위한 교육 시스템 모델이 부족하기 때문이다.

IT나 물류지식이 높지 않은 독자들도 최대한 쉽게 이해할 수 있도록 기본적인 WMS 프로세스와 기능들에 집중하였기 때문에 실무업무에 바로 적용하기에는 다소 부족할 수 있다. 기준정보, 입고업무, 출고업무, 재고관리 등의 기본 물류 프로세스에 대해 이해하고 이를 IT 시스템으로 직접 개발하기 위한 과정과 소스 코드들을 제공하고 있다. 이를 활용하여 독자들이 원하는 보다 확장된 자기만의 WMS 시스템을 설계 및 개발할 수 있기를 기대한다.

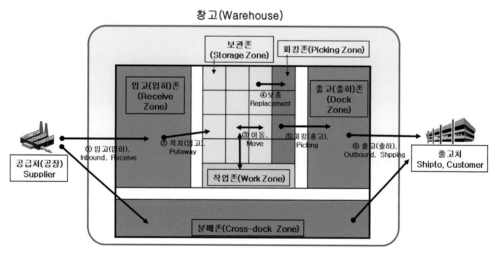

입고	출고	재고	Advanced
ASN→입고→적치 (1,2)	할당→피킹→출고 (4,5,6)	재고이동(3),보류, 재고실사	VAS,C/D, 적정재고, 창고최적화

[그림 1-2] WMS 시스템 주요 프로세스 및 재고흐름

4. WMS시스템의 특징

저자가 개발한 WMS시스템의 특징을 살펴보면 다음과 같다.

첫째, 개발 편의성과 독자의 이해를 돕기 위해 한글을 최대한 활용하였다. 한글칼럼과 한글변수를 사용하면 영어를 사용한 프로그래밍 소스코드들 보다 훨씬 이해가 쉬울 뿐만 아니라 향후 유지보수나 다른 개발자와의 협업 등을 위한 산출물 작성을 최소화 할 수 있기 때문에 개발 비용과 시간을 획기적으로 줄일 수 있는 장점이 있다.

일부에서는 한글을 사용하면 호환성 등에서 문제가 발생된다는 우려를 제기할 수 있겠으나 저자가 다년간 여러 기업의 다양한 IT시스템 개발 및 운영에서 한글칼럼과 한글변수를 적용한 결과 아무런 문제가 발생되지 않았고 오히려 생산성과 유지보수성이 높아지는 효과를 확인하였다.

한글을 사용하면 영어를 사용한 프로그래밍 소스코드들 보다 훨씬 이해 하기가 쉬울 뿐만 아니라 향후 유지보수나 다른 개발자와의 협업 시에도 산출물을 최소화 할 수 있어 개발 비용이나 시간을 줄이는 장점이 있다. WMS시스템을 개발한 저자는 다년간 여러 회사와 다양한 업무에서 한글 칼럼이나 변수를 사용해 개발하고 이를 안정적으로 운영한 사례와 경험을 가지고 있다.

둘째, 개발될 WMS시스템은 교육 전용 시스템이다. 실제 실무적으로 활용하려면 각종 칼럼들이 테이블별로 최소 수십, 수백개 이상의 칼럼들로 구성되고 그만큼 테이블 구조도 훨씬 복잡하며 여러가지 예외 사항들도 처리될 수 있는 구조를 가져야 한다. 구조가 복잡해지면 그만큼 독자들이 이해하기 훨씬 어려워지기 때문에 최대한 단순한 구조로 설계하였다. 본 시스템 개발 과정과 기술을 충분히 습득하고 나면 독자도 나름대로의 시스템을 개발하거나 응용할 수 있을 것이다.

셋째, 개발 생산성 및 표준화를 위해 적극적으로 공통모듈을 활용하였다. 공통모듈을 활용하지 않을 경우 여러 화면이나 기능에 중복되는 코딩을 해야 하기 때문에 힘들고 불편하며, 그만큼 생산성이 떨어진다. 따라서 엑셀화면과 데이터베이스를 연결하고 SQL명령을 보내며 그 처리결과를 받아서 화면에 출력하는 기능이나, 화면의 표준적인 버튼 설정, 화면에 칼럼 등을 배치하고 그 칼럼의 속성 등을 설정하는 기능 등 여러 화면에서 자주 사용되는 기능들에 대해 표준화하고 이를 공통모듈로 개발하였다.

```
(geoyoung (225)) -|+ ×
 1   USE [CC_NPOC5_4PL]
 2   GO
 3   /****** Object:  StoredProcedure [sys].[sp_addlogin]    Script Date: 2023-06-07 오
 4   SET ANSI_NULLS ON
 5   GO
 6   SET QUOTED_IDENTIFIER ON
 7   GO
 8 □ ALTER procedure [sys].[sp_addlogin]
 9       @loginame        sysname
10       ,@passwd         sysname = Null
11       ,@defdb          sysname = 'master'     -- UNDONE: DEFAULT CONFIGURABLE???
12       ,@deflanguage    sysname = Null
13       ,@sid            varbinary(16) = Null
14       ,@encryptopt     varchar(20) = Null
15   AS
16       -- SETUP RUNTIME OPTIONS / DECLARE VARIABLES --
17       set nocount on
18       declare @exec_stmt nvarchar(4000)
19       declare @hextext varchar(256)
20       declare @ret int
21
22       -- DISALLOW USER TRANSACTION --
23       set implicit_transactions off
24 □     IF (@@trancount > 0)
25 □     begin
26           raiserror(15002,-1,-1,'sys.sp_addlogin')
27           return (1)
28       end
29
30       -- VALIDATE LOGIN NAME:
31       execute @ret = sys.sp_validname @loginame
32 □     if (@ret <> 0)
33           return (1)
34
35       set @exec_stmt = 'create login ' + quotename(@loginame)
36
37 □     if @passwd is null
38           select @passwd = ''
39
40 □     if (@encryptopt is null)
41           set @exec_stmt = @exec_stmt + ' with password = ' + quotename(@passwd, '''
42       else
43 □     begin
44           declare @passwdbin varbinary(256)
45           set @passwdbin = convert(varbinary(256), @passwd)
46           execute sys.sp_hexadecimal @passwdbin, @hextext OUT
47           set @exec_stmt = @exec_stmt + ' with password = ' + @hextext
```

```
(geoyoung (70))* -|+ × (geoyoung (227))
 8 □ /*-
 9      작 성 일 : 2023년 3월 10일
10      작 성 자: 김정현
11
12      수정일    수정자    요청자    내용
13
14   CREATE PROCEDURE [dbo].[SPF_A900_UDT_매출처월실적잔액]
15       @IN_화주코드        NVARCHAR(20)  = '멀츠'
16       ,@IN_업체코드        NVARCHAR(20)  = '%'
17       ,@IN_시작일자        NVARCHAR(20)  = '20210101'
18       ,@IN_종료일자        NVARCHAR(20)  = '20230131'
19
20   AS
21 □ BEGIN
22
23       SET NOCOUNT ON;
24
25       CREATE TABLE #TEMP_작업소스 (
26           화주코드          NVARCHAR(20)
27           ,업체코드          NVARCHAR(20)
28           ,일자            NVARCHAR(20)
29           ,거래구분          NVARCHAR(20)
30           ,매출수량          NUMERIC(18, 3) DEFAULT 0
31           ,매출금액          NUMERIC(18, 3) DEFAULT 0
32           ,매출공급가         NUMERIC(18, 3) DEFAULT 0
33           ,카드입금액         NUMERIC(18, 3) DEFAULT 0
34           ,현금입금액         NUMERIC(18, 3) DEFAULT 0
35           ,비용할인액         NUMERIC(18, 3) DEFAULT 0
36           ,비고사항          NVARCHAR(50)
37       );
38
39 □     -- 110 출고 데이터를 작업소스 테이블에 저장함
40
41
42 □     INSERT INTO #TEMP_작업소스 (화주코드, 업체코드, 일자, 거래구분, 매출수량, 매출
43       SELECT A.화주코드, A.출고처코드
44           ,일자            = A.출고일자
45           ,거래구분          = '10출고'
46           ,매출수량          = SUM(A.확정수량    * A.출고구분부호)
47           ,매출금액          = SUM(A.확정금액    * A.출고구분부호)
48           ,매출공급가         = SUM(A.확정금액공급가 * A.출고구분부호)
49           ,비고사항          = '출고'
50       FROM TFF_출고확정 A
51       LEFT JOIN TFC_상품 B ON B.화주코드 = A.화주코드 AND B.상품코드 = A.상품코드
52       WHERE 1 = 1
53           AND A.화주코드      = @IN_화주코드
54           AND A.출고일자      <= @IN_종료일자
55           AND A.출고처코드 LIKE @IN_업체코드
56           AND A.상태코드   IN ('80','90')
57       GROUP BY A.화주코드, A.출고처코드, A.출고일자
```

[그림 1-3] 영문, 한글 변수 적용 사례 비교

5. 독자에게 당부하는 말

이 책은 데이터베이스와 엑셀VBA를 활용하여 저자가 설계하고 개발한 WMS시스템을 독자들도 같이 만들어 보면서 어떻게 시스템을 구축해야 하는지의 기법들과 프로그래밍 기술을 익히고 이를 응용하여 실무에 적용할 수 있도록 하는 데 목적이 있다.

저자는 "모방은 창조의 어머니"라는 말을 좋아한다. 저자는 주로 새로운 시스템이나 기술을 습득하는데 있어서 매뉴얼을 보고 하나씩 배우는 것보다는 이미 만들어져 있는 시스템의 소스코드나 체계를 분석(벤치마크)하여 내가 원하는 시스템을 만드는 방법을 선호한다. 영어를 잘 하고 싶으면 영어 문법책을 열심히 공부하는 것 보다 직접 영어를 쓰는 사람과 대화를 하거나 영어권 나라에 가는 것이 빠른 것과 비슷한 이치이다.

이 책을 읽는 독자들 중에는 데이터베이스나 엑셀VBA 그리고 WMS에 대해 기본 역량이 부족한 독자들도 있을 것이다. 너무 걱정하지 말고 먼저 책에서 제시한 개발 과정을 하나씩 따라 하기를 권장한다. 먼저 WMS시스템을 정상적으로 작동될 수 있도록 설치하고 실행하면서 소스코드를 하나씩 뜯어 본다면 조금씩 이해가 되기 시작할 것이다.

필요한 경우 WMS, MS SQL Server, VBA 관련 출판물이나 인터넷 검색 등을 통해 부족한 부분을 보완하면 더 좋은 결과를 기대할 수 있다.

Chapter
02

설치 및 환경설정

제2장_ 설치 및 환경설정

1. 시스템 구조

WMS시스템을 개발 운영하기 위해서는 서버 역할을 수행하는 MS SQL Server 설치가 필요하다. 그리고 사용자의 PC에는 매크로 실행이 가능한 Windows OS 기반의 엑셀 프로그램이 설치되어 있어야 한다. 데이터베이스(DB)는 여러 사용자가 생성한 데이터를 안전하게 저장하고 실시간으로 공유하는 기본적인 기능과 입고, 출고, 재고관리 등의 주요 프로세스의 프로그래밍 소스코드를 저장하고 실행하는 역할을 담당한다.

엑셀VBA에서도 DB를 연결하여 직접 입고, 출고, 재고관리 등의 프로그래밍 기능을 바로 구현할 수 있지만, 데이터베이스에서 프로그래밍을 하는 것보다 훨씬 더 복잡하고 어렵다. 그렇기 때문에 많은 개발자들은 주요 프로세스 프로그래밍 로직들은 데이터베이스의 프로그래밍 언어인 저장프로시저(Stored Procedure)로 개발하고 화면 처리 등 최소한의 역할만 엑셀VBA에서 개발한다.

데이터베이스의 프로그래밍 언어인 저장프로시저(Strored Procedure)로 개발하면 웹시스템이나 모바일로 확장해야 할 경우에도 다시 개발할 필요없이 DB에 개발되어 있는 대부분의 프로그래밍 소스를 웹 등의 다른 시스템에서 수정없이 그대로 사용할 수 있어 생산성이나 확장성이 매우 높다.

엑셀매크로 만으로 개발했던 독자들은 처음에는 다소 어렵게 느껴 질 수도 있겠으나 조금만 적응하면 이러한 방법이 훨씬 효율적이고 확장성이 높다는 점을 이해할 수 있을 것이다.

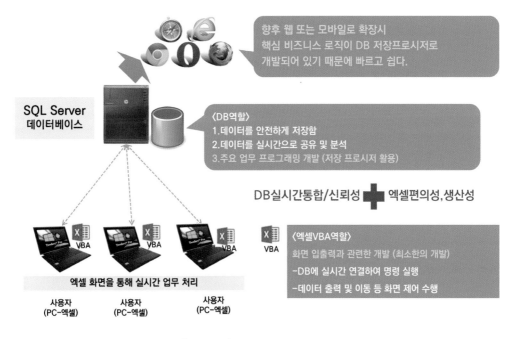

[그림 2-1] WMS 시스템 구성도

엑셀VBA는 실제 데이터를 처리하기 위한 코딩보다는 데이터베이스의 저장프로시저에서 실행된 결과를 엑셀로 전달받아 엑셀 화면에 표시하거나 사용자들이 데이터를 보다 편하게 접근할 수 있도록 사용자 UI(User Interface)에 필요한 코딩을 한다.

예를 들어 특정기간의 [재고수불] 화면을 개발한다면, 다음과 같은 주요 개발단계와 내부 실행절차를 거친다.

《 개발 절차 》

1. 기본적인 로직과 화면을 구상한다.
2. 데이터베이스 재고수불 [저장프로시저]를 개발한다.
   – 시작일자, 종료일자 등 입력값 입력
   – 실제 입력과 결과값을 충분한 테스트를 통해 검증
3. 엑셀매크로(VBA) 화면을 개발한다.
   – DB 재고수불 [저장프로시저]를 호출하여 연결
   – 결과를 화면에 출력

《 시스템 내부 처리순서 》

1. 엑셀화면에서 입력값(시작일자, 종료일자)을 입력하고 "조회" 버튼을 클릭
2. 엑셀매크로(VBA)에서 데이터베이스의 저장프로시저 실행을 요청
3. 재고수불 저장 프로시저를 실행 후 엑셀매크로(VBA)로 결과를 데이터베이스로 리턴
4. 엑셀매크로(VBA)는 전달받은 결과를 화면에 출력

데이터베이스는 데이터를 처리하는 코딩과 실행을 담당하고, 엑셀크로(VBA)는 사용자가 값을 입력받거나 사용자가 결과를 볼 수 있도록 하는 코딩과 실행을 담당한다. 엑셀VBA 입장에서는 훨씬 프로그래밍이 단순하고 간단해지면서도 향후 웹이나 모바일 등으로 확장할 수 있는 개발 방식이다.

데이터베이스에 너무 많은 부하를 주어서 오히려 효율성이 떨어지는 것이 아니냐 하는 의문이나 우려를 하는 독자들도 있을 것이다. 대규모 쇼핑몰 등 수십만, 수백만 이상의 동시 사용자가 접속해야 하는 시스템에서는 다소 무리가 따를 수 있을 수 있겠지만 동시에 수백명, 수천명 정도의 사용자에게 서비스해야 하는 B2B 위주의 시스템에서는 크게 문제가 되지 않는다.

실제 저자는 1만개 정도 고객과 거래하는 매출액 기준 3조원 이상 규모의 B2B 관련 시스템을 위와 같은 방식으로 개발하고 안정적으로 서비스를 수행한 경험과 사례가 있다. 이는 아마도 하드웨어와 소프트웨어의 비약적인 발전 덕분이며 개발 인건비 보다는 서버, 스토리지, 네트워크 등의 인프라 관련 비용이 더 경쟁력이 생겼다는 뜻이다.

2. 데이터베이스 설치

데이터베이스는 MS SQL Server, Oracle, MySQL 등 여러 종류가 있지만 그 중에서 MS SQL Server를 설치하여 개발 할 것이다.

우리가 사용하고 있는 PC 대부분이 마이크로소프트사의 Windows가 설치되어 있는데 SQL Server 역시 마이크로소프트에서 개발한 상용 데이터베이스이다. 동일한 마이크로소트프에서 개발한 덕분에 사용자의 PC에 별도의 설치나 설정 없이도 바로 MS SQL Server를 접속할 수 있기 때문에 호환성과 편의성이 매우 높다.

MS SQL Server는 1~2년 주기로 최신 버전을 발표하고 있는데 2024년 기준으로 2022 버전까지 발표되었다. 카페에서 배포한 데이터베이스 소스는 2016 이상의 버전이면 무리 없이 실행된다. 하지만 가급적 2022 최신 버전 설치를 권장한다.

과거에는 On-Promise 방식인 서버와 데이터베이스 라이선스를 구매하여 직접 설치하고 운영하는 경우가 많았으나 최근에는 설치부터 백업, 성능관리 등 대부분의 유지보수 업무들을 전문업체에 위탁하고 사용한 용량이나 사용량을 계산하여 이용료를 지불하는 클라우드 서비스로 전환하는 경우가 많아지고 있다.

저자는 이 책의 목적 상 조금 수고스럽고 힘들지만 비용 부담도 없고 데이터베이스에 대한 개념이나 운영 기술을 경험할 수 있도록 자신의 PC나 별도 서버에 데이터베이스를 직접 설치하는 방법을 추천한다. 설치 시에는 무료버전인 Express 버전이나 개발자 버전 설치를 권장한다.

개발자(Developer) 버전은 데이터베이스의 모든 기능을 제한 없이 사용할 수 있지만 반드시 개발이나 테스트를 위한 목적으로만 설치 되어야 한다. 실제 상용으로 운영 하고자 한다면 반드시 별도 비용을 지불하고 합당한 라이선스를 구매해야 한다.

Express 버전은 일부 기능 제한과 데이터를 최대 10GB 까지만 저장할 수 밖에 없는 한계가 있고 일부 기능에 제약이 있기는 하지만 상업적 목적으로도 사용이 가능하다. 실제 웬만한 업무에도 10GB 정도의 용량이라면 충분히 업무 처리가 가능한 수준이다.

데이터베이스 설치 과정의 시작은 데이터베이스와 데이터베이스를 관리하거나 개발할 수 있는 통합개발툴인 SSMS(SQL Server Management Studio)의 설치이다. 그 후에 각종 필수적인 설정이나 접속할 수 있는 사용자 계정 등을 추가하면 된다.

모든 설치가 완료되고 사용자의 계정으로 [SSMS]를 통해 정상적으로 접속이 된다면 개발을 위한 데이터베이스 설치 과정이 모두 성공적으로 마무리 되었고 판단하면 된다. 데이터베이스의 상세한 설치 과정은 버전에 따라 화면이나 및 절차가 조금씩 다를 수 있으며 처음 접근하는 독자들은 어려울 수도 있지만 가장 필수적인 과정이기 때문에 웹 등을 검색하고 이를 참고하여 설치하면 어렵지 않게 설치가 가능하다.

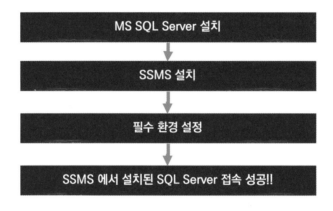

[그림 2-2] 데이터베이스 설치 순서

데이터베이스 설치와 SSMS를 설치 후에 필수 환경 설정 시에 꼭 해야 설정 해야 할 것들이 몇 가지 있다.

첫 번째로 네트워크 관련 설정 변경이다. 처음 설치하면 보통 TCP/IP 네트워크 설정이 [사용 안함]으로 설정되어 있다. 직접 네트워크 구성을 바꾸기 위해 [구성 관리자]를 실행하여 TCP/IP를 사용 가능하도록 반드시 설정을 변경하기 바란다.

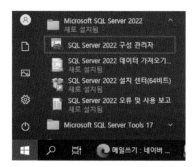
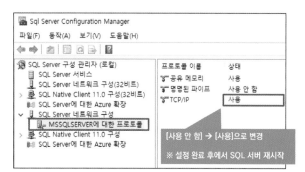

[그림 2-3] SQL Server 네트워크 설정

두 번째로 보안 관련 서버 인증 방식을 확인해야 한다. 처음 설치를 하면 보통 Windows 인증 모드(W)로 설정되어 있는 경우가 많다. 반드시 Windows 인증 모드가 아닌 SQL Server 및 Window 인증 모드로 설정하기 바란다.

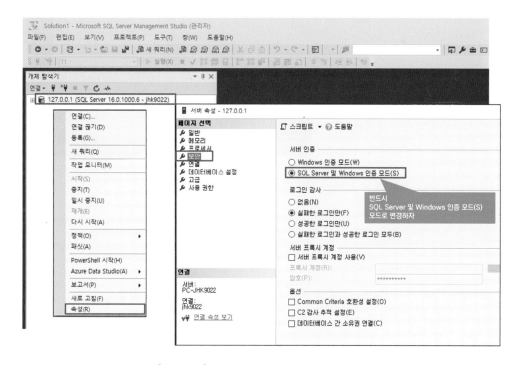

[그림 2-4] SQL Server 인증모드 확인 / 변경

데이터베이스를 최초 설치할 때 설정한 관리자 계정이나 임의로 추가 등록한 사용자 계정을 SSMS(SQL Server Management Studio)를 통해 정상적으로 접속 된다면 데이터베이스 설치는 성공적으로 마무리되었다.

데이터베이스 설치와 운영에 관련된 부분들이 다소 어렵고 전문적인 것들이 있을 수 있다. 설치나 운영에 관련되어 문제되는 사항들은 인터넷 웹 검색을 통해 해결하거나 전문가의 도움을 받도록 하자.

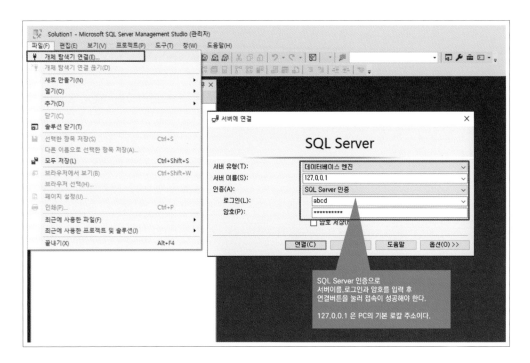

[그림 2-5] SSMS를 통한 DB 접속 예시

3. WMS 데이터베이스 생성

책의 머리말에서 공지한 인터넷 카페 사이트에서 DB관련 소스코드를 다운로드 받는다. DB관련 파일은 아래와 같이 총 2개의 파일이다.

파일1 : WMS_DB테이블생성_스크립트.txt
파일2 : WMS_DB프로그래밍_스크립트.txt

가. WMS DB 생성 및 테이블 생성

엑셀로 우리가 어떤 문서를 작성하거나 수정하기 위해서는 사용하고자 하는 PC에 엑셀 프로그램이 먼저 설치되어 있어야 한다. 우리는 이렇게 설치되어 있는 엑셀 프로그램에서 엑셀 시트에 자료를 입력 하거나 수정하고 저장 할 수도 있다.

데이터베이스도 비슷하다. 우리가 앞에서 설치한 MS SQL Server 라는 프로그램은 PC에 설치된 엑셀 프로그램과 개념이 비슷하다. MS SQL Server 프로그램을 통해 새로운 DB를 생성 할 수도 있고 DB안에 새로운 데이터를 추가하거나 삭제할 수도 있으며 프로그래밍 언어인 저장프로시저를 통해 개발도 할 수 있다.

엑셀프로그램에서 여러 개의 엑셀파일을 관리할 수 있는 것과 같이 MS SQL Server라는 데이터베이스에서도 여러 개의 DB를 생성하고 관리할 수 있다. DB는 우리가 엑셀 파일을 만들어 필요한 내용을 저장하고 필요할 때 내용을 확인 하거나 수정할 수 있는 사용하는 [엑셀파일]과 개념과 비슷하다.

이제 우리는 WMS시스템을 개발하기 위한 DB를 만들 것이다. DB의 이름은 [WMS]라는 이름의 DB를 생성할 것이다. (엑셀을 기준으로 생각한다면 [WMS.xlsx]로 엑셀파일을 PC에 저장한 것과 같다. 이 파일에 여러가지 데이터를 입력할 수 있다.) SSMS에서 [데이터베이스]에서 오른쪽 마우스 클릭으로 하면 새로운 데이터베이스를 만들 수 있다.

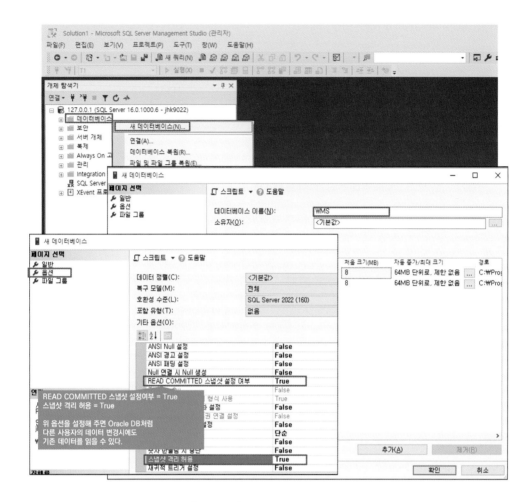

[그림 2-6] WMS DB 생성 화면

데이터베이스가 만들어 졌다면 다운로드 받은 "WMS_DB테이블생성_스크립트.txt" 파일을 열어 SSMS에 붙여 넣는다. 데이터베이스에는 여러 개의 DB가 존재할 수 있기 때문에 실행하기 전에 반드시 우리가 생성한 [WMS]라는 DB를 선택했는지 반드시 확인하도록 하자.

구분	테이블명	비고사항
기준정보	TBA_입고구분	입고구분 정의 (정상, 반품 등)
	TBA_출고구분	출고구분 정의 (정상, 반품 등)
	TBC_사용자	
	TBC_로케이션	재고를 세분화 관리하기 위한 로케이션코드 등록
	TBC_업체	
	TBC_제품	
입고	TBE_입고H	입고관련 헤더테이블
	TBE_입고D	입고관련 디테일 상세테이블
출고	TBG_출고H	출고관련 헤더테이블
	TBG_출고D	출고관련 디테일 상세테이블
	TBG_출고D_지시	출고지시(할당), 피킹결과 관리
재고관리	TBJ_로케이션재고	현시점의 재고를 관리하는 테이블
	TBJ_로케이션재고_이력	로케이션재고 테이블의 변동내역을 기록 관리하는테이블
	TBJ_로트변경	
	TBJ_등급변경	
	TBJ_재고조정	
사용자정의	UDT_현재고	현재고조회 관련 공통모듈에서 유연성, 확장성을 지원하기 위한 사용자 정의 테이블

[그림 2-7] WMS DB테이블 목록

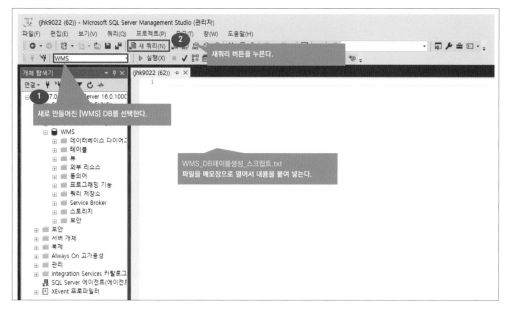

[그림 2-8] WMS DB테이블 생성 스크립트 붙여넣기 방법

붙여 넣은 소스코드를 확인하고 모든 과정에 이상이 없다면 [실행버튼]을 누른다. 실행과 동시에 DB에 WMS시스템 개발에 필요한 총 16개의 테이블과 실습에 필요한 테스트 데이터들이 INSERT될 것이다.

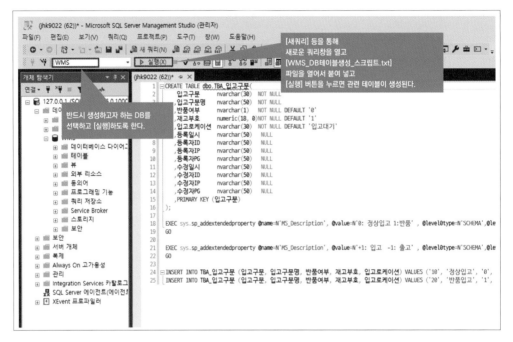

[그림 2-9] WMS 테이블 생성 스크립트 실행 예시

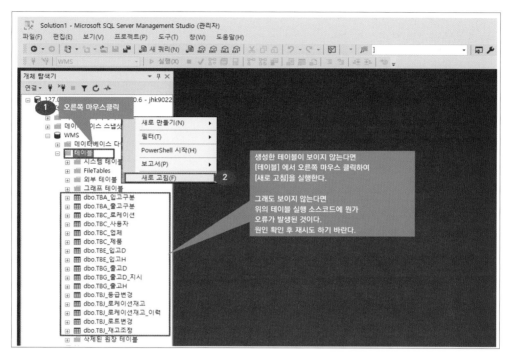

[그림 2-10] WMS 테이블 생성 결과 확인

```
CREATE TABLE dbo.TBA_입고구분(
    입고구분      nvarchar(30)    NOT NULL
   ,입고구분명    nvarchar(50)    NOT NULL
   ,반품여부      nvarchar(1)     NOT NULL DEFAULT '0'
   ,재고부호      numeric(18, 0)  NOT NULL DEFAULT '1'
   ,입고로케이션  nvarchar(30)    NOT NULL DEFAULT '입고대기'
   ,등록일시      nvarchar(50)    NULL
   ,등록자ID      nvarchar(50)    NULL
   ,등록자IP      nvarchar(50)    NULL
   ,등록자PG      nvarchar(50)    NULL
   ,수정일시      nvarchar(50)    NULL
   ,수정자ID      nvarchar(50)    NULL
   ,수정자IP      nvarchar(50)    NULL
   ,수정자PG      nvarchar(50)    NULL
   ,PRIMARY KEY (입고구분)
);

-- 반품여부 칼럼 설명
EXEC sys.sp_addextendedproperty @name=N'MS_Description', @value=N'0: 정상입고 1:반품',
@level0type=N'SCHEMA',@level0name=N'dbo', @level1type=N'TABLE',@level1name='TBA_입고구분',
@level2type=N'COLUMN',@level2name=N'반품여부'
GO

-- 재고부호 칼럼 설명
EXEC sys.sp_addextendedproperty @name=N'MS_Description', @value=N'+1: 재고증가  -1: 재고감소',
@level0type=N'SCHEMA',@level0name=N'dbo', @level1type=N'TABLE',@level1name='TBA_입고구분',
@level2type=N'COLUMN',@level2name=N'재고부호'
GO

INSERT INTO TBA_입고구분 (입고구분, 입고구분명, 반품여부, 재고부호, 입고로케이션)
    VALUES ('10', '정상입고', '0', '1', '입고대기')
         ,('20', '반품입고', '1', '-1', '입고반품대기')
```

[TBA_입고구분]
입고의 종류/형태를 결정하는 테이블이다.
향후 입고등록 시 부터 확정시까지 처리 형태를 결정한다.

《 입력된 데이터 》
10: 정상입고 (창고에 입고처리)
20: 반품입고 (창고에서 다시 입고처로 반품)

《 칼럼설명 》
-반품여부: 반품인지를 체크 [1:반품 0:정상입고]
-재고부호: 재고가 증가 또는 감소여부 [1:증가 (-)1:감소]
-입고로케이션: 입고처리할 기본 로케이션 지정

데이터 조회

	입고구분	입고구분명	반품여부	재고부호	입고로케이션
1	10	정상입고	0	1	입고대기
2	20	입고반품	1	-1	입고반품대기

[그림 2-11] [TBA_입고구분] 테이블

```
CREATE TABLE dbo.TBA_출고구분(
   출고구분        nvarchar(30)     NOT NULL
  ,출고구분명      nvarchar(50)     NOT NULL
  ,반품여부        nvarchar(1)      NOT NULL DEFAULT '0'
  ,재고부호        numeric(18, 0)   NOT NULL DEFAULT '1'
  ,등록일시        nvarchar(50)     NULL
  ,등록자ID        nvarchar(50)     NULL
  ,등록자IP        nvarchar(50)     NULL
  ,등록자PG        nvarchar(50)     NULL
  ,수정일시        nvarchar(50)     NULL
  ,수정자ID        nvarchar(50)     NULL
  ,수정자IP        nvarchar(50)     NULL
  ,수정자PG        nvarchar(50)     NULL
  ,PRIMARY KEY (출고구분)
);

-- 반품여부 칼럼 설명
EXEC sys.sp_addextendedproperty @name=N'MS_Description', @value=N'0: 정상입고 1:반품' ,
@level0type=N'SCHEMA',@level0name=N'dbo', @level1type=N'TABLE',@level1name=N'TBA_출고구분',
@level2type=N'COLUMN',@level2name=N'반품여부'
GO

-- 재고부호 칼럼 설명
EXEC sys.sp_addextendedproperty @name=N'MS_Description', @value=N'+1:재고증가  -1:재고감소' ,
@level0type=N'SCHEMA',@level0name=N'dbo', @level1type=N'TABLE',@level1name=N'TBA_출고구분',
@level2type=N'COLUMN',@level2name=N'재고부호'
GO

INSERT INTO TBA_출고구분 (출고구분, 출고구분명, 반품여부, 재고부호)
    VALUES ('10', '정상출고', '0', '-1')
          ,('20', '출고반품', '1', '1')
GO
```

[TBA_출고구분]
출고의 종류/형태를 결정하는 테이블이다.
향후 출고등록 시 부터 확정시까지 처리 형태를 결정한다.

《 입력된 데이터 》
10: 정상출고 (창고에 출고처리)
20: 출고반품 (출고처에서 다시 창고로 반품(입고)처리)

《 칼럼설명 》
-반품여부: 반품인지를 체크 [1:반품 0:정상입고]
-재고부호: 재고가 증가 또는 감소여부 [1:증가 (-)1:감소]

데이터 조회

	출고구분	출고구분명	반품여부	재고부호
1	10	정상출고	0	-1
2	20	출고반품	1	1

[그림 2-12] [TBA_출고구분] 테이블

```
CREATE TABLE TBC_로케이션 (
    로케이션코드        nvarchar(30)    NOT NULL
   ,로케이션명         nvarchar(50)    NOT NULL
   ,로케이션그룹        nvarchar(30)    NOT NULL
   ,할당여부          nvarchar(1)     NOT NULL DEFAULT ('1')
   ,이동여부          nvarchar(1)     NOT NULL DEFAULT ('1')
   ,통로            nvarchar(30)    NOT NULL DEFAULT ('')
   ,랙번호           nvarchar(30)    NOT NULL DEFAULT ('')
   ,단번호           nvarchar(30)    NOT NULL DEFAULT ('')
   ,비고사항          nvarchar(100)   NULL
   ,등록일시          nvarchar(50)    NULL
   ,등록자ID         nvarchar(50)    NULL
   ,등록자IP         nvarchar(50)    NULL
   ,등록자PG         nvarchar(50)    NULL
   ,수정일시          nvarchar(50)    NULL
   ,수정자ID         nvarchar(50)    NULL
   ,수정자IP         nvarchar(50)    NULL
   ,수정자PG         nvarchar(50)    NULL
   ,PRIMARY KEY (로케이션코드)
)


-- 할당여부 칼럼 설명
EXEC sys.sp_addextendedproperty @name=N'MS_Description', @value=N'출고할당 여부 1:할당 0:미할당' ,
@level0type=N'SCHEMA',@level0name=N'dbo', @level1type=N'TABLE',@level1name=N'TBC_로케이션',
@level2type=N'COLUMN',@level2name=N'할당여부'
GO

-- 이동여부 칼럼 설명
EXEC sys.sp_addextendedproperty @name=N'MS_Description', @value=N'작업자 이동가능여부 1:가능 0:불가' ,
@level0type=N'SCHEMA',@level0name=N'dbo', @level1type=N'TABLE',@level1name=N'TBC_로케이션',
@level2type=N'COLUMN',@level2name=N'이동여부'
GO

INSERT INTO TBC_로케이션 (로케이션코드, 로케이션명, 로케이션그룹, 할당여부, 이동여부, 통로, 랙번호, 단번호)
VALUES ('100101', '10-01-01', '보관', '1', '1', '10','01','01')
      ,('100102', '10-01-02', '보관', '1', '1', '10','01','02')
      ,('100103', '10-01-03', '보관', '1', '1', '10','01','03')
      ,('100104', '10-01-04', '보관', '1', '1', '10','01','04')
      ,('100105', '10-01-05', '보관', '1', '1', '10','01','05')
      ,('100106', '10-01-06', '보관', '1', '1', '10','01','06')
      ,('100107', '10-01-07', '보관', '1', '1', '10','01','07')
      ,('100108', '10-01-08', '보관', '1', '1', '10','01','08')
      ,('100109', '10-01-09', '보관', '1', '1', '10','01','09')
      ,('100110', '10-01-10', '보관', '1', '1', '10','01','10')
      ,('100111', '10-01-11', '보관', '1', '1', '10','01','11')
      ,('100112', '10-01-12', '보관', '1', '1', '10','01','12')
      ,('입고대기','입고대기','입고대기','0','1','입고대기','','')
      ,('입고반품대기','입고반품대기','입고반품대기','0','1','입고반품대기','','')
      ,('출고대기','출고대기','출고대기','0','0','출고대기','','')
      ,('출고반품대기','출고반품대기','출고반품대기','0','1','출고반품대기','','')
      ,('출고오류대기','출고오류대기','출고오류대기','0','1','출고오류대기','','')
```

[TBC_로케이션]
창고의 세부 로케이션 코드를 관리하는 테이블

《 칼럼설명 》
-로케이션그룹 : 로케이션코드를 그룹화 하기 위한 칼럼
-할당여부 : 할당 가능한지 1:가능 0:불가능
-이동여부 : 작업자가 이동가능여부 1:가능 0:불가능
-통로 : 로케이션코드의 통로코드
-랙번호: 로케이션코드의 랙번호
-단번호: 로케이션코드의 단번호 (01단, 02단 등)

[그림 2-13] [TBC_로케이션] 테이블

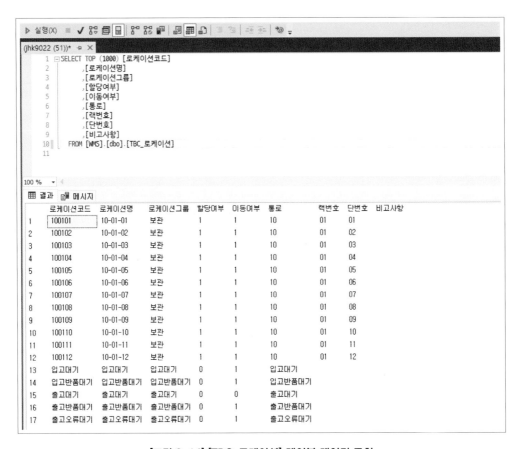

[그림 2-14] [TBC_로케이션] 테이블 데이터 조회

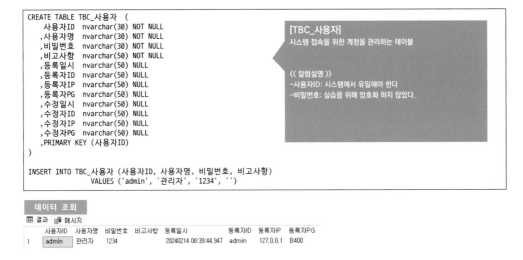

[그림 2-15] [TBC_사용자] 테이블

```
CREATE TABLE TBC_업체   (
    업체코드      nvarchar(30)   NOT NULL
   ,업체명       nvarchar(30)   NOT NULL
   ,사업번호      nvarchar(30)   NOT NULL
   ,대표자       nvarchar(30)   NOT NULL
   ,주소        nvarchar(100)  NOT NULL
   ,업태        nvarchar(30)   NOT NULL
   ,종목        nvarchar(30)   NOT NULL
   ,비고사항      nvarchar(50)   NULL
   ,등록일시      nvarchar(50)   NULL
   ,등록자ID     nvarchar(50)   NULL
   ,등록자IP     nvarchar(50)   NULL
   ,등록자PG     nvarchar(50)   NULL
   ,수정일시      nvarchar(50)   NULL
   ,수정자ID     nvarchar(50)   NULL
   ,수정자IP     nvarchar(50)   NULL
   ,수정자PG     nvarchar(50)   NULL
   ,PRIMARY KEY (업체코드)
)

INSERT INTO TBC_업체 (업체코드, 업체명, 사업번호, 대표자, 주소, 업태, 종목)
VALUES ('입고처1','일원상사','112-33-13221','이길영','서울 서초구 양재동'     ,'도매','농산물')
      ,('입고처2','승리상사','152-13-31212','홍정식','부산 동래구'          ,'도매','농산물')
      ,('입고처3','일산농산','772-12-44213','김정식','경기도 고양시 일산동구','도매','농산물')
      ,('출고처1','현진상사','332-32-12233','정현진','경기 파주시 능안로'     ,'소매','잡화')
      ,('출고처2','정인상사','221-22-12222','정인순','경기 안산시'          ,'소매','잡화')
      ,('출고처3','성남상사','663-11-22345','남성남','경기 성남시'          ,'소매','잡화')
```

[TBC_업체]
입고 또는 출고처를 관리하는 코드

기본적인 업체명, 사업번호, 대표자, 주소 등을 관리한다.

데이터 조회

	업체코드	업체명	사업번호	대표자	주소	업태	종목	비고사항
1	입고처1	일원상사	112-33-13221	이길영	서울 서초구 양재동	도매	농산물	
2	입고처2	승리상사	152-13-31212	홍정식	부산 동래구	도매	농산물	
3	입고처3	일산농산	772-12-44213	김정식	경기도 고양시 일산동구	도매	농산물	
4	출고처1	현진상사	332-32-12233	정현진	경기 파주시 능안로	소매	잡화	
5	출고처2	정인상사	221-22-12222	정인순	경기 안산시	소매	잡화	
6	출고처3	성남상사	663-11-22345	남성남	경기 성남시	소매	잡화	

[그림 2-16] [TBC_업체] 테이블

```
CREATE TABLE TBC_제품 (
    제품코드            nvarchar(30)    NOT NULL
    ,제품명             nvarchar(100)   NOT NULL
    ,박스입수           numeric(18, 0)  NOT NULL
    ,적정재고량         numeric(18, 0)  NOT NULL
    ,로트지정입고여부   nvarchar(1)     NOT NULL
    ,로트지정출고여부   nvarchar(1)     NOT NULL
    ,비고사항           nvarchar(100)   NULL
    ,등록일시           nvarchar(50)    NULL
    ,등록자ID           nvarchar(50)    NULL
    ,등록자IP           nvarchar(50)    NULL
    ,등록자PG           nvarchar(50)    NULL
    ,수정일시           nvarchar(50)    NULL
    ,수정자ID           nvarchar(50)    NULL
    ,수정자IP           nvarchar(50)    NULL
    ,수정자PG           nvarchar(50)    NULL
    ,PRIMARY KEY (제품코드)
)

INSERT INTO TBC_제품 (제품코드, 제품명, 박스입수, 적정재고량, 로트지정입고여부, 로트지정출고여부)
VALUES ('제품1','사과'   , 10, 50, '0' ,'0')
      ,('제품2','딸기'   , 10, 50, '0' ,'0')
      ,('제품3','바나나' , 15, 50, '1', '0')
      ,('제품4','포도'   , 20, 50, '1', '0')
      ,('제품5','레몬'   , 10,100, '1', '1')
      ,('제품6','키위'   , 10,100, '1', '1')
```

[TBC_제품]
재고관리를 해야 하는 대상 제품코드를 관리

-로트지정입고여부: 입고시 유통기한, 로트번호를 필수
　　　　　　　　　입력할 것인지를 설정 (1:필수 0:미입력)

-로트지정출고여부: 출고시 유통기한, 로트번호를 필수
　　　　　　　　　지정할 것인지를 설정 (1:필수 0:미입력)

데이터 조회

	제품코드	제품명	박스입수	적정재고량	로트지정입고여부	로트지정출고여부	비고사항
1	제품1	사과	10	50	0	0	
2	제품2	딸기	10	50	0	0	
3	제품3	바나나	15	50	1	0	
4	제품4	포도	20	50	1	0	
5	제품5	레몬	10	100	1	1	
6	제품6	키위	10	100	1	1	

[그림 2-17] [TBC_제품] 테이블

```
CREATE TABLE TBE_입고H (
    입고번호       nvarchar(30) NOT NULL
    ,입고처코드    nvarchar(30) NOT NULL
    ,입고구분      nvarchar(30) NOT NULL
    ,입고일자      nvarchar(8)  NOT NULL
    ,전표비고      nvarchar(50) NOT NULL
    ,등록일시      nvarchar(50) NULL
    ,등록자ID      nvarchar(50) NULL
    ,등록자IP      nvarchar(50) NULL
    ,등록자PG      nvarchar(50) NULL
    ,수정일시      nvarchar(50) NULL
    ,수정자ID      nvarchar(50) NULL
    ,수정자IP      nvarchar(50) NULL
    ,수정자PG      nvarchar(50) NULL
    ,PRIMARY KEY (입고번호)
)

-- [TBC_업체] 테이블에 존재하지 않는 입고처코드가 입력 되지 않도록 외부키 설정
ALTER TABLE TBE_입고H ADD CONSTRAINT TBE_입고H_CONST_입고처코드 FOREIGN KEY (입고처코드) REFERENCES TBC_업체 (업체코드);
```

[TBE_입고H]
입고 등록 및 처리를 위한 테이블 (헤더데이터)

※ 아래 조회된 데이터는
실제 데이터가 아니라 이해를 돕기 위한 예시 데이터 이다.

데이터 조회 (예시)

	입고번호	입고처코드	입고구분	입고일자	전표비고	등록일시	등록자ID	등록자IP
1	PA202402-0001	입고처1	10	20240220		20240220 08:24:03,067	admin	127.0.0.1
2	PA202402-0002	입고처1	10	20240220		20240220 08:24:03,067	admin	127.0.0.1
3	PA202403-0001	입고처1	10	20240321		20240321 08:07:08,880	admin	127.0.0.1

[그림 2-18] [TBE_입고H] 테이블

```
CREATE TABLE TBE_입고D  (
    입고번호          nvarchar(30)     NOT NULL
    ,제품코드         nvarchar(30)     NOT NULL
    ,제품등급         nvarchar(10)     NOT NULL
    ,유통기한         nvarchar(8)      NOT NULL
    ,로트번호         nvarchar(30)     NOT NULL
    ,상태코드         nvarchar(10)     NOT NULL
    ,입고예정수량      numeric(18, 0)   NOT NULL
    ,입고확정수량      numeric(18, 0)   NOT NULL
    ,입고로케이션      nvarchar(30)     NOT NULL
    ,제품비고         nvarchar(50)     NULL
    ,등록일시         nvarchar(50)     NULL
    ,등록자ID         nvarchar(50)     NULL
    ,등록자IP         nvarchar(50)     NULL
    ,등록자PG         nvarchar(50)     NULL
    ,수정일시         nvarchar(50)     NULL
    ,수정자ID         nvarchar(50)     NULL
    ,수정자IP         nvarchar(50)     NULL
    ,수정자PG         nvarchar(50)     NULL
    ,PRIMARY KEY (입고번호, 제품코드, 제품등급, 유통기한, 로트번호)
)

-- [TBC_제품] 테이블에 존재하지 않는 제품코드가 입력 되지 않도록 외부키 설정
ALTER TABLE TBE_입고D ADD CONSTRAINT TBE_입고D_REF_제품코드 FOREIGN KEY (제품코드) REFERENCES TBC_제품 (제품코드);
```

[TBE_입고D]
입고 등록 및 처리를 위한 테이블 (헤더 하위 상세데이터)

※ 아래 조회된 데이터는
실제 데이터가 아니라 이해를 돕기 위한 예시 데이터이다.

데이터 조회 (예시)

	입고번호	제품코드	제품등급	유통기한	로트번호	상태코드	입고예정수량	입고확정수량	입고로케이션	제품비고	등록일시
1	PA202402-0001	제품1	A			90	50	50	입고대기		20240214
2	PA202402-0001	제품2	A			90	50	50	100102		20240214
3	PA202402-0001	제품3	A	20250501	LOT31	90	50	50	100103		20240214
4	PA202402-0001	제품4	A	20250501	LOT41	90	50	50	100104		20240214
5	PA202402-0001	제품5	A	20250501	LOT51	90	50	50	100105		20240214
6	PA202402-0001	제품6	A	20250501	LOT61	90	50	50	100106		20240214
7	PA202402-0002	제품1	A			90	50	50	100107		20240214
8	PA202402-0002	제품2	A			90	50	50	100108		20240214
9	PA202402-0002	제품3	A	20251231	LOT32	90	50	50	100109		20240214
10	PA202402-0002	제품4	A	20251231	LOT42	90	50	50	100110		20240214
11	PA202402-0002	제품5	A	20251231	LOT52	90	50	50	100111		20240214
12	PA202402-0002	제품6	A	20251231	LOT62	90	50	50	100112		20240214

[그림 2-19] [TBE_입고D] 테이블

```
CREATE TABLE TBG_출고H  (
    출고번호      nvarchar(30) NOT NULL
    ,출고처코드    nvarchar(30) NOT NULL
    ,출고일자     nvarchar(8)  NOT NULL
    ,출고구분     nvarchar(30) NOT NULL
    ,전표비고     nvarchar(50) NULL
    ,등록일시     nvarchar(50) NULL
    ,등록자ID     nvarchar(50) NULL
    ,등록자IP     nvarchar(50) NULL
    ,등록자PG     nvarchar(50) NULL
    ,수정일시     nvarchar(50) NULL
    ,수정자ID     nvarchar(50) NULL
    ,수정자IP     nvarchar(50) NULL
    ,수정자PG     nvarchar(50) NULL
    ,PRIMARY KEY (출고번호)
)

-- [TBC_업체] 테이블에 존재하지 않는 출고처코드가 입력 되지 않도록 외부키 설정
ALTER TABLE TBG_출고H ADD CONSTRAINT TBG_출고H_CONST_출고처코드 FOREIGN KEY (출고처코드) REFERENCES TBC_업체
(업체코드);
```

[TBG_출고H]
출고 등록 및 처리를 위한 테이블 (헤더데이터)

※ 아래 조회된 데이터는
실제 데이터가 아니라 이해를 돕기 위한 예시 데이터이다.

데이터 조회 (예시)

	출고번호	출고처코드	출고일자	출고구분	전표비고	등록일시	등록자ID	등록자HP	등록자PG
1	SA202402-0001	출고처1	20240223	10		20240223 08:43:36,020	admin	127,0,0,1	G100
2	SA202403-0001	출고처1	20240322	10		20240322 10:43:36,763	admin	127,0,0,1	G100

[그림 2-20] [TBG_출고H] 테이블

```
CREATE TABLE TBG_출고D (
                출고번호        nvarchar(30)    NOT NULL
               ,제품코드        nvarchar(30)    NOT NULL
               ,제품등급        nvarchar(10)    NOT NULL
               ,유통기한        nvarchar(8)     NOT NULL
               ,로트번호        nvarchar(30)    NOT NULL
               ,상태코드        nvarchar(10)    NOT NULL
               ,출고예정수량    numeric(18, 0)  NOT NULL
               ,출고지시수량    numeric(18, 0)  NOT NULL
               ,출고피킹수량    numeric(18, 0)  NOT NULL
               ,출고검수수량    numeric(18, 0)  NOT NULL
               ,출고확정수량    numeric(18, 0)  NOT NULL
               ,제품비고        nvarchar(50)    NULL
               ,출고검수비고    nvarchar(50)    NULL
               ,등록일시        nvarchar(50)    NULL
               ,등록자ID        nvarchar(50)    NULL
               ,등록자IP        nvarchar(50)    NULL
               ,등록자PG        nvarchar(50)    NULL
               ,수정일시        nvarchar(50)    NULL
               ,수정자ID        nvarchar(50)    NULL
               ,수정자IP        nvarchar(50)    NULL
               ,수정자PG        nvarchar(50)    NULL
         ,PRIMARY KEY (출고번호, 제품코드, 제품등급, 유통기한, 로트번호)
)

-- [TBC_제품] 테이블에 존재하지 않는 제품코드가 입력 되지 않도록 외부키 설정
ALTER TABLE TBG_출고D ADD CONSTRAINT TBG_출고D_REF_제품코드 FOREIGN KEY (제품코드) REFERENCES TBC_제품 (제품코드);
```

[TBG_출고D]
출고 등록 및 처리를 위한 테이블 (헤더 하위 상세데이터)

※ 아래 조회된 데이터는
　 실제 데이터가 아니라 이해를 돕기 위한 예시 데이터이다.

데이터 조회 (예시)

	출고번호	제품코드	제품등급	유통기한	로트번호	상태코드	출고예정수량	출고지시수량	출고피킹수량	출고검수수량	출고확정수량	제품비고	출고검수
1	SA202402-0001	제품1	A			90	60	60	60	60	60		
2	SA202402-0001	제품2	A			90	60	60	60	60	60		
3	SA202402-0001	제품3	A			90	60	60	60	60	60		
4	SA202402-0001	제품4	A			90	60	60	60	60	60		
5	SA202402-0001	제품5	A	20250501	LOT51	90	30	30	30	30	30		
6	SA202402-0001	제품5	A	20251231	LOT52	90	30	30	30	30	30		
7	SA202402-0001	제품6	A	20250501	LOT61	90	30	30	30	30	30		
8	SA202402-0001	제품6	A	20251231	LOT62	90	30	30	30	30	30		

[그림 2-21] [TBG_출고D] 테이블

```
CREATE TABLE TBG_출고D_지시  (
        출고번호              nvarchar(30)    NOT NULL
        ,제품코드             nvarchar(30)    NOT NULL
        ,제품등급             nvarchar(10)    NOT NULL
        ,유통기한             nvarchar(8)     NOT NULL
        ,로트번호             nvarchar(30)    NOT NULL
        ,지시순번             int             NOT NULL
        ,지시로케이션코드     nvarchar(30)    NOT NULL
        ,지시유통기한         nvarchar(8)     NOT NULL
        ,지시로트번호         nvarchar(30)    NOT NULL
        ,출고지시수량         numeric(18, 0)  NOT NULL
        ,출고피킹수량         numeric(18, 0)  NOT NULL
        ,출고검수수량         numeric(18, 0)  NOT NULL
        ,출고피킹비고         nvarchar(100)   NOT NULL
        ,출고피킹여부         nvarchar(10)    NOT NULL
        ,등록일시             nvarchar(50)    NULL
        ,등록자ID             nvarchar(50)    NULL
        ,등록자IP             nvarchar(50)    NULL
        ,등록자PG             nvarchar(50)    NULL
        ,수정일시             nvarchar(50)    NULL
        ,수정자ID             nvarchar(50)    NULL
        ,수정자IP             nvarchar(50)    NULL
        ,수정자PG             nvarchar(50)    NULL
    ,PRIMARY KEY (출고번호, 제품코드, 제품등급, 유통기한, 로트번호, 지시순번)

-- [TBC_제품] 테이블에 존재하지 않는 제품코드가 입력 되지 않도록 외부키 설정
ALTER TABLE TBG_출고D_지시 ADD CONSTRAINT TBG_출고D_지시_REF_제품코드
                    FOREIGN KEY (제품코드) REFERENCES TBC_제품 (제품코드);
```

[TBG_출고D_지시]
출고지시 및 피킹 처리를 위한 출고 상세 테이블

※ 아래 조회된 데이터는
　실제 데이터가 아니라 이해를 돕기 위한 예시 데이터이다.

데이터 조회 (예시)

	출고번호	제품코드	제품등급	유통기한	로트번호	지시순번	지시로케이션코드	지시유통기한	지시로트번호	출고지시수량	출고피킹수량	출고검수수량	출고피킹비고	출고피킹여부
1	SA202402-0001	제품1	A			1	100101			50	50	50		1
2	SA202402-0001	제품1	A			2	100107			10	10	10		1
3	SA202402-0001	제품2	A			1	100102			50	50	50		1
4	SA202402-0001	제품2	A			2	100108			10	10	10		1
5	SA202402-0001	제품3	A			1	100103	20250501	LOT31	50	50	50		1
6	SA202402-0001	제품3	A			2	100109	20251231	LOT32	10	10	10		1
7	SA202402-0001	제품4	A			1	100104	20250501	LOT41	50	50	50		1
8	SA202402-0001	제품4	A			2	100110	20251231	LOT42	10	10	10		1
9	SA202402-0001	제품5	A	20250501	LOT51	1	100105	20250501	LOT51	30	30	30		1
10	SA202402-0001	제품5	A	20251231	LOT52	1	100111	20251231	LOT52	30	30	30		1
11	SA202402-0001	제품6	A	20250501	LOT61	1	100106	20250501	LOT61	30	30	30		1
12	SA202402-0001	제품6	A	20251231	LOT62	1	100112	20251231	LOT62	30	30	30		1

[그림 2-22] [TBG_출고D_지시] 테이블

```
CREATE TABLE TBJ_로케이션재고  (
            로케이션코드   nvarchar(30)    NOT NULL
           ,제품코드      nvarchar(30)    NOT NULL
           ,제품등급      nvarchar(10)    NOT NULL
           ,유통기한      nvarchar(8)     NOT NULL
           ,로트번호      nvarchar(30)    NOT NULL
           ,재고수량      numeric(18, 2)  NOT NULL
           ,비고사항      nvarchar(100)   NULL
           ,등록일시      nvarchar(50)    NULL
           ,등록자ID      nvarchar(50)    NULL
           ,등록자IP      nvarchar(50)    NULL
           ,등록자PG      nvarchar(50)    NULL
           ,수정일시      nvarchar(30)    NULL
           ,수정자ID      nvarchar(30)    NULL
           ,수정자IP      nvarchar(50)    NULL
           ,수정자PG      nvarchar(30)    NULL
         ,PRIMARY KEY (로케이션코드, 제품코드, 제품등급, 유통기한, 로트번호)
)

-- [TBC_제품] 테이블에 존재하지 않는 제품코드가 입력 되지 않도록 외부키 설정
ALTER TABLE TBJ_로케이션재고 ADD CONSTRAINT TBJ_로케이션재고_REF_제품코드      FOREIGN KEY (제품코드)
                            REFERENCES TBC_제품     (제품코드);

-- [TBC_로케이션] 테이블에 존재하지 않는 로케이션코드가 입력 되지 않도록 외부키 설정
ALTER TABLE TBJ_로케이션재고 ADD CONSTRAINT TBJ_로케이션재고_REF_로케이션코드
                            FOREIGN KEY (로케이션코드) REFERENCES TBC_로케이션 (로케이션코드);
```

[TBJ_로케이션재고]
창고내 로케이션단위로 재고를 보관 및 관리하기 위한 테이블

※ 아래 조회된 데이터는
   실제 데이터가 아니라 이해를 돕기 위한 예시 데이터이다.

데이터 조회 (예시)

	로케이션코드	제품코드	제품등급	유통기한	로트번호	재고수량	비고사항	등록일시	등록자ID	등록자IP	등록자PG
1	100101	제품1	A			0.00		20240221 08:04:24.837	admin	127.0.0.1	J200
2	100101	제품5	A	20250501	LOT51	0.00		20240307 07:38:39.440	admin	127.0.0.1	J200
3	100101	제품5	A	20250501	LOT53	5.00		20240307 08:04:54.970	admin	127.0.0.1	J210
4	100101	제품5	C	20250501	LOT51	0.00		20240307 08:33:06.257	admin	127.0.0.1	J220
5	100102	제품2	A			0.00		20240220 17:21:16.813	admin	127.0.0.1	E200
6	100103	제품3	A	20250501	LOT31	0.00		20240220 17:21:16.820	admin	127.0.0.1	E200
7	100104	제품4	A	20250501	LOT41	0.00		20240220 17:21:16.820	admin	127.0.0.1	E200
8	100105	제품5	A	20250501	LOT51	0.00		20240220 17:21:16.820	admin	127.0.0.1	E200
9	100106	제품6	A	20250501	LOT61	10.00		20240220 17:21:16.823	admin	127.0.0.1	E200
10	100107	제품1	A			30.00		20240220 17:21:16.823	admin	127.0.0.1	E200

[그림 2-23] [TBJ_로케이션재고] 테이블

```
CREATE TABLE TBJ_로케이션재고_이력  (
            이력번호                bigint    IDENTITY(1,1) NOT NULL
            ,반영일자               nvarchar(8)    NULL
            ,원인유형               nvarchar(30)   NULL
            ,원인전표유형            nvarchar(30)   NULL
            ,원인전표               nvarchar(30)   NULL
            ,원인전표상세            nvarchar(50)   NULL
            ,사유                  nvarchar(100)  NULL
            ,제품코드               nvarchar(30)   NULL
            ,제품등급               nvarchar(10)   NULL
            ,유통기한               nvarchar(8)    NULL
            ,로트번호               nvarchar(30)   NULL
            ,입출고처코드            nvarchar(30)   NULL
            ,입출고처명             nvarchar(100)  NULL
            ,이동수량               numeric(18, 0) NULL
            ,이동전LOC              nvarchar(30)   NULL
            ,이동전LOC이전수량       numeric(18, 0) NULL
            ,이동전LOC이후수량       numeric(18, 0) NULL
            ,이동후LOC              nvarchar(30)   NULL
            ,이동후LOC이전수량       numeric(18, 0) NULL
            ,이동후LOC이후수량       numeric(18, 0) NULL
            ,비고사항               nvarchar(100)  NULL
            ,등록일시               nvarchar(50)   NULL
            ,등록자ID               nvarchar(50)   NULL
            ,등록자IP               nvarchar(50)   NULL
            ,등록자PG               nvarchar(50)   NULL
            ,수정일시               nvarchar(50)   NULL
            ,수정자ID               nvarchar(50)   NULL
            ,수정자IP               nvarchar(50)   NULL
            ,수정자PG               nvarchar(50)   NULL
        ,PRIMARY KEY (이력번호)
)
```

[TBJ_로케이션재고_이력]
로케이션재고 변동 이력을 관리하는 테이블
재고에 문제가 있거나 점검이 필요할 때 확인할 수 있다.

※ 아래 조회된 데이터는
   실제 데이터가 아니라 이해를 돕기 위한 예시 데이터이다.

데이터 조회 (예시)

	이력번호	반영일자	원인유형	원인전표유형	원인전표	원인전표상세	사유	제품코드	제품등급	유통기한	로트번호	입출고처코드	입출고처명
1	1	20240220	입고확정	입고	PA202402-0001			제품1	A			입고처1	일원상사
2	2	20240220	입고확정	입고	PA202402-0001			제품2	A			입고처1	일원상사
3	3	20240220	입고확정	입고	PA202402-0001			제품3	A	20250501	LOT31	입고처1	일원상사

이동수량	이동전LOC	이동전LOC이전수량	이동전LOC이후수량	이동후LOC	이동후LOC이전수량	이동후LOC이후수량	비고사항
50		0	0	입고대기	0	50	
50		0	0	100102	0	50	
50		0	0	100103	0	50	

[그림 2-24] [TBJ_로케이션재고_이력] 테이블

```
CREATE TABLE TBJ_로트변경  (
    로트변경번호        nvarchar(30)   NOT NULL
    ,변경일자          nvarchar(8)    NOT NULL
    ,로케이션코드       nvarchar(30)   NOT NULL
    ,제품코드          nvarchar(30)   NOT NULL
    ,제품등급          nvarchar(10)   NOT NULL
    ,변경전유통기한      nvarchar(8)    NOT NULL
    ,변경전로트번호      nvarchar(30)   NOT NULL
    ,변경후유통기한      nvarchar(8)    NOT NULL
    ,변경후로트번호      nvarchar(30)   NOT NULL
    ,변경수량          numeric(18, 0) NOT NULL
    ,변경사유          nvarchar(50)   NOT NULL
    ,비고사항          nvarchar(100)  NULL
    ,등록일시          nvarchar(50)   NULL
    ,등록자ID          nvarchar(50)   NULL
    ,등록자IP          nvarchar(50)   NULL
    ,등록자PG          nvarchar(50)   NULL
    ,수정일시          nvarchar(30)   NULL
    ,수정자ID          nvarchar(30)   NULL
    ,수정자IP          nvarchar(50)   NULL
    ,수정자PG          nvarchar(30)   NULL
    ,PRIMARY KEY (로트변경번호)
)
-- [TBC_제품] 테이블에 존재하지 않는 제품코드가 입력 되지 않도록 외부키 설정
ALTER TABLE TBJ_로트변경 ADD CONSTRAINT TBJ_로트변경_REF_제품코드 FOREIGN KEY (제품코드) REFERENCES TBC_제품 (제품코드);
```

[TBJ_로트변경]
로트변경된 재고 이력을 관리하는 테이블

※ 아래 조회된 데이터는
  실제 데이터가 아니라 이해를 돕기 위한 예시 데이터이다.

데이터 조회 (예시)

	로트변경번호	변경일자	로케이션코드	제품코드	제품등급	변경전유통기한	변경전로트번호	변경후유통기한	변경후로트번호	변경수량	변경사유
1	JA202403-0001	20240307	100101	제품5	A	20250501	LOT51	20250501	LOT53	5	피킹오류

[그림 2-25] [TBJ_로트변경] 테이블

```
CREATE TABLE TBJ_등급변경  (
    등급변경번호        nvarchar(30)   NOT NULL
    ,변경일자          nvarchar(8)    NOT NULL
    ,로케이션코드       nvarchar(30)   NOT NULL
    ,제품코드          nvarchar(30)   NOT NULL
    ,변경전제품등급      nvarchar(10)   NOT NULL
    ,유통기한          nvarchar(8)    NOT NULL
    ,로트번호          nvarchar(30)   NOT NULL
    ,변경후제품등급      nvarchar(10)   NOT NULL
    ,변경수량          numeric(18, 0) NOT NULL
    ,변경사유          nvarchar(50)   NOT NULL
    ,비고사항          nvarchar(100)  NULL
    ,등록일시          nvarchar(50)   NULL
    ,등록자ID          nvarchar(50)   NULL
    ,등록자IP          nvarchar(50)   NULL
    ,등록자PG          nvarchar(50)   NULL
    ,수정일시          nvarchar(30)   NULL
    ,수정자ID          nvarchar(30)   NULL
    ,수정자IP          nvarchar(50)   NULL
    ,수정자PG          nvarchar(30)   NULL
    ,PRIMARY KEY (등급변경번호)
)
-- [TBC_제품] 테이블에 존재하지 않는 제품코드가 입력 되지 않도록 외부키 설정
ALTER TABLE TBJ_등급변경 ADD CONSTRAINT TBJ_등급변경_REF_제품코드 FOREIGN KEY (제품코드) REFERENCES TBC_제품 (제품코드);
```

[TBJ_등급변경]
등급변경된 재고 이력을 관리하는 테이블

※ 아래 조회된 데이터는
  실제 데이터가 아니라 이해를 돕기 위한 예시 데이터이다.

데이터 조회 (예시)

	등급변경번호	변경일자	로케이션코드	제품코드	변경전제품등급	유통기한	로트번호	변경후제품등급	변경수량	변경사유	비고사항
1	JB202403-0001	20240307	100101	제품5	A	20250501	LOT51	C	5	파손	NULL

[그림 2-26] [TBJ_등급변경] 테이블

```
CREATE TABLE TBJ_재고조정  (
              재고조정번호       nvarchar(30)   NOT NULL
             ,조정일자          nvarchar(8)    NOT NULL
             ,로케이션코드       nvarchar(30)   NOT NULL
             ,제품코드          nvarchar(30)   NOT NULL
             ,제품등급          nvarchar(10)   NOT NULL
             ,유통기한          nvarchar(8)    NOT NULL
             ,로트번호          nvarchar(30)   NOT NULL
             ,조정수량          numeric(18, 0) NOT NULL
             ,조정사유          nvarchar(100)  NOT NULL
             ,비고사항          nvarchar(100)  NULL
             ,등록일시          nvarchar(50)   NULL
             ,등록자ID          nvarchar(50)   NULL
             ,등록자IP          nvarchar(50)   NULL
             ,등록자PG          nvarchar(50)   NULL
             ,수정일시          nvarchar(30)   NULL
             ,수정자ID          nvarchar(30)   NULL
             ,수정자IP          nvarchar(50)   NULL
             ,수정자PG          nvarchar(30)   NULL
         ,PRIMARY KEY (재고조정번호)
)


-- [TBC_제품] 테이블에 존재하지 않는 제품코드가 입력 되지 않도록 외부키 설정
ALTER TABLE TBJ_재고조정 ADD CONSTRAINT TBJ_재고조정_REF_제품코드 FOREIGN KEY (제품코드) REFERENCES TBC_제품 (제품코드);
```

[TBJ_재고조정]
재고차이로 인해 재고조정한 이력을 관리하는 테이블

※ 아래 조회된 데이터는
    실제 데이터가 아니라 이해를 돕기 위한 예시 데이터이다.

데이터 조회 (예시)

	재고조정번호	조정일자	로케이션코드	제품코드	제품등급	유통기한	로트번호	조정수량	조정사유	비고사항
1	JC202403-0001	20240307	100101	제품5	C	20250501	LOT51	-5	분실	NULL

[그림 2-27] [TBJ_재고조정] 테이블

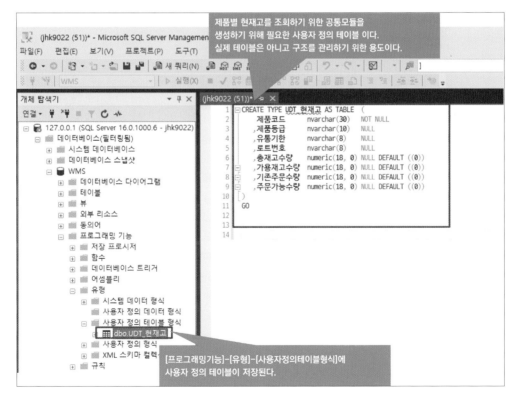

[그림 2-28] [UDT_현재고] 사용자 정의 테이블 정의

나. 저장프로시저 및 Function 생성

총 61개 DB의 저장프로시저 및 1개 Function을 생성하기 위해 [WMS_DB프로그래밍_스크립트.txt] 파일을 열어서 SSMS 쿼리창에 붙여 넣은 후 "실행"버튼을 클릭한다. 세부적인 프로시저나 Function 소스코드에 대한 설명은 기준정보, 입고, 출고, 재고관리 등의 업무를 개발하면서 상세하게 설명하도록 할 것이다. 여기에서는 어떤 소스코드가 있는지 정도만 확인하기를 바란다.

[그림 2-29] WMS 프로그래밍 소스코드 생성 예시

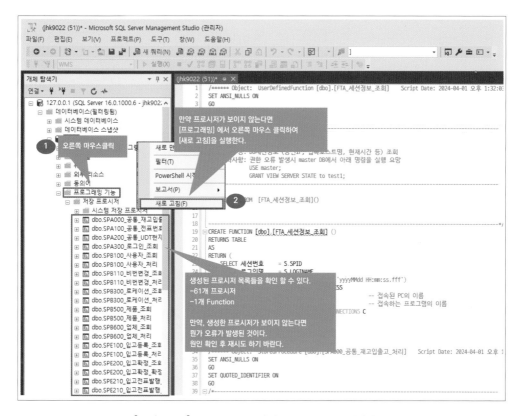

[그림 2-30] WMS 프로그래밍 소스코드 생성 결과 확인

순번	프로시저명	유형	비고사항
1	SPA000_공통_재고입출고_처리		
2	SPA100_공통_전표번호_채번	공통	
3	SPA200_공통_UDT현재고_조회		
4	SPA300_로그인_조회		
5	SPB100_사용자_조회		
6	SPB100_사용자_처리		
7	SPB110_비번변경_조회		
8	SPB110_비번변경_처리		
9	SPB300_로케이션_조회	기준정보	
10	SPB300_로케이션_처리		
11	SPB500_제품_조회		
12	SPB500_제품_처리		
13	SPB600_업체_조회		
14	SPB600_업체_처리		
15	SPE100_입고등록_조회		
16	SPE100_입고등록_처리		
17	SPE200_입고확정_조회		
18	SPE200_입고확정_확정처리		
19	SPE210_입고전표발행_대상조회	입고	
20	SPE210_입고전표발행_출력		
21	SPE290_입고확정취소_조회		
22	SPE290_입고확정취소_취소		
23	SPE900_입고LIST_조회		

[그림 2-31] WMS 개발 목록 (1/3)

순번	프로시저명	유형	비고사항
24	SPG100_출고등록_조회		
25	SPG100_출고등록_처리		
26	SPG200_출고지시_조회		
27	SPG200_출고지시_지시처리		
28	SPG210_출고피킹리스트발행_조회		
29	SPG210_출고피킹리스트발행_출력		
30	SPG290_출고지시취소_조회		
31	SPG290_출고지시취소_취소처리		
32	SPG300_출고피킹_조회		
33	SPG300_출고피킹_피킹처리		
34	SPG390_출고피킹취소_조회		
35	SPG390_출고피킹취소_취소처리	출고	
36	SPG400_출고검수_조회		
37	SPG400_출고검수_검수처리		
38	SPG490_출고검수취소_조회		
39	SPG490_출고검수취소_취소처리		
40	SPG700_출고확정_조회		
41	SPG700_출고확정_확정처리		
42	SPG710_출고전표발행_조회		
43	SPG710_출고전표발행_출력		
44	SPG790_출고확정취소_조회		
45	SPG790_출고확저취소_취소처리		
46	SPG900_출고LIST_조회		

[그림 2-32] WMS 개발 목록 (2/3)

순번	프로시저명	유형	비고사항
47	SPJ100_현재고_조회		
48	SPJ200_로케이션재고_조회		
49	SPJ200_로케이션재고_이동처리		
50	SPJ210_로트변경_조회		
51	SPJ210_로트변경_변경처리		
52	SPJ219_로트변경이력_조회		
53	SPJ220_등급변경_조회		
54	SPJ220_등급변경_변경처리	재고관리	
55	SPJ229_등급변경이력_조회		
56	SPJ230_재고조정_조회		
57	SPJ230_재고조정_조정처리		
58	SPJ239_재고조정이력_조회		
59	SPJ290_로케이션재고이력_조회		
60	SPJ500_재고수불_조회		
61	SPJ510_제품일자수불_조회		

<< Function >>

| 1 | FTA_세션정보_조회 | 공통 | |

[그림 2-33] WMS 개발 목록 (3/3)

4. 엑셀VBA 파일 설정 및 실행

엑셀이 실행될 사용자PC는 반드시 Windows OS와 MS 엑셀 프로그램이 설치되어 있어야 하고 데이터베이스 서버와의 접속이 가능하도록 인터넷 연결이 되어 있어야 한다. 안드로이드 스마트폰이나 태블릿, 아이폰 또는 아이패드의 엑셀 프로그램에서 사용이 가능한지 물어보는 독자들이 있는데 아쉽게도 사용할 수 없다. 대신 대부분의 주요 업무 프로세스가 DB의 저장 프로시저로 개발되어 있기 때문에 JAVA나 ASP 등의 웹개발자들과 협업하여 웹페이지나 모바일앱으로도 쉽게 개발이 가능하다.

저자의 경우에는 초기 개발할 때는 사용자의 요구사항이나 변동사항이 많고 빠른 대응을 위해 높은 생산성과 유연성을 가지고 있는 엑셀VBA로 먼저 개발하는 편이다. 이후 시스템이 안정화되고 모바일 등으로 확장이 필요할 때 선택적으로 웹 또는 모바일로 추가 개발한다. 즉, 엑셀을 통해 PILOT 형태로 먼저 빠르게 개발하여 충분히 검증하고 이후 웹이나 모바일로 확장이 가능하다.

[머리말]에서 공지한 카페 사이트에서 엑셀 실행파일을 다운로드 받아 원하는 폴더에 저장 후 실행하면 된다. 저자는 엑셀 파일을 개발 단계별로 [초기버전], [기준정보], [입고출고], [최종완성본] 총 4개의 파일을 제공한다. 독자들이 개발할 때에는 각자의 상황에 맞는 파일을 선택하여 사용하기 바란다.

- WMS_초기.xlsb : 기본환경 구성 및 로그인, 사용자등록, 비밀번호 변경
- WMS_기준정보.xlsb : 초기버전 + 기준정보 개발 (로케이션, 업체, 제품 등록)
- WMS_입고출고.xlsb : 기준정보 버전 + 입고업무 + 출고업무
- WMS_완성본.xlsb : 입고출고 버전 + 재고관리 (최종완성본)

다운로드 받은 WMS VBA 파일을 실행을 하면 로그인 화면이 보일 것이다. 만약 해당 화면이 표시되지 않거나 아이디와 비밀번호를 입력 후 접속 버튼을 눌러도 아무런 반응이 없다면 엑셀 매크로로 보안 관련한 설정을 확인하여 변경한 후에 재시도 하기를 바란다.

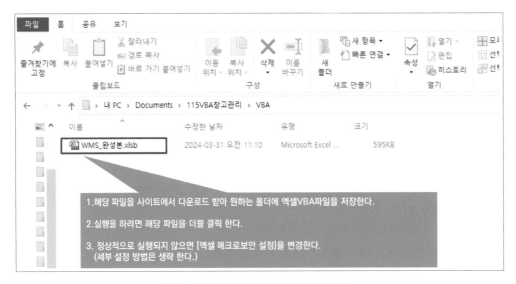

[그림 2-34] 엑셀VBA 실행파일 저장 예시

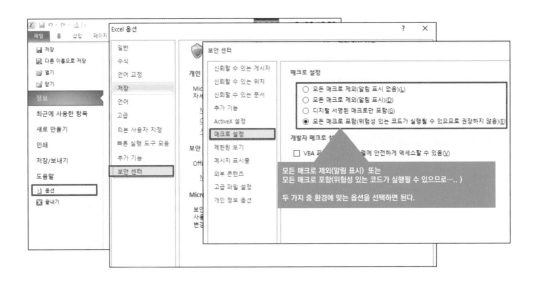

[그림 2-35] 엑셀 매크로 보안 설정

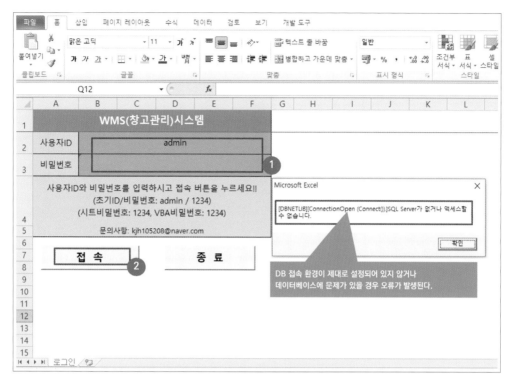

[그림 2-36] TBC_사용자 테이블 SELECT 예시

로그인 시 사용자ID는 데이터베이스 테이블 생성 스크립트를 통해 [admin]사용자 계정을 미리 INSERT 하였으며 비밀번호는 [1234]로 지정되어 있다. 사용자 테이블은 [TBC_사용자]테이블 이며 독자들도 직접 SELECT하여 사용자 등록 현황을 확인하기 바란다.

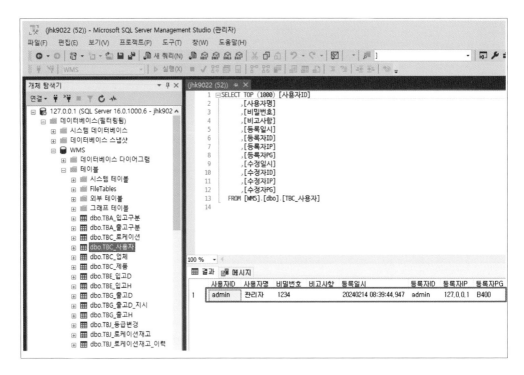

[그림2-37] TBC_사용자 테이블 SELECT 예시

사용자ID와 비밀번호를 정확히 입력하고 [접속]버튼을 클릭 했을 때 [ConnectionOpen] 관련 오류가 발생된다면 DB접속 관련 설정에 문제가 있거나 데이터베이스 접속이 정상적이지 않은 경우이다.

DB접속과 관련된 설정은 [관리시트]에 저장되어 있다. [관리시트]는 일반 사용자가 볼 수 없도록 숨겨져 있다. 숨겨진 파일을 보려면 [검토]–[통합 문서 보호] 메뉴를 클릭하고 암호 [1234]를 입력한 후 [숨기기 취소] 기능을 이용하면 숨겨진 [관리시트]를 볼 수 있다.

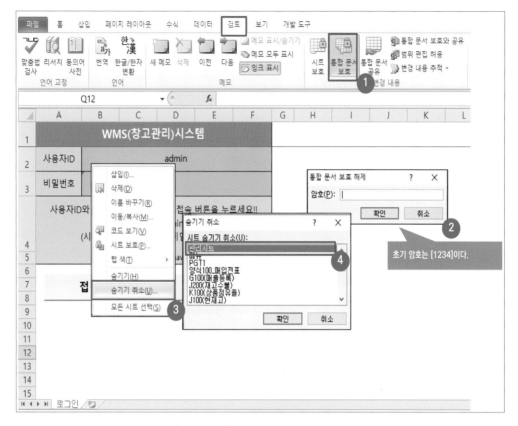

[그림 2-38] 엑셀VBA 관리시트 열기

[관리시트]를 살펴보면 쉽게 데이터베이스 연결과 관련된 설정 사항을 볼 수 있다. 우리가 접속해야 할 MS SQL 데이터베이스 서버의 IP주소, DB명 그리고 접속할 DB계정과 비밀번호 등을 정확히 입력하고 엑셀파일을 저장하면 된다.

[관리시트]를 변경한 이후에도 계속적인 오류가 반복된다면 네트워크 문제 또는 접속 관련 문자에 정확한지 다시 한 번 꼼꼼히 확인하기를 바란다. 그래도 문제가 해결되지 않는다면 데이터베이스 관리자나 전문가의 도움을 받을 것을 권장한다.

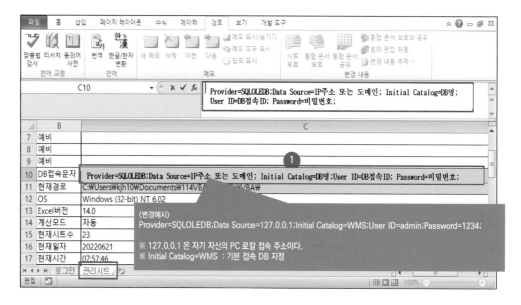

[그림 2-39] 관리시트 DB 접속 관련 설정 예시

5. 로그인

엑셀 실행파일이 정상적으로 실행되면 최초로 [로그인]화면이 열린다. 이 화면에서 사용자ID와 비밀번호를 화면에 입력하면 [로그인]화면이 사라지고 [메뉴]화면이 보인다면 이번 장에서 목표로 하고 있는 시스템 설치 및 환경 설정을 모두 성공적으로 완료 하였음을 알 수 있다.

만약 사용자ID 또는 비밀번호가 일치하지 않거나 데이터베이스와의 접속이 정상적이지 않으면 계속 오류가 발생하면서 [로그인] 화면만 보일 것이다. 초기 사용자ID와 비밀번호는 [admin]과 [1234]로 설정 되어 있으며 [TBC_사용자]테이블을 조회(SELECT)하여 해당 사용자ID 등이 정상적으로 등록되어 있는지 등을 추가로 확인할 것을 다시 한 번 당부한다.

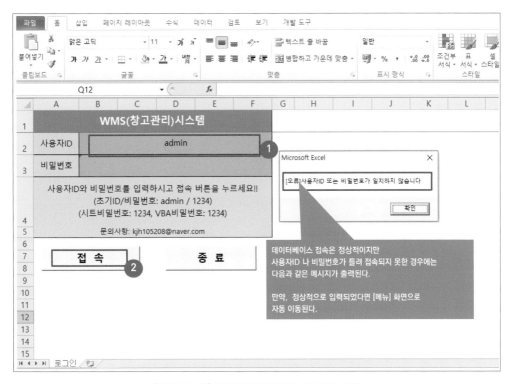

[그림 2-40] 사용자 로그인 접속 및 오류 화면

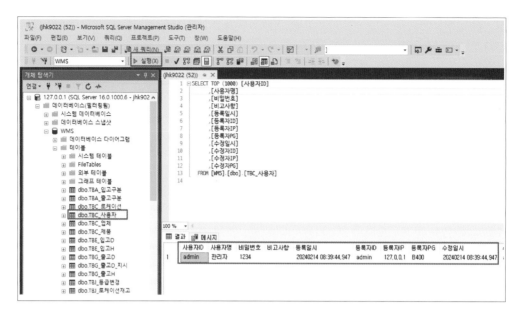

[그림 2-41] TBC_사용자 테이블 SELECT 예시

로그인이 성공하면 사용자가 실제 업무를 수행할 수 있는 "메뉴"화면이 표시되는데 메뉴 화면에는 독자가 업무를 이해를 하기 쉽도록 기능을 [기준정보], [입고], [출고], [재고관리] 총 4개의 그룹으로 화면이 표시된다. 사용자는 원하는 메뉴를 [더블클릭]을 하면 해당 프로그램 화면(시트)이 새롭게 열려 원하는 업무를 수행할 수 있다.

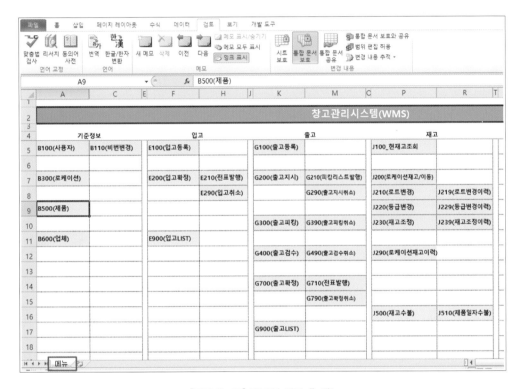

[그림 2-42] 로그인 성공 후 메뉴

Chapter
03

시스템 미리보기

제3장_ 시스템 미리보기

1. 개요

WMS 시스템을 개발 하기 전에 사전 분석 차원에서 우리가 개발할 시스템을 미리 살펴 보도록 하자. 우리가 개발할 WMS시스템이 어떠한 형태로 만들어 졌는지 그리고 전체적인 구성이나 내용들을 살펴 보면 향후 개발 하는데 많은 도움이 된다.

WMS시스템은 Warehouse(창고)를 Management(관리)하는 System(시스템)이다. 말 그대로 창고를 관리하기 위한 시스템이다. WMS의 가장 큰 특징은 창고를 효율적으로 운영 하기 위해 재고가 보관될 위치를 쪼개어 각각 주소(로케이션)를 부여하여 관리하는 것이다.

"특정제품이 창고에 [100]개 보관되어 있다"라는 표현이 아니라 "특정제품이 창고 내 [A100] 로케이션 주소에 [50]개가 보관되어 있고, [B100]로케이션 주소에 [50]개가 보관되어 있다" 라는 식으로 보다 상세하고 명확하게 관리한다.

우리가 개발할 엑셀 WMS기반의 WMS는 저자가 쓴 [WMS원리와 이해, 2023.12월] 책을 기반으로 독자가 WMS의 개념이나 원리를 이해하기 위한 목적으로 개발 하였다. WMS시스템에서 다수의 창고와 다수의 고객(회사)를 운영하는 것이 보통이지만 시스템의 설계 및 개발의 복잡도가 매우 높아 독자들이 이해하는데 어려움을 있기 때문에 하나의 창고와 하나의 고객(회사)만 서비스할 수 있도록 최대한 구조를 단순화하였다.

[그림 3-1] WMS 시스템 주요 기능 구성도

기준정보는 WMS 운영의 주체나 대상이 되는 [사용자], [제품코드], 입고 또는 출고의 대상이 되는 [업체코드] 그리고 WMS의 기본적인 특징인 로케이션 관리를 위한 [로케이션코드] 등을 관리한다. 만약, 다수의 창고와 다수의 고객을 서비스 하도록 설계 했다면 추가적으로 [창고코드], [고객(회사)코드] 등 추가적인 기준정보 관리와 이와 관련된 다수의 프로그램들과 기능들이 추가되어 시스템의 복잡도가 높아진다.

입고업무는 창고에 필요한 재고를 확보(보유)하기 위한 일련의 과정이다. [입고등록]은 사전에 입고될 물량을 시스템에 입력하는 화면이다. 입고확정이 완료되기 전까지 언제든지 수정 또는 삭제가 가능하다. [입고등록]된 내역을 기반으로 사전에 창고 공간을 확보하거나 작업 인력을 준비 등 입고확정을 위한 준비작업에 활용된다.

실제 제품이 창고에 도착하면 제품의 상태와 수량을 확인하고 [입고확정]을 수행한다. [입고확정]이 되면 [입고대기(입고장)] 로케이션에 재고가 증가된다. 일반적으로 [입고대기(입고장)] 로케이션에 보관되어 있는 재고는 품질검사, 적치 등의 작업이 이루어지지 않아 출고 가능한 재고인 가용재고에 포함되지 않는다.

입고확정된 재고는 비로소 적치(Putaway)과정을 거쳐 정상적인 보관 로케이션으로 재고가 이동되어야만 언제든지 출고 가능한 상태로 유지되고 가용재고에 포함된다. 실무에서 적치과정은 출고나 재고관리가 효율적이게 관리되도록 아주 복잡한 알고리즘과 프로세스를 거치지만 개념적 결과적으로는 [로케이션 재고이동]과 거의 동일하다. 따라서 개발 복잡도 등을 감안하여 우리가 개발한 WMS시스템에서는 [로케이션 재고이동]기능으로 대체하여 적치 기능 개발은 제외한다.

출고업무는 WMS 로케이션 관리 특성상 상대적으로 복잡한 과정을 거쳐야 한다. 재고가 여러 곳이 로케이션에 분산되어 있고 여러 작업자들이 동시에 작업을 수행해야 하기 때문에 그냥 바로 출고처리를 하게되면 가장 가까운 로케이션 재고를 여러 사용자들이 서로 출고하기 위해 충돌되고 이로 인해 혼선이 발생될 수 밖에 없다.

이 때문에 출고를 하려면 반드시 출고지시(할당) 작업을 거쳐야 한다. 출고지시(할당)을 좀 더 쉽게 표현하면 충돌이나 혼선이 발생하지 않도록 출고해야 할 요청 건 별로 미리 어느 로케이션의 재고를 가져 가야 할지 미리 예약(찜)하는 작업으로 설명할 수 있다.

[피킹작업]을 통해 출고지시(할당)된 내역을 기반하여 충돌 없이 지정된 로케이션 재고를 [출고장]으로 실물을 옮길 수 있다. 이후 [검수작업]을 거쳐 최종 [출고확정] 작업을 수행하면 [출고장]으로 이동된 재고가 창고에서 감소(-)된다.

재고관리 메뉴는 입고나 출고 업무를 통해 수시로 변경 된 재고를 조회하거나 관리하는 기능들이 포함되어 있다. 창고내에 총 재고는 몇 개있고 가용할 수 있는 재고는 몇 개 있는지를 종합적으로 확인 할 수 있으며 상세하게 로케이션 단위로 재고를 조회할 수도 있으며 입고 또는 출고 처리단계별로 재고가 어떤 로케이션에서 몇 개가 어떤 사유로 어떻게 누가 이동되었는지 확인할 수도 있는 이력조회 기능이 포함되어 있다.

재고관리 메뉴에서는 다양한 조회뿐만 아니라 입고, 출고 등의 작업을 수행하면서 착오나 오류 등으로 발생된 재고를 시스템 재고와 일치시키기 위해 [로트변경], [등급변경] 그리고 [재고 수량조정] 등을 수행 할 수 있는 기능을 제공한다.

우리가 개발할 WMS 시스템은 실무에서 활용하기 위한 목적보다는 시스템의 전반적인 개발 과정을 학습하고 교육하는데 목적이 있기 때문에 독자들이 이해하기 쉽도록 메뉴구조, 프로세스, 관리 항목 등을 최대한 단순화하여 구성하기 위해 노력하였다.

2. WMS 실행 및 로그인

WMS시스템을 실행하기 위해서는 2장에서 설치한 데이터베이스의 [WMS] DB가 준비되어 있고 PC에서는 저자가 배포한 [WMS_완성본.xlsb] 파일을 실행하면 된다. 완성본 파일은 WMS 시스템의 기준정보, 입고, 출고, 재고관리 등 전체 업무가 개발된 최종 실행 파일이다. 엑셀 파일을 실행하면 VBA 매크로가 자동 실행되어 [로그인]시트만 보이고 나머지 시트는 모두 숨겨져 있을 것이다.

먼저, 로그인 화면(시트)에서 사용자ID와 비밀번호를 입력 한다. 사용자ID와 비밀번호를 입력 받아 오류가 발생되면 [사용자ID 또는 비밀번호가 다르다]는 오류 메시지를 표시한다. 접속에 필요한 사용자ID와 비밀번호는 [WMS]DB의 [TBC_사용자]테이블에서 저장되어 있다.

만약, 로그인이 정상적으로 되지 않는다면 사용자 관련 테이블을 확인하거나 데이터베이스의 정상적인 접속 여부를 재확인하기 바란다.

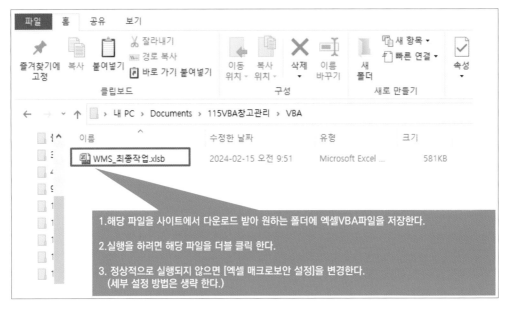

[그림 3-2] WMS 시스템 엑셀 파일 실행

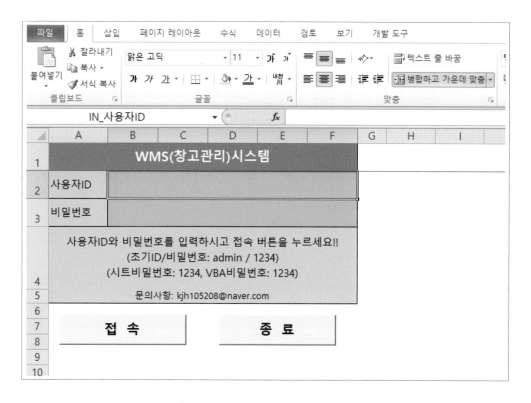

[그림 3-3] WMS 시스템 로그인 화면

3. 메뉴구성

사용자ID와 비밀번호가 일치하면 사용자가 실행할 수 있는 프로그램 목록인 [메뉴] 화면이 보인다. 메뉴 화면은 [기준정보], [입고], [출고], [재고]로 총 4개의 그룹으로 구성되어 있다. [메뉴] 화면에서 사용자가 원하는 메뉴를 실행 하려면 해당 목록의 이름을 [더블클릭]하면 해당하는 화면(시트)이 보인다. 평상시에는 메뉴의 시트가 자동으로 숨겨져 있다가 사용자가 [더블클릭]했을 때 숨겨진 시트를 보이게 하는 원리이다.

[그림 3-4] WMS 메뉴 화면

[기준정보]그룹에서는 WMS에서 필수적으로 정의 되거나 관리되어야 할 기준정보 화면들로 구성되어 있다. 재고관리의 주체인 [제품코드], 창고의 재고보관 위치를 관리하기 위한 [로케이션], 입고처 또는 출고처를 관리하기 위한 [업체코드], 시스템에 접속 하기 위한 [사용자]와 [비밀번호변경] 메뉴가 있다.

[입고]그룹에서는 창고 에 재고 입고처리 해야 할 내역들을 입력하고 이를 확정 하거나 취소하는 메뉴들이 배치되어 있으며 입고전표 출력 화면과 지금까지 처리한 입고 내역들의 조회 할 수 있는 화면으로 구성하였다.

[출고]그룹은 [입고]그룹 대비 상대적으로 많은 화면들이 존재한다. 이유는 출고 시에는 한정된 재고를 여러 작업자가 동시에 처리해야 하기 때문에 진행해야 할 처리화면들이 그많은 많고 까다롭기 때문이다. 출고작업은 출고등록 → 출고지시(할당) → 피킹 → 검수 → 출고확정까지 모두 수행해야 출고작업이 마무리된다. 현재 처리단계에서 다시 이전 단계로 되돌아 갈 수 있는 취소메뉴와 피킹리스트, 출고전표 출력 기능 등을 포함하고 있다.

[재고]그룹은 창고 내 재고현황을 조회 하거나 재고의 변경 이력 등을 조회 할 수 있으며 로트변경, 제품의 등급변경, 재고조정 등의 업무를 수행할 수 있다.

4. 표준화면 구성

WMS시스템 대부분의 화면들은 표준화된 화면 구조를 기반으로 개발되었다. 화면의 구조나 형태를 표준화 함으로써 개발자 입장에서는 공통모듈을 적용이 용이하며 개발 생산성을 향상 할 수 있고 향후 기능 개선 및 확장이 쉬운 장점이 있다. 사용자 입장에서도 대부분의 화면 조작이나 사용 방법이 거의 동일하기 때문에 사용법이 쉽고 빠르게 적응할 수 있는 장점이 있다.

[그림 3-5] 표준 화면 구성 예시

표준화면 상단에는 [초기화], [조회], [처리], [닫기] 버튼이 배치된다. 화면 상단 80행에서 90행에는 작업에 필요한 버튼이나 조회나 입력을 위한 조건 등을 입력할 수 있는 칼럼들이 배치된다. 표준화면 예시에서는 [통합검색] 칼럼이 배치되어 있다.

[조회]버튼은 DB 조회 프로시저가 필요로 하는 입력매개변수들을 데이터베이스에 전달하고 그 결과를 화면을 출력한다. 눈에는 보이지 않지만 화면에 미리 설정된 칼럼 설정 정보를 참고하여 101행부터 화면에 해당 항목들이 출력 한다. 만약, 사용자가 임의로 [제품명]과 [박스입수] 위치를 강제로 바꾸는 경우에도 화면에 미리 설정된 칼럼 정보가 있기 때문에 바뀐 칼럼에 맞는 데이터가 출력된다.

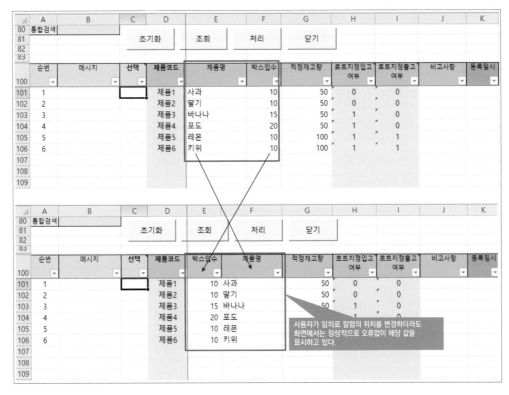

[그림 3-6] 사용자 칼럼 임의 변경 시 정상 출력 예시

[초기화]버튼은 화면에 출력된 데이터들이 더 이상 필요 없을 경우 화면을 초기화하고 새로운 조회를 위한 준비작업을 수행한다. 101행 이하의 화면에 출력된 내용을 모두 지우고 화면 상단의 조건 입력 값(화면예: 통합검색 입력항목)을 초기상태로 변경한다. 간단히 말하면 화면을 처음상태로 깨끗하게 지워 처음상태로 되돌린다.

[닫기]버튼은 현재의 화면이 더 이상 필요 없을 때 사용한다. [닫기]버튼을 클릭하면 해당 화면은 자동으로 숨김 처리되어 사용자가 볼 수 없다. 다시 화면을 열어 보고자 한다면 메뉴를 [더블클릭]하면 다시 해당 화면이 열린다.

[처리]버튼은 [C]열 입력 값에 따라서 해당 행을 입력, 수정, 삭제 처리 하거나 특화된 업무처리를 수행할 수 있다. 일반적으로 [C]열의 기본 입력값은 다음과 같다.

[1] : 해당 행의 입력이나 수정 처리

[4] : 해당 행의 삭제 처리

[7] : 해당 행의 특화된 업무 처리 (예: 입고확정, 출고확정 등)

[8] : 해당 행위 특화된 업무 처리 취소 (예: 입고확정취소, 출고확정취소 등)

만약, [처리] 수행 중 오류가 발생되면 표준화면 "B"열에 오류 메시지가 출력된다. 오류 메시지를 확인하고 오류 원인을 해결하고 [처리]버튼을 다시 눌러 재실행할 수 있다.

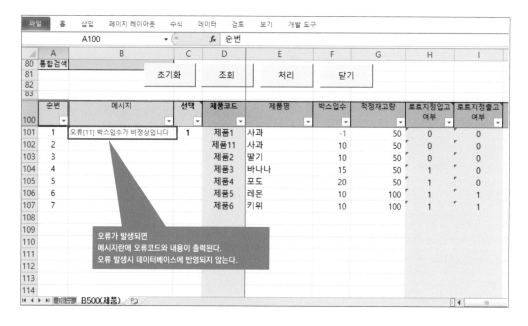

[그림 3-7] 처리 수행 중 오류 발생 예시

마지막으로, 100행을 칼럼명의 색상을 보면 오렌지색이 칠해져 있는 항목이 있고 하늘색 또는 회식 계열의 색상이 칠해진 항목이 있는데 사용자가 입력해야 하는 항목 부를 알 수 있도록 구분하였다.

-오렌지색 계열 칼럼 : 일반적으로 사용자가 입력해야 할 항목

-하늘색/회색 칼럼 : 시스템에서 처리되거나 단순 조회되는 항목

(예: 등록일시, 등록자IP)

5. 기준정보

가. 사용자

시스템에 로그인 가능한 사용자를 등록하는 화면이다. 사용자ID를 신규로 등록하면 기본 비밀번호로 [1234]가 자동 등록된다. 사용자ID 외에 사용자명, 비고사항을 입력 할 수 있도록 구성하였다.

화면 오른쪽에 회색으로 표시된 [등록일시], [등록자IP], [등록자ID]는 사용자ID가 최초 등록될 때 시스템(데이터베이스)에서 자동으로 입력되며, [수정일시], [수정자IP], [수정자ID]는 사용자 ID의 정보가 수정될 때 마다 시스템에서 자동으로 입력된다. 만약, 사용자가 실수로 비밀번호를 잊어버려 더 이상 시스템에 접속할 수 없는 경우가 발생 될 수 있는데 이러한 경우에 선택란(C 열)에 [9]를 입력하면 비밀번호를 초기화할 수 있다. 이때 비밀번호는 [1234]로 초기화된다.

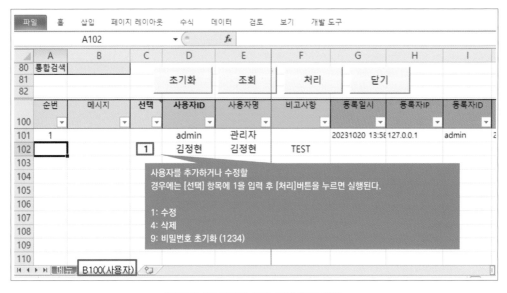

[그림 3-8] 사용자 추가 등록 화면 예시

나. 비밀번호 변경

사용자가 자신의 접속 비밀번호를 변경하고자 할 때 사용하는 화면이다. 현재 자신의 비밀번호를 입력하고 변경하고자 하는 비밀번호를 입력 후 "처리"버튼을 누르면 비밀번호가 변경된다. 비밀번호는 일반적으로 암호화를 하는 것이 원칙이지만 실습의 목적상 암호화된 비밀번호를 확인 하지 못해 테스트를 하는데 있어 어려움이 있을 수 있기 때문에 사용자가 입력한 비밀번호 글자 그대로 DB에 저장 되도록 하였다.

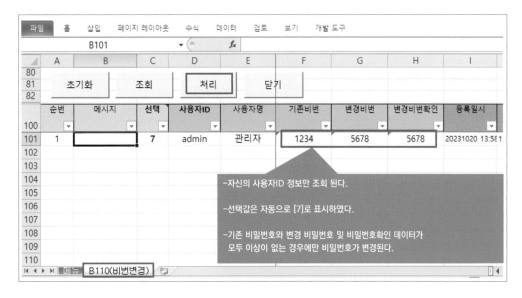

[그림 3-9] 사용자 비밀번호 변경 예시

다. 로케이션코드

로케이션코드는 재고가 보관될 창고의 위치를 코드화한 기준정보이다. WMS시스템은 "특정 창고에 [A]제품이 30개 보관되어 있다" 라고 관리하는 것이 아니라 "특정 창고의 [A]제품은 [L1] 로케이션에 10개, [L2]로케이션에 20개가 각각 보관되어 있다" 라고 재고를 로케이션코드별로 쪼개어 관리한다.

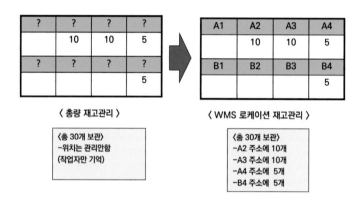

[그림 3-10] WMS 로케이션 재고관리 개념

많은 WMS시스템들은 다수의 창고를 하나의 시스템에서 관리하는 경우가 많다. 이러한 경우 각각의 창고별로 각각 로케이션을 구성 할 수 있도록 설계하고 운영 한다. 하지만 창고, 업체, 제품기준 정보와의 연계 처리 및 창고별로 다른 형태의 프로세스를 처리해야 할 경우 등 많은 부분들을 추가 고려해야 하기 때문에 복잡도가 상대적으로 높아진다.

우리가 개발할 WMS시스템은 독자들이 이해하기 어려운 점을 감안하여 하나의 창고만 운영하는 것으로 한정하여 시스템을 설계하고 개발 한다. 하나의 창고만 서비스 할 경우 별도의 창고기준 정보관리를 생략할 수 있다.

[그림 3-11] 로케이션 기준정보 예시

- 입고대기 : 입고된 재고를 보관존으로 이동하기 전에 임시적으로 보관 되는 장소
- 보관로케이션 : 재고를 실제 보관 하는 장소로서 창고 상황에 따라 여러 개의 보관존으로 구분하여 운영할 수 있다.
- 출고대기 : 피킹 완료된 재고가 고객(차량)에 최종 인도 되기 전에 대기 하는 공간이다.
- 입고반품대기 : 입고반품을 처리하기 위한 전용 보관 장소
- 출고반품대기 : 출고반품을 처리하기 위한 전용 보관 장소
- 출고오류대기 : 출고피킹, 검수시 오류분을 임시 보관하기 위한 장소

[그림 3-12] 로케이션 기준정보 구조

로케이션 기준정보는 다음과 같은 항목들을 관리 한다. 각 항목에 대한 자세한 사항은 입고 또는 출고 프로세스에서도 다룰 것이다.

항목	내 용	비고사항
로케이션코드	–시스템이 인식하는 로케이션코드 (반드시 유일한 값이어야 한다)	100101
로케이션명	–사용자에게 표시하는 로케이션 이름 (사용자가 인식하기 용이하도록 표시)	10-01-01
로케이션그룹	–로케이션이 사용되는 용도를 그룹화 하여 지정함 예)보관, 입고대기, 출고대기, 입고반품대기, 출고반품대기, 출고오류대기	보관
할당여부	–출고지시(할당)을 할 수 있는 로케이션 여부 예) 1:할당가능 0:불가능	1
이동여부	–작업자가 이동할 수 있는 로케이션 여부 예) 1:이동가능 0:로케이션 이동불가	1
통로 랙번호 단번호	–로케이션코드를 어느 통로, 랙번호, 단인지를 관리함	통로: 10 랙번호: 01 단번호: 01

[그림 3-13] 로케이션 기준정보 주요 항목

로케이션에서 중요 속성에는 [할당여부], [이동여부]가 있다.

[할당여부]는 해당 로케이션에 보관된 재고가 가용재고에 포함될 것인지를 결정하는 항목이다. [1]로 설정된 경우에는 가용재고에 포함되며 [출고지시(할당)] 처리가 가능한 재고를 의미한다. [0]인 경우에는 가용재고에 포함되지 않으며 출고지시 작업에 포함되지 않는 재고를 의미한다.

[이동여부] 속성은 작업자가 로케이션 이동을 할 수 있는지를 설정한다. [1]로 설정된 경우에는 사용자가 해당 로케이션의 재고를 다른 로케이션으로 이동처리를 할 수 있다. 만약, [0]으로 설정된 로케이션은 반대로 사용자가 로케이션재고를 이동처리할 수 없으며 대부분 시스템이 특정 업무처리를 위해 관리되는 특별한 로케이션이 그 대상에 주로 해당된다.

로케이션	내 용	비고사항	
		할당여부	이동여부
100101 ~ 100112	-창고에 정상 보관되어 언제든지 출고 가능한 재고이다. (가용재고) -언제든지 다른로케이션으로 이동 가능한 재고이다. -로케이션그룹: 보관	1(Yes)	1(Yes)
입고대기	-총재고에는 포함되지만 출고가능한 가용재고에 포함되지 않는다. -적치작업(이동)으로 보관로케이션으로 이동되지 이전의 임시 로케이션이다.	0(No)	1(Yes)
입고반품대기	-입고반품을 처리하기 위한 임시 로케이션이다. -입고반품을 하기 위해서는 입고반품대기 로케이션에 재고가 있어야 한다.	0(No)	1(Yes)
출고대기	-출고지시(할당) 처리된 재고가 임시 보관되는 로케이션이다. -향후 출고확정 하면 최종적으로 출고대기 로케이션에서 재고가 차감된다. ※ 시스템에서 자동으로 관리되는 재고로서 작업자가 임의로 로케이션 재고 이동처리를 할 수 없다.	0(No)	0(No)
출고반품대기	-반품입고가 된 재고가 임시적으로 보관되는 로케이션이다. -최종 검수 후 보관로케이션 등으로 이동 처리된다.	0(No)	1(Yes)

출고오류대기	-출고지시(할당) 되었지만 실물이 없어 오류발생된 재고를 임시로 보관
	※ 오류분이 다시 보관로케이션으로 이동되면 다른 작업에 혼선이 발생되기
	  때문에 출고오류대기 로케이션으로 이동처리하며, 원인 확인 후
	  다른 로케이션으로 이동 처리가 가능하다.
		0(No)	1(yes)

[그림 3-14] 예시 입력된 로케이션 기준정보 상세 설명

다. 제품코드

제품코드는 WMS에서 재고관리의 대상이 되는 기준정보이다. 보통 [제품], [상품], [아이템], [아티클] 등의 용어로 혼재되어 불린다. 엄밀하게 구분하여 말하자면 [제품]은 자신이 직접 생산한 것을 의미하며, [상품]은 다른 주체로부터 구매를 한 것을 말한다. 우리가 개발하는 WMS에서는 제품, 상품 구분하지 않고 일반적으로 가장 많이 통용되는 [제품]을 표준용어로 정한다.

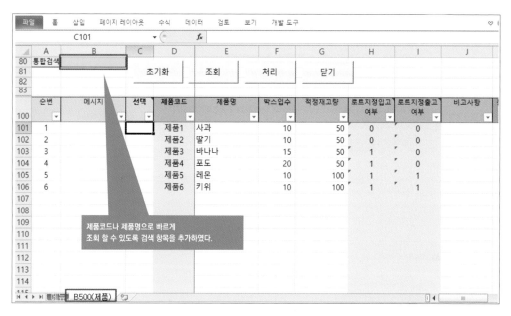

[그림 3-15] 제품코드 기준정보 화면 예시

제품 기준정보는 다음과 같은 주요 항목들을 관리한다. 각 항목에 대한 자세한 사항은 입고 또는 출고 프로세스에서 좀 더 자세히 다루게 될 것이다.

항목	내 용	[제품1] 등록예시
제품코드	-시스템이 인식하는 제품코드 (반드시 유일한 값이어야 한다)	제품1
제품명	-실제 제품명 (제품 등에 인쇄 또는 인식할 수 있는 제품 이름)	사과
박스입수	-해당 제품이 한박스에 몇 개가 들어갈 수 있는 수량	10
적정재고량	-창고에서 보관해야 할 적정한 재고수량 -출고량, 발주 후 입고시 까지 소요되는 기간 등을 고려하여 산정	50
로트지정 입고여부	-입고시 유통기한, 로트번호를 반드시 입력해야 하는지를 설정함 [1] 입고시 유통기한, 로트번호 필수 입력 설정 (재고관리시 로트별 관리) [0] 입고시 유통기한, 로트번호 입력하지 않음 (재고관리시 총량관리)	0
로트지정 출고여부	-출고시 특정 유통기한, 로트를 지정하여 출고해야 하는지를 설정함 [1] 반드시 유통기한, 로트번호 지정 출고 [0] 특별히 지정하지 않고 유통기한 순으로 선입선출 출고처리	0

[그림 3-16] 제품 기준정보 주요 항목

제품 기준정보에서 중요한 칼럼(항목)은 [로트지정입고여부]와 [로트지정출고여부]이다. [로트지정입고여부]는 입고 시에 유통기한과 로트번호를 필수로 입력(관리)할 것인지를 설정한다. 만약 입력하지 않도록 설정하였다면 유통기한, 로트번호 구분없이 재고관리를 하겠다는 의미이다.

[로트지정출고여부]는 출고시에 특정 유통기한, 로트번호를 지정하여 출고할 것인지를 결정한다. 자동으로 재고를 선입선출로 출고처리 하지 않고 특정 유통기한이나 로트번호를 지정하여 출고하고자 한다면 [1]로 설정하면 된다.

[WMS] DB에 테이블을 생성시 초기 데이터를 [제품1]에서부터 [제품6]까지 미리 입력(INSERT)해 두었는데 유통기한, 로트번호를 입고와 출고할 때 어떻게 처리할 것인지에 대해 다음과 같이 3가지 형태로 기준정보를 생성하였다.

[제품1], [제품2] :　　입고 : 유통기한, 로트번호 미입력 (총량 재고관리)

　　　　　　　　　　출고 : 총량출고 (입고시 로트지정이 되지 않았기 때문)

[제품3], [제품4] :　　입고 : 유통기한, 로트번호 필수입력 (로트단위 재고관리)

　　　　　　　　　　출고 : 유통기한, 로트번호 미입력 (선입선출로 출고처리)

[제품5], [제품6] :　　입고 : 유통기한, 로트번호 필수입력 (로트단위 재고관리)

　　　　　　　　　　출고 : 특정 유통기한, 로트번호를 선택하여 출고처리

제품코드	제품명	내 용	비고사항	
			로트지정 입고여부	로트지정 출고여부
제품1	사과	-재고관리: 총량관리 (입고시 유통기한, 로트번호 입력 X) -출고관리: 로케이션 코드순으로 출고처리	No(0)	No(0)
제품2	딸기			
제품3	바나나	-재고관리: 로트관리 (입고시 유통기한, 로트번호 입력함) -출고관리: 로케이션 유통기한 순으로 순차 출고처리	Yes(1)	No(0)
제품4	포도			
제품5	레몬	-재고관리: 로트관리 (입고시 유통기한, 로트번호 입력함) -출고관리: 출고등록시 유통기한, 로트번호가 정확히 일치하는 　　　　　 재고를 로케이션 코드순으로 출고처리	Yes(1)	Yes(1)
제품6	키위			

[그림 3-17] 초기 입력된 제품 기준정보 내용

라. 업체

입고와 출고 시에 어디 또는 누구와 연관된 기준정보이다. 시스템에 따라 입고처와 출고처를 분리하여 입고처코드와 출고처코드로 분리하여 관리하는 경우도 있다. 그러나 우리가 개발할 시스템에서는 DB의 구조를 단순화하기 위해 [업체]라는 이름으로 입고처와 출고처를 통합하여 관리한다.

업체정보는 업체명, 사업번호, 대표자, 주소, 업태, 종목 등 필수적으로 활용되고 있는 항목들을 포함하여 구성 하였다. 입고처 코드와 출고처 코드의 구분은 없으나 한글코드로 입고처와 출고처로 사용할 업체코드를 각각 3개씩 생성하였다.

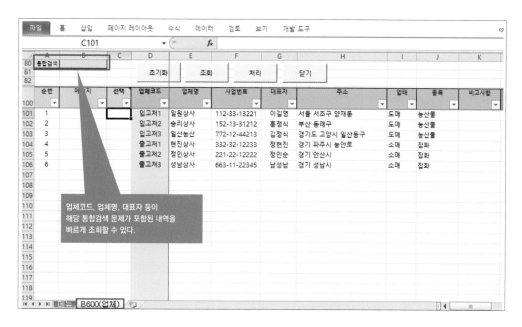

[3-18] 업체 기준정보 화면 예시

많은 WMS 시스템들은 여러 개의 창고를 하나의 시스템에서 관리할 수 있는 것처럼 다수의 고객사(회사)를 관리할 수 있도록 지원하는 경우가 많다. WMS 시스템에서 두 개의 고객사(회사)를 서비스할 경우 회사별로 업체코드를 코드체계나 코드중복이 발생되더라도 문제없이 독립적으로 입력할 수 있어야 하기 때문에 개발 복잡도가 상대적으로 높아진다. 이는 업체코드 뿐만 아니라 제품코드 등도 마찬가지이다.

이와 같이 다수 고객사(회사)를 고려할 경우 설계 및 개발 복잡도가 높아지고 독자들이 이해하기 어려운 점을 감안하여 하나의 고객사(회사)만 운영하는 것으로 전제하고 WMS시스템을 설계하고 개발한다. 하나의 고객사(회사)만 운영할 경우 별도의 고객사(회사) 기준 정보관리를 생략이 가능하다.

6. 입고관리

입고(Inbound, Receive)의 사전적인 의미로는 "창고에 물건을 넣는다"라는 뜻이다. 창고에서 필요한 재고를 입고처에 입고를 요청하고 이를 입고 받으면 창고 담당자는 수량, 품질 등을 확인 후 인수받아 최적의 보관위치에 저장하는 일련의 과정을 말한다.

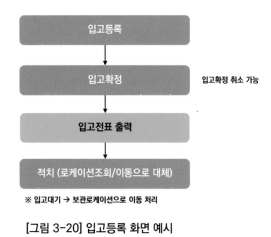

[그림 3-20] 입고등록 화면 예시

입고관리의 첫단계는 [입고등록]이다. 입고처, 입고예정일자 그리고 입고 할 제품코드와 수량을 입력한다. 입력된 입고등록 데이터는 창고 내에서 입고를 원활하게 진행될 수 있도록 사전 준비 작업 등에 활용된다. 해당 재고가 도착하면 품질, 수량 등 이상여부를 확인하여 이상이 없으면 최종 입고 확정한다. 입고확정이 완료되면 창고의 재고수량이 증가(+)한다. 좀 더 상세하게 말하면 [입고대기] 로케이션의 재고수량이 증가(+)한다.

[입고대기] 로케이션의 재고는 보관 로케이션의 재고보관 수량 단위로 쪼개어 [보관] 로케이션으로 이동하는 프로세스인 [적치(Putaway)]작업이 수행되면 입고 처리가 최종 완료된다. 적치 작업은 창고 환경이나 제품이나 입출고 특성 등에 따라 절차와 기준이 다르고 복잡도가 높기 때문에 우리는 [로케이션재고이동] 화면으로 수동으로 보관 로케이션으로 이동 처리 하는 것으로 대체할 것이다.

가. 입고등록

입고를 진행하기 위한 가장 첫 단계의 화면이다. 입고등록의 필수적인 정보인 언제(입고일자), 어디서(입고처) 어떤 제품들을 얼마에 몇 개를 입고해야 하는지 시스템에 입력하는 화면이다.

우리가 개발하는 입고등록 화면은 사용자의 편의성을 고려하여 일일이 제품코드를 직접 입력하지 않고 미리 제품코드, 제품명 등의 목록을 사용자에게 보여주고 사용자는 입고 해야 할 제품에 수량, 유통기한, 로트번호 등 꼭 필요한 내용만 추가하면 등록될 수 있도록 화면을 구성하였다.

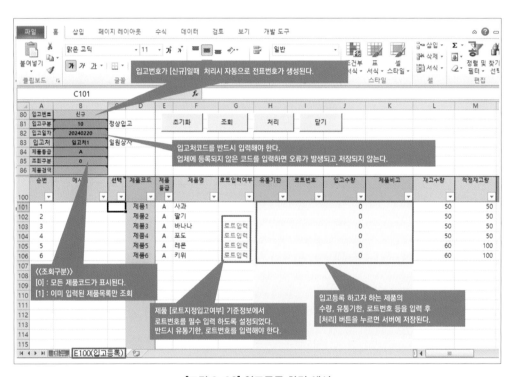

[그림 3-20] 입고등록 화면 예시

입고 등록 시 제품의 기준정보 항목인 [로트지정입고여부] 설정에 따라 유통기한과 로트번호를 필수적으로 입력해야 할 지가 결정 된다. [로트지정입고여부] 값이 [1]이면 필수적으로 유통기한과 로트번호를 입력해야 하고, [0]이면 유통기한과 로트번호를 입력할 필요가 없다. [제품1]

과 [제품2]는 유통기한과 로트번호를 입력하지 않아도 되지만 [제품3]부터 [제품6]은 필수적으로 유통기한과 로트번호를 입력해야만 정상적으로 입고등록이 된다.

> [제품1], [제품2] : 유통기한, 로트번호 미입력 (총량 재고관리)
>
> [제품3], [제품4] : 유통기한, 로트번호 필수입력 (로트단위 재고관리)
>
> [제품5], [제품6] : 유통기한, 로트번호 필수입력 (로트단위 재고관리)

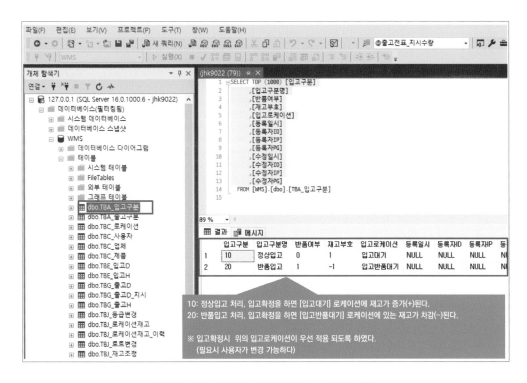

[그림 3-21] 입고구분 관련 테이블 및 데이터 예시

화면상단의 81행의 [입고구분]은 창고에 재고를 입고할 것인지 아니면 입고된 내역을 입고처에 반납 할 것인지 선택하는 칼럼이며 [TBA_입고구분]테이블에서 코드가 관리된다. [입고구분]의 설정은 운영 초기에 설정하는 경우가 많아 편의 상 별도의 화면(프로그램)은 만들지 않고 데이터베이스에서 테이블(TBA_입고구분)을 직접 관리자가 변경될 수 있도록 하였다.

[입고구분]이 [10]일 경우에는 일반적인 정상 입고처리를 수행한다. [20]을 입력하면 입고된 물량을 일부를 입고처로 다시 반품 처리를 되도록 설정되어 있다. 필요에 따라 [입고구분]을 추가하거나 수정할 수 있다. [처리]버튼을 클릭하면 입고등록 내역이 시스템에 저장되는데 이를 관리하기 위한 신규 [입고번호]가 자동으로 부여된다.

입고번호는 데이터베이스의 시퀀스(SEQUENCE)를 사용하여 중복 없이 입고번호를 부여 받는다. 원하는 입고번호를 입력하면 시스템에 등록된 내역을 확인 할 수 있으며 추가, 수정, 삭제 등이 가능하다.

입고번호는 [PA202402-0001]와 같은 형태로 자동생성 되는데 그 의미는 다음과 같다.

PA : 입고전표를 의미한다. ([SA]는 출고전표를 의미한다.)

202402 : 입고년월

0001: 입고년월을 기준으로 자동으로 등록된 순번

  (0001은 2024년 02월 첫번째로 등록된 순번)

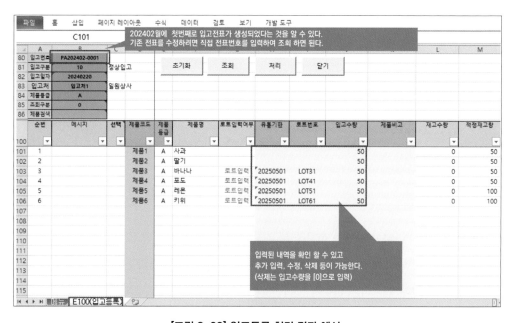

[그림 3-22] 입고등록 처리 결과 예시

나. 입고확정

입고등록하고 아직 입고확정 처리가 되지 않은 내역들을 조회하여 실제 입고 확정 처리를 할 수 있는 화면이다. 입고확정 처리대상인 상태코드 [10]인 내역들을 화면에 보여주면 그 중에서 입고확정을 해야 할 목록에 선택코드 [7]을 입력 후 [처리]버튼을 클릭하면 입고 확정 처리가 완료된다. 입고확정이 완료되면 상태코드가 [10] → [90]상태로 변경되고, [입고구분]에 따라 [정상입고]내역을 처리를 했다면 재고가 증가(+)되고, [반품입고]를 처리했다면 [입고반품대기]로케이션의 재고가 감소(-)처리 된다.

입고구분	입고 확정 처리내용	비고사항
10 정상입고	-입고처로 부터 재고를 입고 처리한다. (재고 증가) -[입고대기] 로케이션의 재고를 입고확정 수량만큼 증가(+) 시킨다. ➔ 이후 적치 또는 보관로케이션으로 이동 처리 한다.	
20 반품입고	-입고처로 재고를 반품 처리 -[입고반품대기] 로케이션의 재고를 입고확정 수량만큼 감소(-) 시킨다. ➔ 이후 제품의 상태 등을 확인하고 보관로케이션 등으로 이동 처리한다.	

[그림 3-23] 입고구분별 입고확정 주요 처리내용

보통 입고확정 처리를 하면서 잘못 입력된 내역에 대해서는 삭제하거나 수량이나 입고일자, 비고사항 등을 수정 하는 경우가 많다. 만약 입고예정수량 보다 실제로 입고된 실물수량이 차이가 있을 경우에는 수량을 변경하여 입고 확정할 수 있다. 우리가 개발할 시스템에서는 확정수량과 입고로케이션을 변경할 수 있도록 처리하였다. 만약, [정상입고]시 [입고대기] 로케이션으로 이동 후 보관로케이션으로 적치(로케이션이동)하는 것이 불편하다면 [입고대기] 로케이션을 보관로케이션 주소로 수정하고 [처리] 버튼을 누르면 된다.

예시에서는 [PA202402-0001]과 [PA202402-0002] 2개의 입고전표를 통해 [제품1]에서 [제품6]까지 총 6개 제품을 각각 100개씩 총 600개를 입고 처리하였다. [제품1]의 50개를 제외한 모든 수량들은 보관로케이션으로 바로 입고확정 처리하였다. [제품1]의 50개는 [입고대기] 로케이션으로 입고확정을 했기 때문에 추가적으로 로케이션이동처리 작업이 필요하다.

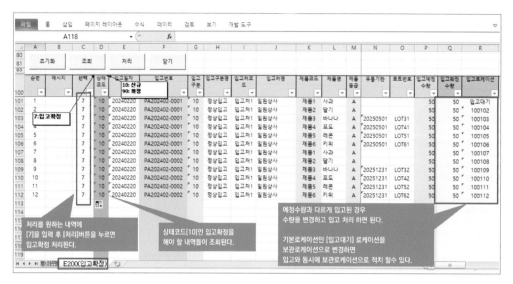

[그림 3-24] 입고확정 화면 예시

[그림 3-25] 입고확정 후 재고증가 화면

[그림 3-26] 입고확정 후 로케이션 재고 이미지

로케이션재고 현황을 살펴보면 제품이 로케이션별로 유통기한, 로트별로 구분되어 재고수불이 로케이션코드 순으로 재고가 정확히 보관 관리되고 있음을 확인할 수 있다. 적치(Putawsy)작업은 로케이션이동 처리와 기능적으로 유사하기 때문에 별도의 적치 프로그램은 개발하지 않고 [재고] 메뉴에 있는 [로케이션재고이동] 화면을 활용하여 보관로케이션으로 이동 처리 한다. 로케이션재고이동 화면은 [재고관리]에서 추가적으로 설명할 것이다.

[그림 3-27] 입고대기 로케이션 이동 처리 작업 (작업전)

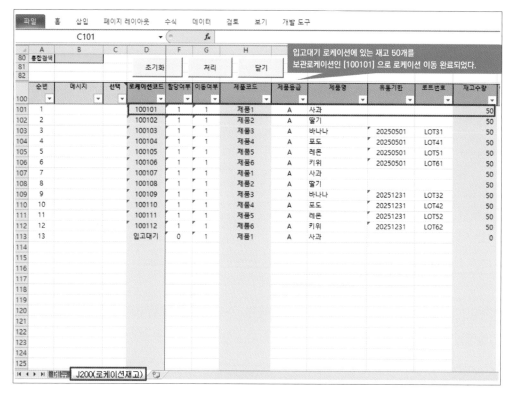

[그림 3-28] 입고대기 로케이션 이동 처리 작업 (작업후)

다. 입고전표 발행

입고 확정이 완료된 입고번호에 대해 실물을 인수인계를 명확히 했다는 증빙(출력물)을 발행한다. 향후 입고 물량에 대해 문제가 발생되었을 때 경우 이를 증명하기 위한 용도이다.

입고전표는 회사마다 양식이나 형태가 다를 수 있지만 입고에 관련된 필수적인 사항인 입고번호, 입고처코드, 입고일자, 제품정보, 입고수량, 유통기한, 로트번호 등이 입고전표에 출력된다.

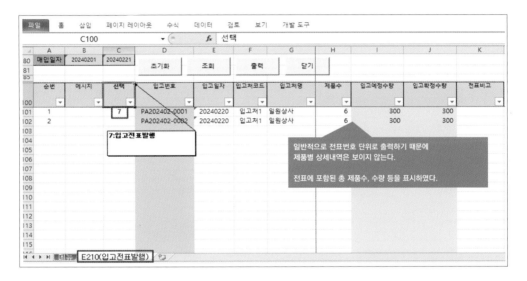

[그림 3-29] 입고전표 발행 화면

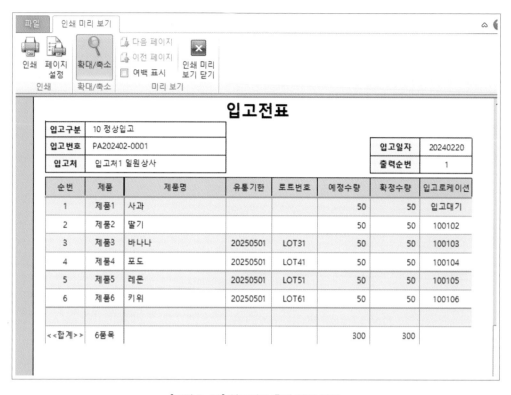

[그림 3-30] 입고전표 출력 양식 예시

라. 입고LIST

지금까지의 입력하거나 입고확정한 내역들을 리스트 형태로 조회하고자 할 때 사용하는 화면이다. 입고 확정 여부와 상관없이 조회가 가능하며 엑셀의 필터 기능을 통해 원하는 데이터를 빠르게 검색할 수 있고, 보고서 작성이나 데이터분석을 위한 기본적인 데이터로 활용할 수 있다.

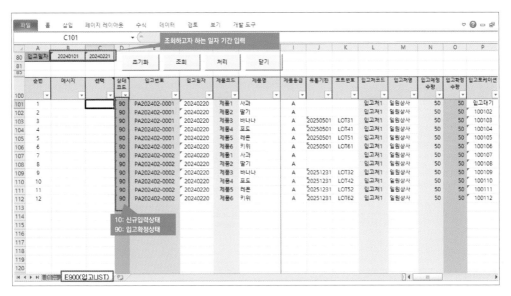

[그림 3-31] 입고LIST 화면 예시

마. 입고확정 취소

사용자가 실수나 착오가 생겼을 때 입고 확정된 내역을 다시 취소하여 신규입력 상태인 [10]상태로 되돌릴 필요가 있을 경우에 사용하는 화면이다. 사용자는 늘 실수를 할 수 있기 때문에 이와 같이 수정하거나 취소 처리를 할 수 있는 기능을 필수적으로 제공하는 것이 좋다. 시스템 개발 시 정상적인 프로세스를 개발하는 것보다 오히려 [입고확정취소]와 같이 역으로 취소하는 기능들이 더 개발하기 어려운 경우가 많다.

입고구분	입고 확정 취소 처리내용	비고사항
10 정상입고	-입고 로케이션의 재고를 입고취소 수량만큼 감소(-) 시킨다. 기본 입고로케이션 : 입고대기	입고로케이션에 취소수량이 존재해야만 처리가능
20 반품입고	-입고 로케이션의 재고를 입고취소 수량만큼 증가(+) 시킨다. -기본입고로케이션 : 입고반품대기	

[그림 3-32] 입고구분별 입고확정취소 처리

[정상입고]를 기준으로 설명하면, 입고 확정 후 바로 취소하는 경우에는 재고가 변동되지 않고 그대로 취소해야 할 수량이 남아 있기 때문에 오류가 발생되지 않는다. 하지만 몇 일이 지난 후에 입고를 취소하고자 하는 경우에는 재고가 없거나 다른 로케이션으로 이미 이동되어 [입고대기] 로케이션에 입고확정 취소를 할 수 있는 재고 수량이 부족하여 오류가 발생되는 경우가 많다. 이러한 경우에는 [입고대기] 로케이션에 재고를 옮겨주고 재시도해야 한다.

[반품입고]는 입고확정 취소 처리가 되면 재고가 증가되기 때문에 큰 제약 없이 [입고확정취소] 작업이 수행되며 [입고반품대기] 로케이션에 재고가 증가된다.

입고 확정을 취소하고자 하는 행의 선택칼럼에 [8]을 입력하고 [처리] 버튼을 클릭하면 입고확정이 취소된다. 입고전표의 상태는 [90]확정상태가 [10]신규입력 상태로 변경되며 [입고구분]에 따라 입고관련 로케이션의 재고가 증가 또는 감소 처리된다.

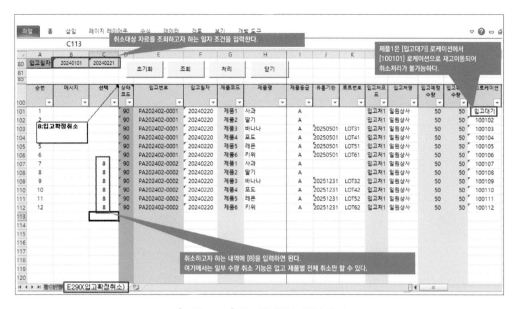

[그림 3-33] 입고확정취소 화면 예시

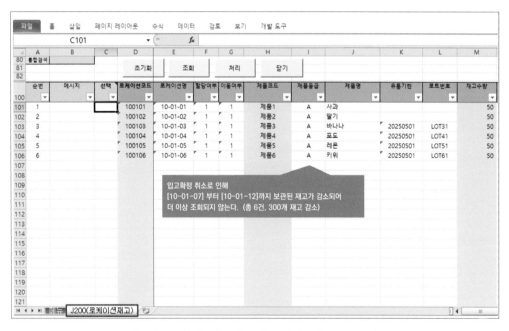

[그림 3-34] 입고확정취소 후 로케이션재고 조회 화면

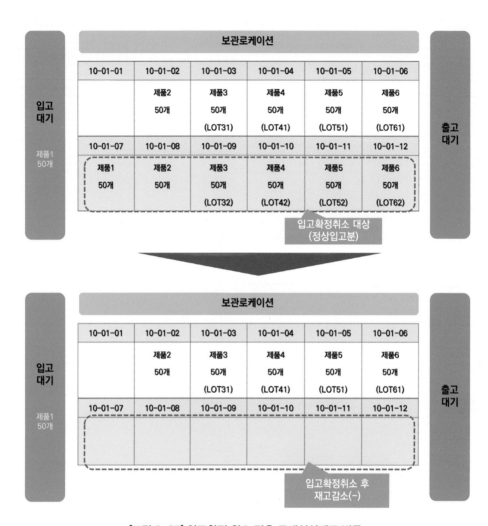

[그림 3-35] 입고확정 취소 전후 로케이션재고 변동

7. 출고관리

출고관리는 확보된 재고를 출고처에 내보내는 과정이다. WMS시스템에서는 각각의 로케이션에 재고를 쪼개어 관리하는 특성 때문에 재고가 있는 가장 적합한 로케이션에 여러 작업들을 동시에 작업하면서 혼선이 발생될 수 있기 때문에 입고업무 보다는 복잡하고 어렵다.

이러한 작업 중복과 혼선을 해결하기 위해 출고내역별로 사전에 어느 로케이션의 재고를 출고할 것인지를 예약(찜)하는 작업이 필요한데 이를 [출고지시] 또는 [출고할당]이라 부른다. 이를 기반으로 피킹작업 → 검수작업 → 출고확정의 순서로 진행된다.

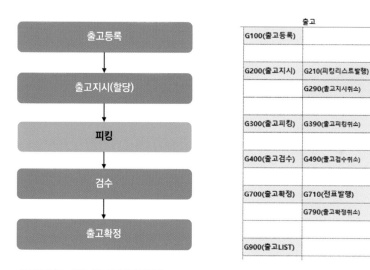

※ 출고반품은 피킹, 검수 과정이 제외된다.

[그림 3-36] 출고 주요 프로세스 및 메뉴구성

가. 출고등록

출고 처리를 위한 첫 번째 단계이다. 출고등록의 필수적인 정보인 언제(날짜), 누구에게(출고처), 어떤 제품을, 얼마에, 몇 개를 출고해야 하는지를 사전에 입력하는 작업이다.

사용자의 편의성을 고려하여 제품목록을 미리 보여주고 필요한 수량만 입력하고 처리 버튼을 누르면 출고등록이 완료되도록 설계하였다. 제품목록은 제품기준 정보인 [로트지정출고여부]에 따라 보유하고 있는 유통기한, 로트번호 단위로 보여 주거나 총량단위로 주문할 수 있도록 전체 주문 가능한 재고수량을 보여준다.

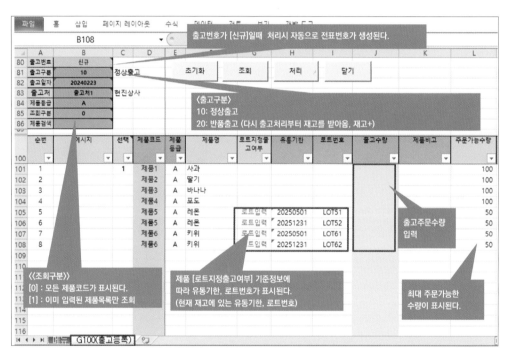

[그림 3-37] 출고등록 화면 예시

화면상단의 81행의 [출고구분]은 출고처로 출고할 것인지, 아니면 출고된 내역을 다시 반품할 것인지를 선택할 수 있는 코드이다. 출고구분에 따라 출고 처리의 프로세스 흐름이나 관리 방식이 바뀐다.

[출고구분]의 설정은 운영 초기에 설정하는 경우가 많아 편의 상 별도의 화면(프로그램)은 만들지 않고 데이터베이스에서 테이블 [TBA_출고구분]을 관리자가 직접 변경 할 수 있도록 하였다. 출고 구분이 [10]일 경우에는 일반적인 정상 출고처리를 수행 하고, [20]을 선택하면 출고처에서 반품 처리를 수행 하도록 설정하였다. 변경이 필요한 경우 다음과 같이 직접 데이터베이스에 접근하여 변경 처리 하기를 바란다.

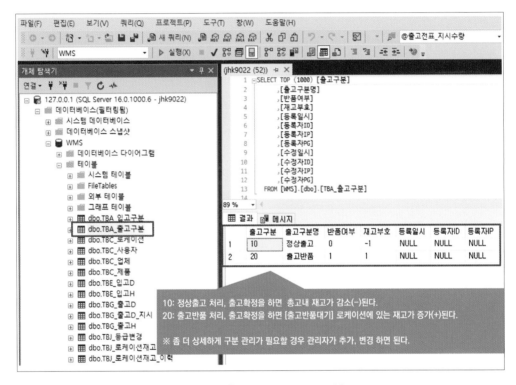

[그림 3-38] 출고구분 주요 처리 내용

출고구분	내 용	비고사항
10 정상출고	-출고처로 필요한 재고를 출고한다. 재고 차감(-)	
20 출고반품	-출고처로 부터 재고를 반품을 받는다. -[출고반품대기] 로케이션의 재고를 확정수량만큼 증가(+) 시킨다. ※ 재고 상태에 따라 보관로케이션으로 이동처리 하거나 등록변경 등의 　작업을 수행할 수 있다.	

[그림 3-39] 출고구분 관련 테이블 및 데이터 예시

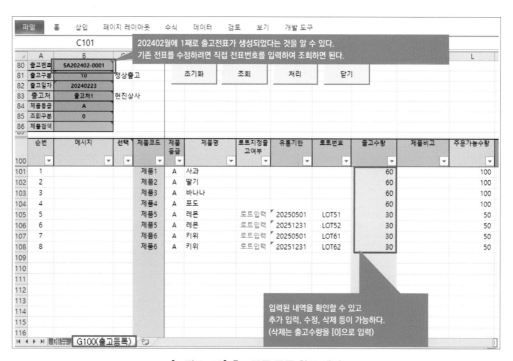

[그림 3-40] 출고등록 등록 완료 예시

[처리] 버튼을 클릭하면 화면에 입력된 데이터는 DB에 저장되고 이를 관리하기 위한 신규 출고번호가 자동으로 생성한다. 출고번호는 데이터베이스의 시퀀스(SEQUENCE)를 활용하여 중복 없이 부여된다. 사용자는 출고번호 단위로 조회하여 입력된 내역을 확인 할 수 있으며 추가, 수정, 삭제 등의 작업을 할 수 있다.

출고번호는 [SA202402-0001]과 같은 형태로 만들어지는데 그 의미는 다음과 같다.

SA : 출고전표를 의미한다. ([PA]는 입고전표를 의미한다)

202402 : 출고년월

0001 : 출고년월을 기준으로 자동으로 등록된 순번

(0001은 2024년 02월 첫번째로 등록된 순번)

나. 출고지시(할당)

출고지시(할당)은 앞에서 등록한 출고등록을 실제 출고처리 하기 위해 선입선출, 로케이션의 위치 등을 고려하여 가장 효율적인 로케이션을 결정하고 이를 작업자가 피킹 작업을 할 수 있도록 재고를 예약 하는 작업이다. 우리가 개발한 WMS시스템은 제품별로 별도 지정된 피킹로케이션을 운영하지 않기 때문에 할당 가능한 로케이션 중 유통기한이나 로케이션코드순으로 가장 적합한 로케이션의 재고를 찾아 할당(예약)할 것이다.

만약, 출고지시(할당) 작업이 없는 경우 동시에 2건 이상의 출고작업을 동시에 진행한다고 가정할 경우 2건의 출고작업 모두 같은 로케이션에서 출고하려고 노력할 것이다. 극단적으로 재고를 먼저 차지하기 위해 싸움이 생길 수도 있다. 이러한 문제를 예방하기 위해 출고지시(할당)작업이 필요하다. 사전에 작업에 필요한 재고에 미리 예약을 걸어두어 다른 작업과 혼선이나 충돌이 발생하지 않도록 예방하는 역할을 한다.

예를 들어, [제품1]이 2개의 로케이션에 각각 50개씩 보관되어 있을 때 두 개의 출고번호에 대해 출고지시(할당)을 수행하면 각 작업의 충돌 및 혼선을 방지하기 위해 다음과 같이 순차적으로 할당 처리를 수행한다. 우리가 개발한 WMS시스템에서는 편의 상 해당수량을 미리 [출고대기] 로케이션으로 이동처리하도록 하였다. 여러가지 이유가 있지만 가장 중요한 이유는 시스템이 간단해지고 재고관리에 더 명확한 측면이 있기 때문이다.

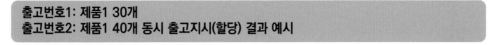

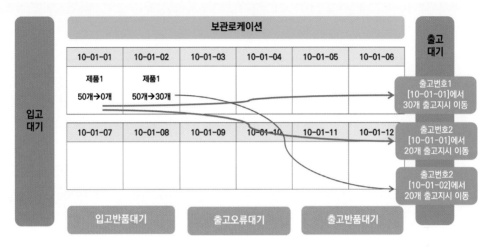

[그림 3-41] 출고지시(할당) 개념도

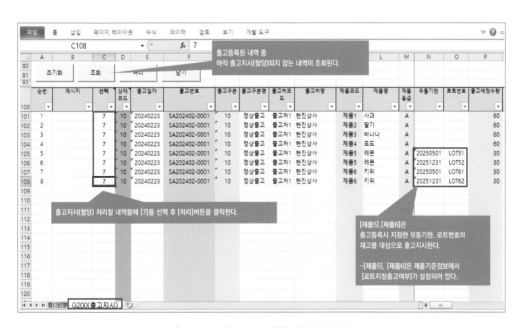

[그림 3-42] 출고지시(할당) 처리 화면

출고지시(할당) 작업이 수행되면 각 전표별로 충돌 없이 각각 어느 로케이션에서 어떤 제품 몇 개를 꺼낼 것인지에 대한 계획이 수립되고 해당 전표의 상태코드는 [10]신규 → [30]출고지시 (할당)상태로 바뀐다. 출고지시(할당) 결과를 기반으로 [피킹리스트 발행], [출고피킹], [출고검수], [출고확정] 작업들이 진행된다.

출고반품의 경우에는 출고처에서 반품할 물량을 전달 받아야 하는 절차를 수행해야 하기 때문에 창고의 로케이션 재고와 전혀 관련이 없어서 피킹작업과 검수작업이 필요 없다. 출고반품은 피킹작업, 검수작업은 생략되고 출고지시 후 최종 [출고확정] 처리만 수행하면 반품 처리가 완료된다.

      10(정상출고) : 출고등록 → 피킹 → 검수 → 출고확정
      20(출고반품) : 출고등록　　　　　　　 → 출고확정

다. 피킹리스트 발행

출고지시(할당) 결과를 기반으로 작업자들이 피킹 작업을 수행할 수 있도록 출력물을 발행한다. 피킹리스트는 창고 운영 방식에 따라 제품별, 로케이션구역별, 여러 전표를 합한 통합된 형태의 피킹리스트 등 다양하다. 우리는 그 중에서 가장 기본적으로 활용될 수 있는 전표단위의 피킹 피킹리스트를 개발한다. 하나의 전표에 대해 제품별로 각각 어느 로케이션에 어떤 제품을 몇 개를 가져와야 하는지를 지시할 수 있는 출력물이다.

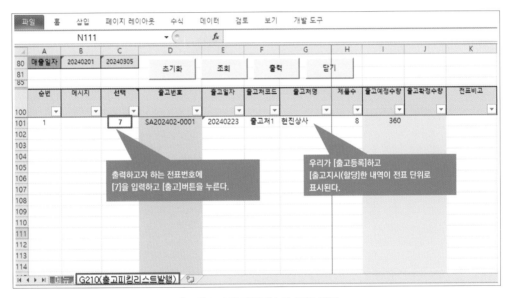

[그림 3-43] 피킹리스트 발행 화면

[그림 3-44] 피킹리스트 출력 예시

라. 피킹

출력한 피킹리스트를 가지고 작업자들이 해당 로케이션에 이동하여 지시된 수량을 피킹한 작업 결과를 입력하는 화면이다. 작업자들이 모바일 단말기를 활용할 경우에는 별도의 출력 없이 모바일 단말기를 통해 실시간으로 피킹작업을 지시하고 그 결과를 바로 입력할 수 있다.

우리가 개발할 시스템에서는 가장 기본적인 유형인 피킹 리스트를 출력하여 작업자에게 제공하고, 작업자의 작업이 끝난 후 피킹 결과를 별도 입력하는 방식으로 프로세스를 정리하였다.

향후 모바일 단말기 적용시에는 해당 데이터베이스 프로시저를 그대로 활용 또는 응용하여 보완하면 된다. 피킹 작업 후 검수 과정을 거쳐서 최종 출고확정을 하면 [출고대기] 로케이션의 재고는 출고처리되어 재고가 감소된다. 만약, 피킹지시된 수량보다 부족하게 피킹했을 경우에는 차이수량이 [출고오류대기] 로케이션으로 이동처리된다.

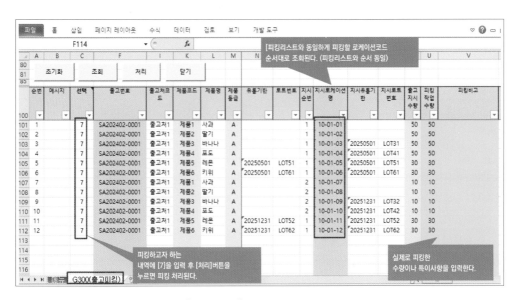

[그림 3-45] 피킹 결과 등록 화면

마. 출고검수

피킹리스트를 기반으로 작업자들이 실제 피킹한 수량이 정확하게 피킹되었는지 다시 한번 점검하고 결과를 입력하는 과정이다. 창고내 모바일 단말기를 활용할 경우에는 별도의 출력물 없이 모바일 단말기를 통해 그 결과를 실시간으로 입력 처리할 수 있다.

우리가 개발할 출고검수 화면에서는 출고등록 내역을 기반으로 출고지시수량, 피킹수량을 함께 표시하여 수량의 이상여부를 확인하고 차이가 있을 경우 원인을 규명하여 문제가 없도록 조치하거나 수량을 변경할 수 있도록 구성하였다.

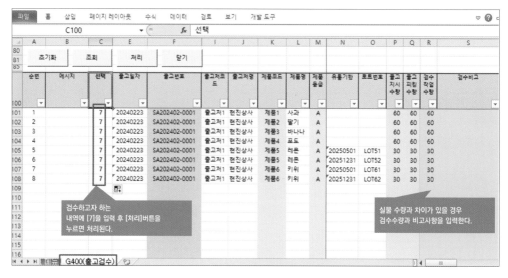

[그림 3-46] 출고검수 처리 화면

바. 출고확정

출고확정은 출고지시, 피킹, 검수된 수량을 마지막으로 점검하고 WMS 시스템에 최종적으로 반영하는 과정이다. 정상출고의 경우, 최종 검수된 수량은 출고처로 출고확정 되었기 때문에 [출고대기] 로케이션에서 재고를 차감(-)처리한다. 만약, 출고지시(할당)되었으나 피킹 또는 검수과정에서 오류 등으로 차이가 발생한 수량은 [출고오류대기] 로케이션으로 이동되어 다시 출고되지 않도록 재고가 격리된다.

반품의 경우에는, 지시된 수량은 [출고반품대기]로케이션에 재고가 증가(+)된다. 이후 제품의 상태 등을 고려하여 적절한 로케이션으로 이동 처리를 수행할 수 있다. [출고대기], [출고오류대기],[출고반품대기] 등의 로케이션은 가용재고에 포함되지 않는 특수한 로케이션의 형태이다.

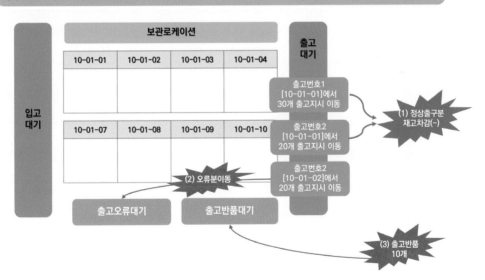

[그림 3-47] 출고확정시 로케이션 이동 예시

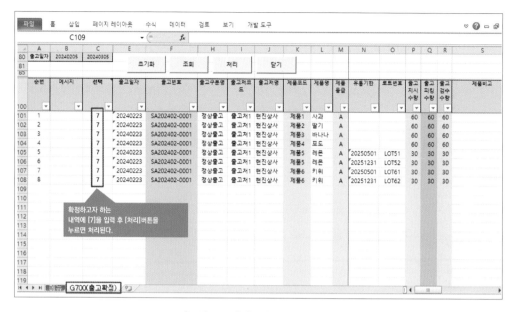

[그림 3-48] 출고확정 처리 화면

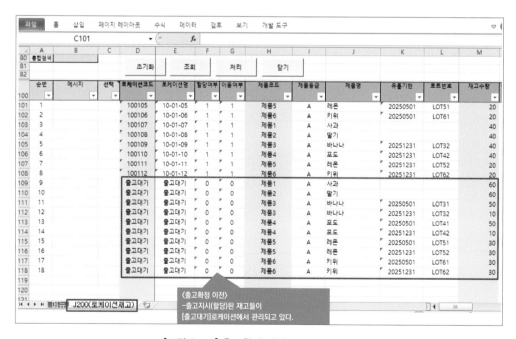

[그림 3-49] 출고확정 이전 로케이션 조회

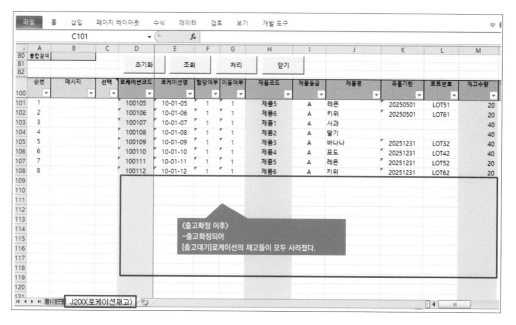

[그림 3-50] 출고확정 이후 로케이션 조회

사. 출고전표 발행

출고 확정된 내역에 대한 증빙 출력물을 발행하는 화면이다. 출고전표 역시 입고전표와 동일한 구조로 작성하였다. 출고전표번호, 출고처정보, 출고일자, 제품, 수량 등이 출력된다.

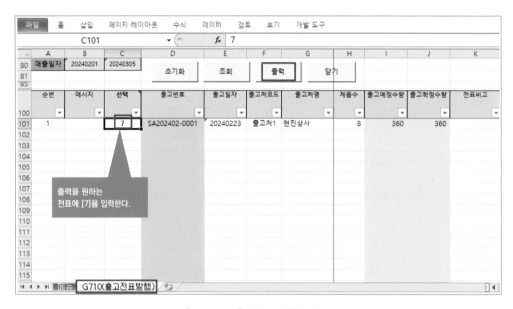

[그림 3-51] 출고전표 출력 화면

출고전표

출고구분	10 정상출고				출고일자	20240223
출고번호	SA202402-0001				출력순번	1
출고처	출고처1 현진상사					

순번	제품	제품명	유통기한	로트번호	예정수량	확정수량	비고
1	제품1	사과					
2	제품2	딸기					
3	제품3	바나나					
4	제품4	포도					
5	제품5	레몬	20250501	LOT51			
6	제품5	레몬	20251231	LOT52			
7	제품6	키위	20250501	LOT61			
8	제품6	키위	20251231	LOT62			
<<합계>>	8품목				0	0	

[그림 3-52] 출고전표 출력

8. 재고관리

입고처에서 입고한 제품은 돈의 형태에서 재고의 형태로 바뀐 것이다. 따라서 재고도 돈과 같이 철저히 관리를 해야 한다. 그렇지만 재고는 돈보다 부피가 크고 형태도 다양하며 제품의 종류도 많기 때문에 한눈에 재고를 보면서 관리하기가 무척 어렵다.

재고관리를 위해서는 현재 창고에 재고가 몇 개가 있는지 실시간으로 아는 것이 중요하다. 입고내역과 출고내역을 첫 입고일과 출고일부터 일일이 누적하여 계산하면 현재 시점의 재고가 몇 개인지 계산할 수는 있겠지만 시스템에 부하가 많기 때문에 선호되는 방식은 아니다.

대부분의 IT시스템에서는 현재시점의 재고를 관리하기 위해 현재고 테이블을 생성하여 관리하고 있다. 입고와 출고가 발생될 때에는 반드시 실시간으로 현재고 테이블의 재고수량을 증가 또는 감소 처리를 해야 한다. WMS에서는 현재고 테이블이라는 명칭보다는 로케이션재고라는 명칭으로 관리하는 경우가 더 많다.

현재고 정보 외에도 과거부터 재고가 어떻게 수량이 변동되었는지를 분석하거나 오류의 원인을 추적하기 위해 재고수불이 많이 활용된다. 재고수불은 특정 과거의 기간의 시작 시점에 재고가 몇 개였고 입고수량, 출고수량 그리고 종료되는 시점의 재고수량이 몇 개 였는지를 파악할 수 있는 장점이 있다.

이 외에도 정확한 재고관리를 위해 제품이 파손되거나 분실된 경우 재고조정을 통해 현재고 수량을 조정하여 실물과 WMS의 재고를 일치시키는 작업도 필요하다. 제품을 정상, 불량 등으로 등급을 부여하여 관리 하고, 유통기한이나 로트(LOT)별로 구분하여 재고를 관리하고 필요시 로트정보를 변경하거나 제품등급을 변경하는 등의 다양한 재고관리기능을 포함하였다.

[그림 3-53] 재고관리 메뉴구성

가. 현재고 조회

현시점에 보유하고 있는 재고를 제품별로 집계하여 창고내의 재고수량과 가용재고 등을 보여주는 화면이다. WMS는 재고가 변경되는 모든 프로그램(입고확정, 입고확정 취소, 출고지시(할당), 출고확정, 출고확정 취소 등)의 작업을 수행 할 때 항상 [TBJ_로케이션재고] 테이블에 해당 수량을 증가(+)하거나 감소(-)처리를 수행하고 있어 현재 시점의 재고를 확인하려면 간단히 [TBJ_로케이션재고] 테이블만 확인하면 된다.

부가적으로 출고 가능한 총 재고수량인 [가용재고], 아직 출고지시(할당)되지 않은 주문수량을 계산하여 앞으로 추가 주문등록 가능한 재고수량 등을 함께 보여준다.

[그림 3-54] 현재고 조회 화면

나. 재고수불

[재고수불]은 [현재고] 화면과 달리 과거 시점에 재고가 몇 개가 있었는지를 확인할 수 있다. 재고수불 화면을 살펴보면, 시작일자 이전에 발생된 입고 또는 출고된 수량을 누적하여 집계하면 시작일자 최초에 몇 개의 재고가 있었는지 알 수 있는데 이것이 [기초수량]이다.

시작일자와 종료일자 사이의 범위에 있는 입고수량과 출고수량은 각각 집계되어 표시되고 [기초수량 + 입고수량 – 출고수량]을 계산하여 종료일자 시점의 재고수량인 [기말수량]을 계산하여 확인할 수 있다.

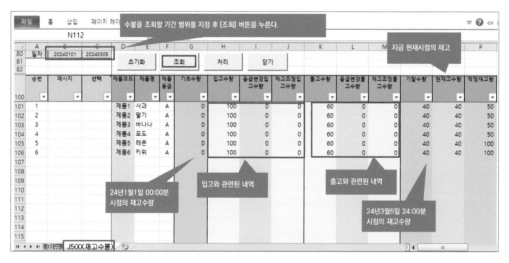

[그림 3-55] 재고수불 조회 예시

다. 제품일자수불

전체 제품에 대한 재고현황을 종합적으로 확인할 수 있는 화면이 [재고수불]이라면 [제품일자수불]은 하나의 제품에 집중하여 일자 별로 상세하게 입출고 내역 추이를 파악할 수 있는 화면이다. 조회해야 할 기간과 특정 제품코드, 제품등급을 입력하면 상세한 입고, 출고수량 그리고 기초와 기말재고 수량을 일자별로 확인할 수 있다.

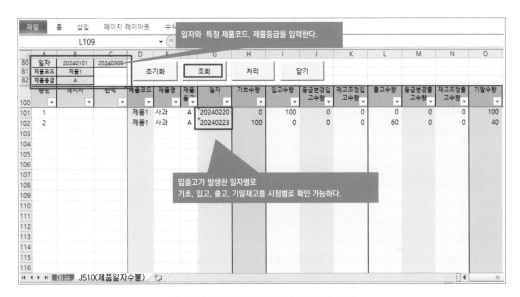

[그림 3-56] 일자별 재고수불 조회 예시

라. 로케이션재고 조회 및 이동

창고에 보관되어 있는 재고가 구체적으로 어느 로케이션에 있는지를 조회할 수 있는 화면이다. 작업자의 필요에 따라 원하는 수량을 다른 로케이션으로 이동 처리할 수 있는 기능도 포함되어 있다. 우리가 입고확정 이후 적치(Putaway) 작업 대신 작업자가 강제로 로케이션재고를 이동 하였는데 그 화면이 바로 이 화면이다.

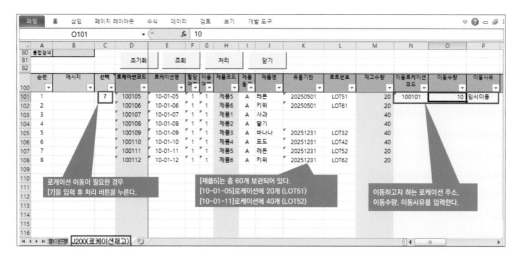

[그림 3-57] 로케이션재고 조회 및 이동처리 (이동전)

[그림 3-58] 로케이션재고 조회화면 (이동후)

마. 로트변경

창고에서 유통기한, 로트번호를 관리하는 재고를 입출고 수행 시 착오, 오류 등으로 실물과 시스템의 로트정보가 다른 경우에 있다. 작업자는 실물과 일치하도록 직접 유통기한, 로트번호를 변경할 수 있다. 로트변경을 하면 별도로 언제 누가 어떻게 로트변경을 했는지 [로트변경번호]를 부여하여 시스템에서 이력을 관리한다.

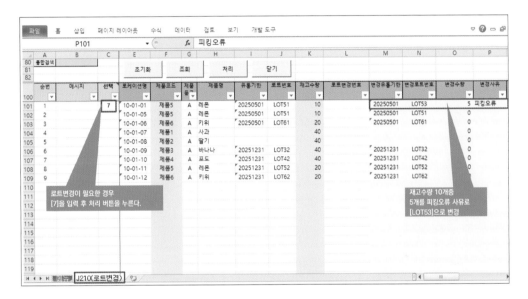

[그림 3-59] 로트변경 화면 (변경전)

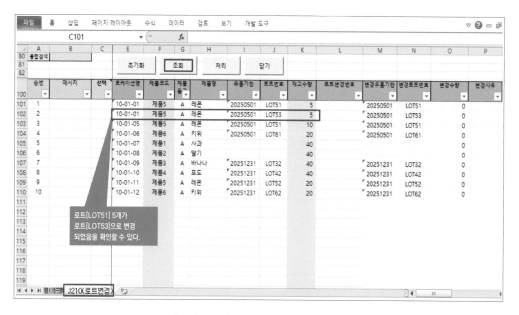

[그림 3-60] 로트변경 화면 (변경후)

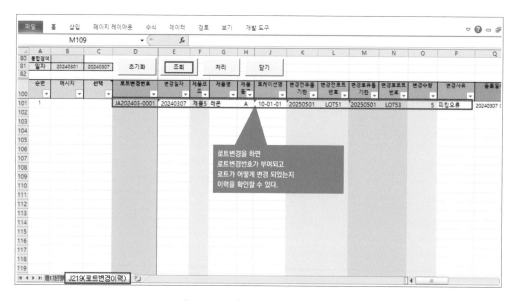

[그림 3-61] 로트변경 이력 조회

바. 등급변경

창고에서 재고 입출고 작업을 하다 보면, 재고가 파손되거나 유통기한 등이 경과하여 재고의 상
태를 변경하여 관리해야 할 경우가 있다. 이 때 작업자는 해당 재고를 확인하고 등급 변경을 수
행할 수 있다. 우리가 개발하는 WMS에서는 [A], [B], [C]로 등급을 구분하여 적용할 수 있도록
개발되어 있다. 등급변경을 하면 별도로 언제 누가 어떻게 등급변경을 했는지 [등급변경번호]를
부여하여 시스템에서 이력을 관리한다.

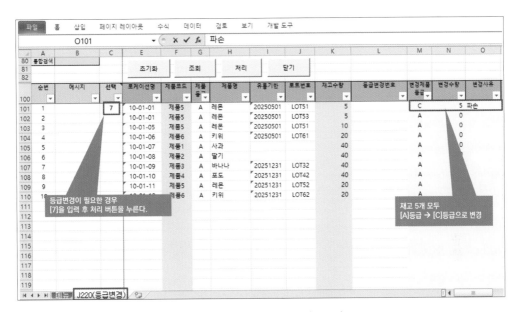

[그림 3-62] 등급변경 화면 (작업전)

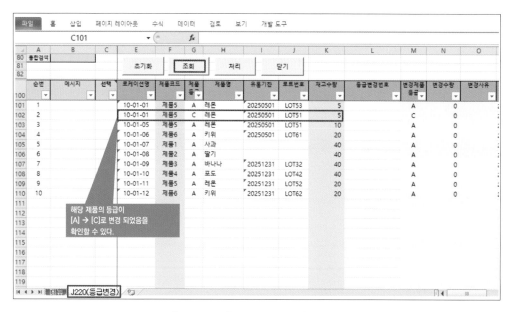

[그림 3-63] 등급변경 화면 (작업후)

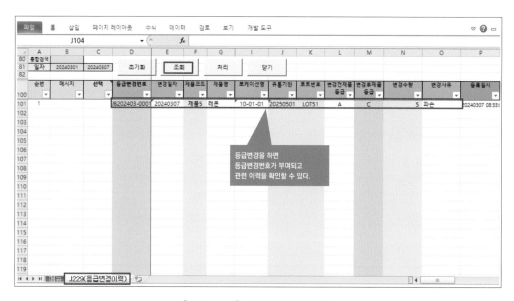

[그림 3-64] 등급변경 이력 조회

사. 재고조정

창고에서 재고 입출고 작업을 하면서 입출고시 착오, 파손 등으로 실제 보관되어 있는 재고의 수량과 시스템에서 관리되고 있는 수량이 불일치 하는 경우가 발생한다. 이 때 작업자는 해당 재고를 확인하고 실물과 일치할 수 있도록 재고조정 작업을 수행할 수 있다. 재고조정 또한 언제 누가 어떻게 변경을 했는지 [재고조정번호]를 부여하여 시스템에서 이력을 관리한다.

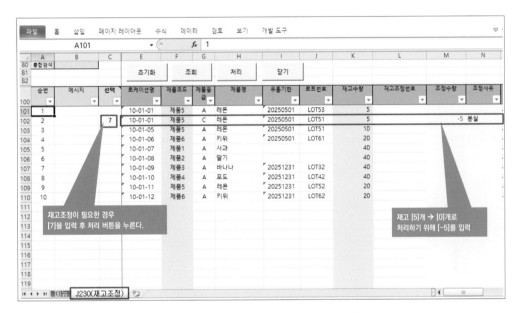

[그림 3-65] 재고조정 처리 화면 (작업전)

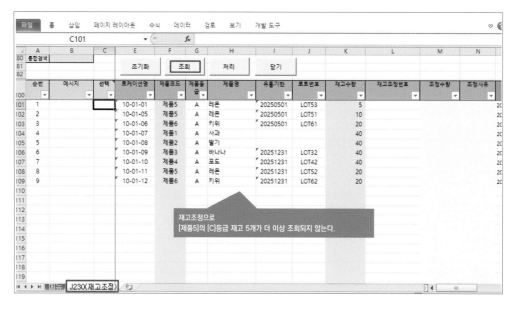

[그림 3-66] 재고조정 처리 화면 (작업)

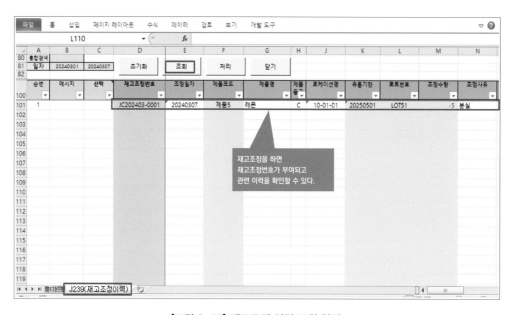

[그림 3-67] 재고조정 이력 조회 화면

아. 재고이력

지금까지 입고, 출고 그리고 재고관리를 수행하면서 창고내 재고의 변동사항은 향후 재고의 추적, 문제의 원인규명 등을 위해 이력을 별도로 저장 관리하고 있다. 재고이력에는 언제 어떤 작업 때문에 재고의 수량이 어떻게 변경되었는지를 포함하고 있으며, 이 작업이 언제, 누구에 의해 실행되었는지를 관리하고 있어 향후 재고에 문제가 발생했을 경우 원인규명이나 오류예방, 생산성 분석 등 다양한 형태로 활용할 수 있다.

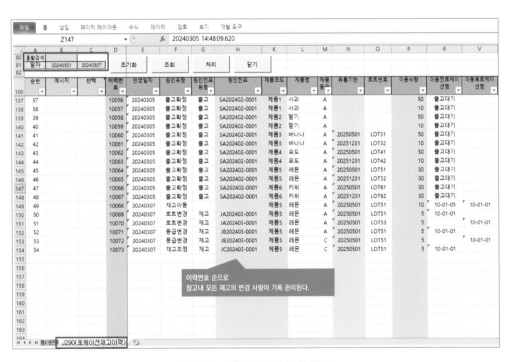

[그림 3-68] 재고이력 조회 예시

기준정보

제4장_ 기준정보

1. 주요 테이블 및 개발목록

기준정보는 시스템 운영에 있어서 가장 기초가 되는 정보이다. 시스템을 접속하기 위한 사용자부터 입고, 출고 시 필수적으로 필요한 업체코드, 제품코드, 각 재고의 위치를 지정할 수 있는 로케이션코드 등이 있다. 이외에도 시스템에 각 화면에 부여되는 프로그램ID, 각 사용자별로 부여되는 권한정보, 출력을 위한 프린터 등록 정보, 사업장 이나 부서정보 등 기준정보의 관리범위는 굉장히 폭이 넓다.

WMS시스템에서는 목적 및 난이도 등을 고려하여 기준정보 중에 필수적이고 없어서는 안되는 [사용자]와 입고, 출고관련 업무처리에 수행시 필요한 대상인 [업체], [제품] 그리고 재고관리의 기준이 되는 [로케이션]등의 기준정보를 생성 관리 한다. 부가적으로 입고 또는 출고시에 처리유형을 규정한 [입고구분], [출고구분]도 함께 관리한다.

[그림 4-1] 기준정보 관련 주요 테이블

데이터가 저장되는 테이블의 이름 앞에 [TBA_], [TBC_]라는 접두어가 붙어 있는데 테이블의
용도나 형태를 구분하여 관리하기 위함이다. [TBA_]는 시스템을 최초 운영할 때 설정하는 용도
로서 시스템을 운영하는 동안에는 거의 수정이나 변경되지 않는 테이블이다. [TBC_]는 기준정
보로서 TBA관련 테이블보다 빈번하게 데이터가 추가 되거나 변경되는 데이터들이다.

-TBA_ : 거의 수정 변경이 되지 않는 기준정보 (최초 운영시 일반적으로 설정)

-TBC_ : 비교적 빈번하게 데이터가 추가 변경 되는 일반적인 기준정보

-TBE_ : 입고와 관련된 테이블

-TBG_ : 출고와 관련된 테이블

-TBJ_ : 재고관리와 관련된 테이블

[TBC_제품] 테이블은 입고 또는 출고해야 할 대상인 제품정보를 관리한다. 제품명, 박스당 보관 수량, 적정재고량, 로트지정 입고 또는 출고여부 등의 필수적인 칼럼을 관리한다.

[TBC_업체] 테이블은 입고처 또는 출고처 코드에 사용되는 기준정보 이다. 업체명, 사업번호, 대표자, 주소, 업태, 종목 등의 필수적인 항목 칼럼을 포함하였다.

[TBC_로케이션] 테이블을 재고를 보관하는 상세한 위치 정보를 관리한다. 로케이션명, 할당여부, 이동여부 등 입출고와 관련된 설정 정보도 함께 포함되어 있다.

[TBC_사용자] 테이블은 시스템에 로그인을 하기 위한 필수적인 ID, 비밀번호, 사용자명 등의 항목들을 관리한다.

입고와 출고시에는 다양한 처리 유형이 있을 수 있다. 정상적으로 재고를 입고시키는 작업이 있는가 하면 반대로 입고된 재고를 반품하는 경우도 존재하는데 [TBA_입고구분], [TBA_출고부분]은 이러한 여러가지 입고 또는 출고 유형을 정의하고 관리할 수 있는 테이블이다.

기준정보와 관련하여 DB 프로시저는 총 11개, 엑셀 화면을 기준으로는 [A300]로그인, [B100]사용자, [B110]비밀번호변경, [B300]로케이션, [B500]제품, [B600]업체 총 6개의 기준정보 관련 화면을 개발해야 한다.

하나의 화면에는 기본적으로 이미 입력된 데이터를 조회하고 입력, 수정, 삭제 등의 업무 처리하기 때문에 보통 [조회관련 DB 프로시저]와 [처리관리 DB 프로시저] 2개가 존재하는 것이 일반적이다.

예외적으로 사용자 [로그인]화면은 사전에 별도 화면조회 없이 사용자ID와 비밀번호를 입력받아 시스템에 등록된 내역과 비교하여 정상적인 사용자인지 여부만 확인하면 되기 때문에 하나의 프로시저만 개발하면 된다.

구분		메뉴ID	DB프로시저	내용
로그인	사용자 로그인	A300	SPA300_로그인_조회	최초 로그인시 이상여부 확인
사용자	사용자 조회	B100	SPB100_사용자_조회	사용자 등록된 내역 화면 조회
	사용자 등록		SPB100_사용자_처리	사용자 등록, 수정, 삭제 처리
비밀번호변경	비밀번호 변경 조회	B110	SPB110_비번변경_조회	비밀번호 변경 관련 기본자료 화면 조회
	비밀번호 변경 처리		SPB110_비번변경_처리	사용자 비밀번호 변경 처리(수정)
로케이션	로케이션 조회	B300	SPB_300_로케이션_조회	로케이션 등록된 내역 화면 조회
	로케이션 등록		SPB_300_로케이션_처리	로케이션 등록, 수정, 삭제 처리
제품	제품 조회	B500	SPB500_제품_조회	제품 등록된 내역 화면 조회
	제품 등록		SPB500_제품_처리	제품 등록, 수정, 삭제 처리
업체	업체 조회	B600	SPB600_업체_조회	업체 등록된 내역 화면 조회
	업체 등록		SPB600_업체_처리	업체 등록, 수정, 삭제 처리

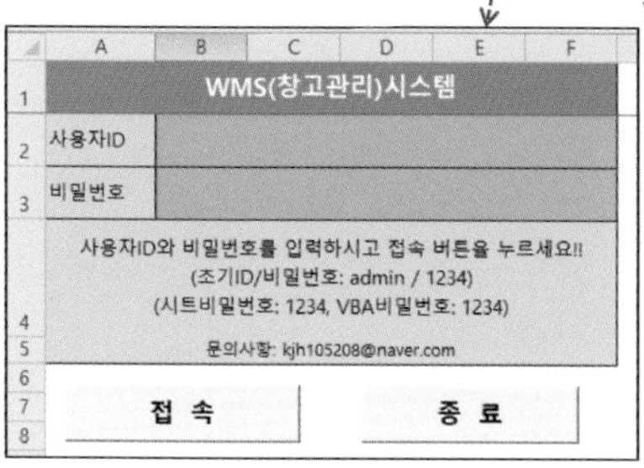

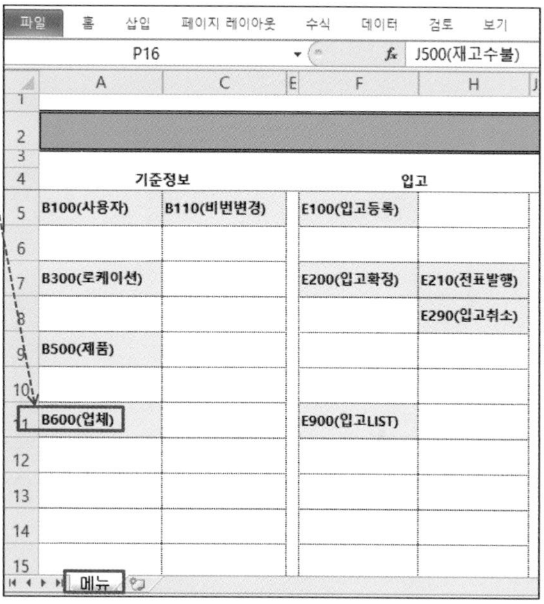

[그림 4-2] 기준정보 개발 목록

2. 로그인

가. DB프로시저

WMS시스템 로그인을 위해 입력된 사용자ID와 비밀번호가 일치 하는지를 체크하는 프로시저이다. 로그인을 위한 사용자ID와 비밀번호가 일치 하면 사용자의 이름이나 권한정보 그리고 접속한 IP주소, 시간 등을 값들을 리턴 한다. IP주소, 호스트명 등의 정보들은 향후 엑셀VBA 실행파일의 [관리시트]에서 관리(저장)하고 있다가 필요시 활용될 수 있다.

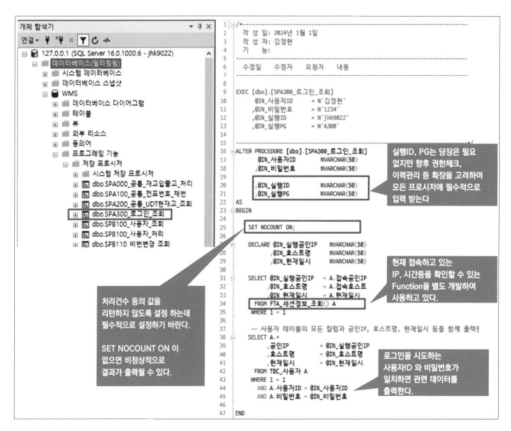

[그림 4-3] 로그인 DB 프로시저 소스코드

[SPA300_로그인_조회] 프로시저를 기준으로 프로시저 이름의 명명 규칙을 살펴보면 다음과 같다.

[SP] : 프로시저를 의미
[A300] : [A] 시스템 관련이나 공통처리 관련 처리
[A300] : 엑셀의 화면 시트코드를 의미 (엑셀VBA 화면이름과 매핑)
[로그인_조회] : 프로시저의 처리 내용을 함축적으로 표현

소스코드를 살펴보면 상단에 입력 매개변수로 @IN_사용자ID, @IN_비밀번호 외에 @IN_실행ID, @IN_실행PG를 입력 받고 있다. 당장은 필요는 없지만 향후 권한 관리나 어떤 사용자가 언제 어떤 화면(메뉴)를 사용했는지를 이력관리 등 시스템 확장 등을 고려하여 모든 DB 프로시저에 포함 하였다. 조금 귀찮더라도 표준화와 향후 시스템 확장 등을 고려하여 빼먹지 말고 꼭 포함하여 개발토록 하자.

로그인은 입력 받은 사용자ID와 비밀번호가 일치해야만 사용자명, 공인IP 주소, 접속시간 등을 SELECT 명령으로 결과를 리턴한다. 만약 비밀번호나 사용자ID가 일치하지 않으면 아무것도 출력하지 않고 프로시저는 종료된다.

엑셀VBA 화면에서 로그인 관련 DB 프로시저를 호출하여 실행 했는데 그 결과값으로 아무런 데이터도 리턴 받지 못했다면 사용자ID나 비밀번호가 일치하지 않아 로그인이 실패한 것으로 간주하면 된다. 반대로 사용자명, 접속시간 등의 데이터가 리턴 되었다면 로그인이 성공했다는 의미이다.

DB 프로시저 소스 38행에서 "SELECT A.*"와 같은 형태로 작성된 부분을 찾을 수 있을 것이다. 데이터베이스의 성능을 엄격히 고려했다면 "SELECT A.사용자ID, A.사용자명, A.비고사항….." 등으로 일일이 칼럼을 나열하는 것이 좋다.

하지만, 개발자 입장에서는 불편하고 지금은 불필요한 항목이라도 향후 사용할 가능성도 있기 때문에 저자는 약간의 성능 부담을 조금 감수하고 A.* 형태로 개발하였음을 알린다. 최근의 시스템 성능이나 네트워크 성능을 고려하면 크게 문제되지 않는다.

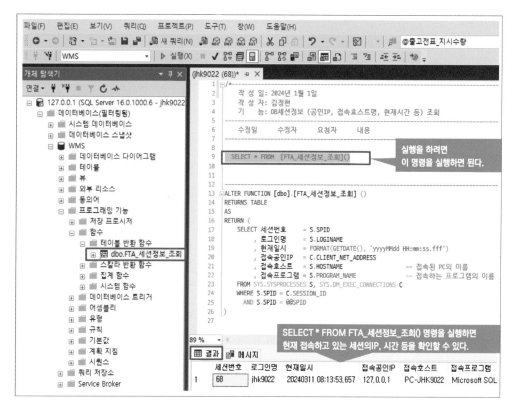

[그림 4-4] FTA_세션정보_조회 Function 소스코드 및 결과

[SPA300_로그인_조회] 프로시저 소스 내에 포함된 [FTA_세션정보_조회] Function은 현재 접속하고 있는 사용자의 공인IP, PC의 이름, 현재시간 등을 확인하기 위한 공통 함수이다. 이 Function은 개발 편의성이나 생산성을 고려하여 앞으로 개발될 모든 프로시저에 포함될 것이다.

만약, Function을 실행 하였는데 데이터베이스에서 권한과 관련된 오류가 발생된다면 GRANT VIEW SERVER STATE 라는 명령을 실행하여 추가적인 권한을 부여하면 오류 없이 실행될 것이다. 해당 명령이 오류가 발생한다면 별도 관리자에게 문의 하거나 관리자 계정으로 재시도 하기를 바란다.

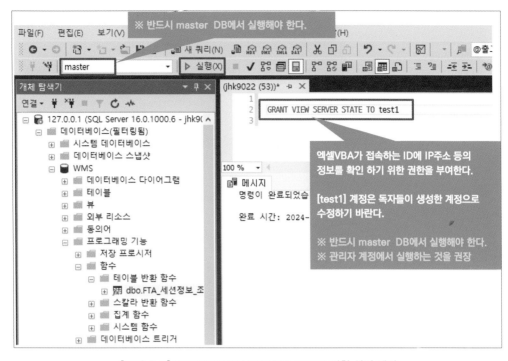

[그림 4-5] GRANT VIEW SERVER STATE 권한 설정 예시

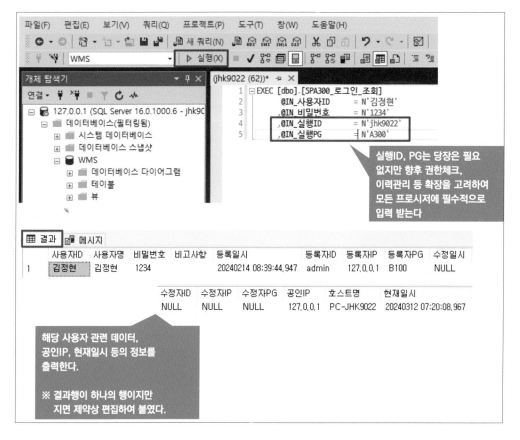

[그림 4-6] 로그인 DB 프로시저 실행 결과

[SPA300_로그인_조회] 프로시저를 생성이나 변경 하기 위해서는 CREATE, ALTER, DROP 명령을 사용한다. 실제 프로시저를 실행할 때는 EXEC 명령을 사용해야 한다. 세부적인 사용법 은 추가적인 MS SQL Server 관련 학습을 권장한다.

나. 엑셀VBA

MSSQL에서 개발한 프로시저를 엑셀 화면에서 호출하여 어떻게 사용되는지 확인해 보도록 하자. 배포한 엑셀파일을 열어서 소스코드를 확인해 보자. 엑셀VBA의 소스코드를 여는 방법은 [개발도구]–[Visual Basic]를 클릭하거나 [Alt+F11]키를 누르면 개발환경에 접근할 수 있다. 해당 엑셀파일 목록을 클릭하고 암호(초기암호는 "1234")를 입력하면 소스코드를 수정하거나 실행할 수 있는 개발환경에서 소스코드를 확인할 수 있다.

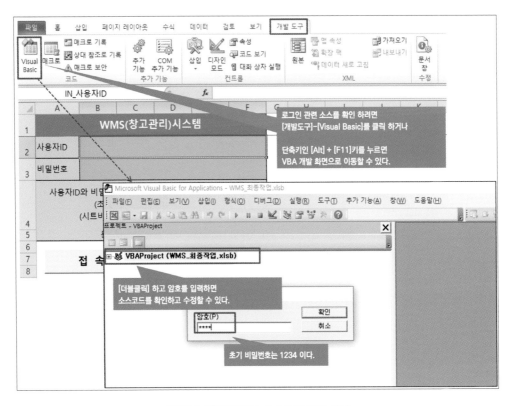

[그림 4-7] 엑셀VBA 소스코드 확인 방법

엑셀VBA에서 Auto_Open( ), Auto_Close( ) 이라는 이름으로 프로시저(서브루틴)을 만들면 약간 특별한 일이 생긴다. 엑셀VBA 시스템에서 미리 예약된 이름이기 때문이다.

> **Auto_Open( ) : 엑셀 파일이 열리면 자동으로 Auto_Open( )가 실해된다.**
> **Auto_Close( ) : 엑셀 파일이 종료되기 직전에 Auto_Close( )가 실행된다.**

이러한 Auto_Open( ), Auto_Close( )는 엑셀VBA를 시작 또는 종료하기 전 자동으로 원하는 작업을 수행해야 할 경우에 유용하게 사용된다.

우리가 개발하는 WMS시스템에서는 처음 실행했을 때 로그인 화면만 화면에 표시될 수 있도록 하는데 사용되고 있다. Auto_Open( )에서 [로그인]시트를 제외 한 모든 시트는 숨김 처리하고 사용자ID와 비밀번호를 입력할 수 있도록 초기화 하도록 프로그래밍이 되어 있기 때문이다.

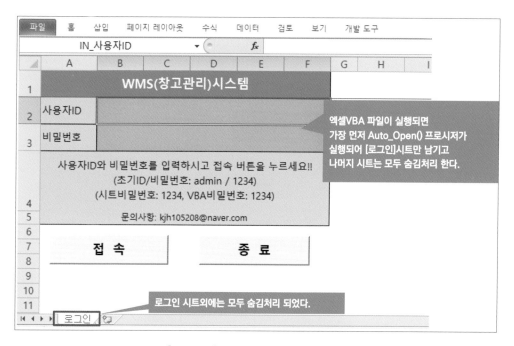

[그림 4-8] Auto_Open() 실행 후 화면

Auto_open( ) 소스를 살펴 보면 [공통]이라는 글자들이 많이 보인다. [공통]이라는 글자가 포함된 명령들은 사용 빈도가 높은 기능들을 미리 표준화하여 저자가 개발한 공통모듈들이다. 이렇게 개발된 공통 모듈들은 일일이 중복된 코딩을 할 필요가 없어 프로그래밍 오류를 줄이고 개발 생산성을 높일 수 있다.

소스에서 가장 먼저 [공통_전체시트잠금]을 실행하는데 이 공통모듈은 [메뉴] 시트만을 남기고 나머지 시트를 모두 숨김 처리를 하는 공통 모듈이다. [공통_전체시트잠금] 공통모듈이 실행되면 사용자는 [메뉴]시트 외에 다른 시트는 볼 수 없다는 의미이다. 여기에서는 어떤 역할을 하는지 정도만 이해하면 된다. 별도의 장에서 상세한 공통모듈에 대해 자세히 설명할 것이다.

두 번째 단계로 [로그인] 시트를 열고 [메뉴]시트를 숨김 처리를 한다. 결국, [로그인] 시트 외에는 모두 숨겨지게 된다. (엑셀은 화면에 한 개의 시트는 반드시 보여야 하기 때문에 [로그인]시트를 먼저 열고 [메뉴]시트를 숨김 처리하였다.)

마지막으로 사용자ID와 비밀번호 입력하는 셀에 값들을 모두 지우면 종료된다.

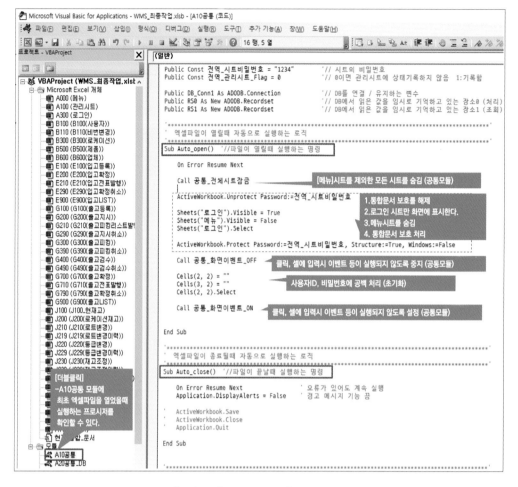

[그림 4-9] Auto_Open() 소스 코드

이제 실질적인 [로그인]관련 소스코드들을 살펴보자. 사용자가 [사용자ID]와 [비밀번호]를 입력 후 [접속]버튼을 클릭하면 DB의 [로그인]관련 프로시저를 실행하고 그 결과에 따라 [메뉴]를 보여주거나 오류 메시지를 발생시킨다.

[로그인]시트에 관련된 프로그램 소스들은 개발환경에서 Execl 개체인 [A300 (로그인)]을 더블클릭 하면 작성된 프로그래밍 소스코드를 확인할 수 있다.

종료버튼( ) 프로시저는 WMS프로그램을 종료하고자 할 때 사용 되기 때문에 현재 실행하고 있는 엑셀VBA 파일을 닫고 종료하는 명령어들이 포함되어 있다. 그런데 엑셀문서에 일부라도 변경이 발생되었다면 "수정사항이 있습니다. 저장하지 않고 종료 하시겠습니까?"와 같은 메시지 가 표시되며 더 이상 진행되지 않을 수 있다.

Application.DisplayAlerts 속성을 False로 변경하면 "수정사항이 있습니다. 저장하지 않고 종료 하시겠습니까?"와 같은 메시지 표시를 생략하고 계속 이후 명령을 계속 실행할 수 있기 때문에 중단 없이 엑셀VBA 파일은 정상적으로 종료된다.

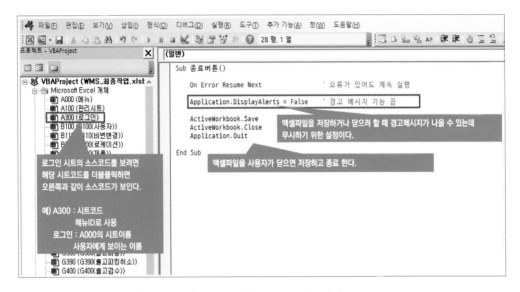

[그림 4-10] 로그인 엑셀VBA 종료버튼 관련 소스코드

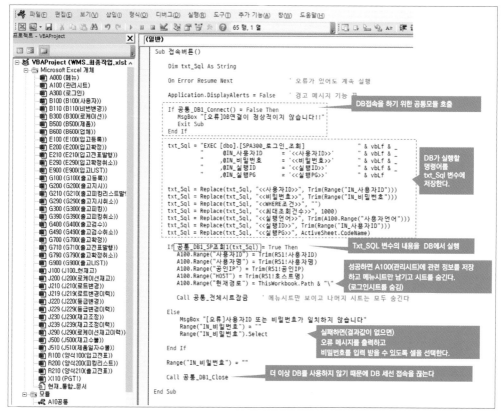

[그림 4-11] 로그인 엑셀VBA 접속버튼 관련 소스코드

로그인 관련 실질적인 로직은 접속버튼( ) 프로시저에서 처리된다.

1. 데이터베이스에 접속
2. DB의 [SPA300_로그인_조회] 프로시저를 실행할 수 있는 명령어를 txt_Sql 변수에 저장
3. DB의 [SPA300_로그인_조회] 프로시저를 데이터베이스에 실행 요청
4. DB 프로시저 결과에 따라 [메뉴]시트 표시 또는 오류처리

데이터베이스와 접속을 수행하는 공통모듈은 공통_DB1_Connect( )이다. DB에 접속이 성공적으로 되어야 향후 DB의 프로시저를 호출하여 실행할 수 있다. DB를 접속하기 위해 필요한 접속정보는 [관리시트]에 저장되어 있다.

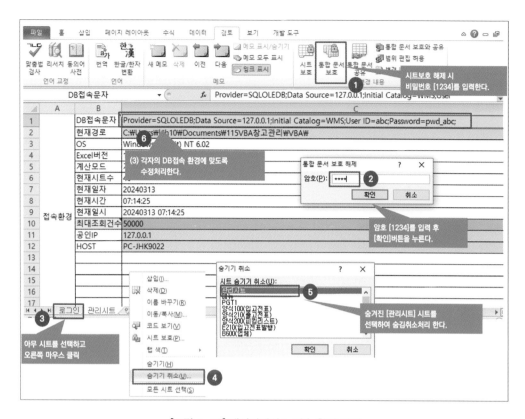

[그림 4-12] 데이터베이스 접속 환경 설정

DB의 조회관련 프로시저를 실행하는 공통모듈은 공통_DB1_SP_조회1( )이다. 공통_DB1_SP 조회1( )은 결과를 테이블 형태로 엑셀에 전달된다. 우리는 테이블 형태의 결과값을 [RS1]이라 는 레코드셋 변수로 전달 받는다.

공통_DB1_SP조회1(txt_Sql)의 결과가 True(참)으로 리턴되면, 로그인 작업이 성공했다는 의 미로 사용자명, 공인IP 등의 데이터들은 위에서 말한 [RS1]레코드셋 변수로 전달받아 활용할 수 있다.

공통_DB1_SP조회1(txt_Sql)의 결과가 True(참)이면 [메뉴]시트만 남기고 나머지 시트는 모 두 숨기고 종료된다. 즉, 현재 보이고 있는 [로그인]시트는 숨겨지고 실제 업무를 수행하기 위한 [메뉴]시트만 보이게 된다. 사용자는 메뉴를 클릭하여 원하는 업무를 수행할 것이다.

만약 사용자ID나 비밀번호가 불일치하면 공통_DB1_SP조회1(txt_Sql)의 결과가 False(거짓) 으로 리턴 된다. "사용자의 아이디나 비밀번호가 일치 하지 않습니다." 와 같은 오류 메시지를 표시 후 다시 사용자ID와 비밀번호를 입력할 수 있도록 커서의 위치만 이동 된다. 다시 한번 사용자가 사용자ID와 비밀번호를 입력받는다.

마지막으로 [로그인]화면에 있는 [접속]과 [종료]버튼을 동작 시키기 위해서는 우리가 작성한 접속버튼( ), 종료버튼( ) 프로시저를 연결해야 한다. 버튼은 [개발도구]에서 버튼을 생성하거나 다른 시트의 버튼을 복사 후 수정하여 사용하면 된다.

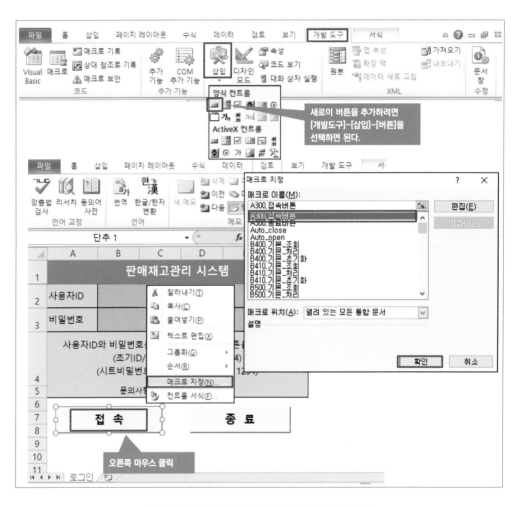

[그림 4-13] 로그인 버튼 추가 및 매크로 연결방법

3. 제품 등록

앞으로 우리가 개발하는 DB 프로시저나 엑셀화면(프로그램 소스코드 포함)은 대부분 형태나 구조가 비슷하기 때문에 가장 비슷한 유형의 소스코드나 화면을 복사하여 생성하고 그 중 일부를 수정 및 보완하는 방식으로 개발하는 것이 좋다.

제품등록 관련 DB 프로시저는 사용자 관련 DB 프로시저를 복사하여 개발하도록 하자. 필요한 부분만 간단히 수정하고 바로 실행시킬 수 있기 때문에 개발 생산성을 높일 수 있다.

[그림 4-14] 사용자_조회 프로시저를 다른 프로시저로 복사 방법

[제품] 테이블에는 [제품코드], [제품명], [적정재고량], [비고사항] 칼럼 외에 [로트지정입고여부], [로트지정출고여부] 칼럼이 있다. [로트지정입고여부], [로트지정출고여부] 칼럼은 향후 입고 또는 출고 등록시에 유통기한과 로트번호를 반드시 입력할것인지 여부를 관리하기 위함이다.

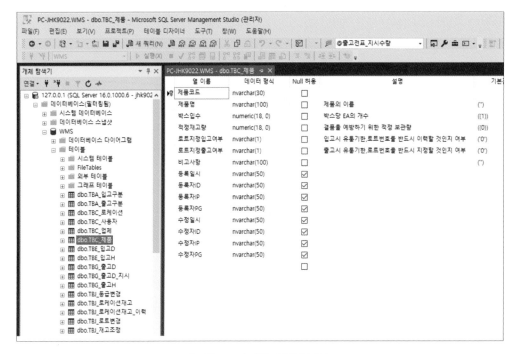

[그림 4-15] 제품 테이블 구조

가. DB프로시저

우리가 개발하고자 하는 대부분의 화면들은 CRUD(Create, Read, Update, Delete) 4가지 형태의 작업들을 기본적으로 수행한다. 데이터를 추가(Create)하고, 조회(Read)하고, 수정 (Update)하고, 삭제(Delete)하는 작업이 그것이다.

제품 등록과 관련하여 다음과 같이 2개의 DB 프로시저를 개발해야 한다.

-[SPB500_제품_조회] : 기존 입력된 제품코드를 화면에 출력 (Read)
-[SPB500_제품_처리] : 추가(Create), 수정(Update), 삭제(Delete) 통합 처리

[그림 4-16] 제품 조회 프로시저 소스코드

앞에서 보았던 로그인 관련 프로시저와 구조적으로 크게 다르지 않으며 가장 일반적인 형태의
조회 프로시저이다.

입력되는 매개변수로 "@IN_통합검색"을 입력 값으로 전달 받는다. (@IN_실행ID, @IN_실행
PG는 모든 프로시저에 공통적인 입력변수이다) [@IN_통합검색]은 제품코드 또는 제품명이 일
부라도 일치하는 제품 목록만을 조회하기 위한 목적이다.

[그림 4-17] 제품 조회 프로시저 실행 결과

다음은 제품 코드를 추가(Create), 수정(Update) 및 삭제(Delete)하는 [SPB500_제품_처리]
프로시저를 살펴 보도록 하자. 이 프로시저에는 실제 제품코드 관련 데이터를 입력하는 매개변
수 외에 [@IN_처리구분]을 볼 수 있다.

처리구분이 [1]이면 신규등록(Create), [2]이면 수정(Update), [4]이면 삭제(Delete) 처리를 할
수 있도록 하였다. 만약 [1]신규(Create)로 입력 했다 하더라도 기존에 동일한 제품코드가 이미
생성되어 있다면 [2]수정(Update)으로 자동 변경 처리되도록 개발하였다.

이는 엑셀VBA 화면에서 사용자의 편의상 신규 입력이나 수정 시 모두 선택칼럼에 [1]을 입력하기 위해서다. (신규 입력시에는 [1] 수정시에는 [2]를 입력 하라고 하면 사용자가 불편할 수 있기 때문이다.)

데이터를 조작하는 INSERT, UPDATE, DELETE 명령의 실행 후에는 @@ERROR과 @@ROWCOUNT 시스템 변수 값을 반드시 체크 하는 것이 좋다. 왜냐하면 실제로 명령은 실행되었다고 하더라도 원하는 대로 처리되지 않거나 의도하지 않게 더 많은 데이터를 입력, 수정하거나 삭제하는 경우가 발생할 수도 있기 때문이다. (INSERT, UPDATE, DELETE 명령들은 개발자의 실수로 한번에 다량의 데이터를 의도하지 않게 수정하거나 삭제할 수 있기 때문이다.)

@@ERROR 변수는 바로 이전에 실행된 명령어가 정상적으로 실행되었다면 [0], 오류가 발생되었다면 [0]이 아닌 다른 숫자 값이 저장된다. 만약 @@ERROR 변수가 [0]이 아니라면 뭔가 오류가 발생된 것으로 이해하면 된다.

@@ROWCOUNT 변수는 바로 이전의 명령어 실행시 몇 개의 행(ROW)에 영향을 주었는지를 알 수 있는 변수다. 즉, 몇 개의 데이터를 입력 또는 수정하거나 삭제 했는지를 알 수 있다는 뜻이다. 일반적인 경우라면 한 건의 데이터만 입력, 수정, 삭제 되는 경우이기 때문에 @@ROWCOUNT 값이 [1]이 아닌 값이라면 모두 오류 처리를 해야 한다.

```
 1  ALTER PROCEDURE [dbo].[SPB500_제품_처리]
 2      @IN_처리구분              NVARCHAR(50)      -- 1:추가  2:수정 4:삭제
 3
 4     ,@IN_제품코드             NVARCHAR(30)
 5     ,@IN_제품명               NVARCHAR(100)
 6     ,@IN_박스입수             NUMERIC(18, 0)
 7     ,@IN_적정재고량           NUMERIC(18, 0)
 8     ,@IN_로트지정입고여부     NVARCHAR(01)
 9     ,@IN_로트지정출고여부     NVARCHAR(01)
10     ,@IN_비고사항             NVARCHAR(100)
11
12     ,@IN_실행ID               NVARCHAR(50)
13     ,@IN_실행PG               NVARCHAR(50)
14  AS
15  BEGIN
16
17      SET NOCOUNT ON;
18
19      DECLARE @IN_실행공인IP     NVARCHAR(50)
20             ,@IN_호스트명       NVARCHAR(50)
21             ,@IN_현재일시       NVARCHAR(50)
22
23      SELECT @IN_실행공인IP   = A.접속공인IP
24            ,@IN_호스트명     = A.접속호스트
25            ,@IN_현재일시     = A.현재일시
26        FROM FTA_세션정보_조회() A
27       WHERE 1 = 1
28
29      --------------------------------------------------------------
30      -- 100 입력값 검증 확인
31      --------------------------------------------------------------
32      SET @IN_제품코드         = UPPER(TRIM(@IN_제품코드          ))
33      SET @IN_제품명           =       TRIM(@IN_제품명            )
34      SET @IN_로트지정입고여부 = UPPER(TRIM(@IN_로트지정입고여부))
35      SET @IN_로트지정출고여부 = UPPER(TRIM(@IN_로트지정출고여부))
36      SET @IN_비고사항         = UPPER(TRIM(@IN_비고사항          ))
37
38      IF @IN_로트지정입고여부 NOT IN ('1','0')   SET @IN_로트지정입고여부 = '0'
39      IF @IN_로트지정출고여부 NOT IN ('1','0')   SET @IN_로트지정출고여부 = '0'
40
41      IF ISNUMERIC(@IN_박스입수) = 0 OR @IN_박스입수 <= 0 BEGIN
42         SELECT ERR_CODE = 11, ERR_MESSAGE = '박스입수가 비정상입니다'
43         RETURN
44      END
45
46      IF ISNUMERIC(@IN_적정재고량) = 0 OR @IN_적정재고량 <= 0 BEGIN
47         SELECT ERR_CODE = 12, ERR_MESSAGE = '적정재고량이 비정상입니다'
48         RETURN
49      END
50
```

[그림 4-18] SPB500_제품_처리( ) 프로시저 소스코드(1/3)

```
51        -- 기존에 데이터가 있을경우 처리구분을 [2]로 변경
52        IF @IN_처리구분 = '1' BEGIN
53            IF EXISTS (SELECT A.*
54                        FROM TBC_제품 A
55                        WHERE A.제품코드 = @IN_제품코드) BEGIN
56                SET @IN_처리구분 = '2'
57            END
58        END
59
60        ------------------------------------------------------------------
61        -- 200 처리구분 [1] 신규 입력의 경우
62        ------------------------------------------------------------------
63        IF @IN_처리구분 = '1' BEGIN
64
65            INSERT INTO TBC_제품
66                        (제품코드,        제품명,          박스입수,
67                        적정재고량,      로트지정입고여부, 로트지정출고여부,
68                        비고사항,
69                        등록일시,        등록자ID,
70                        등록자IP,        등록자PG)
71                VALUES (@IN_제품코드,    @IN_제품명,      @IN_박스입수,
72                        @IN_적정재고량,  @IN_로트지정입고여부,   @IN_로트지정출고여부,
73                        @IN_비고사항,
74                        @IN_현재일시,    @IN_실행ID,
75                        @IN_실행공인IP,  @IN_실행PG)
76
77            IF @@ERROR <> 0 OR @@ROWCOUNT <> 1 BEGIN
78                SELECT ERR_CODE = 21, ERR_MESSAGE = N'INSERT오류'
79                RETURN
80            END
81
82            SELECT ERR_CODE = 1, ERR_MESSAGE = N'정상처리'
83            RETURN
84
85        END
86
```

[그림 4-19] SPB500_제품_처리( ) 프로시저 소스코드(2/3)

```
87  ┌   ------------------------------------------------------
88  │   -- 300 처리구분 [2] 기존 자료 수정의 경우
89  │   ------------------------------------------------------
90  ┌   IF @IN_처리구분 = '2' BEGIN
91  ┌      UPDATE A SET
92  │            A.제품명             = @IN_제품명
93  │           ,A.박스입수            = @IN_박스입수
94  │           ,A.적정재고량          = @IN_적정재고량
95  │           ,A.로트지정입고여부     = @IN_로트지정입고여부
96  │           ,A.로트지정출고여부     = @IN_로트지정출고여부
97  │           ,A.비고사항           = @IN_비고사항
98  │           ,A.수정일시           = @IN_현재일시
99  │           ,A.수정자ID           = @IN_실행ID
100 │           ,A.수정자IP           = @IN_실행공인IP
101 │           ,A.수정자PG           = @IN_실행PG
102 │        FROM TBC_제품 A
103 │        WHERE 1 = 1
104 │          AND A.제품코드        = @IN_제품코드
105 │
106 ┌         IF @@ERROR <> 0 OR @@ROWCOUNT <> 1 BEGIN
107 │            SELECT ERR_CODE = 31, ERR_MESSAGE = N'UPDATE오류'
108 │            RETURN
109 │         END
110 │
111 │         SELECT ERR_CODE = 1, ERR_MESSAGE = N'정상처리'
112 │         RETURN
113 │
114 │   END
115 │
116 ┌   ------------------------------------------------------
117 │   -- 400 처리구분 [4] 기존 자료 삭제의 경우
118 │   ------------------------------------------------------
119 ┌   IF @IN_처리구분 = '4' BEGIN
120 ┌      DELETE A
121 │        FROM TBC_제품 A
122 │        WHERE 1 = 1
123 │          AND A.제품코드        = @IN_제품코드
124 │
125 ┌         IF @@ERROR <> 0 OR @@ROWCOUNT <> 1 BEGIN
126 │            SELECT ERR_CODE = 41, ERR_MESSAGE = N'DELETE오류'
127 │            RETURN
128 │         END
129 │
130 │         SELECT ERR_CODE = 1, ERR_MESSAGE = N'정상처리'
131 │         RETURN
132 │
133 │   END
134 │
135 │   -- 900 예외 처리
136 │   SELECT ERR_CODE = 999, ERR_MESSAGE = N'예외처리오류'
137 │   RETURN
138 │
139 │ END;
```

[그림 4-20] SPB500_제품_처리( ) 프로시저 소스코드(3/3)

프로시저의 종료 시 결과는 [ERR_CODE]와 [ERR_MESSAGE]칼럼으로 엑셀VBA에 리턴된다. [ERR_CODE]값이 [1]이 아닌 경우에는 오류가 발생된 상황으로 인식하면 된다. 엑셀VBA의 처리 프로시저 호출처리 관련 공통모듈을 살펴보면 ERR_CODE 값이 반드시 [1]인 경우에만 정상적으로 실행된 것으로 간주할 수 있도록 소스 코드가 작성되어 있다.

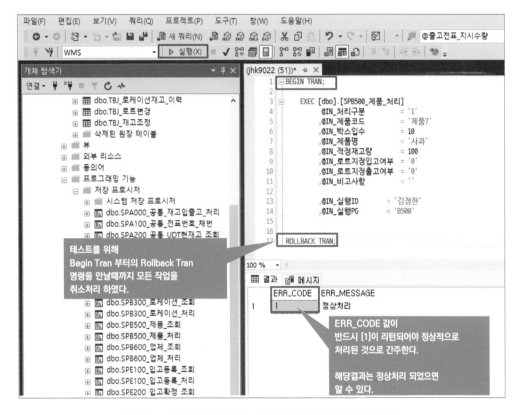

[그림 4-21] SPB500_제품_처리( ) 프로시저 실행 결과 예시

나. 엑셀VBA

새로운 화면(시트)를 개발할 때에는 가장 유사한 화면(시트)를 복사하고 이를 기반으로 수정하는 방법이 가장 쉽고 빠르다. 우리가 개발할 화면들이 대부분 표준화되어 있는 형태이다보니 조금만 수정하면 빠른 시간에 새로운 화면을 개발할 수 있기 때문이다. 시트를 복사하면 시트에 포함된 프로그래밍 소스코드도 함께 복사되기 때문에 더 편리하다.

시트를 복사하기 위해서는 먼저 [검토]-[통합문서보호]를 해제한 후, 시트를 복사하고 복사된 시트의 이름과 시트코드를 새로운 이름으로 변경 처리하면 완료된다. 사실, 화면에 표시되는 [시트명]으로 개발할 수도 있는데 향후 [시트명]을 바꾸게 되면 프로그램을 일일이 수정해야 하는 불편함이 따른다.

[시트코드]를 활용하여 개발하게 되면 [시트명]의 변경으로 발생되는 문제를 손쉽게 해결 할 수 있다. [시트명]과 달리 [시트코드]는 사용자에게 보이지 않고 엑셀 프로그램 내에서 고유한 이름으로 관리할 수 있기 때문이다.

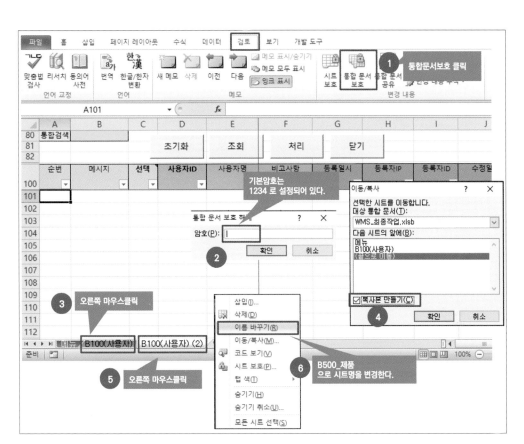

[그림 4-22] 시트 복사 및 시트이름 변경 절차

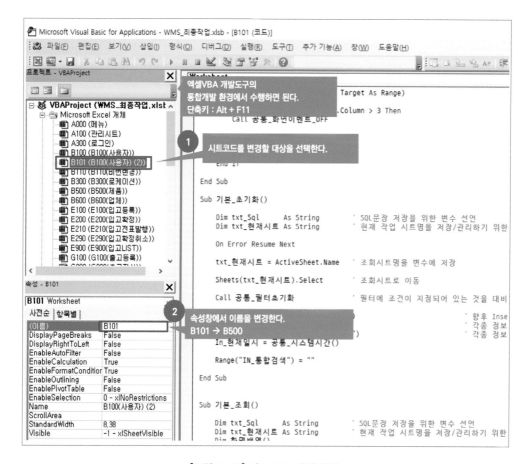

[그림 4-23] 시트 코드 변경 방법

화면 상단에서 입력받는 [통합검색]의 위치는 향후에도 크게 바뀔 일은 거의 없겠지만 입력해야 할 항목들이 많은 화면에서는 사용자의 요구나 기능 개선 등으로 입력셀의 위치를 변경해야 하는 경우가 자주 발생된다.

[통합검색] 입력셀의 값을 가져오기 위해 Cells(80, 2) 이라는 명령이나 Range("B80")로 프로그래밍되어 있을 경우 위치가 조금이라도 변경되면 개발자가 변경된 위치를 감안하여 프로그램 소스코드를 변경해야 한다. (통합검색 입력셀 위치 [B80] → [C82]셀로 변경된 경우)

기존 방식 : In_통합검색 = Cells(80, 2) → In_통합검색 = Cells(82, 3)

이름정의방법 : In_통합검색 = Range("IN_통합검색")

[[화면의 셀만 위치 이동하면 된다. 소스코드는 바꿀 필요는 없다]]

 이러한 문제들은 엑셀의 [이름정의] 기능을 통해 개발하면 해결이 가능하다. 입력 받고자 하는 셀의 이름을 엑셀의 [이름정의]를 통해 해당 위치의 셀을 [IN_통합검색]으로 이름을 지정해 놓으면 된다. 프로그램에서는 Range("IN_통합검색")으로 코딩 할 수 있으며 셀의 위치가 다른 곳으로 변경되더라도 프로그램 수정 없이 유연하게 대응할 수 있다. 이름 정의 시에는 보다 명확하게 관리하기 위해 [범위]를 해당시트에만 국한하는 것이 좋다.

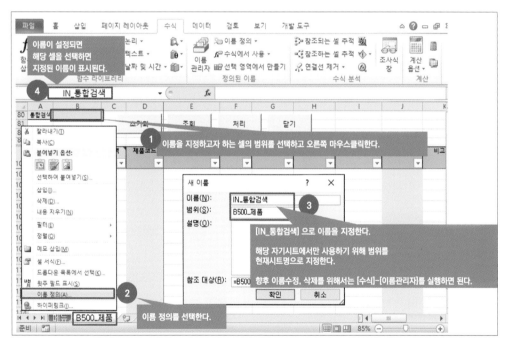

[그림 4-24] 엑셀 이름 정의 방법

이제 본격적으로 제품조회VBA 소스를 수정하도록 하자. [사용자] 등록 화면의 소스코드 중 DB 프로시저를 호출하는 부분만 변경하면 조회 관련 개발은 끝난다. 수정이 필요한 영역은 [그림 4-20]에 체크해 두었으니, 해당 내역만 수정하기 바란다.

기본_초기화( ) 서브루틴(프로시저)은 화면이 처음 열리거나 초기화 버튼을 누를 경우에 동작하는 코드이다. 사용자ID, 공인IP, PC호스트명 등의 값을 변수에 저장하기는 하지만 이후 이 변수들을 활용한 코드들은 보이지 않는다. 당장 사용하지는 않으나 향후 추가로 사용될 가능성이 있어서 소스코드에 포함시켜 놓았다. 향후 필요 시에 원하는 로직을 추가하기 바란다.

 기본_조회( )는 조회 버튼이 눌려졌을 때 동작하는 코드이다. [조회]버튼에서 매크로 지정을 통해 실행 하도록 연결되어 있다. 소스코드를 살펴보면 DB 프로시저를 실행하기 위한 명령어를 txt_Sql 변수에 저장하고 DB를 연결한 후 해당 프로시저를 실행하고 그 결과를 화면에 표시한다. 여기에서 위에서 이름 정의를 진행했던 Range("IN_통합검색")과 시트코드 [A100] 즉 [관리시트]에 이름 정의되어 있는 [사용자ID] 등의 정보도 함께 가져와서 프로시저 문장을 완성하게 된다. 시트코드 [A100] 관리시트는 시스템 설정에 관련되거나 로그인 등의 관련된 데이터가 저장되어 있는 시트이며 로그인 시 해당 정보들을 미리 저장해 두었다. 여기에서는 현재 실행하고 있는 사용자ID를 가져온다.

Activesheet.CodeName은 현재 사용중인 시트코드 값을 저장하고 있다. 제품 화면 시트에서 실행하면 [B500]이라는 값이 리턴 될 것이다. Activesheet.Name는 [B500(제품)]이라는 값이 시트의 이름이 저장되어 있다. 즉, 현재 활성화 되어 있는 시트코드과 시트이름을 가져오는 시스템 변수이다.

-Activesheet.CodeName : 현재 위치한 시트의 코드가 저장되어 있다. 예: B500
-Activesheet.Name : 현재 위치한 시트의 이름이 저장되어 있다. 예: B500(제품)

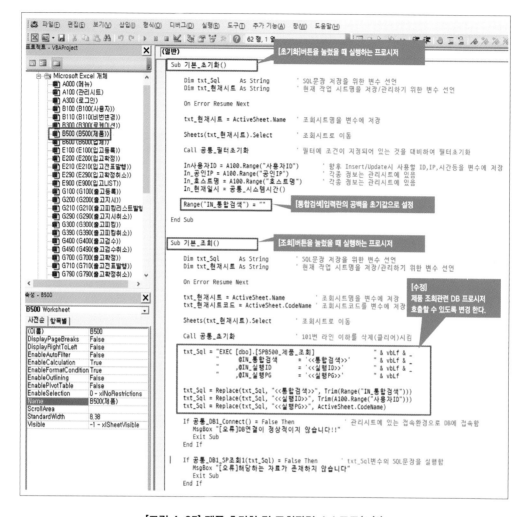

[그림 4-25] 제품 초기화 및 조회관련 소스코드(1/2)

공통_DB_SP조회1(txt_Sql)을 실행하고 그 결과가 성공(True)하면 조회 결과는 [RS1] 레코드 셋 변수에 저장되고 프로그래밍을 통해 한 레코드씩 읽어서 칼럼 단위로 화면에 출력한다. 처음 접하는 독자들은 어려울 수 있으나 최대한 저자가 작성한 주석문(실행은 되지 않고 개발자들이 이해할 수 있게 적은글)을 참고하여 이해하길 바란다.

```
    i = 101                                          ' 출력시작을 위한 기준행(제목행 Row 위치값을 설정함)
    num_최대조회수 = A100.Range("최대조회건수")        ' 화면에 최대로 조회할 행수
    num_열개수 = Application.CountA(Sheets(txt_현재시트).Range("A90:ZZ90")) + 5

    Call 공통_화면이벤트_OFF

    Do Until (RS1.EOF)                               ' RS1 Record Set이 끝이 날때까지 Loop까지 계속 반복

        Cells(i, 1) = i - 100

        For kk = 4 To num_열개수

            If Cells(95, kk) <> "" Then
                Cells(i, kk) = RS1.Fields(Cells(95, kk).Value)
            End If

        Next

        i = i + 1

        If i > num_최대조회수 Then
            MsgBox "[확인]데이터가 " & num_최대조회수 & "건보다 많습니다. 조회조건을 변경 바랍니다"
            Exit Do
        End If

        RS1.MoveNext                                 ' RecordSet의 다음자료(다음위치)로 이동함

    Loop

    Cells(101, 3).Select

    Call 공통_DB1_Close                              ' 연결되었던 DB와의 접속을 끊음
    Call 공통_화면이벤트_ON

End Sub
```

화면에 설정되어 있는 칼럼명의 값을 실제 화면에 출력한다.
예) Cells(101, 4) = RS1.Field("제품코드")
D101 셀에 프로시저 실행결과 레코드셋 제품코드의 값을 출력(표시) 하라.

DB의 작업이 끝나면 DB와의 접속을 끊는 것이 좋다.

[그림 4-26] 제품 초기화 및 조회관련 소스코드(2/2)

이제 조회 관련하여 마지막 작업이 남아있다. 화면에 표시될 칼럼을 설정(정의)하는 작업이다. 엑셀 시트에서 Ctrl키를 누른 상태에서 "W"를 누르면 DB 프로시저의 결과 칼럼명과 화면의 칼럼을 연결할 수 있는 숨겨져 있던 행들이 표시된다.

DB 프로시저의 결과를 참고하여 적절하게 배치하면 된다. 칼럼명은 95행에 입력하면 100행, 90행의 칼럼들도 기본값으로 자동으로 변경되며 개발자가 임의로 수정이 가능하다.

95행 : DB 결과값 RS1의 칼럼명을 입력한다. (DB칼럼명 위치)
100행 : 사용자가 볼 수 있는 타이틀 (기본값: DB칼럼명과 동일)
90행 : VBA 프로그래밍 시 찾기 위한 칼럼명이다. (기본값: DB칼럼명과 동일)
　　　※ 동일한 칼럼을 한 화면에 여러 번 사용할 경우 고유한 값으로 구분 필요

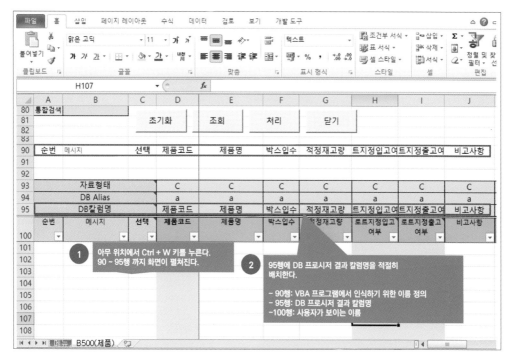

[그림 4-27] 엑셀화면 DB칼럼명, 화면표시명 설정 방법

이제 조회를 위한 준비는 다 되었다. "조회"버튼을 눌렀을 때, 오류 메시지 없이 DB의 [TBC_제품] 테이블의 데이터가 화면에 출력이 된다면 성공한 것이다.

만약, 아무런 데이터가 나오지 않을 경우에는 [TBC_제품] 테이블에 데이터가 있는지 확인하고 소스코드에도 오류가 있는지 다시 한번 점검하기 바란다.

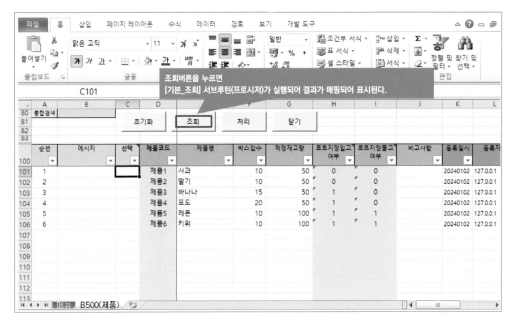

[그림 4-28] 제품 조회 실행 화면 예시

기본_처리( ) 프로시저(서브루틴)를 살펴 보도록 하자. 기본_처리( ) 프로시저는 제품코드를 신규 생성하거나 수정, 삭제하기 위해 DB에 접속하고, 제품코드 등록 관련 DB 프로시저를 실행하는 역할을 담당한다.

조회화면에서 제품코드는 D열, 제품명은 E열에 출력되는데 이를 영구적으로 고정하게 되면 당장은 개발하기 쉬울 수 있으나 사용자의 요구나 향후 프로그램 개선 등으로 열의 위치가 변경될 수도 있다. (예: 제품코드는 D열 → E열, 제품명은 E열 → F열)

이러한 경우마다 프로그래밍으로 일일이 변경하면 개발자로서 잦은 프로그램 수정 등으로 어려움을 겪을 수 밖에 없다. 이러한 문제들을 해결 하기 위해 [Col_제품코드], [Col_제품명] …. 이라는 변수들이 사용된다. 이 변수는 특정 칼럼 이름이 몇 번째 열에 위치하고 있는지를 알기 위한 용도이다. 예를 들면 "Col_제품코드" 변수는 "D"열에 위치해 있기 때문에 "4"라는 위치값을 가지고 있어야 하고, Col_제품명" 변수는 "5"라는 값이 저장되어 있을 것이다.

Col_제품코드 = 공통_칼럼위치(txt_현재시트, 90, "제품코드")

txt_현재시트 : 찾고자 하는 시트명 ("B500_제품")

90 : 90행(VBA칼럼 인식을 위해 설정한 칼럼값)으로 찾으라는 의미

"제품코드" : 찾고자 하는 칼럼값이다.

실행 결과 Col_제품코드 변수에 "4"가 저장된다.

```
Sub 기본_처리()

    Dim txt_Sql      As String        ' SQL문장 저장을 위한 변수 선언
    Dim txt_현재시트 As String        ' 현재 작업 시트명을 저장/관리하기 위한 변수 선언

    On Error Resume Next

    txt_현재시트 = ActiveSheet.Name        ' 조회시트명을 변수에 저장

    Sheets(txt_현재시트).Select            ' 조회시트로 이동

    Call 공통_필터초기화                   ' 필터에 조건이 지정되어 있는 것을 대비하여 필터초기화

    In사용자ID = A100.Range("사용자ID")                ' 향후 Insert/Update시 사용할 ID
    In_공인IP = A100.Range("공인IP")                   ' 각종 정보는 관리시트에 있음
    In_호스트명 = A100.Range("호스트명")               ' 각종 정보는 관리시트에 있음
    In_현재일시 = 공통_시스템시간()

    txt_현재시트 = ActiveSheet.Name                    ' 조회시트명을 변수에 저장
    In_현재시트코드 = ActiveSheet.CodeName             ' 조회시트코드를 변수에 저장

    txt_Sql_처리 = "EXEC [dbo].[SPB500_제품_처리]      " & vbLf & _
    "       ,@IN_처리구분        = '<<처리구분>>'      " & vbLf & _
    "       ,@IN_제품코드        = '<<제품코드>>'      " & vbLf & _
    "       ,@IN_제품명          = '<<제품명>>'        " & vbLf & _
    "       ,@IN_박스입수        = '<<박스입수>>'      " & vbLf & _
    "       ,@IN_적정재고량      = '<<적정재고량>>'    " & vbLf & _
    "       ,@IN_로트지정입고여부 = '<<로트지정입고여부>>'" & vbLf & _
    "       ,@IN_로트지정출고여부 = '<<로트지정출고여부>>'" & vbLf & _
    "       ,@IN_비고사항        = '<<비고사항>>'      " & vbLf & _
    "       ,@IN_실행ID          = '<<실행ID>>'        " & vbLf & _
    "       ,@IN_실행PG          = '<<실행PG>>'        " & vbLf

    txt_Sql_처리 = Replace(txt_Sql_처리, "<<실행ID>>", Trim(A100.Range("사용자ID")))
    txt_Sql_처리 = Replace(txt_Sql_처리, "<<실행PG>>", ActiveSheet.CodeName)

    Col_제품코드 = 공통_칼럼위치(txt_현재시트, 90, "제품코드")
    Col_제품명 = 공통_칼럼위치(txt_현재시트, 90, "제품명")
    Col_박스입수 = 공통_칼럼위치(txt_현재시트, 90, "박스입수")
    Col_적정재고량 = 공통_칼럼위치(txt_현재시트, 90, "적정재고량")
    Col_로트지정입고여부 = 공통_칼럼위치(txt_현재시트, 90, "로트지정입고여부")
    Col_로트지정출고여부 = 공통_칼럼위치(txt_현재시트, 90, "로트지정출고여부")
    Col_비고사항 = 공통_칼럼위치(txt_현재시트, 90, "비고사항")

    Err_flag = 0                                       ' 향후 에러여부를 체크할 변수 0:정상 1:오류 (초기값은 0)
    tot_cnt = ActiveSheet.Cells.SpecialCells(xlCellTypeLastCell).Row  ' 해당시트 데이터가 입력된 마지막행을 확인

    If 공통_DB1_Connect() = False Then                 ' 관리시트에 있는 접속환경으로 DB에 접속함
        MsgBox "[오류]DB연결이 정상적이지 않습니다!!"
        Exit Sub
    End If
```

화면설정 90행 칼럼값을 활용하여 해당칼럼의 위치값을 가져옴 (향후 입력,수정,삭제할 값의 위치를 찾기 위한 기준값)

공통_칼럼위치( )는 저자가 작성한 공통모듈로 [A10공통] 모듈에 소스코드가 저장되어 있다.

예) [Col_제품코드] 은 90행 값을 기준으로 [제품코드]값이 D열에 위치하기 때문에 4가 저장된다.

[그림 4-29] 제품 기본_처리( ) 소스코드(1/3)

```
Err.Clear
DB_Conn1.BeginTrans                              ' *** 트랜잭션 시작 ****

If Err.Number <> 0 Then
    DB_Conn1.RollbackTrans                       ' Begin Tran이 계속 존재하는 경우를 대비하여 Rollback 처리함
    MsgBox "[오류]트랜잭션을 시작하지 못했습니다. 다시 시도 바랍니다"
    Exit Sub
End If                                            ' 오류 메시지를 표시한다

For i = 101 To tot_cnt                           ' 101번행부터 데이터가 입력되어 있는 행(Row)까지 반복함

    If Cells(i, 2) <> "" Then Cells(i, 2) = ""

    If Cells(i, 3) >= "1" And Cells(i, Col_제품코드) <> "" Then          ' 선택값 1(입력)을 입력하고 4번열값에 데이터가 있는 경우

        If Cells(i, Col_박스입수) = "" Then Cells(i, Col_박스입수) = 1
        If Cells(i, Col_적정재고량) = "" Then Cells(i, Col_적정재고량) = 0

        txt_Sql = txt_Sql_처리

        ' 숫자가 아닌 값이 있을 경우 오류가 발생하기 때문에 예방하는 코드를 추가함
        num_박스입수 = Trim(Cells(i, Col_박스입수))
        num_적정재고량 = Trim(Cells(i, Col_적정재고량))

        If IsNumeric(num_박스입수) = False Then num_박스입수 = 1
        If IsNumeric(num_적정재고량) = False Then num_적정재고량 = 0

        txt_Sql = Replace(txt_Sql, "<<처리구분>>", Trim(Cells(i, 3)))
        txt_Sql = Replace(txt_Sql, "<<제품코드>>", Trim(Cells(i, Col_제품코드)))
        txt_Sql = Replace(txt_Sql, "<<제품명>>", Trim(Cells(i, Col_제품명)))
        txt_Sql = Replace(txt_Sql, "<<박스입수>>", num_박스입수)
        txt_Sql = Replace(txt_Sql, "<<적정재고량>>", num_적정재고량)
        txt_Sql = Replace(txt_Sql, "<<로트지정입고여부>>", Trim(Cells(i, Col_로트지정입고여부)))
        txt_Sql = Replace(txt_Sql, "<<로트지정출고여부>>", Trim(Cells(i, Col_로트지정출고여부)))
        txt_Sql = Replace(txt_Sql, "<<비고사항>>", Trim(Cells(i, Col_비고사항)))

        If 공통_DB1_SP처리(txt_Sql) = False Then          ' txt_Sql변수의 SQL문장을 실행함
            Err_flag = 1
            txt_오류메시지 = Err.Description
            txt_오류메시지 = "오류[" & RS0!ERR_CODE & "] " & RS0!ERR_MESSAGE & " " & txt_오류메시지
            Cells(i, 2) = txt_오류메시지
        End If

    End If

Next
```

일부만 처리되지 않도록 트랜잭션 선언

데이터가 입력된 101행부터 끝까지 반복하면서 txt_Sql 변수에 DB 프로시저 문장을 완성하여 실행한다.

Col_제품코드, Col_제품명 변수들로 해당 항목의 위치가 바뀌더라도 오류없이 수행할 수 있도록 하였다.

오류가 발생되면 메시지를 화면에 표시하고 Err_flag 값에 [1]을 저장한다.

공통_DB1_SP처리( )는 DB1의 저장 프로시저를 실행하는 공통모듈이다.

[RS0]레코드셋으로 결과값들을 리턴 받을 수 있다.
-ERR_CODE : [1]이 아니면 오류 발생
-ERR_MESSAGE : 오류 내용

[그림 4-30] 제품 기본_처리( ) 소스코드(2/3)

```
    If Err_flag = 0 Then                         ' 지금까지 오류가 없으면

       Err.Clear
       DB_Conn1.CommitTrans                      ' 트랜잭션을 정상적으로 완료처리 한다

       If Err.Number = 0 Then                    ' 만약 트랜잭션 완료가 정상이면 정상 메시지를 표시
           MsgBox "[완료]요청한 작업이 완료되었습니다"
       Else
           MsgBox "[오류]최종 Commit 작업에 문제가 생겼습니다, 작업 결과를 확인 바랍니다."
           Err_flag = 1                          ' 트랜잭션 최종 완료시에 문제가 발생하면 메시지를 표시하고
       End If                                     ' 오류 메시지를 표시한다

    Else

       Err.Clear
       DB_Conn1.RollbackTrans                    ' 위의 업무처리시 오류가 발생하여 Err_flag가 1이면
       MsgBox "[오류]작업중 문제가 발생 했습니다. 확인 요망!!"  ' 트랜잭션을 Rollback 처리하고 오류메시지를 보여 준다

    End If


    Call 공통_DB1_Close                          ' 모든 작업이 완료되었기 때문에 DB접속을 끊는다

    If Err_flag = 0 Then                         ' 작업에 이상이 없었다면 다시 정보를 조회하여
       Call 기본_조회                            ' 정상적으로 입력되었는지를 보여준다.
    End If

End Sub
```

[그림 4-31] 제품 기본_처리( ) 소스코드(3/3)

기본_처리( ) 프로시저(서브루틴) 에는 BeginTrans, CommitTrans, RollbackTrans 명령을 볼
수 있는데 일부는 처리되고 일부는 오류가 발생되어 데이터의 정확한 처리가 어려운 문제를 해
결하기 위해 DB의 트랜잭션 개념을 사용하였다. 모든 하위 작업들이 정상적으로 처리되었다면
지금까지 수행되었던 사항들을 데이터베이스에 완전히 반영(Commit)한다. 만약 일부라도 처
리 중 문제가 발생된 경우에는 지금까지 데이터베이스에서 작업한 내역들을 모두 이전의 상태
로 되돌린다(Rollback).

만약, 오류 없이 수행이 정상적으로 처리가 완료되었다면(If Err_flag = 0) 최종 반영된 데이터
를 보여주기 위해 다시 한 번 기본_조회( ) 을 호출하여 최신의 데이터를 볼 수 있도록 조회하고
프로시저는 종료된다.

4. 업체 등록

[업체]는 제품을 입고하거나 출고할 때 대상이 되는 거래처를 말한다. [제품]등록 화면과 출력되는 칼럼을 제외하고는 프로그램 소스가 대부분 비슷하다. 처음 [제품] 등록 화면 개발 시에는 [사용자] 화면을 복사하여 개발(수정)했다면 이번에는 이전에 개발한 [제품] 화면을 복사하여 개발하도록 하자.

업체 기준정보도 코드, 업체명, 사업번호, 대표자, 주소, 업태, 종목 등 기본적인 항목들을 관리하도록 구성하였다.

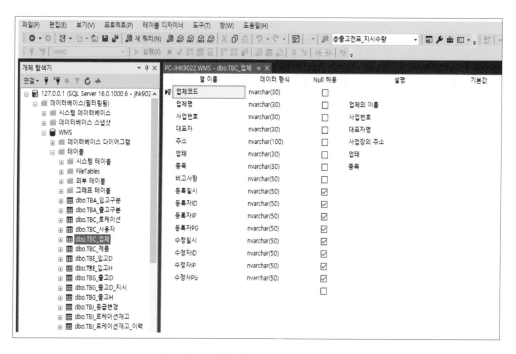

[그림 3-32] 업체 기준정보 테이블 구조

가. DB프로시저

제품 등록 관련 DB 프로시저와 구조적으로 다르지 않다. 조회와 처리 프로시저 중 조회 프로시저를 먼저 개발 하는 것을 추천한다. 사전에 테스트를 위한 데이터를 미리 INSERT 명령이나 MS SQL SSMS 통합개발도구를 이용해 입력한 후에 조회 화면을 먼저 개발하면 데이터들이 명확히 확인 되며 입력, 수정, 삭제 등 처리 프로세스 개발도 보다 조회된 내용들을 기반으로 비교적 쉽게 개발이 가능하다.

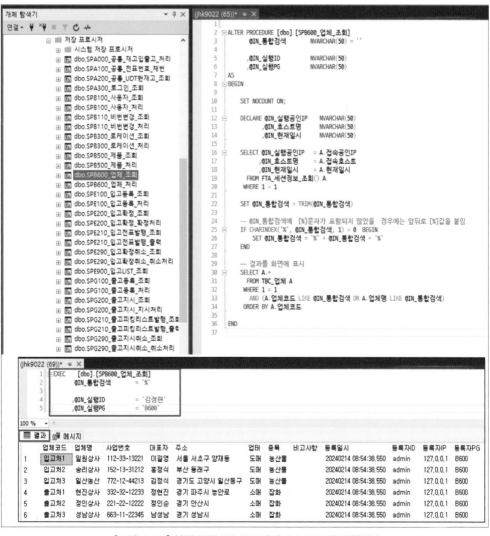

[그림 4-33] 업체 조회 DB 프로시저 소스코드 및 실행결과

```
 1  |
 2  ALTER PROCEDURE [dbo].[SPB600_업체_처리]
 3      @IN_처리구분         NVARCHAR(50)     -- 1:추가  2:수정 4:삭제
 4
 5      ,@IN_업체코드        NVARCHAR(30)
 6      ,@IN_업체명          NVARCHAR(100)
 7      ,@IN_대표자          NVARCHAR(30)
 8      ,@IN_사업번호        NVARCHAR(30)
 9      ,@IN_주소            NVARCHAR(100)
10      ,@IN_업태            NVARCHAR(30)
11      ,@IN_종목            NVARCHAR(30)
12      ,@IN_비고사항        NVARCHAR(100)
13
14      ,@IN_실행ID          NVARCHAR(50)
15      ,@IN_실행PG          NVARCHAR(50)
16  AS
17  BEGIN
18
19      SET NOCOUNT ON;
20
21      DECLARE @IN_실행공인IP    NVARCHAR(50)
22             ,@IN_호스트명      NVARCHAR(50)
23             ,@IN_현재일시      NVARCHAR(50)
24
25      SELECT @IN_실행공인IP   = A.접속공인IP
26            ,@IN_호스트명     = A.접속호스트
27            ,@IN_현재일시     = A.현재일시
28        FROM FTA_세션정보_조회() A
29       WHERE 1 = 1
30
31      IF @IN_처리구분 = '1' BEGIN
32          IF EXISTS (SELECT A.*
33                       FROM TBC_업체 A
34                      WHERE A.업체코드 = @IN_업체코드) BEGIN
35              SET @IN_처리구분 = '2'
36          END
37      END
38
39      IF @IN_처리구분 = '1' BEGIN
40
41          INSERT INTO TBC_업체
42                    (업체코드,      업체명,     사업번호,     주소,        업태,      종목,
43                     대표자,       비고사항,
44                     등록일시,      등록자ID,  등록자IP, 등록자PG)
45              VALUES (@IN_업체코드,  @IN_업체명,   @IN_사업번호,    @IN_주소,      @IN_업태,     @IN_종목,
46                     @IN_대표자,    @IN_비고사항,
47                     @IN_현재일시,  @IN_실행ID,   @IN_실행공인IP,  @IN_실행PG)
48
49          IF @@ERROR <> 0 OR @@ROWCOUNT <> 1 BEGIN
50              SELECT ERR_CODE = 21, ERR_MESSAGE = N'INSERT오류'
51              RETURN
52          END
```

[그림 4-34] 업체 처리 DB 프로시저 소스코드 (1/2)

```
57  END ELSE IF @IN_처리구분 = '2' BEGIN
58
59      UPDATE A SET
60          A.업체명        = @IN_업체명
61          ,A.대표자       = @IN_대표자
62          ,A.사업번호      = @IN_사업번호
63          ,A.주소        = @IN_주소
64          ,A.업태        = @IN_업태
65          ,A.종목        = @IN_종목
66          ,A.비고사항      = @IN_비고사항
67          ,A.수정일시      = @IN_현재일시
68          ,A.수정자ID     = @IN_실행ID
69          ,A.수정자IP     = @IN_실행공인IP
70          ,A.수정자PG     = @IN_실행PG
71      FROM TBC_업체 A
72      WHERE 1 = 1
73          AND A.업체코드    = @IN_업체코드
74
75      IF @@ERROR <> 0 OR @@ROWCOUNT <> 1 BEGIN
76          SELECT ERR_CODE = 31, ERR_MESSAGE = N'UPDATE오류'
77          RETURN
78      END
79
80      SELECT ERR_CODE = 1, ERR_MESSAGE = N'정상처리'
81      RETURN
82
83  END ELSE IF @IN_처리구분 = '4' BEGIN
84
85      DELETE A
86      FROM TBC_업체 A
87      WHERE 1 = 1
88          AND A.업체코드    = @IN_업체코드
89
90      IF @@ERROR <> 0 OR @@ROWCOUNT <> 1 BEGIN
91          SELECT ERR_CODE = 41, ERR_MESSAGE = N'DELETE오류'
92          RETURN
93      END
94
95      SELECT ERR_CODE = 1, ERR_MESSAGE = N'정상처리'
96      RETURN
97  END
98
99
100     SELECT ERR_CODE = 999, ERR_MESSAGE = N'예외처리오류'
101     RETURN
102
103 END;
```

```
jhk9022 (51))*
1   BEGIN TRAN;
2
3       EXEC [dbo].[SPB600_업체_처리]
4           @IN_처리구분     = '1'
5           ,@IN_업체코드    = '출고처9'
6           ,@IN_업체명     = '출고처9'
7           ,@IN_대표자     = '출고처9대표자'
8           ,@IN_사업번호    = '123-12-12345'
9           ,@IN_주소      = '서울 서초구 양재동'
10          ,@IN_업태      = '서비스업'
11          ,@IN_종목      = '도소매'
12          ,@IN_비고사항    = ''
13          ,@IN_실행ID    = '김정현'
14          ,@IN_실행PG    = 'B600'
15
16  ROLLBACK TRAN;
```

```
100 %
결과   메시지
    ERR_CODE   ERR_MESSAGE
1       1        정상처리
```

[그림 4-35] 업체 처리 DB 프로시저 소스코드 (2/2) 및 실행결과

나. 엑셀VBA

[제품]등록 화면과 구조적으로 거의 유사하고 칼럼명만 다르기 때문에 [B500_제품] 시트를 복사하고 [B600_업체]로 시트의 이름을 변경한다. 이후에 개발환경(Alt+F11)에서 시트코드를 [B501] → [B600]으로 변경한다. 화면 설정과 DB 프로시저 호출 관련 소스코드 부분만 수정하면 쉽게 개발이 가능하다.

만약, 시트를 복사하고 시트코드를 변경 하는 방법을 모른다면 앞에서 설명한 [3.제품등록]-[나.엑셀VBA] 관련부분을 다시 한번 참고하여 작업하기를 바란다.

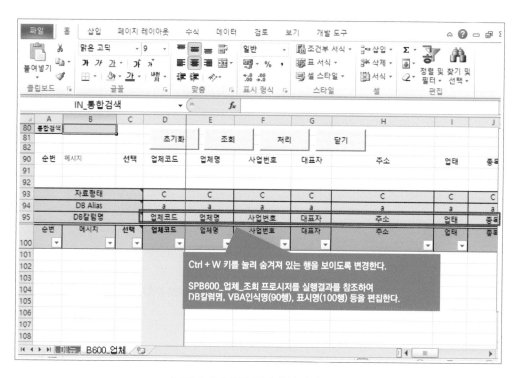

[그림 4-36] 업체 조회 화면 편집 예시

172

```
Private Sub Worksheet_Change(ByVal Target As Range)

    If Target.Row > 100 And Target.Column > 3 Then
        Call 공통_화면이벤트_OFF
        If Cells(Target.Row, 3) = "" Then Cells(Target.Row, 3) = 1
        Call 공통_화면이벤트_ON
    End If

End Sub
```

> 실제 데이터가 입력, 수정되면
> 처리구분이 자동으로 [1]로 표시되도록 하기 위한 코드입니다.

```
Sub 기본_초기화()

    Dim txt_Sql      As String          ' SQL문장 저장을 위한 변수 선언
    Dim txt_현재시트 As String          ' 현재 작업 시트명을 저장/관리하기 위한 변수 선언

    On Error Resume Next

    txt_현재시트 = ActiveSheet.Name      ' 조회시트명을 변수에 저장

    Sheets(txt_현재시트).Select          ' 조회시트로 이동

    Call 공통_필터초기화                 ' 필터에 조건이 지정되어 있는 것을 대비하여 필터초기화

    In사용자ID = A100.Range("사용자ID")                    ' 향후 Insert/Update시 사용할 ID,IP,시간등을 변수에 저장
    In_공인IP = A100.Range("공인IP")                        ' 각종 정보는 관리시트에 있음
    In_호스트명 = A100.Range("호스트명")                    ' 각종 정보는 관리시트에 있음
    In_현재일시 = 공통_시스템시간()

    Range("IN_통합검색") = ""

End Sub


Sub 기본_조회()

    Dim txt_Sql      As String          ' SQL문장 저장을 위한 변수 선언
    Dim txt_현재시트 As String          ' 현재 작업 시트명을 저장/관리하기 위한 변수 선언

    On Error Resume Next

    txt_현재시트 = ActiveSheet.Name         ' 조회시트명을 변수에 저장
    txt_현재시트코드 = ActiveSheet.CodeName ' 조회시트코드를 변수에 저장

    Sheets(txt_현재시트).Select          ' 조회시트로 이동

    Call 공통_초기화                     ' 101번 라인 이하를 삭제(클리어)시킴

    txt_Sql = "EXEC [dbo].[SPB600_업체_조회]          " & vbLf & _
        "    @IN_통합검색     = '<<통합검색>>'        " & vbLf & _
        "   ,@IN_실행ID       = '<<실행ID>>'          " & vbLf & _
        "   ,@IN_실행PG       = '<<실행PG>>'          " & vbLf

    txt_Sql = Replace(txt_Sql, "<<통합검색>>", Trim(Range("IN_통합검색")))
    txt_Sql = Replace(txt_Sql, "<<실행ID>>", Trim(A100.Range("사용자ID")))
    txt_Sql = Replace(txt_Sql, "<<실행PG>>", ActiveSheet.CodeName)
```

[그림 4-37] 업체 엑셀VBA 초기화, 조회 관련 소스코드 (1/2)

```
    If 공통_DB1_Connect() = False Then                  ' 관리시트에 있는 접속환경으로 DB에 접속함
        MsgBox "[오류]DB연결이 정상적이지 않습니다!!"
        Exit Sub
    End If

    If 공통_DB1_SP조회1(txt_Sql) = False Then            ' txt_Sql변수의 SQL문장을 실행함
        MsgBox "[오류]해당하는 자료가 존재하지 않습니다"
        Exit Sub
    End If

    i = 101                                            ' 출력시작을 위한 기준행(제목행 Row 위치값을 설정함)
    num_최대조회수 = A100.Range("최대조회건수")           ' 화면에 최대로 조회할 행수
    num_열개수 = Application.CountA(Sheets(txt_현재시트).Range("A90:ZZ90")) + 5

    Call 공통_화면이벤트_OFF

    Do Until (RS1.EOF)                                          ' RS1 Record Set이 끝이 날때까지 Loop까지 계속 반복

        Cells(i, 1) = i - 100

        For kk = 4 To num_열개수

            If Cells(95, kk) <> "" Then

                ' txt_칼럼명 = Cells(95, kk)
                Cells(i, kk) = RS1.Fields(Cells(95, kk).Value)

            End If

        Next

        i = i + 1

        If i > num_최대조회수 Then
            MsgBox "[확인]데이터가 " & num_최대조회수 & "건보다 많습니다. 조회조건을 변경 바랍니다"
            Exit Do
        End If

        RS1.MoveNext                                           ' RecordSet의 다음자료(다음위치)로 이동함

    Loop

    Cells(101, 3).Select

    Call 공통_DB1_Close                                        ' 연결되었던 DB와의 접속을 끊음
    Call 공통_화면이벤트_ON

End Sub
```

[그림 4-38] 업체 엑셀VBA 초기화, 조회 관련 소스코드 (2/2)

```
Sub 기본_처리()

    Dim txt_Sql      As String        ' SQL문장 저장을 위한 변수 선언
    Dim txt_현재시트 As String        ' 현재 작업 시트명을 저장/관리하기 위한 변수 선언

    On Error Resume Next

    txt_현재시트 = ActiveSheet.Name      ' 조회시트명을 변수에 저장

    Sheets(txt_현재시트).Select        ' 조회시트로 이동

    Call 공통_필터초기화              ' 필터에 조건이 지정되어 있는 것을 대비하여 필터초기화

    In사용자ID = A100.Range("사용자ID")                  ' 향후 Insert/Update시 사용할 ID,IP,시간등을 변수에 저장
    In_공인IP = A100.Range("공인IP")                     ' 각종 정보는 관리시트에 있음
    In_호스트명 = A100.Range("호스트명")                 ' 각종 정보는 관리시트에 있음
    In_현재일시 = 공통_시스템시간()

    txt_현재시트 = ActiveSheet.Name                      ' 조회시트명을 변수에 저장
    In_현재시트코드 = ActiveSheet.CodeName               ' 조회시트코드를 변수에 저장

    txt_Sql_처리 = "EXEC [dbo].[SPB600_업체_처리]         " & vbLf & _
        "       @IN_처리구분      = '<<처리구분>>'         " & vbLf & _
        "      ,@IN_업체코드      = '<<업체코드>>'         " & vbLf & _
        "      ,@IN_업체명        = '<<업체명>>'           " & vbLf & _
        "      ,@IN_사업번호      = '<<사업번호>>'         " & vbLf & _
        "      ,@IN_대표자        = '<<대표자>>'           " & vbLf & _
        "      ,@IN_주소          = '<<주소>>'             " & vbLf & _
        "      ,@IN_업태          = '<<업태>>'             " & vbLf & _
        "      ,@IN_종목          = '<<종목>>'             " & vbLf & _
        "      ,@IN_비고사항      = '<<비고사항>>'         " & vbLf & _
        "      ,@IN_실행ID        = '<<실행ID>>'           " & vbLf & _
        "      ,@IN_실행PG        = '<<실행PG>>'           " & vbLf

    txt_Sql_처리 = Replace(txt_Sql_처리, "<<실행ID>>", Trim(A100.Range("사용자ID")))
    txt_Sql_처리 = Replace(txt_Sql_처리, "<<실행PG>>", ActiveSheet.CodeName)

    Col_업체코드 = 공통_칼럼위치(txt_현재시트, 90, "업체코드")
    Col_업체명 = 공통_칼럼위치(txt_현재시트, 90, "업체명")
    Col_사업번호 = 공통_칼럼위치(txt_현재시트, 90, "사업번호")
    Col_대표자 = 공통_칼럼위치(txt_현재시트, 90, "대표자")
    Col_주소 = 공통_칼럼위치(txt_현재시트, 90, "주소")
    Col_업태 = 공통_칼럼위치(txt_현재시트, 90, "업태")
    Col_종목 = 공통_칼럼위치(txt_현재시트, 90, "종목")
    Col_비고사항 = 공통_칼럼위치(txt_현재시트, 90, "비고사항")


    Err_flag = 0                                         ' 향후 에러여부를 체크할 변수 0:정상 1:오류 (초기값은 0)
    tot_cnt = ActiveSheet.Cells.SpecialCells(xlCellTypeLastCell).Row   ' 해당시트 데이터가 입력된 마지막행을 확인

    If 공통_DB1_Connect() = False Then                   ' 관리시트에 있는 접속환경으로 DB에 접속함
        MsgBox "[오류]DB연결이 정상적이지 않습니다!!"
        Exit Sub
    End If
```

[그림 4-39] 업체 엑셀VBA 처리 관련 소스코드 (1/3)

```
    Err.Clear
    DB_Conn1.BeginTrans                                    ' *** 트랜잭션 시작 ****

    If Err.Number <> 0 Then
        DB_Conn1.RollbackTrans                             ' Begin Tran이 계속 존재하는 경우를 대비하여 Rollback 처리함
        MsgBox "[오류]트랜잭션을 시작하지 못했습니다. 다시 시도 바랍니다"
        Exit Sub
    End If                                                  ' 오류 메시지를 표시한다


    For i = 101 To tot_cnt                                 ' 101번행부터 데이터가 입력되어 있는 행(Row)까지 반복함

        If Cells(i, 2) <> "" Then Cells(i, 2) = ""

        If Cells(i, 3) >= "1" And Cells(i, Col_업체코드) <> "" Then        ' 선택값 1이상일 경우

            txt_Sql = txt_Sql_처리

            txt_Sql = Replace(txt_Sql, "<<처리구분>>", Trim(Cells(i, 3)))
            txt_Sql = Replace(txt_Sql, "<<업체코드>>", Trim(Cells(i, Col_업체코드)))
            txt_Sql = Replace(txt_Sql, "<<업체명>>", Trim(Cells(i, Col_업체명)))
            txt_Sql = Replace(txt_Sql, "<<사업번호>>", Trim(Cells(i, Col_사업번호)))
            txt_Sql = Replace(txt_Sql, "<<대표자>>", Trim(Cells(i, Col_대표자)))
            txt_Sql = Replace(txt_Sql, "<<주소>>", Trim(Cells(i, Col_주소)))
            txt_Sql = Replace(txt_Sql, "<<업태>>", Trim(Cells(i, Col_업태)))
            txt_Sql = Replace(txt_Sql, "<<종목>>", Trim(Cells(i, Col_종목)))
            txt_Sql = Replace(txt_Sql, "<<비고사항>>", Trim(Cells(i, Col_비고사항)))

            If 공통_DB1_SP처리(txt_Sql) = False Then    ' txt_Sql변수의 SQL문장을 실행함
                Err_flag = 1
                txt_오류메시지 = Err.Description
                txt_오류메시지 = "오류[" & RS0!ERR_CODE & "] " & RS0!ERR_MESSAGE & " " & txt_오류메시지
                Cells(i, 2) = txt_오류메시지
            End If

        End If

    Next
```

[그림 4-40] 업체 엑셀VBA 처리 관련 소스코드 (2/3)

```
    If Err_flag = 0 Then                                   ' 지금까지 오류가 없으면

        Err.Clear
        DB_Conn1.CommitTrans                               ' 트랜잭션을 정상적으로 완료처리 한다

        If Err.Number = 0 Then                             ' 만약 트랜잭션 완료가 정상이면 정상 메시지를 표시
            MsgBox "[완료]요청한 작업이 완료되었습니다"
        Else
            MsgBox "[오류]최종 Commit 작업에 문제가 생겼습니다, 작업 결과를 확인 바랍니다."
            Err_flag = 1                                   ' 트랜잭션 최종 완료시에 문제가 발생하면 메시지를 표시하고
        End If                                             ' 오류 메시지를 표시한다

    Else

        Err.Clear
        DB_Conn1.RollbackTrans                             ' 위의 업무처리시 오류가 발생하여 Err_flag가 1이면
        MsgBox "[오류]작업중 문제가 발생 했습니다. 확인 요망!!"    ' 트랜잭션을 Rollback 처리하고 오류메시지를 보여 준다

    End If


    Call 공통_DB1_Close                                    ' 모든 작업이 완료되었기 때문에 DB접속을 끊는다

    If Err_flag = 0 Then                                   ' 작업에 이상이 없었다면 다시 정보를 조회하여
        Call 기본_조회                                     ' 정상적으로 입력되었는지를 보여준다.
    End If

End Sub
```

[그림 4-41] 업체 엑셀VBA 처리 관련 소스코드 (3/3)

5. 로케이션 등록

WMS시스템에서 재고를 찾는 방법은 도서관에서 책을 찾은 방법과 비슷하다. 도서관에서는 책마다 고유한 코드번호를 부여하여 특정 위치에 보관한다. 이 코드를 확인하면 누구나 이 책이 어디에 보관되어 있는지 쉽게 찾고 관리할 수 있다. WMS에서도 마찬가지로 창고 내 보관 단위 위치에 대해 각각 고유한 코드를 부여 하게 되는데 이를 [로케이션]코드라고 부른다.

로케이션과 관련하여 [로케이션코드], [로케이션명], [통로], [랙번호], [단번호] 등의 정보외에 [할당여부]와 [이동여부] 칼럼이 존재한다.

[할당여부]는 해당 로케이션에 보관된 재고가 가용재고에 포함될 것인지를 결정한다. 다시 말해 해당 재고가 출고처에 출고가 가능한지 여부를 관리하는 칼럼이다.

- **[1] : 할당할 수 있는 재고 (가용재고에 포함)**
- **[0] : 할당할 수 없는 재고 (개용재고에 미포함)**

[이동여부]는 이 로케이션이 작업자에 의해 로케이션에 있는 재고를 다른 로케이션으로 임의로 이동 가능한 재고인지를 관리하는 칼럼이다.

- **[1] : 사용자가 재고를 이동할 수 있는 로케이션**
- **[0] : 사용자가 재고 이동이 불가능한 재고**

보다 자세한 사항은 입고, 출고, 재고관리 프로세스에서 추가 설명할 것이다.

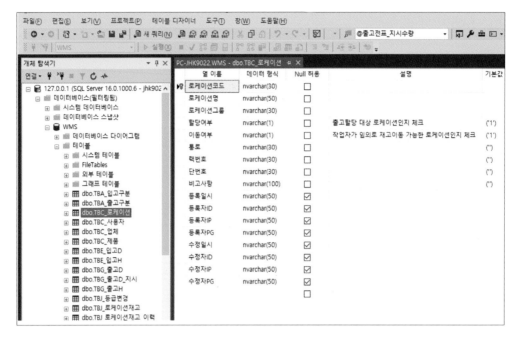

[그림 3-42] 로케이션 기준정보 테이블 구조

가. DB프로시저

[제품]과 [업체] 관련 DB 프로시저와 구조적으로 다르지 않다. 제품 또는 업체등록 관련 DB 프로시저를 복사하고 이를 기반으로 수정 하면 비교적 빠르게 개발이 가능하다. (DB 프로시저를 복사하는 방법은 제품등록 관련 내용을 참고 하기 바란다.)

[그림 4-43] 로케이션 조회 DB 프로시저 소스코드

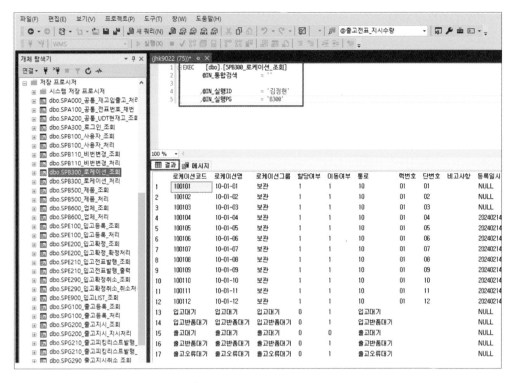

[그림 4-44] 로케이션 조회 DB 프로시저 실행결과

```
 1  ⊟ALTER PROCEDURE [dbo].[SPB300_로케이션_처리]
 2        @IN_처리구분          NVARCHAR(50)    -- 1:추가  2:수정  4:삭제
 3
 4        ,@IN_로케이션코드      NVARCHAR(30)
 5        ,@IN_로케이션명        NVARCHAR(50)
 6        ,@IN_로케이션그룹      NVARCHAR(30)
 7        ,@IN_할당여부          NVARCHAR(01)
 8        ,@IN_이동여부          NVARCHAR(01)
 9        ,@IN_통로              NVARCHAR(30)
10        ,@IN_랙번호            NVARCHAR(30)
11        ,@IN_단번호            NVARCHAR(30)
12        ,@IN_비고사항          NVARCHAR(100)
13
14        ,@IN_실행ID            NVARCHAR(50)
15        ,@IN_실행PG            NVARCHAR(50)
16    AS
17  ⊟BEGIN
18
19        SET NOCOUNT ON;
20
21  ⊟    DECLARE @IN_실행공인IP    NVARCHAR(50)
22              ,@IN_호스트명      NVARCHAR(50)
23              ,@IN_현재일시      NVARCHAR(50)
24
25        SELECT @IN_실행공인IP   = A.접속공인IP
26              ,@IN_호스트명     = A.접속호스트
27              ,@IN_현재일시     = A.현재일시
28          FROM FTA_세션정보_조회() A
29         WHERE 1 = 1
30
31        ----------------------------------------------------------------
32        -- 100 입력 데이터 점검
33        ----------------------------------------------------------------
34        SET @IN_로케이션코드  = UPPER(TRIM(@IN_로케이션코드))
35        SET @IN_로케이션명    = UPPER(TRIM(@IN_로케이션명   ))
36        SET @IN_로케이션그룹  = UPPER(TRIM(@IN_로케이션그룹 ))
37        SET @IN_할당여부      = UPPER(TRIM(@IN_할당여부     ))
38        SET @IN_이동여부      = UPPER(TRIM(@IN_이동여부     ))
39        SET @IN_통로          = UPPER(TRIM(@IN_통로         ))
40        SET @IN_랙번호        = UPPER(TRIM(@IN_랙번호       ))
41        SET @IN_단번호        = UPPER(TRIM(@IN_단번호       ))
42        SET @IN_비고사항      = UPPER(TRIM(@IN_비고사항     ))
```

[그림 4-45] 로케이션 처리 DB 프로시저 소스코드 (1/3)

```
44  ┌  --------------------------------------------------
45     -- 200 이미 입력된 자료는 처리구분을 [2]로 변경
46     --------------------------------------------------
47  ┌  IF @IN_처리구분 = '1' BEGIN
48  ┌     IF EXISTS (SELECT A.*
49                     FROM TBC_로케이션 A
50  ┌                   WHERE A.로케이션코드 = @IN_로케이션코드) BEGIN
51            SET @IN_처리구분 = '2'
52        END
53     END
54
55
56  ┌  --------------------------------------------------
57     -- 300 신규 입력 처리
58     --------------------------------------------------
59  ┌  IF @IN_처리구분 = '1' BEGIN
60
61  ┌     INSERT INTO TBC_로케이션
62                     (로케이션코드,        로케이션명,         로케이션그룹,
63                      할당여부,          이동여부,
64                      통로,             랙번호,           단번호,
65                      비고사항,
66                      등록일시,          등록자ID,
67                      등록자IP,          등록자PG)
68            VALUES (@IN_로케이션코드,  @IN_로케이션명,      @IN_로케이션그룹,
69                     @IN_할당여부,       @IN_이동여부,
70                     @IN_통로,          @IN_랙번호,        @IN_단번호,
71                     @IN_비고사항,
72                     @IN_현재일시,       @IN_실행ID,
73                     @IN_실행공인IP,     @IN_실행PG)
74
75  ┌     IF @@ERROR <> 0 OR @@ROWCOUNT <> 1 BEGIN
76            SELECT ERR_CODE = 21, ERR_MESSAGE = N'INSERT오류'
77            RETURN
78        END
79
80        SELECT ERR_CODE = 1, ERR_MESSAGE = N'정상처리'
81        RETURN
82
83     END
84
```

[그림 4-46] 로케이션 처리 DB 프로시저 소스코드 (2/3)

```
85    IF @IN_처리구분 = '2' BEGIN
86
87        UPDATE A SET
88            A.로케이션명      = @IN_로케이션명
89           ,A.로케이션그룹    = @IN_로케이션그룹
90           ,A.할당여부        = @IN_할당여부
91           ,A.이동여부        = @IN_이동여부
92           ,A.통로            = @IN_통로
93           ,A.랙번호          = @IN_랙번호
94           ,A.단번호          = @IN_단번호
95           ,A.비고사항        = @IN_비고사항
96           ,A.수정일시        = @IN_현재일시
97           ,A.수정자ID        = @IN_실행ID
98           ,A.수정자IP        = @IN_실행공인IP
99           ,A.수정자PG        = @IN_실행PG
100       FROM TBC_로케이션 A
101       WHERE 1 = 1
102         AND A.로케이션코드      = @IN_로케이션코드
103
104       IF @@ERROR <> 0 OR @@ROWCOUNT <> 1 BEGIN
105           SELECT ERR_CODE = 31, ERR_MESSAGE = N'UPDATE오류'
106           RETURN
107       END
108
109       SELECT ERR_CODE = 1, ERR_MESSAGE = N'정상처리'
110       RETURN
111
112   END
113
114   IF @IN_처리구분 = '4' BEGIN
115
116       DELETE A
117         FROM TBC_로케이션 A
118        WHERE 1 = 1
119          AND A.로케이션코드        = @IN_로케이션코드
120
121       IF @@ERROR <> 0 OR @@ROWCOUNT <> 1 BEGIN
122           SELECT ERR_CODE = 41, ERR_MESSAGE = N'DELETE오류'
123           RETURN
124       END
125
126       SELECT ERR_CODE = 1, ERR_MESSAGE = N'정상처리'
127       RETURN
128
129   END
130
131
132   SELECT ERR_CODE = 999, ERR_MESSAGE = N'예외처리오류'
133   RETURN
134
135 END;
```

```
(jhk9022 (72))*  ⊣ ×
 1  BEGIN TRAN;
 2
 3      EXEC [dbo].[SPB300_로케이션_처리]
 4          @IN_처리구분      = '1'
 5         ,@IN_로케이션코드  = '300101'
 6         ,@IN_로케이션명    = '30-01-01'
 7         ,@IN_로케이션그룹  = '보관'
 8         ,@IN_할당여부      = '1'
 9         ,@IN_이동여부      = '1'
10         ,@IN_통로          = '30'
11         ,@IN_랙번호        = '01'
12         ,@IN_단번호        = '01'
13         ,@IN_비고사항      = ''
14
15         ,@IN_실행ID        = '김정현'
16         ,@IN_실행PG        = 'B300'
17
18
19  ROLLBACK TRAN;
```

100 %

⊞ 결과   📄 메시지

	ERR_CODE	ERR_MESSAGE
1	1	정상처리

[그림 4-47] 로케이션 처리 DB 프로시저 소스코드 (3/3) 및 실행결과

나. 엑셀VBA

[제품]이나 [업체]등록 화면과 구조적으로 거의 유사하고 칼럼명만 다르기 때문에 해당 시트를 복사하고 시트의 이름과 시트코드를 변경한다. 이후에 개발환경(Alt+F11)에서 시트코드를 [B501] → [B600]으로 변경한다. 화면 설정과 DB 프로시저 호출 관련 소스코드만 수정하면 쉽게 개발이 가능하다.

만약, 시트를 복사하고 시트코드를 변경 하는 방법을 모른다면 앞에서 설명한 [3.제품등록]-[나.엑셀VBA] 관련부분을 다시 한 번 참고하여 작업하기를 바란다.

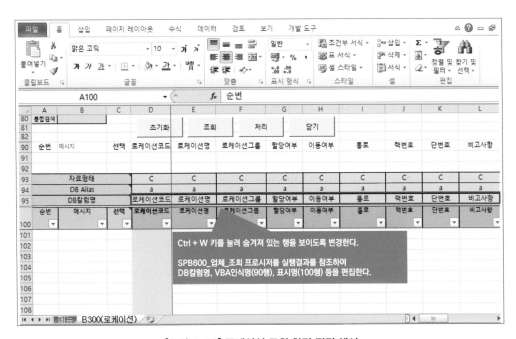

[그림 4-48] 로케이션 조회 화면 편집 예시

```
Private Sub Worksheet_Change(ByVal Target As Range)

    If Target.Row > 100 And Target.Column > 3 Then
        Call 공통_화면이벤트_OFF
        If Cells(Target.Row, 3) = "" Then Cells(Target.Row, 3) = 1
        Call 공통_화면이벤트_ON
    End If

End Sub
```

실제 데이터가 입력, 수정되면 처리구분값이
자동으로C열에 [1]로 표시되도록 하기 위한 코드입니다.

```
Sub 기본_초기화()

    Dim txt_Sql     As String        ' SQL문장 저장을 위한 변수 선언
    Dim txt_현재시트 As String        ' 현재 작업 시트명을 저장/관리하기 위한 변수 선언

    On Error Resume Next

    txt_현재시트 = ActiveSheet.Name    ' 조회시트명을 변수에 저장

    Sheets(txt_현재시트).Select        ' 조회시트로 이동

    Call 공통_필터초기화              ' 필터에 조건이 지정되어 있는 것을 대비하여 필터초기화

    In사용자ID = A100.Range("사용자ID")              ' 향후 Insert/Update시 사용할 ID,IP,시간등을 변수에 저장
    In_공인IP = A100.Range("공인IP")                 ' 각종 정보는 관리시트에 있음
    In_호스트명 = A100.Range("호스트명")              ' 각종 정보는 관리시트에 있음
    In_현재일시 = 공통_시스템시간()

    Range("IN_통합검색") = ""

End Sub


Sub 기본_조회()

    Dim txt_Sql     As String        ' SQL문장 저장을 위한 변수 선언
    Dim txt_현재시트 As String        ' 현재 작업 시트명을 저장/관리하기 위한 변수 선언

    On Error Resume Next

    txt_현재시트 = ActiveSheet.Name        ' 조회시트명을 변수에 저장
    txt_현재시트코드 = ActiveSheet.CodeName ' 조회시트코드를 변수에 저장

    Sheets(txt_현재시트).Select        ' 조회시트로 이동

    Call 공통_초기화                   ' 101번 라인 이하를 삭제(클리어)시킴

    txt_Sql = "EXEC [dbo].[SPB300_로케이션_조회]          " & vbLf & _
              "      @IN_통합검색      = '<<통합검색>>'    " & vbLf & _
              "     ,@IN_실행ID        = '<<실행ID>>'      " & vbLf & _
              "     ,@IN_실행PG        = '<<실행PG>>'      " & vbLf

    txt_Sql = Replace(txt_Sql, "<<통합검색>>", Trim(Range("IN_통합검색")))
    txt_Sql = Replace(txt_Sql, "<<실행ID>>", Trim(A100.Range("사용자ID")))
    txt_Sql = Replace(txt_Sql, "<<실행PG>>", ActiveSheet.CodeName)
```

[그림 4-49] 로케이션 엑셀VBA 초기화, 조회 관련 소스코드 (1/2)

```
    If 공통_DB1_Connect() = False Then                    ' 관리시트에 있는 접속환경으로 DB에 접속함
        MsgBox "[오류]DB연결이 정상적이지 않습니다!!"
        Exit Sub
    End If

    If 공통_DB1_SP조회1(txt_Sql) = False Then        ' txt_Sql변수의 SQL문장을 실행함
        MsgBox "[오류]해당하는 자료가 존재하지 않습니다"
        Exit Sub
    End If

    i = 101                                               ' 출력시작을 위한 기준행(제목행 Row 위치값을 설정함)
    num_최대조회수 = A100.Range("최대조회건수")          ' 화면에 최대로 조회할 행수
    num_열개수 = Application.CountA(Sheets(txt_현재시트).Range("A90:ZZ90")) + 5

    Call 공통_화면이벤트_OFF

    Do Until (RS1.EOF)                                              ' RS1 Record Set이 끝이 날때까지 Loop까지 계속 반복

        Cells(i, 1) = i - 100

        For kk = 4 To num_열개수

            If Cells(95, kk) <> "" Then

                ' txt_칼럼명 = Cells(95, kk)
                Cells(i, kk) = RS1.Fields(Cells(95, kk).Value)

            End If

        Next

        i = i + 1

        If i > num_최대조회수 Then
            MsgBox "[확인]데이터가 " & num_최대조회수 & "건보다 많습니다. 조회조건을 변경 바랍니다"
            Exit Do
        End If

        RS1.MoveNext                                        ' RecordSet의 다음자료(다음위치)로 이동함

    Loop

    Cells(101, 3).Select

    Call 공통_DB1_Close                                     ' 연결되었던 DB와의 접속을 끊음
    Call 공통_화면이벤트_ON

End Sub
```

[그림 4-50] 로케이션 엑셀VBA 초기화, 조회 관련 소스코드 (2/2)

```
Sub 기본_처리()

    Dim txt_Sql      As String          ' SQL문장 저장을 위한 변수 선언
    Dim txt_현재시트 As String          ' 현재 작업 시트명을 저장/관리하기 위한 변수 선언

    On Error Resume Next

    txt_현재시트 = ActiveSheet.Name     ' 조회시트명을 변수에 저장

    Sheets(txt_현재시트).Select         ' 조회시트로 이동

    Call 공통_필터초기화                ' 필터에 조건이 지정되어 있는 것을 대비하여 필터초기화

    In사용자ID = A100.Range("사용자ID")                      ' 향후 Insert/Update시 사용할 ID,IP,시간등을 변수에 저장
    In_공인IP = A100.Range("공인IP")                         ' 각종 정보는 관리시트에 있음
    In_호스트명 = A100.Range("호스트명")                     ' 각종 정보는 관리시트에 있음
    In_현재일시 = 공통_시스템시간()

    txt_현재시트 = ActiveSheet.Name                          ' 조회시트명을 변수에 저장
    In_현재시트코드 = ActiveSheet.CodeName                   ' 조회시트코드를 변수에 저장

    txt_Sql_처리 = "EXEC [dbo].[SPB300_로케이션_처리]        " & vbLf & _
        "        @IN_처리구분        = '<<처리구분>>'         " & vbLf & _
        "       ,@IN_로케이션코드    = '<<로케이션코드>>'     " & vbLf & _
        "       ,@IN_로케이션명      = '<<로케이션명>>'       " & vbLf & _
        "       ,@IN_로케이션그룹    = '<<로케이션그룹>>'     " & vbLf & _
        "       ,@IN_할당여부        = '<<할당여부>>'         " & vbLf & _
        "       ,@IN_이동여부        = '<<이동여부>>'         " & vbLf & _
        "       ,@IN_통로            = '<<통로>>'             " & vbLf & _
        "       ,@IN_랙번호          = '<<랙번호>>'           " & vbLf & _
        "       ,@IN_단번호          = '<<단번호>>'           " & vbLf & _
        "       ,@IN_비고사항        = '<<비고사항>>'         " & vbLf & _
        "       ,@IN_실행ID          = '<<실행ID>>'           " & vbLf & _
        "       ,@IN_실행PG          = '<<실행PG>>'           " & vbLf

    txt_Sql_처리 = Replace(txt_Sql_처리, "<<실행ID>>", Trim(A100.Range("사용자ID")))
    txt_Sql_처리 = Replace(txt_Sql_처리, "<<실행PG>>", ActiveSheet.CodeName)


    Col_로케이션코드 = 공통_칼럼위치(txt_현재시트, 90, "로케이션코드")
    Col_로케이션명 = 공통_칼럼위치(txt_현재시트, 90, "로케이션명")
    Col_로케이션그룹 = 공통_칼럼위치(txt_현재시트, 90, "로케이션그룹")
    Col_할당여부 = 공통_칼럼위치(txt_현재시트, 90, "할당여부")
    Col_이동여부 = 공통_칼럼위치(txt_현재시트, 90, "이동여부")
    Col_통로 = 공통_칼럼위치(txt_현재시트, 90, "통로")
    Col_랙번호 = 공통_칼럼위치(txt_현재시트, 90, "랙번호")
    Col_단번호 = 공통_칼럼위치(txt_현재시트, 90, "단번호")
    Col_비고사항 = 공통_칼럼위치(txt_현재시트, 90, "비고사항")


    Err_flag = 0                                             ' 향후 에러여부를 체크할 변수 0:정상 1:오류 (초기값은 0)
    tot_cnt = ActiveSheet.Cells.SpecialCells(xlCellTypeLastCell).Row    ' 해당시트 데이터가 입력된 마지막행을 확인

    If 공통_DB1_Connect() = False Then                       ' 관리시트에 있는 접속환경으로 DB에 접속함
        MsgBox "[오류]DB연결이 정상적이지 않습니다!!"
        Exit Sub
    End If
```

[그림 4-51] 로케이션 엑셀VBA 처리 관련 소스코드 (1/3)

```
    Err_flag = 0                                                    ' 향후 에러여부를 체크할 변수 0:정상 1:오류 (초기값은 0)
    tot_cnt = ActiveSheet.Cells.SpecialCells(xlCellTypeLastCell).Row   ' 해당시트 데이터가 입력된 마지막행을 확인

    If 공통_DB1_Connect() = False Then                                ' 관리시트에 있는 접속환경으로 DB에 접속함
        MsgBox "[오류]DB연결이 정상적이지 않습니다!!"
        Exit Sub
    End If


    Err.Clear
    DB_Conn1.BeginTrans                                             ' *** 트랜잭션 시작 ****

    If Err.Number <> 0 Then
        DB_Conn1.RollbackTrans                                      ' Begin Tran이 계속 존재하는 경우를 대비하여 Rollback 처리함
        MsgBox "[오류]트랜잭션을 시작하지 못했습니다. 다시 시도 바랍니다"
        Exit Sub
    End If                                                          ' 오류 메시지를 표시한다


    For i = 101 To tot_cnt                                          ' 101번행부터 데이터가 입력되어 있는 행(Row)까지 반복함

        If Cells(i, 2) <> "" Then Cells(i, 2) = ""

        If Cells(i, 3) >= "1" And Cells(i, Col_로케이션코드) <> "" Then      ' 선택값 1이상일 경우

            txt_Sql = txt_Sql_처리

            txt_Sql = Replace(txt_Sql, "<<처리구분>>", Trim(Cells(i, 3)))
            txt_Sql = Replace(txt_Sql, "<<로케이션코드>>", Trim(Cells(i, Col_로케이션코드)))
            txt_Sql = Replace(txt_Sql, "<<로케이션명>>", Trim(Cells(i, Col_로케이션명)))
            txt_Sql = Replace(txt_Sql, "<<로케이션그룹>>", Trim(Cells(i, Col_로케이션그룹)))
            txt_Sql = Replace(txt_Sql, "<<할당여부>>", Trim(Cells(i, Col_할당여부)))
            txt_Sql = Replace(txt_Sql, "<<이동여부>>", Trim(Cells(i, Col_이동여부)))
            txt_Sql = Replace(txt_Sql, "<<통로>>", Trim(Cells(i, Col_통로)))
            txt_Sql = Replace(txt_Sql, "<<랙번호>>", Trim(Cells(i, Col_랙번호)))
            txt_Sql = Replace(txt_Sql, "<<단번호>>", Trim(Cells(i, Col_단번호)))
            txt_Sql = Replace(txt_Sql, "<<비고사항>>", Trim(Cells(i, Col_비고사항)))

            If 공통_DB1_SP처리(txt_Sql) = False Then        ' txt_Sql변수의 SQL문장을 실행함
                Err_flag = 1
                txt_오류메시지 = Err.Description
                txt_오류메시지 = "오류[" & RS0!ERR_CODE & "] " & RS0!ERR_MESSAGE & " " & txt_오류메시지
                Cells(i, 2) = txt_오류메시지
            End If

        End If

    Next
```

[그림 4-52] 로케이션 엑셀VBA 처리 관련 소스코드 (2/3)

```
    If Err_flag = 0 Then                                            ' 지금까지 오류가 없으면

        Err.Clear
        DB_Conn1.CommitTrans                                        ' 트랜잭션을 정상적으로 완료처리 한다

        If Err.Number = 0 Then                                      ' 만약 트랜잭션 완료가 정상이면 정상 메시지를 표시
            MsgBox "[완료]요청한 작업이 완료되었습니다"
        Else
            MsgBox "[오류]최종 Commit 작업에 문제가 생겼습니다, 작업 결과를 확인 바랍니다."
            Err_flag = 1                                            ' 트랜잭션 최종 완료시에 문제가 발생하면 메시지를 표시하고
        End If                                                      ' 오류 메시지를 표시한다

    Else

        Err.Clear
        DB_Conn1.RollbackTrans                                      ' 위의 업무처리시 오류가 발생하여 Err_flag가 1이면
        MsgBox "[오류]작업중 문제가 발생 했습니다. 확인 요망!!"        ' 트랜잭션을 Rollback 처리하고 오류메시지를 보여 준다

    End If


    Call 공통_DB1_Close                                              ' 모든 작업이 완료되었기 때문에 DB접속을 끊는다

    If Err_flag = 0 Then                                            ' 작업에 이상이 없었다면 다시 정보를 조회하여
        Call 기본_조회                                                ' 정상적으로 입력되었는지를 보여준다.
    End If

End Sub
```

[그림 4-53] 로케이션 엑셀VBA 처리 관련 소스코드 (3/3

187

Chapter
05

입고업무 개발

제5장_ 입고업무 개발

1. 주요 테이블 및 개발목록

입고업무는 출고처(업체)에게 제공할 재고를 입고처(업체)를 통해 재고를 확보하는 과정이다. 입고와 관련된 주요 테이블은 입고테이블([TBE_입고H], [TBE_입고D])이다. 입고테이블은 입고내역을 등록하거 처리하기 위한 필수적인 테이블이다. 추가적으로 입고된 재고를 관리하기 위한 관련테이블([TBJ_로케이션재고], [TBJ_로케이션재고_이력])이 있다.

입고 업무를 수행하기 위해서는 [TBC_제품], [TBC_업체], [TBC_로케이션], [TBA_입고구분] 등의 기준정보가 테이블이 미리 준비되어 있어야 한다.

[그림 5-1] 입고업무 관련 주요 테이블

[TBE_입고D] 테이블에는 [상태코드]칼럼이 있는데 입고 진행 단계가 현재 어느 단계에 있고 무엇을 처리해야 하는지를 관리하는 칼럼이다.

> **입고 상태코드 [10] : 신규 (최초 입고등록만 진행된 상태)**
> **입고 상태코드 [90] : 입고확정 상태 (입고확정 되어 재고가 입고 처리된 상태)**

최초 입고등록을 하였을 때에는 [상태코드]의 값은 [10]이다. 실제 해당 재고가 도착하고 입고 담당자와 검수담당자가 최종적으로 검수하여 재고를 인수받아 출고확정 처리가 완료되면 [상태코드]는 [10] → [90]으로 변경된다.

입고확정 처리가 되면 [입고확정수량]칼럼에 실제 입고된 수량이 UPDATE됨과 동시에 [TBJ_로케이션재고] 테이블의 입고관련 로케이션에 해당 제품의 재고 수량이 증가된다.

[TBJ_로케이션재고]테이블은 출고나 재고관련 업무 처리시에도 사용된다. 만약 출고 업무를 통해서 출고처(업체)에 출고 처리가 완료 되면 [TBJ_로케이션재고] 테이블의 재고수량은 감소할 것이다.

구분		메뉴ID	DB프로시저	내용
입고등록	조회	E100	SPE100_입고등록_조회	입고등록을 위한 화면 조회
	등록		SPE100_입고등록_처리	실제 입고등록 처리 (입력,수정,삭제)
입고확정	대상조회	E200	SPE200_입고확정_조회	입고확정 가능한 목록을 화면 조회
	확정처리		SPE200_입고확정_확정	실제 입고확정 처리
입고전표발행	대상조회	E210	SPE210_입고전표발행_대상조회	입고확정된 발행대상 전표번호 조회
	전표발행		SPE210_입고전표발행_출력	실제 전표출력
입고확정취소	대상조회	E290	SPE290_입고확정취소_조회	입고확정취소 가능한 목록을 화면 조회
	취소처리		SPE290_입고확정취소_취소	실제 입고확정취소 처리
입고LIST	조회	E900	SPE900_입고LIST_조회	입고내역 전체 화면 조회

[그림 5-2] 입고관리 개발 목록 및 메뉴화면

2. 입고등록

가. DB프로시저

(1) 입고등록 조회

입고해야 할 입고처, 제품 목록 그리고 수량 등을 정보를 시스템에 등록하는 단계이다. 입고 등록이 되었다고 해서 입고가 완료된 것은 아니다. 별도로 입고확정 처리를 수행 해야만 입고가 완료된다. 입고 등록을 하면 상태코드는 [10]으로 되었다가 입고확정이 완료되면 상태코드가 [90]으로 변경된다.

[SPE100_입고등록_조회] 프로시저를 살펴 보도록 하자. 입고등록 시에 제품코드를 외워서 한 건씩 입력하면 매우 불편할 수 있기 때문에 우리가 관리하고 있는 제품의 목록들을 화면에 먼저 표시하고 사용자는 수량만 입력하면 처리될 수 있도록 하였다. 이를 위해서 프로시저에 [@IN_조회구분] 입력변수를 추가하였다.

입력변수	내용	비고
@IN_입고번호	조회하고자 하는 입고번호를 관리한다. 입고번호를 기준으로 데이터를 관리한다.	
@IN_입고구분	정상입고 또는 반품 등 입고의 유형을 입력한다.	
@IN_입고일자	입고할 일자를 입력한다.	
@IN_입고처코드	입고할 업체코드를 입력한다.	
@IN_조회구분	[0] : 모든 제품목록과 입고등록된 내역 모두를 조회한다. [1] : 입고등록된 내역만 조회한다.	
@IN_제품검색	특정 제품명, 제품코드만 조회할 때 키워드를 입력하면 된다.	
@IN_실행ID	현재 실행하는 사용자ID를 입력한다.	공통 입력변수
@IN_실행PG	현재 실행하는 메뉴ID를 입력한다.	공통 입력변수

[그림 5-3] SPE100_입고등록_조회 프로시저 입력변수

입력변수 [@IN_조회구분]이 [0]일 경우에는 해당 입력된 전표번호에 저장된 내역이 없더라도 [TBC_제품]테이블에 있는 모든 제품목록이 화면에 표시된다. 만약, 이미 입고등록이 된 제품의 경우에는 입력수량이 표시되지만 입고등록 되지 않은 제품은 목록만 표시 되기 때문에 어떤 제품이 입력되고 되지 않았는지 상태를 확인하면서 업무를 처리할 수 있다.

@IN_조회구분이 [1]일 경우에는 해당 입고번호로 등록된 내역들만 조회가 된다. 사용자가 명확하게 어떤 제품을 입력 하였는지를 확인하고자 하는 경우에 사용하면 편리할 것이다.

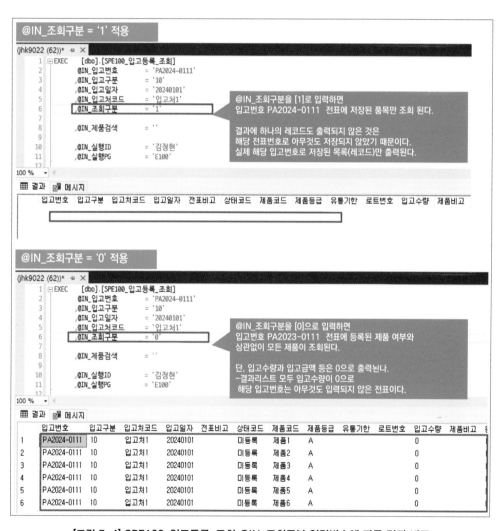

[그림 5-4] SPE100_입고등록_조회 @IN_조회구분 입력변수에 따른 결과 비교

입력변수 [@IN_입고구분]는 입고의 유형을 입력하는 변수이다. 정상적인 입고를 할 것인지 아니면 반품을 할 것인지 또는 정상적인 입고를 보다 상세한 유형으로 구분하여 처리할 수도 있다. 입고구분은 [TBA_입고구분] 테이블에서 관리되는데 별도 화면은 개발하지 않았기 때문에 SSMS도구 등을 통해서 입력, 수정하기를 바란다.

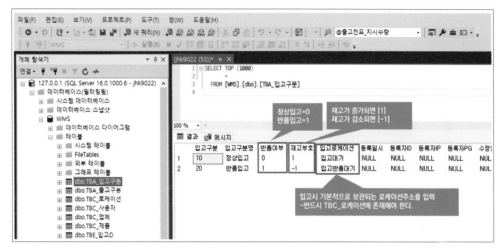

[그림 5-5] TBA_입고구분 테이블 조회

입고등록 조회 시 제품별로 보유하고 있는 현재고를 함께 보여 주고 있다. 시스템의 일관성과 개발 생산성 등을 고려하여 별도 개발된 공통모듈인 [SPA200_공통_UDT현재고_조회] 프로시저를 호출한다. 현재고는 제품별로 재고수량을 관리하는 레코드 형태의 구조이기 때문에 [#TEMP_UDT_현재고]라는 공통 임시테이블을 통해 그 결과를 리턴 받아 활용된다. 보다 자세한 내용들은 별도의 장에서 자세히 설명할 것이다.

```
1
2   ⊟ALTER PROCEDURE [dbo].[SPE100_입고등록_조회]
3         @IN_입고번호              NVARCHAR(50)
4        ,@IN_입고구분              NVARCHAR(50)
5        ,@IN_입고일자              NVARCHAR(50)
6        ,@IN_입고처코드            NVARCHAR(50)
7        ,@IN_제품등급              NVARCHAR(50) = 'A'
8   ⊟    ,@IN_조회구분              NVARCHAR(50)          -- 1:입고번호를 기준으로 기등록된 제품만 조회
9                                                        -- 0:입고등록 여부 관계없이 모든제품 조회
10
11        ,@IN_제품검색              NVARCHAR(50)          -- 제품코드나 제품명이 일치하는 품목만 조회 (공백:전체조회)
12
13        ,@IN_실행ID               NVARCHAR(50)
14        ,@IN_실행PG               NVARCHAR(50)
15   AS
16  ⊟BEGIN
17
18      SET NOCOUNT ON;
19      --SET TRANSACTION ISOLATION LEVEL READ UNCOMMITTED
20
21  ⊟    DECLARE @IN_실행공인IP      NVARCHAR(50)
22            ,@IN_호스트명           NVARCHAR(50)
23            ,@IN_현재일시           NVARCHAR(50)
24
25  ⊟    DECLARE @RETURN_VALUE      INT,
26            @OUT_메세지            NVARCHAR(500)
27
28  ⊟    SELECT @IN_실행공인IP     = A.접속공인IP
29          ,@IN_호스트명          = A.접속호스트
30          ,@IN_현재일시          = A.현재일시
31      FROM FTA_세션정보_조회() A
32      WHERE 1 = 1
33
34      SET @IN_제품검색 = TRIM(@IN_제품검색)
35
36      -- @IN_제품검색에  [%]문자가 포함되지 않았을  경우에는 앞뒤로 [%]값을 붙임
37      IF  CHARINDEX('%', @IN_제품검색, 1) = 0  SET @IN_제품검색 = '%' + @IN_제품검색 + '%'
38
39
```

제품코드나 제품명을 LIKE 검색을 위해
[@IN_제품검색] 입력값 앞뒤에 [%]를 붙인다.
예) 실행이전 : 검색단어
    실행이후 : %살%

[그림 5-6] SPE100_입고등록_조회 소스코드 (1/3)

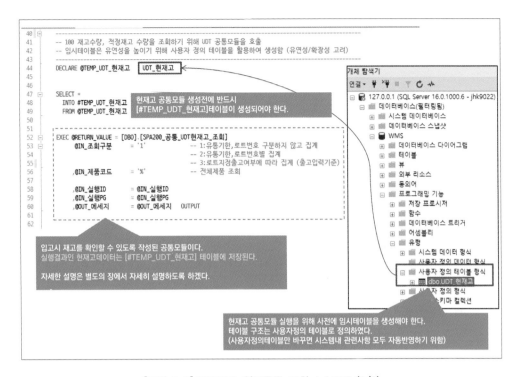

[그림 5-7] SPE100_입고등록_조회 소스코드 (2/3)

```
63      --------------------------------------------------------------------
64      -- 200 실제 조회 관련 로직
65      --------------------------------------------------------------------
66      -- 입고관련 테이블에 LEFT JOIN을 쓴 것은 입고내역에 없더라도 모든 제품목록을 가져오기 위함
67      SELECT 입고번호        = ISNULL(B.입고번호,        @IN_입고번호)
68            ,입고구분        = ISNULL(B.입고구분,        @IN_입고구분)
69            ,입고처코드      = ISNULL(B.입고처코드,      @IN_입고처코드)
70            ,입고일자        = ISNULL(B.입고일자,        @IN_입고일자)
71            ,전표비고        = ISNULL(B.전표비고,        '')
72            ,상태코드        = ISNULL(C.상태코드,        '미등록')
73            ,제품코드        = ISNULL(C.제품코드,        A.제품코드)
74            ,제품등급        = ISNULL(C.제품등급,        @IN_제품등급)
75            ,유통기한        = ISNULL(C.유통기한,        '')
76            ,로트번호        = ISNULL(C.로트번호,        '')
77            ,입고수량        = ISNULL(C.입고예정수량,    0)
78            ,제품비고        = ISNULL(C.제품비고,        '')
79            ,C.등록일시, C.등록자ID,     C.등록자IP,     C.등록자PG
80            ,C.수정일시, C.수정자ID,     C.수정자IP,     C.수정자PG
81            ,A.제품명,    A.박스입수,    A.적정재고량
82            ,로트입력여부   = IIF(A.로트지정입고여부 = '1', '로트입력'
83            ,입고구분명     = F.입고구분명
84            ,재고수량       = ISNULL(G.총재고수량,      0)
85            ,입고처명       = D.업체명
86      INTO #TEMP_입고등록조회
87      FROM TBC_제품           A
88      LEFT JOIN TBE_입고H      B ON B.입고번호 = @IN_입고번호
89      LEFT JOIN TBE_입고D      C ON C.입고번호 = B.입고번호
90                                AND C.제품코드 = A.제품코드
91      LEFT JOIN TBC_업체       D ON D.업체코드 = @IN_입고처코드
92      LEFT JOIN TBA_입고구분    F ON F.입고구분 = ISNULL(B.입고구분, @IN_입고구분)
93      LEFT JOIN #TEMP_UDT_현재고 G ON G.제품코드 = A.제품코드
94                                AND G.제품등급 = ISNULL(C.제품등급, @IN_제품등급)
95      WHERE 1 = 1
96        AND (A.제품코드 LIKE @IN_제품검색  OR A.제품명 LIKE @IN_제품검색)
97
98
99      -- 입고번호를 기준으로 기등록된 제품만 조회
100     IF @IN_조회구분 = '1' BEGIN
101        DELETE A
102          FROM #TEMP_입고등록조회 A
103         WHERE 1 = 1
104           AND A.입고수량 = 0
105     END
106
107     -- 화면표시를 제품코드 순으로 정렬하여 출력
108     SELECT A.*
109       FROM #TEMP_입고등록조회 A
110      WHERE 1 = 1
111      ORDER BY A.제품코드
112
113     END
```

> 조회구분값이 [0]일 경우에는 입고등록된 내역이 없더라도 해당하는 모든 제품목록이 표시되도록 LEFT JOIN을 수행하고 있다.

[그림 5-8] SPE100_입고등록_조회 소스코드 (3/3)

(2) 입고등록 처리

실제 입고등록을 처리하는 프로시저이다. 입고관련 테이블은 헤더테이블과 디테일테이블로 구성되어 있기 때문에 각각 프로시저를 분리하여 작성할 수도 있지만 편의상 하나의 프로시저로 헤더테이블과 디테일테이블의 데이터를 통합하여 처리하도록 개발하였다.

물론, 헤더테이블의 값에 아무런 변경사항이 없는 경우에도 하나의 프로시저로 처리하기 때문에 불필요하게 헤더 데이터가 UPDATE가 되는 문제가 있을 수 있지만 하나의 프로시저만 개발해도 되는 장점이 더 크다.

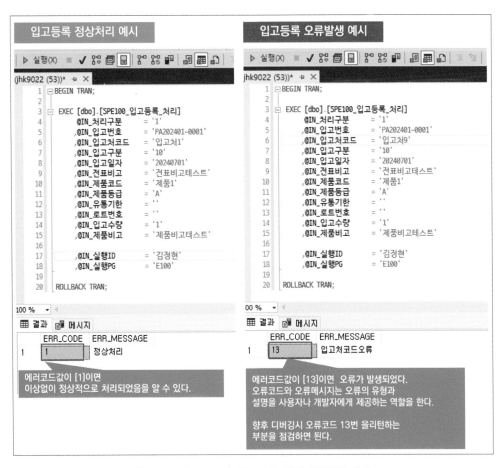

[그림 5-9] SPE100_입고등록_처리 실행결과 예시

입고등록 프로시저 실행 결과 예시를 살펴 보면 @IN_처리구분이 [1]이기 때문에 입력 또는 수정 처리를 하고 있음을 알 수 있다. 입고등록을 하려면 입고번호 외에 입고처, 입고구분, 일자, 제품코드, 입고수량 등 필요로 하는 필수항목들을 모두 입력해야 한다.

@IN_처리구분 [1] : 신규입력 (이미 데이터가 등록된 경우 [2]수정처리로 자동변경)

@IN_처리구분 [2] : 수정처리

@IN_처리구분 [4] : 기존데이터 삭제 처리

입고등록 프로시저에는 다수의 INSERT, UPDATE 등의 명령들이 실행되기 때문에 일관성을 위해 트랜잭션 처리는 반드시 필요하다. 예제에서는 테스트를 위한 실행이기 때문에 COMMIT 하지 않고 ROLLBACK 처리하여 결과만 확인하고 작업은 모두 취소 처리하였다.

프로시저가 정상적으로 처리된 경우에는 [ERR_CODE] 칼럼 값이 [1]로 리턴된다. 만약 [ERR_CODE] 값이 [13]이 리턴 되었다면 오류가 발생 되었다고 인식하면 된다. [ERR_CODE]와 [ERR_MESSAGE]를 확인하면 소스코드의 어느 위치에서 문제가 발생되었는지 확인하는데 유용하다.

예시에서 [@IN_입고번호] 입력변수에 [PA202401-0001]값을 입력 하였다. 이는 사전에 전표를 채번하는 공통모듈을 통해 전표번호를 부여받은 것을 예시로 작성하였다. 실제로는 [SPA100_공통_전표번호_채번]이라는 공통모듈을 통해 새로운 전표번호를 부여받아야 한다. 전표번호 채번과 관련된 공통모듈에 대한 설명은 별도의 장에서 다루도록 하겠다. 여기에서는 사용 방법 정도만 알아두도록 하자.

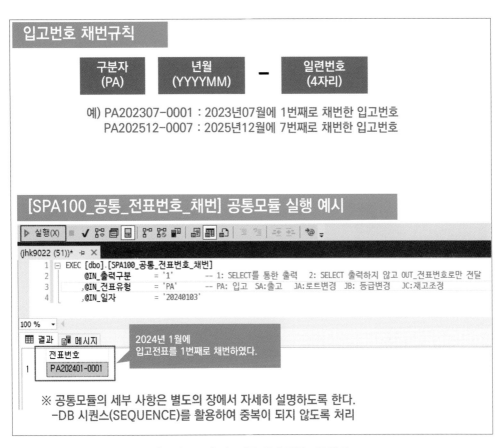

[그림 5-10] 전표번호 채번 공통모듈 예시

```
1
2  ┌ALTER PROCEDURE [dbo].[SPE100_입고등록_처리]
3       @IN_처리구분          NVARCHAR(50)    -- 1:신규/수정 4:삭제
4
5      ,@IN_입고번호          NVARCHAR(30)    -- 반드시 입고번호는 입력 받아야 한다
6      ,@IN_입고처코드        NVARCHAR(30)
7      ,@IN_입고구분          NVARCHAR(30)
8      ,@IN_입고일자          NVARCHAR(10)
9      ,@IN_전표비고          NVARCHAR(100)
10     ,@IN_제품코드          NVARCHAR(30)
11     ,@IN_제품등급          NVARCHAR(10)
12     ,@IN_유통기한          NVARCHAR(08)
13     ,@IN_로트번호          NVARCHAR(30)
14     ,@IN_입고수량          NUMERIC(18, 2)
15     ,@IN_제품비고          NVARCHAR(100)
16
17     ,@IN_실행ID            NVARCHAR(50)
18     ,@IN_실행PG            NVARCHAR(50)
19  AS
20  ┌BEGIN
21
22      SET NOCOUNT ON;
23
24  ┌   DECLARE @IN_실행공인IP    NVARCHAR(50)
25            ,@IN_호스트명       NVARCHAR(50)
26            ,@IN_현재일시       NVARCHAR(50)
27            ,@NUM_입고금액      NUMERIC(18, 2)
28
29  ┌   SELECT @IN_실행공인IP  = A.접속공인IP
30            ,@IN_호스트명     = A.접속호스트
31            ,@IN_현재일시     = A.현재일시
32        FROM FTA_세션정보_조회() A
33       WHERE 1 = 1
34
35  ┌   ----------------------------------------------------
36      -- 100 입력 데이터 점검
37
38      SET @IN_입고번호      = UPPER(TRIM(@IN_입고번호   ))
39      SET @IN_입고처코드    = UPPER(TRIM(@IN_입고처코드 ))
40      SET @IN_입고구분      = UPPER(TRIM(@IN_입고구분   ))
41      SET @IN_입고일자      = UPPER(TRIM(@IN_입고일자   ))
42      SET @IN_전표비고      = UPPER(TRIM(@IN_전표비고   ))
43      SET @IN_제품코드      = UPPER(TRIM(@IN_제품코드   ))
44      SET @IN_제품등급      = UPPER(TRIM(@IN_제품등급   ))
45      SET @IN_유통기한      = UPPER(TRIM(@IN_유통기한   ))
46      SET @IN_로트번호      = UPPER(TRIM(@IN_로트번호   ))
47      SET @IN_제품비고      = UPPER(TRIM(@IN_제품비고   ))
48
```

모든 입력값들을 공백 제거하고 대문자로 변환

[그림 5-11] SPE100_입고등록_처리 소스코드 (1/6)

```
49        -- 매일일자가 정상적인 날짜값이 아닐 경우에는 오류 (예: 20220332)
50   ☐   IF ISDATE(@IN_입고일자) = 0 BEGIN
51            SELECT ERR_CODE = 11, ERR_MESSAGE = '입고일자입력오류'
52            RETURN
53        END
54
55   ☐   IF NOT EXISTS (SELECT * FROM TBC_업체 WHERE 업체코드 = @IN_입고처코드) BEGIN
56            SELECT ERR_CODE = 13, ERR_MESSAGE = '입고처코드오류'
57            RETURN
58        END
59
60   ☐   IF NOT EXISTS (SELECT * FROM TBA_입고구분 WHERE 입고구분 = @IN_입고구분) BEGIN
61            SELECT ERR_CODE = 14, ERR_MESSAGE = '입고구분오류'
62            RETURN
63        END
64
65
66   ☐   IF NOT EXISTS (SELECT * FROM TBC_제품 WHERE 제품코드 = @IN_제품코드) BEGIN
67            SELECT ERR_CODE = 15, ERR_MESSAGE = '제품코드오류'
68            RETURN
69        END
70
71   ☐   IF @IN_제품등급 NOT IN ('A', 'B', 'C') BEGIN          입력값들이 논리적으로 문제가 없는지 체크한다.
72            SELECT ERR_CODE = 16, ERR_MESSAGE = '제품등급오류'
73            RETURN
74        END
75
76   ☐   IF @IN_입고수량 < 0 BEGIN
77            SELECT ERR_CODE = 17, ERR_MESSAGE = '입고수량에 (-)입력 불가'
78            RETURN
79        END
80
81   ☐   IF EXISTS (SELECT * FROM TBC_제품 WHERE 제품코드 = @IN_제품코드 AND 로트지정출고여부 = '1') BEGIN
82   ☐       IF @IN_유통기한 = '' OR @IN_로트번호 = '' BEGIN
83                SELECT ERR_CODE = 18, ERR_MESSAGE = '로트지정 제품은 유통기한 및 로트번호 필수입력'
84                RETURN
85            END
86
87   ☐       IF ISDATE(@IN_유통기한) = 0 BEGIN
88                SELECT ERR_CODE = 19, ERR_MESSAGE = '유통기한 일자 비정상'
89                RETURN
90            END
91        END
```

[그림 5-12] SPE100_입고등록_처리 소스코드 (2/6)

```
92
93       -- 이미 진행중인 입고D 건이 존재하면 오류발생 (상태코드 10(최초입력), 20~90(진행 또는 확정))
94    IF EXISTS (SELECT A.*
95                  FROM TBE_입고D A
96                  WHERE 1 = 1                               해당전표가 이미 입고처리 중이면 오류
97                    AND A.입고번호 = @IN_입고번호
98                    AND A.상태코드 BETWEEN '20' AND '90') BEGIN
99        SELECT ERR_CODE = 20, ERR_MESSAGE = '진행또는확정된전표오류'
100       RETURN
101   END
102
103   -------------------------------------------------------------------
104   -- 200 처리구분[1] 입력 또는 수정 처리
105   -------------------------------------------------------------------
106   IF @IN_처리구분 IN ('1') BEGIN
107
108       -- 기존에 입고H가 존재 여부를 확인하여 INSERT 또는 UPDATE를 수행한다
109       IF NOT EXISTS (SELECT A.* FROM TBE_입고H A (NOLOCK) WHERE A.입고번호 = @IN_입고번호) BEGIN
110
111           INSERT INTO TBE_입고H
112                   (입고번호,        입고처코드,      입고구분,        입고일자,        전표비고,
113                    등록일시,        등록자ID,        등록자IP,        등록자PG)
114           VALUES (@IN_입고번호, @IN_입고처코드, @IN_입고구분,   @IN_입고일자,   @IN_전표비고,
115                   @IN_현재일시,   @IN_실행ID,     @IN_실행공인IP,  @IN_실행PG)
116
117           IF @@ERROR <> 0 OR @@ROWCOUNT <> 1 BEGIN
118               SELECT ERR_CODE = 21, ERR_MESSAGE = '입고헤더 신규등록오류'
119               RETURN
120           END
121
122       END ELSE BEGIN
123                                                        입고헤더 관련 입력 또는 수정처리
124           UPDATE A SET
125               A.입고처코드   = @IN_입고처코드
126              ,A.입고구분     = @IN_입고구분
127              ,A.입고일자     = @IN_입고일자
128              ,A.전표비고     = @IN_전표비고
129              ,A.수정일시     = @IN_현재일시
130              ,A.수정자ID     = @IN_실행ID
131              ,A.수정자IP     = @IN_실행공인IP
132              ,A.수정자PG     = @IN_실행PG
133           FROM TBE_입고H A
134           WHERE 1 = 1
135             AND A.입고번호 = @IN_입고번호
136
137           IF @@ERROR <> 0 OR @@ROWCOUNT <> 1 BEGIN
138               SELECT ERR_CODE = 22, ERR_MESSAGE = '입고헤더 수정오류'
139               RETURN
140           END
141
142       END
```

[그림 5-13] SPE100_입고등록_처리 소스코드 (3/6)

```
143
144      ----------------------------------------------
145      -- 입고구분에 따른 기본 입고 로케이션 지정
146      ----------------------------------------------
147      DECLARE @TXT_입고로케이션    NVARCHAR(30)
148
149      SELECT @TXT_입고로케이션 = A.입고로케이션
150        FROM TBA_입고구분 A
151       WHERE 1 = 1
152         AND A.입고구분 = @IN_입고구분
153
154      IF  @@ERROR <> 0 OR @@ROWCOUNT <> 1 BEGIN
155          SELECT ERR_CODE = 23, ERR_MESSAGE = '입고구분 오류'
156          RETURN
157      END
158
159      IF NOT EXISTS (SELECT A.*
160                       FROM TBE_입고D A (NOLOCK)
161                      WHERE A.입고번호 = @IN_입고번호
162                        AND A.제품코드 = @IN_제품코드
163                        AND A.제품등급 = @IN_제품등급
164                        AND A.유통기한 = @IN_유통기한
165                        AND A.로트번호 = @IN_로트번호) BEGIN
166
167          INSERT INTO TBE_입고D
168                  (입고번호,          제품코드,          제품등급,
169                   유통기한,          로트번호,
170                   입고예정수량,
171                   입고로케이션,
172                   제품비고,
173                   상태코드,
174                   등록일시,          등록자ID,          등록자IP,          등록자PG)
175              VALUES (@IN_입고번호,   @IN_제품코드,   @IN_제품등급,
176                   @IN_유통기한,      @IN_로트번호,
177                   @IN_입고수량,
178                   @TXT_입고로케이션,
179                   @IN_제품비고,
180                   '10',
181                   @IN_현재일시,      @IN_실행ID,      @IN_실행공인IP,   @IN_실행PG)
182
183          IF @@ERROR <> 0 OR @@ROWCOUNT <> 1 BEGIN
184              SELECT ERR_CODE = 23, ERR_MESSAGE = '입고D 신규등록오류'
185              RETURN
186          END
187
```

아직 입고D 테이블에 해당 자료가 없으면 INSERT

[그림 5-14] SPE100_입고등록_처리 소스코드 (4/6)

```
---
188    END ELSE BEGIN
189        UPDATE A SET
190                A.입고예정수량  = @IN_입고수량
191               ,A.입고로케이션   = @TXT_입고로케이션
192               ,A.제품비고       = @IN_제품비고
193               ,A.수정일시       = @IN_현재일시
194               ,A.수정자ID       = @IN_실행ID
195               ,A.수정자IP       = @IN_실행공인IP
196               ,A.수정자PG       = @IN_실행PG
197           FROM TBE_입고D A
198          WHERE 1 = 1
199            AND A.입고번호 = @IN_입고번호
200            AND A.제품코드 = @IN_제품코드
201            AND A.제품등급 = @IN_제품등급
202            AND A.유통기한 = @IN_유통기한
203            AND A.로트번호 = @IN_로트번호
204            AND A.상태코드 ='10'         -- 신규등록 상태인 데이터만 수정 가능
205
206        IF @@ERROR <> 0 OR @@ROWCOUNT <> 1 BEGIN
207            SELECT ERR_CODE = 24, ERR_MESSAGE = '입고D 수정오류'
208            RETURN
209        END
210    END
211
212    SELECT ERR_CODE = 1, ERR_MESSAGE = '정상처리'
213    RETURN
214
215 END
216
```

이미 입고D 테이블에 해당 자료가 있으면 UPDATE

[그림 5-15] SPE100_입고등록_처리 소스코드 (5/6)

```
217    ----------------------------------------------------------
218        -- 400 처리구분[4] 삭제 처리
219    ----------------------------------------------------------
220    IF @IN_처리구분 = '4' BEGIN
221
222        -- 해당 입고전표D 내역을 삭제한다
223        DELETE A
224          FROM TBE_입고D A
225         WHERE 1 = 1                                   이미 입고D 테이블 DELETE
226           AND A.입고번호 = @IN_입고번호
227           AND A.제품코드 = @IN_제품코드
228           AND A.제품등급 = @IN_제품등급
229           AND A.유통기한 = @IN_유통기한
230           AND A.로트번호 = @IN_로트번호
231           AND A.상태코드 = '10'
232
233        IF @@ERROR <> 0 OR @@ROWCOUNT <> 1 BEGIN
234            SELECT ERR_CODE = 41, ERR_MESSAGE = '입고D 삭제오류'
235            RETURN
236        END
237
238        -- 한건이라도 존재하는지를 확인한다        이미 입고D 테이블에 한건도 존재하지 않으면
239        IF NOT EXISTS (SELECT A.*                    헤더데이터 삭제
240                        FROM TBE_입고D A
241                       WHERE A.입고번호 = @IN_입고번호) BEGIN
242
243            -- 입고D 내역이 하나도 존재하지 않는 경우에 입고H 를 삭제한다
244            DELETE A
245              FROM TBE_입고H A
246             WHERE 1 = 1
247               AND A.입고번호 = @IN_입고번호
248
249            IF @@ERROR <> 0 OR @@ROWCOUNT <> 1 BEGIN
250                SELECT ERR_CODE = 42, ERR_MESSAGE = '입고H삭제오류'
251                RETURN
252            END
253
254        END
255
256        SELECT ERR_CODE = 1, ERR_MESSAGE = '정상처리'
257        RETURN
258
259    END
260
261    ----------------------------------------------------------
262        -- 900 예외 오류 처리
263    ----------------------------------------------------------
264    SELECT ERR_CODE = 999, ERR_MESSAGE = '예외처리오류'
265    RETURN
266
267
268 END;
```

[그림 5-16] SPE100_입고등록_처리 소스코드 (6/6)

나. 엑셀VBA

입고등록의 엑셀VBA 화면 구성은 [TBE_입고H] 테이블 헤더영역에 입력할 입고번호, 입고일
자, 입고처코드 등을 입력해야 하기 때문에 기존에 개발하였던 화면들 보다는 화면이 조금 더
복잡하다.

화면의 구성은 제품코드가 등록된 모든 제품들의 정보들이 화면에 먼저 조회되고 사용자는 수
량 등의 데이터만 입력하면 되도록 사용자 편의성을 고려하여 개발하였다.

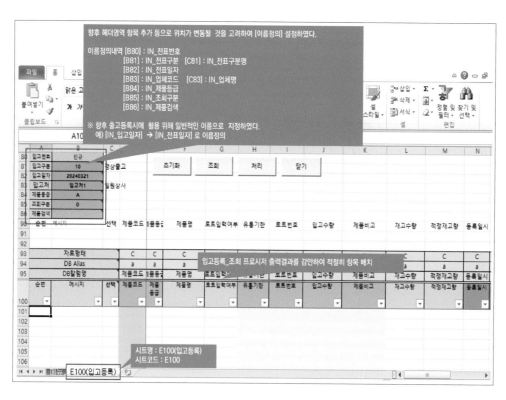

[그림 5-17] 입고등록 VBA 화면 설정

(1) 입고등록 조회

엑셀VBA화면 헤더영역의 입고번호 등의 입력 매개변수 값을 [SPE100_입고등록_조회] 프로시저에 전달하여 데이터베이스에서 실행된 결과를 화면에 출력한다. 기준정보에서 보았던 소스코드와 거의 동일하고 DB 프로시저를 호출하는 부분만 일부 수정하면 된다.

```
Sub 기본_조회()

    Dim txt_Sql       As String      ' SQL문장 저장을 위한 변수 선언
    Dim txt_현재시트 As String        ' 현재 작업 시트명을 저장/관리하기 위한 변수 선언
    Dim 화면배열()

    On Error Resume Next

    txt_현재시트 = ActiveSheet.Name         ' 조회시트명을 변수에 저장
    txt_현재시트코드 = ActiveSheet.CodeName  ' 조회시트코드를 변수에 저장

    Sheets(txt_현재시트).Select      ' 조회시트로 이동

    Call 공통_초기화                 ' 101번 라인 이하를 삭제(클리어)시킴

    txt_Sql = "EXEC [dbo].[SPE100_입고등록_조회]       " & vbLf & _
            "      @IN_입고번호     = '<<입고번호>>'    " & vbLf & _
            "     ,@IN_입고구분     = '<<입고구분>>'    " & vbLf & _
            "     ,@IN_입고일자     = '<<입고일자>>'    " & vbLf & _
            "     ,@IN_입고처코드   = '<<입고처코드>>'  " & vbLf & _
            "     ,@IN_제품등급     = '<<제품등급>>'    " & vbLf & _
            "     ,@IN_조회구분     = '<<조회구분>>'    " & vbLf & _
            "     ,@IN_제품검색     = '<<제품검색>>'    " & vbLf & _
            "     ,@IN_실행ID       = '<<실행ID>>'      " & vbLf & _
            "     ,@IN_실행PG       = '<<실행PG>>'      " & vbLf

    txt_Sql = Replace(txt_Sql, "<<입고번호>>", Trim(Range("IN_전표번호")))
    txt_Sql = Replace(txt_Sql, "<<입고구분>>", Trim(Range("IN_전표구분")))
    txt_Sql = Replace(txt_Sql, "<<입고일자>>", Trim(Range("IN_전표일자")))
    txt_Sql = Replace(txt_Sql, "<<입고처코드>>", Trim(Range("IN_업체코드")))
    txt_Sql = Replace(txt_Sql, "<<제품등급>>", Trim(Range("IN_제품등급")))
    txt_Sql = Replace(txt_Sql, "<<조회구분>>", Trim(Range("IN_조회구분")))
    txt_Sql = Replace(txt_Sql, "<<제품검색>>", Trim(Range("IN_제품검색")))
    txt_Sql = Replace(txt_Sql, "<<실행ID>>", Trim(A100.Range("사용자ID")))
    txt_Sql = Replace(txt_Sql, "<<실행PG>>", ActiveSheet.CodeName)

    If 공통_DB1_Connect() = False Then        ' 관리시트에 있는 접속환경으로 DB에 접속함
        MsgBox "[오류]DB연결이 정상적이지 않습니다!!"
        Exit Sub
    End If

    Range("IN_업체명") = ""

    If 공통_DB1_SP조회1(txt_Sql) = False Then       ' txt_Sql변수의 SQL문장을 실행함
        MsgBox "[오류]해당하는 자료가 존재하지 않습니다"
        Exit Sub
    End If
```

> 입고등록 조회 관련 DB 프로시저 실행 명령을 Txt_Sql 변수에 저장한다.

[그림 5-18] 입고등록 엑셀VBA 조회관련 소스코드 (1/2)

```
    i = 101                                      ' 출력시작을 위한 기준행(제목행 Row 위치값을 설정함)
    num_최대조회수 = A100.Range("최대조회건수")       ' 화면에 최대로 조회할 행수
    num_열개수 = Application.CountA(Sheets(txt_현재시트).Range("A90:ZZ90")) + 5

    Call 공통_화면이벤트_OFF
    |
    Range("IN_전표번호") = RS1!입고번호
    Range("IN_전표구분") = RS1!입고구분
    Range("IN_전표구분명") = RS1!입고구분명
    Range("IN_전표일자") = RS1!입고일자
    Range("IN_업체코드") = RS1!입고처코드
    Range("IN_업체명") = RS1!입고처명
    Range("IN_제품등급") = RS1!제품등급

    Do Until (RS1.EOF)                                    ' RS1 Record Set이 끝이 날때까지 Loop까지 계속 반복

        Cells(i, 1) = i - 100

        For kk = 4 To num_열개수

            If Cells(95, kk) <> "" Then

                ' txt_칼럼명 = Cells(95, kk)
                Cells(i, kk) = RS1.Fields(Cells(95, kk).Value)

            End If

        Next

        i = i + 1

        If i > num_최대조회수 Then
            MsgBox "[확인]데이터가 " & num_최대조회수 & "건보다 많습니다. 조회조건을 변경 바랍니다"
            Exit Do
        End If

        RS1.MoveNext                                     ' RecordSet의 다음자료(다음위치)로 이동함

    Loop

    Cells(101, 3).Select

    Call 공통_DB1_Close                                 ' 연결되었던 DB와의 접속을 끊음
    Call 공통_화면이벤트_ON


End Sub
```

[그림 5-19] 입고등록 엑셀VBA 조회관련 소스코드 (2/2)

(2) 입고등록 처리

입고등록을 실제 처리하기 전에 입고번호가 없을 경우 새로운 번호를 채번하는 로직이 있다.
입고번호를 입력하기 위한 셀주소 Range("IN_전표번호")에 입력된 값이 공백이거나 "신규"
일 경우에는 전표번호가 아직 부여 받지 않은 것으로 판단하고 새로운 입고번호를 채번 후에
실제적인 입고등록 처리를 수행한다.

```
Sub 기본_처리()

    Dim txt_Sql        As String        ' SQL문장 저장을 위한 변수 선언
    Dim txt_현재시트 As String          ' 현재 작업 시트명을 저장/관리하기 위한 변수 선언

    On Error Resume Next

    txt_현재시트 = ActiveSheet.Name       ' 조회시트명을 변수에 저장

    Sheets(txt_현재시트).Select           ' 조회시트로 이동

    Call 공통_필터초기화                  ' 필터에 조건이 지정되어 있는 것을 대비하여 필터초기화

    In사용자ID = A100.Range("사용자ID")                ' 향후 Insert/Update시 사용할 ID,IP,시간등을 변수에 저장
    In_공인IP = A100.Range("공인IP")                   ' 각종 정보는 관리시트에 있음
    In_MAC = A100.Range("MAC")                         ' 각종 정보는 관리시트에 있음
    In_현재일시 = 공통_시스템시간()

    txt_현재시트 = ActiveSheet.Name                    ' 조회시트명을 변수에 저장
    In_현재시트코드 = ActiveSheet.CodeName             ' 조회시트코드를 변수에 저장

    Err_flag = 0                                       ' 향후 에러여부를 체크할 변수 0:정상 1:오류 (초기값은 0)
    tot_cnt = ActiveSheet.Cells.SpecialCells(xlCellTypeLastCell).Row    ' 해당시트 데이터가 입력된 마지막행을 확인

    If 공통_DB1_Connect() = False Then                 ' 관리시트에 있는 접속환경으로 DB에 접속함
        MsgBox "[오류]DB연결이 정상적이지 않습니다!!"
        Exit Sub
    End If

    If Range("IN_전표번호") = "신규" Or Range("IN_전표번호") = "" Then

        txt_Sql = " EXEC [dbo].[SPA100_공통_전표번호_채번]    " & vbLf & _
                  "     @IN_전표유형    = N'PA'              " & vbLf & _
                  "    ,@IN_일자        = N'<<일자>>'        "

        txt_Sql = Replace(txt_Sql, "<<일자>>", Trim(Range("IN_전표일자")))

        If 공통_DB1_SP조회1(txt_Sql) = False Then          ' txt_Sql변수와 SQL문장을 실행함
            Call 공통_DB1_Close                           ' 모든 작업이 완료되었기 때문에 DB접속을 끊는다
            MsgBox "[11]전표채번오류"
            Exit Sub
        End If

        Range("IN_전표번호") = Trim(RS1!전표번호)

    End If
```

전표번호가 공백이거나 [신규]인 경우에는
새로운 전표번호를 채번하기 위해 DB의 공통 프로시저를 실행한다.

[그림 5-20] 입고등록 엑셀VBA 처리관련 소스코드 (1/3)

```
txt_Sql_처리 = "EXEC [dbo].[SPE100_입고등록_처리]          " & vbLf & _
        "     @IN_처리구분      = '<<처리구분>>'    " & vbLf & _
        "    ,@IN_입고번호      = '<<입고번호>>'    " & vbLf & _
        "    ,@IN_입고구분      = '<<입고구분>>'    " & vbLf & _
        "    ,@IN_입고일자      = '<<입고일자>>'    " & vbLf & _
        "    ,@IN_입고처코드    = '<<입고처코드>>'  " & vbLf & _
        "    ,@IN_전표비고      = '<<전표비고>>'    " & vbLf & _
        "    ,@IN_제품코드      = '<<제품코드>>'    " & vbLf & _
        "    ,@IN_제품등급      = '<<제품등급>>'    " & vbLf & _
        "    ,@IN_유통기한      = '<<유통기한>>'    " & vbLf & _
        "    ,@IN_로트번호      = '<<로트번호>>'    " & vbLf & _
        "    ,@IN_입고수량      = '<<입고수량>>'    " & vbLf & _
        "    ,@IN_제품비고      = '<<제품비고>>'    " & vbLf & _
        "    ,@IN_실행ID        = '<<실행ID>>'      " & vbLf & _
        "    ,@IN_실행PG        = '<<실행PG>>'      " & vbLf

    txt_Sql_처리 = Replace(txt_Sql_처리, "<<입고번호>>", Trim(Range("IN_전표번호")))
    txt_Sql_처리 = Replace(txt_Sql_처리, "<<입고구분>>", Trim(Range("IN_전표구분")))
    txt_Sql_처리 = Replace(txt_Sql_처리, "<<입고일자>>", Trim(Range("IN_전표일자")))
    txt_Sql_처리 = Replace(txt_Sql_처리, "<<입고처코드>>", Trim(Range("IN_업체코드")))
    txt_Sql_처리 = Replace(txt_Sql_처리, "<<전표비고>>", "")

    txt_Sql_처리 = Replace(txt_Sql_처리, "<<실행ID>>", Trim(A100.Range("사용자ID")))
    txt_Sql_처리 = Replace(txt_Sql_처리, "<<실행PG>>", ActiveSheet.CodeName)

    Col_제품코드 = 공통_칼럼위치(txt_현재시트, 90, "제품코드")
    Col_제품등급 = 공통_칼럼위치(txt_현재시트, 90, "제품등급")
    Col_유통기한 = 공통_칼럼위치(txt_현재시트, 90, "유통기한")
    Col_로트번호 = 공통_칼럼위치(txt_현재시트, 90, "로트번호")
    Col_입고단가 = 공통_칼럼위치(txt_현재시트, 90, "입고단가")
    Col_입고수량 = 공통_칼럼위치(txt_현재시트, 90, "입고수량")
    Col_제품비고 = 공통_칼럼위치(txt_현재시트, 90, "제품비고")

    Err.Clear
    DB_Conn1.BeginTrans                          ' *** 트랜잭션 시작 ****

    If Err.Number <> 0 Then
        DB_Conn1.RollbackTrans                   ' Begin Tran이 계속 존재하는 경우를 대비하여 Rollback 처리함
        MsgBox "[오류]트랜잭션을 시작하지 못했습니다. 다시 시도 바랍니다"
        Exit Sub
    End If
```

[그림 5-21] 입고등록 엑셀VBA 처리관련 소스코드 (2/3)

```
    For i = 101 To tot_cnt                                    ' 101번행부터 데이터가 입력되어 있는 행(Row)까지 반복함

        If Cells(i, 2) <> "" Then Cells(i, 2) = ""

        If Cells(i, Col_제품코드) <> "" And Trim(Cells(i, 3)) <> "" Then        ' 선택값 1(입력)을 입력하고 4번열값에 데이터가 있는 경우

            txt_Sql = txt_Sql_처리
                |
            txt_Sql = Replace(txt_Sql, "<<처리구분>>", Trim(Cells(i, 3)))

            txt_Sql = Replace(txt_Sql, "<<제품코드>>", Trim(Cells(i, Col_제품코드)))
            txt_Sql = Replace(txt_Sql, "<<제품등급>>", Trim(Cells(i, Col_제품등급)))
            txt_Sql = Replace(txt_Sql, "<<유통기한>>", Trim(Cells(i, Col_유통기한)))
            txt_Sql = Replace(txt_Sql, "<<로트번호>>", Trim(Cells(i, Col_로트번호)))
            txt_Sql = Replace(txt_Sql, "<<입고단가>>", Trim(Cells(i, Col_입고단가)))
            txt_Sql = Replace(txt_Sql, "<<입고수량>>", Trim(Cells(i, Col_입고수량)))
            txt_Sql = Replace(txt_Sql, "<<제품비고>>", Trim(Cells(i, Col_제품비고)))

            If 공통_DB1_SP처리(txt_Sql) = False Then        ' txt_Sql변수의 SQL문장을 실행함
                Err_flag = 1
                txt_오류메시지 = Err.Description
                txt_오류메시지 = "오류[" & RS0!ERR_CODE & "] " & RS0!ERR_MESSAGE & " " & txt_오류메시지
                Cells(i, 2) = txt_오류메시지
            End If

        End If

    Next

    If Err_flag = 0 Then                                      ' 지금까지 오류가 없으면

        Err.Clear
        DB_Conn1.CommitTrans                                  ' 트랜잭션을 정상적으로 완료처리 한다

        If Err.Number = 0 Then                                ' 만약 트랜잭션 완료가 정상이면 정상 메시지를 표시
            MsgBox "[완료]요청한 작업이 완료되었습니다"
        Else
            MsgBox "[오류]최종 Commit 작업에 문제가 생겼습니다, 작업 결과를 확인 바랍니다."
            Err_flag = 1                                      ' 트랜잭션 최종 완료시에 문제가 발생하면 메시지를 표시하고
        End If                                                ' 오류 메시지를 표시한다

    Else

        Err.Clear
        DB_Conn1.RollbackTrans                                ' 위의 업무처리시 오류가 발생하여 Err_flag가 1이면
        MsgBox "[오류]작업중 문제가 발생 했습니다. 확인 요망!!"    ' 트랜잭션을 Rollback 처리하고 오류메시지를 보여 준다

    End If

    Call 공통_DB1_Close                                       ' 모든 작업이 완료되었기 때문에 DB접속을 끊는다

    If Err_flag = 0 Then                                      ' 작업에 이상이 없었다면 다시 정보를 조회하여
        Call 기본_조회                                        ' 정상적으로 입력되었는지를 보여준다.
    End If

End Sub
```

[그림 5-22] 입고등록 엑셀VBA 처리관련 소스코드 (3/3)

(3) 초기화 및 기타

초기화( )는 새롭게 화면(시트)가 열리거나 초기화 버튼을 클릭 했을 경우에 실행된다. 화면 상단의 입고일자, 입고처코드, 입고번호 등 헤더영역의 값들을 초기화하고 101행 이하의 데이터가 출력되는 영역들을 모두 깨끗하게 지워 초기 상태로 만든다.

Worksheet_Change( ) 는 101행 이하에서 입고수량이나 입고단가 등을 입력하거나 수정하였을 때 선택 항목에 자동으로 "1"이 표시되도록 하였다. 필수적인 기능은 아니지만 사용자가 일일이 선택 항목에 입력하지 않아도 되는 편리함이 있다.

```vba
Private Sub Worksheet_Change(ByVal Target As Range)

    If Target.Row > 100 And Target.Column > 3 Then
        Call 공통_화면이벤트_OFF
        If Cells(Target.Row, 3) = "" Then Cells(Target.Row, 3) = 1
        Call 공통_화면이벤트_ON
    End If

End Sub

Sub 기본_초기화()

    Dim txt_Sql      As String        ' SQL문장 저장을 위한 변수 선언
    Dim txt_현재시트 As String        ' 현재 작업 시트명을 저장/관리하기 위한 변수 선언

    On Error Resume Next

    txt_현재시트 = ActiveSheet.Name    ' 조회시트명을 변수에 저장

    Sheets(txt_현재시트).Select        ' 조회시트로 이동

    Call 공통_필터초기화              ' 필터에 조건이 지정되어 있는 것을 대비하여 필터초기화

    In사용자ID = A100.Range("사용자ID")          ' 향후 Insert/Update시 사용할 ID,IP,시간등을 변수에 저장
    In_공인IP = A100.Range("공인IP")             ' 각종 정보는 관리시트에 있음
    In_호스트명 = A100.Range("호스트명")          ' 각종 정보는 관리시트에 있음
    In_현재일시 = 공통_시스템시간()

    Range("IN_전표번호") = "신규"
    Range("IN_전표구분") = "10"
    Range("IN_전표구분명") = "정상출고"
    Range("IN_전표일자") = Left(In_현재일시, 8)
    Range("IN_업체코드") = "입고처1"
    Range("IN_제품등급") = "A"
    Range("IN_조회구분") = "0"
    Range("IN_제품검색") = ""

End Sub
```

> 사용자 편의를 위해
> 디테일영역 (101행 이하)에서 값이 변경되면
> [선택]칼럼에 [1]을 기본적으로 표시한다.

> 화면이 처음 열리거나
> 초기화 버튼을 누를 경우 실행되는 로직이다.
>
> 1.공통_초기화_버튼( ) 실행
>   - 101행 이하 데이터 삭제
>   - 기타 공통처리
> 2.해당 시트의 기본_초기화( ) 실행
>   - 초기값 설정 외 사용자 변경 가능

[그림 5-23] 입고등록 엑셀VBA 초기화/기타 소스코드

3. 입고확정

가. DB프로시저

입고확정은 입고 등록된 내역과 실제 제품의 수량과 품질에 문제가 없다고 판단되어 인수인계가 완료되는 단계이다. 입고확정이 되면 로케이션재고는 증가(+)되며 입고 등록된 내역의 상태코드가 [10]신규 상태에서 [90]확정 상태로 바뀐다. (기본 입고 로케이션 주소는 [TBA_입고구분]에서 설정한 로케이션주소)

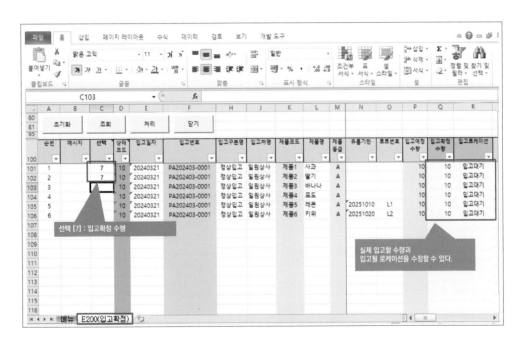

[그림 5-24] 입고확정 엑셀VBA 화면 예시

(1) 입고확정 조회

[SPE200_입고확정_조회] 프로시저는 입고등록만 하고 아직 입고확정 처리가 되지 않는 내역들을 화면에 출력한다. [TBE_입고D] 테이블의 저장된 데이터 중 상태코드가 [10]인 내역이 그 대상이며 입고 내역 이외에 적정재고, 현재고 등의 정보도 함께 화면에 출력한다.

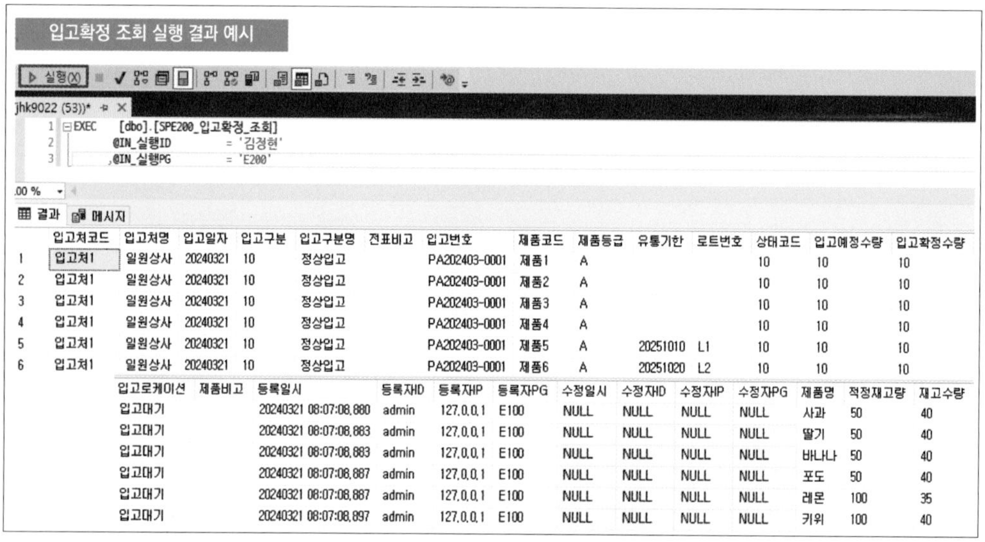


```
EXEC    [dbo].[SPE200_입고확정_조회]
        @IN_실행ID       = '김정현'
       ,@IN_실행PG       = 'E200'
```

	입고처코드	입고처명	입고일자	입고구분	입고구분명	전표비고	입고번호	제품코드	제품등급	유통기한	로트번호	상태코드	입고예정수량	입고확정수량
1	입고처1	일원상사	20240321	10	정상입고		PA202403-0001	제품1	A			10	10	10
2	입고처1	일원상사	20240321	10	정상입고		PA202403-0001	제품2	A			10	10	10
3	입고처1	일원상사	20240321	10	정상입고		PA202403-0001	제품3	A			10	10	10
4	입고처1	일원상사	20240321	10	정상입고		PA202403-0001	제품4	A			10	10	10
5	입고처1	일원상사	20240321	10	정상입고		PA202403-0001	제품5	A	20251010	L1	10	10	10
6	입고처1	일원상사	20240321	10	정상입고		PA202403-0001	제품6	A	20251020	L2	10	10	10

입고로케이션	제품비고	등록일시	등록자HD	등록자HP	등록자PG	수정일시	수정자HD	수정자HP	수정자PG	제품명	적정재고량	재고수량
입고대기		20240321 08:07:08.880	admin	127.0.0.1	E100	NULL	NULL	NULL	NULL	사과	50	40
입고대기		20240321 08:07:08.883	admin	127.0.0.1	E100	NULL	NULL	NULL	NULL	딸기	50	40
입고대기		20240321 08:07:08.883	admin	127.0.0.1	E100	NULL	NULL	NULL	NULL	바나나	50	40
입고대기		20240321 08:07:08.887	admin	127.0.0.1	E100	NULL	NULL	NULL	NULL	포도	50	40
입고대기		20240321 08:07:08.887	admin	127.0.0.1	E100	NULL	NULL	NULL	NULL	레몬	100	35
입고대기		20240321 08:07:08.897	admin	127.0.0.1	E100	NULL	NULL	NULL	NULL	키위	100	40

[그림 5-25] 입고확정 조회 실행결과 예시

소스코드를 살펴보면 하나의 SELECT 명령으로 원하는 값들을 모두 출력할 수도 있지만 향후 유지보수나 소스코드를 좀 더 쉽게 이해할 수 있도록 분리 하였다. 먼저 기본적인 데이터를 SELECT 명령으로 #임시테이블을 생성하고 이후 추가적인 사항은 UPDATE 명령을 사용하여 값을 채워 넣는 방식이다. 시스템의 성능적인 측면에서는 조금 느릴 수 있고 시스템의 자원을 더 사용하는 단점이 있지만 향후 유지보수와 확정성에 좀 더 고려한 형태라 할 수 있다.

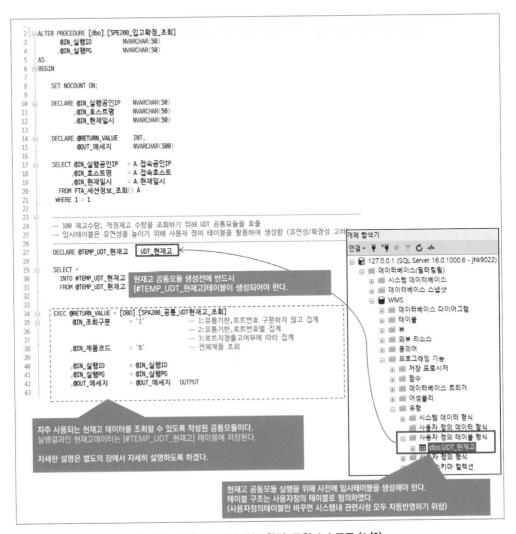

```
 2  ⊟ALTER PROCEDURE [dbo].[SPE200_입고확정_조회]
 3        @IN_실행ID              NVARCHAR(50)
 4       ,@IN_실행PG              NVARCHAR(50)
 5   AS
 6  ⊟BEGIN
 7
 8      SET NOCOUNT ON;
 9
10  ⊟   DECLARE @IN_실행공인IP       NVARCHAR(50)
11           ,@IN_호스트명           NVARCHAR(50)
12           ,@IN_현재일시           NVARCHAR(50)
13
14  ⊟   DECLARE @RETURN_VALUE       INT,
15           @OUT_메세지            NVARCHAR(500)
16
17  ⊟   SELECT @IN_실행공인IP       = A.접속공인IP
18         ,@IN_호스트명           = A.접속호스트
19         ,@IN_현재일시           = A.현재일시
20      FROM FTA_세션정보_조회() A
21      WHERE 1 = 1
22
23  -- ----------------------------------------------------------------
24  -- 100 재고수량, 적정재고 수량을 조회하기 위해 UDT 공통모듈을 호출
25  -- 임시테이블은 유연성을 높이기 위해 사용자 정의 테이블을 활용하여 생성함 (유연성/확장성 고려
26  -- ----------------------------------------------------------------
27      DECLARE @TEMP_UDT_현재고    UDT_현재고  ◄
28
29  ⊟   SELECT *
30      INTO #TEMP_UDT_현재고         현재고 공통모듈 생성전에 반드시
31      FROM @TEMP_UDT_현재고         [#TEMP_UDT_현재고]테이블이 생성되어야 한다.
32
33
34  ⊟   EXEC @RETURN_VALUE = [DBO].[SPA200_공통_UDT현재고_조회]
35  ⊟        @IN_조회구분        = '1'          -- 1:유통기한,로트번호 구분하지 않고 집계
36                                              -- 2:유통기한,로트번호별 집계
37                                              -- 3:로트지정출고여부에 따라 집계
38         ,@IN_제품코드        = '%'          -- 전체제품 조회
39
40         ,@IN_실행ID          = @IN_실행ID
41         ,@IN_실행PG          = @IN_실행PG
42         ,@OUT_메세지         = @OUT_메세지   OUTPUT
43
```

개체 탐색기

연결▼ ᄬ ᄬ ▦ ▼ Ċ ↚

- 🖳 127.0.0.1 (SQL Server 16.0.1000.6 - jhk9022)
  - 📁 데이터베이스(필터링됨)
    - ⊞ 📁 시스템 데이터베이스
    - ⊞ 📁 데이터베이스 스냅샷
    - ⊟ 📁 WMS
      - ⊞ 📁 데이터베이스 다이어그램
      - ⊞ 📁 테이블
      - ⊞ 📁 뷰
      - ⊞ 📁 외부 리소스
      - ⊞ 📁 동의어
      - ⊟ 📁 프로그래밍 기능
        - ⊞ 📁 저장 프로시저
        - ⊞ 📁 함수
        - ⊞ 📁 데이터베이스 트리거
        - ⊞ 📁 어셈블리
        - ⊟ 📁 유형
          - ⊞ 📁 시스템 데이터 형식
          - ⊞ 📁 사용자 정의 데이터 형식
          - ⊟ 📁 사용자 정의 테이블 형식
            - ⊞ ▦ dbo.UDT_현재고
          - ⊞ 📁 사용자 정의 형식
          - 📁 XML 스키마 컬렉션

자주 사용되는 현재고 데이터를 조회할 수 있도록 작성된 공통모듈이다.
실행결과인 현재고데이터는 [#TEMP_UDT_현재고] 테이블에 저장된다.

자세한 설명은 별도의 장에서 자세히 설명하도록 하겠다.

현재고 공통모듈 실행을 위해 사전에 임시테이블을 생성해야 한다.
테이블 구조는 사용자정의 테이블로 정의하였다.
(사용자정의테이블만 바꾸면 시스템내 관련사항 모두 자동반영하기 위함)

[그림 5-26] SPE200_입고확정_조회 소스코드 (1/2)

```
44   ---------------------------------------------------------------------
45   -- 200 기본 자료를 조회하여 임시테이블에 저장한다
46   ---------------------------------------------------------------------
47   SELECT 입고처코드        = A.입고처코드
48        , 입고처명          = D.업체명
49        , 입고일자          = A.입고일자
50        , 입고구분          = A.입고구분
51        , 입고구분명        = C.입고구분명
52        , 전표비고          = A.전표비고
53        , B.*
54        , E.제품명
55        , 적정재고량        = ISNULL(E.적정재고량, 0)
56        , 재고수량          = ISNULL(G.총재고수량, 0)
57    INTO #TEMP_입고확정조회
58    FROM TBE_입고H           A
59   INNER JOIN TBE_입고D      B ON B.입고번호   = A.입고번호
60   INNER JOIN TBA_입고구분   C ON C.입고구분   = A.입고구분
61   INNER JOIN TBC_업체       D ON D.업체코드   = A.입고처코드
62   INNER JOIN TBC_제품       E ON E.제품코드   = B.제품코드
63    LEFT JOIN #TEMP_UDT_현재고 G ON G.제품코드  = B.제품코드   AND G.제품등급 = B.제품등급
64   WHERE 1 = 1
65     AND B.상태코드 = '10'
66
67   -- 화면에서 입고확정수량을 디폴트로 예정수량이 표시되도록 UPDATE
68   UPDATE A SET
69        A.입고확정수량 = A.입고예정수량
70    FROM #TEMP_입고확정조회 A
71   WHERE 1 = 1
72
73   ---------------------------------------------------------------------
74   -- 500 최종 결과를 화면에 표시
75   ---------------------------------------------------------------------
76   SELECT A.*
77    FROM #TEMP_입고확정조회 A
78   WHERE 1 = 1
79   ORDER BY A.입고번호, A.제품코드
80
81   END
```

임시테이블을 생성하고
이를 활용하여 조회 데이터를 생성하였다.

[그림 5-27] SPE200_입고확정_조회 소스코드 (2/2)

(2) 입고확정

아직 입고확정 되지 않는 내역을 대상으로 실제 입고확정 처리를 하는 프로시저이다. 이 프로시저는 상태코드를 [10] → [90]으로 변경하고 입고확정수량을 UPDATE 한다.

이와 동시에 창고에 재고를 증가(반품의 경우에는 감소)하기 위해 미리 작성된 [SPA000_공통_재고입출고_처리] 프로시저를 호출한다. 호출된 로케이션재고 반영 프로시저는 정상적으로 작업이 완료되었는지 확인하는 것이 매우 중요하다. [1]이 리턴 되었다면 정상적으로 처리된 것이다. 만약 [1]이 아닌 값이 리턴 되었다면 오류가 발생된 것이다. 당연한 얘기이지만 작업별로 트랜잭션 처리(BEGIN TRAN ~ COMMIT 또는 ROLLBACK TRAN)를 필히 수행해야 한다.

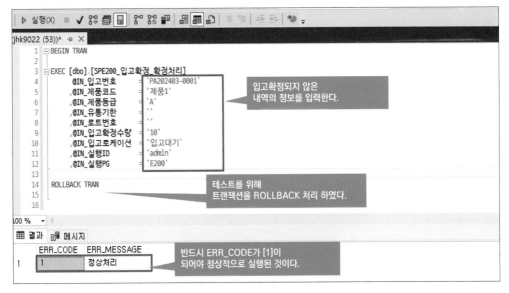

[그림 5-28] SPE200_입고확정_확정 실행결과 예시

```
1  ALTER PROCEDURE [dbo].[SPE200_입고확정_확정처리]
2      @IN_입고번호          NVARCHAR(30)
3     ,@IN_제품코드          NVARCHAR(30)
4     ,@IN_제품등급          NVARCHAR(10)
5     ,@IN_유통기한          NVARCHAR(30)
6     ,@IN_로트번호          NVARCHAR(30)
7
8     ,@IN_입고확정수량       NUMERIC(18, 0)
9     ,@IN_입고로케이션       NVARCHAR(30)
10
11    ,@IN_실행ID           NVARCHAR(50)
12    ,@IN_실행PG           NVARCHAR(50)
13  AS
14  BEGIN
15
16      SET NOCOUNT ON;
17
18      DECLARE @IN_실행공인IP     NVARCHAR(50)
19             ,@IN_호스트명       NVARCHAR(50)
20             ,@IN_현재일시       NVARCHAR(50)
21             ,@IN_현재일자       NVARCHAR(50)
22
23      DECLARE @RETURN_VALUE     INT              -- 공통모듈 등 호출시 이상여부 체크
24             ,@OUT_리턴메시지    NVARCHAR(500)
25
26      SELECT @IN_실행공인IP    = A.접속공인IP
27            ,@IN_호스트명      = A.접속호스트
28            ,@IN_현재일시      = A.현재일시
29            ,@IN_현재일자      = LEFT(A.현재일시, 8)
30        FROM FTA_세션정보_조회() A
31       WHERE 1 = 1
32
```

입고번호, 제품코드를 입력 받는다.

실행ID, 실행PG는 당장 사용하지
않지만 향후 확장성을 고려하여
입력 받는다.

[그림 5-29] SPE200_입고확정_확정 소스코드 (1/4)

```
33  --------------------------------------------------------------
34  -- 100 입력값 이상여부 확인
35  --------------------------------------------------------------
36  DECLARE @입고_입고예정수량    NUMERIC(18, 2)
37         ,@입고_상태코드        NVARCHAR(10)
38         ,@입고_반품여부        NVARCHAR(10)
39         ,@입고_입고처코드      NVARCHAR(30)
40         ,@입고_입고처명        NVARCHAR(100)
41
42  SELECT @입고_입고예정수량 = A.입고예정수량
43        ,@입고_상태코드     = A.상태코드
44        ,@입고_반품여부     = D.반품여부
45        ,@입고_입고처코드   = B.입고처코드
46        ,@입고_입고처명     = C.업체명
47    FROM TBE_입고D A
48   INNER JOIN TBE_입고H   B ON B.입고번호 = A.입고번호
49   INNER JOIN TBC_업체    C ON C.업체코드 = B.입고처코드
50   INNER JOIN TBA_입고구분 D ON D.입고구분 = B.입고구분
51   WHERE A.입고번호 = @IN_입고번호
52     AND A.제품코드 = @IN_제품코드
53     AND A.제품등급 = @IN_제품등급
54     AND A.유통기한 = @IN_유통기한
55     AND A.로트번호 = @IN_로트번호
56
57  IF @@ERROR <> 0 OR @@ROWCOUNT <> 1 BEGIN
58      SELECT ERR_CODE = 11, ERR_MESSAGE = N'입고대상 없음'
59      RETURN
60  END
61
62  IF @입고_상태코드 <> '10' BEGIN
63      SELECT ERR_CODE = 12, ERR_MESSAGE = N'입고내역 없거나 이미 확정'
64      RETURN
65  END
66
67  -- 확정수량이 예정수량보다 작거나 (-)값이 입력되는 경우 오류 발생
68  IF @입고_입고예정수량 < @IN_입고확정수량 OR @IN_입고확정수량 < 0 BEGIN
69      SELECT ERR_CODE = 13, ERR_MESSAGE = N'입고확정수량 오류'
70      RETURN
71  END
72
73  IF NOT EXISTS (SELECT * FROM TBC_로케이션 WHERE 로케이션코드 = @IN_입고로케이션 AND 이동여부 = '1') BEGIN
74      SELECT ERR_CODE = 14, ERR_MESSAGE = N'입고로케이션코드 오류'
75      RETURN
76  END
77
78
```

입고확정해야 될 대상의 값들이 정상적인지를 체크하고 문제가 있으면 오류를 발생시킨다.

[그림 5-30] SPE200_입고확정_확정 소스코드 (2/4)

```
79    IF @입고_반품여부 <> '1' BEGIN    -- [1]이 아닌경우
80        -- 정상 입고 관련 로직
81        -- 300 공통모듈 로케이션 재고 증가(+) 반영
82        EXEC @RETURN_VALUE = [DBO].[SPA000_공통_재고입출고_처리]
83            @IN_반영일자          = @IN_현재일자
84           ,@IN_원인유형          = '입고확정'
85           ,@IN_원인전표유형        = '입고'
86           ,@IN_원인전표          = @IN_입고번호
87           ,@IN_원인전표상세        = ''
88           ,@IN_사유             = ''
89           ,@IN_제품코드          = @IN_제품코드
90           ,@IN_제품등급          = @IN_제품등급
91           ,@IN_유통기한          = @IN_유통기한
92           ,@IN_로트번호          = @IN_로트번호
93           ,@IN_입출고처코드        = @입고_입출고처코드
94           ,@IN_입출고처명         = @입고_입출고처명
95           ,@IN_이동전로케이션       = ''
96           ,@IN_이동후로케이션       = @IN_입고로케이션
97           ,@IN_이동수량          = @IN_입고확정수량
98           ,@IN_등록자ID          = @IN_실행ID
99           ,@IN_등록자IP          = @IN_실행공인IP
100          ,@IN_등록자PG          = @IN_실행PG
101          ,@OUT_결과값          = @OUT_리턴메시지  OUTPUT
102
103      IF @RETURN_VALUE <> 1 BEGIN
104          SELECT ERR_CODE = 31, ERR_MESSAGE = N'공통재고입출고 처리오류=' + ISNULL(@OUT_리턴메시지,'')
105          RETURN
106      END
107
108  END ELSE BEGIN
109      -- 입고반품 관련 로직
110      -- 300 공통모듈 로케이션 재고 감소(-) 반영
111      EXEC @RETURN_VALUE = [DBO].[SPA000_공통_재고입출고_처리]
112          @IN_반영일자          = @IN_현재일자
113         ,@IN_원인유형          = '입고확정반품'
114         ,@IN_원인전표유형        = '입고'
115         ,@IN_원인전표          = @IN_입고번호
116         ,@IN_원인전표상세        = ''
117         ,@IN_사유             = ''
118         ,@IN_제품코드          = @IN_제품코드
119         ,@IN_제품등급          = @IN_제품등급
120         ,@IN_유통기한          = @IN_유통기한
121         ,@IN_로트번호          = @IN_로트번호
122         ,@IN_입출고처코드        = @입고_입출고처코드
123         ,@IN_입출고처명         = @입고_입출고처명
124         ,@IN_이동전로케이션       = @IN_입고로케이션
125         ,@IN_이동후로케이션       = ''
126         ,@IN_이동수량          = @IN_입고확정수량
127         ,@IN_등록자ID          = @IN_실행ID
128         ,@IN_등록자IP          = @IN_실행공인IP
129         ,@IN_등록자PG          = @IN_실행PG
130         ,@OUT_결과값          = @OUT_리턴메시지  OUTPUT
131
132      IF @RETURN_VALUE <> 1 BEGIN
133          SELECT ERR_CODE = 31, ERR_MESSAGE = N'공통재고입출고 처리오류=' + ISNULL(@OUT_리턴메시지,'')
134          RETURN
135      END
136
137  END
```

입고구분에 해당하는
[TBA_입고구분] 반품여부 칼럼값으로
반품여부 체크

로케이션 재고를 반영 공통모듈이다.
일관성 있고 개발 생산성을 높일 수 있다.

〈 입고구분 : 10 정상입고 처리 〉
이동전로케이션에 값이 없고
이동후로케이션에 로케이션 주소가 있기 때문에
@IN_입고로케이션으로 이동수량이 입고(증가)된다.

〈 입고구분 : 20 반품입고 처리 〉
이동전로케이션에 로케이션 주소가 있고
이동후로케이션에 값이 없기 때문에
@IN_입고로케이션에서 재고가 이동수량만큼 감소된다.

[그림 5-31] SPE200_입고확정_확정 소스코드 (3/4)

```
139    --------------------------------------------------------------
140    -- 900 입고전표 확정수량, 로케이션 UPDATE
141    --------------------------------------------------------------
142    UPDATE A SET
143          A.상태코드      = '90'
144         ,A.입고확정수량  = @IN_입고확정수량
145         ,A.입고로케이션  = @IN_입고로케이션
146         ,A.수정일시      = @IN_현재일시
147         ,A.수정자ID      = @IN_실행ID
148         ,A.수정자IP      = @IN_실행공인IP
149         ,A.수정자PG      = @IN_실행PG
150      FROM TBE_입고D A
151     INNER JOIN TBE_입고H B ON B.입고번호 = A.입고번호
152     WHERE A.입고번호     = @IN_입고번호
153       AND A.제품코드     = @IN_제품코드
154       AND A.제품코드     = @IN_제품코드
155       AND A.제품등급     = @IN_제품등급
156       AND A.유통기한     = @IN_유통기한
157       AND A.로트번호     = @IN_로트번호
158       AND A.상태코드     = '10'
159       AND A.입고예정수량 = @입고_입고예정수량
160
161    IF @@ERROR <> 0 OR @@ROWCOUNT <> 1 BEGIN
162        SELECT ERR_CODE = 20, ERR_MESSAGE = N'입고확정 UPDATE오류'
163        RETURN
164    END
165
166    SELECT ERR_CODE = 1, ERR_MESSAGE = N'정상처리'
167    RETURN
168
169  END;
170
```

[그림 5-32] SPE200_입고확정_확정 소스코드 (4/4)

나. 엑셀VBA

(1) 입고확정 조회

입고확정 조회 화면은 [SPE200_입고확정_조회] 프로시저 실행 결과를 참고하여 적절하게 101행 이하에 출력되는 항목들에 대해 적절히 배치한다. 입고확정 시에는 입고번호와 제품코드, 유통기한, 로트번호, 확정수량 등은 반드시 필요하기 때문에 필히 추가하도록 하자.

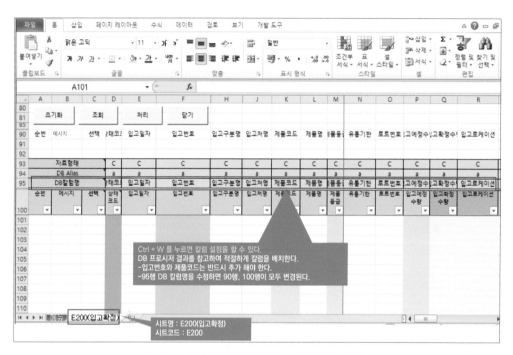

[그림 5-33] 입고확정 엑셀VBA 화면 설정 예시

```
Sub 기본_조회()

    Dim txt_Sql      As String          ' SQL문장 저장을 위한 변수 선언
    Dim txt_현재시트 As String          ' 현재 작업 시트명을 저장/관리하기 위한 변수 선언

    On Error Resume Next

    txt_현재시트 = ActiveSheet.Name         ' 조회시트명을 변수에 저장
    txt_현재시트코드 = ActiveSheet.CodeName  ' 조회시트코드를 변수에 저장

    Sheets(txt_현재시트).Select       ' 조회시트로 이동

    Call 공통_초기화                  ' 101번 라인 이하를 삭제(클리어)시킴

    txt_Sql = "EXEC [dbo].[SPE200_입고확정_조회]        " & vbLf & _
        "     @IN_실행ID    = '<<실행ID>>'              " & vbLf & _
        "    ,@IN_실행PG    = '<<실행PG>>'              " & vbLf

    txt_Sql = Replace(txt_Sql, "<<실행ID>>", Trim(A100.Range("사용자ID")))
    txt_Sql = Replace(txt_Sql, "<<실행PG>>", ActiveSheet.CodeName)

    If 공통_DB1_Connect() = False Then            ' 관리시트에 있는 접속환경으로 DB에 접속함
        MsgBox "[오류]DB연결이 정상적이지 않습니다!!"
        Exit Sub
    End If

    If 공통_DB1_SP조회1(txt_Sql) = False Then        ' txt_Sql변수의 SQL문장을 실행함
        MsgBox "[오류]해당하는 자료가 존재하지 않습니다"
        Exit Sub
    End If
```

> SPE200_입고확정_조회 프로시저를 호출한다.

[그림 5-34] 입고확정 조회 관련 소스코드 (1/2)

```
    i = 101                                       ' 출력시작을 위한 기준행(제목행 Row 위치값을 설정함)
    num_최대조회수 = A100.Range("최대조회건수")      ' 화면에 최대로 조회할 행수
    num_열개수 = Application.CountA(Sheets(txt_현재시트).Range("A90:ZZ90")) + 5

    Call 공통_화면이벤트_OFF

    Do Until (RS1.EOF)                            ' RS1 Record Set이 끝이 날때까지 Loop까지 계속 반복

        Cells(i, 1) = i - 100

        For kk = 4 To num_열개수

            If Cells(95, kk) <> "" Then

                ' txt_칼럼명 = Cells(95, kk)
                Cells(i, kk) = RS1.Fields(Cells(95, kk)).Value

            End If

        Next

        i = i + 1

        If i > num_최대조회수 Then
            MsgBox "[확인]데이터가 " & num_최대조회수 & "건보다 많습니다. 조회조건을 변경 바랍니다"
            Exit Do
        End If

        RS1.MoveNext                              ' RecordSet의 다음자료(다음위치)로 이동함

    Loop

    Cells(101, 3).Select

    Call 공통_DB1_Close                           ' 연결되었던 DB와의 접속을 끊음
    Call 공통_화면이벤트_ON

End Sub
```

[그림 5-35] 입고확정 조회 관련 소스코드 (2/2)

(2) 입고확정 처리

실무에서는 입고확정을 하는 과정에서 예정된 수량보다 작게 입고확정을 해야 하는 경우도 발생되기 때문에 화면에서 입고확정 수량을 변경할 수 있도록 구성하였다.

입고확정시에는 선택구분을 "7"로 입력 하면 된다. ("1", "4"와 같은 입력, 수정, 삭제와 같은 기능과 구분하기 위함이다.)

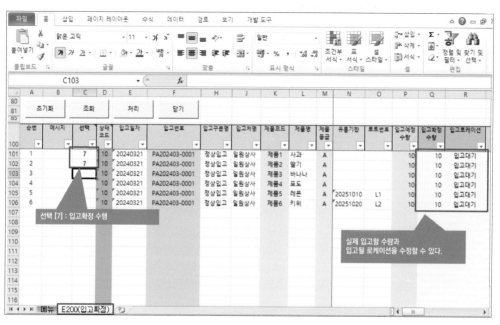

[그림 5-36] 입고확정 처리 화면 예시

```
Sub 기본_처리()

    Dim txt_Sql      As String        ' SQL문장 저장을 위한 변수 선언
    Dim txt_현재시트 As String        ' 현재 작업 시트명을 저장/관리하기 위한 변수 선언

    On Error Resume Next

    txt_현재시트 = ActiveSheet.Name       ' 조회시트명을 변수에 저장

    Sheets(txt_현재시트).Select            ' 조회시트로 이동

    Call 공통_필터초기화                   ' 필터에 조건이 지정되어 있는 것을 대비하여 필터초기화

    In사용자ID = A100.Range("사용자ID")                    ' 향후 Insert/Update시 사용할 ID,IP,시간등을 변수에 저장
    In_공인IP = A100.Range("공인IP")                        ' 각종 정보는 관리시트에 있음
    In_호스트명 = A100.Range("호스트명")                    ' 각종 정보는 관리시트에 있음
    In_현재일시 = 공통_시스템시간()

    txt_현재시트 = ActiveSheet.Name                        ' 조회시트명을 변수에 저장
    In_현재시트코드 = ActiveSheet.CodeName                  ' 조회시트코드를 변수에 저장

    Col_입고번호 = 공통_칼럼위치(txt_현재시트, 90, "입고번호")
    Col_입고일자 = 공통_칼럼위치(txt_현재시트, 90, "입고일자")
    Col_입고처코드 = 공통_칼럼위치(txt_현재시트, 90, "입고처코드")

    Col_제품코드 = 공통_칼럼위치(txt_현재시트, 90, "제품코드")
    Col_제품등급 = 공통_칼럼위치(txt_현재시트, 90, "제품등급")
    Col_유통기한 = 공통_칼럼위치(txt_현재시트, 90, "유통기한")
    Col_로트번호 = 공통_칼럼위치(txt_현재시트, 90, "로트번호")
    Col_입고확정수량 = 공통_칼럼위치(txt_현재시트, 90, "입고확정수량")
    Col_입고로케이션 = 공통_칼럼위치(txt_현재시트, 90, "입고로케이션")

    Err_flag = 0                                           ' 향후 에러여부를 체크할 변수 0:정상 1:오류 (초기값은 0)
    tot_cnt = ActiveSheet.Cells.SpecialCells(xlCellTypeLastCell).Row   ' 해당시트 데이터가 입력된 마지막행을 확인

    ' 실제 입고확정시 사용함
    txt_Sql_처리 = "EXEC [dbo].[SPE200_입고확정_확정처리]   " & vbLf & _
          "         @IN_입고번호      = '<<입고번호>>'      " & vbLf & _
          "        ,@IN_제품코드      = '<<제품코드>>'      " & vbLf & _
          "        ,@IN_제품등급      = '<<제품등급>>'      " & vbLf & _
          "        ,@IN_유통기한      = '<<유통기한>>'      " & vbLf & _
          "        ,@IN_로트번호      = '<<로트번호>>'      " & vbLf & _
          "        ,@IN_입고확정수량  = '<<입고확정수량>>'  " & vbLf & _
          "        ,@IN_입고로케이션  = '<<입고로케이션>>'  " & vbLf & _
          "        ,@IN_실행ID        = '<<실행ID>>'        " & vbLf & _
          "        ,@IN_실행PG        = '<<실행PG>>'        " & vbLf

    txt_Sql_처리 = Replace(txt_Sql_처리, "<<실행ID>>", Trim(A100.Range("사용자ID")))
    txt_Sql_처리 = Replace(txt_Sql_처리, "<<실행PG>>", ActiveSheet.CodeName)

    If 공통_DB1_Connect() = False Then                      ' 관리시트에 있는 접속환경으로 DB에 접속함
        MsgBox "[오류]DB연결이 정상적이지 않습니다!!"
        Exit Sub
    End If
```

[그림 5-37] 입고확정 엑셀VBA 소스코드 (1/3)

```
    Err.Clear
    DB_Conn1.BeginTrans                                  ' *** 트랜잭션 시작 ****

    If Err.Number <> 0 Then
        DB_Conn1.RollbackTrans                           ' Begin Tran이 계속 존재하는 경우를 대비하여 Rollback 처리함
        MsgBox "[오류]트랜잭션을 시작하지 못했습니다. 다시 시도 바랍니다"
        Exit Sub
    End If

    For i = 101 To tot_cnt                               ' 101번행부터 데이터가 입력되어 있는 행(Row)까지 반복함

        If Cells(i, 2) <> "" Then Cells(i, 2) = ""

        If Cells(i, 3) = "7" And Cells(i, Col_입고번호) <> "" Then        ' 선택값 1(입력)을 입력하고 4번열값에 데이터가 있는 경우

            txt_Sql = txt_Sql_처리        ' 7 일때는 입고확정 처리

            txt_Sql = Replace(txt_Sql, "<<처리구분>>", Trim(Cells(i, 3)))

            txt_Sql = Replace(txt_Sql, "<<입고번호>>", Trim(Cells(i, Col_입고번호)))
            txt_Sql = Replace(txt_Sql, "<<제품코드>>", Trim(Cells(i, Col_제품코드)))
            txt_Sql = Replace(txt_Sql, "<<제품등급>>", Trim(Cells(i, Col_제품등급)))
            txt_Sql = Replace(txt_Sql, "<<유통기한>>", Trim(Cells(i, Col_유통기한)))
            txt_Sql = Replace(txt_Sql, "<<로트번호>>", Trim(Cells(i, Col_로트번호)))
            txt_Sql = Replace(txt_Sql, "<<입고확정수량>>", Trim(Cells(i, Col_입고확정수량)))
            txt_Sql = Replace(txt_Sql, "<<입고로케이션>>", Trim(Cells(i, Col_입고로케이션)))

            If 공통_DB1_SP처리(txt_Sql) = False Then        ' txt_Sql변수의 SQL문장을 실행함
                Err_flag = 1
                txt_오류메시지 = Err.Description
                txt_오류메시지 = "오류[" & RS0!ERR_CODE & "] " & RS0!ERR_MESSAGE & " " & txt_오류메시지
                Cells(i, 2) = txt_오류메시지
            End If

        End If

    Next
```

[그림 5-38] 입고확정 엑셀VBA 소스코드 (2/3)

```
    If Err_flag = 0 Then                                 ' 지금까지 오류가 없으면

        Err.Clear
        DB_Conn1.CommitTrans                             ' 트랜잭션을 정상적으로 완료처리 한다

        If Err.Number = 0 Then                           ' 만약 트랜잭션 완료가 정상이면 정상 메시지를 표시
            MsgBox "[완료]요청한 작업이 완료되었습니다"
        Else
            MsgBox "[오류]최종 Commit 작업에 문제가 생겼습니다, 작업 결과를 확인 바랍니다."
            Err_flag = 1                                 ' 트랜잭션 최종 완료시에 문제가 발생하면 메시지를 표시하고
        End If                                           ' 오류 메시지를 표시한다

    Else

        Err.Clear
        DB_Conn1.RollbackTrans                           ' 위의 업무처리시 오류가 발생하여 Err_flag가 1이면
        MsgBox "[오류]작업중 문제가 발생 했습니다. 확인 요망!!"     ' 트랜잭션을 Rollback 처리하고 오류메시지를 보여 준다

    End If

    Call 공통_DB1_Close                                   ' 모든 작업이 완료되었기 때문에 DB접속을 끊는다

    If Err_flag = 0 Then                                 ' 작업에 이상이 없었다면 다시 정보를 조회하여
        Call 기본_조회                                    ' 정상적으로 입력되었는지를 보여준다.
    End If

End Sub
```

[그림 5-39] 입고확정 엑셀VBA 소스코드 (3/3)

4. 입고전표 발행

가. DB프로시저

입고확정이 완료되면 입고처에 정상적으로 입고를 했다는 증빙인 "입고전표"를 발행 요구를 받을 수 있다. 입고전표는 전표단위로 출력하기 때문에 입고전표 발행을 위한 화면도 당연히 입고번호 단위로 집계하여 전표 출력 대상 리스트를 화면에 보여준다.

(1) 입고전표 발행대상 조회

[SPE210_입고전표발행_대상조회]는 입고전표를 발행해야 할 대상(입고 확정된 내역)을 전표단위로 집계하여 화면에 출력하는 프로시저이다. 전표별로 제품수, 총수량 등을 집계하여야 하기 때문에 SELECT 문장에서 GROUP BY를 사용한 것을 볼 수 있다.

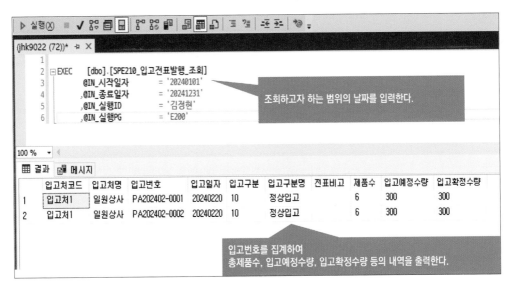

[그림 5-40] 입고전표 발행 조회 프로시저 실행결과 예시

```
1
2  ⊟ALTER PROCEDURE [dbo].[SPE210_입고전표발행_조회]
3         @IN_시작일자          NVARCHAR(08)
4        ,@IN_종료일자          NVARCHAR(08)
5        ,@IN_실행ID           NVARCHAR(50)      조회조건은 실행ID, 실행PG 외에
6        ,@IN_실행PG           NVARCHAR(50)      @IN_시작일자, @IN_종료일자  조건을 입력 받는다.
7  AS
8  ⊟BEGIN
9
10     SET NOCOUNT ON;
11
12 ⊟   --------------------------------------------------------------
13     -- 200 기본 자료를 조회하여 임시테이블에 저장한다
14     --------------------------------------------------------------
15 ⊟   SELECT 입고처코드        = A.입고처코드
16          ,입고처명          = D.업체명
17          ,입고번호          = A.입고번호
18          ,입고일자          = A.입고일자
19          ,입고구분          = A.입고구분
20          ,입고구분명        = C.입고구분명
21          ,전표비고          = A.전표비고           입고번호를 집계를 위해 그룹핑을 위한
22          ,제품수           = COUNT(*)            COUNT( ), SUM( ) 함수를 사용했다.
23          ,입고예정수량      = SUM(B.입고예정수량)
24          ,입고확정수량      = SUM(B.입고확정수량)
25      INTO #TEMP_입고전표발행조회
26      FROM TBE_입고H          A
27      INNER JOIN TBE_입고D       B ON B.입고번호      = A.입고번호
28      INNER JOIN TBA_입고구분     C ON C.입고구분      = A.입고구분
29      INNER JOIN TBC_업체       D ON D.업체코드      = A.입고처코드
30      WHERE 1 = 1
31        AND A.입고일자 BETWEEN @IN_시작일자 AND @IN_종료일자
32        AND B.상태코드 = '90'
33      GROUP BY A.입고처코드, D.업체명, A.입고번호, A.입고일자, A.입고구분, C.입고구분명, A.전표비고
34
35
36 ⊟   --------------------------------------------------------------
37     -- 500 최종 결과를 화면에 표시
38     --------------------------------------------------------------
39 ⊟   SELECT A.*
40      FROM #TEMP_입고전표발행조회 A
41      WHERE 1 = 1
42      ORDER BY A.입고번호
43
44  END
45
```

[그림 5-41] SPE210_입고전표발행_대상조회 소스코드

(2) 입고전표 출력

실제 입고전표 출력을 위한 [SPE210_입고전표발행_출력] 프로시저이다. 입고전표 출력은 선택된 입고번호에 대해 하나씩 하나씩 독립적으로 [SPE210_입고전표발행_출력] 프로시저를 호출하고 그 결과를 엑셀 양식을 채우고 한 전표씩 프린터로 출력되는 방식이다.

[SPE210_입고전표발행_출력]의 입력 매개변수로 하나의 입고전표를 입력 받아 프로시저가 실행되어 입고전표 출력에 필요한 데이터를 리턴 받는다. 개발 편의상 헤더 정보인 입고처, 일자 그리고 상세한 디테일 정보인 제품, 수량 등의 데이터를 하나의 테이블 형태로 결과를 리턴 받는다.

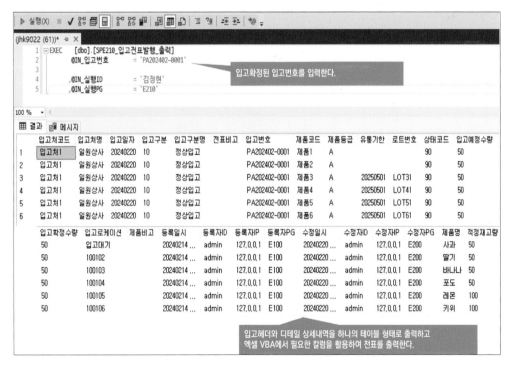

[그림 5-42] SPE210_입고전표발행_출력 실행예시

```
 2  ┌ALTER PROCEDURE [dbo].[SPE210_입고전표발행_출력]
 3        @IN_입고번호           NVARCHAR(30)
 4        ,@IN_실행ID            NVARCHAR(50)
 5        ,@IN_실행PG            NVARCHAR(50)
 6  AS
 7  ┌BEGIN
 8
 9      SET NOCOUNT ON;
10
11  ┌  -----------------------------------------------------
12      -- 200 기본 자료를 조회하여 임시테이블에 저장한다
13     -----------------------------------------------------
14  ┌  SELECT 입고처코드        = A.입고처코드
15         ,입고처명          = D.업체명
16         ,입고일자          = A.입고일자
17         ,입고구분          = A.입고구분
18         ,입고구분명        = C.입고구분명
19         ,전표비고          = A.전표비고
20         ,B.*
21         ,E.제품명
22         ,적정재고량        = ISNULL(E.적정재고량, 0)
23      INTO #TEMP_입고전표발행
24       FROM TBE_입고H           A
25      INNER JOIN TBE_입고D       B ON B.입고번호    = A.입고번호
26      INNER JOIN TBA_입고구분    C ON C.입고구분    = A.입고구분
27      INNER JOIN TBC_업체        D ON D.업체코드    = A.입고처코드
28      INNER JOIN TBC_제품        E ON E.제품코드    = B.제품코드
29      WHERE 1 = 1
30        AND A.입고번호 = @IN_입고번호
31        AND B.상태코드 = '90'
32
33  ┌  -----------------------------------------------------
34      -- 500 최종 결과를 화면에 표시
35     -----------------------------------------------------
36  ┌  SELECT A.*
37       FROM #TEMP_입고전표발행 A
38      WHERE 1 = 1
39      ORDER BY A.입고번호, A.제품코드
40
41  END
42  |
```

조회조건은 실행ID, 실행PG 외에 @IN_입고번호 조건을 입력 받는다.

하나의 입고번호를 대상으로 전표를 출력하기 때문이다.

상태코드가 90(입고확정)된 내역만을 대상으로 헤더, 디테일 및 부가적인 정보를 출력에 활용하기 위해 JOIN했다.

[그림 5-43] SPE210_입고전표발행_출력 소스코드

232

나. 엑셀VBA

(1) 입고전표 발행대상 조회

조회관련 프로시저인 [SPE210_입고전표발행_대상조회] 를 호출하여 입고전표를 발행 대상내
역을 화면에 출력한다. 입고일자의 범위를 입력하기 위해 [IN_시작일자], [IN_종료일자]를 엑셀
의 [이름정의] 기능을 활용하여 정의하였다.

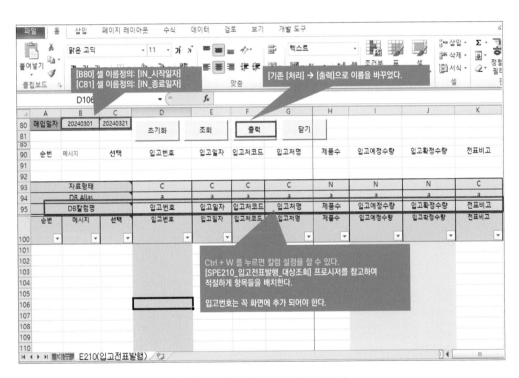

[그림 5-44] 입고전표발행 화면 구성

```
Sub 기본_조회()

    Dim txt_Sql      As String          ' SQL문장 저장을 위한 변수 선언
    Dim txt_현재시트 As String          ' 현재 작업 시트명을 저장/관리하기 위한 변수 선언

    On Error Resume Next

    txt_현재시트 = ActiveSheet.Name         ' 조회시트명을 변수에 저장
    txt_현재시트코드 = ActiveSheet.CodeName ' 조회시트코드를 변수에 저장

    Sheets(txt_현재시트).Select        ' 조회시트로 이동

    Call 공통_초기화                   ' 101번 라인 이하를 삭제(클리어)시킴

    txt_Sql = "EXEC [dbo].[SPE210_입고전표발행_조회]         " & vbLf & _
            "      @IN_시작일자     = '<<시작일자>>'       " & vbLf & _
            "     ,@IN_종료일자     = '<<종료일자>>'       " & vbLf & _
            "     ,@IN_실행ID       = '<<실행ID>>'         " & vbLf & _
            "     ,@IN_실행PG       = '<<실행PG>>'         " & vbLf

    txt_Sql = Replace(txt_Sql, "<<시작일자>>", Trim(Range("IN_시작일자")))
    txt_Sql = Replace(txt_Sql, "<<종료일자>>", Trim(Range("IN_종료일자")))
    txt_Sql = Replace(txt_Sql, "<<실행ID>>", Trim(A100.Range("사용자ID")))
    txt_Sql = Replace(txt_Sql, "<<실행PG>>", ActiveSheet.CodeName)

    If 공통_DB1_Connect() = False Then            ' 관리시트에 있는 접속환경으로 DB에 접속함
        MsgBox "[오류]DB연결이 정상적이지 않습니다!!"
        Exit Sub
    End If

    If 공통_DB1_SP조회1(txt_Sql) = False Then      ' txt_Sql변수의 SQL문장을 실행함
        MsgBox "[오류]해당하는 자료가 존재하지 않습니다"
        Exit Sub
    End If
```

[그림 5-45] 입고전표발행 조회VBA 소스코드 (1/2)

```
    i = 101                                          ' 출력시작을 위한 기준행(제목행 Row 위치값을 설정함)
    num_최대조회수 = A100.Range("최대조회건수")        ' 화면에 최대로 조회할 행수
    num_열개수 = Application.CountA(Sheets(txt_현재시트).Range("A90:ZZ90")) + 5

    Call 공통_화면이벤트_OFF

    Do Until (RS1.EOF)                                       ' RS1 Record Set이 끝이 날때까지 Loop까지 계속 반복

        Cells(i, 1) = i - 100

        For kk = 4 To num_열개수

            If Cells(95, kk) <> "" Then

                '  txt_칼럼명 = Cells(95, kk)
                Cells(i, kk) = RS1.Fields(Cells(95, kk).Value)

            End If

        Next

        i = i + 1

        If i > num_최대조회수 Then
            MsgBox "[확인]데이터가 " & num_최대조회수 & "건보다 많습니다. 조회조건을 변경 바랍니다"
            Exit Do
        End If

        RS1.MoveNext                                        ' RecordSet의 다음자료(다음위치)로 이동함

    Loop

    Cells(101, 3).Select

    Call 공통_DB1_Close                                      ' 연결되었던 DB와의 접속을 끊음
    Call 공통_화면이벤트_ON

End Sub
```

[그림 5-46] 입고전표발행 조회VBA 소스코드 (2/2)

235

(2) 입고전표 출력

입고전표 출력을 하기 위해서는 입고전표 발행 대상 선택을 위한 화면 외에 출력을 위한 출력양식 시트가 필요하다.

입고전표 양식에는 몇 개의 제품 목록이 출력될지 모르기 때문에 충분한 개수의 제품이 출력될 수 있도록 구성해야 한다. 실제 출력되는 범위까지만 인쇄 영역으로 지정하면 나머지 영역은 출력되지 않는다.

입고전표 양식은 [양식100_입고전표]라는 시트 이름으로 만들어 두었다. 이 양식을 참고하여 상황에 맞도록 변형하여 사용하길 바란다.

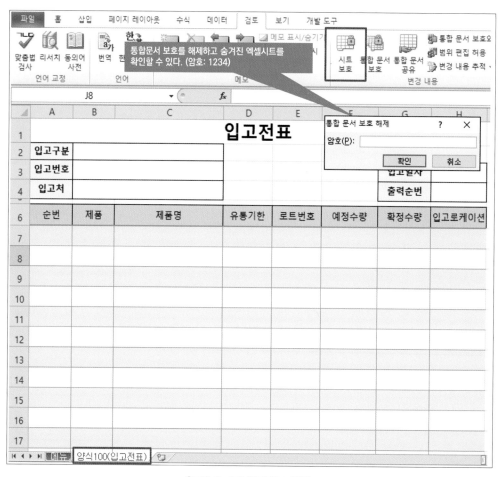

[그림 5-47] 입고전표 양식

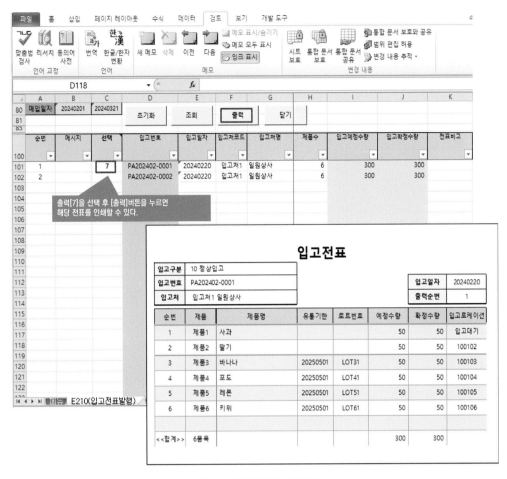

[그림 5-48] 입고전표 출력 예시

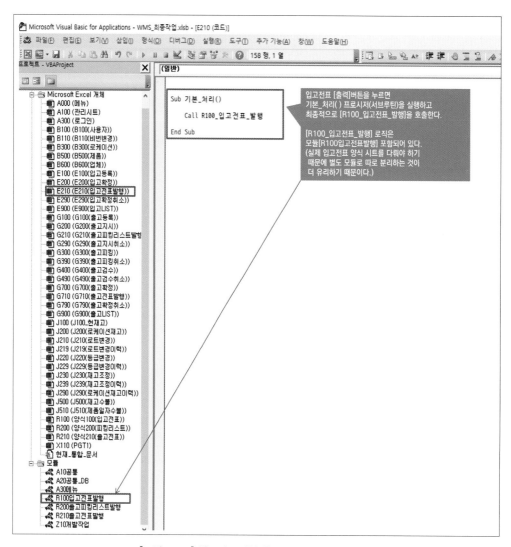

[그림 5-49] 입고전표발행 출력 버튼 관련 소스코드

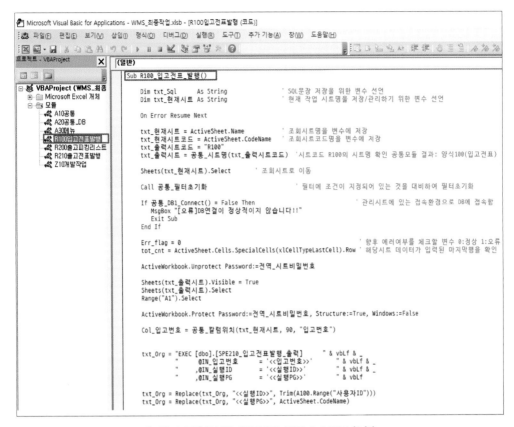

[그림 5-50] R100_입고전표_발행 소스코드 (1/3)

```
For i = 101 To tot_cnt                          ' 101번행부터 데이터가 입력되어 있는 행(Row)까지 반복함

    If Sheets(txt_현재시트).Cells(i, 3) = "7" And Sheets(txt_현재시트).Cells(i, Col_입고번호) <> "" Then

        txt_Sql = txt_Org                       선택구분이 [7]인 내역만 입고전표 발행

        txt_Sql = Replace(txt_Sql, "<<입고번호>>", Trim(Sheets(txt_현재시트).Cells(i, Col_입고번호)))

        If 공통_DB1_SP조회1(txt_Sql) = False Then
            MsgBox "[오류]자료가 정상적이지 않습니다. 다시 확인 바랍니다"
            Err_flag = 1
            Exit For                            입고전표번호별로 출력 DB 프로시저 호출
        End If

        Rows("7:3000").Select                   이전 처리된 내역이 있을 수 있으므로 양식 Clear
        Selection.ClearContents

        Range("IN_입고구분") = "   " & RS1!입고구분 & " " & RS1!입고구분명
        Range("IN_입고번호") = "   " & RS1!입고번호
        Range("IN_입고처") = "   " & RS1!입고처코드 & " " & RS1!입고처명    헤더영역 출력(작성)
        Range("IN_입고일자") = RS1!입고일자
        Range("IN_출력순번") = Sheets(txt_현재시트).Cells(i, 1)

        num_예정수량합계 = 0
        num_확정수량합계 = 0
        num_제품수 = 0

        num_출력라인 = 6

        Do Until (RS1.EOF)

            num_출력라인 = num_출력라인 + 1

            Cells(num_출력라인, 1) = num_출력라인 - 6
            Cells(num_출력라인, 2) = Trim(RS1!제품코드)           출력 DB 프로시저 결과를 한 Record씩
            Cells(num_출력라인, 3) = Trim(RS1!제품명)             읽으면서 상세내역 출력
            Cells(num_출력라인, 4) = Trim(RS1!유통기한)
            Cells(num_출력라인, 5) = Trim(RS1!로트번호)
            Cells(num_출력라인, 6) = RS1!입고예정수량
            Cells(num_출력라인, 7) = RS1!입고확정수량
            Cells(num_출력라인, 8) = Trim(RS1!입고로케이션)

            num_예정수량합계 = num_예정수량합계 + RS1!입고예정수량
            num_확정수량합계 = num_확정수량합계 + RS1!입고확정수량
            num_제품수 = num_제품수 + 1

            RS1.MoveNext

        Loop
```

[그림 5-51] R100_입고전표_발행 소스코드 (2/3)

```
            num_출력라인 = num_출력라인 + 2

            Cells(num_출력라인, 1) = "<<합계>>"
            Cells(num_출력라인, 2) = num_제품수 & "품목"              전표 합계내역을 출력
            Cells(num_출력라인, 6) = num_예정수량합계
            Cells(num_출력라인, 7) = num_확정수량합계

            ActiveSheet.PageSetup.PrintArea = "$A$1:$H$" & num_출력라인

                                                            데이터가 기록된 영역만 인쇄영역으로 설정
            If First_flag = 0 Then
                First_flag = 1
                ActiveWindow.SelectedSheets.PrintPreview

                Yn_chk = MsgBox("계속 출력하시겠습니까?", vbYesNo, "확인")
            Else
                If Yn_chk = vbYes Then
                    ActiveWindow.SelectedSheets.PrintOut Copies:=1, Collate:=True
                Else
                    MsgBox "[확인]출력작업을 중단 합니다"
                    Call 공통_DB1_Close                     첫번째 전표내역은 미리보기를 보여주고
                    Exit Sub                                나머지 두번째 전표부터는 프린터로 바로 출력 처리
                End If
            End If

        End If

    Next

    Call 공통_DB1_Close

    ActiveWorkbook.Unprotect Password:=전역_시트비밀번호

    Sheets(txt_출력시트).Visible = False
    Sheets(txt_현재시트).Select                    출력이 끝나면 양식 시트를 숨긴다
    Range("A101").Select

    ActiveWorkbook.Protect Password:=전역_시트비밀번호, Structure:=True, Windows:=False

    MsgBox "[완료]출력이 완료되었습니다!"

End Sub
```

[그림 5-52] R100_입고전표_발행 소스코드 (3/3)

5. 입고확정 취소

가. DB프로시저

입고확정과 반대되는 개념이다. 실수나 착오 등으로 입고확정을 잘못 처리하는 경우가 있는데 이를 바로 잡기 위해 취소하는 프로세스이다. 입고확정취소 처리를 하면 증가(+) 되었던 로케이션재고는 원래대로 다시 감소(-)시키고 입고 내역의 상태코드를 [90]확정상태에서 [10]신규상태로 변경된다. 입고반품의 경우에는 다시 반품된 재고가 원래 로케이션에 재고가 다시 생성(+) 된다.

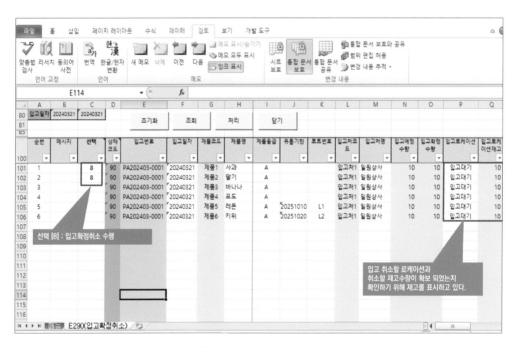

[그림 5-53] 입고확정취소 엑셀VBA 화면 예시

(1) 입고확정취소 조회

[SPE290_입고확정취소_조회] 프로시저는 입고 취소를 하기 위한 대상으로 입고 확정된 내역들을 화면에 출력한다. 조회되는 데이터는 [TBE_입고D] 테이블의 상태코드가 [90]인 내역들이 그 대상이다.

사용자의 업무 편의를 위해 입고 확정된 입고내역 데이터 외에 입고로케이션의 재고수량, 제품명 등의 정보도 함께 출력된다.

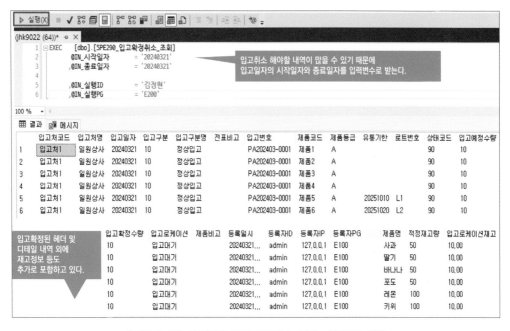

[그림 5-54] SPE290_입고확정취소_조회 실행결과 예시

```
 1
 2  ⊟ALTER PROCEDURE [dbo].[SPE290_입고확정취소_조회]
 3        @IN_시작일자          NVARCHAR(08)
 4       ,@IN_종료일자          NVARCHAR(08)
 5       ,@IN_실행ID           NVARCHAR(50)
 6       ,@IN_실행PG           NVARCHAR(50)
 7   AS
 8  ⊟BEGIN
 9
10      SET NOCOUNT ON;
11
12  ⊟    ----------------------------------------------------------------
13      -- 200 기본 자료를 조회하여 임시테이블에 저장한다
14      ----------------------------------------------------------------
15  ⊟    SELECT 입고처코드      = A.입고처코드
16          , 입고처명        = D.업체명
17          , 입고일자        = A.입고일자
18          , 입고구분        = A.입고구분
19          , 입고구분명      = C.입고구분명
20          , 전표비고        = A.전표비고
21          , B.*
22          , E.제품명
23          , 적정재고량      = ISNULL(E.적정재고량, 0)
24          , 입고로케이션재고 = ISNULL(F.재고수량,  0)
25        INTO #TEMP_입고확정취소조회
26        FROM TBE_입고H        A
27      INNER JOIN TBE_입고D      B ON B.입고번호      = A.입고번호
28      INNER JOIN TBA_입고구분   C ON C.입고구분      = A.입고구분
29      INNER JOIN TBC_업체       D ON D.업체코드      = A.입고처코드
30      INNER JOIN TBC_제품       E ON E.제품코드      = B.제품코드
31       LEFT JOIN TBJ_로케이션재고 F ON F.제품코드      = B.제품코드
32                                AND F.제품등급      = B.제품등급
33                                AND F.유통기한      = B.유통기한
34                                AND F.로트번호      = B.로트번호
35                                AND F.로케이션코드  = B.입고로케이션
36        WHERE 1 = 1
37          AND A.입고일자 BETWEEN @IN_시작일자 AND @IN_종료일자
38          AND B.상태코드 = '90'
39
40
41  ⊟    ----------------------------------------------------------------
42      -- 500 최종 결과를 화면에 표시
43      ----------------------------------------------------------------
44  ⊟    SELECT A.*
45        FROM #TEMP_입고확정취소조회 A
46       WHERE 1 = 1
47       ORDER BY A.입고번호, A.제품코드
48
49   END
50
```

[그림 5-55] SPE290_입고확정취소_조회 소스코드

(2) 입고확정취소 처리

[SPE290_입고확정취소_취소] 는 입고확정 취소처리를 실제 수행하는 프로시저이다. 상태코드를 [90] → [10]으로 변경하고 입고확정수량을 0으로 UPDATE한다.

또한, 공통모듈인 로케이션재고 반영 프로시저를 호출하여 로케이션재고 수량을 감소(-) 시킨다. 만약, 입고 확정된 수량 중에 이미 다른 로케이션으로 이동되어 현재 해당 로케이션에 처리할 재고 수량이 부족하다면 취소 처리가 불가능하기 때문에 오류가 발생된다. 로케이션재고는 기본적으로 (-)수량을 허용하지 않기 때문이다.

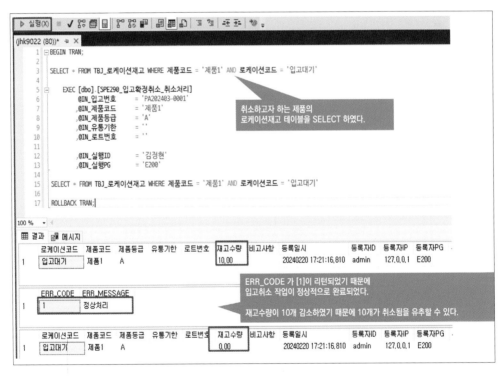

[그림 5-56] SPE290_입고확정취소_취소 실행 예시

```
1  ⊟ALTER PROCEDURE [dbo].[SPE290_입고확정취소_취소처리]
2       @IN_입고번호           NVARCHAR(30)
3      ,@IN_제품코드           NVARCHAR(30)
4      ,@IN_제품등급           NVARCHAR(10)
5      ,@IN_유통기한           NVARCHAR(30)
6      ,@IN_로트번호           NVARCHAR(30)
7
8      ,@IN_실행ID            NVARCHAR(50)
9      ,@IN_실행PG            NVARCHAR(50)
10  AS
11 ⊟BEGIN
12
13      SET NOCOUNT ON;
14
15 ⊟    DECLARE @IN_실행공인IP     NVARCHAR(50)
16           ,@IN_호스트명        NVARCHAR(50)
17           ,@IN_현재일시        NVARCHAR(50)
18           ,@IN_현재일자        NVARCHAR(50)
19
20 ⊟    DECLARE @RETURN_VALUE    INT              -- 공통모듈 등 호출시 이상여부 체크
21           ,@OUT_리턴메시지     NVARCHAR(500)
22
23 ⊟    SELECT @IN_실행공인IP    = A.접속공인IP
24          ,@IN_호스트명       = A.접속호스트
25          ,@IN_현재일시       = A.현재일시
26          ,@IN_현재일자       = LEFT(A.현재일시, 8)
27       FROM FTA_세션정보_조회() A
28      WHERE 1 = 1
29
```

입고취소할 전표 내역을 입력 받는다.

[그림 5-57] SPE290_입고확정취소_취소 소스코드 (1/5)

246

```
30      ┌─   ──────────────────────────────────────────────────────────────
31      │    -- 100 입력값 이상여부 확인
32      │    ──────────────────────────────────────────────────────────────
33      ┌─   DECLARE @입고_입고예정수량    NUMERIC(18, 0)
34      │           ,@입고_입고확정수량    NUMERIC(18, 0)
35      │           ,@입고_상태코드       NVARCHAR(10)
36      │           ,@입고_반품여부       NVARCHAR(10)
37      │           ,@입고_입고처코드     NVARCHAR(30)
38      │           ,@입고_입고로케이션    NVARCHAR(30)
39      │           ,@입고_입고처명       NVARCHAR(100)
40      │
41      ┌─   SELECT @입고_입고예정수량 = A.입고예정수량
42      │          ,@입고_입고확정수량 = A.입고확정수량
43      │          ,@입고_상태코드     = A.상태코드
44      │          ,@입고_반품여부     = D.반품여부
45      │          ,@입고_입고처코드    = B.입고처코드
46      │          ,@입고_입고로케이션   = A.입고로케이션
47      │          ,@입고_입고처명     = C.업체명
48      │      FROM TBE_입고D A
49      │      INNER JOIN TBE_입고H    B ON B.입고번호 = A.입고번호
50      │      INNER JOIN TBC_업체     C ON C.업체코드 = B.입고처코드
51      │      INNER JOIN TBA_입고구분  D ON D.입고구분 = B.입고구분
52      │      WHERE A.입고번호 = @IN_입고번호
53      │        AND A.제품코드 = @IN_제품코드
54      │        AND A.제품등급 = @IN_제품등급
55      │        AND A.유통기한 = @IN_유통기한
56      │        AND A.로트번호 = @IN_로트번호
57      │
58      ┌─   IF @@ERROR <> 0 OR @@ROWCOUNT <> 1 BEGIN
59      │        SELECT ERR_CODE = 11, ERR_MESSAGE = N'입고대상 없음'
60      │        RETURN
61      │    END
62      │
63      ┌─   IF @입고_상태코드 <> '90' BEGIN
64      │        SELECT ERR_CODE = 12, ERR_MESSAGE = N'취소대상이 아닙니다'
65      │        RETURN
66      │    END
67      │
```

[그림 5-58] SPE290_입고확정취소_취소 소스코드 (2/5)

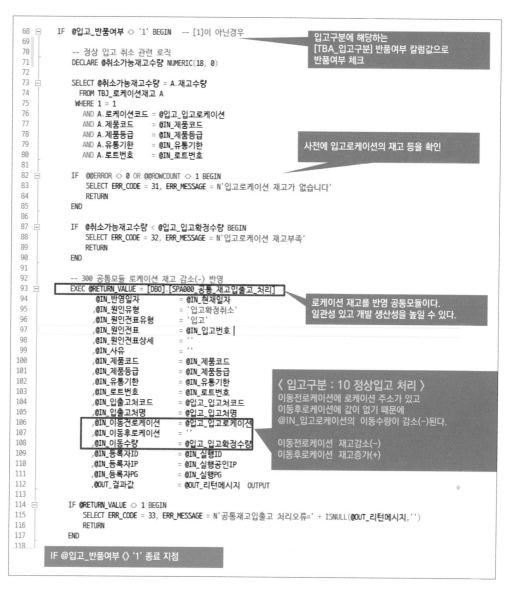

```
68    IF  @입고_반품여부 <> '1' BEGIN   -- [1]이 아닌경우
69
70        -- 정상 입고 취소 관련 로직
71        DECLARE @취소가능재고수량 NUMERIC(18, 0)
72
73        SELECT @취소가능재고수량 = A.재고수량
74          FROM TBJ_로케이션재고 A
75         WHERE 1 = 1
76           AND A.로케이션코드  = @입고_입고로케이션
77           AND A.제품코드      = @IN_제품코드
78           AND A.제품등급      = @IN_제품등급
79           AND A.유통기한      = @IN_유통기한
80           AND A.로트번호      = @IN_로트번호
81
82        IF  @@ERROR <> 0 OR @@ROWCOUNT <> 1 BEGIN
83            SELECT ERR_CODE = 31, ERR_MESSAGE = N'입고로케이션 재고가 없습니다'
84            RETURN
85        END
86
87        IF  @취소가능재고수량 < @입고_입고확정수량 BEGIN
88            SELECT ERR_CODE = 32, ERR_MESSAGE = N'입고로케이션 재고부족'
89            RETURN
90        END
91
92        -- 300 공통모듈 로케이션 재고 감소(-) 반영
93        EXEC @RETURN_VALUE = [DBO].[SPA000_공통_재고입출고_처리]
94              @IN_반영일자           = @IN_현재일자
95             ,@IN_원인유형           = '입고확정취소'
96             ,@IN_원인전표유형        = '입고'
97             ,@IN_원인전표           = @IN_입고번호
98             ,@IN_원인전표상세        = ''
99             ,@IN_사유              = ''
100            ,@IN_제품코드           = @IN_제품코드
101            ,@IN_제품등급           = @IN_제품등급
102            ,@IN_유통기한           = @IN_유통기한
103            ,@IN_로트번호           = @IN_로트번호
104            ,@IN_입출고처코드        = @입고_입고처코드
105            ,@IN_입출고처명          = @입고_입고처명
106            ,@IN_이동전로케이션       = @입고_입고로케이션
107            ,@IN_이동후로케이션       = ''
108            ,@IN_이동수량           = @입고_입고확정수량
109            ,@IN_등록자ID           = @IN_실행ID
110            ,@IN_등록자IP           = @IN_실행공인IP
111            ,@IN_등록자PG           = @IN_실행PG
112            ,@OUT_결과값            = @OUT_리턴메시지  OUTPUT
113
114        IF @RETURN_VALUE <> 1 BEGIN
115            SELECT ERR_CODE = 33, ERR_MESSAGE = N'공통재고입출고 처리오류=' + ISNULL(@OUT_리턴메시지,'')
116            RETURN
117        END
118
```

입고구분에 해당하는
[TBA_입고구분] 반품여부 칼럼값으로
반품여부 체크

사전에 입고로케이션의 재고 등을 확인

로케이션 재고를 반영 공통모듈이다.
일관성 있고 개발 생산성을 높일 수 있다.

〈 입고구분 : 10 정상입고 처리 〉
이동전로케이션에 로케이션 주소가 있고
이동후로케이션에 값이 없기 때문에
@IN_입고로케이션의 이동수량이 감소(-)된다.

이동전로케이션 재고감소(-)
이동후로케이션 재고증가(+)

IF @입고_반품여부 <> '1' 종료 지점

[그림 5-59] SPE290_입고확정취소_취소 소스코드 (3/5)

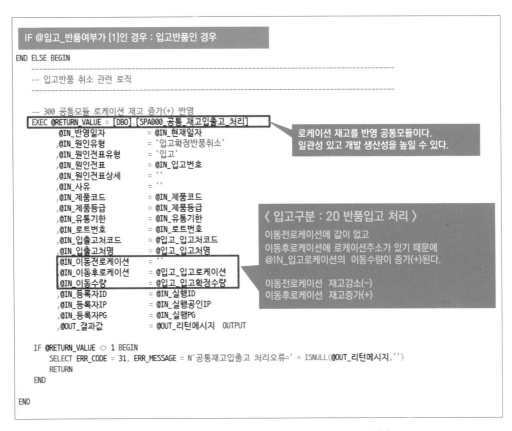

[그림 5-60] SPE290_입고확정취소_취소 소스코드 (4/5)

```
153  ┌─  ----------------------------------------------------------------
154  │   -- 900 입고전표 확정수량, 로케이션 UPDATE
155  │   ----------------------------------------------------------------
156  ┌─  UPDATE A SET
157  │          A.상태코드       = '10'
158  │         ,A.입고확정수량   = 0
159  │         ,A.수정일시       = @IN_현재일시
160  │         ,A.수정자ID       = @IN_실행ID
161  │         ,A.수정자IP       = @IN_실행공인IP
162  │         ,A.수정자PG       = @IN_실행PG
163  │     FROM TBE_입고D A
164  │   INNER JOIN TBE_입고H B ON B.입고번호 = A.입고번호
165  │   WHERE A.입고번호       = @IN_입고번호
166  │     AND A.제품코드       = @IN_제품코드
167  │     AND A.제품코드       = @IN_제품코드
168  │     AND A.제품등급       = @IN_제품등급
169  │     AND A.유통기한       = @IN_유통기한
170  │     AND A.로트번호       = @IN_로트번호
171  │     AND A.상태코드       = '90'
172  │     AND A.입고확정수량   = @입고_입고확정수량
173  │
174  ┌─  IF @@ERROR <> 0 OR @@ROWCOUNT <> 1 BEGIN
175  │       SELECT ERR_CODE = 20, ERR_MESSAGE = N'입고확정취소 UPDATE오류'
176  │       RETURN
177  │   END
178  │
179  │   SELECT ERR_CODE = 1, ERR_MESSAGE = N'정상처리'
180  │   RETURN
181  │
182  │ END;
183  │
```

입고전표 취소처리

[그림 5-61] SPE290_입고확정취소_취소 소스코드 (5/5)

나. 엑셀VBA

(1) 입고확정취소 조회

입고 확정 취소를 위한 데이터가 많을 수 있어 조회 시에는 특정기간의 입고일자로 제한하는 것이 좋다. 화면 상단에 입고일자 조건을 입력할 수 있도록 엑셀의 [이름정의] 기능으로 [IN_시작일자], [IN_종료일자]를 정의하였다.

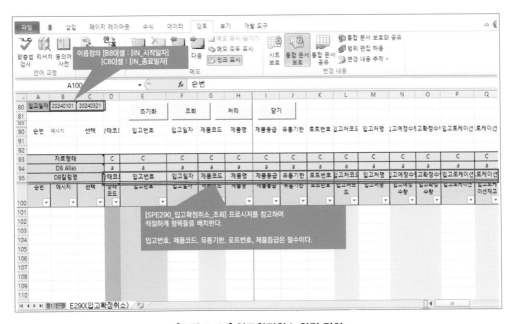

[그림 5-62] 입고확정취소 화면 정의

```
Sub 기본_조회()

    Dim txt_Sql      As String        ' SQL문장 저장을 위한 변수 선언
    Dim txt_현재시트 As String        ' 현재 작업 시트명을 저장/관리하기 위한 변수 선언

    On Error Resume Next

    txt_현재시트 = ActiveSheet.Name        ' 조회시트명을 변수에 저장
    txt_현재시트코드 = ActiveSheet.CodeName ' 조회시트코드를 변수에 저장

    Sheets(txt_현재시트).Select        ' 조회시트로 이동

    Call 공통_초기화                   ' 101번 라인 이하를 삭제(클리어)시킴

    txt_Sql = "EXEC [dbo].[SPE290_입고확정취소_조회]        " & vbLf & _
            "      @IN_시작일자      = '<<시작일자>>'       " & vbLf & _
            "     ,@IN_종료일자      = '<<종료일자>>'       " & vbLf & _
            "     ,@IN_실행ID        = '<<실행ID>>'         " & vbLf & _
            "     ,@IN_실행PG        = '<<실행PG>>'         " & vbLf

    txt_Sql = Replace(txt_Sql, "<<시작일자>>", Trim(Range("IN_시작일자")))
    txt_Sql = Replace(txt_Sql, "<<종료일자>>", Trim(Range("IN_종료일자")))
    txt_Sql = Replace(txt_Sql, "<<실행ID>>", Trim(A100.Range("사용자ID")))
    txt_Sql = Replace(txt_Sql, "<<실행PG>>", ActiveSheet.CodeName)

    If 공통_DB1_Connect() = False Then             ' 관리시트에 있는 접속환경으로 DB에 접속함
        MsgBox "[오류]DB연결이 정상적이지 않습니다!!"
        Exit Sub
    End If

    If 공통_DB1_SP조회1(txt_Sql) = False Then       ' txt_Sql변수의 SQL문장을 실행함
        MsgBox "[오류]해당하는 자료가 존재하지 않습니다"
        Exit Sub
    End If
```

[그림 5-63] 입고확정취소 엑셀VBA 조회 소스코드 (1/2)

```
        i = 101                                            ' 출력시작을 위한 기준행(제목행 Row 위치값을 설정함)
        num_최대조회수 = A100.Range("최대조회건수")              ' 화면에 최대로 조회할 행수
        num_열개수 = Application.CountA(Sheets(txt_현재시트).Range("A90:ZZ90")) + 5

        Call 공통_화면이벤트_OFF

        Do Until (RS1.EOF)                                  ' RS1 Record Set이 끝이 날때까지 Loop까지 계속 반복

            Cells(i, 1) = i - 100

            For kk = 4 To num_열개수

                If Cells(95, kk) <> "" Then

                    '  txt_칼럼명 = Cells(95, kk)
                    Cells(i, kk) = RS1.Fields(Cells(95, kk).Value)

                End If

            Next

            i = i + 1

            If i > num_최대조회수 Then
                MsgBox "[확인]데이터가 " & num_최대조회수 & "건보다 많습니다. 조회조건을 변경 바랍니다"
                Exit Do
            End If

            RS1.MoveNext                                    ' RecordSet의 다음자료(다음위치)로 이동함

        Loop

        Cells(101, 3).Select

        Call 공통_DB1_Close                                 ' 연결되었던 DB와의 접속을 끊음
        Call 공통_화면이벤트_ON

End Sub
```

[그림 5-64] 입고확정취소 엑셀VBA 조회 소스코드 (2/2)

(2) 입고확정취소 처리

입고확정 취소시에는 좀 더 신중한 처리를 위해서 선택구분을 "8"로 설정하였다. 취소된 입고 내역은 다시 입고확정 처리를 할 수 있는 상태로 전환되며 해당 수량만큼 로케이션재고 수량은 감소(-) 된다. (입고구분이 반품입고의 경우에는 다시 해당 입고 로케이션에 재고가 증가(+) 된다.)

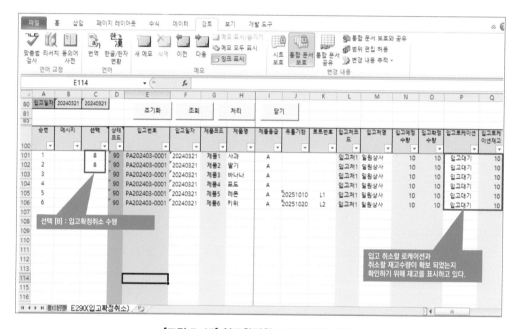

[그림 5-65] 입고확정취소 VBA화면 예시

```
Sub 기본_처리()

    Dim txt_Sql      As String          ' SQL문장 저장을 위한 변수 선언
    Dim txt_현재시트 As String          ' 현재 작업 시트명을 저장/관리하기 위한 변수 선언

    On Error Resume Next

    txt_현재시트 = ActiveSheet.Name       ' 조회시트명을 변수에 저장

    Sheets(txt_현재시트).Select           ' 조회시트로 이동

    Call 공통_필터초기화                  ' 필터에 조건이 지정되어 있는 것을 대비하여 필터초기화

    In사용자ID = A100.Range("사용자ID")                       ' 향후 Insert/Update시 사용할 ID,IP,시간등을 변수에 저장
    In_공인IP = A100.Range("공인IP")                          ' 각종 정보는 관리시트에 있음
    In_호스트명 = A100.Range("호스트명")                       ' 각종 정보는 관리시트에 있음
    In_현재일시 = 공통_시스템시간()

    txt_현재시트 = ActiveSheet.Name                           ' 조회시트명을 변수에 저장
    In_현재시트코드 = ActiveSheet.CodeName                     ' 조회시트코드를 변수에 저장

    Err_flag = 0                                              ' 향후 에러여부를 체크할 변수 0:정상 1:오류 (초기값은 0)
    tot_cnt = ActiveSheet.Cells.SpecialCells(xlCellTypeLastCell).Row  ' 해당시트 데이터가 입력된 마지막행을 확인

    Col_입고번호 = 공통_칼럼위치(txt_현재시트, 90, "입고번호")
    Col_입고일자 = 공통_칼럼위치(txt_현재시트, 90, "입고일자")
    Col_입고처코드 = 공통_칼럼위치(txt_현재시트, 90, "입고처코드")
    Col_전표비고 = 공통_칼럼위치(txt_현재시트, 90, "전표비고")

    Col_제품코드 = 공통_칼럼위치(txt_현재시트, 90, "제품코드")
    Col_제품등급 = 공통_칼럼위치(txt_현재시트, 90, "제품등급")
    Col_유통기한 = 공통_칼럼위치(txt_현재시트, 90, "유통기한")
    Col_로트번호 = 공통_칼럼위치(txt_현재시트, 90, "로트번호")
    Col_제품비고 = 공통_칼럼위치(txt_현재시트, 90, "제품비고")

    txt_Sql_처리 = "EXEC [dbo].[SPE290_입고확정취소_취소처리] " & vbLf & _
        "     @IN_입고번호      = '<<입고번호>>'     " & vbLf & _
        "    ,@IN_제품코드      = '<<제품코드>>'     " & vbLf & _
        "    ,@IN_제품등급      = '<<제품등급>>'     " & vbLf & _
        "    ,@IN_유통기한      = '<<유통기한>>'     " & vbLf & _
        "    ,@IN_로트번호      = '<<로트번호>>'     " & vbLf & _
        "    ,@IN_실행ID        = '<<실행ID>>'       " & vbLf & _
        "    ,@IN_실행PG        = '<<실행PG>>'       " & vbLf

    txt_Sql_처리 = Replace(txt_Sql_처리, "<<실행ID>>", Trim(A100.Range("사용자ID")))
    txt_Sql_처리 = Replace(txt_Sql_처리, "<<실행PG>>", ActiveSheet.CodeName)

    If 공통_DB1_Connect() = False Then                        ' 관리시트에 있는 접속환경으로 DB에 접속함
        MsgBox "[오류]DB연결이 정상적이지 않습니다!!"
        Exit Sub
    End If
```

[그림 5-66] 입고확정취소 처리VBA 소스코드 (1/2)

```
    Err.Clear
    DB_Conn1.BeginTrans                                          ' *** 트랜잭션 시작 ****

  If Err.Number <> 0 Then
      DB_Conn1.RollbackTrans                                     ' Begin Tran이 계속 존재하는 경우를 대비하여 Rollback 처리
      MsgBox "[오류]트랜잭션을 시작하지 못했습니다. 다시 시도 바랍니다"
      Exit Sub
  End If                                                         ' 오류 메시지를 표시한다

  For i = 101 To tot_cnt                                         ' 101번행부터 데이터가 입력되어 있는 행(Row)까지 반복함

    If Cells(i, 2) <> "" Then Cells(i, 2) = ""

    If Cells(i, 3) = "8" And Cells(i, Col_입고번호) <> "" Then

        txt_Sql = txt_Sql_처리

        txt_Sql = Replace(txt_Sql, "<<처리구분>>", Trim(Cells(i, 3)))

        txt_Sql = Replace(txt_Sql, "<<입고번호>>", Trim(Cells(i, Col_입고번호)))
        txt_Sql = Replace(txt_Sql, "<<제품코드>>", Trim(Cells(i, Col_제품코드)))
        txt_Sql = Replace(txt_Sql, "<<제품등급>>", Trim(Cells(i, Col_제품등급)))
        txt_Sql = Replace(txt_Sql, "<<유통기한>>", Trim(Cells(i, Col_유통기한)))
        txt_Sql = Replace(txt_Sql, "<<로트번호>>", Trim(Cells(i, Col_로트번호)))

        If 공통_DB1_SP처리(txt_Sql) = False Then          ' txt_Sql변수의 SQL문장을 실행함
            Err_flag = 1
            txt_오류메시지 = Err.Description
            txt_오류메시지 = "오류[" & RS0!ERR_CODE & "] " & RS0!ERR_MESSAGE & " " & txt_오류메시지
            Cells(i, 2) = txt_오류메시지
        End If

    End If
  Next

  If Err_flag = 0 Then                                           ' 지금까지 오류가 없으면
     Err.Clear
     DB_Conn1.CommitTrans                                        ' 트랜잭션을 정상적으로 완료처리 한다

    If Err.Number = 0 Then                                       ' 만약 트랜잭션 완료가 정상이면 정상 메시지를 표시
       MsgBox "[완료]요청한 작업이 완료되었습니다"
    Else
       MsgBox "[오류]최종 Commit 작업에 문제가 생겼습니다, 작업 결과를 확인 바랍니다."
       Err_flag = 1                                              ' 트랜잭션 최종 완료시에 문제가 발생하면 메시지를 표시하고
    End If                                                       ' 오류 메시지를 표시한다
  Else
     Err.Clear
     DB_Conn1.RollbackTrans                                      ' 위의 업무처리시 오류가 발생하여 Err_flag가 1이면
     MsgBox "[오류]작업중 문제가 발생 했습니다. 확인 요망!!"      ' 트랜잭션을 Rollback 처리하고 오류메시지를 보여 준다

  End If

  Call 공통_DB1_Close                                            ' 모든 작업이 완료되었기 때문에 DB접속을 끊는다

  If Err_flag = 0 Then                                           ' 작업에 이상이 없었다면 다시 정보를 조회하여
     Call 기본_조회                                              ' 정상적으로 입력되었는지를 보여준다.
  End If

End Sub
```

[그림 5-67] 입고확정취소 처리VBA 소스코드 (2/2)

6. 입고LIST

입고LIST는 입고확정 여부와 상관없이 전체적인 입고 세부 내역을 조회할 수 있다. 입고LIST는
데이터를 조회하기 위한 목적이기 때문에 별도로 수정이나 처리 등의 로직은 존재하지 않는다.

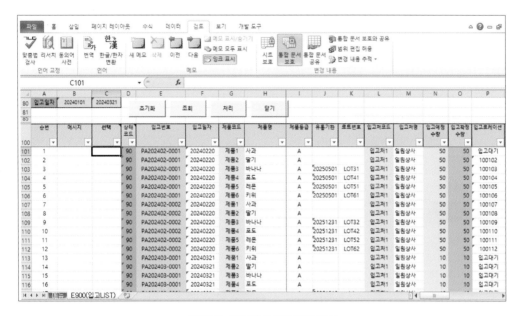

[그림 5-68] 입고LIST 화면 예시

가. DB프로시저

(1) 입고LIST 조회

[SPE900_입고LIST_조회] 프로시저는 입고내역은 데이터의 양이 많을 수 있기 때문에 조회 범위를 제한하기 위해 입력 매개변수로 [@IN_시작일자], [@IN_종료일자]를 추가하였다.

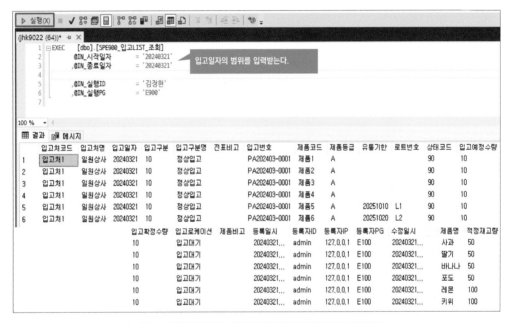

[그림 5-69] SPE900_입고LIST_조회 프로시저 실행예시

```
1
2  ⊟ALTER PROCEDURE [dbo].[SPE900_입고LIST_조회]
3          @IN_시작일자          NVARCHAR(50)
4         ,@IN_종료일자          NVARCHAR(50)
5         ,@IN_실행ID           NVARCHAR(50)
6         ,@IN_실행PG           NVARCHAR(50)
7   AS
8  ⊟BEGIN
9
10     SET NOCOUNT ON;
11
12 ⊟     --------------------------------------------------------------------
13     -- 100 입력값 확인
14     --------------------------------------------------------------------
15     SET @IN_시작일자 = UPPER(TRIM(@IN_시작일자))
16     SET @IN_종료일자 = UPPER(TRIM(@IN_종료일자))
17
18 ⊟     --------------------------------------------------------------------
19     -- 200 기본 자료를 조회하여 임시테이블에 저장한다
20     --------------------------------------------------------------------
21 ⊟   SELECT 입고처코드        = A.입고처코드
22         ,입고처명          = D.업체명
23         ,입고일자          = A.입고일자
24         ,입고구분          = A.입고구분
25         ,입고구분명        = C.입고구분명
26         ,전표비고          = A.전표비고
27         ,B.*
28         ,E.제품명
29         ,적정재고량        = ISNULL(E.적정재고량, 0)
30       INTO #TEMP_입고리스트
31       FROM TBE_입고H         A
32     INNER JOIN TBE_입고D       B ON B.입고번호   = A.입고번호
33     INNER JOIN TBA_입고구분     C ON C.입고구분   = A.입고구분
34     INNER JOIN TBC_업체        D ON D.업체코드   = A.입고처코드
35     INNER JOIN TBC_제품        E ON E.제품코드   = B.제품코드
36     WHERE 1 = 1
37       AND A.입고일자 BETWEEN @IN_시작일자 AND @IN_종료일자
38
39 ⊟     --------------------------------------------------------------------
40     -- 500 최종 결과를 화면에 표시
41     --------------------------------------------------------------------
42 ⊟   SELECT A.*
43       FROM #TEMP_입고리스트 A
44     WHERE 1 = 1
45     ORDER BY A.입고번호, A.제품코드
46
47   END
48
```

[그림 5-70] SPE900_입고LIST_조회 프로시저 소스코드

나. 엑셀VBA

(1) 입고LIST 조회

입고LIST를 조회하기 위해 VBA 조회 프로시저에서 DB의 [SPE900_입고LIST_조회] 프로시저를 호출한다.

입고LIST는 별도 데이터를 처리하는 기능은 별도로 없다. 하지만 향후 기능 확장을 고려하여 [처리] 버튼을 그대로 유지하였다. 대신, "현재 사용할 수 없다"는 메시지만 출력되도록 처리하였다.

```
Sub 기본_조회()

    Dim txt_Sql      As String        ' SQL문장 저장을 위한 변수 선언
    Dim txt_현재시트 As String        ' 현재 작업 시트명을 저장/관리하기 위한 변수 선언

    On Error Resume Next

    txt_현재시트 = ActiveSheet.Name          ' 조회시트명을 변수에 저장
    txt_현재시트코드 = ActiveSheet.CodeName ' 조회시트코드를 변수에 저장

    Sheets(txt_현재시트).Select          ' 조회시트로 이동

    Call 공통_초기화                     ' 101번 라인 이하를 삭제(클리어)시킴

    txt_Sql = "EXEC [dbo].[SPE900_입고LIST_조회]          " & vbLf & _
        "        @IN_시작일자      = '<<시작일자>>'       " & vbLf & _
        "       ,@IN_종료일자      = '<<종료일자>>'       " & vbLf & _
        "       ,@IN_실행ID        = '<<실행ID>>'         " & vbLf & _
        "       ,@IN_실행PG        = '<<실행PG>>'         " & vbLf

    txt_Sql = Replace(txt_Sql, "<<시작일자>>", Trim(Range("IN_시작일자")))
    txt_Sql = Replace(txt_Sql, "<<종료일자>>", Trim(Range("IN_종료일자")))
    txt_Sql = Replace(txt_Sql, "<<실행ID>>", Trim(A100.Range("사용자ID")))
    txt_Sql = Replace(txt_Sql, "<<실행PG>>", ActiveSheet.CodeName)

    If 공통_DB1_Connect() = False Then          ' 관리시트에 있는 접속환경으로 DB에 접속함
        MsgBox "[오류]DB연결이 정상적이지 않습니다!!"
        Exit Sub
    End If

    If 공통_DB1_SP조회1(txt_Sql) = False Then      ' txt_Sql변수의 SQL문장을 실행함
        MsgBox "[오류]해당하는 자료가 존재하지 않습니다"
        Exit Sub
    End If
```

[그림 5-71] 입고LIST 조회 VBA 소스코드 (1/2)

```
    i = 101                                          ' 출력시작을 위한 기준행(제목행 Row 위치값을 설정함)
    num_최대조회수 = A100.Range("최대조회건수")          ' 화면에 최대로 조회할 행수
    num_열개수 = Application.CountA(Sheets(txt_현재시트).Range("A90:ZZ90")) + 5

    Call 공통_화면이벤트_OFF

    Do Until (RS1.EOF)                                        ' RS1 Record Set이 끝이 날때까지 Loop까지 계속 반복

        Cells(i, 1) = i - 100

        For kk = 4 To num_열개수

            If Cells(95, kk) <> "" Then

                ' txt_칼럼명 = Cells(95, kk)
                Cells(i, kk) = RS1.Fields(Cells(95, kk).Value)

            End If

        Next

        i = i + 1

        If i > num_최대조회수 Then
            MsgBox "[확인]데이터가 " & num_최대조회수 & "건보다 많습니다. 조회조건을 변경 바랍니다"
            Exit Do
        End If

        RS1.MoveNext                                          ' RecordSet의 다음자료(다음위치)로 이동함

    Loop

    Cells(101, 3).Select

    Call 공통_DB1_Close                                       ' 연결되었던 DB와의 접속을 끊음
    Call 공통_화면이벤트_ON

End Sub

Sub 기본_처리()

    MsgBox "사용하지 않는 기능 입니다"

End Sub
```

입고LIST에서는 사용하지 않지만
향후 확장성을 고려하여 [처리]버튼은 유지한다.

다만, 메시지로 사용할 수 없다는 안내 멘트만 출력한다.

[그림 5-72] 입고LIST 조회 VBA 소스코드 (2/2)

Chapter
06

출고업무 개발

제6장_ 출고업무 개발

1. 주요 테이블 및 개발목록

출고업무는 보관된 재고를 출고처(업체)에게 빠르고 효율적으로 재고를 전달하는 과정이다. 출고업무와 관련된 주요 테이블은 출고테이블([TBG_출고H], [TBG_출고D])과 재고를 관리하기 위한 관련테이블([TBJ_로케이션재고], [TBJ_로케이션재고_이력])이 있다.

당연한 얘기지만 출고 업무를 수행하기 위해서는 [TBC_제품], [TBC_업체], [TBC_로케이션], [TBA_출고구분] 등의 기준정보 테이블도 준비되어 있어야 한다.

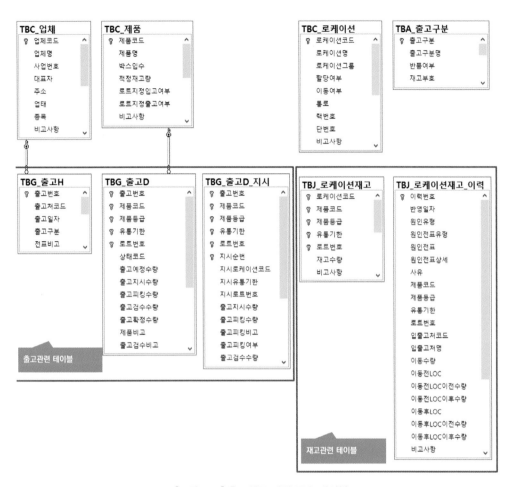

[그림 6-1] 출고업무 관련 주요 테이블

[TBG_출고D] 테이블에는 [상태코드] 칼럼이 있는데 출고 프로세스 단계 중 현재 어느 단계에 있고 무엇을 처리해야 하는지를 관리하는 칼럼이다. 최초 출고등록이 된 상태에서는 [10]이 저장되어 있다. 피킹(30), 검수(50) 단계를 거쳐 출고확정이 완료되면 상태코드가 [90]으로 변경된다.

출고반품의 경우에는 출고지시 이후 출고처에 직접 방문하여 물건을 회수하여 반품확정 처리를 해야 하는 과정이기 때문에 [출고피킹]이나 [출고검수] 프로세스가 생략되고 바로 출고확정 처리된다.

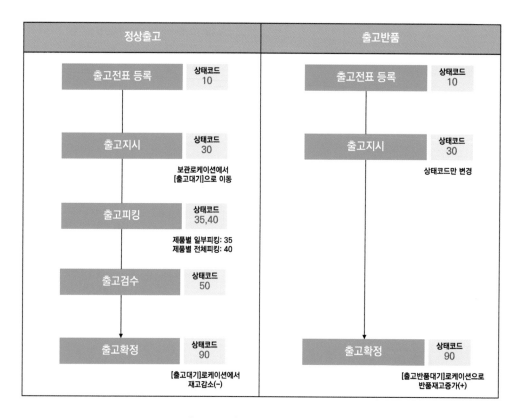

[그림 6-2] 출고 주요 프로세스

구분		메뉴ID	조회 DB 프로시저	처리 DB 프로시저
처리	출고등록	G100	SPG100_출고등록_조회	SPG100_출고등록_처리
	출고지시	G200	SPG200_출고지시_조회	SPG200_출고지시_지시처리
	출고피킹	G300	SPG300_출고피킹_조회	SPG300_출고피킹_피킹처리
	출고검수	G400	SPG400_출고검수_조회	SPG400_출고검수_피킹처리
	출고확정	G700	SPG700_출고확정_조회	SPG700_출고확정_피킹처리
출력	피킹리스트발행	G210	SPG210_출고피킹리스트발행_조회	SPG210_출고피킹리스트발행_출력
	출고전표발행	G710	SPG710_출고전표발행_조회	SPG710_출고전표발행_출력
취소	출고지시취소	G290	SPG290_출고지시취소_조회	SPG290_출고지시취소_취소처리
	출고피킹취소	G390	SPG390_출고피킹취소_조회	SPG390_출고피킹취소_취소처리
	출고검수취소	G490	SPG490_출고검수취소_조회	SPG490_출고검수취소_취소처리
	출고확정취소	G790	SPG790_출고확정취소_조회	SPG790_출고확정취소_취소처리
조회	출고LIST 조회	G900	SPG900_출고LIST_조회	

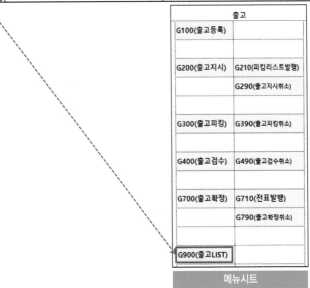

[그림 6-3] 출고관리 개발 목록

2. 출고등록

가. DB프로시저

출고해야 할 내역(출고처, 제품코드, 수량 등)을 미리 시스템에 등록하는 단계이다. 출고 등록이 되었다고 해서 출고가 처리되는 것은 아니다. 출고진행을 해야 할 데이터를 생성하는 단계이며 상태코드 값이 [10]으로 지정된다.

(1) 출고등록 조회

[SPG100_출고등록_조회] 프로시저를 살펴 보도록 하자. 출고등록 시에 제품코드를 외워서 한 건씩 입력하면 매우 불편할 수 있기 때문에 우리가 관리하고 있는 제품의 목록들을 화면에 먼저 표시하고 원하는 제품에 수량, 단가 등을 입력하면 처리가 될 수 있도록 개발하였다. 이를 위해서 프로시저에 @IN_조회구분 입력변수를 추가하였다.

입력변수	내용	비고
@IN_출고번호	조회하고자 하는 출고번호를 관리한다. 출고번호를 기준으로 데이터를 관리한다.	
@IN_출고구분	정상출고 또는 반품 등 출고의 유형을 입력한다.	
@IN_출고일자	출고할 일자를 입력한다.	
@IN_출고처코드	출고할 업체코드를 입력한다.	
@IN_조회구분	[0] : 모든 제품목록과 출고등록된 내역 모두를 조회한다. [1] : 출고등록된 내역만 조회한다.	
@IN_제품검색	특정 제품명, 제품코드만 조회할 때 키워드를 입력하면 된다.	
@IN_실행ID	현재 실행하는 사용자ID를 입력한다.	공통 입력변수
@IN_실행PG	현재 실행하는 메뉴ID를 입력한다.	공통 입력변수

[그림 6-4] SPG100_출고등록_조회 입력변수

입력변수 @IN_조회구분이 [0]일 경우에는 해당 입력된 전표번호에 저장된 내역이 없더라도 [TBC_제품]테이블에 있는 모든 제품목록이 화면에 표시된다. 만약, 이미 출고등록이 된 제품의 경우에는 입력수량이 표시되지만 출고등록 되지 않은 제품은 목록만 표시 되기 때문에 어떤 제품이 입력되고 되지 않았는지 상태를 확인하면서 업무를 처리할 수 있다.

@IN_조회구분이 [1]일 경우에는 해당 출고번호로 등록된 내역들만 조회가 된다. 사용자가 명확하게 어떤 제품을 입력 하였는지를 확인하고자 하는 경우에 사용하면 편리할 것이다.

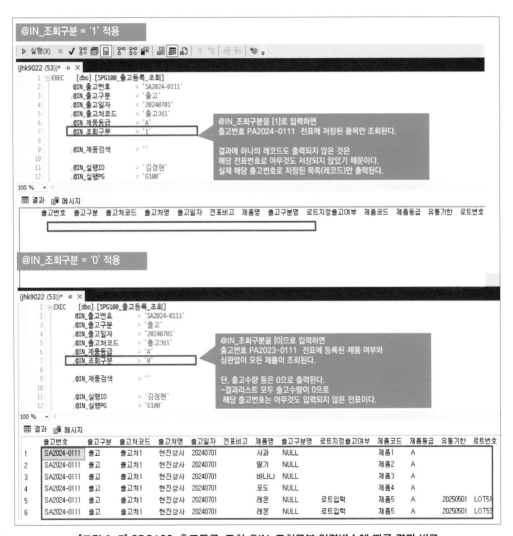

[그림 6-5] SPG100_출고등록_조회 @IN_조회구분 입력변수에 따른 결과 비교

[@IN_출고구분] 입력변수는 출고유형을 입력하는 변수이다. 정상적인 출고를 할 것인지 아니면 반품을 할 것인지 또는 정상적인 출고 중에서도 여러 가지 유형으로 구분하여 관리 할 수도 있다. 출고구분 설정은 [TBA_출고구분] 테이블에서 설정할 수 있는데 별도 화면은 개발하지 않았고 SSMS도구 등을 통해서 추가입력, 수정 또는 삭제를 진행 하면 된다. (보통 시스템 설정 초기에 한번 설정 후에는 거의 변경되지 않는다.)

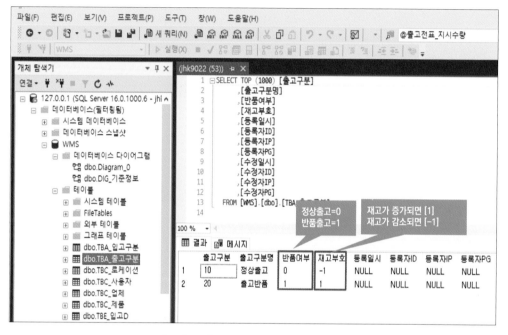

[그림 6-6] TBA_출고구분 테이블 조회

```
1  ⊟ALTER PROCEDURE [dbo].[SPG100_출고등록_조회]
2        @IN_출고번호          NVARCHAR(50)
3       ,@IN_출고구분          NVARCHAR(50)
4       ,@IN_출고일자          NVARCHAR(50)
5       ,@IN_출고처코드        NVARCHAR(50)
6       ,@IN_제품등급          NVARCHAR(50) = 'A'
7  ⊟    ,@IN_조회구분          NVARCHAR(50)      -- 1:출고번호를 기준으로 기등록된 제품만 조회
8                                               -- 0:출고등록 여부 관계없이 모든제품 조회
9
10      ,@IN_제품검색          NVARCHAR(50)      -- 제품코드나 제품명이 일치하는 품목만 조회 (공백:전체조회)
11
12      ,@IN_실행ID           NVARCHAR(50)
13      ,@IN_실행PG           NVARCHAR(50)
14  AS
15 ⊟BEGIN
16
17     SET NOCOUNT ON;
18
19 ⊟   DECLARE @IN_실행공인IP    NVARCHAR(50)
20           ,@IN_호스트명        NVARCHAR(50)
21           ,@IN_현재일시        NVARCHAR(50)
22
23 ⊟   DECLARE @RETURN_VALUE     INT,
24           @OUT_메세지          NVARCHAR(500)
25
26 ⊟   SELECT @IN_실행공인IP   = A.접속공인IP
27          ,@IN_호스트명      = A.접속호스트
28          ,@IN_현재일시      = A.현재일시
29       FROM FTA_세션정보_조회() A
30      WHERE 1 = 1
31
32     SET @IN_제품검색 = TRIM(@IN_제품검색)
33
34     -- @IN_제품검색에  [%]문자가 포함되지 않았을  경우에는 앞뒤로 [%]값을 붙임
35     IF  CHARINDEX('%', @IN_제품검색, 1) = 0  SET @IN_제품검색 = '%' + @IN_제품검색 + '%'
36
```

제품코드나 제품명을 LIKE 검색을 위해
[@IN_제품검색] 입력값 앞뒤에 [%]를 붙인다.
예) 실행이전 : 검색단어
    실행이후 : %살%

[그림 6-7] SPG100_출고등록_조회 소스코드 (1/4)

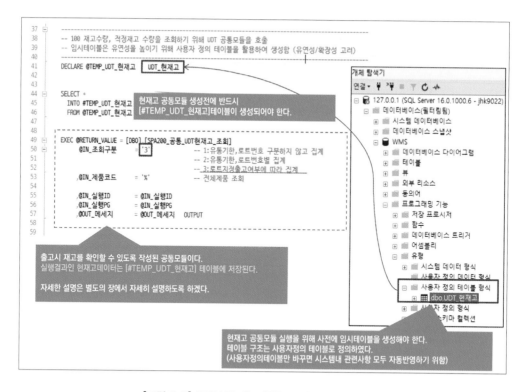

```
37  -------------------------------------------------------------------------------
38  -- 100 재고수량, 적정재고 수량을 조회하기 위해 UDT 공통모듈을 호출
39  -- 임시테이블은 유연성을 높이기 위해 사용자 정의 테이블을 활용하여 생성함 (유연성/확장성 고려)
40  -------------------------------------------------------------------------------
41  DECLARE @TEMP_UDT_현재고      UDT_현재고
42
43
44  SELECT *
45     INTO #TEMP_UDT_현재고
46     FROM @TEMP_UDT_현재고
47
48
49  EXEC @RETURN_VALUE = [DBO].[SPA200_공통_UDT현재고_조회]
50      @IN_조회구분        = '3'        -- 1:유통기한,로트번호 구분하지 않고 집계
51                                       -- 2:유통기한,로트번호별 집계
52                                       -- 3:로트지정출고여부에 따라 집계
53      ,@IN_제품코드       = '%'        -- 전체제품 조회
54
55      ,@IN_실행ID         = @IN_실행ID
56      ,@IN_실행PG         = @IN_실행PG
57      ,@OUT_메세지        = @OUT_메세지    OUTPUT
58
59
```

현재고 공통모듈 생성전에 반드시
[#TEMP_UDT_현재고]테이블이 생성되어야 한다.

출고시 재고를 확인할 수 있도록 작성된 공통모듈이다.
실행결과인 현재고데이터는 [#TEMP_UDT_현재고] 테이블에 저장된다.

자세한 설명은 별도의 장에서 자세히 설명하도록 하겠다.

개체 탐색기
연결▼ ▼ ▼ ■ ▼ ℃ ↬
- 127.0.0.1 (SQL Server 16.0.1000.6 - jhk9022)
  - 데이터베이스(필터링됨)
    - 시스템 데이터베이스
    - 데이터베이스 스냅샷
    - WMS
      - 데이터베이스 다이어그램
      - 테이블
      - 뷰
      - 외부 리소스
      - 동의어
      - 프로그래밍 기능
        - 저장 프로시저
        - 함수
        - 데이터베이스 트리거
        - 어셈블리
        - 유형
          - 시스템 데이터 형식
          - 사용자 정의 데이터 형식
          - 사용자 정의 테이블 형식
            - dbo.UDT_현재고
          - 사용자 정의 형식
          - XML 스키마 컬렉션

현재고 공통모듈 실행을 위해 사전에 임시테이블을 생성해야 한다.
테이블 구조는 사용자정의 테이블로 정의하였다.
(사용자정의테이블만 바꾸면 시스템내 관련사항 모두 자동반영하기 위함)

[그림 6-8] SPG100_출고등록_조회 소스코드 (2/4)

```
60   ┌   -----------------------------------------------------------------------------------
61   │   -- 300 이미 해당 출고번호로 입력된 데이터를 가져와서 작업 임시테이블을 생성한다
62   │   -----------------------------------------------------------------------------------
63   ┌   SELECT A.제품코드,    A.제품등급
64   │          ,A.유통기한,    A.로트번호
65   │          ,A.제품비고
66   │          ,A.상태코드
67   │          ,출고수량       = A.출고예정수량
68   │          ,주문가능수량 = ISNULL(G.주문가능수량, 0) + A.출고예정수량   -- 자기가 입력한 수량을 다시포함
69   │          ,B.등록일시,   B.등록자ID,    B.등록자IP,      B.등록자PG
70   │          ,B.수정일시,   B.수정자ID,    B.수정자IP,      B.수정자PG
71   │     INTO #TEMP_출고등록조회대상
72   │     FROM TBG_출고D          A
73   │    INNER JOIN TBC_제품         B ON B.제품코드 = A.제품코드
74   │    LEFT JOIN #TEMP_UDT_현재고 G ON G.제품코드 = A.제품코드
75   │                           AND G.제품등급 = A.제품등급
76   │                           AND G.유통기한 = A.유통기한
77   │                           AND G.로트번호 = A.로트번호
78   │    WHERE 1 = 1
79   │      AND A.출고번호 = @IN_출고번호
80   │      AND (B.제품코드 LIKE @IN_제품검색   OR B.제품명 LIKE @IN_제품검색)
81   │
82   ┌   -----------------------------------------------------------------------------------
83   │   -- 400 조회구분 [0]일 경우 해당 제품목록 추가 (출고등록 되지 않은 제품목록도 함께 출력)
84   │   -----------------------------------------------------------------------------------
85   ┌   IF @IN_조회구분 = '0' BEGIN
86   │
87   ┌       INSERT INTO #TEMP_출고등록조회대상 (제품코드, 제품등급, 유통기한, 로트번호, 출고수량, 제품비고, 상태코드, 주문가능수량)
88   ┌       SELECT A.제품코드
89   │              ,제품등급      = ISNULL(G.제품등급   ,@IN_제품등급)
90   │              ,유통기한      = ISNULL(G.유통기한   ,'')
91   │              ,로트번호      = ISNULL(G.로트번호   ,'')
92   │              ,출고수량      = 0
93   │              ,제품비고      = ''
94   │              ,상태코드      = '미등록'
95   │              ,주문가능수량 = ISNULL(G.주문가능수량, 0)
96   │         FROM TBC_제품             A
97   │        LEFT JOIN #TEMP_UDT_현재고      G ON G.제품코드 = A.제품코드
98   │                               AND G.제품등급 = @IN_제품등급
99   │        LEFT JOIN #TEMP_출고등록조회대상 K ON K.제품코드 = A.제품코드
100  │                               AND K.제품등급 = ISNULL(G.제품등급, @IN_제품등급)
101  │                               AND K.유통기한 = G.유통기한
102  │                               AND K.로트번호 = G.로트번호
103  │        WHERE 1 = 1
104  │          AND (A.제품코드 LIKE @IN_제품검색   OR A.제품명 LIKE @IN_제품검색)
105  │          AND K.제품코드 IS NULL     -- 위 [300]에서 데이터가 생성된 건은 제외
106  │
107  │   END
108  │
```

[그림 6-9] SPG100_출고등록_조회 소스코드 (3/4)

```
109    ------------------------------------------------------------------------
110    -- 900 최종 결과 출력
111    ------------------------------------------------------------------------
112    SELECT 출고번호          = @IN_출고번호
113          ,출고구분          = ISNULL(C.출고구분,      @IN_출고구분)
114          ,출고처코드        = ISNULL(C.출고처코드,    @IN_출고처코드)
115          ,출고처명          = ISNULL(D.업체명,        '미등록출고처')
116          ,출고일자          = ISNULL(C.출고일자,      @IN_출고일자)
117          ,전표비고          = ISNULL(C.전표비고,      '')
118          ,제품명            = B.제품명
119          ,출고구분명        = E.출고구분명
120          ,로트지정출고여부 = IIF(B.로트지정출고여부 = '1', '로트입력', '')
121          ,A.*
122      FROM #TEMP_출고등록조회대상 A
123     INNER JOIN TBC_제품       B ON B.제품코드 = A.제품코드
124      LEFT JOIN TBG_출고H       C ON C.출고번호 = @IN_출고번호
125      LEFT JOIN TBC_업체        D ON D.업체코드 = ISNULL(C.출고처코드, @IN_출고처코드)
126      LEFT JOIN TBA_출고구분    E ON E.출고구분 = ISNULL(C.출고구분 , @IN_출고구분)
127     WHERE 1 = 1
128     ORDER BY A.제품코드, A.제품등급, A.유통기한, A.로트번호
129
130    END
131
```

[그림 6-10] SPG100_출고등록_조회 소스코드 (4/4)

(2) 출고등록 처리

실제 출고등록 해야 할 출고 내역을 입력, 수정, 삭제 처리를 하는 프로시저이다. 출고관련 테이블이 헤더테이블과 디테일테이블로 구성되어 있기 때문에 각각 프로시저를 분리하여 작성할 수도 있지만 우리는 하나의 프로시저로 헤더테이블과 디테일테이블의 데이터를 통합하여 처리하도록 하였다.

물론, 헤더테이블의 값에 아무런 변경사항이 없는 경우에도 하나의 프로시저로 처리하다 보니 불필요하게 헤더 데이터가 UPDATE가 될 수 있는 문제가 있기는 하지만 하나의 프로시저만 실행되도 되는 장점이 있다.

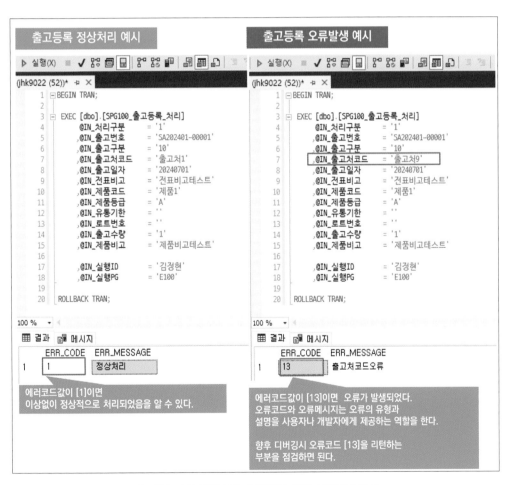

[그림 6-11] SPG100_출고등록_처리 실행결과 예시

출고등록 처리 실행 결과 예시를 살펴 보면 @IN_처리구분이 [1]이기 때문에 입력 또는 수정 처리를 하고 있음을 알 수 있다. 출고등록을 하려면 출고번호 외에 출고처, 출고구분, 일자, 제품코드, 출고수량 등 필요로 하는 필수항목들을 모두 입력해야 한다.

출고등록 시에는 다수의 SQL 명령어들이 실행 될 수 있기 때문에 트랜잭션 처리는 반드시 필요하다. 예제에서는 테스트를 위한 실행이기 때문에 COMMIT 하지 않고 ROLLBACK 처리하여 결과만 확인하고 작업은 모두 취소 처리하였다.

프로시저가 정상적으로 처리된 경우에는 [ERR_CODE] 칼럼 값이 [1]로 리턴된다. 만약 [ERR_CODE] 값이 [13]이 리턴 된 경우에는 정상처리 결과인 [1]이 아니기 때문에 오류가 발생 되었음을 알 수 있다. [ERR_CODE] 나 [ERR_MESSAGE]결과를 확인하면 소스코드의 어느 위치에서 문제가 발생 되었는지 확인하는데 매우 유용하다.

예시에서 출고번호를 [SA202401-0001]로 입력 하였다. 이는 사전에 전표를 채번하는 공통모듈을 통해 전표번호를 부여받아 입력한 것이다. [SPA100_공통_전표번호_채번]에 대한 자세한 설명은 별도의 장에서 다루도록 하며 사용 방법 정도만 알아두도록 하자.

출고번호 채번규칙

| 구분자
(SA) | 년월
(YYYYMM) | − | 일련번호
(4자리) |

예) SA202307-0001 : 2023년 07월에 1번째로 채번한 출고번호
SA202512-0007 : 2025년 12월에 7번째로 채번한 출고번호

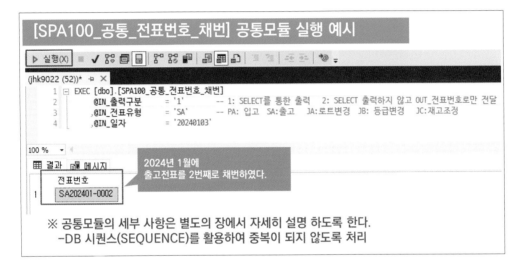

[SPA100_공통_전표번호_채번] 공통모듈 실행 예시

```
(jhk9022 (52))*  ⊷ ×
  1  ⊟ EXEC [dbo].[SPA100_공통_전표번호_채번]
  2        @IN_출력구분     = '1'          -- 1: SELECT를 통한 출력    2: SELECT 출력하지 않고 OUT_전표번호로만 전달
  3       ,@IN_전표유형     = 'SA'         -- PA: 입고  SA:출고   JA:로트변경   JB: 등급변경   JC:재고조정
  4       ,@IN_일자         = '20240103'
```

100 % ▼ ◄

⊞ 결과 ▦ 메시지

> 2024년 1월에
> 출고전표를 2번째로 채번하였다.

	전표번호
1	SA202401-0002

※ 공통모듈의 세부 사항은 별도의 장에서 자세히 설명 하도록 한다.
 -DB 시퀀스(SEQUENCE)를 활용하여 중복이 되지 않도록 처리

[그림 6-12] 전표번호 채번 공통모듈 예시

```
 1 ⊟ALTER PROCEDURE [dbo].[SPG100_출고등록_처리]
 2      @IN_처리구분           NVARCHAR(50)    -- 1:신규/수정 4:삭제
 3
 4     ,@IN_출고번호           NVARCHAR(30)    -- 반드시 출고번호는 입력 받아야 한다
 5     ,@IN_출고구분           NVARCHAR(30)
 6     ,@IN_출고처코드          NVARCHAR(30)
 7     ,@IN_출고일자           NVARCHAR(30)
 8     ,@IN_전표비고           NVARCHAR(100)
 9     ,@IN_제품코드           NVARCHAR(30)
10     ,@IN_제품등급           NVARCHAR(10)
11     ,@IN_유통기한           NVARCHAR(08)
12     ,@IN_로트번호           NVARCHAR(30)
13     ,@IN_출고수량           NUMERIC(18, 2)
14     ,@IN_제품비고           NVARCHAR(100)
15
16     ,@IN_실행ID            NVARCHAR(50)
17     ,@IN_실행PG            NVARCHAR(50)
18  AS
19 ⊟BEGIN
20
21     SET NOCOUNT ON;
22
23 ⊟   DECLARE @IN_실행공인IP     NVARCHAR(50)
24          ,@IN_호스트명        NVARCHAR(50)
25          ,@IN_현재일시        NVARCHAR(50)
26          ,@NUM_출고금액       NUMERIC(18, 2)
27
28 ⊟   SELECT @IN_실행공인IP    = A.접속공인IP
29          ,@IN_호스트명        = A.접속호스트
30          ,@IN_현재일시        = A.현재일시
31      FROM FTA_세션정보_조회() A
32     WHERE 1 = 1
33
34 ⊟   --------------------------------------------------
35     -- 100 입력 데이터 점검
36
37     SET @IN_출고번호     = UPPER(TRIM(@IN_출고번호  ))
38     SET @IN_출고처코드    = UPPER(TRIM(@IN_출고처코드))
39     SET @IN_출고구분     = UPPER(TRIM(@IN_출고구분  ))
40     SET @IN_출고일자     = UPPER(TRIM(@IN_출고일자  ))
41     SET @IN_전표비고     = UPPER(TRIM(@IN_전표비고  ))
42     SET @IN_제품코드     = UPPER(TRIM(@IN_제품코드  ))
43     SET @IN_제품등급     = UPPER(TRIM(@IN_제품등급  ))
44     SET @IN_유통기한     = UPPER(TRIM(@IN_유통기한  ))
45     SET @IN_로트번호     = UPPER(TRIM(@IN_로트번호  ))
46     SET @IN_제품비고     = UPPER(TRIM(@IN_제품비고  ))
47
```

모든 입력값들을 공백 제거하고 대문자로 변환

[그림 6-13] SPG100_출고등록_처리 소스코드 (1/5)

```
48        -- 일자가 정상적인 날짜값이 아닐 경우에는 오류 (예: 20220332)
49   ⊟    IF ISDATE(@IN_출고일자) = 0 BEGIN
50            SELECT ERR_CODE = 11, ERR_MESSAGE = N'출고일자입력오류'
51            RETURN
52        END
53
54   ⊟    IF NOT EXISTS (SELECT * FROM TBC_업체 WHERE 업체코드 = @IN_출고처코드) BEGIN
55            SELECT ERR_CODE = 13, ERR_MESSAGE = N'출고처코드오류'
56            RETURN
57        END
58
59   ⊟    IF NOT EXISTS (SELECT * FROM TBA_출고구분 WHERE 출고구분 = @IN_출고구분) BEGIN
60            SELECT ERR_CODE = 14, ERR_MESSAGE = N'출고구분오류'
61            RETURN
62        END
63
64   ⊟    IF NOT EXISTS (SELECT * FROM TBC_제품 WHERE 제품코드 = @IN_제품코드) BEGIN
65            SELECT ERR_CODE = 15, ERR_MESSAGE = N'제품코드오류'
66            RETURN
67        END
68
69   ⊟    IF @IN_제품등급 NOT IN ('A', 'B', 'C') BEGIN
70            SELECT ERR_CODE = 16, ERR_MESSAGE = N'제품등급오류'
71            RETURN
72        END                                      입력값들이 논리적으로 문제가 없는지 체크한다.
73
74        -- 이미 진행중인 출고D 건이 존재하면 오류발생 (상태코드 10(최초입력), 20~90(진행 또는 확정))
75   ⊟    IF EXISTS (SELECT A.*
76                    FROM TBG_출고D A           해당전표가 이미 출고처리 중이면 오류
77                    WHERE 1 = 1
78                    AND A.출고번호 = @IN_출고번호
79   ⊟              AND A.상태코드 BETWEEN '20' AND '90') BEGIN
80            SELECT ERR_CODE = 16, ERR_MESSAGE = N'진행또는확정된전표오류'
81            RETURN
82        END
83
```

[그림 6-14] SPG100_출고등록_처리 소스코드 (2/5)

```
84 ┌  IF @IN_처리구분 IN ('1') BEGIN
85 │
86 │         -- 기존에 출고H가 존재 여부를 확인하여 INSERT 또는 UPDATE를 수행한다
87 ┌         IF NOT EXISTS (SELECT A.* FROM TBG_출고H A (NOLOCK) WHERE A.출고번호 = @IN_출고번호) BEGIN
88 │
89 ┌             INSERT INTO TBG_출고H
90 │                         (출고번호,        출고구분,        출고처코드,       출고일자,         전표비고,
91 │                          등록일시,        등록자ID,        등록자IP,        등록자PG)
92 │                  VALUES (@IN_출고번호,    @IN_출고구분,    @IN_출고처코드,    @IN_출고일자,     @IN_전표비고,
93 │                          @IN_현재일시,    @IN_실행ID,      @IN_실행공인IP,    @IN_실행PG)
94 │
95 ┌             IF @@ERROR <> 0 OR @@ROWCOUNT <> 1 BEGIN
96 │                 SELECT ERR_CODE = 21, ERR_MESSAGE = N'출고헤더 신규등록오류'
97 │                 RETURN
98 │             END
99 │
100 ┌        END ELSE BEGIN                                        출고헤더 관련 입력 또는 수정처리
101 │
102 ┌             UPDATE A SET
103 │                         A.출고구분      = @IN_출고구분
104 │                        ,A.출고처코드     = @IN_출고처코드
105 │                        ,A.출고일자      = @IN_출고일자
106 │                        ,A.전표비고      = @IN_전표비고
107 │                        ,A.수정일시      = @IN_현재일시
108 │                        ,A.수정자ID      = @IN_실행ID
109 │                        ,A.수정자IP      = @IN_실행공인IP
110 │                        ,A.수정자PG      = @IN_실행PG
111 │                   FROM TBG_출고H A
112 │                  WHERE 1 = 1
113 │                    AND A.출고번호 = @IN_출고번호
114 │
115 ┌             IF @@ERROR <> 0 OR @@ROWCOUNT <> 1 BEGIN
116 │                 SELECT ERR_CODE = 22, ERR_MESSAGE = N'출고헤더 수정오류'
117 │                 RETURN
118 │             END
119 │
120 │         END
121 │
```

[그림 6-15] SPG100_출고등록_처리 소스코드 (3/5)

```
122      IF NOT EXISTS (SELECT A.*
123                       FROM TBG_출고D A (NOLOCK)
124                       WHERE A.출고번호 = @IN_출고번호
125                         AND A.제품코드 = @IN_제품코드
126                         AND A.제품등급 = @IN_제품등급
127                         AND A.유통기한 = @IN_유통기한
128                         AND A.로트번호 = @IN_로트번호) BEGIN
129          INSERT INTO TBG_출고D
130                      (출고번호,           제품코드,           제품등급,
131                       유통기한,           로트번호,
132                       출고예정수량,
133                       제품비고,
134                       상태코드,
135                       등록일시,           등록자ID,           등록자IP,           등록자PG)
136              VALUES (@IN_출고번호,       @IN_제품코드,       @IN_제품등급,
137                      @IN_유통기한,        @IN_로트번호,
138                      @IN_출고수량,
139                      @IN_제품비고,
140                      '10',
141                      @IN_현재일시,        @IN_실행ID,         @IN_실행공인IP,      @IN_실행PG)
142
143          IF @@ERROR <> 0 OR @@ROWCOUNT <> 1 BEGIN
144              SELECT ERR_CODE = 23, ERR_MESSAGE = N'출고D 신규등록오류'
145              RETURN
146          END
147
148      END ELSE BEGIN
149          UPDATE A SET
150                  A.출고예정수량  = @IN_출고수량
151                 ,A.제품비고      = @IN_제품비고
152                 ,A.수정일시      = @IN_현재일시
153                 ,A.수정자ID      = @IN_실행ID
154                 ,A.수정자IP      = @IN_실행공인IP
155                 ,A.수정자PG      = @IN_실행PG
156            FROM TBG_출고D A
157           WHERE 1 = 1
158             AND A.출고번호 = @IN_출고번호
159             AND A.제품코드 = @IN_제품코드
160             AND A.제품등급 = @IN_제품등급
161             AND A.유통기한 = @IN_유통기한
162             AND A.로트번호 = @IN_로트번호
163             AND A.상태코드 ='10'         -- 신규등록 상태인 데이터만 수정 가능
164
165          IF @@ERROR <> 0 OR @@ROWCOUNT <> 1 BEGIN
166              SELECT ERR_CODE = 24, ERR_MESSAGE = N'출고D 수정오류'
167              RETURN
168          END
169      END
170
171      SELECT ERR_CODE = 1, ERR_MESSAGE = N'정상처리'
172      RETURN
173
```

출고D 테이블에 INSERT 또는 UPDATE

IF @IN_처리구분 = '1' 종료지점

[그림 6-16] SPG100_출고등록_처리 소스코드 (4/5)

```
174    END ELSE IF @IN_처리구분 = '4' BEGIN
175
176        -- 해당 출고전표D 내역을 삭제한다
177        DELETE A
178          FROM TBG_출고D A
179         WHERE 1 = 1                              출고D 테이블 DELETE
180           AND A.출고번호 = @IN_출고번호
181           AND A.제품코드 = @IN_제품코드
182           AND A.제품등급 = @IN_제품등급
183           AND A.유통기한 = @IN_유통기한
184           AND A.로트번호 = @IN_로트번호
185           AND A.상태코드 = '10'
186
187        IF @@ERROR <> 0 OR @@ROWCOUNT <> 1 BEGIN
188           SELECT ERR_CODE = 41, ERR_MESSAGE = N'출고D 삭제오류'
189           RETURN
190        END
191
192        -- 한건이라도 존재하는지를 확인한다      이미 출고D 테이블에 한건도 존재하지 않으면
193        IF NOT EXISTS (SELECT A.*               헤더데이터 삭제
194                        FROM TBG_출고D A
195                       WHERE A.출고번호 = @IN_출고번호) BEGIN
196
197            -- 출고D 내역이 하나도 존재하지 않는 경우에 출고H 를 삭제한다
198            DELETE A
199              FROM TBG_출고H A
200             WHERE 1 = 1
201               AND A.출고번호 = @IN_출고번호
202
203            IF @@ERROR <> 0 OR @@ROWCOUNT <> 1 BEGIN
204               SELECT ERR_CODE = 42, ERR_MESSAGE = N'출고H삭제오류'
205               RETURN
206            END
207
208        END
209
210        SELECT ERR_CODE = 1, ERR_MESSAGE = N'정상처리'
211        RETURN
212
213    END
214
215    SELECT ERR_CODE = 999, ERR_MESSAGE = N'예외처리오류'
216    RETURN
217
218
219 END;
220
```

[그림 6-17] SPG100_출고등록_처리 소스코드 (5/5)

나. 엑셀VBA

출고등록의 엑셀VBA 화면 구성은 [TBG_출고H] 테이블 헤더영역에 입력할 출고번호, 출고일자, 출고처코드 등을 입력해야 하기 때문에 기존에 개발 하였던 화면들 보다는 화면이 조금 더 복잡하다. (입고등록 화면과 구조와 형태가 거의 유사하다.)

화면의 구성은 제품 목록 등의 기본적인 데이터들이 화면에 먼저 표시되고 사용자는 수량 등의 데이터만 입력하면 출고등록이 완료되도록 구성하였다.

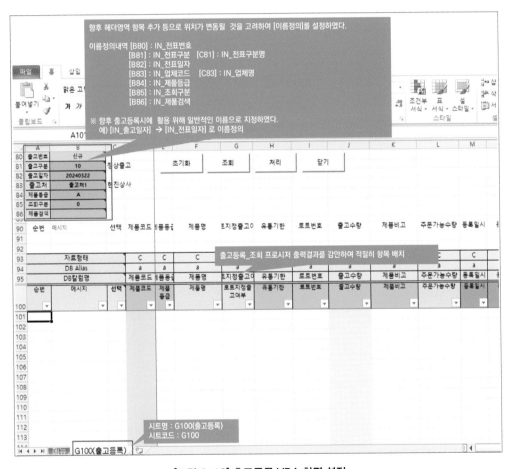

[그림 6-18] 출고등록 VBA 화면 설정

(1) 출고등록 조회

엑셀VBA화면 헤더영역의 출고번호 등의 입력 매개변수 값을 [SPG100_출고등록_조회] 프로
시저에 전달하여 데이터베이스에서 실행된 결과를 화면에 출력한다. 기준정보에서 보았던 소스
코드와 거의 동일하고 DB 프로시저를 호출하는 부분만 일부 수정하면 된다.

```vba
Sub 기본_조회()

    Dim txt_Sql        As String          ' SQL문장 저장을 위한 변수 선언
    Dim txt_현재시트 As String          ' 현재 작업 시트명을 저장/관리하기 위한 변수 선언
    Dim 화면배열()

    On Error Resume Next

    txt_현재시트 = ActiveSheet.Name          ' 조회시트명을 변수에 저장
    txt_현재시트코드 = ActiveSheet.CodeName ' 조회시트코드를 변수에 저장

    Sheets(txt_현재시트).Select          ' 조회시트로 이동

    Call 공통_초기화                     ' 101번 라인 이하를 삭제(클리어)시킴

    txt_Sql = "EXEC [dbo].[SPG100_출고등록_조회]          " & vbLf & _
            "      @IN_출고번호        = '<<출고번호>>'          " & vbLf & _
            "     ,@IN_출고구분        = '<<출고구분>>'          " & vbLf & _
            "     ,@IN_출고일자        = '<<출고일자>>'          " & vbLf & _
            "     ,@IN_출고처코드      = '<<출고처코드>>'          " & vbLf & _
            "     ,@IN_제품등급        = '<<제품등급>>'          " & vbLf & _
            "     ,@IN_조회구분        = '<<조회구분>>'          " & vbLf & _
            "     ,@IN_제품검색        = '<<제품검색>>'          " & vbLf & _
            "     ,@IN_실행ID          = '<<실행ID>>'          " & vbLf & _
            "     ,@IN_실행PG          = '<<실행PG>>'          " & vbLf

    txt_Sql = Replace(txt_Sql, "<<출고번호>>", Trim(Range("IN_전표번호")))
    txt_Sql = Replace(txt_Sql, "<<출고구분>>", Trim(Range("IN_전표구분")))
    txt_Sql = Replace(txt_Sql, "<<출고일자>>", Trim(Range("IN_전표일자")))
    txt_Sql = Replace(txt_Sql, "<<출고처코드>>", Trim(Range("IN_업체코드")))
    txt_Sql = Replace(txt_Sql, "<<제품등급>>", Trim(Range("IN_제품등급")))
    txt_Sql = Replace(txt_Sql, "<<조회구분>>", Trim(Range("IN_조회구분")))
    txt_Sql = Replace(txt_Sql, "<<제품검색>>", Trim(Range("IN_제품검색")))
    txt_Sql = Replace(txt_Sql, "<<실행ID>>", Trim(A100.Range("사용자ID")))
    txt_Sql = Replace(txt_Sql, "<<실행PG>>", ActiveSheet.CodeName)

    If 공통_DB1_Connect() = False Then          ' 관리시트에 있는 접속환경으로 DB에 접속함
        MsgBox "[오류]DB연결이 정상적이지 않습니다!!"
        Exit Sub
    End If

    Range("IN_업체명") = ""
    Range("IN_전표구분명") = ""

    If 공통_DB1_SP조회1(txt_Sql) = False Then          ' txt_Sql변수의 SQL문장을 실행함
        MsgBox "[오류]해당하는 자료가 존재하지 않습니다"
        Exit Sub
    End If
```

> 출고등록 조회 관련
> DB 프로시저 실행 명령을
> Txt_Sql 변수에 저장한다.

[그림 6-19] 출고등록 엑셀VBA 조회관련 소스코드 (1/2)

```
    i = 101                                          ' 출력시작을 위한 기준행(제목행 Row 위치값을 설정함)
    num_최대조회수 = A100.Range("최대조회건수")        ' 화면에 최대로 조회할 행수
    num_열개수 = Application.CountA(Sheets(txt_현재시트).Range("A90:ZZ90")) + 5

    Call 공통_화면이벤트_OFF

    Range("IN_전표번호") = RS1!출고번호
    Range("IN_전표구분") = RS1!출고구분
    Range("IN_전표구분명") = RS1!출고구분명              헤더영역에 값을 표시한다.
    Range("IN_전표일자") = RS1!출고일자                 (한번만)
    Range("IN_업체코드") = RS1!출고처코드
    Range("IN_업체명") = RS1!출고처명
    Range("IN_제품등급") = RS1!제품등급

    Do Until (RS1.EOF)                                ' RS1 Record Set이 끝이 날때까지 Loop까지 계속 반복

        Cells(i, 1) = i - 100

        For kk = 4 To num_열개수

            If Cells(95, kk) <> "" Then

                ' txt_칼럼명 = Cells(95, kk)
                Cells(i, kk) = RS1.Fields(Cells(95, kk)).Value

            End If

        Next

        i = i + 1

        If i > num_최대조회수 Then
            MsgBox "[확인]데이터가 " & num_최대조회수 & "건보다 많습니다. 조회조건을 변경 바랍니다"
            Exit Do
        End If

        RS1.MoveNext                                  ' RecordSet의 다음자료(다음위치)로 이동함

    Loop

    Cells(101, 3).Select

    Call 공통_DB1_Close                               ' 연결되었던 DB와의 접속을 끊음
    Call 공통_화면이벤트_ON

End Sub
```

[그림 6-20] 출고등록 엑셀VBA 조회관련 소스코드 (2/2)

(2) 출고등록 처리

출고등록 처리를 하기 전에 출고번호를 채번하는 로직이 추가되어 있다. 출고번호를 입력하기 위한 셀주소 Range("IN_전표번호")에 입력된 값이 공백이거나 "신규"일 경우에는 전표번호가 아직 부여 받지 않은 것으로 판단하고 새로운 출고번호를 채번 후에 실제적인 출고등록 프로시저를 실행한다.

```vba
Sub 기본_처리()

    Dim txt_Sql       As String        ' SQL문장 저장을 위한 변수 선언
    Dim txt_현재시트 As String         ' 현재 작업 시트명을 저장/관리하기 위한 변수 선언

    On Error Resume Next

    txt_현재시트 = ActiveSheet.Name       ' 조회시트명을 변수에 저장

    Sheets(txt_현재시트).Select      ' 조회시트로 이동

    Call 공통_필터초기화               ' 필터에 조건이 지정되어 있는 것을 대비하여 필터초기화

    In사용자ID = A100.Range("사용자ID")            ' 향후 Insert/Update시 사용할 ID,IP,시간등을 변수에 저장
    In_공인IP = A100.Range("공인IP")                ' 각종 정보는 관리시트에 있음
    In_MAC = A100.Range("MAC")                      ' 각종 정보는 관리시트에 있음
    In_현재일시 = 공통_시스템시간()

    txt_현재시트 = ActiveSheet.Name                ' 조회시트명을 변수에 저장
    In_현재시트코드 = ActiveSheet.CodeName         ' 조회시트코드를 변수에 저장

    Err_flag = 0                                    ' 향후 에러여부를 체크할 변수 0:정상 1:오류 (초기값은 0)
    tot_cnt = ActiveSheet.Cells.SpecialCells(xlCellTypeLastCell).Row   ' 해당시트 데이터가 입력된 마지막행을 확인

    If 공통_DB1_Connect() = False Then              ' 관리시트에 있는 접속환경으로 DB에 접속함
        MsgBox "[오류]DB연결이 정상적이지 않습니다!!"
        Exit Sub
    End If

    If Range("IN_전표번호") = "신규" Or Range("IN_전표번호") = "" Then

        txt_Sql = " EXEC [dbo].[SPA100_공통_전표번호_채번]        " & vbLf & _
                  "        @IN_전표유형     = N'SA'               " & vbLf & _
                  "       ,@IN_일자         = N'<<일자>>'"

        txt_Sql = Replace(txt_Sql, "<<일자>>", Trim(Range("IN_전표일자")))

        If 공통_DB1_SP조회1(txt_Sql) = False Then       ' txt_Sql변수의 SQL문장을 실행함
            Call 공통_DB1_Close                          ' 모든 작업이 완료되었기 때문에 DB접속을 끊는다
            MsgBox "[11]전표채번오류"
            Exit Sub
        End If

        Range("IN_전표번호") = Trim(RS1!전표번호)

    End If
```

전표번호가 공백이거나 [신규]인 경우에는 새로운 전표번호를 채번하기 위해 DB의 공통 프로시저를 실행한다.

[그림 6-21] 출고등록 엑셀VBA 처리관련 소스코드 (1/3)

```
txt_Sql_처리 = "EXEC [dbo].[SPG100_출고등록_처리]        " & vbLf & _
        "       @IN_처리구분    = '<<처리구분>>'    " & vbLf & _
        "      ,@IN_출고번호    = '<<출고번호>>'    " & vbLf & _
        "      ,@IN_출고구분    = '<<출고구분>>'    " & vbLf & _
        "      ,@IN_출고일자    = '<<출고일자>>'    " & vbLf & _
        "      ,@IN_출고처코드  = '<<출고처코드>>'  " & vbLf & _
        "      ,@IN_전표비고    = '<<전표비고>>'    " & vbLf & _
        "      ,@IN_제품코드    = '<<제품코드>>'    " & vbLf & _
        "      ,@IN_제품등급    = '<<제품등급>>'    " & vbLf & _
        "      ,@IN_유통기한    = '<<유통기한>>'    " & vbLf & _
        "      ,@IN_로트번호    = '<<로트번호>>'    " & vbLf & _
        "      ,@IN_출고수량    = '<<출고수량>>'    " & vbLf & _
        "      ,@IN_제품비고    = '<<제품비고>>'    " & vbLf & _
        "      ,@IN_실행ID      = '<<실행ID>>'      " & vbLf & _
        "      ,@IN_실행PG      = '<<실행PG>>'      " & vbLf

    txt_Sql_처리 = Replace(txt_Sql_처리, "<<출고번호>>", Trim(Range("IN_전표번호")))
    txt_Sql_처리 = Replace(txt_Sql_처리, "<<출고구분>>", Trim(Range("IN_전표구분")))
    txt_Sql_처리 = Replace(txt_Sql_처리, "<<출고일자>>", Trim(Range("IN_전표일자")))
    txt_Sql_처리 = Replace(txt_Sql_처리, "<<출고처코드>>", Trim(Range("IN_업체코드")))
    txt_Sql_처리 = Replace(txt_Sql_처리, "<<전표비고>>", "")

    txt_Sql_처리 = Replace(txt_Sql_처리, "<<실행ID>>", Trim(A100.Range("사용자ID")))
    txt_Sql_처리 = Replace(txt_Sql_처리, "<<실행PG>>", ActiveSheet.CodeName)

    Col_제품코드 = 공통_칼럼위치(txt_현재시트, 90, "제품코드")
    Col_제품등급 = 공통_칼럼위치(txt_현재시트, 90, "제품등급")
    Col_유통기한 = 공통_칼럼위치(txt_현재시트, 90, "유통기한")
    Col_로트번호 = 공통_칼럼위치(txt_현재시트, 90, "로트번호")
    Col_출고단가 = 공통_칼럼위치(txt_현재시트, 90, "출고단가")
    Col_출고수량 = 공통_칼럼위치(txt_현재시트, 90, "출고수량")
    Col_제품비고 = 공통_칼럼위치(txt_현재시트, 90, "제품비고")

    Err.Clear
    DB_Conn1.BeginTrans                              ' *** 트랜잭션 시작 ****

    If Err.Number <> 0 Then
        DB_Conn1.RollbackTrans                       ' Begin Tran이 계속 존재하는 경우를 대비하여 Rollback 처리함
        MsgBox "[오류]트랜잭션을 시작하지 못했습니다. 다시 시도 바랍니다"
        Exit Sub
    End If
```

[그림 6-22] 출고등록 엑셀VBA 처리관련 소스코드 (2/3)

```
    For i = 101 To tot_cnt                                    ' 101번행부터 데이터가 입력되어 있는 행(Row)까지 반복함

        If Cells(i, 2) <> "" Then Cells(i, 2) = ""

        If Cells(i, Col_제품코드) <> "" And Trim(Cells(i, 3)) <> "" Then            ' 선택값 1(입력)을 입력하고 4번열값에 데이터가 있는 경우

            txt_Sql = txt_Sql_처리

            txt_Sql = Replace(txt_Sql, "<<처리구분>>", Trim(Cells(i, 3)))

            txt_Sql = Replace(txt_Sql, "<<제품코드>>", Trim(Cells(i, Col_제품코드)))
            txt_Sql = Replace(txt_Sql, "<<제품등급>>", Trim(Cells(i, Col_제품등급)))
            txt_Sql = Replace(txt_Sql, "<<유통기한>>", Trim(Cells(i, Col_유통기한)))
            txt_Sql = Replace(txt_Sql, "<<로트번호>>", Trim(Cells(i, Col_로트번호)))
            txt_Sql = Replace(txt_Sql, "<<출고단가>>", Trim(Cells(i, Col_출고단가)))
            txt_Sql = Replace(txt_Sql, "<<출고수량>>", Trim(Cells(i, Col_출고수량)))
            txt_Sql = Replace(txt_Sql, "<<제품비고>>", Trim(Cells(i, Col_제품비고)))

            If 공통_DB1_SP처리(txt_Sql) = False Then       ' txt_Sql변수의 SQL문장을 실행함
                Err_flag = 1
                txt_오류메시지 = Err.Description
                txt_오류메시지 = "오류[" & RS0!ERR_CODE & "] " & RS0!ERR_MESSAGE & " " & txt_오류메시지
                Cells(i, 2) = txt_오류메시지
            End If

        End If

    Next

    If Err_flag = 0 Then                                    ' 지금까지 오류가 없으면

        Err.Clear
        DB_Conn1.CommitTrans                                ' 트랜잭션을 정상적으로 완료처리 한다

        If Err.Number = 0 Then                              ' 만약 트랜잭션 완료가 정상이면 정상 메시지를 표시
            MsgBox "[완료]요청한 작업이 완료되었습니다"
        Else
            MsgBox "[오류]최종 Commit 작업에 문제가 생겼습니다, 작업 결과를 확인 바랍니다."
            Err_flag = 1                                    ' 트랜잭션 최종 완료시에 문제가 발생하면 메시지를 표시하고
        End If                                              ' 오류 메시지를 표시한다

    Else

        Err.Clear
        DB_Conn1.RollbackTrans                              ' 위의 업무처리시 오류가 발생하여 Err_flag가 1이면
        MsgBox "[오류]작업중 문제가 발생 했습니다. 확인 요망!!"   ' 트랜잭션을 Rollback 처리하고 오류메시지를 보여 준다

    End If


    Call 공통_DB1_Close                                     ' 모든 작업이 완료되었기 때문에 DB접속을 끊는다

    If Err_flag = 0 Then                                    ' 작업에 이상이 없었다면 다시 정보를 조회하여
        Call 기본_조회                                      ' 정상적으로 입력되었는지를 보여준다.
    End If

End Sub
```

[그림 6-23] 출고등록 엑셀VBA 처리관련 소스코드 (3/3)

(3) 초기화 및 기타

초기화( )는 새롭게 화면(시트)가 열리거나 초기화 버튼을 클릭 했을 경우에 실행된다. 화면 상단의 출고일자, 출고처코드, 출고번호 등 헤더영역의 값들을 초기화하고 101행 이하의 데이터가 출력되는 영역들을 모두 깨끗하게 지워 초기 상태로 만든다.

Worksheet_Change( ) 는 101행 이하에서 출고수량 등을 입력 하거나 수정하였을 때 선택 항목에 자동으로 "1"이 표시 되도록 하였다. 필수적인 기능은 아니지만 사용자가 일일이 선택 항목에 입력하지 않아도 되도록 하기 위함이다.

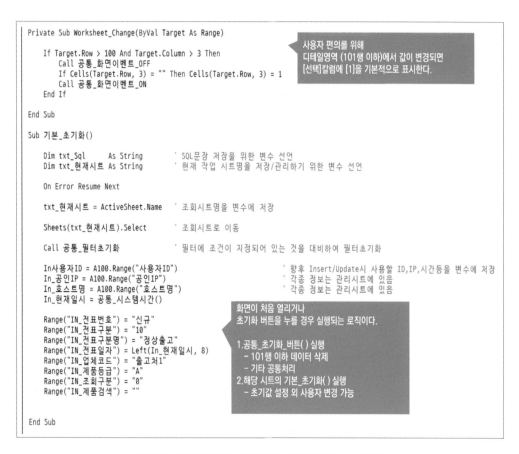

```
Private Sub Worksheet_Change(ByVal Target As Range)

    If Target.Row > 100 And Target.Column > 3 Then
        Call 공통_화면이벤트_OFF
        If Cells(Target.Row, 3) = "" Then Cells(Target.Row, 3) = 1
        Call 공통_화면이벤트_ON
    End If

End Sub

Sub 기본_초기화()

    Dim txt_Sql     As String        ' SQL문장 저장을 위한 변수 선언
    Dim txt_현재시트 As String        ' 현재 작업 시트명을 저장/관리하기 위한 변수 선언

    On Error Resume Next

    txt_현재시트 = ActiveSheet.Name    ' 조회시트명을 변수에 저장

    Sheets(txt_현재시트).Select        ' 조회시트로 이동

    Call 공통_필터초기화               ' 필터에 조건이 지정되어 있는 것을 대비하여 필터초기화

    In사용자ID = A100.Range("사용자ID")              ' 향후 Insert/Update시 사용할 ID,IP,시간등을 변수에 저장
    In_공인IP = A100.Range("공인IP")                  ' 각종 정보는 관리시트에 있음
    In_호스트명 = A100.Range("호스트명")              ' 각종 정보는 관리시트에 있음
    In_현재일시 = 공통_시스템시간()

    Range("IN_전표번호") = "신규"
    Range("IN_전표구분") = "10"
    Range("IN_전표구분명") = "정상출고"
    Range("IN_전표일자") = Left(In_현재일시, 8)
    Range("IN_업체코드") = "출고처1"
    Range("IN_제품등급") = "A"
    Range("IN_조회구분") = "0"
    Range("IN_제품검색") = ""

End Sub
```

사용자 편의를 위해
디테일영역 (101행 이하)에서 값이 변경되면
[선택]칼럼에 [1]을 기본적으로 표시한다.

화면이 처음 열리거나
초기화 버튼을 누를 경우 실행되는 로직이다.

1.공통_초기화_버튼( ) 실행
 - 101행 이하 데이터 삭제
 - 기타 공통처리
2.해당 시트의 기본_초기화( ) 실행
 - 초기값 설정 외 사용자 변경 가능

[그림 6-24] 출고등록 엑셀VBA 초기화/기타 소스코드

3. 출고지시

가. DB프로시저

WMS에서는 재고가 여러 로케이션에 분산되어 보관되고 있다. 이러한 환경 하에서 동시에 다수의 출고작업을 수행 할 경우 어느 로케이션의 재고를 출고해야 하는지를 미리 정하지 않을 경우에도 출고작업간의 혼선이나 충돌이 발생할 수 밖에 없다. 이미 다른 출고작업이 어느 로케이션의 재고를 출고했는지 확인하기 어렵기 때문이다.

이러한 문제들과 효율적인 작업 동선, 선입선출 등 재고를 효율적으로 출고하기 위해서는 사전에 재고를 미리 예약(찜)하는 출고지시 작업이 반드시 필요하다. 출고지시 작업은 [할당]이라는 용어로도 불린다.

출고지시를 수행 하게 되면 출고전표의 상태코드는 [10] → [30]으로 변경되며 출고하고자 하는 수량이 하나 이상의 로케이션에 분산되어 있을 수도 있기 때문에 [TBG_출고D]테이블 하위의 상세 테이블인 [TBG_출고D_지시] 테이블이 필요하다. 실제 출고시지된 내역과 피킹, 검수 등의 작업 결과는 [TBG_출고D_지시] 테이블에 저장된다.

WMS 마다 처리 하는 방식들이 다르지만 우리가 개발하는 시스템에서는 재고관리를 좀 더 명확하게 처리하기 위해 출고지시 된 재고들을 따로 [예약수량]으로 관리하지 않고 [출고대기]라는 별도의 로케이션으로 미리 이동처리 하도록 설계 하였다. 로케이션의 재고관리가 단순해지고 명확하기 때문이다.

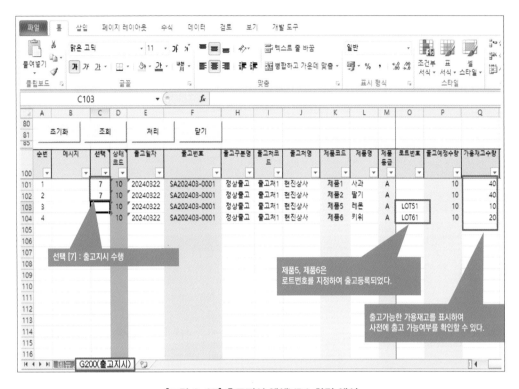

[그림 6-25] 출고지시 엑셀VBA 화면 예시

(1) 출고지시 조회

[SPG200_출고지시_조회] 프로시저는 출고등록만 하고 아직 출고확정 처리가 되지 않는 내역들을 화면에 표시한다. [TBG_출고D] 테이블의 저장된 데이터 중 상태코드가 [10]인 내역이 그 대상이며 출고 내역 이외에 가용재고 등의 정보도 함께 화면에 출력한다.

[그림 6-26] 출고지시 조회 실행결과 예시

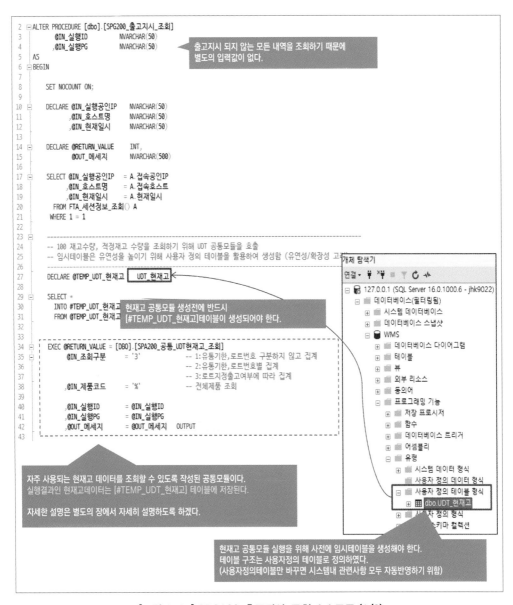

[그림 6-27] SPG200_출고지시_조회 소스코드 (1/2)

```
44  ┌─ ----------------------------------------------------------------
45  │  -- 200 기본 자료를 조회하여 임시테이블에 저장한다
46  │  ----------------------------------------------------------------
47  ┌─ SELECT 출고처코드        = A.출고처코드
48  │      ,출고처명          = D.업체명
49  │      ,출고일자          = A.출고일자
50  │      ,출고구분          = A.출고구분
51  │      ,출고구분명         = C.출고구분명
52  │      ,전표비고          = A.전표비고
53  │      ,B.*
54  │      ,E.제품명
55  │      ,가용재고수량        = ISNULL(G.가용재고수량, 0)
56  │      ,총재고수량         = ISNULL(G.총재고수량 , 0)
57  │   INTO #TEMP_출고환경조회
58  │    FROM TBG_출고H         A
59  │  INNER JOIN TBG_출고D      B ON B.출고번호   = A.출고번호
60  │  INNER JOIN TBA_출고구분    C ON C.출고구분   = A.출고구분
61  │  INNER JOIN TBC_업체       D ON D.업체코드   = A.출고처코드
62  │  INNER JOIN TBC_제품       E ON E.제품코드   = B.제품코드
63  │   LEFT JOIN #TEMP_UDT_현재고 G ON G.제품코드   = B.제품코드  AND G.제품등급 = B.제품등급 AND G.유통기한 = B.유통기한 AND G.로트번호 = B.로트번호
64  │   WHERE 1 = 1
65  │     AND B.상태코드 = '10'
66  │
67  │
68  ┌─ ----------------------------------------------------------------
69  │  -- 500 최종 결과를 화면에 표시
70  │  ----------------------------------------------------------------
71  ┌─ SELECT A.*
72  │    FROM #TEMP_출고환경조회 A
73  │   WHERE 1 = 1
74  │   ORDER BY A.출고번호, A.제품코드
75  │
76     END
77
```

임시테이블을 생성하고
이를 활용하여 조회(SELECT)하였다.

[그림 6-28] SPG200_출고지시_조회 소스코드 (2/2)

(2) 출고지시 처리

[SPG200_출고지시_지시처리]는 실제 출고지시 처리를 수행하는 프로시저이다. 이 프로시저는 상태코드를 [10] → [30]으로 변경하고 출고지시수량을 UPDATE 하는 작업을 수행한다. 이와 동시에 창고에 할당 가능한 로케이션 재고를 [출고대기]로케이션으로 이동을 한다.

출고반품의 경우에는 출고지시 작업 시 상태코드만 [30]으로 변경되고 별도의 로케이션 재고는 변경사항이 없다. 또한, 피킹, 검수 작업이 필요 없으며 최종적인 과정인 [출고확정처리]만 수행한다. 반품 확정시에는 [출고반품대기]로케이션으로 입고 처리된다.

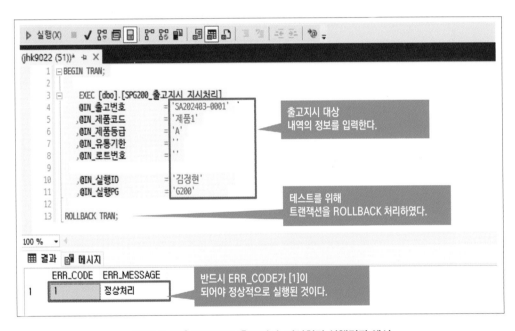

[그림 6-29] SPG200_출고지시_지시처리 실행결과 예시

```
 1  ⊟ALTER PROCEDURE [dbo].[SPG200_출고지시_지시처리]
 2        @IN_출고번호          NVARCHAR(30)
 3       ,@IN_제품코드          NVARCHAR(30)
 4       ,@IN_제품등급          NVARCHAR(10)
 5       @IN_유통기한          NVARCHAR(08)
 6       ,@IN_로트번호          NVARCHAR(30)
 7
 8       ,@IN_실행ID           NVARCHAR(50)
 9       ,@IN_실행PG           NVARCHAR(50)
10    AS
11  ⊟BEGIN
12
13        SET NOCOUNT ON;
14
15    ⊟    DECLARE @IN_실행공인IP     NVARCHAR(50)
16             ,@IN_호스트명        NVARCHAR(50)
17             ,@IN_현재일시        NVARCHAR(50)
18             ,@IN_현재일자        NVARCHAR(50)
19
20    ⊟    SELECT @IN_실행공인IP    = A.접속공인IP
21           ,@IN_호스트명        = A.접속호스트
22           ,@IN_현재일시        = A.현재일시
23           ,@IN_현재일자        = LEFT(A.현재일시, 8)
24        FROM FTA_세션정보_조회() A
25        WHERE 1 = 1
26
27    ⊟    DECLARE @RETURN_VALUE        INT
28             ,@OUT_재고반영메시지    NVARCHAR(500)
29
30    ⊟    -------------------------------------------------------------------
31     -- 100 입력값 이상여부 확인
32        -------------------------------------------------------------------
33        SET @IN_출고번호 = UPPER(TRIM(@IN_출고번호))
34        SET @IN_제품코드 = UPPER(TRIM(@IN_제품코드))
35        SET @IN_제품등급 = UPPER(TRIM(@IN_제품등급))
36        SET @IN_유통기한 = UPPER(TRIM(@IN_유통기한))
37        SET @IN_로트번호 = UPPER(TRIM(@IN_로트번호))
38
```

출고지시할 전표번호 등을 입력한다.

[그림 6-30] SPG200_출고확정_확정 소스코드 (1/6)

```
39    --------------------------------------------------------------
40    -- 200 해당 출고내역 확인
41    --------------------------------------------------------------
42    DECLARE @출고전표_예정수량           NUMERIC(18, 0)
43            ,@출고전표_상태코드           NVARCHAR(10)
44            ,@출고전표_로트지정출고여부   NVARCHAR(10)
45            ,@출고전표_출고처코드         NVARCHAR(30)
46            ,@출고전표_출고처명           NVARCHAR(100)
47            ,@출고전표_반품여부           NVARCHAR(10)
48
49    SELECT @출고전표_예정수량         = B.출고예정수량
50          ,@출고전표_상태코드         = B.상태코드
51          ,@출고전표_로트지정출고여부 = C.로트지정출고여부
52          ,@출고전표_출고처코드       = A.출고처코드
53          ,@출고전표_출고처명         = D.업체명
54          ,@출고전표_반품여부         = E.반품여부
55      FROM TBG_출고H A
56      INNER JOIN TBG_출고D    B ON B.출고번호 = A.출고번호
57      INNER JOIN TBC_제품     C ON C.제품코드 = B.제품코드
58      INNER JOIN TBC_업체     D ON D.업체코드 = A.출고처코드
59      INNER JOIN TBA_출고구분 E ON E.출고구분 = A.출고구분
60     WHERE 1 = 1
61       AND A.출고번호 = @IN_출고번호
62       AND B.제품코드 = @IN_제품코드
63       AND B.제품등급 = @IN_제품등급
64       AND B.유통기한 = @IN_유통기한
65       AND B.로트번호 = @IN_로트번호
66
67    IF  @@ERROR <> 0 OR @@ROWCOUNT <> 1 BEGIN
68        SELECT ERR_CODE = 21, ERR_MESSAGE = N'해당전표 내역없음'
69        RETURN
70    END
71
72    IF @출고전표_상태코드 <> '10' BEGIN
73        SELECT ERR_CODE = 22, ERR_MESSAGE = N'이미 출고지시(지시)처리된 전표'
74        RETURN
75    END
76
```

출고지시 대상 전표를
읽어 필요한 데이터를 가져오고
이상여부 등을 체크한다.

[그림 6-31] SPG200_출고확정_확정 소스코드 (2/6)

```
77    -------------------------------------------------------------
78    -- 300 반품시에만 실행됨
79    -------------------------------------------------------------
80    IF @출고전표_반품여부 = '1' BEGIN
81
82        UPDATE A SET
83            A.출고지시수량    = @출고전표_예정수량
84           ,A.출고피킹수량    = 0
85           ,A.출고검수수량    = 0
86           ,A.출고확정수량    = 0
87           ,A.상태코드        = '30'
88           ,A.수정일시        = @IN_현재일시
89           ,A.수정자ID        = @IN_실행ID
90           ,A.수정자IP        = @IN_실행공인IP
91           ,A.수정자PG        = @IN_실행PG
92         FROM TBG_출고D A
93        WHERE 1 = 1
94          AND A.출고번호      = @IN_출고번호
95          AND A.제품코드      = @IN_제품코드
96          AND A.제품등급      = @IN_제품등급
97          AND A.유통기한      = @IN_유통기한
98          AND A.로트번호      = @IN_로트번호
99          AND A.상태코드      = '10'
100
101       IF @@ERROR <> 0 OR @@ROWCOUNT <> 1 BEGIN
102           SELECT ERR_CODE = 30, ERR_MESSAGE = N'출고확정D 지시반영 오류'
103           RETURN
104       END
105
106       -------------------------------------------------------------
107       -- 반품시에는 여기서 정상종료 처리
108       -------------------------------------------------------------
109       SELECT ERR_CODE = 1, ERR_MESSAGE = N'정상처리'
110       RETURN
111
112    END
113
```

> 해당 전표가 출고반품 전표이면
> 상태코드와 지시수량만 UPDATE하고
> 정상적으로 완료 처리한다.

> 출고반품시에는 여기서 종료된다.

[그림 6-32] SPG200_출고확정_확정 소스코드 (3/6)

```
          여기서부터는 정상출고분에 실행된다.

115   -----------------------------------------------------------------
116   -- 400 출고 관련 실체 지시 처리 (최대 100번 루프를 돌면서 수행, 무한실행 방지 목적)
117   -----------------------------------------------------------------
118   DECLARE @II              INT = 1           -- 반복 루프 COUNT
119       ,@지시_출잔량        NUMERIC(18, 0)    -- 지시 후 남은 수량을 관리
120       ,@지시_로케이션코드   NVARCHAR(30)
121       ,@지시_유통기한       NVARCHAR(30)
122       ,@지시_로트번호       NVARCHAR(30)
123       ,@지시_재고수량       NUMERIC(18, 0)
124       ,@지시_반영수량       NUMERIC(18, 0)
125
126   SET @지시_출잔량 = @출고전표_예정수량      -- 루프 시작전 지시 잔량 설정
127
128   -- 지시잔량이 0이 되거나 100번 이상 루프(무한루프예방)를 실행했을 경우 종료
129   WHILE (@II <= 100 AND @지시_출잔량 > 0)  BEGIN
130
131       -- 410 지시 가능한 로케이션을 확인
132       IF @출고전표_로트지정출고여부 = '1' BEGIN
133
134           -- 유통기한, 로트번호까지 일치하는 로케이션을 찾아서
135           SELECT TOP 1
136                   @지시_로케이션코드 = A.로케이션코드
137                 ,@지시_유통기한     = A.유통기한
138                 ,@지시_로트번호     = A.로트번호
139                 ,@지시_재고수량     = A.재고수량
140           FROM TBJ_로케이션재고 A
141           INNER JOIN TBC_로케이션 B ON B.로케이션코드 = A.로케이션코드 AND B.할당여부 = '1' AND B.이동여부 = '1'
142           WHERE 1 = 1
143               AND A.제품코드      = @IN_제품코드
144               AND A.제품등급      = @IN_제품등급
145               AND A.유통기한      = @IN_유통기한
146               AND A.로트번호      = @IN_로트번호
147               AND A.재고수량      > 0
148           ORDER BY A.로케이션코드
149
150           IF  @@ERROR <> 0 OR @@ROWCOUNT <> 1 BEGIN
151               SET @지시_재고수량 = 0
152           END
153
154       END ELSE BEGIN
155
156           SELECT TOP 1
157                   @지시_로케이션코드 = A.로케이션코드
158                 ,@지시_유통기한     = A.유통기한
159                 ,@지시_로트번호     = A.로트번호
160                 ,@지시_재고수량     = A.재고수량
161           FROM TBJ_로케이션재고 A
162           INNER JOIN TBC_로케이션 B ON B.로케이션코드 = A.로케이션코드 AND B.할당여부 = '1' AND B.이동여부 = '1'
163           WHERE 1 = 1
164               AND A.제품코드      = @IN_제품코드
165               AND A.제품등급      = @IN_제품등급
166               AND A.재고수량      > 0
167           ORDER BY A.유통기한, A.로트번호
168
169           IF  @@ERROR <> 0 OR @@ROWCOUNT <> 1 BEGIN
170               SET @지시_재고수량 = 0
171           END
172
173       END
174
```

WHILE문 시작 지점

출고등록시 입력한 수량이
모두 출고지시(할당) 될때까지
WHILE문으로 반복한다.

[TBA_출고구분] 테이블에서
로트지정 출고 여부에 따라
적절한 로케이션과 가용한 수량을
확인한다.

[그림 6-33] SPG200_출고확정_확정 소스코드 (4/6)

```
175    SET @지시_반영수량 = 0
176    IF  @지시_재고수량 > 0 BEGIN   -- 420 실제 지시 반영해야 할 수량을 계산한다
177        IF  @지시_재고수량 >= @지시_총잔량 BEGIN
178            SET @지시_반영수량 = @지시_총잔량
179        END ELSE BEGIN
180            SET @지시_반영수량 = @지시_재고수량            지시할 수량을 확정한다.
181        END
182    END
183
184    IF  @지시_반영수량 > 0 BEGIN   -- 430 출고D_지시 테이블에 데이터 INSERT
185
186        SET @지시_총잔량 = @지시_총잔량 - @지시_반영수량
187        INSERT INTO TBG_출고D_지시 (출고번호,          제품코드,          제품등급,         유통기한,      로트번호,
188                                    지시순번,
189                                    지시로케이션코드,   지시유통기한,    지시로트번호,
190                                    출고지시수량,
191                                    등록일시,           등록자ID,         등록자IP,       등록자PG)
192                           VALUES (@IN_출고번호,       @IN_제품코드,     @IN_제품등급,    @IN_유통기한, @IN_로트번호,
193                                    @II,
194                                    @지시_로케이션코드, @지시_유통기한, @지시_로트번호,
195                                    @지시_반영수량,
196                                    @IN_현재일시,       @IN_실행ID,      @IN_실행공인IP,  @IN_실행PG)
197
198        IF  @@ERROR <> 0 OR @@ROWCOUNT <> 1 BEGIN
199            SELECT ERR_CODE = 35, ERR_MESSAGE = N'출고지시 생성오류'
200            RETURN
201        END
202
203        EXEC @RETURN_VALUE = [DBO].[SPA000_공통_재고입출고_처리]
204            @IN_반영일자       = @IN_현재일자
205            ,@IN_원인유형      = '출고지시'
206            ,@IN_원인전표유형   = '출고'                       공통모듈을 이용하여
207            ,@IN_원인전표      = @IN_출고번호
208            ,@IN_원인전표상세   = ''                           보관로케이션 → [출고대기]로
209            ,@IN_사유         = ''                            재고를 이동처리한다.
210            ,@IN_제품코드      = @IN_제품코드
211            ,@IN_제품등급      = @IN_제품등급
212            ,@IN_유통기한      = @지시_유통기한
213            ,@IN_로트번호      = @지시_로트번호
214            ,@IN_입출고처코드   = @출고전표_출고처코드
215            ,@IN_입출고처명     = @출고전표_출고처명
216            ,@IN_이동전로케이션  = @지시_로케이션코드
217            ,@IN_이동후로케이션  = '출고대기'
218            ,@IN_이동수량      = @지시_반영수량
219            ,@IN_등록자ID      = @IN_실행ID
220            ,@IN_등록자IP      = @IN_실행공인IP
221            ,@IN_등록자PG      = @IN_실행PG
222            ,@OUT_결과값       = @OUT_재고반영메시지  OUTPUT
223
224        IF @RETURN_VALUE <> 1 BEGIN
225            SELECT ERR_CODE = 36, ERR_MESSAGE = N'공통재고입출고 처리오류=' + ISNULL(@OUT_재고반영메시지,'')
226            RETURN
227        END
228
229    END
230
231    SET @II = @II + 1    -- 루프 COUNT를 1 증가 시킴
232 END  -- WHILE (@II <= 100) 루프 종료 지점
```

WHILE문 종료 지점

[그림 6-34] SPG200_출고확정_확정 소스코드 (5/6)

```
233
234
235     ----------------------------------------------------------------------------------
236     -- 900 작업의 이상여부를 체크하고  출고 디테일 테이블에 지시수량 UPDATE
237     ----------------------------------------------------------------------------------
238     IF  @지시_총잔량 <> 0 BEGIN
239         SELECT ERR_CODE = 39, ERR_MESSAGE = N'재고부족 또는 지시잔량 남음'
240         RETURN
241     END
242
243     UPDATE A SET
244         A.출고지시수량   = @출고전표_예정수량
245         ,A.출고피킹수량   = 0
246         ,A.출고검수수량   = 0
247         ,A.출고확정수량   = 0
248         ,A.상태코드       = '30'
249         ,A.수정일시       = @IN_현재일시
250         ,A.수정자ID       = @IN_실행ID
251         ,A.수정자IP       = @IN_실행공인IP
252         ,A.수정자PG       = @IN_실행PG
253      FROM TBG_출고D A
254     WHERE 1 = 1
255         AND A.출고번호     = @IN_출고번호
256         AND A.제품코드     = @IN_제품코드
257         AND A.제품등급     = @IN_제품등급
258         AND A.유통기한     = @IN_유통기한
259         AND A.로트번호     = @IN_로트번호
260         AND A.상태코드     = '10'
261
262     IF @@ERROR <> 0 OR @@ROWCOUNT <> 1 BEGIN
263         SELECT ERR_CODE = 90, ERR_MESSAGE = N'출고확정D 지시반영 오류'
264         RETURN
265     END
266
267     SELECT ERR_CODE = 1, ERR_MESSAGE = N'정상처리'
268     RETURN
269
270   END;
271
```

TBG_출고D 테이블의
상태코드를 [30]으로 변경하고
출고지시 수량을 UPDATE한다.

[그림 6-35] SPG200_출고확정_확정 소스코드 (6/6)

나. 엑셀VBA

(1) 출고지시 조회

출고지시 조회 화면은 [SPG200_출고지시_조회] 프로시저 실행 결과를 참고하여 적절하게 101행 이하에 출력되는 항목들에 대해 적절히 배치하면 된다. 출고지시에는 출고번호와 제품코드, 유통기한, 로트번호 등이 반드시 필요하기 때문에 필히 추가해야 한다.

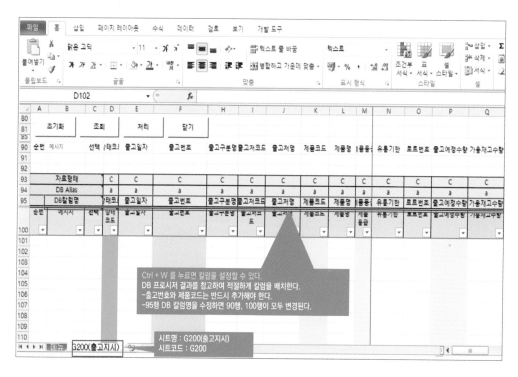

[그림 6-36] 출고지시 엑셀VBA 화면 설정 예시

```
Sub 기본_조회()

    Dim txt_Sql       As String        ' SQL문장 저장을 위한 변수 선언
    Dim txt_현재시트 As String          ' 현재 작업 시트명을 저장/관리하기 위한 변수 선언

    On Error Resume Next

    txt_현재시트 = ActiveSheet.Name        ' 조회시트명을 변수에 저장
    txt_현재시트코드 = ActiveSheet.CodeName  ' 조회시트코드를 변수에 저장

    Sheets(txt_현재시트).Select       ' 조회시트로 이동

    Call 공통_초기화                  ' 101번 라인 이하를 삭제(클리어)시킴

    txt_Sql = "EXEC [dbo].[SPG200_출고지시_조회]              " & vbLf & _
        "          @IN_실행ID        = '<<실행ID>>'          " & vbLf & _
        "         ,@IN_실행PG        = '<<실행PG>>'          " & vbLf

    txt_Sql = Replace(txt_Sql, "<<실행ID>>", Trim(A100.Range("사용자ID")))
    txt_Sql = Replace(txt_Sql, "<<실행PG>>", ActiveSheet.CodeName)

    If 공통_DB1_Connect() = False Then              ' 관리시트에 있는 접속환경으로 DB에 접속함
        MsgBox "[오류]DB연결이 정상적이지 않습니다!!"
        Exit Sub
    End If

    If 공통_DB1_SP조회1(txt_Sql) = False Then        ' txt_Sql변수의 SQL문장을 실행함
        MsgBox "[오류]해당하는 자료가 존재하지 않습니다"
        Exit Sub
    End If
```

> SPG200_출고지시_조회
> 프로시저를 호출한다.

[그림 6-37] 출고지시 조회 관련 소스코드 (1/2)

```
    i = 101                                    ' 출력시작을 위한 기준행(제목행 Row 위치값을 설정함)
    num_최대조회수 = A100.Range("최대조회건수")      ' 화면에 최대로 조회할 행수
    num_열개수 = Application.CountA(Sheets(txt_현재시트).Range("A90:ZZ90")) + 5

    Call 공통_화면이벤트_OFF

    Do Until (RS1.EOF)                                    ' RS1 Record Set이 끝이 날때까지 Loop까지 계속 반복

        Cells(i, 1) = i - 100

        For kk = 4 To num_열개수

            If Cells(95, kk) <> "" Then

                ' txt_칼럼명 = Cells(95, kk)
                Cells(i, kk) = RS1.Fields(Cells(95, kk).Value)

            End If

        Next

        i = i + 1

        If i > num_최대조회수 Then
            MsgBox "[확인]데이터가 " & num_최대조회수 & "건보다 많습니다. 조회조건을 변경 바랍니다"
            Exit Do
        End If

        RS1.MoveNext                                      ' RecordSet의 다음자료(다음위치)로 이동함

    Loop

    Cells(101, 3).Select

    Call 공통_DB1_Close                                   ' 연결되었던 DB와의 접속을 끊음
    Call 공통_화면이벤트_ON

End Sub
```

[그림 6-38] 출고지시 조회 관련 소스코드 (2/2)

(2) 출고지시 처리

출고지시는 처리하려면 선택구분을 [7]을 입력하면 된다. 선택구분 [1], [2], [4]와 같은 입력, 수정, 삭제와 같은 기능과 구분하기 위해서다.

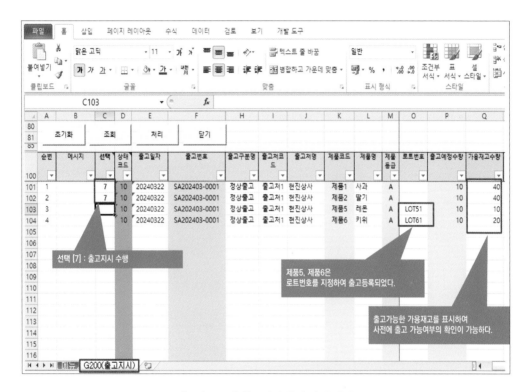

[그림 6-39] 출고지시 처리 화면 예시

```
Sub 기본_처리()

    Dim txt_Sql       As String        ' SQL문장 저장을 위한 변수 선언
    Dim txt_현재시트 As String          ' 현재 작업 시트명을 저장/관리하기 위한 변수 선언

    On Error Resume Next

    txt_현재시트 = ActiveSheet.Name       ' 조회시트명을 변수에 저장

    Sheets(txt_현재시트).Select           ' 조회시트로 이동

    Call 공통_필터초기화                  ' 필터에 조건이 지정되어 있는 것을 대비하여 필터초기화

    In사용자ID = A100.Range("사용자ID")                    ' 향후 Insert/Update시 사용할 ID,IP,시간등을 변수에 저장
    In_공인IP = A100.Range("공인IP")                       ' 각종 정보는 관리시트에 있음
    In_호스트명 = A100.Range("호스트명")                    ' 각종 정보는 관리시트에 있음
    In_현재일시 = 공통_시스템시간()

    txt_현재시트 = ActiveSheet.Name                        ' 조회시트명을 변수에 저장
    In_현재시트코드 = ActiveSheet.CodeName                 ' 조회시트코드를 변수에 저장

    Col_출고번호 = 공통_칼럼위치(txt_현재시트, 90, "출고번호")
    Col_출고일자 = 공통_칼럼위치(txt_현재시트, 90, "출고일자")
    Col_출고처코드 = 공통_칼럼위치(txt_현재시트, 90, "출고처코드")

    Col_제품코드 = 공통_칼럼위치(txt_현재시트, 90, "제품코드")
    Col_제품등급 = 공통_칼럼위치(txt_현재시트, 90, "제품등급")
    Col_유통기한 = 공통_칼럼위치(txt_현재시트, 90, "유통기한")
    Col_로트번호 = 공통_칼럼위치(txt_현재시트, 90, "로트번호")

    Err_flag = 0                                          ' 향후 에러여부를 체크할 변수 0:정상 1:오류 (초기값은 0)
    tot_cnt = ActiveSheet.Cells.SpecialCells(xlCellTypeLastCell).Row   ' 해당시트 데이터가 입력된 마지막행을 확인

    ' 실제 출고확정시 사용함
    txt_Sql_처리 = "EXEC [dbo].[SPG200_출고지시_지시처리]        " & vbLf & _
        "      @IN_출고번호      = '<<출고번호>>'      " & vbLf & _
        "     ,@IN_제품코드      = '<<제품코드>>'      " & vbLf & _
        "     ,@IN_제품등급      = '<<제품등급>>'      " & vbLf & _
        "     ,@IN_유통기한      = '<<유통기한>>'      " & vbLf & _
        "     ,@IN_로트번호      = '<<로트번호>>'      " & vbLf & _
        "     ,@IN_실행ID        = '<<실행ID>>'        " & vbLf & _
        "     ,@IN_실행PG        = '<<실행PG>>'        " & vbLf

    txt_Sql_처리 = Replace(txt_Sql_처리, "<<실행ID>>", Trim(A100.Range("사용자ID")))
    txt_Sql_처리 = Replace(txt_Sql_처리, "<<실행PG>>", ActiveSheet.CodeName)

    If 공통_DB1_Connect() = False Then                     ' 관리시트에 있는 접속환경으로 DB에 접속함
       MsgBox "[오류]DB연결이 정상적이지 않습니다!!"
       Exit Sub
    End If
```

[그림 6-40] 출고지시 엑셀VBA 소스코드 (1/3)

```
    Err.Clear
    DB_Conn1.BeginTrans                              ' *** 트랜잭션 시작 ****

    If Err.Number <> 0 Then
        DB_Conn1.RollbackTrans                       ' Begin Tran이 계속 존재하는 경우를 대비하여 Rollback 처리함
    MsgBox "[오류]트랜잭션을 시작하지 못했습니다. 다시 시도 바랍니다"
        Exit Sub
    End If                                            ' 오류 메시지를 표시한다


    For i = 101 To tot_cnt                           ' 101번행부터 데이터가 입력되어 있는 행(Row)까지 반복함

        If Cells(i, 2) <> "" Then Cells(i, 2) = ""

        If Cells(i, 3) = "7" And Cells(i, Col_출고번호) <> "" Then       ' 선택값 1(입력)을 입력하고 4번열값에 데이터가 있는 경우

            txt_Sql = txt_Sql_처리     ' 7 일때는 출고지시 처리

            txt_Sql = Replace(txt_Sql, "<<처리구분>>", Trim(Cells(i, 3)))

            txt_Sql = Replace(txt_Sql, "<<출고번호>>", Trim(Cells(i, Col_출고번호)))
            txt_Sql = Replace(txt_Sql, "<<제품코드>>", Trim(Cells(i, Col_제품코드)))
            txt_Sql = Replace(txt_Sql, "<<제품등급>>", Trim(Cells(i, Col_제품등급)))
            txt_Sql = Replace(txt_Sql, "<<유통기한>>", Trim(Cells(i, Col_유통기한)))
            txt_Sql = Replace(txt_Sql, "<<로트번호>>", Trim(Cells(i, Col_로트번호)))

            If 공통_DB1_SP처리(txt_Sql) = False Then       ' txt_Sql변수의 SQL문장을 실행함
                Err_flag = 1
                txt_오류메시지 = Err.Description
                txt_오류메시지 = "오류[" & RS0!ERR_CODE & "] " & RS0!ERR_MESSAGE & " " & txt_오류메시지
                Cells(i, 2) = txt_오류메시지
            End If

        End If

    Next
```

[그림 6-41] 출고지시 엑셀VBA 소스코드 (2/3)

```
    If Err_flag = 0 Then                             ' 지금까지 오류가 없으면

        Err.Clear
        DB_Conn1.CommitTrans                         ' 트랜잭션을 정상적으로 완료처리 한다

        If Err.Number = 0 Then                       ' 만약 트랜잭션 완료가 정상이면 정상 메시지를 표시
            MsgBox "[완료]요청한 작업이 완료되었습니다"
        Else
            MsgBox "[오류]최종 Commit 작업에 문제가 생겼습니다, 작업 결과를 확인 바랍니다."
            Err_flag = 1                             ' 트랜잭션 최종 완료시에 문제가 발생하면 메시지를 표시하고
        End If                                        ' 오류 메시지를 표시한다

    Else

        Err.Clear
        DB_Conn1.RollbackTrans                        ' 위의 업무처리시 오류가 발생하여 Err_flag가 1이면
    MsgBox "[오류]작업중 문제가 발생 했습니다. 확인 요망!!"   ' 트랜잭션을 Rollback 처리하고 오류메시지를 보여 준다

    End If


    Call 공통_DB1_Close                               ' 모든 작업이 완료되었기 때문에 DB접속을 끊는다

    If Err_flag = 0 Then                              ' 작업에 이상이 없었다면 다시 정보를 조회하여
        Call 기본_조회                                 ' 정상적으로 입력되었는지를 보여준다.
    End If

End Sub
```

[그림 6-42] 출고지시 엑셀VBA 소스코드 (3/3)

4. 출고피킹

가. DB프로시저

출고피킹은 출고지시된 내역을 기반으로 작업자가 지시된 로케이션으로 이동하여 지시된 수량을 실제 몇 개 피킹 하였는지에 대한 결과를 입력하는 화면이다. 출고피킹에 관련된 데이터는 가장 직접적인 테이블은 [TBG_출고D_지시]이며 [TBG_출고D] 테이블도 함께 영향을 미친다.

[TBG_출고D]테이블의 작업 내용 중에 일부만 피킹이 진행되는 경우에는 상태코드가 [35]로 변경된다. 해당 제품에 대해 모두 피킹이 완료된 경우에는 [40]으로 UPDATE 처리된다. 피킹작업은 [피킹리스트]라는 종이 출력물이나 모바일 장비 등을 활용한다. 우리가 개발하는 시스템에서는 출력물에 의한 피킹 작업을 수행하며 별도의 [피킹리스트]를 출력한다. [피킹리스트]출력 관련사항은 별도의 장에서 설명하도록 하겠다.

피킹 작업은 물리적으로 재고가 이동되겠지만 이미 [출고지시]단계에서 [출고대기] 로케이션으로 이동처리되었기 때문에 별도의 로케이션 재고 이동이나 변경은 없다.

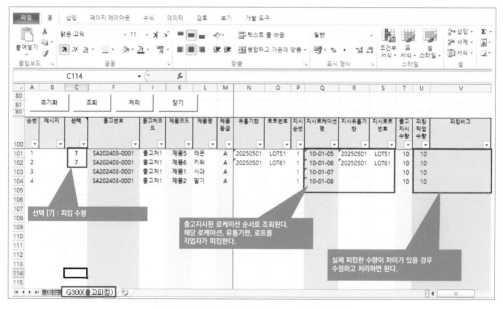

[그림 6-43] 출고피킹 엑셀VBA 화면 예시

(1) 출고피킹 조회

[SPG300_출고피킹_조회] 프로시저는 [출고지시]가 수행된 전표내역 중에서 아직 피킹이 완료되지 않는 내역(상태코드 [30]출고지시 또는 [35]피킹중)들을 화면에 표시한다. 결과는 작업자가 이동하는 로케이션의 순서 또는 피킹리스트 출력물의 출력 순서와 일치하도록 하는 것이 좋다. 만약, 피킹하면서 실제 수량이 부한 경우가 발생되면 실제 피킹한 수량으로 수량을 변경하고 [처리]버튼을 누르면 된다.

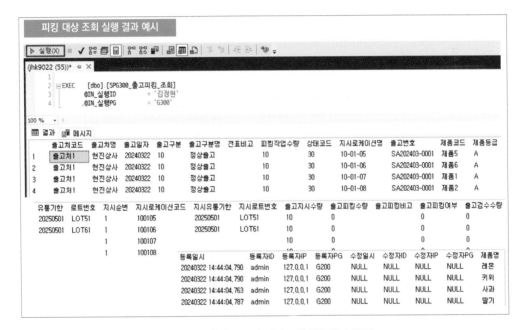

[그림 6-44] 출고피킹 대상조회 실행결과 예시

```
1
2  ⊟ALTER PROCEDURE [dbo].[SPG300_출고피킹_조회]
3          @IN_실행ID              NVARCHAR(50)
4         ,@IN_실행PG              NVARCHAR(50)
5   AS
6  ⊟BEGIN
7
8      SET NOCOUNT ON;
9
10 ⊟     ----------------------------------------------------------------
11      -- 100 기본 자료를 조회하여 임시테이블에 저장한다
12      ----------------------------------------------------------------
13 ⊟   SELECT 출고처코드        = A.출고처코드
14         ,출고처명          = E.업체명
15         ,출고일자          = A.출고일자
16         ,출고구분          = A.출고구분
17         ,출고구분명         = D.출고구분명
18         ,전표비고          = A.전표비고
19         ,피킹작업수량        = C.출고지시수량
20         ,상태코드          = B.상태코드
21         ,지시로케이션명       = G.로케이션명
22         ,C.*
23         ,F.제품명
24      INTO #TEMP_출고피킹조회
25        FROM TBG_출고H          A
26      INNER JOIN TBG_출고D       B ON B.출고번호    = A.출고번호
27      INNER JOIN TBG_출고D_지시   C ON C.출고번호    = B.출고번호
28                          AND C.제품코드    = B.제품코드
29                          AND C.제품등급    = B.제품등급
30                          AND C.유통기한    = B.유통기한
31                          AND C.로트번호    = B.로트번호
32      INNER JOIN TBA_출고구분     D ON D.출고구분    = A.출고구분
33      INNER JOIN TBC_업체        E ON E.업체코드    = A.출고처코드
34      INNER JOIN TBC_제품        F ON F.제품코드    = B.제품코드
35      INNER JOIN TBC_로케이션     G ON G.로케이션코드 = C.지시로케이션코드
36      WHERE 1 = 1
37        AND B.상태코드     IN ('30','35')
38        AND D.반품여부     ◇ '1'  -- 반품 제외
39 ⊟      AND C.출고피킹여부 = '0'  -- 피킹 완료하지 않은 내역만 조회
40
41
42      ----------------------------------------------------------------
43      -- 500 최종 결과를 화면에 표시
44      ----------------------------------------------------------------
45 ⊟   SELECT A.*
46      FROM #TEMP_출고피킹조회 A
47      WHERE 1 = 1
48      ORDER BY A.출고번호, A.지시로케이션코드
49
50   END
51
```

임시테이블을 생성하고
이를 활용하여 조회(SELECT)하였다.

[그림 6-45] SPG300_출고피킹_조회 소스코드

(2) 출고피킹 처리

[SPG300_출고피킹_피킹처리] 프로시저는 실제 출고지시 처리를 수행한다. 프로시저를 살펴보면 하나의 로케이션에서만 출고지시된 경우에는 [30]출고지시 → [40]피킹완료로 상태코드가 변경되지만 여러 로케이션의 재고를 피킹하는 경우에는 [30]출고지시 → [35]피킹중 → [40]피킹완료의 순서로 상태코드가 변경된다. 재고변동은 검수를 거쳐 최종 출고확정 시에 수행된다.

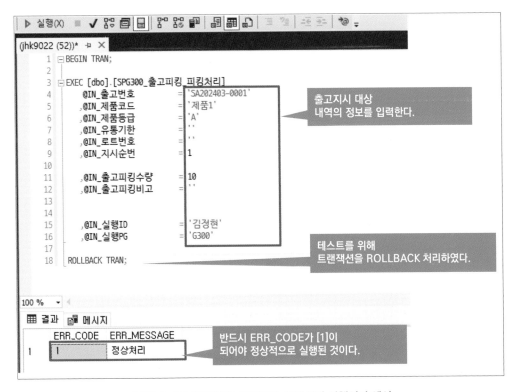

[그림 6-46] SPG300_출고피킹_피킹처리 실행결과 예시

```
 1  ┌ALTER PROCEDURE [dbo].[SPG300_출고피킹_피킹처리]
 2       @IN_출고번호         NVARCHAR(30)
 3      ,@IN_제품코드         NVARCHAR(30)
 4      ,@IN_제품등급         NVARCHAR(10)
 5      ,@IN_유통기한         NVARCHAR(08)                피킹 처리할 전표번호 등을
 6      ,@IN_로트번호         NVARCHAR(30)                입력한다.
 7      ,@IN_지시순번         INT
 8
 9      ,@IN_출고피킹수량     NUMERIC(18, 0)
10      ,@IN_출고피킹비고     NVARCHAR(100)
11
12      ,@IN_실행ID          NVARCHAR(50)
13      ,@IN_실행PG          NVARCHAR(50)
14  AS
15  ┌BEGIN
16
17      SET NOCOUNT ON;
18
19  ┌   DECLARE @IN_실행공인IP     NVARCHAR(50)
20           ,@IN_호스트명      NVARCHAR(50)
21           ,@IN_현재일시      NVARCHAR(50)
22           ,@IN_현재일자      NVARCHAR(50)
23
24  ┌   SELECT @IN_실행공인IP   = A.접속공인IP
25           ,@IN_호스트명     = A.접속호스트
26           ,@IN_현재일시     = A.현재일시
27           ,@IN_현재일자     = LEFT(A.현재일시, 8)
28       FROM FTA_세션정보_조회() A
29      WHERE 1 = 1
30
31  ┌   DECLARE @RETURN_VALUE        INT
32           ,@OUT_재고반영메시지    NVARCHAR(500)
33
34  ┌   ----------------------------------------------------------------
35      -- 100 입력값 이상여부 확인
36      ----------------------------------------------------------------
37      SET @IN_출고번호     = UPPER(TRIM(@IN_출고번호))
38      SET @IN_제품코드     = UPPER(TRIM(@IN_제품코드))
39      SET @IN_제품등급     = UPPER(TRIM(@IN_제품등급))
40      SET @IN_유통기한     = UPPER(TRIM(@IN_유통기한))
41      SET @IN_로트번호     = UPPER(TRIM(@IN_로트번호))
42      SET @IN_출고피킹비고 =      TRIM(@IN_출고피킹비고)
43      |
```

[그림 6-47] SPG300_출고피킹_피킹처리 소스코드 (1/4)

```
47  ┌  DECLARE @출고전표_상태코드              NVARCHAR(10)
48  │          ,@출고전표_로트지정출고여부       NVARCHAR(10)
49  │          ,@출고전표_출고처코드            NVARCHAR(30)
50  │          ,@출고전표_출고처명             NVARCHAR(100)
51  │          ,@출고전표_반품여부             NVARCHAR(10)
52  │          ,@출고전표지시_지시수량          NUMERIC(18, 0)
53  │          ,@출고전표지시_피킹수량          NUMERIC(18, 0)
54  │          ,@출고전표지시_피킹여부          NVARCHAR(10)
55  │
56  ┌  SELECT @출고전표지시_지시수량      = C.출고지시수량
57  │        ,@출고전표지시_피킹수량      = C.출고피킹수량
58  │        ,@출고전표지시_피킹여부      = C.출고피킹여부
59  │        ,@출고전표_상태코드         = B.상태코드
60  │        ,@출고전표_로트지정출고여부   = D.로트지정출고여부
61  │        ,@출고전표_출고처코드        = A.출고처코드
62  │        ,@출고전표_출고처명         = E.업체명
63  │        ,@출고전표_반품여부         = F.반품여부
64  │    FROM TBG_출고H A
65  │  INNER JOIN TBG_출고D      B ON B.출고번호 = A.출고번호
66  │  INNER JOIN TBG_출고D_지시 C ON C.출고번호 = B.출고번호
67  │                          AND C.제품코드 = B.제품코드
68  │                          AND C.제품등급 = B.제품등급
69  │                          AND C.유통기한 = B.유통기한
70  │                          AND C.로트번호 = B.로트번호
71  │  INNER JOIN TBC_제품      D ON D.제품코드 = B.제품코드
72  │  INNER JOIN TBC_업체      E ON E.업체코드 = A.출고처코드
73  │  INNER JOIN TBA_출고구분   F ON F.출고구분 = A.출고구분
74  │   WHERE 1 = 1
75  │     AND A.출고번호 = @IN_출고번호
76  │     AND B.제품코드 = @IN_제품코드
77  │     AND B.제품등급 = @IN_제품등급
78  │     AND B.유통기한 = @IN_유통기한
79  │     AND B.로트번호 = @IN_로트번호
80  │     AND C.지시순번 = @IN_지시순번
81  │
82  ┌  IF @@ERROR <> 0 OR @@ROWCOUNT <> 1 BEGIN
83  │     SELECT ERR_CODE = 21, ERR_MESSAGE = N'해당전표 내역없음'
84  │     RETURN
85  │  END
86  ┌  IF @출고전표_반품여부 = '1' BEGIN
87  │     SELECT ERR_CODE = 22, ERR_MESSAGE = N'반품전표는 대상 전표가 아닙니다'
88  │     RETURN
89  │  END
90  │
91  ┌  IF @출고전표_상태코드 NOT IN ('30','35') BEGIN
92  │     SELECT ERR_CODE = 23, ERR_MESSAGE = N'출고피킹 대상 전표가 아닙니다'
93  │     RETURN
94  │  END
95  │
96  ┌  IF @출고전표지시_피킹여부 = '1' BEGIN
97  │     SELECT ERR_CODE = 24, ERR_MESSAGE = N'이미 피킹완료된 내역입니다'
98  │     RETURN
99  │  END
100 │
101 ┌  IF @IN_출고피킹수량  > @출고전표지시_지시수량 OR @IN_출고피킹수량 < 0  BEGIN
102 │     SELECT ERR_CODE = 25, ERR_MESSAGE = N'피킹수량이 비정상입니다.'
103 │     RETURN
104 │  END
```

> 피킹처리 대상 전표를
> 읽어 필요한 데이터를 가져오고
> 이상여부 등을 체크한다.

[그림 6-48] SPG300_출고피킹_피킹처리 소스코드 (2/4)

```
106  ┌   ----------------------------------------------------------------------
107  │   -- 300 TBG_출고D_지시 테이블 UPDATE
108  │   ----------------------------------------------------------------------
109  ┌   UPDATE A SET
110  │          A.출고피킹수량   = @IN_출고피킹수량
111  │         ,A.출고피킹비고   = @IN_출고피킹비고
112  │         ,A.출고피킹여부   = '1'
113  │         ,A.수정일시       = @IN_현재일시
114  │         ,A.수정자ID       = @IN_실행ID
115  │         ,A.수정자IP       = @IN_실행공인IP
116  │         ,A.수정자PG       = @IN_실행PG
117  │     FROM TBG_출고D_지시 A
118  │    INNER JOIN TBG_출고D B ON B.출고번호 = A.출고번호
119  │                         AND B.제품코드 = A.제품코드
120  │                         AND B.제품등급 = A.제품등급
121  │                         AND B.유통기한 = A.유통기한
122  │                         AND B.로트번호 = A.로트번호
123  │    WHERE 1 = 1
124  │      AND A.출고번호       = @IN_출고번호
125  │      AND A.제품코드       = @IN_제품코드
126  │      AND A.제품등급       = @IN_제품등급
127  │      AND A.유통기한       = @IN_유통기한
128  │      AND A.로트번호       = @IN_로트번호
129  │      AND A.지시순번       = @IN_지시순번
130  │      AND A.출고지시수량   >= @IN_출고피킹수량
131  │      AND @IN_출고피킹수량 >= 0
132  │      AND A.출고피킹여부   = '0'
133  │      AND B.상태코드       IN ('30', '35')
134  │
135  ┌   IF @@ERROR <> 0 OR @@ROWCOUNT <> 1 BEGIN
136  │      SELECT ERR_CODE = 30, ERR_MESSAGE = N'출고확정D 피킹반영 오류'
137  │      RETURN
138  │   END
139  │
```

> 지시테이블에
> 피킹 결과를 UPDATE

[그림 6-49] SPG300_출고피킹_피킹처리 소스코드 (3/4)

```
140  -------------------------------------------------------------------
141  -- 400 TBG_출고D 테이블 UPDATE
142  -------------------------------------------------------------------
143  UPDATE A SET
144          A.출고피킹수량    = A.출고피킹수량 + @IN_출고피킹수량
145         ,A.출고검수수량    = 0
146         ,A.출고확정수량    = 0
147         ,A.상태코드        = '35'
148         ,A.수정일시        = @IN_현재일시
149         ,A.수정자ID        = @IN_실행ID
150         ,A.수정자IP        = @IN_실행공인IP
151         ,A.수정자PG        = @IN_실행PG
152     FROM TBG_출고D A
153    WHERE 1 = 1
154      AND A.출고번호        = @IN_출고번호
155      AND A.제품코드        = @IN_제품코드
156      AND A.제품등급        = @IN_제품등급
157      AND A.유통기한        = @IN_유통기한
158      AND A.로트번호        = @IN_로트번호
159      AND A.출고지시수량     >= @IN_출고피킹수량
160      AND A.상태코드        IN ('30', '35')
161
162  IF @@ERROR <> 0 OR @@ROWCOUNT <> 1 BEGIN
163      SELECT ERR_CODE = 31, ERR_MESSAGE = N'출고확정D 피킹반영 오류'
164      RETURN
165  END
166
167  -- 해당 출고D 관련 피킹이 모두 완료된 경우 상태코드를 [40]으로 변경
168  IF NOT EXISTS (SELECT A.*
169                   FROM TBG_출고D_지시 A
170                  WHERE 1 = 1
171                    AND A.출고번호        = @IN_출고번호
172                    AND A.제품코드        = @IN_제품코드
173                    AND A.제품등급        = @IN_제품등급
174                    AND A.유통기한        = @IN_유통기한
175                    AND A.로트번호        = @IN_로트번호
176                    AND A.출고피킹여부     = '0') BEGIN
177      UPDATE A SET
178              A.상태코드        = '40'
179             ,A.수정일시        = @IN_현재일시
180             ,A.수정자ID        = @IN_실행ID
181             ,A.수정자IP        = @IN_실행공인IP
182             ,A.수정자PG        = @IN_실행PG
183         FROM TBG_출고D A
184        WHERE 1 = 1
185          AND A.출고번호        = @IN_출고번호
186          AND A.제품코드        = @IN_제품코드
187          AND A.제품등급        = @IN_제품등급
188          AND A.유통기한        = @IN_유통기한
189          AND A.로트번호        = @IN_로트번호
190          AND A.상태코드        IN ('30', '35')
191
192      IF @@ERROR <> 0 OR @@ROWCOUNT <> 1 BEGIN
193          SELECT ERR_CODE = 32, ERR_MESSAGE = N'출고확정D 피킹완료 반영오류'
194          RETURN
195      END
196
197  END
199  -- 정상종료 처리
200  SELECT ERR_CODE = 1, ERR_MESSAGE = N'정상처리'
201  RETURN
202  END;
```

집계된 결과를 가지고 있는 [TBG_출고D] 테이블에 해당 수량을 ADD 한다. 상태코드는 [35]피킹진행중으로 처리

지시내역 모두 피킹이 완료된 경우 상태코드를 [40]으로 변경 처리한다.

[그림 6-50] SPG300_출고피킹_피킹처리 소스코드 (4/4)

나. 엑셀VBA

(1) 출고피킹 조회

출고피킹 조회 화면은 [SPG300_출고피킹_조회] 프로시저 실행 결과를 참고하여 항목들을 적절히 배치하면 된다. 출고지시에는 출고번호와 제품코드, 유통기한, 로트번호, 지시순번 등은 향후 [처리]에 필요하기 때문에 반드시 추가하도록 하자.

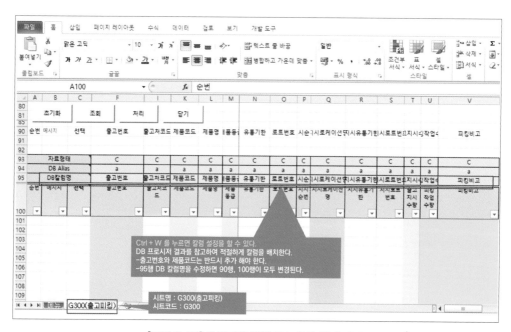

[그림 6-51] 출고피킹 엑셀VBA 화면 설정 예시

```
Sub 기본_조회()

    Dim txt_Sql      As String         ' SQL문장 저장을 위한 변수 선언
    Dim txt_현재시트 As String          ' 현재 작업 시트명을 저장/관리하기 위한 변수 선언

    On Error Resume Next

    txt_현재시트 = ActiveSheet.Name        ' 조회시트명을 변수에 저장
    txt_현재시트코드 = ActiveSheet.CodeName ' 조회시트코드를 변수에 저장

    Sheets(txt_현재시트).Select           ' 조회시트로 이동

    Call 공통_초기화                      ' 101번 라인 이하를 삭제(클리어)시킴

    txt_Sql = "EXEC [dbo].[SPG300_출고피킹_조회]      " & vbLf & _
        "        @IN_실행ID      = '<<실행ID>>'      " & vbLf & _
        "       ,@IN_실행PG      = '<<실행PG>>'      " & vbLf

    txt_Sql = Replace(txt_Sql, "<<실행ID>>", Trim(A100.Range("사용자ID")))
    txt_Sql = Replace(txt_Sql, "<<실행PG>>", ActiveSheet.CodeName)

    If 공통_DB1_Connect() = False Then              ' 관리시트에 있는 접속환경으로 DB에 접속함
        MsgBox "[오류]DB연결이 정상적이지 않습니다!!"
        Exit Sub
    End If

    If 공통_DB1_SP조회1(txt_Sql) = False Then        ' txt_Sql변수의 SQL문장을 실행함
        MsgBox "[오류]해당하는 자료가 존재하지 않습니다"
        Exit Sub
    End If
```

> SPG300_출고피킹_조회
> 프로시저를 호출 한다.

[그림 6-52] 출고피킹 조회 관련 소스코드 (1/2)

```
    i = 101                                      ' 출력시작을 위한 기준행(제목행 Row 위치값을 설정함)
    num_최대조회수 = A100.Range("최대조회건수")     ' 화면에 최대로 조회할 행수
    num_열개수 = Application.CountA(Sheets(txt_현재시트).Range("A90:ZZ90")) + 5

    Call 공통_화면이벤트_OFF

    Do Until (RS1.EOF)                                     ' RS1 Record Set이 끝이 날때까지 Loop까지 계속 반복

        Cells(i, 1) = i - 100

        For kk = 4 To num_열개수

            If Cells(95, kk) <> "" Then

                ' txt_칼럼명 = Cells(95, kk)
                Cells(i, kk) = RS1.Fields(Cells(95, kk)).Value

            End If

        Next

        i = i + 1

        If i > num_최대조회수 Then
            MsgBox "[확인]데이터가 " & num_최대조회수 & "건보다 많습니다. 조회조건을 변경 바랍니다"
            Exit Do
        End If

        RS1.MoveNext                             ' RecordSet의 다음자료(다음위치로) 이동함

    Loop

    Cells(101, 3).Select

    Call 공통_DB1_Close                          ' 연결되었던 DB와의 접속을 끊음
    Call 공통_화면이벤트_ON

End Sub
```

[그림 6-53] 출고피킹 조회 관련 소스코드 (2/2)

(2) 출고피킹 처리

피킹처리는 선택구분을 [7]로 입력하면 된다. ([1], [4]와 같은 입력, 수정, 삭제와 같은 기능과 구분하기 위함이다.)

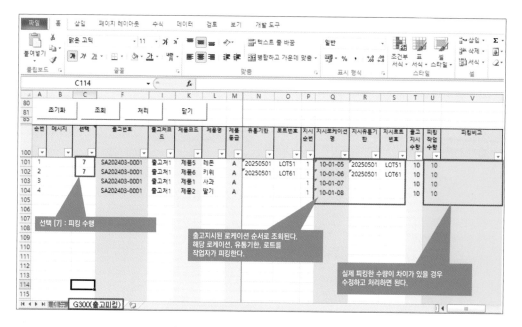

[그림 6-54] 출고피킹 처리 화면 예시

```
Sub 기본_처리()

    Dim txt_Sql      As String        ' SQL문장 저장을 위한 변수 선언
    Dim txt_현재시트 As String        ' 현재 작업 시트명을 저장/관리하기 위한 변수 선언

    On Error Resume Next

    txt_현재시트 = ActiveSheet.Name        ' 조회시트명을 변수에 저장

    Sheets(txt_현재시트).Select            ' 조회시트로 이동

    Call 공통_필터초기화                   ' 필터에 조건이 지정되어 있는 것을 대비하여 필터초기화

    In사용자ID = A100.Range("사용자ID")                  ' 향후 Insert/Update시 사용할 ID,IP,시간등을 변수에 저장
    In_공인IP = A100.Range("공인IP")                      ' 각종 정보는 관리시트에 있음
    In_호스트명 = A100.Range("호스트명")                  ' 각종 정보는 관리시트에 있음
    In_현재일시 = 공통_시스템시간()

    txt_현재시트 = ActiveSheet.Name                      ' 조회시트명을 변수에 저장
    In_현재시트코드 = ActiveSheet.CodeName               ' 조회시트코드를 변수에 저장

    Col_출고번호 = 공통_칼럼위치(txt_현재시트, 90, "출고번호")
    Col_출고일자 = 공통_칼럼위치(txt_현재시트, 90, "출고일자")
    Col_출고처코드 = 공통_칼럼위치(txt_현재시트, 90, "출고처코드")

    Col_제품코드 = 공통_칼럼위치(txt_현재시트, 90, "제품코드")
    Col_제품등급 = 공통_칼럼위치(txt_현재시트, 90, "제품등급")
    Col_유통기한 = 공통_칼럼위치(txt_현재시트, 90, "유통기한")
    Col_로트번호 = 공통_칼럼위치(txt_현재시트, 90, "로트번호")
    Col_지시순번 = 공통_칼럼위치(txt_현재시트, 90, "지시순번")
    Col_피킹작업수량 = 공통_칼럼위치(txt_현재시트, 90, "피킹작업수량")
    Col_피킹비고 = 공통_칼럼위치(txt_현재시트, 90, "피킹비고")

    Err_flag = 0                                         ' 향후 에러여부를 체크할 변수 0:정상 1:오류 (초기값은 0)
    tot_cnt = ActiveSheet.Cells.SpecialCells(xlCellTypeLastCell).Row     ' 해당시트 데이터가 입력된 마지막행을 확인

    ' 실제 출고확정시 사용함
    txt_Sql_처리 = "EXEC [dbo].[SPG300_출고피킹_피킹처리]     " & vbLf & _
        "            @IN_출고번호      = '<<출고번호>>'        " & vbLf & _
        "           ,@IN_제품코드      = '<<제품코드>>'        " & vbLf & _
        "           ,@IN_제품등급      = '<<제품등급>>'        " & vbLf & _
        "           ,@IN_유통기한      = '<<유통기한>>'        " & vbLf & _
        "           ,@IN_로트번호      = '<<로트번호>>'        " & vbLf & _
        "           ,@IN_지시순번      = '<<지시순번>>'        " & vbLf & _
        "           ,@IN_출고피킹수량  = '<<출고피킹수량>>'    " & vbLf & _
        "           ,@IN_출고피킹비고  = '<<출고피킹비고>>'    " & vbLf & _
        "           ,@IN_실행ID        = '<<실행ID>>'          " & vbLf & _
        "           ,@IN_실행PG        = '<<실행PG>>'          " & vbLf

    txt_Sql_처리 = Replace(txt_Sql_처리, "<<실행ID>>", Trim(A100.Range("사용자ID")))
    txt_Sql_처리 = Replace(txt_Sql_처리, "<<실행PG>>", ActiveSheet.CodeName)

    If 공통_DB1_Connect() = False Then                   ' 관리시트에 있는 접속환경으로 DB에 접속함
        MsgBox "[오류]DB연결이 정상적이지 않습니다!!"
        Exit Sub
    End If
```

[그림 6-55] 출고피킹 엑셀VBA 소스코드 (1/3)

```
    Err.Clear
    DB_Conn1.BeginTrans                                 ' *** 트랜잭션 시작 ****

  If Err.Number <> 0 Then
      DB_Conn1.RollbackTrans                            ' Begin Tran이 계속 존재하는 경우를 대비하여 Rollback 처리함
      MsgBox "[오류]트랜잭션을 시작하지 못했습니다. 다시 시도 바랍니다"
      Exit Sub
  End If                                                ' 오류 메시지를 표시한다


  For i = 101 To tot_cnt                                ' 101번행부터 데이터가 입력되어 있는 행(Row)까지 반복함

    If Cells(i, 2) <> "" Then Cells(i, 2) = ""

    If Cells(i, 3) = "7" And Cells(i, Col_출고번호) <> "" Then          ' 선택값 1(입력)을 입력하고 4번열값에 데이터가 있는 경우

        txt_Sql = txt_Sql_처리      ' 7 일때는 출고지시 처리

        txt_Sql = Replace(txt_Sql, "<<출고번호>>", Trim(Cells(i, Col_출고번호)))
        txt_Sql = Replace(txt_Sql, "<<제품코드>>", Trim(Cells(i, Col_제품코드)))
        txt_Sql = Replace(txt_Sql, "<<제품등급>>", Trim(Cells(i, Col_제품등급)))
        txt_Sql = Replace(txt_Sql, "<<유통기한>>", Trim(Cells(i, Col_유통기한)))
        txt_Sql = Replace(txt_Sql, "<<로트번호>>", Trim(Cells(i, Col_로트번호)))
        txt_Sql = Replace(txt_Sql, "<<지시순번>>", Trim(Cells(i, Col_지시순번)))
        txt_Sql = Replace(txt_Sql, "<<출고피킹수량>>", Trim(Cells(i, Col_피킹작업수량)))
        txt_Sql = Replace(txt_Sql, "<<출고피킹비고>>", Trim(Cells(i, Col_피킹비고)))

        If 공통_DB1_SP처리(txt_Sql) = False Then       ' txt_Sql변수의 SQL문장을 실행함
            Err_flag = 1
            txt_오류메시지 = Err.Description
            txt_오류메시지 = "오류[" & RS0!ERR_CODE & "] " & RS0!ERR_MESSAGE & " " & txt_오류메시지
            Cells(i, 2) = txt_오류메시지
        End If

    End If

  Next

End Sub
```

[그림 6-56] 출고피킹 엑셀VBA 소스코드 (2/3)

```
    If Err_flag = 0 Then                                ' 지금까지 오류가 없으면

      Err.Clear
      DB_Conn1.CommitTrans                              ' 트랜잭션을 정상적으로 완료처리 한다

      If Err.Number = 0 Then                            ' 만약 트랜잭션 완료가 정상이면 정상 메시지를 표시
          MsgBox "[완료]요청한 작업이 완료되었습니다"
      Else
          MsgBox "[오류]최종 Commit 작업에 문제가 생겼습니다, 작업 결과를 확인 바랍니다."
          Err_flag = 1                                  ' 트랜잭션 최종 완료시에 문제가 발생하면 메시지를 표시하고
      End If                                            ' 오류 메시지를 표시한다

    Else

      Err.Clear
      DB_Conn1.RollbackTrans                            ' 위의 업무처리시 오류가 발생하여 Err_flag가 1이면
      MsgBox "[오류]작업중 문제가 발생 했습니다. 확인 요망!!"    ' 트랜잭션을 Rollback 처리하고 오류메시지를 보여 준다

    End If


    Call 공통_DB1_Close                                  ' 모든 작업이 완료되었기 때문에 DB접속을 끊는다

    If Err_flag = 0 Then                                ' 작업에 이상이 없었다면 다시 정보를 조회하여
        Call 기본_조회                                   ' 정상적으로 입력되었는지를 보여준다.
    End If

End Sub
```

[그림 6-57] 출고지시 엑셀VBA 소스코드 (3/3)

5. 출고검수

가. DB프로시저

출고검수 작업은 출고지시와 피킹 작업 결과를 기반으로 해당 수량이 정확하게 피킹되었는지를 최종적으로 점검, 확인하는 단계이다. 이 단계 이후 최종 출고확정 작업이 되면 재고의 관리책임이 출고처로 이전되고 창고의 로케이션재고는 차감(−)된다.

하나의 제품을 여러 로케이션에서 피킹한 후에 전체 수량을 검수하는 것이기 때문에 출고지시와 피킹에서 활용되는 [TBG_출고D_지시]테이블이 아닌 [TBG_출고D] 테이블을 기반으로 작업이 수행된다.

출고검수는 [TBG_출고D]테이블의 상태코드가 [40] → [50]으로 변경되며, 출고검수수량 등이 UPDATE된다.

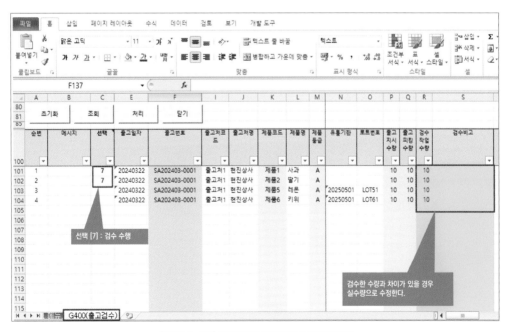

[그림 6-58] 출고피킹 엑셀VBA 화면 예시

(1) 출고검수 조회

[SPG400_출고피킹_조회] 프로시저는 피킹이 완료된 내역인 상태코드 [40]인 내역들을 화면에 조회하고 검수담당자가 실제 해당 물량을 정확히 피킹하였는지 검수하고 그 결과를 입력하는 화면이다.

[TBG_출고D]테이블의 상태코드 [40]인 내역들이 화면에 조회된다. (피킹화면은 [TBG_출고 D_지시]테이블을 기반으로 화면이 개발된다.) 만약, 검수 시 피킹된 수량에 착오가 있었다면 검 수 수량을 변경할 수도 있다.

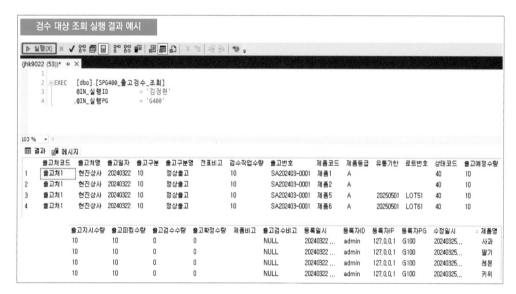

[그림 6-59] 출고검수 대상조회 실행결과 예시

```
1  ⊟ALTER PROCEDURE [dbo].[SPG400_출고검수_조회]
2         @IN_실행ID          NVARCHAR(50)
3        ,@IN_실행PG          NVARCHAR(50)
4   AS
5  ⊟BEGIN
6
7      SET NOCOUNT ON;
8
9  ⊟    DECLARE @IN_실행공인IP     NVARCHAR(50)
10            ,@IN_호스트명       NVARCHAR(50)
11            ,@IN_현재일시       NVARCHAR(50)
12
13 ⊟    DECLARE @RETURN_VALUE    INT,
14            @OUT_메세지       NVARCHAR(500)
15
16 ⊟    SELECT @IN_실행공인IP   = A.접속공인IP
17          ,@IN_호스트명      = A.접속호스트
18          ,@IN_현재일시      = A.현재일시
19      FROM FTA_세션정보_조회() A
20     WHERE 1 = 1
21
22 ⊟    ----------------------------------------------------------------------------
23     -- 100 기본 자료를 조회하여 임시테이블에 저장한다
24     ----------------------------------------------------------------------------
25 ⊟    SELECT 출고처코드     = A.출고처코드
26          ,출고처명      = E.업체명
27          ,출고일자      = A.출고일자
28          ,출고구분      = A.출고구분
29          ,출고구분명     = D.출고구분명
30          ,전표비고      = A.전표비고
31          ,검수작업수량    = B.출고피킹수량
32          ,B.*
33          ,F.제품명
34       INTO #TEMP_출고검수조회
35       FROM TBG_출고H       A
36  INNER JOIN TBG_출고D      B ON B.출고번호    = A.출고번호
37  INNER JOIN TBA_출고구분    D ON D.출고구분    = A.출고구분
38  INNER JOIN TBC_업체      E ON E.업체코드    = A.출고처코드
39  INNER JOIN TBC_제품      F ON F.제품코드    = B.제품코드
40     WHERE 1 = 1
41      AND D.반품여부    ◇ '1'  -- 반품 제외
42 ⊟    and B.상태코드    = '40'  -- 피킹이 모두 완료된 내역에 대해 조회
43
44     ----------------------------------------------------------------------------
45     -- 500 최종 결과를 화면에 표시
46     ----------------------------------------------------------------------------
47 ⊟    SELECT A.*
48       FROM #TEMP_출고검수조회 A
49     WHERE 1 = 1
50     ORDER BY A.출고번호, A.제품코드
51
52   END
```

임시테이블을 생성하고
이를 활용하여 조회(SELECT)하였다.

[그림 6-60] SPG300_출고검수_조회 소스코드

(2) 출고검수 처리

피킹 완료된 내역에 대해 정확히 수행하였는지 수량을 최종 검수하고 그 결과를 입력하는 프로시저이다. 이 프로시저는 상태코드를 [40] → [50]으로 변경하고 출고검수수량을 UPDATE하는 작업을 주로 수행한다.

피킹 작업과 마찬가지로 별도의 로케이션 재고 변동은 발생하지 않는다. 최종 출고확정 시에 관련된 재고 처리가 수행된다. (최종 검수수량은 창고에서 재고가 차감(-)되며, 출고지시 수량과 검수수량의 차이분은 [출고오류대기]로케이션으로 이동된다.)

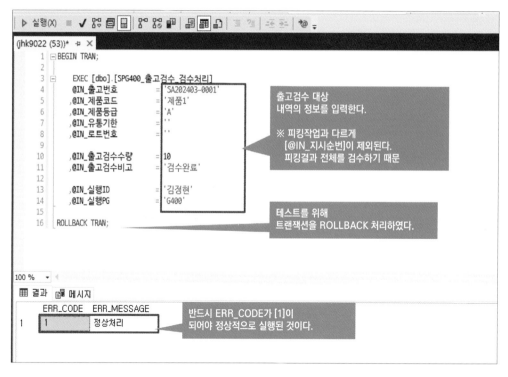

[그림 6-61] SPG400_출고검수_검수처리 실행결과 예시

```
1  ALTER PROCEDURE [dbo].[SPG400_출고검수_검수처리]
2      @IN_출고번호            NVARCHAR(30)
3     ,@IN_제품코드            NVARCHAR(30)
4     ,@IN_제품등급            NVARCHAR(10)
5     ,@IN_유통기한            NVARCHAR(08)
6     ,@IN_로트번호            NVARCHAR(30)
7
8     ,@IN_출고검수수량         NUMERIC(18, 0)
9     ,@IN_출고검수비고         NVARCHAR(100)
10
11    ,@IN_실행ID             NVARCHAR(50)
12    ,@IN_실행PG             NVARCHAR(50)
13 AS
14 BEGIN
15
16     SET NOCOUNT ON;
17
18     DECLARE @IN_실행공인IP      NVARCHAR(50)
19            ,@IN_호스트명        NVARCHAR(50)
20            ,@IN_현재일시        NVARCHAR(50)
21            ,@IN_현재일자        NVARCHAR(50)
22
23     SELECT @IN_실행공인IP     = A.접속공인IP
24           ,@IN_호스트명       = A.접속호스트
25           ,@IN_현재일시       = A.현재일시
26           ,@IN_현재일자       = LEFT(A.현재일시, 8)
27       FROM FTA_세션정보_조회() A
28      WHERE 1 = 1
29
30     DECLARE @RETURN_VALUE        INT
31            ,@OUT_재고반영메시지    NVARCHAR(500)
32
33     -------------------------------------------------------------
34     -- 100 입력값 이상여부 확인
35     -------------------------------------------------------------
36     SET @IN_출고번호   = UPPER(TRIM(@IN_출고번호))
37     SET @IN_제품코드   = UPPER(TRIM(@IN_제품코드))
38     SET @IN_제품등급   = UPPER(TRIM(@IN_제품등급))
39     SET @IN_유통기한   = UPPER(TRIM(@IN_유통기한))
40     SET @IN_로트번호   = UPPER(TRIM(@IN_로트번호))
41     SET @IN_출고검수비고 =     TRIM(@IN_출고검수비고)
42
43
```

검수 처리할 전표번호 등을 입력한다.

[그림 6-62] SPG400_출고피킹_검수처리 소스코드 (1/5)

325

```
45  ┌─   DECLARE @출고전표_상태코드              NVARCHAR(10)
46          ,@출고전표_로트지정출고여부         NVARCHAR(10)
47          ,@출고전표_출고처코드              NVARCHAR(30)
48          ,@출고전표_출고처명               NVARCHAR(100)
49          ,@출고전표_반품여부               NVARCHAR(10)
50          ,@출고전표_지시수량               NUMERIC(18, 0)
51          ,@출고전표_피킹수량               NUMERIC(18, 0)
52
53  ┌─   SELECT @출고전표_지시수량      = B.출고지시수량
54          ,@출고전표_피킹수량        = B.출고피킹수량
55          ,@출고전표_상태코드        = B.상태코드
56          ,@출고전표_로트지정출고여부  = D.로트지정출고여부
57          ,@출고전표_출고처코드       = A.출고처코드
58          ,@출고전표_출고처명        = E.업체명
59          ,@출고전표_반품여부        = F.반품여부
60       FROM TBG_출고H A
61     INNER JOIN TBG_출고D     B ON B.출고번호 = A.출고번호
62     INNER JOIN TBC_제품     D ON D.제품코드 = B.제품코드
63     INNER JOIN TBC_업체     E ON E.업체코드 = A.출고처코드
64     INNER JOIN TBA_출고구분  F ON F.출고구분 = A.출고구분
65      WHERE 1 = 1
66        AND A.출고번호 = @IN_출고번호
67        AND B.제품코드 = @IN_제품코드
68        AND B.제품등급 = @IN_제품등급
69        AND B.유통기한 = @IN_유통기한
70        AND B.로트번호 = @IN_로트번호
71
72  ┌─   IF  @@ERROR <> 0 OR @@ROWCOUNT <> 1 BEGIN
73          SELECT ERR_CODE = 21, ERR_MESSAGE = N'해당전표 내역없음'
74          RETURN
75       END
76
77  ┌─   IF @출고전표_반품여부 = '1' BEGIN
78          SELECT ERR_CODE = 22, ERR_MESSAGE = N'반품전표는 대상 전표가 아닙니다'
79          RETURN
80       END |
81
82  ┌─   IF @출고전표_상태코드 <> '40' BEGIN
83          SELECT ERR_CODE = 23, ERR_MESSAGE = N'출고검수 대상 전표가 아닙니다'
84          RETURN
85       END
86
87  ┌─   IF  @IN_출고검수수량 < 0  BEGIN
88          SELECT ERR_CODE = 251, ERR_MESSAGE = N'검수수량이 0보다 작습니다'
89          RETURN
90       END
91
92  ┌─   IF @IN_출고검수수량 > @출고전표_지시수량    BEGIN
93          SELECT ERR_CODE = 252, ERR_MESSAGE = N'검수수량이 지시수량보다 클수 없습니다'
94          RETURN
95       END
96
97  ┌─   IF @IN_출고검수수량 > @출고전표_피킹수량    BEGIN
98          SELECT ERR_CODE = 253, ERR_MESSAGE = N'검수수량이 피킹수량보다 클수 없습니다'
99          RETURN
100      END
101
```

[그림 6-63] SPG400_출고피킹_검수처리 소스코드 (2/5)

```
102    ---------------------------------------------------------------
103    -- 400 TBG_출고D 테이블 UPDATE
104    ---------------------------------------------------------------
105    UPDATE A SET
106           A.출고검수수량    = @IN_출고검수수량
107          ,A.출고검수비고    = @IN_출고검수비고
108          ,A.출고확정수량    = 0
109          ,A.상태코드        = '50'
110          ,A.수정일시        = @IN_현재일시
111          ,A.수정자ID        = @IN_실행ID
112          ,A.수정자IP        = @IN_실행공인IP
113          ,A.수정자PG        = @IN_실행PG
114     FROM TBG_출고D A
115    WHERE 1 = 1
116      AND A.출고번호        = @IN_출고번호
117      AND A.제품코드        = @IN_제품코드
118      AND A.제품등급        = @IN_제품등급
119      AND A.유통기한        = @IN_유통기한
120      AND A.로트번호        = @IN_로트번호
121      AND A.출고지시수량    >= @IN_출고검수수량   -- 지시수량보다 같거나 작아야 한다
122      AND A.출고피킹수량    >= @IN_출고검수수량   -- 피킹수량보다 같거나 작아야 한다
123      AND A.상태코드        = '40'
124
125    IF @@ERROR <> 0 OR @@ROWCOUNT <> 1 BEGIN
126       SELECT ERR_CODE = 31, ERR_MESSAGE = N'출고확정D 검수반영 오류'
127       RETURN
128    END
```

[TBG_출고D]테이블에 검수 결과를 UPDATE

[그림 6-64] SPG400_출고피킹_검수처리 소스코드 (3/5)

```
131    ---------------------------------------------------------------
132    -- 500 TBG_출고D_지시 테이블 UPDATE  (피킹수량과 검수수량이 다를 경우 지시순번으로 반영함)
133    ---------------------------------------------------------------
134    DECLARE @II              INT = 1              -- 반복 루프 COUNT
135           ,@반영_총잔량     NUMERIC(18, 0)       -- 반영후 남은 수량을 관리
136           ,@반영_적용수량   NUMERIC(18, 0)       -- 단위별 단영수량 관리
137           ,@지시_순번       INT
138           ,@지시_로케이션코드 NVARCHAR(30)
139           ,@지시_유통기한   NVARCHAR(30)
140           ,@지시_로트번호   NVARCHAR(30)
141           ,@지시_지시수량   NUMERIC(18, 0)
142           ,@지시_피킹수량   NUMERIC(18, 0)
143
144    SET @반영_총잔량 = @IN_출고검수수량          -- 루프 시작전 잔량 설정
145
146    -- 잔량이 0이 되거나 100번 이상 루프(무한루프예방)를 실행했을 경우 종료
147    WHILE (@II <= 100 AND @반영_총잔량 > 0)  BEGIN
148
149        SELECT TOP 1
150               @지시_순번       = A.지시순번
151              ,@지시_로케이션코드 = A.지시로케이션코드
152              ,@지시_유통기한   = A.지시유통기한
153              ,@지시_로트번호   = A.지시로트번호
154              ,@지시_지시수량   = A.출고지시수량
155              ,@지시_피킹수량   = A.출고피킹수량
156         FROM TBG_출고D_지시 A
157        WHERE 1 = 1
158          AND A.출고번호        = @IN_출고번호
159          AND A.제품코드        = @IN_제품코드
160          AND A.제품등급        = @IN_제품등급
161          AND A.유통기한        = @IN_유통기한
162          AND A.로트번호        = @IN_로트번호
163          AND A.출고검수수량    = 0
164          AND A.출고피킹수량    > 0    -- 피킹수량이 0보다 큰 데이터만
165        ORDER BY A.지시순번
166
167        IF @@ERROR <> 0 OR @@ROWCOUNT <> 1 BEGIN
168           SET @지시_지시수량 = 0
169           SET @지시_피킹수량 = 0
170        END
171
172        IF @반영_총잔량 > @지시_피킹수량 BEGIN
173           SET @반영_적용수량 = @지시_피킹수량
174        END ELSE BEGIN
175           SET @반영_적용수량 = @반영_총잔량
176        END
```

[TBG_출고D_지시] 테이블도 검수수량을 지시순번 순으로 반영한다.

※ 출고확정 시 차이분 반영을 위해 반영하는 것이 유리하다.

WHILE문 시작 지점

아직 검수수량 반영하지 않은 내역 1건씩 가져온다. (TOP 1)

[그림 6-65] SPG400_출고검수_검수처리 소스코드 (4/5)

```
178       UPDATE A SET
179            A.출고검수수량    = @반영_적용수량
180           ,A.수정일시       = @IN_현재일시
181           ,A.수정자ID      = @IN_실행ID
182           ,A.수정자IP      = @IN_실행공인IP
183           ,A.수정자PG      = @IN_실행PG
184        FROM TBG_출고D_지시 A
185        WHERE 1 = 1                          검수내역을 UPDATE
186          AND A.출고번호      = @IN_출고번호
187          AND A.제품코드      = @IN_제품코드
188          AND A.제품등급      = @IN_제품등급
189          AND A.유통기한      = @IN_유통기한
190          AND A.로트번호      = @IN_로트번호
191          AND A.지시순번      = @지시_순번
192          AND A.출고검수수량   = 0
193          AND A.출고피킹수량   > 0
194
195       IF @@ERROR <> 0 OR @@ROWCOUNT <> 1 BEGIN
196          SELECT ERR_CODE = 31, ERR_MESSAGE = N'출고확정D 검수반영 오류'
197          RETURN
198       END
199
200       -- 총잔량 차감 (적용수량만큼)
201       SET @반영_총잔량 = @반영_총잔량 - @반영_적용수량
202
203       SET @II = @II + 1
204
205     END                 WHILE문 종료 지점
206
207   DECLARE @지시_검수수량합계   NUMERIC(18, 0)
208
209   SELECT @지시_검수수량합계 = ISNULL(SUM(A.출고검수수량), 0)
210     FROM TBG_출고D_지시 A
211    WHERE 1 = 1
212      AND A.출고번호       = @IN_출고번호                제대로 검수수량이 반영되었는지
213      AND A.제품코드       = @IN_제품코드                다시 한 번 검증한다.
214      AND A.제품등급       = @IN_제품등급
215      AND A.유통기한       = @IN_유통기한
216      AND A.로트번호       = @IN_로트번호
217
218   IF @IN_출고검수수량 <> @지시_검수수량합계 BEGIN
219      SELECT ERR_CODE = 31, ERR_MESSAGE = N'출고확정D_지시 검수반영 오류'
220      RETURN
221   END
222
223   -------------------------------------------
224   -- 정상종료 처리
225   -------------------------------------------
226   SELECT ERR_CODE = 1, ERR_MESSAGE = N'정상처리'
227   RETURN
228
```

[그림 6-66] SPG400_출고검수_검수처리 소스코드 (5/5)

나. 엑셀VBA

(1) 출고피킹 조회

출고피킹 조회 화면은 [SPG400_출고검수_조회] 프로시저 실행 결과를 참고하여 적절하게 101행 이하에 출력되는 항목들에 대해 적절히 배치하면 된다. 출고검수 작업시에는 출고번호와 제품코드, 유통기한, 로트번호, 검수수량 등이 반드시 필요하기 때문에 필수적으로 추가하도록 하자.

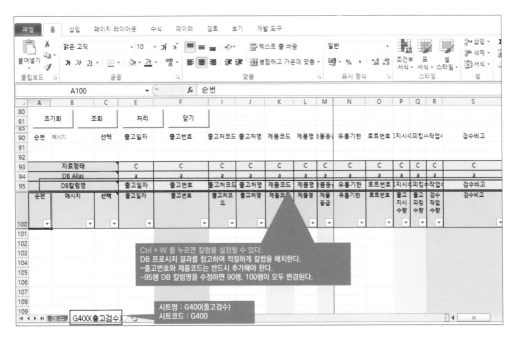

[그림 6-67] 출고검수 엑셀VBA 화면 설정 예시

```
Sub 기본_조회()

    Dim txt_Sql      As String        ' SQL문장 저장을 위한 변수 선언
    Dim txt_현재시트 As String        ' 현재 작업 시트명을 저장/관리하기 위한 변수 선언

    On Error Resume Next

    txt_현재시트 = ActiveSheet.Name        ' 조회시트명을 변수에 저장
    txt_현재시트코드 = ActiveSheet.CodeName ' 조회시트코드를 변수에 저장

    Sheets(txt_현재시트).Select         ' 조회시트로 이동

    Call 공통_초기화                    ' 101번 라인 이하를 삭제(클리어)시킴

    txt_Sql = "EXEC [dbo].[SPG400_출고검수_조회]        " & vbLf & _
    "          @IN_실행ID      = '<<실행ID>>'          " & vbLf & _
    "         ,@IN_실행PG      = '<<실행PG>>'          " & vbLf

    txt_Sql = Replace(txt_Sql, "<<실행ID>>", Trim(A100.Range("사용자ID")))
    txt_Sql = Replace(txt_Sql, "<<실행PG>>", ActiveSheet.CodeName)

    If 공통_DB1_Connect() = False Then          ' 관리시트에 있는 접속환경으로 DB에 접속함
        MsgBox "[오류]DB연결이 정상적이지 않습니다!!"
        Exit Sub
    End If

    If 공통_DB1_SP조회1(txt_Sql) = False Then    ' txt_Sql변수의 SQL문장을 실행함
        MsgBox "[오류]해당하는 자료가 존재하지 않습니다"
        Exit Sub
    End If
```

> SPG400_출고검수_조회
> 프로시저를 호출한다.

[그림 6-68] 출고검수 조회 관련 소스코드 (1/2)

```
    i = 101                                          ' 출력시작을 위한 기준행(제목행 Row 위치값을 설정함)
    num_최대조회수 = A100.Range("최대조회건수")      ' 화면에 최대로 조회할 행수
    num_열개수 = Application.CountA(Sheets(txt_현재시트).Range("A90:ZZ90")) + 5

    Call 공통_화면이벤트_OFF

    Do Until (RS1.EOF)                               ' RS1 Record Set이 끝이 날때까지 Loop까지 계속 반복

        Cells(i, 1) = i - 100

        For kk = 4 To num_열개수

            If Cells(95, kk) <> "" Then

                ' txt_칼럼명 = Cells(95, kk)
                Cells(i, kk) = RS1.Fields(Cells(95, kk)).Value

            End If

        Next

        i = i + 1

        If i > num_최대조회수 Then
            MsgBox "[확인]데이터가 " & num_최대조회수 & "건보다 많습니다. 조회조건을 변경 바랍니다"
            Exit Do
        End If

        RS1.MoveNext                                 ' RecordSet의 다음자료(다음위치)로 이동함

    Loop

    Cells(101, 3).Select

    Call 공통_DB1_Close                              ' 연결되었던 DB와의 접속을 끊음
    Call 공통_화면이벤트_ON

End Sub
```

[그림 6-69] 출고검수 조회 관련 소스코드 (2/2)

(2) 출고검수 처리

출고검수를 수행하려면 선택구분을 [7]로 입력하면 된다. ([1], [4]와 같은 입력, 수정, 삭제와 같은 기능과 구분하기 위함이다.)

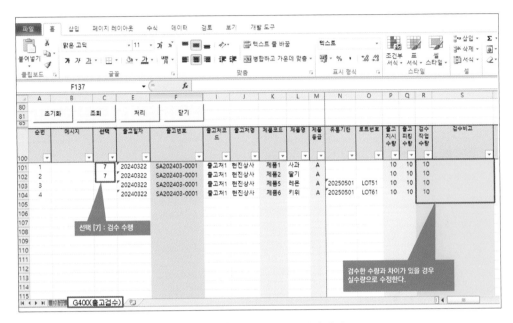

[그림 6-70] 출고검수 처리 화면 예시

```
Sub 기본_처리()

    Dim txt_Sql      As String      ' SQL문장 저장을 위한 변수 선언
    Dim txt_현재시트 As String      ' 현재 작업 시트명을 저장/관리하기 위한 변수 선언

    On Error Resume Next

    txt_현재시트 = ActiveSheet.Name      ' 조회시트명을 변수에 저장

    Sheets(txt_현재시트).Select      ' 조회시트로 이동

    Call 공통_필터초기화      ' 필터에 조건이 지정되어 있는 것을 대비하여 필터초기화

    In사용자ID = A100.Range("사용자ID")                ' 향후 Insert/Update시 사용할 ID,IP,시간등을 변수에 저장
    In_공인IP = A100.Range("공인IP")                   ' 각종 정보는 관리시트에 있음
    In_호스트명 = A100.Range("호스트명")               ' 각종 정보는 관리시트에 있음
    In_현재일시 = 공통_시스템시간()

    txt_현재시트 = ActiveSheet.Name                    ' 조회시트명을 변수에 저장
    In_현재시트코드 = ActiveSheet.CodeName             ' 조회시트코드를 변수에 저장

    Col_출고번호 = 공통_칼럼위치(txt_현재시트, 90, "출고번호")
    Col_출고일자 = 공통_칼럼위치(txt_현재시트, 90, "출고일자")
    Col_출고처코드 = 공통_칼럼위치(txt_현재시트, 90, "출고처코드")

    Col_제품코드 = 공통_칼럼위치(txt_현재시트, 90, "제품코드")
    Col_제품등급 = 공통_칼럼위치(txt_현재시트, 90, "제품등급")
    Col_유통기한 = 공통_칼럼위치(txt_현재시트, 90, "유통기한")
    Col_로트번호 = 공통_칼럼위치(txt_현재시트, 90, "로트번호")
    Col_지시순번 = 공통_칼럼위치(txt_현재시트, 90, "지시순번")
    Col_검수작업수량 = 공통_칼럼위치(txt_현재시트, 90, "검수작업수량")
    Col_검수비고 = 공통_칼럼위치(txt_현재시트, 90, "검수비고")

    Err_flag = 0                                                       ' 향후 에러여부를 체크할 변수 0:정상 1:오류 (초기값은 0)
    tot_cnt = ActiveSheet.Cells.SpecialCells(xlCellTypeLastCell).Row   ' 해당시트 데이터가 입력된 마지막행을 확인

    ' 실제 출고확정시 사용함
    txt_Sql_처리 = "EXEC [dbo].[SPG400_출고검수_검수처리]        " & vbLf & _
        "         @IN_출고번호       = '<<출고번호>>'            " & vbLf & _
        "        ,@IN_제품코드       = '<<제품코드>>'            " & vbLf & _
        "        ,@IN_제품등급       = '<<제품등급>>'            " & vbLf & _
        "        ,@IN_유통기한       = '<<유통기한>>'            " & vbLf & _
        "        ,@IN_로트번호       = '<<로트번호>>'            " & vbLf & _
        "        ,@IN_출고검수수량   = '<<출고검수수량>>'        " & vbLf & _
        "        ,@IN_출고검수비고   = '<<출고검수비고>>'        " & vbLf & _
        "        ,@IN_실행ID         = '<<실행ID>>'              " & vbLf & _
        "        ,@IN_실행PG         = '<<실행PG>>'              " & vbLf

    txt_Sql_처리 = Replace(txt_Sql_처리, "<<실행ID>>", Trim(A100.Range("사용자ID")))
    txt_Sql_처리 = Replace(txt_Sql_처리, "<<실행PG>>", ActiveSheet.CodeName)

    If 공통_DB1_Connect() = False Then                    ' 관리시트에 있는 접속환경으로 DB에 접속함
        MsgBox "[오류]DB연결이 정상적이지 않습니다!!"
        Exit Sub
    End If
```

[그림 6-71] 출고검수 엑셀VBA 소스코드 (1/3)

```
Err.Clear
DB_Conn1.BeginTrans                                          ' *** 트랜잭션 시작 ****

If Err.Number <> 0 Then
    DB_Conn1.RollbackTrans                                  ' Begin Tran이 계속 존재하는 경우를 대비하여 Rollback 처리함
    MsgBox "[오류]트랜잭션을 시작하지 못했습니다. 다시 시도 바랍니다"
    Exit Sub
End If                                                       ' 오류 메시지를 표시한다


For i = 101 To tot_cnt                                       ' 101번행부터 데이터가 입력되어 있는 행(Row)까지 반복함

    If Cells(i, 2) <> "" Then Cells(i, 2) = ""

    If Cells(i, 3) = "7" And Cells(i, Col_출고번호) <> "" Then              ' 선택값 1(입력)을 입력하고 4번열값에 데이터가 있는 경우

        txt_Sql = txt_Sql_처리          ' 7 일때는 출고검수

        txt_Sql = Replace(txt_Sql, "<<출고번호>>", Trim(Cells(i, Col_출고번호)))
        txt_Sql = Replace(txt_Sql, "<<제품코드>>", Trim(Cells(i, Col_제품코드)))
        txt_Sql = Replace(txt_Sql, "<<제품등급>>", Trim(Cells(i, Col_제품등급)))
        txt_Sql = Replace(txt_Sql, "<<유통기한>>", Trim(Cells(i, Col_유통기한)))
        txt_Sql = Replace(txt_Sql, "<<로트번호>>", Trim(Cells(i, Col_로트번호)))
        txt_Sql = Replace(txt_Sql, "<<출고검수수량>>", Trim(Cells(i, Col_검수작업수량)))
        txt_Sql = Replace(txt_Sql, "<<출고검수비고>>", Trim(Cells(i, Col_검수비고)))

        If 공통_DB1_SP처리(txt_Sql) = False Then          ' txt_Sql변수의 SQL문장을 실행함
            Err_flag = 1
            txt_오류메시지 = Err.Description
            txt_오류메시지 = "오류[" & RS0!ERR_CODE & "] " & RS0!ERR_MESSAGE & " " & txt_오류메시지
            Cells(i, 2) = txt_오류메시지
        End If

    End If

Next
```

[그림 6-72] 출고검수 엑셀VBA 소스코드 (2/3)

```
    If Err_flag = 0 Then                                    ' 지금까지 오류가 없으면

        Err.Clear
        DB_Conn1.CommitTrans                                ' 트랜잭션을 정상적으로 완료처리 한다

        If Err.Number = 0 Then                              ' 만약 트랜잭션 완료가 정상이면 정상 메시지를 표시
            MsgBox "[완료]요청한 작업이 완료되었습니다"
        Else
            MsgBox "[오류]최종 Commit 작업에 문제가 생겼습니다, 작업 결과를 확인 바랍니다."
            Err_flag = 1                                    ' 트랜잭션 최종 완료시에 문제가 발생하면 메시지를 표시하고
        End If                                              ' 오류 메시지를 표시한다

    Else

        Err.Clear
        DB_Conn1.RollbackTrans                              ' 위의 업무처리시 오류가 발생하여 Err_flag가 1이면
        MsgBox "[오류]작업중 문제가 발생 했습니다. 확인 요망!!"     ' 트랜잭션을 Rollback 처리하고 오류메시지를 보여 준다

    End If


    Call 공통_DB1_Close                                      ' 모든 작업이 완료되었기 때문에 DB접속을 끊는다

    If Err_flag = 0 Then                                    ' 작업에 이상이 없었다면 다시 정보를 조회하여
        Call 기본_조회                                       ' 정상적으로 입력되었는지를 보여준다.
    End If

End Sub
```

[그림 6-73] 출고검수 엑셀VBA 소스코드 (3/3)

6. 출고확정

가. DB프로시저

출고확정은 출고지시, 피킹, 검수를 거쳐 최종 확정된 제품을 출고처로 인수인계를 완료하고 재고를 최종 출고하는 단계이다. 출고확정이 되면 로케이션재고는 차감(-)되며 출고 등록된 내역의 상태코드는 [90]확정 상태로 변경된다.

만약, 지시수량과 출고확정 하는 수량이 차이가 있을 경우 최종 출고수량은 재고에서 최종 차감(-)되지만 나머지 차이분에 대해서는 [출고오류대기]로케이션으로 이동 처리된다. 원래 재고가 보관되어 있던 로케이션으로 다시 이동하게 되면 다른 출고에 혼선을 줄 수 있기 때문이다.

> **(예시) 지시수량 10개, 확정수량 7개 확정처리**
> **처리내용 : 7개 [출고대기] 로케이션에서 차감(-) 처리**
> **차이분 3개는 [출고대기] → [출고오류대기]로케이션으로 이동처리**

출고반품의 경우에는 피킹, 검수 작업은 생략되고 최종 출고확정 시 [출고반품대기]로케이션으로 재고가 증가(+)되며 이후 로케이션 이동 등의 작업을 통하여 보관로케이션으로 이동 처리할 수 있다.

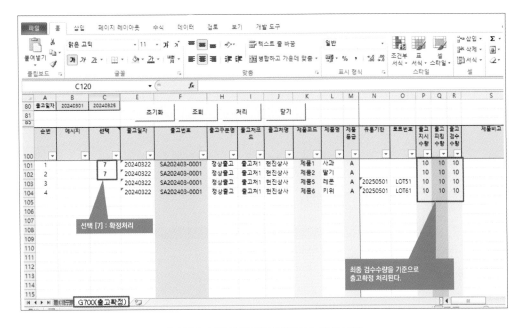

[그림 6-74] 출고확정 엑셀VBA 화면 예시

(1) 출고확정 조회

[SPG700_출고확정_조회] 프로시저는 아직 출고확정 처리가 되지 않는 내역들을 화면에 출력한다. [TBG_출고D] 테이블의 저장된 데이터 중 상태코드가 [50]인 검수완료된 내역이 그 대상이다. 반품의 경우에는 상태코드가 [30]인 상태의 데이터를 가져온다.

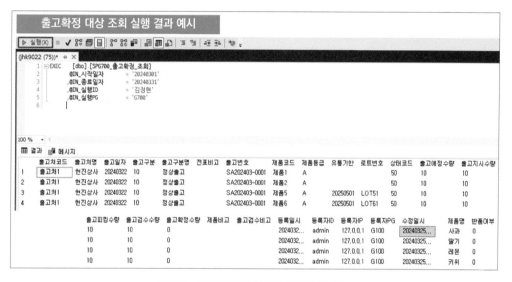

[그림 6-75] 출고확정 조회 실행결과 예시

```
 1  ⊟ALTER PROCEDURE [dbo].[SPG700_출고확정_조회]
 2          @IN_시작일자           NVARCHAR(08)
 3         ,@IN_종료일자           NVARCHAR(08)
 4
 5         ,@IN_실행ID            NVARCHAR(50)
 6         ,@IN_실행PG            NVARCHAR(50)
 7    AS
 8  ⊟BEGIN
 9
10      SET NOCOUNT ON;
11
12  ⊟    ----------------------------------------------------------------
13      -- 100 기본 자료를 조회하여 임시테이블에 저장한다
14      ----------------------------------------------------------------
15  ⊟    SELECT 출고처코드         = A.출고처코드
16           ,출고처명           = E.업체명
17           ,출고일자           = A.출고일자
18           ,출고구분           = A.출고구분
19           ,출고구분명         = D.출고구분명
20           ,전표비고           = A.전표비고
21           ,B.*
22           ,F.제품명
23           ,D.반품여부
24       INTO #TEMP_출고확정조회
25       FROM TBG_출고H           A
26      INNER JOIN TBG_출고D       B ON B.출고번호      = A.출고번호
27      INNER JOIN TBA_출고구분    D ON D.출고구분      = A.출고구분
28      INNER JOIN TBC_업체        E ON E.업체코드      = A.출고처코드
29      INNER JOIN TBC_제품        F ON F.제품코드      = B.제품코드
30      WHERE 1 = 1
31        AND A.출고일자     BETWEEN @IN_시작일자 AND @IN_종료일자
32        AND ((D.반품여부 = '0' AND B.상태코드 = '50') OR (D.반품여부 = '1' AND B.상태코드 = '30'))
33  ⊟        -- 반품이 아닐 경우에는 상태코드 50, 반품시에는 상태코드가 30인 데이터를 가져옴
34
35      ----------------------------------------------------------------
36      -- 500 최종 결과를 화면에 표시
37      ----------------------------------------------------------------
38  ⊟    SELECT A.*
39       FROM #TEMP_출고확정조회 A
40      WHERE 1 = 1
41      ORDER BY A.출고번호, A.제품코드
42
43    END
44    |
```

임시테이블을 생성하고
이를 활용하여 조회(SELECT)하였다.

[그림 6-76] SPG700_출고확정_조회 소스코드

(2) 출고확정 처리

아직 출고확정 되지 않는 내역을 대상으로 실제 출고확정 처리를 하는 프로시저이다. 이 프로시저는 상태코드를 [50]검수완료 → [90]출고확정으로 변경하고 출고확정수량을 UPDATE하는 작업을 수행한다. (반품의 경우에는 [30]출고지시 → [90]출고확정)

이와 동시에 창고의 로케이션 재고를 출고처에 인계하고 재고를 감소(-)하기 위해 공통모듈인 [SPA000_공통_재고입출고_처리] 프로시저를 호출한다. 반품의 경우에는 출고처로부터 반납받은 재고를 [출고반품대기]로케이션으로 재고를 증가(+)시킨다.

만약, 출고지시된 수량보다 출고(검수) 수량이 작을 경우 차이분은 [출고오류대기]로케이션으로 이동 처리한다. 원래 보관되어 있는 로케이션으로 이동하지 않는 이유는 오히려 이 재고때문에 다른 출고 지시에 혼선이나 오류를 발생시킬 수 있기 때문이다.

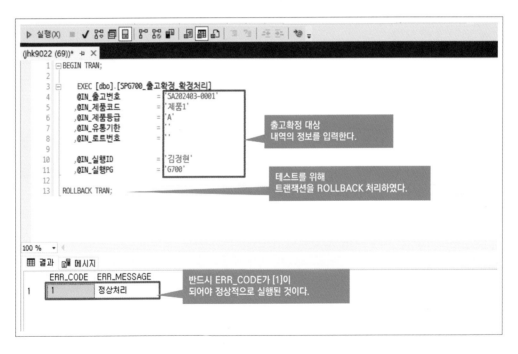

[그림 6-77] SPG700_출고확정_확정 실행결과 예시

```
 1 □ALTER PROCEDURE [dbo].[SPG700_출고확정_확정처리]
 2      @IN_출고번호            NVARCHAR(30)
 3     ,@IN_제품코드            NVARCHAR(30)
 4     ,@IN_제품등급            NVARCHAR(10)
 5     ,@IN_유통기한            NVARCHAR(08)
 6     ,@IN_로트번호            NVARCHAR(30)
 7
 8     ,@IN_실행ID             NVARCHAR(50)
 9     ,@IN_실행PG             NVARCHAR(50)
10   AS
11 □BEGIN
12
13      SET NOCOUNT ON;
14
15 □    DECLARE @IN_실행공인IP      NVARCHAR(50)
16            ,@IN_호스트명          NVARCHAR(50)
17            ,@IN_현재일시          NVARCHAR(50)
18            ,@IN_현재일자          NVARCHAR(50)
19
20 □    SELECT @IN_실행공인IP    = A.접속공인IP
21           ,@IN_호스트명        = A.접속호스트
22           ,@IN_현재일시        = A.현재일시
23           ,@IN_현재일자        = LEFT(A.현재일시, 8)
24      FROM FTA_세션정보_조회() A
25     WHERE 1 = 1
26
27 □    DECLARE @RETURN_VALUE        INT
28            ,@OUT_재고반영메시지      NVARCHAR(500)
29
30 □    ----------------------------------------------------------
31      -- 100 입력값 이상여부 확인
32      ----------------------------------------------------------
33      SET @IN_출고번호 = UPPER(TRIM(@IN_출고번호))
34      SET @IN_제품코드 = UPPER(TRIM(@IN_제품코드))
35      SET @IN_제품등급 = UPPER(TRIM(@IN_제품등급))
36      SET @IN_유통기한 = UPPER(TRIM(@IN_유통기한))
37      SET @IN_로트번호 = UPPER(TRIM(@IN_로트번호))
38
39
```

확정 처리할 전표번호 등을 입력한다.

[그림 6-78] SPG700_출고확정_확정 소스코드 (1/7)

```
40          --------------------------------------------------------------------------------
41          -- 200 해당 출고내역 확인
42          --------------------------------------------------------------------------------
43      DECLARE @출고전표_예정수량              NUMERIC(18, 0)
44              ,@출고전표_지시수량              NUMERIC(18, 0)
45              ,@출고전표_검수수량              NUMERIC(18, 0)
46              ,@출고전표_상태코드              NVARCHAR(10)
47              ,@출고전표_로트지정출고여부       NVARCHAR(10)
48              ,@출고전표_출고처코드            NVARCHAR(30)
49              ,@출고전표_출고처명              NVARCHAR(100)
50              ,@출고전표_반품여부              NVARCHAR(10)
51
52      SELECT @출고전표_예정수량            = B.출고예정수량
53              ,@출고전표_지시수량          = B.출고지시수량
54              ,@출고전표_검수수량          = B.출고검수수량
55              ,@출고전표_상태코드          = B.상태코드
56              ,@출고전표_로트지정출고여부    = C.로트지정출고여부
57              ,@출고전표_출고처코드        = A.출고처코드
58              ,@출고전표_출고처명          = D.업체명
59              ,@출고전표_반품여부          = E.반품여부
60          FROM TBG_출고H A
61          INNER JOIN TBG_출고D    B ON B.출고번호 = A.출고번호
62          INNER JOIN TBC_제품     C ON C.제품코드 = B.제품코드
63          INNER JOIN TBC_업체     D ON D.업체코드 = A.출고처코드
64          INNER JOIN TBA_출고구분 E ON E.출고구분 = A.출고구분
65          WHERE 1 = 1
66            AND A.출고번호 = @IN_출고번호
67            AND B.제품코드 = @IN_제품코드
68            AND B.제품등급 = @IN_제품등급
69            AND B.유통기한 = @IN_유통기한
70            AND B.로트번호 = @IN_로트번호
71
72      IF  @@ERROR <> 0 OR @@ROWCOUNT <> 1 BEGIN
73            SELECT ERR_CODE = 21, ERR_MESSAGE = N'해당전표 내역없음'
74            RETURN
75          END
76
77
78
```

[그림 6-79] SPG700_출고확정_확정 소스코드 (2/7)

```
79      -- 300 반품시에만 실행됨
80      IF @출고전표_반품여부 = '1' BEGIN
81
82          IF @출고전표_상태코드 NOT IN ('30') BEGIN
83              SELECT ERR_CODE = 30, ERR_MESSAGE = N'출고확정 대상전표가 아닙니다'
84              RETURN
85          END
86
87          UPDATE A SET
88              A.출고확정수량    = A.출고지시수량
89              ,A.상태코드       = '90'
90              ,A.수정일시       = @IN_현재일시
91              ,A.수정자ID       = @IN_실행ID
92              ,A.수정자IP       = @IN_실행공인IP
93              ,A.수정자PG       = @IN_실행PG
94          FROM TBG_출고D A
95          WHERE 1 = 1
96              AND A.출고번호     = @IN_출고번호
97              AND A.제품코드     = @IN_제품코드
98              AND A.제품등급     = @IN_제품등급
99              AND A.유통기한     = @IN_유통기한
100             AND A.로트번호     = @IN_로트번호
101             AND A.상태코드     IN ('30')
102             AND A.출고지시수량  = @출고전표_지시수량   -- 처리 도중 값이 변경되었는지 검증
103
104         IF @@ERROR <> 0 OR @@ROWCOUNT <> 1 BEGIN
105             SELECT ERR_CODE = 31, ERR_MESSAGE = '출고확정D 반품확정 UPDATE 오류'
106             RETURN
107         END
108         EXEC @RETURN_VALUE = [DBO].[SPA000_공통_재고입출고_처리]
109              @IN_반영일자        = @IN_현재일자
110              ,@IN_원인유형        = '출고확정'
111              ,@IN_원인전표유형     = '출고'
112              ,@IN_원인전표        = @IN_출고번호
113              ,@IN_원인전표상세     = ''
114              ,@IN_사유           = '반품확정'
115              ,@IN_제품코드        = @IN_제품코드
116              ,@IN_제품등급        = @IN_제품등급
117              ,@IN_유통기한        = @IN_유통기한
118              ,@IN_로트번호        = @IN_로트번호
119              ,@IN_입출고처코드     = @출고전표_출고처코드
120              ,@IN_입출고처명      = @출고전표_출고처명
121              ,@IN_이동전로케이션    = ''
122              ,@IN_이동후로케이션    = '출고반품대기'
123              ,@IN_이동수량        = @출고전표_지시수량
124              ,@IN_등록자ID        = @IN_실행ID
125              ,@IN_등록자IP        = @IN_실행공인IP
126              ,@IN_등록자PG        = @IN_실행PG
127              ,@OUT_결과값         = @OUT_재고반영메시지   OUTPUT
128
129         IF @RETURN_VALUE <> 1 BEGIN
130             SELECT ERR_CODE = 32, ERR_MESSAGE = CONCAT('공통재고입출고 처리오류=', @OUT_재고반영메시지)
131             RETURN
132         END
133         SELECT ERR_CODE = 1, ERR_MESSAGE = '정상처리'
134         RETURN
135
136     END
```

출고구분이 반품인 경우만 실행

전표의 상태코드가
[30] 출고지시인 경우만 처리한다.
왜냐하면,
반품의 경우 피킹, 검수가 없기 때문

이동전 로케이션: 공백
이동후 로케이션: 출고반품대기

결국, [출고반품대기] 로케이션으로
재고가 증가된다.

반품 종료 지점

[그림 6-80] SPG700_출고확정_확정 소스코드 (3/7)

```
137          -- 400 정상출고의 출고확정 처리 시작                                    정상출고 시작지점
138   □  DECLARE @II                   INT = 1              -- 반복 루프 COUNT
139            ,@지시_로케이션코드        NVARCHAR(30)
140            ,@지시_유통기한           NVARCHAR(30)
141            ,@지시_로트번호           NVARCHAR(30)
142            ,@지시_지시순번           INT
143            ,@지시_지시수량           NUMERIC(18, 0)
144            ,@지시_검수수량           NUMERIC(18, 0)
145            ,@지시_지시검수차이수량    NUMERIC(18, 0)
146            ,@처리후_잔량             NUMERIC(18, 0)        -- 처리 후 남은 수량을 관리
147            ,@지시_총건수             INT
148
149   □  IF @출고전표_상태코드 <> '50' BEGIN
150          SELECT ERR_CODE = 41, ERR_MESSAGE = N'출고확정 대상전표가 아닙니다'
151          RETURN
152      END
153
154   □  SELECT A.*
155            ,순번              = IDENTITY(INT, 1, 1)
156        INTO #TEMP_출고확정_지시대상
157        FROM TBG_출고D_지시 A
158       WHERE 1 = 1
159         AND A.출고번호       = @IN_출고번호
160         AND A.제품코드       = @IN_제품코드
161         AND A.제품등급       = @IN_제품등급
162         AND A.유통기한       = @IN_유통기한
163         AND A.로트번호       = @IN_로트번호
164       ORDER BY A.지시순번
165
166      SET @지시_총건수       = @@ROWCOUNT
167      SET @처리후_잔량       = @출고전표_지시수량
168
169          -- 잔량이 0이 되거나 100번 이상 루프를 돌았을 경우 루프 종료
170   □  WHILE (@II <= @지시_총건수 AND @처리후_잔량 > 0)  BEGIN          WHILE문 시작 지점
171
172   □      ----------------------------------------------------
173          -- 410 지시 데이터를 하나씩 읽어서 변수에 넣음
174          ----------------------------------------------------
175   □      SELECT @지시_로케이션코드 = A.지시로케이션코드
176                ,@지시_유통기한      = A.지시유통기한
177                ,@지시_로트번호      = A.지시로트번호
178                ,@지시_지시순번      = A.지시순번
179                ,@지시_지시수량      = A.출고지시수량
180                ,@지시_검수수량      = A.출고검수수량
181            FROM #TEMP_출고확정_지시대상 A                    지시내역을 한 건씩 읽는다.
182           WHERE 1 = 1
183             AND A.순번         = @II
184
185   □      IF @@ERROR <> 0 OR @@ROWCOUNT <> 1 BEGIN
186              SELECT ERR_CODE = 42, ERR_MESSAGE = N'출고대상 SELECT오류'
187              RETURN
188          END
```

[그림 6-81] SPG700_출고확정_확정 소스코드 (4/7)

```
190     IF  @지시_지시수량 < 0    BEGIN
191         SELECT ERR_CODE = 43, ERR_MESSAGE = N'출고지시 수량 부호 오류'
192         RETURN
193     END
194
195     IF  @지시_검수수량 < 0    BEGIN
196         SELECT ERR_CODE = 44, ERR_MESSAGE = N'출고지시 수량 부호 오류'
197         RETURN
198     END
199
200     IF  @지시_지시수량 < @지시_검수수량    BEGIN
201         SELECT ERR_CODE = 45, ERR_MESSAGE = N'출고지시보다 검수수량이 큽니다'
202         RETURN
203     END
204
205     IF  @지시_검수수량 <> 0    BEGIN
206
207         ----------------------------------------------------------------
208         -- 430 검수수량 최종 출고처리
209         ----------------------------------------------------------------
210         EXEC @RETURN_VALUE = [DBO].[SPA000_공통_재고입출고_처리]
211              @IN_반영일자             = @IN_현재일자
212             ,@IN_원인유형             = '출고확정'
213             ,@IN_원인전표유형          = '출고'
214             ,@IN_원인전표             = @IN_출고번호
215             ,@IN_원인전표상세          = ''
216             ,@IN_사유                = ''
217             ,@IN_제품코드             = @IN_제품코드
218             ,@IN_제품등급             = @IN_제품등급
219             ,@IN_유통기한             = @지시_유통기한
220             ,@IN_로트번호             = @지시_로트번호
221             ,@IN_입출고처코드          = @출고전표_출고처코드
222             ,@IN_입출고처명            = @출고전표_출고처명
223             ,@IN_이동전로케이션         = '출고대기'
224             ,@IN_이동후로케이션         = ''
225             ,@IN_이동수량             = @지시_검수수량
226             ,@IN_등록자ID            = @IN_실행ID
227             ,@IN_등록자IP            = @IN_실행공인IP
228             ,@IN_등록자PG            = @IN_실행PG
229             ,@OUT_결과값             = @OUT_재고반영메시지  OUTPUT
230
231         IF @RETURN_VALUE <> 1 BEGIN
232             SELECT ERR_CODE = 46, ERR_MESSAGE = N'공통재고입출고 처리오류=' + ISNULL(@OUT_재고반영메시지,'')
233             RETURN
234         END
235
236     END
```

> 출고해야 할 수량인 검수수량에 대해 로케이션재고를 감소시킨다.
>
> 이동전로케이션: 출고대기
> 이동후로케이션: 공백

[그림 6-82] SPG700_출고확정_확정 소스코드 (5/7)

```
238          -- 지시(할당)된 수량이 모두 검수처리 되지 않은 경우 출고오류 로케이션으로 이동 처리
239     IF  @지시_지시수량 ◇ @지시_검수수량   BEGIN
240
241          SET @지시_지시검수차이수량 = @지시_지시수량 - @지시_검수수량
242
243          ----------------------------------------------------------------------
244          -- 450 출고 오류분 로케이션 이동 처리
245          ----------------------------------------------------------------------
246          EXEC @RETURN_VALUE = [DBO].[SPA000_공통_재고입출고_처리]
247                  @IN_반영일자            = @IN_현재일자
248                 ,@IN_원인유형            = '출고확정'
249                 ,@IN_원인전표유형         = '출고'
250                 ,@IN_원인전표            = @IN_출고번호
251                 ,@IN_원인전표상세         = ''
252                 ,@IN_사유               = '출고지시검수차이이동'
253                 ,@IN_제품코드            = @IN_제품코드
254                 ,@IN_제품등급            = @IN_제품등급
255                 ,@IN_유통기한            = @지시_유통기한
256                 ,@IN_로트번호            = @지시_로트번호
257                 ,@IN_입출고처코드         = @출고전표_출고처코드
258                 ,@IN_입출고처명          = @출고전표_출고처명
259                 ,@IN_이동전로케이션        = '출고대기'
260                 ,@IN_이동후로케이션        = '출고오류대기'
261                 ,@IN_이동수량            = @지시_지시검수차이수량
262                 ,@IN_등록자ID           = @IN_실행ID
263                 ,@IN_등록자IP           = @IN_실행공인IP
264                 ,@IN_등록자PG           = @IN_실행PG
265                 ,@OUT_결과값            = @OUT_재고반영메시지   OUTPUT
266
267          IF @RETURN_VALUE ◇ 1 BEGIN
268              SELECT ERR_CODE = 47, ERR_MESSAGE = N'공통재고입출고 처리오류=' + ISNULL(@OUT_재고반영메시지,'')
269              RETURN
270          END
271
272      END
273
274      -- 처리된 지시수량을 잔량에서 제외
275      SET @처리후_잔량 = @처리후_잔량 - @지시_지시수량
276
277      SET @II = @II + 1    -- 루프 COUNT를 1 증가 시킴
278
279  END   -- WHILE (@II <= 100) 루프 종료 지점
280
```

> 지수수량과 검수수량의 차이분은
> 추가 확인을 위해 [출고대기]로케이션으로
> 이동처리한다.
>
> 이동전로케이션: 출고대기 (재고감소)
> 이동후로케이션: 출고오류대기(재고증가)

WHILE문 종료 지점

[그림 6-83] SPG700_출고확정_확정 소스코드 (6/7)

```
281  |
282  |     ------------------------------------------------------------------------------------------
283  |     -- 900 작업의 이상여부를 체크하고  출고 디테일 테이블에 확정수량 UPDATE
284  |     ------------------------------------------------------------------------------------------
285 ⊟    IF  @처리후_잔량 <> 0 BEGIN
286  |        SELECT ERR_CODE = 90, ERR_MESSAGE = N'출고확정 처리 잔량 차이'
287  |        RETURN
288  |     END
289  |
290 ⊟    UPDATE A SET
291  |           A.출고확정수량  = A.출고검수수량
292  |          ,A.상태코드      = '90'
293  |          ,A.수정일시      = @IN_현재일시
294  |          ,A.수정자ID      = @IN_실행ID
295  |          ,A.수정자IP      = @IN_실행공인IP
296  |          ,A.수정자PG      = @IN_실행PG
297  |      FROM TBG_출고D A
298  |     WHERE 1 = 1
299  |       AND A.출고번호      = @IN_출고번호
300  |       AND A.제품코드      = @IN_제품코드
301  |       AND A.제품등급      = @IN_제품등급
302  |       AND A.유통기한      = @IN_유통기한
303  |       AND A.로트번호      = @IN_로트번호
304  |       AND A.상태코드      IN ('50')
305  |
306 ⊟    IF @@ERROR <> 0 OR @@ROWCOUNT <> 1 BEGIN
307  |        SELECT ERR_CODE = 91, ERR_MESSAGE = N'출고확정D 출고확정 반영오류'
308  |        RETURN
309  |     END
310  |
311  |     SELECT ERR_CODE = 1, ERR_MESSAGE = N'정상처리'
312  |     RETURN
313  |
314  | END;
315  |
```

최종 검증 및 [TBG_출고D] 테이블에
확정수량 및 상태코드 UPDATE 처리

정상출고분 종료

[그림 6-84] SPG700_출고확정_확정 소스코드 (7/7)

나. 엑셀VBA

(1) 출고확정 조회

출고확정 조회 화면은 [SPG200_출고확정_조회] 프로시저 실행 결과를 참고하여 적절하게 101행 이하에 출력되는 항목들에 대해 적절히 배치하면 된다. 출고확정 시에는 출고번호와 제품코드, 유통기한, 로트번호, 확정수량 등은 반드시 필요하기 때문에 필히 추가해야 한다.

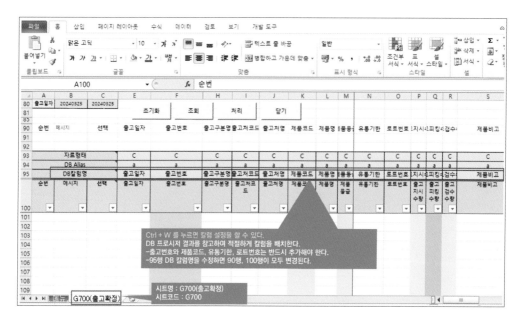

[그림 6-85] 출고확정 엑셀VBA 화면 설정 예시

```
Sub 기본_조회()

    Dim txt_Sql        As String        ' SQL문장 저장을 위한 변수 선언
    Dim txt_현재시트 As String          ' 현재 작업 시트명을 저장/관리하기 위한 변수 선언

    On Error Resume Next

    txt_현재시트 = ActiveSheet.Name          ' 조회시트명을 변수에 저장
    txt_현재시트코드 = ActiveSheet.CodeName  ' 조회시트코드를 변수에 저장

    Sheets(txt_현재시트).Select         ' 조회시트로 이동

    Call 공통_초기화                    ' 101번 라인 이하를 삭제(클리어)시킴

    txt_Sql = "EXEC [dbo].[SPG700_출고확정_조회]        " & vbLf & _
            "       @IN_시작일자     = '<<시작일자>>'    " & vbLf & _
            "      ,@IN_종료일자     = '<<종료일자>>'    " & vbLf & _
            "      ,@IN_실행ID       = '<<실행ID>>'      " & vbLf & _
            "      ,@IN_실행PG       = '<<실행PG>>'      " & vbLf

    txt_Sql = Replace(txt_Sql, "<<시작일자>>", Trim(Range("IN_시작일자")))
    txt_Sql = Replace(txt_Sql, "<<종료일자>>", Trim(Range("IN_종료일자")))
    txt_Sql = Replace(txt_Sql, "<<실행ID>>", Trim(A100.Range("사용자ID")))
    txt_Sql = Replace(txt_Sql, "<<실행PG>>", ActiveSheet.CodeName)

    If 공통_DB1_Connect() = False Then           ' 관리시트에 있는 접속환경으로 DB에 접속함
        MsgBox "[오류]DB연결이 정상적이지 않습니다!!"
        Exit Sub
    End If

    If 공통_DB1_SP조회1(txt_Sql) = False Then     ' txt_Sql변수의 SQL문장을 실행함
        MsgBox "[오류]해당하는 자료가 존재하지 않습니다"
        Exit Sub
    End If
```

SPG400_출고확정_조회 프로시저를 호출 한다.

[그림 6-86] 출고확정 조회 관련 소스코드 (1/2)

```
    i = 101                                        ' 출력시작을 위한 기준행(제목행 Row 위치값을 설정함)
    num_최대조회수 = A100.Range("최대조회건수")    ' 화면에 최대로 조회할 행수
    num_열개수 = Application.CountA(Sheets(txt_현재시트).Range("A90:ZZ90")) + 5

    Call 공통_화면이벤트_OFF

    Do Until (RS1.EOF)                              ' RS1 Record Set이 끝이 날때까지 Loop까지 계속 반복

        Cells(i, 1) = i - 100

        For kk = 4 To num_열개수

            If Cells(95, kk) <> "" Then

                ' txt_칼럼명 = Cells(95, kk)
                Cells(i, kk) = RS1.Fields(Cells(95, kk).Value)

            End If

        Next

        i = i + 1

        If i > num_최대조회수 Then
            MsgBox "[확인]데이터가 " & num_최대조회수 & "건보다 많습니다. 조회조건을 변경 바랍니다"
            Exit Do
        End If

        RS1.MoveNext                                ' RecordSet의 다음자료(다음위치)로 이동함

    Loop

    Cells(101, 3).Select

    Call 공통_DB1_Close                             ' 연결되었던 DB와의 접속을 끊음
    Call 공통_화면이벤트_ON

End Sub
```

[그림 6-87] 출고확정 조회 관련 소스코드 (2/2)

(2) 출고확정 처리

출고확정 수량은 검수수량으로 최종 반영되며 선택구분을 [7]로 입력하면 된다. ([1], [4]와 같은 입력, 수정, 삭제와 같은 기능과 구분하기 위함이다.)

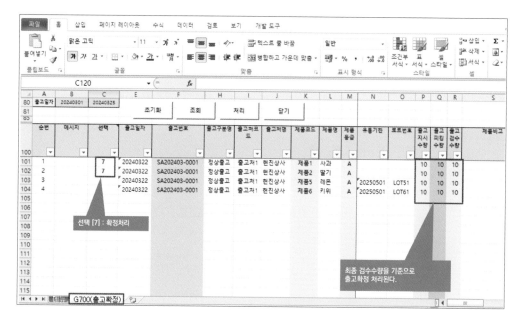

[그림 6-88] 출고확정 처리 화면 예시

```
Sub 기본_처리()

    Dim txt_Sql      As String        ' SQL문장 저장을 위한 변수 선언
    Dim txt_현재시트 As String        ' 현재 작업 시트명을 저장/관리하기 위한 변수 선언

    On Error Resume Next

    txt_현재시트 = ActiveSheet.Name        ' 조회시트명을 변수에 저장

    Sheets(txt_현재시트).Select            ' 조회시트로 이동

    Call 공통_필터초기화                  ' 필터에 조건이 지정되어 있는 것을 대비하여 필터초기화

    In사용자ID = A100.Range("사용자ID")                    ' 향후 Insert/Update시 사용할 ID,IP,시간등을 변수에 저장
    In_공인IP = A100.Range("공인IP")                       ' 각종 정보는 관리시트에 있음
    In_호스트명 = A100.Range("호스트명")                   ' 각종 정보는 관리시트에 있음
    In_현재일시 = 공통_시스템시간()

    txt_현재시트 = ActiveSheet.Name                        ' 조회시트명을 변수에 저장
    In_현재시트코드 = ActiveSheet.CodeName                 ' 조회시트코드를 변수에 저장

    Col_출고번호 = 공통_칼럼위치(txt_현재시트, 90, "출고번호")
    Col_출고일자 = 공통_칼럼위치(txt_현재시트, 90, "출고일자")
    Col_출고처코드 = 공통_칼럼위치(txt_현재시트, 90, "출고처코드")

    Col_제품코드 = 공통_칼럼위치(txt_현재시트, 90, "제품코드")
    Col_제품등급 = 공통_칼럼위치(txt_현재시트, 90, "제품등급")
    Col_유통기한 = 공통_칼럼위치(txt_현재시트, 90, "유통기한")
    Col_로트번호 = 공통_칼럼위치(txt_현재시트, 90, "로트번호")

    Err_flag = 0                                          ' 향후 에러여부를 체크할 변수 0:정상 1:오류 (초기값은 0)
    tot_cnt = ActiveSheet.Cells.SpecialCells(xlCellTypeLastCell).Row    ' 해당시트 데이터가 입력된 마지막행을 확인

    ' 실제 출고확정시 사용함
    txt_Sql_처리 = "EXEC [dbo].[SPG700_출고확정_확정처리]    " & vbLf & _
            "       @IN_출고번호    = '<<출고번호>>'          " & vbLf & _
            "      ,@IN_제품코드    = '<<제품코드>>'          " & vbLf & _
            "      ,@IN_제품등급    = '<<제품등급>>'          " & vbLf & _
            "      ,@IN_유통기한    = '<<유통기한>>'          " & vbLf & _
            "      ,@IN_로트번호    = '<<로트번호>>'          " & vbLf & _
            "      ,@IN_실행ID      = '<<실행ID>>'            " & vbLf & _
            "      ,@IN_실행PG      = '<<실행PG>>'            " & vbLf

    txt_Sql_처리 = Replace(txt_Sql_처리, "<<실행ID>>", Trim(A100.Range("사용자ID")))
    txt_Sql_처리 = Replace(txt_Sql_처리, "<<실행PG>>", ActiveSheet.CodeName)

    If 공통_DB1_Connect() = False Then                     ' 관리시트에 있는 접속환경으로 DB에 접속함
        MsgBox "[오류]DB연결이 정상적이지 않습니다!!"
        Exit Sub
    End If
```

[그림 6-89] 출고확정 엑셀VBA 소스코드 (1/3)

```
    Err.Clear
    DB_Conn1.BeginTrans                          ' *** 트랜잭션 시작 ****

    If Err.Number <> 0 Then
        DB_Conn1.RollbackTrans                   ' Begin Tran이 계속 존재하는 경우를 대비하여 Rollback 처리함
        MsgBox "[오류]트랜잭션을 시작하지 못했습니다. 다시 시도 바랍니다"
        Exit Sub
    End If                                        ' 오류 메시지를 표시한다


    For i = 101 To tot_cnt                        ' 101번행부터 데이터가 입력되어 있는 행(Row)까지 반복함

        If Cells(i, 2) <> "" Then Cells(i, 2) = ""

        If Cells(i, 3) = "7" And Cells(i, Col_출고번호) <> "" Then      ' 선택값 1(입력)을 입력하고 4번열값에 데이터가 있는 경우

            txt_Sql = txt_Sql_처리        ' 7 일때는 확정처리

            txt_Sql = Replace(txt_Sql, "<<출고번호>>", Trim(Cells(i, Col_출고번호)))
            txt_Sql = Replace(txt_Sql, "<<제품코드>>", Trim(Cells(i, Col_제품코드)))
            txt_Sql = Replace(txt_Sql, "<<제품등급>>", Trim(Cells(i, Col_제품등급)))
            txt_Sql = Replace(txt_Sql, "<<유통기한>>", Trim(Cells(i, Col_유통기한)))
            txt_Sql = Replace(txt_Sql, "<<로트번호>>", Trim(Cells(i, Col_로트번호)))

            If 공통_DB1_SP처리(txt_Sql) = False Then       ' txt_Sql변수의 SQL문장을 실행함
                Err_flag = 1
                txt_오류메시지 = Err.Description
                txt_오류메시지 = "오류[" & RS0!ERR_CODE & "] " & RS0!ERR_MESSAGE & " " & txt_오류메시지
                Cells(i, 2) = txt_오류메시지
            End If

        End If

    Next
```

[그림 6-90] 출고확정 엑셀VBA 소스코드 (2/3)

```
    If Err_flag = 0 Then                          ' 지금까지 오류가 없으면

        Err.Clear
        DB_Conn1.CommitTrans                      ' 트랜잭션을 정상적으로 완료처리 한다

        If Err.Number = 0 Then                    ' 만약 트랜잭션 완료가 정상이면 정상 메시지를 표시
            MsgBox "[완료]요청한 작업이 완료되었습니다"
        Else
            MsgBox "[오류]최종 Commit 작업에 문제가 생겼습니다, 작업 결과를 확인 바랍니다."
            Err_flag = 1                          ' 트랜잭션 최종 완료시에 문제가 발생하면 메시지를 표시하고
        End If                                     ' 오류 메시지를 표시한다

    Else

        Err.Clear
        DB_Conn1.RollbackTrans                    ' 위의 업무처리시 오류가 발생하여 Err_flag가 1이면
        MsgBox "[오류]작업중 문제가 발생 했습니다. 확인 요망!!"   ' 트랜잭션을 Rollback 처리하고 오류메시지를 보여 준다

    End If


    Call 공통_DB1_Close                           ' 모든 작업이 완료되었기 때문에 DB접속을 끊는다

    If Err_flag = 0 Then                          ' 작업에 이상이 없었다면 다시 정보를 조회하여
        Call 기본_조회                            ' 정상적으로 입력되었는지를 보여준다.
    End If

End Sub
```

[그림 6-91] 출고확정 엑셀VBA 소스코드 (3/3)

7. 피킹리스트 발행

가. DB프로시저

출고지시 후 작업자들에게 피킹 작업을 지시하기 위해 발행한다. 모바일 장비가 있을 경우에는 해당 피킹리스트를 출력하지 않고 모바일을 통해 직접 지시하고 결과를 바로 입력받을 수 있다.

우리가 개발할 피킹리스트는 전표단위로 한 장씩 출력할 수 있도록 출고번호 단위로 집계하여 화면에 조회된다. 사용자는 화면에 표시된 전표 중 원하는 전표를 선택하여 출력할 수 있다.

실무에서는 피킹 생산성을 위해 여러 출고전표를 묶거나 로케이션 그룹 등으로 세분화하여 보다 다양한 형태의 피킹리스트를 사용하기도 한다.

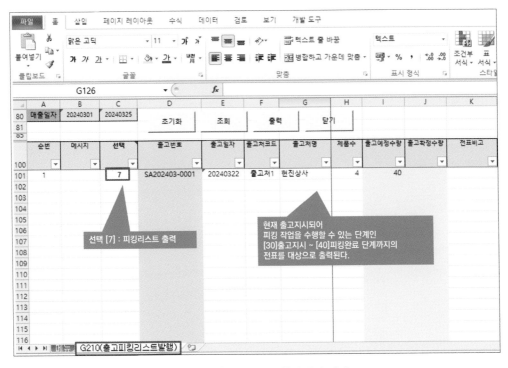

[그림 6-92] 피킹리스트 출력 화면 예시

(1) 피킹리스트 발행대상 조회

[SPG210_출고피킹리스트발행_대상조회]는 피킹리스트를 발행해야 할 대상(출고지시 및 피킹 작업 상태의 전표로서 상태코드 [30]출고지시 ~ [40]피킹완료)을 전표단위로 집계하여 화면에 출력하는 프로시저이다. 출고전표별로 제품 수, 예정수량 등을 집계하여 출력한다.

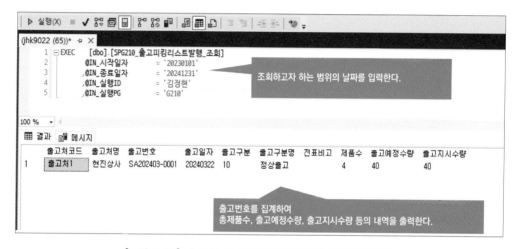

[그림 6-93] 피킹리스트 발행 조회 프로시저 실행결과 예시

```
1  □ALTER PROCEDURE [dbo].[SPG210_출고피킹리스트발행_조회]
2          @IN_시작일자          NVARCHAR(08)
3         ,@IN_종료일자          NVARCHAR(08)
4         ,@IN_실행ID           NVARCHAR(50)
5         ,@IN_실행PG           NVARCHAR(50)
6    AS
7  □BEGIN
8
9      SET NOCOUNT ON;
10
11 □   --------------------------------------------------------------
12     -- 100 입력 데이터 검증
13     --------------------------------------------------------------
14     SET @IN_시작일자 = UPPER(TRIM(@IN_시작일자))
15     SET @IN_종료일자 = UPPER(TRIM(@IN_종료일자))
16
17 □   --------------------------------------------------------------
18     -- 200 기본 자료를 조회하여 임시테이블에 저장한다
19     --------------------------------------------------------------
20 □   SELECT 출고처코드        = A.출고처코드
21          ,출고처명         = D.업체명
22          ,출고번호         = A.출고번호
23          ,출고일자         = A.출고일자
24          ,출고구분         = A.출고구분
25          ,출고구분명        = C.출고구분명
26          ,전표비고         = A.전표비고
27          ,제품수          = COUNT(*)
28          ,출고예정수량       = SUM(B.출고예정수량)
29          ,출고지시수량       = SUM(B.출고지시수량)
30       INTO #TEMP_피킹리스트발행조회
31       FROM TBG_출고H         A
32  INNER JOIN TBG_출고D        B ON B.출고번호     = A.출고번호
33  INNER JOIN TBA_출고구분      C ON C.출고구분     = A.출고구분
34  INNER JOIN TBC_업체        D ON D.업체코드     = A.출고처코드
35     WHERE 1 = 1
36       AND A.출고일자 BETWEEN @IN_시작일자 AND @IN_종료일자
37       AND B.상태코드 BETWEEN '30' AND '40'    -- 출고지시(할당) ~ 피킹완료 상태까지의 데이터 한정
38     GROUP BY A.출고처코드, D.업체명, A.출고번호, A.출고일자, A.출고구분, C.출고구분명, A.전표비고
39
40
41 □   --------------------------------------------------------------
42     -- 500 최종 결과를 화면에 표시
43     --------------------------------------------------------------
44 □   SELECT A.*
45       FROM #TEMP_피킹리스트발행조회 A
46      WHERE 1 = 1
47      ORDER BY A.출고번호
48
49    END
```

조회조건은 실행ID, 실행PG 외에
@IN_시작일자, @IN_종료일자 조건을 입력 받는다.

출고번호를 집계를 위해 그룹핑을 위한
COUNT( ), SUM( ) 함수를 사용했다.

[그림 6-94] SPG210_출고피킹리스트발행_대상조회 소스코드

353

(2) 피킹리스트출력

실제 출고전표 출력을 위한 [SPG210_출고피킹리스트발행_출력] 프로시저이다. 선택된 출고 번호에 대해 하나씩 하나씩 독립적으로 [SPG210_출고피킹리스트발행_출력] 프로시저를 호출 하고 그 결과를 엑셀 양식의 셀에 저장한 후 실제 프린터로 출력되는 방식이다.

개발 편의상 헤더 정보인 출고처, 일자 등의 헤더 정보와 제품별 상세한 디테일 정보를 하나의 테이블 형태의 통합하여 결과를 제공한다.

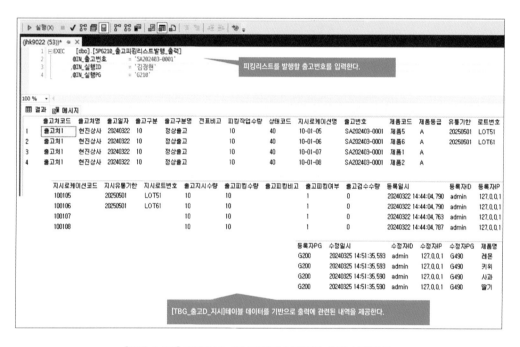

[그림 6-95] SPG210_출고피킹리스트발행_출력 실행예시

```
1  ⊟ALTER PROCEDURE [dbo].[SPG210_출고피킹리스트발행_출력]
2        @IN_출고번호            NVARCHAR(30)
3       ,@IN_실행ID             NVARCHAR(50)
4       ,@IN_실행PG             NVARCHAR(50)
5    AS
6  ⊟BEGIN
7
8        SET NOCOUNT ON;
9
10 ⊟    ----------------------------------------------------------------
11       -- 200 기본 자료를 조회하여 임시테이블에 저장한다
12       ----------------------------------------------------------------
13 ⊟    SELECT 출고처코드        = A.출고처코드
14          ,출고처명            = E.업체명
15          ,출고일자            = A.출고일자
16          ,출고구분            = A.출고구분
17          ,출고구분명          = D.출고구분명
18          ,전표비고            = A.전표비고
19          ,피킹작업수량        = C.출고지시수량
20          ,상태코드            = B.상태코드
21          ,지시로케이션명      = G.로케이션명
22          ,C.*
23          ,F.제품명
24     INTO #TEMP_출고피킹리스트발행
25      FROM TBG_출고H          A
26     INNER JOIN TBG_출고D      B ON B.출고번호    = A.출고번호
27     INNER JOIN TBG_출고D_지시 C ON C.출고번호    = B.출고번호
28                             AND C.제품코드    = B.제품코드
29                             AND C.제품등급    = B.제품등급
30                             AND C.유통기한    = B.유통기한
31                             AND C.로트번호    = B.로트번호
32     INNER JOIN TBA_출고구분   D ON D.출고구분    = A.출고구분
33     INNER JOIN TBC_업체      E ON E.업체코드    = A.출고처코드
34     INNER JOIN TBC_제품      F ON F.제품코드    = B.제품코드
35     INNER JOIN TBC_로케이션   G ON G.로케이션코드 = C.지시로케이션코드
36     WHERE 1 = 1
37       AND A.출고번호 = @IN_출고번호
38       AND B.상태코드 BETWEEN '30' AND '40'
39 ⊟     AND D.반품여부 ◇ '1'  -- 반품 제외
40
41
42       ----------------------------------------------------------------
43       -- 500 최종 결과
44       ----------------------------------------------------------------
45 ⊟    SELECT A.*
46      FROM #TEMP_출고피킹리스트발행 A
47     WHERE 1 = 1
48     ORDER BY A.출고번호, A.지시로케이션코드
49
50    END
```

> 조회조건은 실행ID, 실행PG 외에
> @IN_출고번호 조건을 입력 받는다.
>
> 하나의 출고번호를 대상으로 전표를
> 출력하기 때문이다.

> 상태코드가 [30]~[40]인 내역을
> 대상으로 헤더, 디테일 및 부가적인
> 정보를 출력에 활용하기 위해 JOIN 했다.

[그림 6-96] SPG210_출고피킹리스트발행_출력 소스코드

나. 엑셀VBA

(1) 피킹리스트 발행대상 조회

[SPG210_출고피킹리스트발행_대상조회] 프로시저를 호출하여 출고전표를 발행하기 위한 대상내역을 화면에 출력한다. 출고일자의 범위를 입력하기 위해 엑셀 이름정의 기능을 활용하여 [IN_시작일자], [IN_종료일자]를 정의하였다.

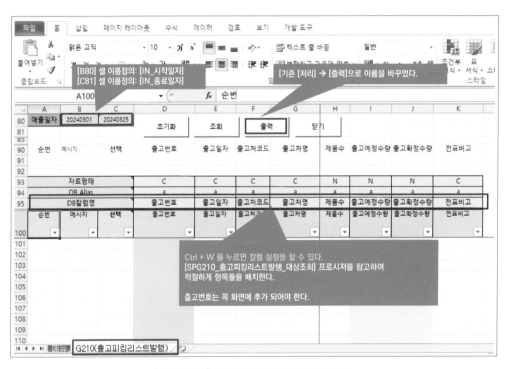

[그림 6-97] 출고피킹리스트발행 화면 구성

```
Sub 기본_조회()

    Dim txt_Sql      As String          ' SQL문장 저장을 위한 변수 선언
    Dim txt_현재시트 As String          ' 현재 작업 시트명을 저장/관리하기 위한 변수 선언

    On Error Resume Next

    txt_현재시트 = ActiveSheet.Name          ' 조회시트명을 변수에 저장
    txt_현재시트코드 = ActiveSheet.CodeName  ' 조회시트코드를 변수에 저장

    Sheets(txt_현재시트).Select          ' 조회시트로 이동

    Call 공통_초기화                     ' 101번 라인 이하를 삭제(클리어)시킴

    txt_Sql = "EXEC [dbo].[SPG210_출고피킹리스트발행_조회]       " & vbLf & _
        "          @IN_시작일자     = '<<시작일자>>'            " & vbLf & _
        "         ,@IN_종료일자     = '<<종료일자>>'            " & vbLf & _
        "         ,@IN_실행ID       = '<<실행ID>>'              " & vbLf & _
        "         ,@IN_실행PG       = '<<실행PG>>'              " & vbLf

    txt_Sql = Replace(txt_Sql, "<<시작일자>>", Trim(Range("IN_시작일자")))
    txt_Sql = Replace(txt_Sql, "<<종료일자>>", Trim(Range("IN_종료일자")))
    txt_Sql = Replace(txt_Sql, "<<실행ID>>", Trim(A100.Range("사용자ID")))
    txt_Sql = Replace(txt_Sql, "<<실행PG>>", ActiveSheet.CodeName)

    If 공통_DB1_Connect() = False Then              ' 관리시트에 있는 접속환경으로 DB에 접속함
        MsgBox "[오류]DB연결이 정상적이지 않습니다!!"
        Exit Sub
    End If

    If 공통_DB1_SP조회1(txt_Sql) = False Then        ' txt_Sql변수의 SQL문장을 실행함
        MsgBox "[오류]해당하는 자료가 존재하지 않습니다"
        Exit Sub
    End If
```

[그림 6- 98] 출고피킹리스트발행 조회VBA 소스코드 (1/2)

```
    i = 101                                           ' 출력시작을 위한 기준행(제목행 Row 위치값을 설정함)
    num_최대조회수 = A100.Range("최대조회건수")          ' 화면에 최대로 조회할 행수
    num_열개수 = Application.CountA(Sheets(txt_현재시트).Range("A90:ZZ90")) + 5

    Call 공통_화면이벤트_OFF

    Do Until (RS1.EOF)                                    ' RS1 Record Set이 끝이 날때까지 Loop까지 계속 반복

        Cells(i, 1) = i - 100

        For kk = 4 To num_열개수

            If Cells(95, kk) <> "" Then

                ' txt_칼럼명 = Cells(95, kk)
                Cells(i, kk) = RS1.Fields(Cells(95, kk)).Value

            End If

        Next


        i = i + 1

        If i > num_최대조회수 Then
            MsgBox "[확인]데이터가 " & num_최대조회수 & "건보다 많습니다. 조회조건을 변경 바랍니다"
            Exit Do
        End If

        RS1.MoveNext                                      ' RecordSet의 다음자료(다음위치)로 이동함

    Loop

    Cells(101, 3).Select

    Call 공통_DB1_Close                                   ' 연결되었던 DB와의 접속을 끊음
    Call 공통_화면이벤트_ON


End Sub
```

[그림 6-99] 출고피킹리스트발행 조회VBA 소스코드 (2/2)

(2) 피킹리스트 출력

피킹리스트를 출력하기 위해서는 발행 대상 선택을 위한 화면 외에 출력을 위한 출력양식 시트를 추가로 만들어야 한다.

피킹리스트 양식에는 몇 개의 제품 목록이 출력될지 모르기 때문에 충분한 개수의 제품이 출력될 수 있도록 구성하는 것이 좋다. 실제 출력되는 범위까지만 인쇄 영역으로 지정하고 나머지 영역은 출력되지 않도록 설정하면 필요 없는 영역들은 출력되지 않기 때문에 대응이 가능하다.

출고전표 양식은 [양식200_피킹리스트]라는 시트 이름으로 만들어 두었다. 이 양식을 참고하여 상황에 맞도록 변형하여 사용하길 바란다.

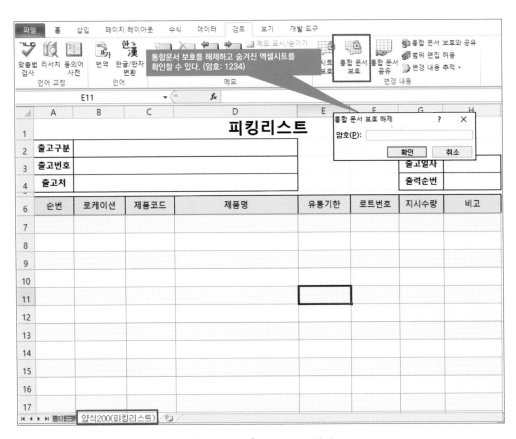

[그림 6-100] 피킹리스트 양식

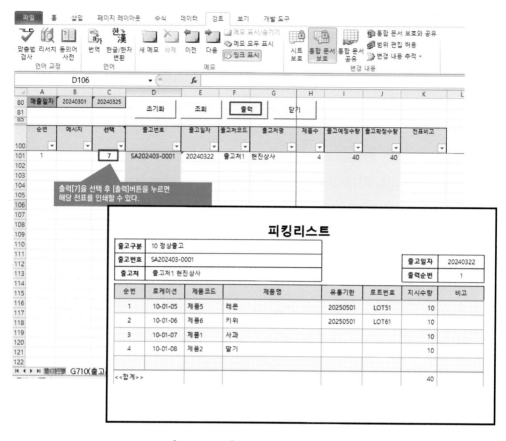

[그림 6-101] 피킹리스트 출력 예시

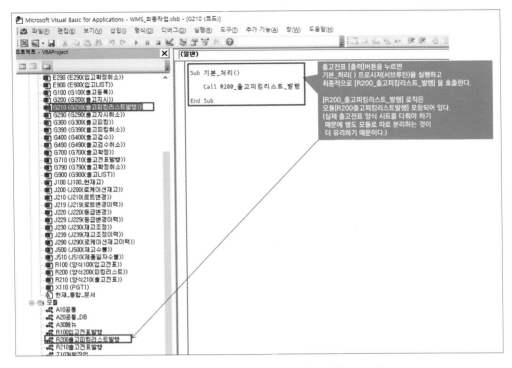

[그림 6-102] 피킹리스트발행 출력 버튼 관련 소스코드

[그림 6-103] R200_출고피킹리스트_발행 소스코드 (1/3)

```
For i = 101 To tot_cnt                    ' 101번행부터 데이터가 입력되어 있는 행(Row)까지 반복함

    If Sheets(txt_현재시트).Cells(i, 3) = "7" And Sheets(txt_현재시트).Cells(i, Col_출고번호) <> "" Then

        txt_Sql = txt_Org                              선택구분이 [7]인 내역만 출고전표 발행

        txt_Sql = Replace(txt_Sql, "<<출고번호>>", Trim(Sheets(txt_현재시트).Cells(i, Col_출고번호)))

        If 공통_DB1_SP조회1(txt_Sql) = False Then
            MsgBox "[오류]자료가 정상적이지 않습니다. 다시 확인 바랍니다"
            Err_flag = 1
            Exit For                              출고전표번호별로 출력 DB 프로시저 호출
        End If

        Rows("7:3000").Select                    이전 처리된 내역이 있을 수 있으므로 양식 Clear
        Selection.ClearContents

        Range("IN_출고구분") = "   " & RS1!출고구분 & "  " & RS1!출고구분명
        Range("IN_출고번호") = "  " & RS1!출고번호
        Range("IN_출고처") = "   " & RS1!출고처코드 & "  " & RS1!출고처명    헤더영역 출력(작성)
        Range("IN_출고일자") = RS1!출고일자
        Range("IN_출력순번") = Sheets(txt_현재시트).Cells(i, 1)

        num_지시수량합계 = 0

        num_출력라인 = 6

        Do Until (RS1.EOF)

            num_출력라인 = num_출력라인 + 1

            Cells(num_출력라인, 1) = num_출력라인 - 6
            Cells(num_출력라인, 2) = Trim(RS1!지시로케이션명)
            Cells(num_출력라인, 3) = Trim(RS1!제품코드)
            Cells(num_출력라인, 4) = Trim(RS1!제품명)          출력 DB 프로시저 결과를 한 Record씩
            Cells(num_출력라인, 5) = Trim(RS1!지시유통기한)      읽으면서 상세내역 출력
            Cells(num_출력라인, 6) = Trim(RS1!지시로트번호)
            Cells(num_출력라인, 7) = RS1!출고지시수량

            num_지시수량합계 = num_지시수량합계 + RS1!출고지시수량

            RS1.MoveNext

        Loop
```

[그림 6-104] R200_출고피킹리스트_발행 소스코드 (2/3)

```
        num_출력라인 = num_출력라인 + 2                    전표 합계내역을 출력

        Cells(num_출력라인, 1) = "<<합계>>"
        Cells(num_출력라인, 7) = num_지시수량합계

        ActiveSheet.PageSetup.PrintArea = "$A$1:$H$" & num_출력라인
                                                        데이터가 기록된 영역만 인쇄영역으로 설정

        If First_flag = 0 Then
            First_flag = 1
            ActiveWindow.SelectedSheets.PrintPreview

            Yn_chk = MsgBox("계속 출력하시겠습니까?", vbYesNo, "확인")
        Else
            If Yn_chk = vbYes Then
                ActiveWindow.SelectedSheets.PrintOut Copies:=1, Collate:=True
            Else
                MsgBox "[확인]출력작업을 중단 합니다"
                Call 공통_DB1_Close          첫번째 전표내역은 미리보기를 보여주고
                Exit Sub                     나머지 두번째 전표부터는 프린터로 바로 출력 처리
            End If
        End If

    End If

    Next

    Call 공통_DB1_Close

    ActiveWorkbook.Unprotect Password:=전역_시트비밀번호

    Sheets(txt_출력시트).Visible = False
    Sheets(txt_현재시트).Select                출력이 끝나면 양식 시트를 숨긴다.
    Range("A101").Select

    ActiveWorkbook.Protect Password:=전역_시트비밀번호, Structure:=True, Windows:=False

    MsgBox "[완료]출력이 완료되었습니다!"

End Sub
```

[그림 6-105] R200_출고피킹리스트_발행 소스코드 (3/3)

8. 출고전표 발행

가. DB프로시저

출고확정이 완료되면 출고처에 정상적으로 출고를 잘 받았다는 증빙인 [출고전표] 발행을 요구
받을 수 있다. 출고전표는 전표단위로 출력하기 때문에 출고번호 단위로 집계하여 전표번호, 출
고처명, 제품수, 수량 등을 집계형태로 화면에 조회된다.

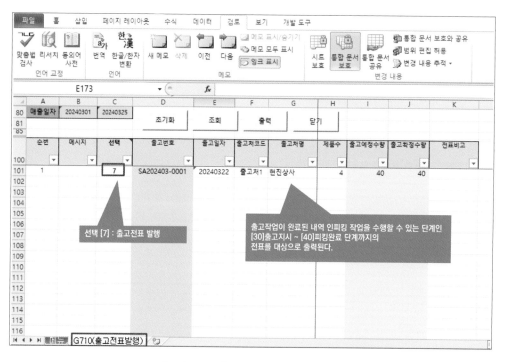

[그림 6-106] 출고전표 발행 화면 예시

(1) 출고전표 발행대상 조회

[SPG710_출고전표발행_대상조회]는 출고전표를 발행해야 할 대상(출고 확정된 내역)을 전표 단위로 집계하여 화면에 출력하는 프로시저이다. 전표단위로 제품 수, 수량 등을 집계하여야 하기 때문에 SELECT 문장에서 GROUP BY를 사용한 것을 볼 수 있다.

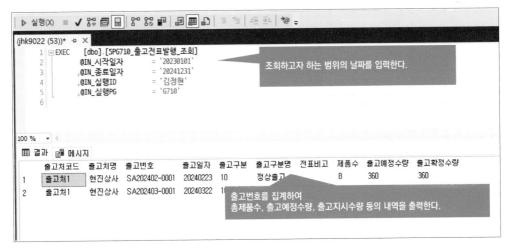

[그림 6-107] 출고전표 발행 조회 프로시저 실행결과 예시

```
 1
 2  ⊟ALTER PROCEDURE [dbo].[SPG710_출고전표발행_조회]
 3          @IN_시작일자              NVARCHAR(08)
 4         ,@IN_종료일자              NVARCHAR(08)
 5         ,@IN_실행ID               NVARCHAR(50)
 6         ,@IN_실행PG               NVARCHAR(50)
 7    AS
 8  ⊟BEGIN
 9
10       SET NOCOUNT ON;
11
12   ⊟     ----------------------------------------------------------------
13       -- 200 기본 자료를 조회하여 임시테이블에 저장한다
14       ----------------------------------------------------------------
15   ⊟     SELECT 출고처코드         = A.출고처코드
16             ,출고처명            = D.업체명
17             ,출고번호            = A.출고번호
18             ,출고일자            = A.출고일자
19             ,출고구분            = A.출고구분
20             ,출고구분명           = C.출고구분명
21             ,전표비고            = A.전표비고
22             ,제품수             = COUNT(*)
23             ,출고예정수량          = SUM(B.출고예정수량)
24             ,출고확정수량          = SUM(B.출고확정수량)
25         INTO #TEMP_출고전표발행조회
26         FROM TBG_출고H          A
27        INNER JOIN TBG_출고D       B ON B.출고번호    = A.출고번호
28        INNER JOIN TBA_출고구분     C ON C.출고구분    = A.출고구분
29        INNER JOIN TBC_업체        D ON D.업체코드    = A.출고처코드
30        WHERE 1 = 1
31          AND A.출고일자 BETWEEN @IN_시작일자 AND @IN_종료일자
32          AND B.상태코드 = '90'
33        GROUP BY A.출고처코드, D.업체명, A.출고번호, A.출고일자, A.출고구분, C.출고구분명, A.전표비고
34
35
36   ⊟     ----------------------------------------------------------------
37       -- 500 최종 결과를 화면에 표시
38       ----------------------------------------------------------------
39   ⊟     SELECT A.*
40         FROM #TEMP_출고전표발행조회 A
41        WHERE 1 = 1
42        ORDER BY A.출고번호
43
44    END
45
```

> 조회조건은 실행ID, 실행PG 외에
> @IN_시작일자, @IN_종료일자 조건을 입력 받는다.

> 출고번호를 집계를 위해 그룹핑을 위한
> COUNT( ), SUM( ) 함수를 사용했다.
> 상태코드대상 : 90

[그림 6-108] SPG710_출고전표발행_대상조회 소스코드

(2) 출고전표 출력

실제 출고전표 출력을 위한 [SPG710_출고전표발행_출력] 프로시저이다. 출고전표 출력은 선택된 출고번호에 대해 하나씩 하나씩 독립적으로 [SPG710_출고전표발행_출력] 프로시저를 호출하고 그 결과를 엑셀 양식을 저장하여 실제 프린터로 출력되는 방식이다.

개발 편의상 헤더 정보인 출고처, 일자 등의 헤더 정보와 제품별 상세한 디테일 정보를 하나의 테이블로 통합하여 결과를 제공한다.

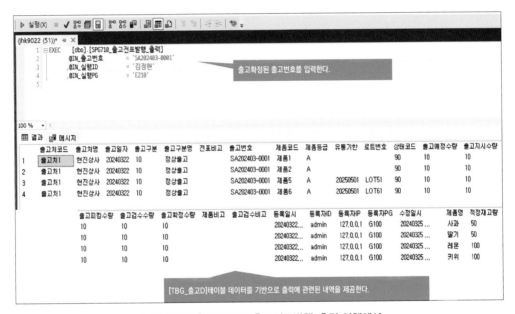

[그림 6-109] SPG710_출고전표발행_출력 실행예시

```
 1  ⊟ALTER PROCEDURE [dbo].[SPG710_출고전표발행_출력]
 2          @IN_출고번호          NVARCHAR(30)
 3         ,@IN_실행ID           NVARCHAR(50)
 4         ,@IN_실행PG           NVARCHAR(50)
 5    AS
 6  ⊟BEGIN
 7
 8      SET NOCOUNT ON;
 9
10  ⊟    ----------------------------------------------------------------
11      -- 100 입력 데이터 검증
12      ----------------------------------------------------------------
13      SET @IN_출고번호 = UPPER(TRIM(@IN_출고번호))
14
15
16  ⊟    ----------------------------------------------------------------
17      -- 200 기본 자료를 조회하여 임시테이블에 저장한다
18      ----------------------------------------------------------------
19  ⊟    SELECT 출고처코드        = A.출고처코드
20           ,출고처명          = D.업체명
21           ,출고일자          = A.출고일자
22           ,출고구분          = A.출고구분
23           ,출고구분명         = C.출고구분명
24           ,전표비고          = A.전표비고
25           ,B.*
26           ,E.제품명
27           ,적정재고량         = ISNULL(E.적정재고량, 0)
28        INTO #TEMP_출고전표발행
29        FROM TBG_출고H          A
30      INNER JOIN TBG_출고D      B ON B.출고번호    = A.출고번호
31      INNER JOIN TBA_출고구분    C ON C.출고구분    = A.출고구분
32      INNER JOIN TBC_업체       D ON D.업체코드    = A.출고처코드
33      INNER JOIN TBC_제품       E ON E.제품코드    = B.제품코드
34      WHERE 1 = 1
35        AND A.출고번호 = @IN_출고번호
36        AND B.상태코드 = '90'
37
38
39  ⊟    ----------------------------------------------------------------
40      -- 500 최종 결과를 화면에 표시
41      ----------------------------------------------------------------
42  ⊟    SELECT A.*
43        FROM #TEMP_출고전표발행 A
44      WHERE 1 = 1
45      ORDER BY A.출고번호, A.제품코드
46
47    END
48  |
```

조회조건은 실행ID, 실행PG 외에
@IN_출고번호 조건을 입력 받는다.

하나의 출고번호를 대상으로 전표를
출력하기 때문이다.

상태코드가 [90]출고확정인 내역을
대상으로 헤더, 디테일 및 부가적인
정보를 출력에 활용하기 위해 JOIN 했다.

[그림 6-110] SPG710_출고전표발행_출력 소스코드

나. 엑셀VBA

(1) 출고전표 발행대상 조회

[SPG710_출고전표발행_대상조회] 프로시저를 호출하여 출고전표를 발행하기 위한 대상내역을 화면에 출력한다. 출고일자의 범위를 입력하기 위해 엑셀 이름정의 기능을 활용하여 [IN_시작일자], [IN_종료일자]를 정의하였다.

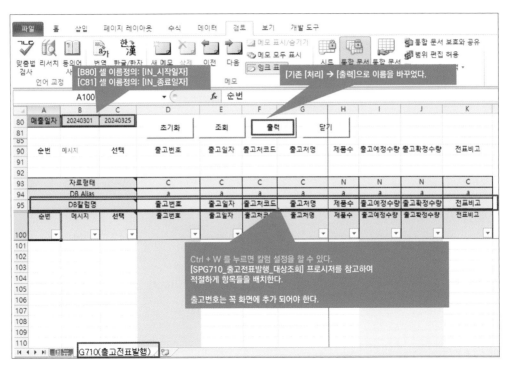

[그림 6-111] 출고전표발행 화면 구성

```
Sub 기본_조회()

    Dim txt_Sql     As String        ' SQL문장 저장을 위한 변수 선언
    Dim txt_현재시트 As String        ' 현재 작업 시트명을 저장/관리하기 위한 변수 선언

    On Error Resume Next

    txt_현재시트 = ActiveSheet.Name        ' 조회시트명을 변수에 저장
    txt_현재시트코드 = ActiveSheet.CodeName ' 조회시트코드를 변수에 저장

    Sheets(txt_현재시트).Select           ' 조회시트로 이동

    Call 공통_초기화                     ' 101번 라인 이하를 삭제(클리어)시킴

    txt_Sql = "EXEC [dbo].[SPG710_출고전표발행_조회]      " & vbLf & _
        "       @IN_시작일자    = '<<시작일자>>'       " & vbLf & _
        "      ,@IN_종료일자    = '<<종료일자>>'       " & vbLf & _
        "      ,@IN_실행ID      = '<<실행ID>>'         " & vbLf & _
        "      ,@IN_실행PG      = '<<실행PG>>'         " & vbLf

    txt_Sql = Replace(txt_Sql, "<<시작일자>>", Trim(Range("IN_시작일자")))
    txt_Sql = Replace(txt_Sql, "<<종료일자>>", Trim(Range("IN_종료일자")))
    txt_Sql = Replace(txt_Sql, "<<실행ID>>", Trim(A100.Range("사용자ID")))
    txt_Sql = Replace(txt_Sql, "<<실행PG>>", ActiveSheet.CodeName)

    If 공통_DB1_Connect() = False Then              ' 관리시트에 있는 접속환경으로 DB에 접속함
        MsgBox "[오류]DB연결이 정상적이지 않습니다!!"
        Exit Sub
    End If

    If 공통_DB1_SP조회1(txt_Sql) = False Then        ' txt_Sql변수의 SQL문장을 실행함
        MsgBox "[오류]해당하는 자료가 존재하지 않습니다"
        Exit Sub
    End If
```

[그림 6-112] 출고전표발행 조회VBA 소스코드 (1/2)

```
    i = 101                                      ' 출력시작을 위한 기준행(제목행 Row 위치값을 설정함)
    num_최대조회수 = A100.Range("최대조회건수")        ' 화면에 최대로 조회할 행수
    num_열개수 = Application.CountA(Sheets(txt_현재시트).Range("A90:ZZ90")) + 5

    Call 공통_화면이벤트_OFF

    Do Until (RS1.EOF)                               ' RS1 Record Set이 끝이 날때까지 Loop까지 계속 반복

        Cells(i, 1) = i - 100

        For kk = 4 To num_열개수

            If Cells(95, kk) <> "" Then

                ' txt_칼럼명 = Cells(95, kk)
                Cells(i, kk) = RS1.Fields(Cells(95, kk)).Value

            End If

        Next


        i = i + 1

        If i > num_최대조회수 Then
            MsgBox "[확인]데이터가 " & num_최대조회수 & "건보다 많습니다. 조회조건을 변경 바랍니다"
            Exit Do
        End If

        RS1.MoveNext                                 ' RecordSet의 다음자료(다음위치)로 이동함

    Loop

    Cells(101, 3).Select

    Call 공통_DB1_Close                              ' 연결되었던 DB와의 접속을 끊음
    Call 공통_화면이벤트_ON

End Sub
```

[그림 6-113] 출고전표발행 조회VBA 소스코드 (2/2)

(2) 출고전표 출력

출고전표를 출력하기 위해서는 출고전표 발행 대상 선택을 위한 화면외에 출력을 위한 출력양식 시트를 추가로 만들어야 한다. 출력을 위한 양식시트에 출고전표를 원하는 형태로 구성하면 된다.

출고전표 양식에는 몇 개의 제품 목록이 출력될지 모르기 때문에 충분한 개수의 제품이 출력될 수 있도록 구성하는 것이 좋다. 실제 출력되는 범위까지만 인쇄 영역으로 지정하면 나머지 영역은 출력되지 않기 때문이다.

출고전표 양식은 [양식210_출고전표]라는 시트 이름으로 만들어 두었다. 이 양식을 참고하여 상황에 맞도록 변형하여 사용하길 바란다.

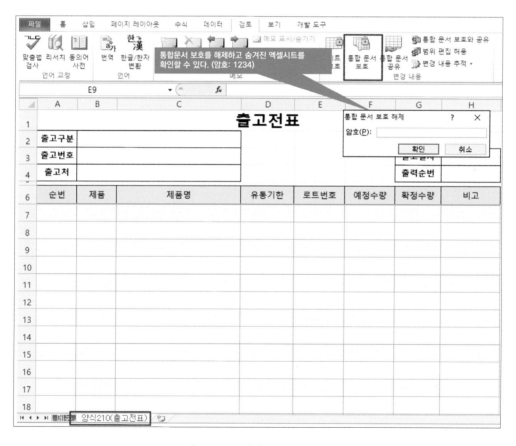

[그림 6-114] 출고전표 양식

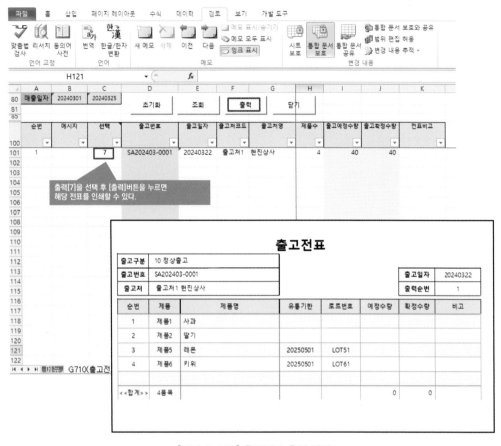

[그림 6-115] 출고전표 출력 예시

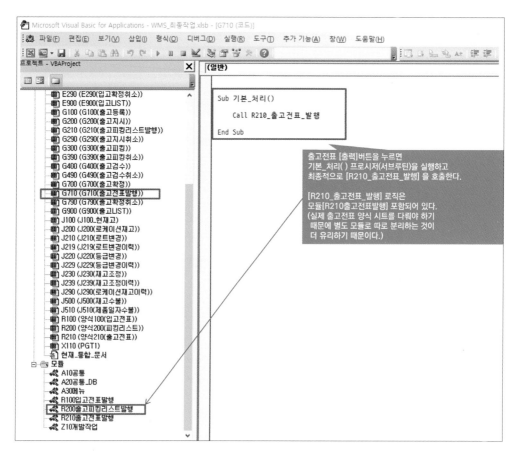

[그림 6-116] 출고전표발행 출력 버튼 관련 소스코드

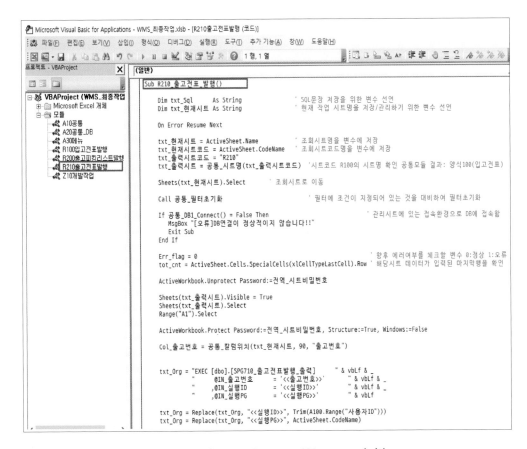

```
Microsoft Visual Basic for Applications - WMS_최종작업.xlsb - [R210출고전표발행 (코드)]
파일(F) 편집(E) 보기(V) 삽입(I) 형식(O) 디버그(D) 실행(R) 도구(T) 추가 기능(A) 창(W) 도움말(H)
                                              1행, 1열

프로젝트 - VBAProject                          (일반)

VBAProject (WMS_최종작업)    Sub R210_출고전표_발행()
  Microsoft Excel 개체
  모듈                           Dim txt_Sql       As String              ' SQL문장 저장을 위한 변수 선언
    A10공통                       Dim txt_현재시트 As String              ' 현재 작업 시트명을 저장/관리하기 위한 변수 선언
    A20공통_DB
    A30메뉴                       On Error Resume Next
    R100입고전표발행
    R200출고피킹리스트발행          txt_현재시트 = ActiveSheet.Name          ' 조회시트명을 변수에 저장
    R210출고전표발행               txt_현재시트코드 = ActiveSheet.CodeName   ' 조회시트코드명을 변수에 저장
    Z10개발작업                    txt_출력시트코드 = "R210"
                                 txt_출력시트 = 공통_시트명(txt_출력시트코드)  '시트코드 R100의 시트명 확인 공통모듈 결과: 양식100(입고전표)

                                 Sheets(txt_현재시트).Select       ' 조회시트로 이동

                                 Call 공통_필터초기화                            ' 필터에 조건이 지정되어 있는 것을 대비하여 필터초기화

                                 If 공통_DB1_Connect() = False Then              ' 관리시트에 있는 접속환경으로 DB에 접속함
                                   MsgBox "[오류]DB연결이 정상적이지 않습니다!!"
                                   Exit Sub
                                 End If

                                 Err_flag = 0                                 ' 향후 에러여부를 체크할 변수 0:정상 1:오류
                                 tot_cnt = ActiveSheet.Cells.SpecialCells(xlCellTypeLastCell).Row ' 해당시트 데이터가 입력된 마지막행을 확인

                                 ActiveWorkbook.Unprotect Password:=전역_시트비밀번호

                                 Sheets(txt_출력시트).Visible = True
                                 Sheets(txt_출력시트).Select
                                 Range("A1").Select

                                 ActiveWorkbook.Protect Password:=전역_시트비밀번호, Structure:=True, Windows:=False

                                 Col_출고번호 = 공통_칼럼위치(txt_현재시트, 90, "출고번호")

                                 txt_Org = "EXEC [dbo].[SPG710_출고전표발행_출력]    " & vbLf & _
                                 "         @IN_출고번호     = '<<출고번호>>'    " & vbLf & _
                                 "        ,@IN_실행ID       = '<<실행ID>>'     " & vbLf & _
                                 "        ,@IN_실행PG       = '<<실행PG>>'     " & vbLf

                                 txt_Org = Replace(txt_Org, "<<실행ID>>", Trim(A100.Range("사용자ID")))
                                 txt_Org = Replace(txt_Org, "<<실행PG>>", ActiveSheet.CodeName)
```

[그림 6-117] R710_출고전표_발행 소스코드 (1/3)

```
For i = 101 To tot_cnt                              ' 101번행부터 데이터가 입력되어 있는 행(Row)까지 반복함

    If Sheets(txt_현재시트).Cells(i, 3) = "7" And Sheets(txt_현재시트).Cells(i, Col_출고번호) <> "" Then

        txt_Sql = txt_Org

        txt_Sql = Replace(txt_Sql, "<<출고번호>>", Trim(Sheets(txt_현재시트).Cells(i, Col_출고번호)))

        If 공통_DB1_SP조회1(txt_Sql) = False Then
            MsgBox "[오류]자료가 정상적이지 않습니다. 다시 확인 바랍니다"
            Err_flag = 1
            Exit For
        End If

        Rows("7:3000").Select
        Selection.ClearContents

        Range("IN_출고구분") = "   " & RS1!출고구분 & " " & RS1!출고구분명
        Range("IN_출고번호") = "   " & RS1!출고번호
        Range("IN_출고처") = "   " & RS1!출고처코드 & " " & RS1!출고처명
        Range("IN_출고일자") = RS1!출고일자
        Range("IN_출력순번") = Sheets(txt_현재시트).Cells(i, 1)

        num_예정수량합계 = 0
        num_확정수량합계 = 0
        num_제품수 = 0

        num_출력라인 = 6

        Do Until (RS1.EOF)

            num_출력라인 = num_출력라인 + 1

            Cells(num_출력라인, 1) = num_출력라인 - 6
            Cells(num_출력라인, 2) = Trim(RS1!제품코드)
            Cells(num_출력라인, 3) = Trim(RS1!제품명)
            Cells(num_출력라인, 4) = Trim(RS1!유통기한)
            Cells(num_출력라인, 5) = Trim(RS1!로트번호)
            Cells(num_출력라인, 6) = RS1!입고예정수량
            Cells(num_출력라인, 7) = RS1!입고확정수량

            num_예정수량합계 = num_예정수량합계 + RS1!입고예정수량
            num_확정수량합계 = num_확정수량합계 + RS1!입고확정수량
            num_제품수 = num_제품수 + 1

            RS1.MoveNext

        Loop
```

선택구분이 [7]인 내역만 출고전표 발행

출고전표번호별로 출력 DB 프로시저 호출

이전 처리된 내역이 있을 수 있으므로 양식 Clear

헤더영역 출력(작성)

출력 DB 프로시저 결과를 한 Record씩 읽으면서 상세내역 출력

[그림 6-118] R710_출고전표_발행 소스코드 (2/3)

```
            num_출력라인 = num_출력라인 + 2

            Cells(num_출력라인, 1) = "<<합계>>"
            Cells(num_출력라인, 2) = num_제품수 & "품목"          전표 합계내역을 출력
            Cells(num_출력라인, 6) = num_예정수량합계
            Cells(num_출력라인, 7) = num_확정수량합계

            ActiveSheet.PageSetup.PrintArea = "$A$1:$H$" & num_출력라인

                                                      데이터가 기록된 영역만 인쇄영역으로 설정
        If First_flag = 0 Then
            First_flag = 1
            ActiveWindow.SelectedSheets.PrintPreview

            Yn_chk = MsgBox("계속 출력하시겠습니까?", vbYesNo, "확인")
        Else
            If Yn_chk = vbYes Then
                ActiveWindow.SelectedSheets.PrintOut Copies:=1, Collate:=True
            Else
                MsgBox "[확인]출력작업을 중단 합니다"
                Call 공통_DB1_Close
                Exit Sub                            첫 번째 전표내역은 미리보기를 보여주고
            End If                                  나머지 두 번째 전표부터는 프린터로 바로 출력 처리
        End If

    End If

    Next

    Call 공통_DB1_Close

    ActiveWorkbook.Unprotect Password:=전역_시트비밀번호

    Sheets(txt_출력시트).Visible = False
    Sheets(txt_현재시트).Select                       출력이 끝나면 양식 시트를 숨긴다.
    Range("A101").Select

    ActiveWorkbook.Protect Password:=전역_시트비밀번호, Structure:=True, Windows:=False

    MsgBox "[완료]출력이 완료되었습니다!"

End Sub
```

[그림 6-119] R710_출고전표_발행 소스코드 (3/3)

9. 출고확정 취소

가. DB프로시저

출고확정과 반대되는 개념이다. 업무를 수행하다 보면 의도하지 않은 실수나 오류 등으로 이를 바로 잡기 위해 취소하는 프로세스이다. 출고확정취소 처리를 하면 재고감소(-) 되었던 로케이션재고는 원래대로 증가(+)되고, 출고 상태코드가 [90]확정 → [50]검수완료 상태로 변경된다.

출고반품의 경우에는 다시 반품된 재고수량을 취소하기 위해 재고를 감소(-) 처리하고 상태코드도 [90]확정 → [30]출고지시 상태로 변경 처리한다.

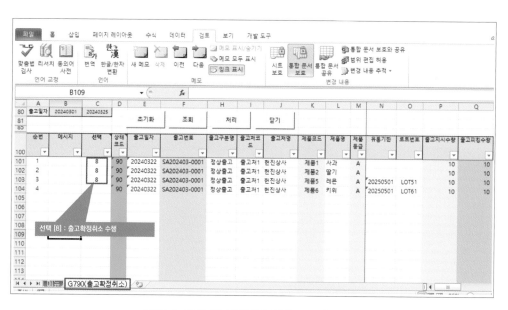

[그림 6-120] 출고확정취소 엑셀VBA 화면 예시

(1) 출고확정취소 조회

[SPG790_출고확정취소_조회] 프로시저는 출고 취소를 하기 위한 대상으로, 출고 확정된 내역들을 화면에 출력한다. [TBG_출고D] 테이블의 데이터 중 상태코드가 [90]출고확정 내역들이 그 대상이다.

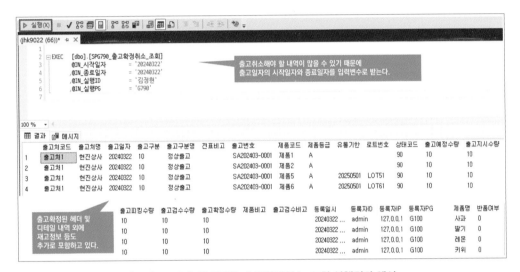

[그림 6-121] SPG790_출고확정취소_조회 실행결과 예시

```
 1  ⊟ALTER PROCEDURE [dbo].[SPG790_출고확정취소_조회]
 2          @IN_시작일자           NVARCHAR(08)
 3         ,@IN_종료일자           NVARCHAR(08)
 4
 5         ,@IN_실행ID            NVARCHAR(50)
 6         ,@IN_실행PG            NVARCHAR(50)
 7    AS
 8  ⊟BEGIN
 9
10      SET NOCOUNT ON;
11
12
13  ⊟     ----------------------------------------------------------------
14      -- 100 기본 자료를 조회하여 임시테이블에 저장한다
15      ----------------------------------------------------------------
16  ⊟   SELECT 출고처코드       = A.출고처코드
17         ,출고처명         = E.업체명
18         ,출고일자         = A.출고일자
19         ,출고구분         = A.출고구분
20         ,출고구분명       = D.출고구분명
21         ,전표비고         = A.전표비고
22         ,B.*
23         ,F.제품명
24         ,D.반품여부
25      INTO #TEMP_출고확정조회
26      FROM TBG_출고H           A
27      INNER JOIN TBG_출고D        B ON B.출고번호    = A.출고번호
28      INNER JOIN TBA_출고구분      D ON D.출고구분    = A.출고구분
29      INNER JOIN TBC_업체        E ON E.업체코드    = A.출고처코드
30      INNER JOIN TBC_제품        F ON F.제품코드    = B.제품코드
31      WHERE 1 = 1
32        AND B.상태코드     = '90'  -- 출고확정 내역에 대해 조회
33        AND A.출고일자     BETWEEN @IN_시작일자 AND @IN_종료일자
34
35
36  ⊟     ----------------------------------------------------------------
37      -- 500 최종 결과를 화면에 표시
38      ----------------------------------------------------------------
39  ⊟   SELECT A.*
40      FROM #TEMP_출고확정조회 A
41      WHERE 1 = 1
42      ORDER BY A.출고번호, A.제품코드
43
44    END
45
```

[그림 6-122] SPG790_출고확정취소_조회 소스코드

(2) 출고확정취소 처리

[SPG790_출고확정취소_취소]는 출고확정 취소처리를 실제 수행하는 프로시저이다. 상태코드를 [90]출고확정 → [50]검수완료로 변경하고 출고확정수량을 0으로 UPDATE한다. 추가로 공통모듈인 로케이션재고 반영 프로시저를 호출하여 출고되었던 재고를 다시 복구하기 위해 재고수량을 증가(+) 시킨다.

[출고유형]이 [출고반품]인 내역을 [출고확정취소]할 경우에는 확정된 수량 중에 이미 다른 로케이션으로 이동되었을 경우 취소를 위한 [출고반품대기] 로케이션의 재고 수량이 부족하여 오류가 발생되는 경우도 있기 때문에 사전에 재고수량을 확인하는 것이 좋다.

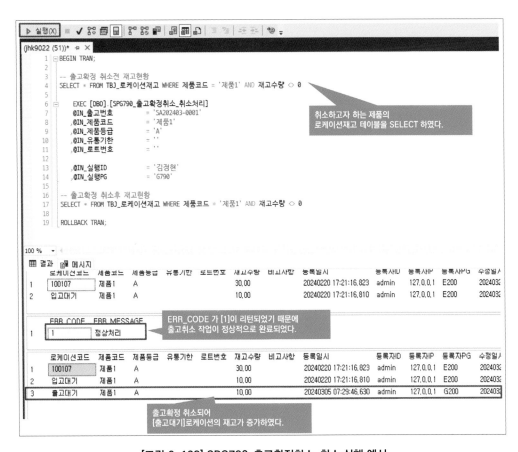

[그림 6-123] SPG790_출고확정취소_취소 실행 예시

```
 1  ⊟ALTER PROCEDURE [dbo].[SPG790_출고확정취소_취소처리]
 2      @IN_출고번호           NVARCHAR(30)
 3     ,@IN_제품코드           NVARCHAR(30)
 4     ,@IN_제품등급           NVARCHAR(10)          출고취소할 전표 내역을 입력 받는다.
 5     ,@IN_유통기한           NVARCHAR(08)
 6     ,@IN_로트번호           NVARCHAR(30)
 7
 8     ,@IN_실행ID            NVARCHAR(50)
 9     ,@IN_실행PG            NVARCHAR(50)
10  AS
11  ⊟BEGIN
12
13      SET NOCOUNT ON;
14
15  ⊟    DECLARE @IN_실행공인IP    NVARCHAR(50)
16           ,@IN_호스트명       NVARCHAR(50)
17           ,@IN_현재일시       NVARCHAR(50)
18           ,@IN_현재일자       NVARCHAR(50)
19
20  ⊟    SELECT @IN_실행공인IP    = A.접속공인IP
21          ,@IN_호스트명       = A.접속호스트
22          ,@IN_현재일시       = A.현재일시
23          ,@IN_현재일자       = LEFT(A.현재일시, 8)
24        FROM FTA_세션정보_조회() A
25       WHERE 1 = 1
26
27  ⊟    DECLARE @RETURN_VALUE        INT
28           ,@OUT_재고반영메시지    NVARCHAR(500)
29
30  ⊟    ----------------------------------------------------------------
31      -- 100 입력값 이상여부 확인
32      ----------------------------------------------------------------
33      SET @IN_출고번호 = UPPER(TRIM(@IN_출고번호))
34      SET @IN_제품코드 = UPPER(TRIM(@IN_제품코드))
35      SET @IN_제품등급 = UPPER(TRIM(@IN_제품등급))
36      SET @IN_유통기한 = UPPER(TRIM(@IN_유통기한))
37      SET @IN_로트번호 = UPPER(TRIM(@IN_로트번호))
38
39
```

[그림 6-124] SPG790_출고확정취소_취소 소스코드 (1/7)

```
40      ------------------------------------------------------------------------
41      -- 200 해당 출고내역 확인
42      ------------------------------------------------------------------------
43      DECLARE @출고전표_예정수량            NUMERIC(18, 0)
44             ,@출고전표_지시수량            NUMERIC(18, 0)
45             ,@출고전표_검수수량            NUMERIC(18, 0)
46             ,@출고전표_상태코드            NVARCHAR(10)
47             ,@출고전표_로트지정출고여부    NVARCHAR(10)
48             ,@출고전표_출고처코드          NVARCHAR(30)
49             ,@출고전표_출고처명            NVARCHAR(100)
50             ,@출고전표_반품여부            NVARCHAR(10)
51
52      SELECT @출고전표_예정수량       = B.출고예정수량
53            ,@출고전표_지시수량       = B.출고지시수량
54            ,@출고전표_검수수량       = B.출고검수수량
55            ,@출고전표_상태코드       = B.상태코드
56            ,@출고전표_로트지정출고여부 = C.로트지정출고여부
57            ,@출고전표_출고처코드     = A.출고처코드
58            ,@출고전표_출고처명       = D.업체명
59            ,@출고전표_반품여부       = E.반품여부
60        FROM TBG_출고H A
61      INNER JOIN TBG_출고D    B ON B.출고번호 = A.출고번호
62      INNER JOIN TBC_제품     C ON C.제품코드 = B.제품코드
63      INNER JOIN TBC_업체     D ON D.업체코드 = A.출고처코드
64      INNER JOIN TBA_출고구분 E ON E.출고구분 = A.출고구분
65      WHERE 1 = 1
66        AND A.출고번호 = @IN_출고번호
67        AND B.제품코드 = @IN_제품코드
68        AND B.제품등급 = @IN_제품등급
69        AND B.유통기한 = @IN_유통기한
70        AND B.로트번호 = @IN_로트번호
71
72      IF  @@ERROR <> 0 OR @@ROWCOUNT <> 1 BEGIN
73          SELECT ERR_CODE = 21, ERR_MESSAGE = N'해당전표 내역없음'
74          RETURN
75      END
76
77      IF  @출고전표_상태코드 <> '90' BEGIN
78          SELECT ERR_CODE = 21, ERR_MESSAGE = N'출고확정취소 대상전표가 아닙니다'
79          RETURN
80      END
81
```

[그림 6-125] SPG790_출고확정취소_취소 소스코드 (2/7)

```
82    -- 300 반품시에만 실행됨                    출고반품시에만 실행되는 로직
83    IF @출고전표_반품여부 = '1' BEGIN
84
85        UPDATE A SET
86            A.출고확정수량   = 0
87           ,A.상태코드       = '30'              상태코드를 [90] → [30]변경
88           ,A.수정일시       = @IN_현재일시
89           ,A.수정자ID       = @IN_실행ID
90           ,A.수정자IP       = @IN_실행공인IP
91           ,A.수정자PG       = @IN_실행PG
92        FROM TBG_출고 A
93        WHERE 1 = 1
94           AND A.출고번호    = @IN_출고번호
95           AND A.제품코드    = @IN_제품코드
96           AND A.제품등급    = @IN_제품등급
97           AND A.유통기한    = @IN_유통기한
98           AND A.로트번호    = @IN_로트번호
99           AND A.상태코드    IN ('90')
100
101       IF @@ERROR <> 0 OR @@ROWCOUNT <> 1 BEGIN
102           SELECT ERR_CODE = 31, ERR_MESSAGE = '출고확정D 반품확정 UPDATE 오류'
103           RETURN
104       END
105
106       EXEC @RETURN_VALUE = [DBO].[SPA000_공통_재고입출고_처리]
107           @IN_반영일자       = @IN_현재일자        로케이션 재고를 반영 공통모듈이다.
108           @IN_원인유형       = '출고확정취소'        일관성 있고 개발 생산성을 높일 수 있다.
109          ,@IN_원인전표유형   = '출고'
110          ,@IN_원인전표       = @IN_출고번호
111          ,@IN_원인전표상세   = ''
112          ,@IN_사유           = '반품확정취소'
113          ,@IN_제품코드       = @IN_제품코드
114          ,@IN_제품등급       = @IN_제품등급          〈 출고구분 : 20 출고반품 처리 〉
115          ,@IN_유통기한       = @IN_유통기한
116          ,@IN_로트번호       = @IN_로트번호          이동전로케이션: [출고반품대기]
117          ,@IN_입출고처코드   = @출고전표_출고처코드   이동후로케이션: 공백이기 때문에 창고 재고감소
118          ,@IN_입출고처명     = @출고전표_출고처명
119          ,@IN_이동전로케이션 = '출고반품대기'
120          ,@IN_이동후로케이션 = ''                    이동전로케이션  재고감소(-)
121          ,@IN_이동수량       = @출고전표_지시수량    이동후로케이션  재고증가(+)
122          ,@IN_등록자ID       = @IN_실행ID
123          ,@IN_등록자IP       = @IN_실행공인IP
124          ,@IN_등록자PG       = @IN_실행PG
125          ,@OUT_결과값        = @OUT_재고반영메시지 OUTPUT
126
127       IF @RETURN_VALUE <> 1 BEGIN
128           SELECT ERR_CODE = 32, ERR_MESSAGE = CONCAT('공통재고입출고 처리오류=', @OUT_재고반영메시지)
129           RETURN
130       END
131
132       -- 반품시에는 여기서 정상종료 처리
133       SELECT ERR_CODE = 1, ERR_MESSAGE = '정상처리'
134       RETURN
135
136    END                                         출고반품 종료지점
```

[그림 6-126] SPG790_출고확정취소_취소 소스코드 (3/7)

정상출고 처리 시작

```
138    ---------------------------------------------------------------------
139    -- 400 정상출고의 출고확정 처리 시작
140    ---------------------------------------------------------------------
141    DECLARE @II                    INT = 1              -- 반복 루프 COUNT
142          ,@지시_로케이션코드         NVARCHAR(30)
143          ,@지시_유통기한            NVARCHAR(30)
144          ,@지시_로트번호            NVARCHAR(30)
145          ,@지시_지시순번            INT
146          ,@지시_지시수량            NUMERIC(18, 0)
147          ,@지시_검수수량            NUMERIC(18, 0)
148          ,@지시_지시검수차이수량      NUMERIC(18, 0)
149          ,@처리후_잔량             NUMERIC(18, 0)       -- 처리 후 남은 수량을 관리
150          ,@지시_총건수             INT
151
152    SELECT A.*
153          ,순번               = IDENTITY(INT, 1, 1)
154      INTO #TEMP_출고확정_지시대상
155      FROM TBG_출고D_지시 A
156     WHERE 1 = 1
157       AND A.출고번호      = @IN_출고번호
158       AND A.제품코드      = @IN_제품코드
159       AND A.제품등급      = @IN_제품등급
160       AND A.유통기한      = @IN_유통기한
161       AND A.로트번호      = @IN_로트번호
162     ORDER BY A.지시순번
163
164    SET @지시_총건수        = @@ROWCOUNT
165
166    SET @처리후_잔량        = @출고전표_지시수량
167
168    -- 잔량이 0이 되거나 100번 이상 루프를 돌았을 경우 루프 종료
169    WHILE (@II <= @지시_총건수 AND @처리후_잔량 > 0)  BEGIN
170
171        ----------------------------------------------------------------
172        -- 410 지시 데이터를 하나씩 읽어서 변수에 넘음
173        ----------------------------------------------------------------
174        SELECT @지시_로케이션코드    = A.지시로케이션코드
175              ,@지시_유통기한       = A.지시유통기한
176              ,@지시_로트번호       = A.지시로트번호
177              ,@지시_지시순번       = A.지시순번
178              ,@지시_지시수량       = A.출고지시수량
179              ,@지시_검수수량       = A.출고검수수량
180          FROM #TEMP_출고확정_지시대상 A
181         WHERE 1 = 1
182           AND A.순번          = @II
183
184        IF  @@ERROR <> 0 OR @@ROWCOUNT <> 1 BEGIN
185           SELECT ERR_CODE = 34, ERR_MESSAGE = N'출고대상 SELECT오류'
186           RETURN
187        END
```

지시건별 처리 WHILE문 시작

[그림 6-127] SPG790_출고확정취소_취소 소스코드 (4/7)

```
189    IF @지시_지시수량 < 0    BEGIN
190        SELECT ERR_CODE = 351, ERR_MESSAGE = N'출고지시 수량 부호 오류'
191        RETURN
192    END
193
194    IF @지시_검수수량 < 0    BEGIN
195        SELECT ERR_CODE = 351, ERR_MESSAGE = N'출고지시 수량 부호 오류'
196        RETURN
197    END
198
199    IF @지시_지시수량 < @지시_검수수량    BEGIN
200        SELECT ERR_CODE = 351, ERR_MESSAGE = N'출고지시보다 검수수량이 큽니다'
201        RETURN
202    END
203
204
205    IF @지시_검수수량 <> 0    BEGIN
206
207        --------------------------------------------------------------------------------
208        -- 430 검수수량 최종 출고확정 취소처리
209        --------------------------------------------------------------------------------
210        EXEC @RETURN_VALUE = [DBO].[SPA000 공통 재고입출고 처리]
211            @IN_반영일자            = @IN_현재일자
212           ,@IN_원인유형            = '출고확정취소'
213           ,@IN_원인전표유형         = '출고'
214           ,@IN_원인전표            = @IN_출고번호
215           ,@IN_원인전표상세         = ''
216           ,@IN_사유               = ''
217           ,@IN_제품코드            = @IN_제품코드
218           ,@IN_제품등급            = @IN_제품등급
219           ,@IN_유통기한            = @지시_유통기한
220           ,@IN_로트번호            = @지시_로트번호
221           ,@IN_입출고처코드         = @출고전표_출고처코드
222           ,@IN_입출고처명          = @출고전표_출고처명
223           ,@IN_이동전로케이션        = ''
224           ,@IN_이동후로케이션        = '출고대기'
225           ,@IN_이동수량            = @지시_검수수량
226           ,@IN_등록자ID           = @IN_실행ID
227           ,@IN_등록자IP           = @IN_실행공인IP
228           ,@IN_등록자PG           = @IN_실행PG
229           ,@OUT_결과값            = @OUT_재고반영메시지  OUTPUT
230
231        IF @RETURN_VALUE <> 1 BEGIN
232            SELECT ERR_CODE = 36, ERR_MESSAGE = N'공통재고입출고 처리오류=' + ISNULL(@OUT_재고반영메시지,'')
233            RETURN
234        END
235
236    END
237
```

로케이션 재고를 반영 공통모듈이다.
일관성 있고 개발 생산성을 높일 수 있다.

〈 실출고분 재고처리 〉

이동전로케이션: 공백
이동후로케이션: [출고대기]이기 때문에 재고증가

이동전로케이션 재고감소(-)
이동후로케이션 재고증가(+)

[그림 6-128] SPG790_출고확정취소_취소 소스코드 (5/7)

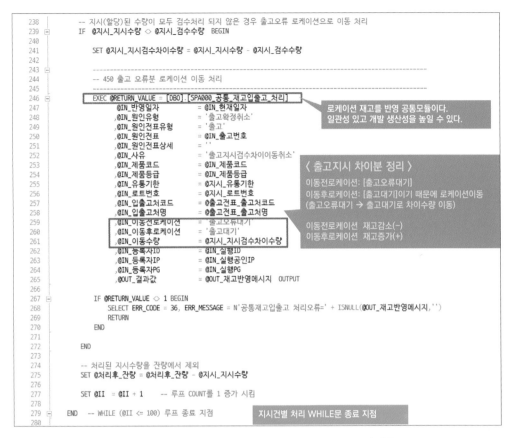

```
238         -- 지시(할당)된 수량이 모두 검수처리 되지 않은 경우 출고오류 로케이션으로 이동 처리
239     IF  @지시_지시수량 <> @지시_검수수량  BEGIN
240
241         SET @지시_지시검수차이수량 = @지시_지시수량 - @지시_검수수량
242
243         ------------------------------------------------------
244         -- 450 출고 오류분 로케이션 이동 처리
245         ------------------------------------------------------
246         EXEC @RETURN_VALUE = [DBO].[SPA000_공통_재고입출고_처리]
247              @IN_반영일자            = @IN_현재일자
248             ,@IN_원인유형            = '출고확정취소'
249             ,@IN_원인전표유형         = '출고'
250             ,@IN_원인전표            = @IN_출고번호
251             ,@IN_원인전표상세         = ''
252             ,@IN_사유               = '출고지시검수차이이동취소'
253             ,@IN_제품코드            = @IN_제품코드
254             ,@IN_제품등급            = @IN_제품등급
255             ,@IN_유통기한            = @지시_유통기한
256             ,@IN_로트번호            = @지시_로트번호
257             ,@IN_입출고처코드         = @출고전표_출고처코드
258             ,@IN_입출고처명          = @출고전표_출고처명
259             ,@IN_이동전로케이션        = '출고오류대기'
260             ,@IN_이동후로케이션        = '출고대기'
261             ,@IN_이동수량            = @지시_지시검수차이수량
262             ,@IN_등록자ID           = @IN_실행ID
263             ,@IN_등록자IP           = @IN_실행공인IP
264             ,@IN_등록자PG           = @IN_실행PG
265             ,@OUT_결과값            = @OUT_재고반영메시지  OUTPUT
266
267         IF @RETURN_VALUE <> 1 BEGIN
268             SELECT ERR_CODE = 36, ERR_MESSAGE = N'공통재고입출고 처리오류=' + ISNULL(@OUT_재고반영메시지,'')
269             RETURN
270         END
271
272     END
273
274     -- 처리된 지시수량을 잔량에서 제외
275     SET @처리후_잔량 = @처리후_잔량 - @지시_지시수량
276
277     SET @II  = @II + 1      -- 루프 COUNT를 1 증가 시킴
278
279 END  -- WHILE (@II <= 100) 루프 종료 지점          지시건별 처리 WHILE문 종료 지점
280
```

로케이션 재고를 반영 공통모듈이다.
일관성 있고 개발 생산성을 높일 수 있다.

〈 출고지시 차이분 정리 〉

이동전로케이션: [출고오류대기]
이동후로케이션: [출고대기]이기 때문에 로케이션이동
(출고오류대기 → 출고대기로 차이수량 이동)

이동전로케이션 재고감소(-)
이동후로케이션 재고증가(+)

[그림 6-129] SPG790_출고확정취소_취소 소스코드 (6/7)

```
281
282       -----------------------------------------------------------------------
283       -- 900 작업의 이상여부를 체크하고  출고 디테일 테이블에 확정수량 UPDATE
284       -----------------------------------------------------------------------
285   ⊟   IF  @처리후_잔량 ◇ 0 BEGIN
286           SELECT ERR_CODE = 39, ERR_MESSAGE = N'출고확정 처리 잔량 차이'
287           RETURN
288       END
289
290   ⊟   UPDATE A SET
291             A.출고확정수량  = 0
292            ,A.상태코드      = '50'
293            ,A.수정일시      = @IN_현재일시
294            ,A.수정자ID      = @IN_실행ID
295            ,A.수정자IP      = @IN_실행공인IP
296            ,A.수정자PG      = @IN_실행PG
297          FROM TBG_출고D A
298         WHERE 1 = 1
299           AND A.출고번호      = @IN_출고번호
300           AND A.제품코드      = @IN_제품코드
301           AND A.제품등급      = @IN_제품등급
302           AND A.유통기한      = @IN_유통기한
303           AND A.로트번호      = @IN_로트번호
304           AND A.상태코드      IN ('90')
305
306   ⊟   IF @@ERROR ◇ 0 OR @@ROWCOUNT ◇ 1 BEGIN
307           SELECT ERR_CODE = 90, ERR_MESSAGE = N'출고확정D 출고확정 반영오류'
308           RETURN
309       END
310
311       SELECT ERR_CODE = 1, ERR_MESSAGE = N'정상처리'
312       RETURN
313
314   END;
315
```

정상출고의 경우 상태코드를
[90] → [50]검수상태로 변경함

정상출고 종료 지점

[그림 6-130] SPG790_출고확정취소_취소 소스코드 (7/7)

나. 엑셀VBA

(1) 출고확정취소 조회

출고 확정된 내역이 많을 수 있기 때문에 조회 시에 특정 출고일자 범위를 지정하도록 화면을
설계하였다. 화면 상단에 출고일자 조건을 입력 할 수 있도록 [IN_시작일자], [IN_종료일자]와
같이 엑셀 [이름정의] 하였다.

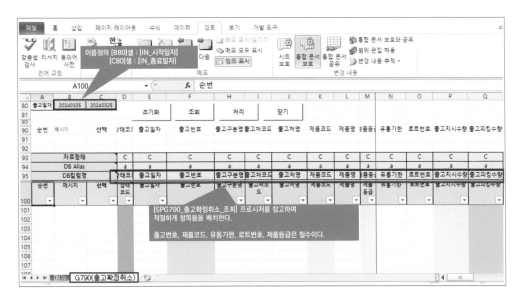

[그림 6-131] 출고확정취소 화면 정의

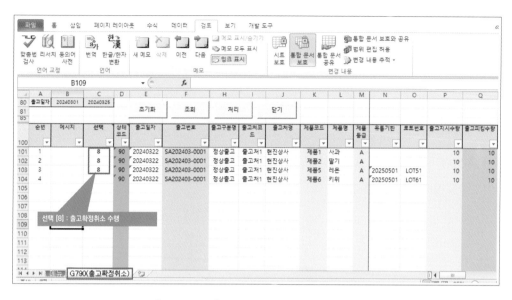

[그림 6-132] 출고확정 취소 실행화면 예시

```
Sub 기본_조회()

    Dim txt_Sql     As String      ' SQL문장 저장을 위한 변수 선언
    Dim txt_현재시트 As String      ' 현재 작업 시트명을 저장/관리하기 위한 변수 선언

    On Error Resume Next

    txt_현재시트 = ActiveSheet.Name        ' 조회시트명을 변수에 저장
    txt_현재시트코드 = ActiveSheet.CodeName ' 조회시트코드를 변수에 저장

    Sheets(txt_현재시트).Select        ' 조회시트로 이동

    Call 공통_초기화                   ' 101번 라인 이하를 삭제(클리어)시킴

    txt_Sql = "EXEC [dbo].[SPG790_출고확정취소_조회]        " & vbLf & _
        "          @IN_시작일자       = '<<시작일자>>'      " & vbLf & _
        "         ,@IN_종료일자       = '<<종료일자>>'      " & vbLf & _
        "         ,@IN_실행ID         = '<<실행ID>>'        " & vbLf & _
        "         ,@IN_실행PG         = '<<실행PG>>'        " & vbLf

    txt_Sql = Replace(txt_Sql, "<<시작일자>>", Trim(Range("IN_시작일자")))
    txt_Sql = Replace(txt_Sql, "<<종료일자>>", Trim(Range("IN_종료일자")))
    txt_Sql = Replace(txt_Sql, "<<실행ID>>", Trim(A100.Range("사용자ID")))
    txt_Sql = Replace(txt_Sql, "<<실행PG>>", ActiveSheet.CodeName)

    If 공통_DB1_Connect() = False Then            ' 관리시트에 있는 접속환경으로 DB에 접속함
        MsgBox "[오류]DB연결이 정상적이지 않습니다!!"
        Exit Sub
    End If

    If 공통_DB1_SP조회1(txt_Sql) = False Then      ' txt_Sql변수의 SQL문장을 실행함
        MsgBox "[오류]해당하는 자료가 존재하지 않습니다"
        Exit Sub
    End If
```

[그림 6-133] 출고확정취소 엑셀VBA 조회 소스코드 (1/2)

```
    i = 101                                      ' 출력시작을 위한 기준행(제목행 Row 위치값을 설정함)
    num_최대조회수 = A100.Range("최대조회건수")      ' 화면에 최대로 조회할 행수
    num_열개수 = Application.CountA(Sheets(txt_현재시트).Range("A90:ZZ90")) + 5

    Call 공통_화면이벤트_OFF

    Do Until (RS1.EOF)                                     ' RS1 Record Set이 끝이 날때까지 Loop까지 계속 반복


        Cells(i, 1) = i - 100

        For kk = 4 To num_열개수

            If Cells(95, kk) <> "" Then

                ' txt_칼럼명 = Cells(95, kk)
                Cells(i, kk) = RS1.Fields(Cells(95, kk).Value)

            End If

        Next


        i = i + 1

        If i > num_최대조회수 Then
            MsgBox "[확인]데이터가  " & num_최대조회수 & "건보다 많습니다. 조회조건을 변경 바랍니다"
            Exit Do
        End If

        RS1.MoveNext                                       ' RecordSet의 다음자료(다음위치)로 이동함

    Loop

    Cells(101, 3).Select

    Call 공통_DB1_Close                                   ' 연결되었던 DB와의 접속을 끊음
    Call 공통_화면이벤트_ON


End Sub
```

[그림 6-134] 출고확정취소 엑셀VBA 조회 소스코드 (2/2)

(2) 출고확정취소 처리

출고확정 취소 시에는 좀 더 신중한 처리를 위해서 선택구분을 [8]로 설정하였다. 취소된 출고
내역은 다시 출고확정 처리를 할 수 있는 상태로 전환되며 취소된 수량만큼 [출고대기] 로케이
션재고 수량이 증가(+)된다. (출고반품의 경우에는 반품받은 재고를 다시 원복시키기 위해 [출
고반품대기] 로케이션의 재고가 감소(-)된다.)

```vba
Sub 기본_처리()

    Dim txt_Sql      As String        ' SQL문장 저장을 위한 변수 선언
    Dim txt_현재시트 As String        ' 현재 작업 시트명을 저장/관리하기 위한 변수 선언

    On Error Resume Next

    txt_현재시트 = ActiveSheet.Name    ' 조회시트명을 변수에 저장

    Sheets(txt_현재시트).Select        ' 조회시트로 이동

    Call 공통_필터초기화              ' 필터에 조건이 지정되어 있는 것을 대비하여 필터초기화

    In사용자ID = A100.Range("사용자ID")                    ' 향후 Insert/Update시 사용할 ID,IP,시간등을 변수에 저장
    In_공인IP = A100.Range("공인IP")                       ' 각종 정보는 관리시트에 있음
    In_호스트명 = A100.Range("호스트명")                   ' 각종 정보는 관리시트에 있음
    In_현재일시 = 공통_시스템시간()

    txt_현재시트 = ActiveSheet.Name                        ' 조회시트명을 변수에 저장
    In_현재시트코드 = ActiveSheet.CodeName                 ' 조회시트코드를 변수에 저장

    Col_출고번호 = 공통_칼럼위치(txt_현재시트, 90, "출고번호")
    Col_출고일자 = 공통_칼럼위치(txt_현재시트, 90, "출고일자")
    Col_출고처코드 = 공통_칼럼위치(txt_현재시트, 90, "출고처코드")

    Col_제품코드 = 공통_칼럼위치(txt_현재시트, 90, "제품코드")
    Col_제품등급 = 공통_칼럼위치(txt_현재시트, 90, "제품등급")
    Col_유통기한 = 공통_칼럼위치(txt_현재시트, 90, "유통기한")
    Col_로트번호 = 공통_칼럼위치(txt_현재시트, 90, "로트번호")

    Err_flag = 0                                           ' 향후 에러여부를 체크할 변수 0:정상 1:오류 (초기값은 0)
    tot_cnt = ActiveSheet.Cells.SpecialCells(xlCellTypeLastCell).Row   ' 해당시트 데이터가 입력된 마지막행을 확인

    txt_Sql_처리 = "EXEC [dbo].[SPG790_출고확정취소_취소처리] " & vbLf & _
        "     @IN_출고번호    = '<<출고번호>>'    " & vbLf & _
        "    ,@IN_제품코드    = '<<제품코드>>'    " & vbLf & _
        "    ,@IN_제품등급    = '<<제품등급>>'    " & vbLf & _
        "    ,@IN_유통기한    = '<<유통기한>>'    " & vbLf & _
        "    ,@IN_로트번호    = '<<로트번호>>'    " & vbLf & _
        "    ,@IN_실행ID      = '<<실행ID>>'      " & vbLf & _
        "    ,@IN_실행PG      = '<<실행PG>>'      " & vbLf

    txt_Sql_처리 = Replace(txt_Sql_처리, "<<실행ID>>", Trim(A100.Range("사용자ID")))
    txt_Sql_처리 = Replace(txt_Sql_처리, "<<실행PG>>", ActiveSheet.CodeName)

    If 공통_DB1_Connect() = False Then                     ' 관리시트에 있는 접속환경으로 DB에 접속함
        MsgBox "[오류]DB연결이 정상적이지 않습니다!!"
        Exit Sub
    End If

    Err.Clear
    DB_Conn1.BeginTrans                                    ' *** 트랜젝션 시작 ****

    If Err.Number <> 0 Then
        DB_Conn1.RollbackTrans                             ' Begin Tran이 계속 존재하는 경우를 대비하여 Rollback 처리함
        MsgBox "[오류]트랜젝션을 시작하지 못했습니다. 다시 시도 바랍니다"
        Exit Sub
    End If                                                 ' 오류 메시지를 표시한다
```

[그림 6-135] 출고확정취소 처리VBA 소스코드 (1/2)

```
    For i = 101 To tot_cnt                                       ' 101번행부터 데이터가 입력되어 있는 행(Row)까지 반복함

        If Cells(i, 2) <> "" Then Cells(i, 2) = ""

        If Cells(i, 3) = "8" And Cells(i, Col_출고번호) <> "" Then              ' 선택값 1(입력)을 입력하고 4번열값에 데이터가 있는 경우

            txt_Sql = txt_Sql_처리      ' 8일때 확정 취소

            txt_Sql = Replace(txt_Sql, "<<출고번호>>", Trim(Cells(i, Col_출고번호)))
            txt_Sql = Replace(txt_Sql, "<<제품코드>>", Trim(Cells(i, Col_제품코드)))
            txt_Sql = Replace(txt_Sql, "<<제품등급>>", Trim(Cells(i, Col_제품등급)))
            txt_Sql = Replace(txt_Sql, "<<유통기한>>", Trim(Cells(i, Col_유통기한)))
            txt_Sql = Replace(txt_Sql, "<<로트번호>>", Trim(Cells(i, Col_로트번호)))

            If 공통_DB1_SP처리(txt_Sql) = False Then        ' txt_Sql변수의 SQL문장을 실행함
                Err_flag = 1
                txt_오류메시지 = Err.Description
                txt_오류메시지 = "오류[" & RS0!ERR_CODE & "] " & RS0!ERR_MESSAGE & " " & txt_오류메시지
                Cells(i, 2) = txt_오류메시지
            End If

        End If

    Next

    If Err_flag = 0 Then                                         ' 지금까지 오류가 없으면

        Err.Clear
        DB_Conn1.CommitTrans                                     ' 트랜잭션을 정상적으로 완료처리 한다

        If Err.Number = 0 Then                                   ' 만약 트랜잭션 완료가 정상이면 정상 메시지를 표시
            MsgBox "[완료]요청한 작업이 완료되었습니다"
        Else
            MsgBox "[오류]최종 Commit 작업에 문제가 생겼습니다, 작업 결과를 확인 바랍니다."
            Err_flag = 1                                         ' 트랜잭션 최종 완료시에 문제가 발생하면 메시지를 표시하고
        End If                                                   ' 오류 메시지를 표시한다

    Else

        Err.Clear
        DB_Conn1.RollbackTrans                                   ' 위의 업무처리시 오류가 발생하여 Err_flag가 1이면
        MsgBox "[오류]작업중 문제가 발생 했습니다. 확인 요망!!"   ' 트랜잭션을 Rollback 처리하고 오류메시지를 보여 준다

    End If


    Call 공통_DB1_Close                                          ' 모든 작업이 완료되었기 때문에 DB접속을 끊는다

    If Err_flag = 0 Then                                         ' 작업에 이상이 없었다면 다시 정보를 조회하여
        Call 기본_조회                                           ' 정상적으로 입력되었는지를 보여준다.
    End If

End Sub
```

[그림 6-136] 출고확정취소 처리VBA 소스코드 (2/2)

10. 출고검수 취소

가. DB프로시저

출고검수취소는 출고검수의 반대되는 개념이다. 사용자의 실수 등으로 검수한 결과를 취소하는 프로세스이다. 출고확정취소에서는 로케이션의 재고의 변동이 발생되었지만 검수 취소의 경우에는 검수된 내역만을 변경하는 것으로 시스템적으로는 비교적 간단하다.

출고 내역의 상태코드를 [50]검수완료 → [40]피킹완료 상태로 변경한다. 출고반품의 경우에는 출고검수 프로세스를 수행하지 않기 때문에 제외된다.

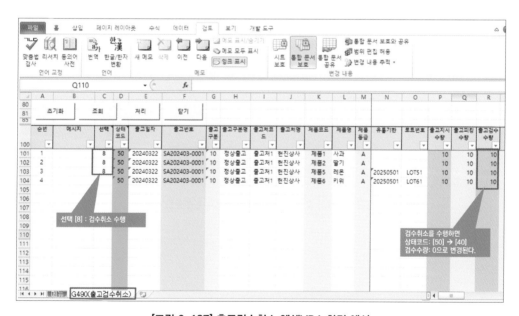

[그림 6-137] 출고검수취소 엑셀VBA 화면 예시

(1) 출고검수취소 조회

[SPG490_출고검수취소_조회] 프로시저는 검수작업을 취소를 하기 위해 대상 내역들을 화면에
출력하는데 [TBG_출고D] 테이블 중 [50]검수완료 상태인 데이터가 그 대상이다.

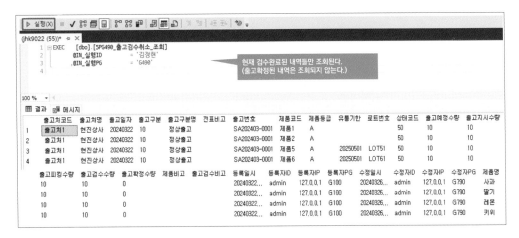

[그림 6-138] SPG490_출고검수취소_조회 실행결과 예시

```
 1  ALTER PROCEDURE [dbo].[SPG490_출고검수취소_조회]
 2      @IN_실행ID          NVARCHAR(50)
 3     ,@IN_실행PG          NVARCHAR(50)
 4  AS
 5  BEGIN
 6
 7      SET NOCOUNT ON;
 8
 9      DECLARE @IN_실행공인IP     NVARCHAR(50)
10             ,@IN_호스트명        NVARCHAR(50)
11             ,@IN_현재일시        NVARCHAR(50)
12
13      DECLARE @RETURN_VALUE    INT,
14             @OUT_메세지         NVARCHAR(500)
15
16      SELECT @IN_실행공인IP   = A.접속공인IP
17            ,@IN_호스트명      = A.접속호스트
18            ,@IN_현재일시      = A.현재일시
19        FROM FTA_세션정보_조회() A
20       WHERE 1 = 1
21
22  ----------------------------------------------------
23  -- 100 기본 자료를 조회하여 임시테이블에 저장한다
24  ----------------------------------------------------
25      SELECT 출고처코드       = A.출고처코드
26            ,출고처명         = E.업체명
27            ,출고일자         = A.출고일자
28            ,출고구분         = A.출고구분
29            ,출고구분명       = D.출고구분명
30            ,전표비고         = A.전표비고
31            ,B.*
32            ,F.제품명
33        INTO #TEMP_출고검수취소조회
34        FROM TBG_출고H           A
35   INNER JOIN TBG_출고D        B ON B.출고번호      = A.출고번호
36   INNER JOIN TBA_출고구분     D ON D.출고구분      = A.출고구분
37   INNER JOIN TBC_업체        E ON E.업체코드      = A.출고처코드
38   INNER JOIN TBC_제품        F ON F.제품코드      = B.제품코드
39       WHERE 1 = 1
40         AND D.반품여부    <> '1'   -- 반품 제외
41         and B.상태코드    = '50'   -- 피킹이 모두 완료된 내역에 대해 조회
42         |
43
44  ----------------------------------------------------
45  -- 500 최종 결과를 화면에 표시
46  ----------------------------------------------------
47      SELECT A.*
48        FROM #TEMP_출고검수취소조회 A
49       WHERE 1 = 1
50       ORDER BY A.출고번호, A.제품코드
51
52  END
```

[그림 6-139] SPG490_출고검수취소_조회 소스코드

(2) 출고검수취소 처리

[SPG490_출고검수취소_취소]는 [50]검수완료 → [40]피킹완료로 상태코드를 변경하고 출고검수수량을 [0]으로 UPDATE한다. 출고검수취소와 관련된 주요 테이블은 [TBG_출고D]와 [TBG_출고D_지시] 등이 있다.

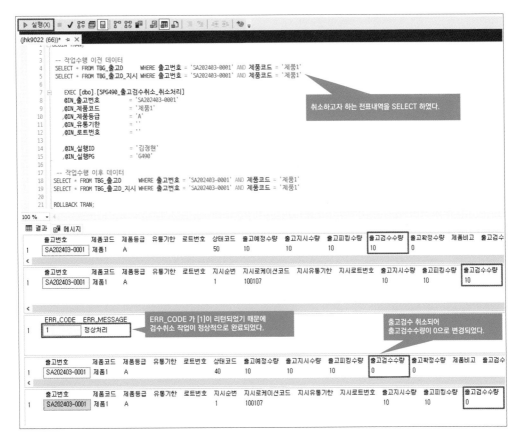

[그림 6-140] SPG490_출고검수취소_취소 실행 예시

397

```
1  ⊟ALTER PROCEDURE [dbo].[SPG490_출고검수취소_취소처리]
2        @IN_출고번호              NVARCHAR(30)
3       ,@IN_제품코드              NVARCHAR(30)
4       ,@IN_제품등급              NVARCHAR(10)
5       ,@IN_유통기한              NVARCHAR(08)
6       ,@IN_로트번호              NVARCHAR(30)
7
8       ,@IN_실행ID               NVARCHAR(50)
9       ,@IN_실행PG               NVARCHAR(50)
10  AS
11  ⊟BEGIN
12
13      SET NOCOUNT ON;
14
15  ⊟    DECLARE @IN_실행공인IP     NVARCHAR(50)
16            ,@IN_호스트명        NVARCHAR(50)
17            ,@IN_현재일시        NVARCHAR(50)
18            ,@IN_현재일자        NVARCHAR(50)
19
20  ⊟    SELECT @IN_실행공인IP    = A.접속공인IP
21          ,@IN_호스트명       = A.접속호스트
22          ,@IN_현재일시       = A.현재일시
23          ,@IN_현재일자       = LEFT(A.현재일시, 8)
24       FROM FTA_세션정보_조회() A
25      WHERE 1 = 1
26
27  ⊟    DECLARE @RETURN_VALUE        INT
28            ,@OUT_재고반영메시지    NVARCHAR(500)
29
30  ⊟    ---------------------------------------------------
31      -- 100 입력값 이상여부 확인
32      ---------------------------------------------------
33      SET @IN_출고번호 = UPPER(TRIM(@IN_출고번호))
34      SET @IN_제품코드 = UPPER(TRIM(@IN_제품코드))
35      SET @IN_제품등급 = UPPER(TRIM(@IN_제품등급))
36      SET @IN_유통기한 = UPPER(TRIM(@IN_유통기한))
37      SET @IN_로트번호 = UPPER(TRIM(@IN_로트번호))
38
39
```

취소할 전표 내역을 입력 받는다.

[그림 6-141] SPG490_출고검수취소_취소 소스코드 (1/3)

```
40     --------------------------------------------------------------------
41     -- 200 해당 출고내역 확인
42
43     DECLARE @출고전표_상태코드              NVARCHAR(10)
44            ,@출고전표_로트지정출고여부  NVARCHAR(10)
45            ,@출고전표_출고처코드          NVARCHAR(30)
46            ,@출고전표_출고처명            NVARCHAR(100)
47            ,@출고전표_반품여부            NVARCHAR(10)
48            ,@출고전표_지시수량            NUMERIC(18, 0)
49            ,@출고전표_피킹수량            NUMERIC(18, 0)
50
51     SELECT @출고전표_지시수량          = B.출고지시수량
52           ,@출고전표_피킹수량          = B.출고피킹수량
53           ,@출고전표_상태코드          = B.상태코드
54           ,@출고전표_로트지정출고여부  = D.로트지정출고여부
55           ,@출고전표_출고처코드        = A.출고처코드
56           ,@출고전표_출고처명          = E.업체명
57           ,@출고전표_반품여부          = F.반품여부
58       FROM TBG_출고H A
59       INNER JOIN TBG_출고D     B ON B.출고번호 = A.출고번호
60       INNER JOIN TBC_제품      D ON D.제품코드 = B.제품코드
61       INNER JOIN TBC_업체      E ON E.업체코드 = A.출고처코드
62       INNER JOIN TBA_출고구분  F ON F.출고구분 = A.출고구분
63      WHERE 1 = 1
64        AND A.출고번호 = @IN_출고번호
65        AND B.제품코드 = @IN_제품코드
66        AND B.제품등급 = @IN_제품등급
67        AND B.유통기한 = @IN_유통기한
68        AND B.로트번호 = @IN_로트번호
69
70     IF @@ERROR <> 0 OR @@ROWCOUNT <> 1 BEGIN
71        SELECT ERR_CODE = 21, ERR_MESSAGE = N'해당전표 내역없음'
72        RETURN
73     END
74
75     IF @출고전표_반품여부 = '1' BEGIN
76        SELECT ERR_CODE = 22, ERR_MESSAGE = N'반품전표는 대상 전표가 아닙니다'
77        RETURN
78     END
79
80     IF @출고전표_상태코드 <> '50' BEGIN
81        SELECT ERR_CODE = 23, ERR_MESSAGE = N'출고검수취소 대상 전표가 아닙니다'
82        RETURN
83     END
84
```

[그림 6-142] SPG490_출고검수취소_취소 소스코드 (2/3)

```
85        -- 400 TBG_출고D 테이블 UPDATE
86        UPDATE A SET
87             A.출고검수수량     = 0
88            ,A.출고검수비고     = ''
89            ,A.출고확정수량     = 0
90            ,A.상태코드        = '40'
91            ,A.수정일시        = @IN_현재일시
92            ,A.수정자ID        = @IN_실행ID
93            ,A.수정자IP        = @IN_실행공인IP
94            ,A.수정자PG        = @IN_실행PG
95         FROM TBG_출고D A
96        WHERE 1 = 1
97          AND A.출고번호       = @IN_출고번호
98          AND A.제품코드       = @IN_제품코드
99          AND A.제품등급       = @IN_제품등급
100         AND A.유통기한       = @IN_유통기한
101         AND A.로트번호       = @IN_로트번호
102         AND A.상태코드       = '50'
103
104       IF @@ERROR <> 0 OR @@ROWCOUNT <> 1 BEGIN
105          SELECT ERR_CODE = 31, ERR_MESSAGE = N'출고확정D 검수반영 오류'
106          RETURN
107       END
108
109       -- 500 TBG_출고D_지시 테이블 UPDATE
110       UPDATE A SET
111            A.출고검수수량     = 0
112           ,A.수정일시        = @IN_현재일시
113           ,A.수정자ID        = @IN_실행ID
114           ,A.수정자IP        = @IN_실행공인IP
115           ,A.수정자PG        = @IN_실행PG
116        FROM TBG_출고D_지시 A
117       WHERE 1 = 1
118         AND A.출고번호       = @IN_출고번호
119         AND A.제품코드       = @IN_제품코드
120         AND A.제품등급       = @IN_제품등급
121         AND A.유통기한       = @IN_유통기한
122         AND A.로트번호       = @IN_로트번호
123
124       IF @@ERROR <> 0 OR @@ROWCOUNT <> 1 BEGIN
125          SELECT ERR_CODE = 41, ERR_MESSAGE = N'출고확정D_지시 검수반영 오류'
126          RETURN
127       END
128
129       -- 정상종료 처리
130       SELECT ERR_CODE = 1, ERR_MESSAGE = N'정상처리'
131       RETURN
132
133
134   END;
```

TBG_출고D 테이블
출고검수수량 및 상태코드 변경

TBG_출고D_지시 테이블
출고검수수량 변경

[그림 6-143] SPG490_출고검수취소_취소 소스코드 (3/3)

나. 엑셀VBA

(1) 출고검수취소 조회

출고검수 취소는 검수완료 된 내역에 대해 취소를 하는 것이기 때문에 대상 데이터의 양이 비교적 작다. 따라서 출고확정 취소와 같이 별도의 일자범위를 입력 받지 않아도 된다.

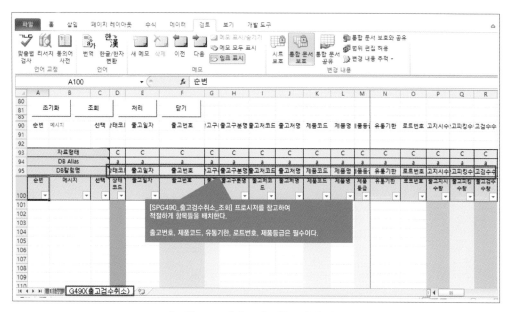

[그림 6-144] 출고검수취소 화면 정의

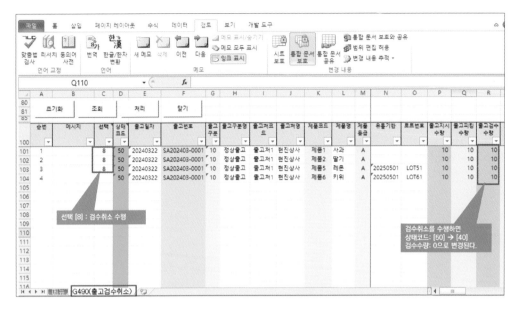

[그림 6-145] 출고검수 취소 실행화면 예시

```
Sub 기본_조회()

    Dim txt_Sql       As String         ' SQL문장 저장을 위한 변수 선언
    Dim txt_현재시트   As String         ' 현재 작업 시트명을 저장/관리하기 위한 변수 선언

    On Error Resume Next

    txt_현재시트    = ActiveSheet.Name          ' 조회시트명을 변수에 저장
    txt_현재시트코드 = ActiveSheet.CodeName     ' 조회시트코드를 변수에 저장

    Sheets(txt_현재시트).Select       ' 조회시트로 이동

    Call 공통_초기화                  ' 101번 라인 이하를 삭제(클리어)시킴

    txt_Sql = "EXEC [dbo].[SPG490_출고검수취소_조회]       " & vbLf & _
        "      @IN_실행ID      = '<<실행ID>>'             " & vbLf & _
        "     ,@IN_실행PG      = '<<실행PG>>'             " & vbLf

    txt_Sql = Replace(txt_Sql, "<<실행ID>>", Trim(A100.Range("사용자ID")))
    txt_Sql = Replace(txt_Sql, "<<실행PG>>", ActiveSheet.CodeName)

    If 공통_DB1_Connect() = False Then              ' 관리시트에 있는 접속환경으로 DB에 접속함
        MsgBox "[오류]DB연결이 정상적이지 않습니다!!"
        Exit Sub
    End If

    If 공통_DB1_SP조회1(txt_Sql) = False Then       ' txt_Sql변수의 SQL문장을 실행함
        MsgBox "[오류]해당하는 자료가 존재하지 않습니다"
        Exit Sub
    End If
```

[그림 6-146] 출고검수취소 엑셀VBA 조회 소스코드 (1/2)

```
i = 101                                          ' 출력시작을 위한 기준행(제목행 Row 위치값을 설정함)
num_최대조회수 = A100.Range("최대조회건수")              ' 화면에 최대로 조회할 행수
num_열개수 = Application.CountA(Sheets(txt_현재시트).Range("A90:ZZ90")) + 5

Call 공통_화면이벤트_OFF

Do Until (RS1.EOF)                                                ' RS1 Record Set이 끝이 날때까지 Loop까지 계속 반복

    Cells(i, 1) = i - 100

    For kk = 4 To num_열개수

        If Cells(95, kk) <> "" Then

            '  txt_칼럼명 = Cells(95, kk)
            Cells(i, kk) = RS1.Fields(Cells(95, kk).Value)

        End If

    Next


    i = i + 1

    If i > num_최대조회수 Then
        MsgBox "[확인]데이터가 " & num_최대조회수 & "건보다 많습니다. 조회조건을 변경 바랍니다"
        Exit Do
    End If

    RS1.MoveNext                                    ' RecordSet의 다음자료(다음위치)로 이동함

Loop

Cells(101, 3).Select

Call 공통_DB1_Close                                  ' 연결되었던 DB와의 접속을 끊음
Call 공통_화면이벤트_ON


End Sub
```

[그림 6-147] 출고검수취소 엑셀VBA 조회 소스코드 (2/2)

(2) 출고검수취소 처리

출고검수 취소 시에는 좀 더 신중한 처리를 위해서 선택구분을 [8]로 설정 하였다. 취소된 출고 내역은 다시 검수작업을 할 수 있는 상태인 [40]피킹완료 상태로 전환된다. (출고반품은 출고검수 취소대상에서 제외된다.)

```vba
Sub 기본_처리()

    Dim txt_Sql     As String       ' SQL문장 저장을 위한 변수 선언
    Dim txt_현재시트 As String        ' 현재 작업 시트명을 저장/관리하기 위한 변수 선언

    On Error Resume Next

    txt_현재시트 = ActiveSheet.Name    ' 조회시트명을 변수에 저장

    Sheets(txt_현재시트).Select        ' 조회시트로 이동

    Call 공통_필터초기화               ' 필터에 조건이 지정되어 있는 것을 대비하여 필터초기화

    In사용자ID = A100.Range("사용자ID")              ' 향후 Insert/Update시 사용할 ID,IP,시간등을 변수에 저장
    In_공인IP = A100.Range("공인IP")                 ' 각종 정보는 관리시트에 있음
    In_호스트명 = A100.Range("호스트명")              ' 각종 정보는 관리시트에 있음
    In_현재일시 = 공통_시스템시간()

    txt_현재시트 = ActiveSheet.Name                  ' 조회시트명을 변수에 저장
    In_현재시트코드 = ActiveSheet.CodeName           ' 조회시트코드를 변수에 저장

    Col_출고번호 = 공통_칼럼위치(txt_현재시트, 90, "출고번호")
    Col_출고일자 = 공통_칼럼위치(txt_현재시트, 90, "출고일자")
    Col_출고처코드 = 공통_칼럼위치(txt_현재시트, 90, "출고처코드")

    Col_제품코드 = 공통_칼럼위치(txt_현재시트, 90, "제품코드")
    Col_제품등급 = 공통_칼럼위치(txt_현재시트, 90, "제품등급")
    Col_유통기한 = 공통_칼럼위치(txt_현재시트, 90, "유통기한")
    Col_로트번호 = 공통_칼럼위치(txt_현재시트, 90, "로트번호")

    Err_flag = 0                                     ' 향후 에러여부를 체크할 변수 0:정상 1:오류 (초기값은 0)
    tot_cnt = ActiveSheet.Cells.SpecialCells(xlCellTypeLastCell).Row  ' 해당시트 데이터가 입력된 마지막행을 확인

    ' 검수취소
    txt_Sql_처리 = "EXEC [dbo].[SPG490_출고검수취소_취소처리] " & vbLf & _
        "       @IN_출고번호      = '<<출고번호>>'    " & vbLf & _
        "      ,@IN_제품코드      = '<<제품코드>>'    " & vbLf & _
        "      ,@IN_제품등급      = '<<제품등급>>'    " & vbLf & _
        "      ,@IN_유통기한      = '<<유통기한>>'    " & vbLf & _
        "      ,@IN_로트번호      = '<<로트번호>>'    " & vbLf & _
        "      ,@IN_실행ID        = '<<실행ID>>'      " & vbLf & _
        "      ,@IN_실행PG        = '<<실행PG>>'      " & vbLf

    txt_Sql_처리 = Replace(txt_Sql_처리, "<<실행ID>>", Trim(A100.Range("사용자ID")))
    txt_Sql_처리 = Replace(txt_Sql_처리, "<<실행PG>>", ActiveSheet.CodeName)

    If 공통_DB1_Connect() = False Then               ' 관리시트에 있는 접속환경으로 DB에 접속함
        MsgBox "[오류]DB연결이 정상적이지 않습니다!!"
        Exit Sub
    End If

    Err.Clear
    DB_Conn1.BeginTrans                              ' *** 트랜잭션 시작 ****

    If Err.Number <> 0 Then                          ' Begin Tran이 계속 존재하는 경우를 대비하여 Rollback 처리함
        DB_Conn1.RollbackTrans
        MsgBox "[오류]트랜잭션을 시작하지 못했습니다. 다시 시도 바랍니다"
        Exit Sub
    End If                                           ' 오류 메시지를 표시한다
```

[그림 6-148] 출고검수취소 처리VBA 소스코드 (1/2)

```
    For i = 101 To tot_cnt                              ' 101번행부터 데이터가 입력되어 있는 행(Row)까지 반복함

        If Cells(i, 2) <> "" Then Cells(i, 2) = ""

        If Cells(i, 3) = "8" And Cells(i, Col_출고번호) <> "" Then         ' 선택값 1(입력)을 입력하고 4번열값에 데이터가 있는 경우

            txt_Sql = txt_Sql_처리         ' 8일때 검수 취소

            txt_Sql = Replace(txt_Sql, "<<출고번호>>", Trim(Cells(i, Col_출고번호)))
            txt_Sql = Replace(txt_Sql, "<<제품코드>>", Trim(Cells(i, Col_제품코드)))

            txt_Sql = Replace(txt_Sql, "<<제품등급>>", Trim(Cells(i, Col_제품등급)))
            txt_Sql = Replace(txt_Sql, "<<유통기한>>", Trim(Cells(i, Col_유통기한)))
            txt_Sql = Replace(txt_Sql, "<<로트번호>>", Trim(Cells(i, Col_로트번호)))
            txt_Sql = Replace(txt_Sql, "<<지시순번>>", Trim(Cells(i, Col_지시순번)))

            If 공통_DB1_SP처리(txt_Sql) = False Then         ' txt_Sql변수의 SQL문장을 실행함
                Err_flag = 1
                txt_오류메시지 = Err.Description
                txt_오류메시지 = "오류[" & RS0!ERR_CODE & "] " & RS0!ERR_MESSAGE & " " & txt_오류메시지
                Cells(i, 2) = txt_오류메시지
            End If

        End If

    Next

    If Err_flag = 0 Then                                  ' 지금까지 오류가 없으면

        Err.Clear
        DB_Conn1.CommitTrans                              ' 트랜잭션을 정상적으로 완료처리 한다

        If Err.Number = 0 Then                            ' 만약 트랜잭션 완료가 정상이면 정상 메시지를 표시
            MsgBox "[완료]요청한 작업이 완료되었습니다"
        Else
            MsgBox "[오류]최종 Commit 작업에 문제가 생겼습니다. 작업 결과를 확인 바랍니다."
            Err_flag = 1                                  ' 트랜잭션 최종 완료시에 문제가 발생하면 메시지를 표시하고
        End If                                            ' 오류 메시지를 표시한다

    Else

        Err.Clear
        DB_Conn1.RollbackTrans                            ' 위의 업무처리시 오류가 발생하여 Err_flag가 1이면
        MsgBox "[오류]작업중 문제가 발생 했습니다. 확인 요망!!"   ' 트랜잭션을 Rollback 처리하고 오류메시지를 보여 준다

    End If

    Call 공통_DB1_Close                                   ' 모든 작업이 완료되었기 때문에 DB접속을 끊는다

    If Err_flag = 0 Then                                  ' 작업에 이상이 없었다면 다시 정보를 조회하여
        Call 기본_조회                                     ' 정상적으로 입력되었는지를 보여준다.
    End If

End Sub
```

[그림 6-149] 출고검수취소 처리VBA 소스코드 (2/2)

11. 출고피킹 취소

가. DB프로시저

출고피킹취소는 출고피킹의 반대되는 개념이다. 사용자의 실수 등으로 피킹한 결과를 다시 되돌리는 프로세스이다.

출고 내역의 상태코드를 [40]피킹완료 상태에서 [30]출고지시 또는 [35]피킹중 상태로 변경한다. 전표 중 전체를 피킹 취소할 경우에는 [30]출고지시로 변경되고 일부만 피킹 취소할 경우에는 [35]피킹중으로 변경된다. 출고반품의 경우에는 출고피킹 프로세스를 수행하지 않기 때문에 제외된다.

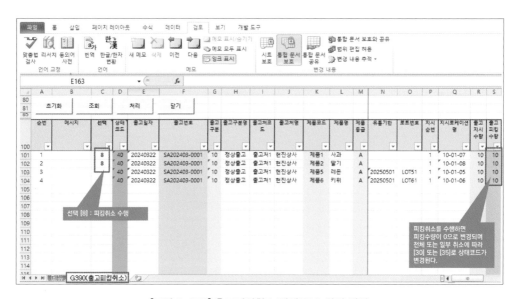

[그림 6-150] 출고피킹취소 엑셀VBA 화면 예시

(1) 출고피킹취소 조회

[SPG390_출고피킹취소_조회] 프로시저는 피킹을 취소하기 위한 대상으로, 피킹이 완료되고 아직 검수처리가 되지 않은 내역들을 화면에 출력한다. [TBG_출고D] 테이블의 데이터 중 상태코드가 [35]피킹중 또는 [40]피킹완료 내역들이 그 대상이다. (출고반품 내역은 포함되지 않는다.)

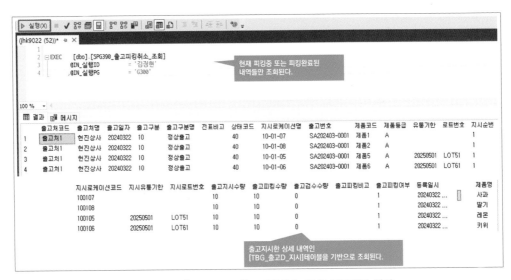

[그림 6-151] SPG390_출고피킹취소_조회 실행결과 예시

```
 2  ┌ALTER PROCEDURE [dbo].[SPG390_출고피킹취소_조회]
 3         @IN_실행ID            NVARCHAR(50)
 4        ,@IN_실행PG            NVARCHAR(50)
 5   AS
 6  ┌BEGIN
 7
 8      SET NOCOUNT ON;
 9
10  ┌    ----------------------------------------------------------------
11      -- 100 기본 자료를 조회하여 임시테이블에 저장한다
12      ----------------------------------------------------------------
13  ┌    SELECT 출고처코드        = A.출고처코드
14            ,출고처명          = E.업체명
15            ,출고일자          = A.출고일자
16            ,출고구분          = A.출고구분
17            ,출고구분명        = D.출고구분명
18            ,전표비고          = A.전표비고
19            ,상태코드          = B.상태코드
20            ,지시로케이션명     = G.로케이션명
21            ,C.*
22            ,F.제품명
23       INTO #TEMP_출고피킹취소조회
24       FROM TBG_출고H           A
25     INNER JOIN TBG_출고D        B ON B.출고번호    = A.출고번호
26     INNER JOIN TBG_출고D_지시   C ON C.출고번호    = B.출고번호
27                               AND C.제품코드    = B.제품코드
28                               AND C.제품등급    = B.제품등급
29                               AND C.유통기한    = B.유통기한
30                               AND C.로트번호    = B.로트번호
31     INNER JOIN TBA_출고구분     D ON D.출고구분    = A.출고구분
32     INNER JOIN TBC_업체        E ON E.업체코드    = A.출고처코드
33     INNER JOIN TBC_제품        F ON F.제품코드    = B.제품코드
34     INNER JOIN TBC_로케이션     G ON G.로케이션코드 = C.지시로케이션코드
35      WHERE 1 = 1
36        AND B.상태코드    IN ('35','40')
37        AND D.반품여부    ◇ '1'  -- 반품 제외
38  ┌      AND C.출고피킹여부 = '1'  -- 피킹 완료하지 않은 내역만 조회
39
40
41      ----------------------------------------------------------------
42      -- 500 최종 결과를 화면에 표시
43      ----------------------------------------------------------------
44  ┌    SELECT A.*
45       FROM #TEMP_출고피킹취소조회 A
46      WHERE 1 = 1
47      ORDER BY A.출고번호, A.제품코드
48
49   END
50   |
```

[그림 6-152] SPG390_출고피킹취소_조회 소스코드

408

(2) 출고피킹취소 처리

[SPG390_출고피킹취소_취소]는 상태코드를 [35]피킹중 또는 [40]피킹완료 → [30]출고지시 상태로 변경하고 [출고피킹수량]을 [0]으로 UPDATE한다. 주요 관련 테이블은 [TBG_출고D]와 [TBG_출고D_지시] 등이 있다.

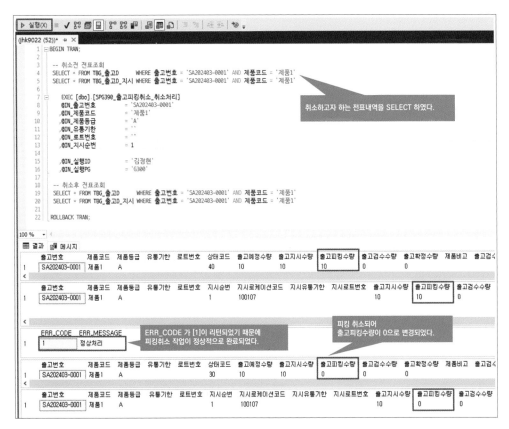

[그림 6-153] SPG390_출고피킹취소_취소 실행 예시

```
 1  |
 2  ⊟ALTER PROCEDURE [dbo].[SPG390_출고피킹취소_취소처리]
 3      @IN_출고번호          NVARCHAR(30)
 4     ,@IN_제품코드          NVARCHAR(30)
 5     ,@IN_제품등급          NVARCHAR(10)
 6     ,@IN_유통기한          NVARCHAR(08)
 7     ,@IN_로트번호          NVARCHAR(30)
 8     ,@IN_지시순번          INT
 9
10     ,@IN_실행ID           NVARCHAR(50)
11     ,@IN_실행PG           NVARCHAR(50)
12  AS
13  ⊟BEGIN
14
15      SET NOCOUNT ON;
16
17  ⊟    DECLARE @IN_실행공인IP     NVARCHAR(50)
18              ,@IN_호스트명        NVARCHAR(50)
19              ,@IN_현재일시        NVARCHAR(50)
20              ,@IN_현재일자        NVARCHAR(50)
21
22  ⊟    SELECT @IN_실행공인IP    = A.접속공인IP
23            ,@IN_호스트명       = A.접속호스트
24            ,@IN_현재일시       = A.현재일시
25            ,@IN_현재일자       = LEFT(A.현재일시, 8)
26        FROM FTA_세션정보_조회() A
27       WHERE 1 = 1
28
29  ⊟    DECLARE @RETURN_VALUE         INT
30              ,@OUT_재고반영메시지     NVARCHAR(500)
31
32  ⊟    --------------------------------------------------------------
33      -- 100 입력값 이상여부 확인
34      --------------------------------------------------------------
35      SET @IN_출고번호 = UPPER(TRIM(@IN_출고번호))
36      SET @IN_제품코드 = UPPER(TRIM(@IN_제품코드))
37      SET @IN_제품등급 = UPPER(TRIM(@IN_제품등급))
38      SET @IN_유통기한 = UPPER(TRIM(@IN_유통기한))
39      SET @IN_로트번호 = UPPER(TRIM(@IN_로트번호))
40
41
```

취소할 전표 내역을 입력 받는다.

[그림 6-154] SPG390_출고피킹취소_취소 소스코드 (1/4)

```
42        -- 200 해당 쫄고내역 확인
43     DECLARE @출고전표_상태코드              NVARCHAR(10)
44          ,@출고전표_로트지정출고여부    NVARCHAR(10)
45          ,@출고전표_출고처코드          NVARCHAR(30)
46          ,@출고전표_출고처명            NVARCHAR(100)
47          ,@출고전표_반품여부            NVARCHAR(10)
48          ,@출고전표지시_지시수량        NUMERIC(18, 0)
49          ,@출고전표지시_피킹수량        NUMERIC(18, 0)
50          ,@출고전표지시_피킹여부        NVARCHAR(10)
51
52     SELECT @출고전표지시_지시수량      = C.출고지시수량
53          ,@출고전표지시_피킹수량       = C.출고피킹수량
54          ,@출고전표지시_피킹여부       = C.출고피킹여부
55          ,@출고전표_상태코드           = B.상태코드
56          ,@출고전표_로트지정출고여부   = D.로트지정출고여부
57          ,@출고전표_출고처코드         = A.출고처코드
58          ,@출고전표_출고처명           = E.업체명
59          ,@출고전표_반품여부           = F.반품여부
60       FROM TBG_출고H A
61     INNER JOIN TBG_출고D    B ON B.출고번호 = A.출고번호
62     INNER JOIN TBG_출고D_지시 C ON C.출고번호 = B.출고번호
63                         AND C.제품코드 = B.제품코드
64                         AND C.제품등급 = B.제품등급
65                         AND C.유통기한 = B.유통기한
66                         AND C.로트번호 = B.로트번호
67     INNER JOIN TBC_제품     D ON D.제품코드 = B.제품코드
68     INNER JOIN TBC_업체     E ON E.업체코드 = A.출고처코드
69     INNER JOIN TBA_출고구분  F ON F.출고구분 = A.출고구분
70     WHERE 1 = 1
71       AND A.출고번호 = @IN_출고번호
72       AND B.제품코드 = @IN_제품코드
73       AND B.제품등급 = @IN_제품등급
74       AND B.유통기한 = @IN_유통기한
75       AND B.로트번호 = @IN_로트번호
76       AND C.지시순번 = @IN_지시순번
77
78     IF  @@ERROR <> 0 OR @@ROWCOUNT <> 1 BEGIN
79         SELECT ERR_CODE = 21, ERR_MESSAGE = N'해당전표 내역없음'
80         RETURN
81     END
82
83     IF @출고전표_반품여부 = '1' BEGIN
84         SELECT ERR_CODE = 22, ERR_MESSAGE = N'반품전표는 대상 전표가 아닙니다'
85         RETURN
86     END
87
88     IF @출고전표_상태코드 NOT IN ('35','40') BEGIN
89         SELECT ERR_CODE = 23, ERR_MESSAGE = N'출고피킹 대상 전표가 아닙니다'
90         RETURN
91     END
92
93     IF @출고전표지시_피킹여부 = '0' BEGIN
94         SELECT ERR_CODE = 24, ERR_MESSAGE = N'피킹 취소 대상이 아닙니다'
95         RETURN
96     END
```

[그림 6-155] SPG390_출고피킹취소_취소 소스코드 (2/4)

```
 98        -- 300 TBG_출고D_지시 테이블 UPDATE
 99        UPDATE A SET
100              A.출고피킹수량    = 0
101             ,A.출고피킹비고    = ''
102             ,A.출고피킹여부    = '0'
103             ,A.수정일시       = @IN_현재일시
104             ,A.수정자ID      = @IN_실행ID
105             ,A.수정자IP      = @IN_실행공인IP
106             ,A.수정자PG      = @IN_실행PG
107         FROM TBG_출고D_지시 A
108        INNER JOIN TBG_출고D B ON B.출고번호 = A.출고번호
109                            AND B.제품코드 = A.제품코드
110                            AND B.제품등급 = A.제품등급
111                            AND B.유통기한 = A.유통기한
112                            AND B.로트번호 = A.로트번호
113        WHERE 1 = 1
114          AND A.출고번호      = @IN_출고번호
115          AND A.제품코드      = @IN_제품코드
116          AND A.제품등급      = @IN_제품등급
117          AND A.유통기한      = @IN_유통기한
118          AND A.로트번호      = @IN_로트번호
119          AND A.지시순번      = @IN_지시순번
120          AND A.출고피킹여부   = '1'
121          AND B.상태코드      IN ('35', '40')
122
123        IF @@ERROR <> 0 OR @@ROWCOUNT <> 1 BEGIN
124           SELECT ERR_CODE = 30, ERR_MESSAGE = N'출고확정D 피킹반영 오류'
125           RETURN
126        END
127
128        -- 400 TBG_출고D 테이블 UPDATE
129        UPDATE A SET
130              A.출고피킹수량    = A.출고피킹수량 - @출고전표지시_피킹수량
131             ,A.출고검수수량    = 0
132             ,A.출고확정수량    = 0
133             ,A.상태코드       = '35'
134             ,A.수정일시       = @IN_현재일시
135             ,A.수정자ID      = @IN_실행ID
136             ,A.수정자IP      = @IN_실행공인IP
137             ,A.수정자PG      = @IN_실행PG
138         FROM TBG_출고D A
139        WHERE 1 = 1
140          AND A.출고번호      = @IN_출고번호
141          AND A.제품코드      = @IN_제품코드
142          AND A.제품등급      = @IN_제품등급
143          AND A.유통기한      = @IN_유통기한
144          AND A.로트번호      = @IN_로트번호
145          AND A.상태코드      IN ('35','40')
146
147        IF @@ERROR <> 0 OR @@ROWCOUNT <> 1 BEGIN
148           SELECT ERR_CODE = 31, ERR_MESSAGE = N'출고확정D 피킹반영 오류'
149           RETURN
150        END
```

TBG_출고D_지시 테이블
출고피킹수량 변경

TBG_출고D 테이블
출고피킹수량 및 상태코드[35] 변경

[그림 6-156] SPG390_출고피킹취소_취소 소스코드 (3/4)

```
152        -- 해당 출고D 관련 피킹이 모두 진행되지 않은 경우 상태코드를 [30]으로 변경
153        IF NOT EXISTS (SELECT A.*
154                        FROM TBG_출고D_지시 A
155                       WHERE 1 = 1
156                         AND A.출고번호      = @IN_출고번호
157                         AND A.제품코드      = @IN_제품코드
158                         AND A.제품등급      = @IN_제품등급
159                         AND A.유통기한      = @IN_유통기한
160                         AND A.로트번호      = @IN_로트번호
161                         AND A.출고피킹여부 = '1') BEGIN
162           UPDATE A SET
163                   A.상태코드       = '30'
164                  ,A.수정일시       = @IN_현재일시
165                  ,A.수정자ID       = @IN_실행ID
166                  ,A.수정자IP       = @IN_실행공인IP
167                  ,A.수정자PG       = @IN_실행PG
168             FROM TBG_출고D A
169            WHERE 1 = 1
170              AND A.출고번호       = @IN_출고번호
171              AND A.제품코드       = @IN_제품코드
172              AND A.제품등급       = @IN_제품등급
173              AND A.유통기한       = @IN_유통기한
174              AND A.로트번호       = @IN_로트번호
175              AND A.상태코드        IN ('30','35','40')
176
177           IF @@ERROR <> 0 OR @@ROWCOUNT <> 1 BEGIN
178              SELECT ERR_CODE = 32, ERR_MESSAGE = N'출고확정D 피킹완료 반영오류'
179                RETURN
180              END
181
182        END
183
184        ------------------------------------------
185        -- 정상종료 처리
186        ------------------------------------------
187        SELECT ERR_CODE = 1, ERR_MESSAGE = N'정상처리'
188        RETURN
189
190
191    END;
192
```

> 한건도 피킹하지 않은 경우에는
> 상태코드를 [30]으로 변경 처리

[그림 6-157] SPG390_출고피킹취소_취소 소스코드 (4/4)

나. 엑셀VBA

(1) 출고피킹취소 조회

출고피킹 취소는 현재 출고검수 되지 않고 피킹 중 또는 피킹완료된 내역에 대해 취소를 하는 것이기 때문에 비교적 조회하고자 하는 건수가 적어 일자 범위 조건 등을 입력할 필요가 없다.

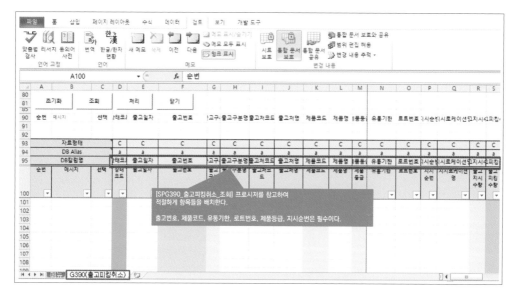

[그림 6-158] 출고피킹취소 화면 정의

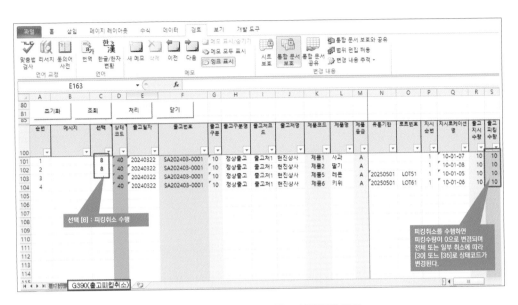

[그림 6-159] 출고피킹 취소 실행화면 예시

```
Sub 기본_조회()

    Dim txt_Sql      As String            ' SQL문장 저장을 위한 변수 선언
    Dim txt_현재시트 As String            ' 현재 작업 시트명을 저장/관리하기 위한 변수 선언

    On Error Resume Next

    txt_현재시트 = ActiveSheet.Name          ' 조회시트명을 변수에 저장
    txt_현재시트코드 = ActiveSheet.CodeName  ' 조회시트코드를 변수에 저장

    Sheets(txt_현재시트).Select      ' 조회시트로 이동

    Call 공통_초기화                 ' 101번 라인 이하를 삭제(클리어)시킴

    txt_Sql = "EXEC [dbo].[SPG390_출고피킹취소_조회]       " & vbLf & _
        "         @IN_실행ID      = '<<실행ID>>'      " & vbLf & _
        "        ,@IN_실행PG      = '<<실행PG>>'      " & vbLf

    txt_Sql = Replace(txt_Sql, "<<실행ID>>", Trim(A100.Range("사용자ID")))
    txt_Sql = Replace(txt_Sql, "<<실행PG>>", ActiveSheet.CodeName)

    If 공통_DB1_Connect() = False Then            ' 관리시트에 있는 접속환경으로 DB에 접속함
        MsgBox "[오류]DB연결이 정상적이지 않습니다!!"
        Exit Sub
    End If

    If 공통_DB1_SP조회1(txt_Sql) = False Then      ' txt_Sql변수의 SQL문장을 실행함
        MsgBox "[오류]해당하는 자료가 존재하지 않습니다"
        Exit Sub
    End If
```

[그림 6-160] 출고피킹취소 엑셀VBA 조회 소스코드 (1/2)

415

```
    i = 101                                      ' 출력시작을 위한 기준행(제목행 Row 위치값을 설정함)
    num_최대조회수 = A100.Range("최대조회건수")        ' 화면에 최대로 조회할 행수
    num_열개수 = Application.CountA(Sheets(txt_현재시트).Range("A90:ZZ90")) + 5

    Call 공통_화면이벤트_OFF

    Do Until (RS1.EOF)                                           ' RS1 Record Set이 끝이 날때까지 Loop까지 계속 반복

        Cells(i, 1) = i - 100

        For kk = 4 To num_열개수

            If Cells(95, kk) <> "" Then

                ' txt_칼럼명 = Cells(95, kk)
                Cells(i, kk) = RS1.Fields(Cells(95, kk)).Value

            End If

        Next

        i = i + 1

        If i > num_최대조회수 Then
            MsgBox "[확인]데이터가 " & num_최대조회수 & "건보다 많습니다. 조회조건을 변경 바랍니다"
            Exit Do
        End If

        RS1.MoveNext                                  ' RecordSet의 다음자료(다음위치)로 이동함

    Loop

    Cells(101, 3).Select

    Call 공통_DB1_Close                                ' 연결되었던 DB와의 접속을 끊음
    Call 공통_화면이벤트_ON

End Sub
```

[그림 6-161] 출고피킹취소 엑셀VBA 조회 소스코드 (2/2)

(2) 출고피킹취소 처리

피킹 취소 시에는 좀 더 신중한 처리를 위해서 선택구분을 [8]로 설정하였다. 취소된 출고내역은 다시 피킹작업을 할 수 있는 상태인 [30]출고지시 또는 [35]피킹중 상태로 전환된다. (출고반품은 출고피킹 취소대상에서 제외된다.)

```
Sub 기본_처리()

    Dim txt_Sql       As String          ' SQL문장 저장을 위한 변수 선언
    Dim txt_현재시트 As String          ' 현재 작업 시트명을 저장/관리하기 위한 변수 선언

    On Error Resume Next

    txt_현재시트 = ActiveSheet.Name       ' 조회시트명을 변수에 저장

    Sheets(txt_현재시트).Select           ' 조회시트로 이동

    Call 공통_필터초기화                  ' 필터에 조건이 지정되어 있는 것을 대비하여 필터초기화

    In사용자ID = A100.Range("사용자ID")                ' 향후 Insert/Update시 사용할 ID,IP,시간등을 변수에 저장
    In_공인IP = A100.Range("공인IP")                   ' 각종 정보는 관리시트에 있음
    In_호스트명 = A100.Range("호스트명")              ' 각종 정보는 관리시트에 있음
    In_현재일시 = 공통_시스템시간()

    txt_현재시트 = ActiveSheet.Name                   ' 조회시트명을 변수에 저장
    In_현재시트코드 = ActiveSheet.CodeName            ' 조회시트코드를 변수에 저장

    Col_출고번호 = 공통_칼럼위치(txt_현재시트, 90, "출고번호")
    Col_출고일자 = 공통_칼럼위치(txt_현재시트, 90, "출고일자")
    Col_출고처코드 = 공통_칼럼위치(txt_현재시트, 90, "출고처코드")
    Col_제품코드 = 공통_칼럼위치(txt_현재시트, 90, "제품코드")
    Col_제품등급 = 공통_칼럼위치(txt_현재시트, 90, "제품등급")
    Col_유통기한 = 공통_칼럼위치(txt_현재시트, 90, "유통기한")
    Col_로트번호 = 공통_칼럼위치(txt_현재시트, 90, "로트번호")
    Col_지시순번 = 공통_칼럼위치(txt_현재시트, 90, "지시순번")

    Err_flag = 0                                      ' 향후 에러여부를 체크할 변수 0:정상 1:오류 (초기값은 0)
    tot_cnt = ActiveSheet.Cells.SpecialCells(xlCellTypeLastCell).Row  ' 해당시트 데이터가 입력된 마지막행을 확인

    ' 피킹취소
    txt_Sql_처리 = "EXEC [dbo].[SPG390_출고피킹취소_취소처리] " & vbLf & _
        "      @IN_출고번호    = '<<출고번호>>'      " & vbLf & _
        "     ,@IN_제품코드    = '<<제품코드>>'      " & vbLf & _
        "     ,@IN_제품등급    = '<<제품등급>>'      " & vbLf & _
        "     ,@IN_유통기한    = '<<유통기한>>'      " & vbLf & _
        "     ,@IN_로트번호    = '<<로트번호>>'      " & vbLf & _
        "     ,@IN_지시순번    = '<<지시순번>>'      " & vbLf & _
        "     ,@IN_실행ID      = '<<실행ID>>'        " & vbLf & _
        "     ,@IN_실행PG      = '<<실행PG>>'        " & vbLf

    txt_Sql_처리 = Replace(txt_Sql_처리, "<<실행ID>>", Trim(A100.Range("사용자ID")))
    txt_Sql_처리 = Replace(txt_Sql_처리, "<<실행PG>>", ActiveSheet.CodeName)

    If 공통_DB1_Connect() = False Then                ' 관리시트에 있는 접속환경으로 DB에 접속함
        MsgBox "[오류]DB연결이 정상적이지 않습니다!!"
        Exit Sub
    End If

    Err.Clear
    DB_Conn1.BeginTrans                              ' *** 트랜잭션 시작 ****

    If Err.Number <> 0 Then
        DB_Conn1.RollbackTrans                       ' Begin Tran이 계속 존재하는 경우를 대비하여 Rollback 처리함
        MsgBox "[오류]트랜잭션을 시작하지 못했습니다. 다시 시도 바랍니다"
        Exit Sub
    End If                                           ' 오류 메시지를 표시하다
```

[그림 6-162] 출고피킹취소 처리VBA 소스코드 (1/2)

```
    For i = 101 To tot_cnt                              ' 101번행부터 데이터가 입력되어 있는 행(Row)까지 반복함

        If Cells(i, 2) <> "" Then Cells(i, 2) = ""

        If Cells(i, 3) = "8" And Cells(i, Col_출고번호) <> "" Then          ' 선택값 1(입력)을 입력하고 4번열값에 데이터가 있는 경우

            txt_Sql = txt_Sql_처리        ' 8일때 피킹취소

            txt_Sql = Replace(txt_Sql, "<<출고번호>>", Trim(Cells(i, Col_출고번호)))
            txt_Sql = Replace(txt_Sql, "<<제품코드>>", Trim(Cells(i, Col_제품코드)))

            txt_Sql = Replace(txt_Sql, "<<제품등급>>", Trim(Cells(i, Col_제품등급)))
            txt_Sql = Replace(txt_Sql, "<<유통기한>>", Trim(Cells(i, Col_유통기한)))
            txt_Sql = Replace(txt_Sql, "<<로트번호>>", Trim(Cells(i, Col_로트번호)))
            txt_Sql = Replace(txt_Sql, "<<지시순번>>", Trim(Cells(i, Col_지시순번)))

            If 공통_DB1_SP처리(txt_Sql) = False Then       ' txt_Sql변수의 SQL문장을 실행함
                Err_flag = 1
                txt_오류메시지 = Err.Description
                txt_오류메시지 = "오류[" & RS0!ERR_CODE & "] " & RS0!ERR_MESSAGE & " " & txt_오류메시지
                Cells(i, 2) = txt_오류메시지
            End If

        End If

    Next

    If Err_flag = 0 Then                                 ' 지금까지 오류가 없으면

        Err.Clear
        DB_Conn1.CommitTrans                             ' 트랜잭션을 정상적으로 완료처리 한다

        If Err.Number = 0 Then                           ' 만약 트랜잭션 완료가 정상이면 정상 메시지를 표시
            MsgBox "[완료]요청한 작업이 완료되었습니다"
        Else
            MsgBox "[오류]최종 Commit 작업에 문제가 생겼습니다, 작업 결과를 확인 바랍니다."
            Err_flag = 1                                 ' 트랜잭션 최종 완료시에 문제가 발생하면 메시지를 표시하고
        End If                                           ' 오류 메시지를 표시한다

    Else

        Err.Clear
        DB_Conn1.RollbackTrans                           ' 위의 업무처리시 오류가 발생하여 Err_flag가 1이면
        MsgBox "[오류]작업중 문제가 발생 했습니다. 확인 요망!!"    ' 트랜잭션을 Rollback 처리하고 오류메시지를 보여 준다

    End If


    Call 공통_DB1_Close                                  ' 모든 작업이 완료되었기 때문에 DB접속을 끊는다

    If Err_flag = 0 Then                                 ' 작업에 이상이 없었다면 다시 정보를 조회하여
        Call 기본_조회                                    ' 정상적으로 입력되었는지를 보여준다.
    End If

End Sub
```

[그림 6-163] 출고피킹취소 처리VBA 소스코드 (2/2)

12. 출고지시 취소

가. DB프로시저

출고지시취소는 출고지시의 반대되는 개념으로 출고지시한 내역을 처음 상태로 다시 되돌리는 프로세스이다.

출고 내역의 상태코드를 [30]출고지시 → [10]신규 상태로 변경한다. [출고반품]의 경우에도 출고지시 처리를 하였기 때문에 취소대상에 당연히 포함된다.

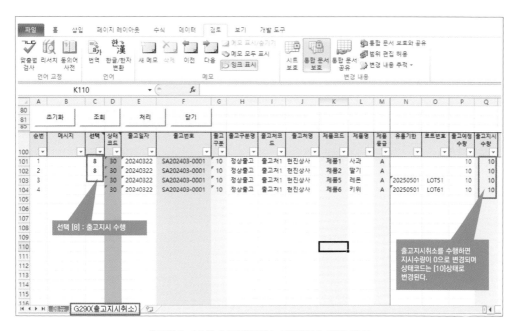

[그림 6-164] 출고지시취소 엑셀VBA 화면 예시

(1) 출고지시취소 조회

[SPG290_출고지시취소_조회] 프로시저는 지시를 취소하기 위한 대상을 화면에 출력한다. [TBG_출고D] 테이블의 데이터 중 상태코드가 [30]출고지시 내역들이 그 대상이다. (출고반품도 포함된다.)

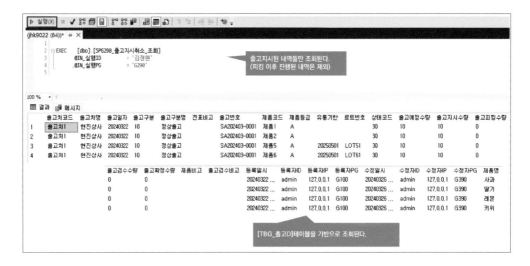

[그림 6-165] SPG290_출고지시취소_조회 실행결과 예시

```
1  ⊟ALTER PROCEDURE [dbo].[SPG290_출고지시취소_조회]
2        @IN_실행ID              NVARCHAR(50)
3       ,@IN_실행PG              NVARCHAR(50)
4    AS
5  ⊟BEGIN
6
7        SET NOCOUNT ON;
8
9  ⊟    DECLARE @IN_실행공인IP      NVARCHAR(50)
10           ,@IN_호스트명           NVARCHAR(50)
11           ,@IN_현재일시           NVARCHAR(50)
12
13 ⊟    DECLARE @RETURN_VALUE      INT,
14           @OUT_메세지             NVARCHAR(500)
15
16 ⊟    SELECT @IN_실행공인IP    = A.접속공인IP
17          ,@IN_호스트명        = A.접속호스트
18          ,@IN_현재일시        = A.현재일시
19        FROM FTA_세션정보_조회() A
20       WHERE 1 = 1
21
22 ⊟    -----------------------------------------------
23       -- 100 기본 자료를 조회하여 임시테이블에 저장한다
24       -----------------------------------------------
25 ⊟    SELECT 출고처코드        = A.출고처코드
26          ,출고처명          = D.업체명
27          ,출고일자          = A.출고일자
28          ,출고구분          = A.출고구분
29          ,출고구분명        = C.출고구분명
30          ,전표비고          = A.전표비고
31          ,B.*
32          ,E.제품명
33        INTO #TEMP_출고할당취소조회
34        FROM TBG_출고H           A
35        INNER JOIN TBG_출고D        B ON B.출고번호   = A.출고번호
36        INNER JOIN TBA_출고구분     C ON C.출고구분   = A.출고구분
37        INNER JOIN TBC_업체        D ON D.업체코드   = A.출고처코드
38        INNER JOIN TBC_제품        E ON E.제품코드   = B.제품코드
39       WHERE 1 = 1
40         AND B.상태코드 = '30'
41
42
43 ⊟    -----------------------------------------------
44       -- 500 최종 결과를 화면에 표시
45       -----------------------------------------------
46 ⊟    SELECT A.*
47        FROM #TEMP_출고할당취소조회 A
48       WHERE 1 = 1
49       ORDER BY A.출고번호, A.제품코드
50
51   END
52
```

[그림 6-166] SPG290_출고지시취소_조회 소스코드

(2) 출고지시취소 처리

[SPG290_출고지시취소_취소]는 상태코드를 [30]출고지시 → [10]신규등록 상태로 변경하고 [출고지시수량]을 [0]으로 UPDATE한다. 출고지시와 관련된 [TBG_출고D_지시]테이블에 출고 지시하면서 생성된 데이터들은 다시 삭제 처리된다.

또한, [정상출고]의 경우에는 [출고대기]로케이션에 보관되어 있는 재고수량이 기존에 보관되어 있던 원래의 로케이션으로 이동 처리된다. 반품의 경우에는 별도의 재고 이동 처리가 필요하지 않다.

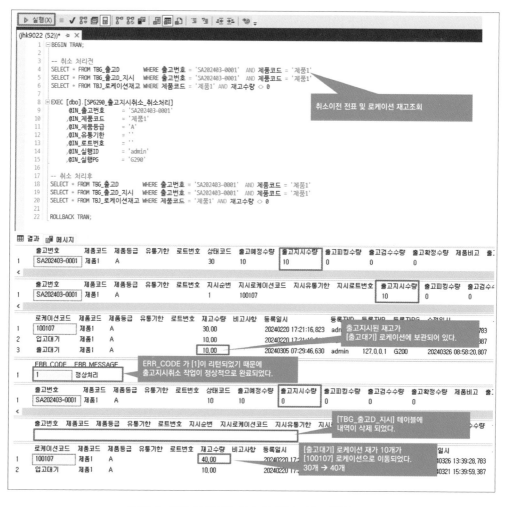

[그림 6-167] SPG290_출고지시취소_취소 실행 예시

```
1  ⊟ALTER PROCEDURE [dbo].[SPG290_출고지시취소_취소처리]
2        @IN_출고번호              NVARCHAR(30)      -- 반드시 출고번호는 입력 받아야 한다
3       ,@IN_제품코드             NVARCHAR(30)
4       ,@IN_제품등급             NVARCHAR(10)
5       ,@IN_유통기한             NVARCHAR(08)                    취소할 전표 내역을 입력 받는다.
6       ,@IN_로트번호             NVARCHAR(30)
7
8       ,@IN_실행ID               NVARCHAR(50)
9       ,@IN_실행PG               NVARCHAR(50)
10  AS
11 ⊟BEGIN
12
13      SET NOCOUNT ON;
14
15  ⊟    DECLARE @IN_실행공인IP     NVARCHAR(50)
16            ,@IN_호스트명          NVARCHAR(50)
17            ,@IN_현재일시          NVARCHAR(50)
18            ,@IN_현재일자          NVARCHAR(50)
19
20  ⊟    SELECT @IN_실행공인IP     = A.접속공인IP
21          ,@IN_호스트명          = A.접속호스트
22          ,@IN_현재일시          = A.현재일시
23          ,@IN_현재일자          = LEFT(A.현재일시, 8)
24       FROM FTA_세션정보_조회() A
25      WHERE 1 = 1
26
27  ⊟    DECLARE @RETURN_VALUE          INT
28            ,@OUT_재고반영메시지     NVARCHAR(500)
29            |
30  ⊟    ------------------------------------------------------------------
31      -- 100 입력값 이상여부 확인
32      ------------------------------------------------------------------
33      ------------------------------------------------------------------
34      SET @IN_출고번호 = UPPER(TRIM(@IN_출고번호))
35      SET @IN_제품코드 = UPPER(TRIM(@IN_제품코드))
36      SET @IN_제품등급 = UPPER(TRIM(@IN_제품등급))
37      SET @IN_유통기한 = UPPER(TRIM(@IN_유통기한))
38      SET @IN_로트번호 = UPPER(TRIM(@IN_로트번호))
39
```

[그림 6-168] SPG290_출고지시취소_취소 소스코드 (1/6)

```
40    --------------------------------------------------------------
41    -- 200 해당 출고내역 확인
42    --------------------------------------------------------------
43    DECLARE @출고전표_지시수량              NUMERIC(18, 0)
44           ,@출고전표_상태코드              NVARCHAR(10)
45           ,@출고전표_로트지정출고여부        NVARCHAR(10)
46           ,@출고전표_출고처코드            NVARCHAR(30)
47           ,@출고전표_출고처명             NVARCHAR(100)
48           ,@출고전표_반품여부             NVARCHAR(10)
49
50    SELECT @출고전표_지시수량           = B.출고지시수량
51          ,@출고전표_상태코드           = B.상태코드
52          ,@출고전표_로트지정출고여부     = C.로트지정출고여부
53          ,@출고전표_출고처코드         = A.출고처코드
54          ,@출고전표_출고처명          = D.업체명
55          ,@출고전표_반품여부          = E.반품여부
56      FROM TBG_출고H A
57     INNER JOIN TBG_출고D    B ON B.출고번호 = A.출고번호
58     INNER JOIN TBC_제품    C ON C.제품코드 = B.제품코드
59     INNER JOIN TBC_업체     D ON D.업체코드 = A.출고처코드
60     INNER JOIN TBA_출고구분 E ON E.출고구분 = A.출고구분
61     WHERE 1 = 1
62       AND A.출고번호 = @IN_출고번호
63       AND B.제품코드 = @IN_제품코드
64       AND B.제품등급 = @IN_제품등급
65       AND B.유통기한 = @IN_유통기한
66       AND B.로트번호 = @IN_로트번호
67
68    IF @@ERROR <> 0 OR @@ROWCOUNT <> 1 BEGIN
69        SELECT ERR_CODE = 21, ERR_MESSAGE = N'해당전표 내역없음'
70        RETURN
71    END
72
73    IF @출고전표_상태코드 NOT IN ('30') BEGIN
74        SELECT ERR_CODE = 22, ERR_MESSAGE = N'출고지시취소를 할 수 없는 전표 입니다.'
75        RETURN
76    END
77
```

[그림 6-169] SPG290_출고지시취소_취소 소스코드 (2/6)

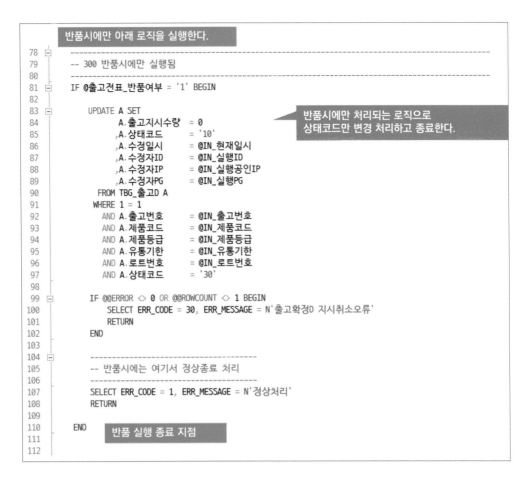

```
     반품시에만 아래 로직을 실행한다.
 78  ----------------------------------------------------------------------------
 79  -- 300 반품시에만 실행됨
 80  ----------------------------------------------------------------------------
 81  IF @출고전표_반품여부 = '1' BEGIN
 82
 83      UPDATE A SET
 84              A.출고지시수량    = 0                      반품시에만 처리되는 로직으로
 85             ,A.상태코드        = '10'                  상태코드만 변경 처리하고 종료한다.
 86             ,A.수정일시        = @IN_현재일시
 87             ,A.수정자ID        = @IN_실행ID
 88             ,A.수정자IP        = @IN_실행공인IP
 89             ,A.수정자PG        = @IN_실행PG
 90        FROM TBG_출고D A
 91       WHERE 1 = 1
 92         AND A.출고번호        = @IN_출고번호
 93         AND A.제품코드        = @IN_제품코드
 94         AND A.제품등급        = @IN_제품등급
 95         AND A.유통기한        = @IN_유통기한
 96         AND A.로트번호        = @IN_로트번호
 97         AND A.상태코드        = '30'
 98
 99      IF @@ERROR <> 0 OR @@ROWCOUNT <> 1 BEGIN
100         SELECT ERR_CODE = 30, ERR_MESSAGE = N'출고확정D 지시취소오류'
101         RETURN
102      END
103
104      ----------------------------------------
105      -- 반품시에는 여기서 정상종료 처리
106      ----------------------------------------
107      SELECT ERR_CODE = 1, ERR_MESSAGE = N'정상처리'
108      RETURN
109
110  END        반품 실행 종료 지점
111
112
```

[그림 6-170] SPG290_출고지시취소_취소 소스코드 (3/6)

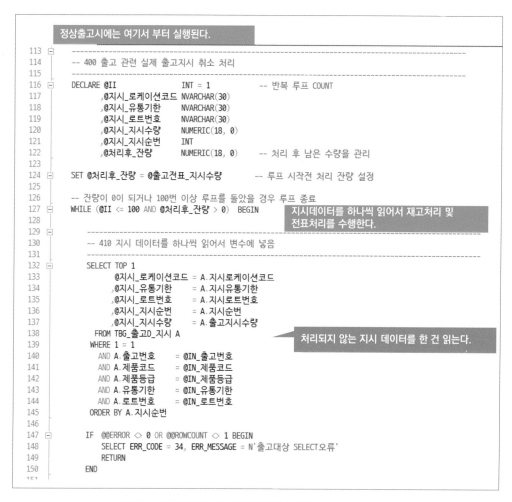

```
      정상출고시에는 여기서 부터 실행된다.

113   ------------------------------------------------------------------------
114   -- 400 출고 관련 실제 출고지시 취소 처리
115   ------------------------------------------------------------------------
116   DECLARE @II                INT = 1              -- 반복 루프 COUNT
117          ,@지시_로케이션코드  NVARCHAR(30)
118          ,@지시_유통기한      NVARCHAR(30)
119          ,@지시_로트번호      NVARCHAR(30)
120          ,@지시_지시수량      NUMERIC(18, 0)
121          ,@지시_지시순번      INT
122          ,@처리후_잔량        NUMERIC(18, 0)       -- 처리 후 남은 수량을 관리

124   SET @처리후_잔량 = @출고전표_지시수량           -- 루프 시작전 처리 잔량 설정
125
126   -- 잔량이 0이 되거나 100번 이상 루프를 돌았을 경우 루프 종료
127   WHILE (@II <= 100 AND @처리후_잔량 > 0)  BEGIN      지시데이터를 하나씩 읽어서 재고처리 및
128                                                      전표처리를 수행한다.
129      ---------------------------------------------------------------------
130      -- 410 지시 데이터를 하나씩 읽어서 변수에 넣음
131      ---------------------------------------------------------------------
132      SELECT TOP 1
133             @지시_로케이션코드 = A.지시로케이션코드
134            ,@지시_유통기한     = A.지시유통기한
135            ,@지시_로트번호     = A.지시로트번호
136            ,@지시_지시순번     = A.지시순번
137            ,@지시_지시수량     = A.출고지시수량
138        FROM TBG_출고D_지시 A                    처리되지 않는 지시 데이터를 한 건 읽는다.
139       WHERE 1 = 1
140         AND A.출고번호   = @IN_출고번호
141         AND A.제품코드   = @IN_제품코드
142         AND A.제품등급   = @IN_제품등급
143         AND A.유통기한   = @IN_유통기한
144         AND A.로트번호   = @IN_로트번호
145       ORDER BY A.지시순번
146
147      IF @@ERROR <> 0 OR @@ROWCOUNT <> 1 BEGIN
148         SELECT ERR_CODE = 34, ERR_MESSAGE = N'출고대상 SELECT오류'
149         RETURN
150      END
151
```

[그림 6-171] SPG290_출고지시취소_취소 소스코드 (4/6)

```
152          -- 430 해당 출고D_지시 데이터 DELETE
153    ⊟    DELETE A
154            FROM TBG_출고D_지시 A
155            WHERE 1 = 1
156              AND A.출고번호            = @IN_출고번호
157              AND A.제품코드            = @IN_제품코드
158              AND A.제품등급            = @IN_제품등급
159              AND A.유통기한            = @IN_유통기한
160              AND A.로트번호            = @IN_로트번호
161              AND A.지시순번            = @지시_지시순번
162              AND A.지시로케이션코드     = @지시_로케이션코드
163              AND A.지시유통기한         = @지시_유통기한
164              AND A.지시로트번호         = @지시_로트번호
165              AND A.출고지시수량         = @지시_지시수량
166
167    ⊟    IF  @@ERROR <> 0 OR @@ROWCOUNT <> 1 BEGIN
168            SELECT ERR_CODE = 35, ERR_MESSAGE = N'출고지시 삭제오류'
169            RETURN
170          END
171
172          -- 430 지시데이터 로케이션 재고 복귀
173    ⊟    EXEC @RETURN_VALUE = [DBO].[SPA000_공통_재고입출고_처리]
174              @IN_반영일자            = @IN_현재일자
175             ,@IN_원인유형            = '출고지시취소'
176             ,@IN_원인전표유형         = '출고'
177             ,@IN_원인전표            = @IN_출고번호
178             ,@IN_원인전표상세         = ''
179             ,@IN_사유               = ''
180             ,@IN_제품코드            = @IN_제품코드
181             ,@IN_제품등급            = @IN_제품등급
182             ,@IN_유통기한            = @지시_유통기한
183             ,@IN_로트번호            = @지시_로트번호
184             ,@IN_입출고처코드         = @출고전표_출고처코드
185             ,@IN_입출고처명          = @출고전표_출고처명
186             ,@IN_이동전로케이션        = '출고대기'
187             ,@IN_이동후로케이션        = @지시_로케이션코드
188             ,@IN_이동수량            = @지시_지시수량
189             ,@IN_등록자ID           = @IN_실행ID
190             ,@IN_등록자IP           = @IN_실행공인IP
191             ,@IN_등록자PG           = @IN_실행PG
192             ,@OUT_결과값            = @OUT_재고반영메시지   OUTPUT
193
194    ⊟    IF @RETURN_VALUE <> 1 BEGIN
195            SELECT ERR_CODE = 36, ERR_MESSAGE = N'공통재고입출고 처리오류=' + ISNULL(@OUT_재고반영메시지,'')
196            RETURN
197          END
198
199          -- 처리된 지시수량을 잔량에서 제외
200          SET @처리후_잔량 = @처리후_잔량 - @지시_지시수량
201          SET @II  = @II + 1    -- 루프 COUNT를 1 증가 시킴
202
203    ⊟ END   -- WHILE (@II <= 100) 루프 종료 지점
```

> 출고지시 관련 테이블 데이터 삭제

> 공통 재고입출고를 통해
> [출고대기] → 지시로케이션으로
> 재고를 원래대로 이동한다.

> 반복 종료지점

[그림 6-172] SPG290_출고지시취소_취소 소스코드 (5/6)

```
205
206     --------------------------------------------------------------------------------
207     -- 900 작업의 이상여부를 체크하고  출고 디테일 테이블에 지시취소 수량 UPDATE
208     --------------------------------------------------------------------------------
209  ⊟  IF  @처리후_잔량 <> 0 BEGIN
210          SELECT ERR_CODE = 39, ERR_MESSAGE = N'지시취소 처리 잔량 남음'
211          RETURN
212      END
213
214  ⊟  UPDATE A SET
215          A.출고지시수량    = 0
216         ,A.상태코드       = '10'
217         ,A.수정일시       = @IN_현재일시
218         ,A.수정자ID       = @IN_실행ID
219         ,A.수정자IP       = @IN_실행공인IP
220         ,A.수정자PG       = @IN_실행PG
221      FROM TBG_출고D A
222      WHERE 1 = 1
223        AND A.출고번호      = @IN_출고번호
224        AND A.제품코드      = @IN_제품코드
225        AND A.제품등급      = @IN_제품등급
226        AND A.유통기한      = @IN_유통기한
227        AND A.로트번호      = @IN_로트번호
228        AND A.출고지시수량   = @출고전표_지시수량
229        AND A.상태코드      = '30'
230
231  ⊟  IF @@ERROR <> 0 OR @@ROWCOUNT <> 1 BEGIN
232          SELECT ERR_CODE = 90, ERR_MESSAGE = N'출고확정D 지시취소반영 오류'
233          RETURN
234      END
235
236      SELECT ERR_CODE = 1, ERR_MESSAGE = N'정상처리'
237      RETURN
238
239  END;
240
```

출고전표 상태코드 및 지시수량을 0으로 UPDATE한다.

정상출고시에는 처리 종료

[그림 6-173] SPG290_출고지시취소_취소 소스코드 (6/6)

428

나. 엑셀VBA

(1) 출고지시취소 조회

출고지시 취소는 현재 출고 지시된 내역이 명확하고 대상 건수가 비교적 작기 때문에 별도 입력
조건 없이 조회 처리를 수행한다.

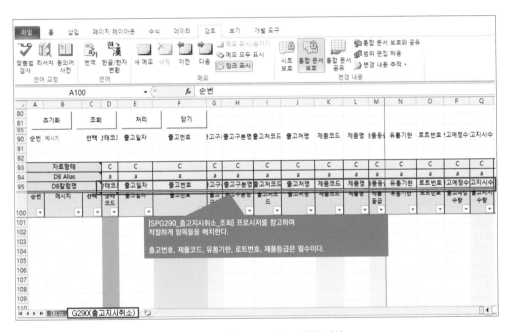

[그림 6-174] 출고지시취소 화면 정의

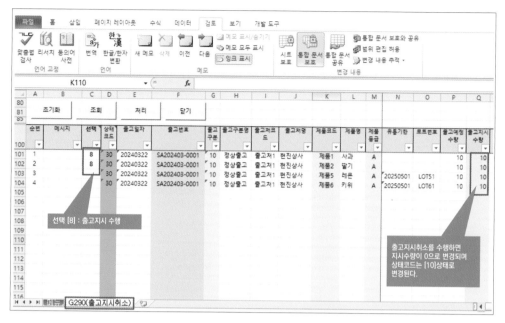

[그림 6-175] 출고지시 취소 실행화면 예시

```
Sub 기본_조회()

    Dim txt_Sql      As String        ' SQL문장 저장을 위한 변수 선언
    Dim txt_현재시트  As String        ' 현재 작업 시트명을 저장/관리하기 위한 변수 선언

    On Error Resume Next

    txt_현재시트 = ActiveSheet.Name          ' 조회시트명을 변수에 저장
    txt_현재시트코드 = ActiveSheet.CodeName   ' 조회시트코드를 변수에 저장

    Sheets(txt_현재시트).Select           ' 조회시트로 이동

    Call 공통_초기화                     ' 101번 라인 이하를 삭제(클리어)시킴

    txt_Sql = "EXEC [dbo].[SPG290_출고지시취소_조회]      " & vbLf & _
          "        @IN_실행ID      = '<<실행ID>>'        " & vbLf & _
          "       ,@IN_실행PG      = '<<실행PG>>'        " & vbLf

    txt_Sql = Replace(txt_Sql, "<<실행ID>>", Trim(A100.Range("사용자ID")))
    txt_Sql = Replace(txt_Sql, "<<실행PG>>", ActiveSheet.CodeName)

    If 공통_DB1_Connect() = False Then            ' 관리시트에 있는 접속환경으로 DB에 접속함
        MsgBox "[오류]DB연결이 정상적이지 않습니다!!"
        Exit Sub
    End If

    If 공통_DB1_SP조회1(txt_Sql) = False Then      ' txt_Sql변수의 SQL문장을 실행함
        MsgBox "[오류]해당하는 자료가 존재하지 않습니다"
        Exit Sub
    End If
```

[그림 6-176] 출고지시취소 엑셀VBA 조회 소스코드 (1/2)

```
    i = 101                                           ' 출력시작을 위한 기준행(제목행 Row 위치값을 설정함)
    num_최대조회수 = A100.Range("최대조회건수")         ' 화면에 최대로 조회할 행수
    num_열개수 = Application.CountA(Sheets(txt_현재시트).Range("A90:ZZ90")) + 5

    Call 공통_화면이벤트_OFF

    Do Until (RS1.EOF)                                             ' RS1 Record Set이 끝이 날때까지 Loop까지 계속 반복

        Cells(i, 1) = i - 100

        For kk = 4 To num_열개수

            If Cells(95, kk) <> "" Then

                ' txt_칼럼명 = Cells(95, kk)
                Cells(i, kk) = RS1.Fields(Cells(95, kk)).Value

            End If

        Next


        i = i + 1

        If i > num_최대조회수 Then
            MsgBox "[확인]데이터가 " & num_최대조회수 & "건보다 많습니다. 조회조건을 변경 바랍니다"
            Exit Do
        End If

        RS1.MoveNext                                              ' RecordSet의 다음자료(다음위치)로 이동함

    Loop

    Cells(101, 3).Select

    Call 공통_DB1_Close                                           ' 연결되었던 DB와의 접속을 끊음
    Call 공통_화면이벤트_ON


End Sub
```

[그림 6-177] 출고지시취소 엑셀VBA 조회 소스코드 (2/2)

(2) 출고지시취소 처리

지시 취소 시에는 좀 더 신중한 처리를 위해서 선택구분을 [8]로 설정하였다. 취소된 출고내역
은 다시 지시작업을 할 수 있는 상태인 [10]신규등록 상태로 전환된다.

```
Sub 기본_처리()

    Dim txt_Sql      As String         ' SQL문장 저장을 위한 변수 선언
    Dim txt_현재시트 As String         ' 현재 작업 시트명을 저장/관리하기 위한 변수 선언

    On Error Resume Next

    txt_현재시트 = ActiveSheet.Name      ' 조회시트명을 변수에 저장

    Sheets(txt_현재시트).Select          ' 조회시트로 이동

    Call 공통_필터초기화                 ' 필터에 조건이 지정되어 있는 것을 대비하여 필터초기화

    In사용자ID = A100.Range("사용자ID")
    In_공인IP = A100.Range("공인IP")                          ' 향후 Insert/Update시 사용할 ID,IP,시간등을 변수에 저장
    In_호스트명 = A100.Range("호스트명")                      ' 각종 정보는 관리시트에 있음
    In_현재일시 = 공통_시스템시간()                           ' 각종 정보는 관리시트에 있음

    txt_현재시트 = ActiveSheet.Name                          ' 조회시트명을 변수에 저장
    In_현재시트코드 = ActiveSheet.CodeName                   ' 조회시트코드를 변수에 저장

    Col_출고번호 = 공통_칼럼위치(txt_현재시트, 90, "출고번호")
    Col_출고일자 = 공통_칼럼위치(txt_현재시트, 90, "출고일자")
    Col_출고처코드 = 공통_칼럼위치(txt_현재시트, 90, "출고처코드")

    Col_제품코드 = 공통_칼럼위치(txt_현재시트, 90, "제품코드")
    Col_제품등급 = 공통_칼럼위치(txt_현재시트, 90, "제품등급")
    Col_유통기한 = 공통_칼럼위치(txt_현재시트, 90, "유통기한")
    Col_로트번호 = 공통_칼럼위치(txt_현재시트, 90, "로트번호")

    Err_flag = 0                                             ' 향후 에러여부를 체크할 변수 0:정상 1:오류 (초기값은 0)
    tot_cnt = ActiveSheet.Cells.SpecialCells(xlCellTypeLastCell).Row  ' 해당시트 데이터가 입력된 마지막행을 확인

    ' 지시취소
    txt_Sql_처리 = "EXEC [dbo].[SPG290_출고지시취소_취소처리] " & vbLf & _
        "          @IN_출고번호      = '<<출고번호>>'         " & vbLf & _
        "         ,@IN_제품코드      = '<<제품코드>>'         " & vbLf & _
        "         ,@IN_제품등급      = '<<제품등급>>'         " & vbLf & _
        "         ,@IN_유통기한      = '<<유통기한>>'         " & vbLf & _
        "         ,@IN_로트번호      = '<<로트번호>>'         " & vbLf & _
        "         ,@IN_실행ID        = '<<실행ID>>'           " & vbLf & _
        "         ,@IN_실행PG        = '<<실행PG>>'           " & vbLf

    txt_Sql_처리 = Replace(txt_Sql_처리, "<<실행ID>>", Trim(A100.Range("사용자ID")))
    txt_Sql_처리 = Replace(txt_Sql_처리, "<<실행PG>>", ActiveSheet.CodeName)

    If 공통_DB1_Connect() = False Then                       ' 관리시트에 있는 접속환경으로 DB에 접속함
        MsgBox "[오류]DB연결이 정상적이지 않습니다!!"
        Exit Sub
    End If

    Err.Clear
    DB_Conn1.BeginTrans                                     ' *** 트랜잭션 시작 ****

    If Err.Number <> 0 Then
        DB_Conn1.RollbackTrans                              ' Begin Tran이 계속 존재하는 경우를 대비하여 Rollback 처리함
        MsgBox "[오류]트랜잭션을 시작하지 못했습니다. 다시 시도 바랍니다"
        Exit Sub
    End If                                                  ' 오류 메시지를 표시한다
```

[그림 6-178] 출고지시취소 처리VBA 소스코드 (1/2)

```
    For i = 101 To tot_cnt                                    ' 101번행부터 데이터가 입력되어 있는 행(Row)까지 반복함

        If Cells(i, 2) <> "" Then Cells(i, 2) = ""

        If Cells(i, 3) = "8" And Cells(i, Col_출고번호) <> "" Then            ' 선택값 1(입력)을 입력하고 4번열값에 데이터가 있는 경우

            txt_Sql = txt_Sql_처리        ' 8 일때는 출고지시취소처리

            txt_Sql = Replace(txt_Sql, "<<처리구분>>", Trim(Cells(i, 3)))

            txt_Sql = Replace(txt_Sql, "<<출고번호>>", Trim(Cells(i, Col_출고번호)))
            txt_Sql = Replace(txt_Sql, "<<제품코드>>", Trim(Cells(i, Col_제품코드)))
            txt_Sql = Replace(txt_Sql, "<<제품등급>>", Trim(Cells(i, Col_제품등급)))
            txt_Sql = Replace(txt_Sql, "<<유통기한>>", Trim(Cells(i, Col_유통기한)))
            txt_Sql = Replace(txt_Sql, "<<로트번호>>", Trim(Cells(i, Col_로트번호)))

            If 공통_DB1_SP처리(txt_Sql) = False Then       ' txt_Sql변수의 SQL문장을 실행함
                Err_flag = 1
                txt_오류메시지 = Err.Description
                txt_오류메시지 = "오류[" & RS0!ERR_CODE & "] " & RS0!ERR_MESSAGE & " " & txt_오류메시지
                Cells(i, 2) = txt_오류메시지
            End If

        End If

    Next

    If Err_flag = 0 Then                                      ' 지금까지 오류가 없으면

        Err.Clear
        DB_Conn1.CommitTrans                                  ' 트랜잭션을 정상적으로 완료처리 한다

        If Err.Number = 0 Then                                ' 만약 트랜잭션 완료가 정상이면 정상 메시지를 표시
            MsgBox "[완료]요청한 작업이 완료되었습니다"
        Else
            MsgBox "[오류]최종 Commit 작업에 문제가 생겼습니다, 작업 결과를 확인 바랍니다."
            Err_flag = 1                                      ' 트랜잭션 최종 완료시에 문제가 발생하면 메시지를 표시하고
        End If                                                ' 오류 메시지를 표시한다

    Else

        Err.Clear
        DB_Conn1.RollbackTrans                                ' 위의 업무처리시 오류가 발생하여 Err_flag가 1이면
        MsgBox "[오류]작업중 문제가 발생 했습니다. 확인 요망!!"   ' 트랜잭션을 Rollback 처리하고 오류메시지를 보여 준다

    End If


    Call 공통_DB1_Close                                       ' 모든 작업이 완료되었기 때문에 DB접속을 끊는다

    If Err_flag = 0 Then                                      ' 작업에 이상이 없었다면 다시 정보를 조회하여
        Call 기본_조회                                         ' 정상적으로 입력되었는지를 보여준다.
    End If

End Sub
```

[그림 6-179] 출고지시취소 처리VBA 소스코드 (2/2)

13. 출고LIST

출고LIST는 출고등록 내역 및 출고진행 사항을 종합적으로 확인할 수 있다. 출고내역은 기본적으로 입력된 제품 단위로 상태코드, 주문수량, 출고지시수량, 피킹수량, 검수수량, 확정수량 등의 내역을 상세하게 확인할 수 있다. 출고LIST는 데이터를 조회하기 위한 목적이기 때문에 별도로 수정이나 처리 등의 로직은 존재하지 않는다.

[그림 6-180] 출고LIST 화면 예시

가. DB프로시저

(1) 출고LIST 조회

[SPG900_출고LIST_조회] 프로시저는 출고내역은 데이터의 양이 많을 수 있기 때문에 조회 범위를 제한하기 위해 입력 매개변수로 [@IN_시작일자], [@IN_종료일자]를 입력받는다.

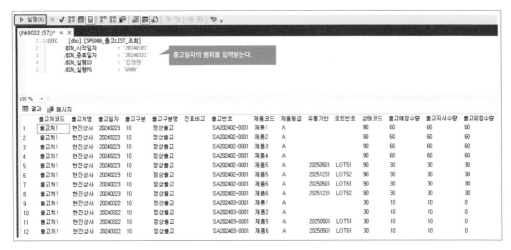

[그림 6-181] SPG900_출고LIST_조회 프로시저 실행예시

```
 1  ALTER PROCEDURE [dbo].[SPG900_출고LIST_조회]
 2         @IN_시작일자        NVARCHAR(08)
 3        ,@IN_종료일자        NVARCHAR(08)
 4
 5        ,@IN_실행ID         NVARCHAR(50)
 6        ,@IN_실행PG         NVARCHAR(50)
 7  AS
 8  BEGIN
 9
10     SET NOCOUNT ON;
11
12     DECLARE @IN_실행공인IP    NVARCHAR(50)
13            ,@IN_호스트명      NVARCHAR(50)
14            ,@IN_현재일시      NVARCHAR(50)
15
16     DECLARE @RETURN_VALUE    INT,
17            @OUT_메세지       NVARCHAR(500)
18
19     SELECT @IN_실행공인IP    = A.접속공인IP
20           ,@IN_호스트명      = A.접속호스트
21           ,@IN_현재일시      = A.현재일시
22      FROM FTA_세션정보_조회() A
23     WHERE 1 = 1
24
25     -- 100 기본 자료를 조회하여 임시테이블에 저장한다
26     SELECT 출고처코드        = A.출고처코드
27           ,출고처명         = E.업체명
28           ,출고일자         = A.출고일자
29           ,출고구분         = A.출고구분
30           ,출고구분명        = D.출고구분명
31           ,전표비고         = A.전표비고
32           ,B.*
33           ,F.제품명
34           ,D.반품여부
35      INTO #TEMP_출고LIST조회
36      FROM TBG_출고H          A
37     INNER JOIN TBG_출고D      B ON B.출고번호    = A.출고번호
38     INNER JOIN TBA_출고구분    D ON D.출고구분    = A.출고구분
39     INNER JOIN TBC_업체       E ON E.업체코드    = A.출고처코드
40     INNER JOIN TBC_제품       F ON F.제품코드    = B.제품코드
41     WHERE 1 = 1
42       AND A.출고일자    BETWEEN @IN_시작일자 AND @IN_종료일자
43
44     -- 500 최종 결과를 화면에 표시
45     SELECT A.*
46      FROM #TEMP_출고LIST조회 A
47     WHERE 1 = 1
48     ORDER BY A.출고번호, A.제품코드
49
50  END
51
```

[그림 6-182] SPG900_출고LIST_조회 프로시저 소스코드

나. 엑셀VBA

(1) 출고LIST 조회

출고LIST를 조회하기 위해 VBA 조회 프로시저에서 DB의 [SPG900_출고LIST_조회] 프로시저를 호출한다.

출고LIST는 별도 데이터를 처리하는 기능은 별도로 없지만 향후 기능 확장을 고려하여 [처리]버튼을 그대로 유지하였다. 대신, "현재 사용할 수 없다"는 메시지만 표시한다.

```
Sub 기본_조회()

    Dim txt_Sql      As String      ' SQL문장 저장을 위한 변수 선언
    Dim txt_현재시트 As String      ' 현재 작업 시트명을 저장/관리하기 위한 변수 선언

    On Error Resume Next

    txt_현재시트 = ActiveSheet.Name        ' 조회시트명을 변수에 저장
    txt_현재시트코드 = ActiveSheet.CodeName ' 조회시트코드를 변수에 저장

    Sheets(txt_현재시트).Select     ' 조회시트로 이동

    Call 공통_초기화                ' 101번 라인 이하를 삭제(클리어)시킴

    txt_Sql = "EXEC [dbo].[SPG900_출고LIST_조회]         " & vbLf & _
        "         @IN_시작일자       = '<<시작일자>>'     " & vbLf & _
        "        ,@IN_종료일자       = '<<종료일자>>'     " & vbLf & _
        "        ,@IN_실행ID         = '<<실행ID>>'       " & vbLf & _
        "        ,@IN_실행PG         = '<<실행PG>>'       " & vbLf

    txt_Sql = Replace(txt_Sql, "<<시작일자>>", Trim(Range("IN_시작일자")))
    txt_Sql = Replace(txt_Sql, "<<종료일자>>", Trim(Range("IN_종료일자")))
    txt_Sql = Replace(txt_Sql, "<<실행ID>>", Trim(A100.Range("사용자ID")))
    txt_Sql = Replace(txt_Sql, "<<실행PG>>", ActiveSheet.CodeName)

    If 공통_DB1_Connect() = False Then              ' 관리시트에 있는 접속환경으로 DB에 접속함
        MsgBox "[오류]DB연결이 정상적이지 않습니다!!"
        Exit Sub
    End If

    If 공통_DB1_SP조회1(txt_Sql) = False Then        ' txt_Sql변수의 SQL문장을 실행함
        MsgBox "[오류]해당하는 자료가 존재하지 않습니다"
        Exit Sub
    End If
```

[그림 6-183] 출고LIST 조회 VBA 소스코드 (1/2)

```
    i = 101                                         ' 출력시작을 위한 기준행(제목행 Row 위치값을 설정함)
    num_최대조회수 = A100.Range("최대조회건수")          ' 화면에 최대로 조회할 행수
    num_열개수 = Application.CountA(Sheets(txt_현재시트).Range("A90:ZZ90")) + 5

    Call 공통_화면이벤트_OFF

    Do Until (RS1.EOF)                                          ' RS1 Record Set이 끝이 날때까지 Loop까지 계속 반복

        Cells(i, 1) = i - 100

        For kk = 4 To num_열개수

            If Cells(95, kk) <> "" Then

                ' txt_칼럼명 = Cells(95, kk)
                Cells(i, kk) = RS1.Fields(Cells(95, kk).Value)

            End If

        Next

        i = i + 1

        If i > num_최대조회수 Then
            MsgBox "[확인]데이터가 " & num_최대조회수 & "건보다 많습니다. 조회조건을 변경 바랍니다"
            Exit Do
        End If

        RS1.MoveNext                                  ' RecordSet의 다음자료(다음위치)로 이동함

    Loop

    Cells(101, 3).Select

    Call 공통_DB1_Close                                 ' 연결되었던 DB와의 접속을 끊음
    Call 공통_화면이벤트_ON

End Sub


Sub 기본_처리()

    MsgBox "사용하지 않는 기능 입니다"

End Sub
```

> 출고LIST에서는 사용하지 않지만
> 향후 확장성을 고려하여 [처리]버튼은 유지한다.
>
> 다만, 메시지로 사용할 수 없다는 안내 멘트만 출력한다.

[그림 6-184] 출고LIST 조회 VBA 소스코드 (2/2)

Chapter
07

재고관리

제7장_ 재고관리

1. 주요 테이블 및 개발목록

재고관리는 현재 보유하고 있는 재고 수량을 정확하고 안전하게 보관 관리하거나 재고를 효율적으로 운영하기 위한 로케이션재고 이동처리, 로트변경, 등급변경, 재고조정, 유통가공 등의 다양한 업무들이다. 또한, 로케이션재고를 집계하여 한눈에 파악할 수 있도록 현재고를 조회하거나 과거 재고현황 추이를 분석할 수 있는 재고수불 등의 각종 조회 관련 화면도 포함된다.

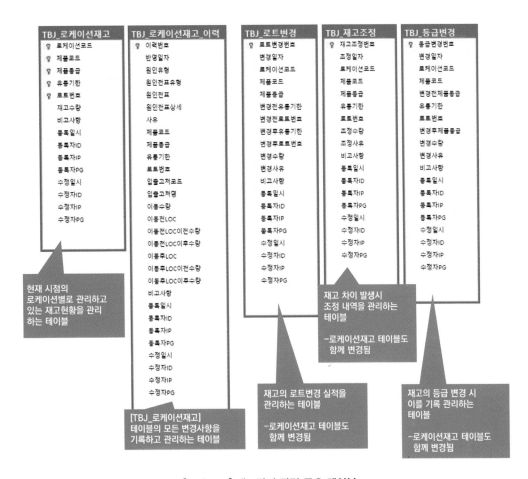

[그림 7-1] 재고관리 관련 주요 테이블

우리는 재고현황과 관련된 조회화면 2본, 재고조정 및 재고이력 조회 등 각종 재고관리를 수행하기 위한 화면 7본 그리고 재고수불 관련하여 2개본 등 총 11개의 프로그램을 개발할 것이다.

구분		메뉴ID	조회 DB프로시저	처리 관련 DB 프로시저
현재고	현재고조회	J100	SPJ100_현재고_조회	
	로케이션재고/이동	J200	SPJ200_로케이션재고_조회	SPJ200_로케이션재고_이동처리
재고조정	로트변경	J210	SPJ210_로트변경_조회	SPJ210_로트변경_변경처리
	등급변경	J220	SPJ220_등급변경_조회	SPJ220_등급변경_변경처리
	재고조정	J230	SPJ230_재고조정_조회	SPJ230_재고조정_조정처리
재고변경 이력	로트변경이력	J219	SPJ219_로트변경이력_조회	
	등급변경이력	J229	SPJ229_등급변경이력_조회	
	재고조정이력	J239	SPJ239_재고조정이력_조회	
	로케잇현재고이력	J290	SPJ290_로케이션재고이력_조회	
재고수불	재고수불	J500	SPJ500_재고수불_조회	
	제품일자수불	J510	SPJ510_제품일자수불_조회	

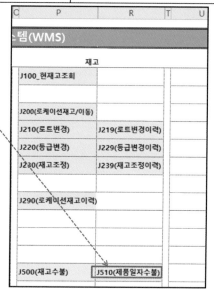

[그림 7-2] 재고관리 개발목록 및 메뉴구성

2. 현재고 조회

창고에 보유하고 있는 재고를 제품별로 집계하여 현재 재고가 몇 개를 보유하고 있고 창고에서 지금 당장 출고가 가능한 가용재고 수량이 몇 개인지를 확인할 수 있는 화면이다. 출고등록은 되었으나 아직 출고지시 되지 않은 수량을 감안하여 지금 출고등록할 수 있는 주문가능 수량도 함께 보여준다.

현재고 조회 화면은 [TBJ_로케이재고] 테이블을 기반으로 집계하는데 지금까지 입고 또는 출고 화면 개발 시 많이 활용하였던 공통모듈 [SPA200_공통_UDT현재고_조회]를 사용하여 관련 데이터를 집계한다. 우리가 개발하는 모든 프로그램에서 공통모듈을 활용하기 때문에 어디서든 동일하고 일관된 결과를 기대할 수 있어 오류를 줄이고 개발 생산성을 향상시킬 수 있다.

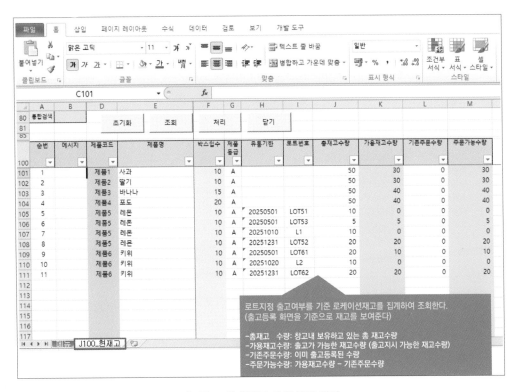

[그림 7-3] 현재고 조회 화면 예시

가. DB프로시저

현재고 화면은 별도의 입력이나 수정과 같은 데이터 갱신이 없기 때문에 조회 프로시저인 [SPJ100_현재고_조회] 프로시저 하나만 개발하면 된다.

우리가 개발하는 WMS시스템에서는 하나의 창고만을 관리하도록 설계하였다. 따라서, DB 프로시저에 "창고코드" 입력 매개변수는 별도로 전달하지 않는다. 실무에서는 창고를 여러 개 보유하는 경우가 많기 때문에 이에 대한 대비가 필요하다.

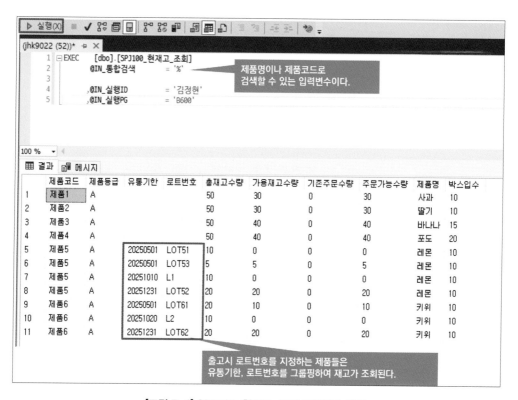

[그림 7-4] SPJ100_현재고_조회 실행결과 예시

```
 1  ☐ALTER PROCEDURE [dbo].[SPJ100_현재고_조회]
 2       @IN_통합검색           NVARCHAR(50) = ''
 3
 4       ,@IN_실행ID            NVARCHAR(50)
 5       ,@IN_실행PG            NVARCHAR(50)
 6    AS
 7  ☐BEGIN
 8
 9      SET NOCOUNT ON;
10
11  ☐   DECLARE @IN_실행공인IP    NVARCHAR(50)
12          ,@IN_호스트명        NVARCHAR(50)
13          ,@IN_현재일시        NVARCHAR(50)
14
15  ☐   SELECT @IN_실행공인IP   = A.접속공인IP
16          ,@IN_호스트명       = A.접속호스트
17          ,@IN_현재일시       = A.현재일시
18      FROM FTA_세션정보_조회() A
19      WHERE 1 = 1
20
21  ☐   --------------------------------------------------
22      -- 입력값
23      --------------------------------------------------
24      SET @IN_통합검색 = TRIM(@IN_통합검색)
25
26      -- @IN_통합검색에  [%]문자가 포함되지 않았을  경우에는 앞뒤로 [%]값을 붙임
27  ☐   IF CHARINDEX('%', @IN_통합검색, 1) = 0  BEGIN
28          SET @IN_통합검색 = '%' + @IN_통합검색 + '%'
29      END
30
31  ☐   --------------------------------------------------
32      -- 공통모듈 UDT_현재고 모듈을 호출한다
33      --------------------------------------------------
34  ☐   DECLARE @RETURN_VALUE  INT,
35          @OUT_메세지      NVARCHAR(500)
36
37      DECLARE @TEMP_UDT_현재고    UDT_현재고
38
39  ☐   SELECT *
40        INTO #TEMP_UDT_현재고
41        FROM @TEMP_UDT_현재고
42
43  ☐   EXEC @RETURN_VALUE = [DBO].[SPA200_공통_UDT현재고_조회]
44  ☐       @IN_조회구분       = '3'  -- 1:유통기한,로트번호 구분하지 않고 집계
45                                  -- 2:유통기한,로트번호별 집계
46                                  -- 3:로트지정출고여부에 따라 집계
47          ,@IN_제품코드       = '%'
48
49          ,@IN_실행ID        = @IN_실행ID
50          ,@IN_실행PG        = @IN_실행PG
51          ,@OUT_메세지        = @OUT_메세지    OUTPUT
52
```

제품이 많을 경우
제품코드나 제품명으로 검색할 수 있도록
[@IN_통합검 색] 변수를 입력 받는다.

LIKE 검색을 위해 앞뒤로 [%]를 붙인다.

현재고 공통모듈을 호출한다.
(로트지정출고여부에 따라 집계처리)

[그림 7-5] SPJ_100_현재고_조회 소스코드 (1/2)

```
53
54    ---------------------------------------------------------------
55    -- 최종결과 출력
56    ---------------------------------------------------------------
57    SELECT A.*
58           ,제품명      = B.제품명
59           ,박스입수    = B.박스입수
60      FROM #TEMP_UDT_현재고 A
61     INNER JOIN TBC_제품     B ON B.제품코드      = A.제품코드
62     WHERE 1 = 1
63       AND (A.제품코드 LIKE @IN_통합검색  OR B.제품명 LIKE @IN_통합검색)
64     ORDER BY A.제품코드
65
66    END
67
68
```

현재고 공통모듈에서 관리하는
#TEMP_UDT_현재고 테이블을 기준으로 결과를 출력한다.

[그림 7-6] SPJ_100_현재고_조회 소스코드 (2/2)

나. 엑셀VBA

현재고 조회 화면은 단일 창고를 서비스하는 것을 전제로 개발하였기 때문에 화면 상단에서 별도의 창고코드를 입력하지 않는다. [SPJ_100_현재고_조회] 프로시저의 결과값을 참고하여 화면을 구성하면 된다.

"처리"버튼은 당장 필요는 없지만 향후 확장을 고려하여 그대로 두었으며 "사용할 수 없다"는 메시지만 출력되고 별도 동작은 하지 않도록 하였다.

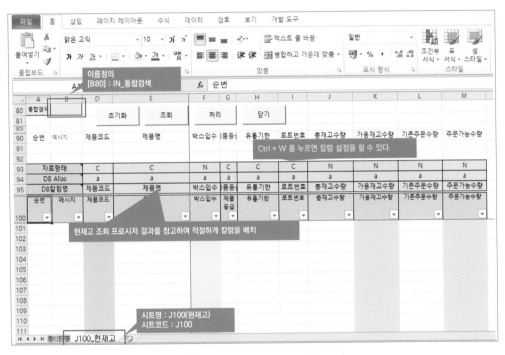

[그림 7-7] 현재고 조회 VBA 화면 설정

```
Sub 기본_조회()

    Dim txt_Sql      As String        ' SQL문장 저장을 위한 변수 선언
    Dim txt_현재시트 As String        ' 현재 작업 시트명을 저장/관리하기 위한 변수 선언

    On Error Resume Next

    txt_현재시트 = ActiveSheet.Name         ' 조회시트명을 변수에 저장
    txt_현재시트코드 = ActiveSheet.CodeName ' 조회시트코드를 변수에 저장

    Sheets(txt_현재시트).Select        ' 조회시트로 이동

    Call 공통_초기화                   ' 101번 라인 이하를 삭제(클리어)시킴

    txt_Sql = "EXEC [dbo].[SPJ100_현재고_조회]       " & vbLf & _
          "      @IN_통합검색    = '<<통합검색>>'     " & vbLf & _
          "     ,@IN_실행ID      = '<<실행ID>>'       " & vbLf & _
          "     ,@IN_실행PG      = '<<실행PG>>'       " & vbLf

    txt_Sql = Replace(txt_Sql, "<<통합검색>>", Trim(Range("IN_통합검색")))
    txt_Sql = Replace(txt_Sql, "<<실행ID>>", Trim(A100.Range("사용자ID")))
    txt_Sql = Replace(txt_Sql, "<<실행PG>>", ActiveSheet.CodeName)

    If 공통_DB1_Connect() = False Then          ' 관리시트에 있는 접속환경으로 DB에 접속함
        MsgBox "[오류]DB연결이 정상적이지 않습니다!!"
        Exit Sub
    End If

    If 공통_DB1_SP조회1(txt_Sql) = False Then     ' txt_Sql변수의 SQL문장을 실행함
        MsgBox "[오류]해당하는 자료가 존재하지 않습니다"
        Exit Sub
    End If
```

[그림 7-8] 현재고 엑셀VBA 조회 관련 소스코드 (1/2)

```
    Call 공통_화면이벤트_OFF

    Do Until (RS1.EOF)                                    ' RS1 Record Set이 끝이 날때까지 Loop까지 계속 반복

        Cells(i, 1) = i - 100

        For kk = 4 To num_열개수

            If Cells(95, kk) <> "" Then

                ' txt_칼럼명 = Cells(95, kk)
                Cells(i, kk) = RS1.Fields(Cells(95, kk).Value)

            End If

        Next

        i = i + 1

        If i > num_최대조회수 Then
            MsgBox "[확인]데이터가 " & num_최대조회수 & "건보다 많습니다. 조회조건을 변경 바랍니다"
            Exit Do
        End If

        RS1.MoveNext                                      ' RecordSet의 다음자료(다음위치)로 이동함

    Loop

    Cells(101, 3).Select

    Call 공통_DB1_Close                                   ' 연결되었던 DB와의 접속을 끊음
    Call 공통_화면이벤트_ON

End Sub
```

> 처리버튼은 당장 필요는 없지만
> 향후 확정성을 위해 메시지만 출력하고 종료한다.

```
Sub 기본_처리()

    MsgBox "[확인]현재는 사용할수 없습니다"
    Exit Sub

End Sub
```

[그림 7-9] 현재고 엑셀VBA 조회 관련 소스코드 (2/2)

3. 로케이션재고 조회 및 이동

현재고 조회 화면이 재고를 종합적으로 조회할 수 있는 화면이라면 로케이션재고 조회 화면은 상세하게 로케이션주소별로 재고수량을 확인할 수 있는 화면이다.

현재고 조회 화면은 [TBJ_로케이재고] 테이블을 기반으로 하기 때문에 조회되는 건수가 많을 수 있어 [통합검색] 입력을 통해 원하는 제품코드, 제품명 또는 로케이션주소에 해당하는 내역만 조회할 수 있도록 구성하였다.

로케이션재고 조회화면은 재고를 조회하는데 그치지 않고 필요한 재고를 다른 로케이션으로 이동 처리할 수 있는 기능도 함께 포함되어 있다. 로케이션 이동을 하려면 해당 로케이션은 반드시 [이동여부]가 [1]이어야 한다. [출고대기]로케이션 등 시스템이 미리 예약 관리하는 로케이션들은 [이동여부]값이 [0]이기 때문에 로케이션 이동이 불가능하다.

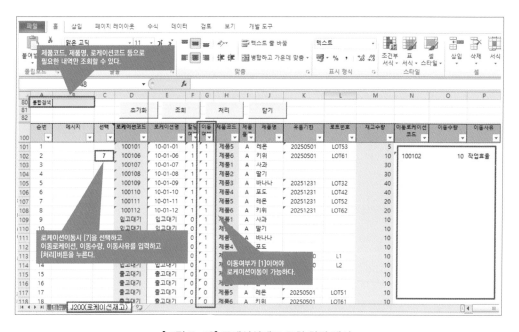

[그림 7-10] 로케이션재고 조회 화면 예시

가. DB프로시저

(1) 로케이션재고 조회

[SPJ200_로케이션재고_조회] 프로시저는 [TBJ_로케이션재고] 테이블과 [TBC_제품], [TBC_로케이션] 등 관련 테이블을 JOIN하여 결과를 생성한다.

제품의 재고는 로케이션별로 분산되어 관리되기 때문에 현재고 조회 화면에 비해 출력되는 건수가 많아 [@IN_통합검색] 변수를 활용하여 원하는 제품이나 로케이션 내역만 조회할 수 있도록 구성하였다.

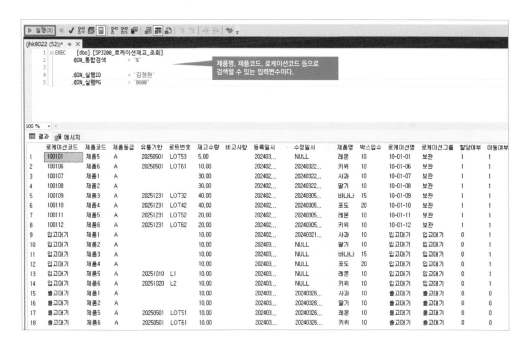

[그림 7-11] SPJ200_로케이션재고_조회 실행결과 예시

```
1  ⊟ALTER PROCEDURE [dbo].[SPJ200_로케이션재고_조회]
2          @IN_통합검색              NVARCHAR(50) = ' '
3
4         ,@IN_실행ID                NVARCHAR(50)
5         ,@IN_실행PG                NVARCHAR(50)
6   AS
7  ⊟BEGIN
8
9      SET NOCOUNT ON;
10
11 ⊟    DECLARE @IN_실행공인IP      NVARCHAR(50)
12            ,@IN_호스트명           NVARCHAR(50)
13            ,@IN_현재일시           NVARCHAR(50)
14
15 ⊟    SELECT @IN_실행공인IP     = A.접속공인IP
16           ,@IN_호스트명          = A.접속호스트
17           ,@IN_현재일시          = A.현재일시
18       FROM FTA_세션정보_조회() A
19      WHERE 1 = 1
20
21      SET @IN_통합검색 = TRIM(@IN_통합검색)
22
23      -- @IN_통합검색에  [%]문자가 포함되지 않았을  경우에는 앞뒤로 [%]값을 붙임
24 ⊟    IF CHARINDEX('%', @IN_통합검색, 1) = 0  BEGIN
25         SET @IN_통합검색 = '%' + @IN_통합검색 + '%'
26      END
27
28      -- 결과를 화면에 표시
29 ⊟    SELECT A.*
30           ,제품명       = B.제품명
31           ,박스입수     = B.박스입수
32           ,로케이션명    = C.로케이션명
33           ,로케이션그룹  = C.로케이션그룹
34           ,할당여부     = C.할당여부
35           ,이동여부     = C.이동여부
36       FROM TBJ_로케이션재고  A
37      INNER JOIN TBC_제품      B ON B.제품코드     = A.제품코드
38      INNER JOIN TBC_로케이션 C ON C.로케이션코드 = A.로케이션코드
39      WHERE 1 = 1
40        AND A.재고수량 ◇ 0
41        AND (   A.로케이션코드 LIKE @IN_통합검색
42            OR A.제품코드      LIKE @IN_통합검색
43            OR B.제품명        LIKE @IN_통합검색
44            OR C.로케이션명    LIKE @IN_통합검색)
45      ORDER BY A.로케이션코드
46
47   END
48
```

건수가 많을수 있기 때문에
제품코드, 제품명, 로케이션으로 검색할 수 있도록
[@IN_통합검 색] 변수를 입력 받는다.

LIKE 검색을 위해 앞뒤로 [%]를 붙인다.

[그림 7-12] SPJ_200_로케이션재고_조회 소스코드

(2) 로케이션재고 이동

[SPJ200_로케이션재고_이동처리] 프로시저는 [TBJ_로케이션재고] 테이블에 있는 재고를 사용자가 사용자가 원하는 다른 로케이션으로 재고를 이동 처리하는 프로시저이다. 이동 전 로케이션의 재고는 감소(-)되고 사용자가 원하는 이동 후 로케이션으로 재고가 증가(+) 된다.

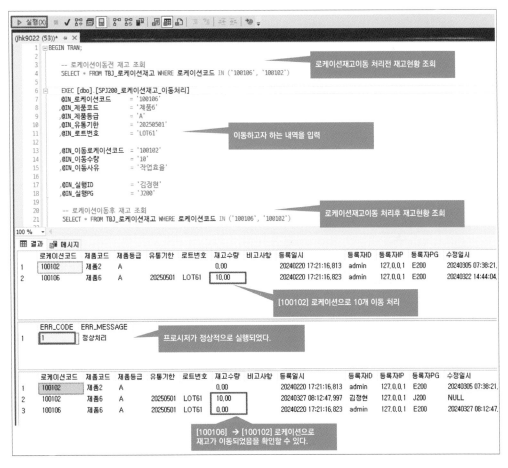

[그림 7-13] SPJ200_로케이션재고_이동처리 실행결과 예시

```
1  ⊟ALTER PROCEDURE [dbo].[SPJ200_로케이션재고_이동처리]
2       @IN_로케이션코드        NVARCHAR(30)
3      ,@IN_제품코드           NVARCHAR(30)
4      ,@IN_제품등급           NVARCHAR(10)
5      ,@IN_유통기한           NVARCHAR(30)
6      ,@IN_로트번호           NVARCHAR(30)
7
8      ,@IN_이동로케이션코드    NVARCHAR(30)
9      ,@IN_이동수량           NUMERIC(18, 0)
10     ,@IN_이동사유           NVARCHAR(50)
11
12     ,@IN_실행ID            NVARCHAR(50)
13     ,@IN_실행PG            NVARCHAR(50)
14  AS
15 ⊟BEGIN
16
17     SET NOCOUNT ON;
18
19 ⊟   DECLARE @IN_실행공인IP      NVARCHAR(50)
20            ,@IN_호스트명        NVARCHAR(50)
21            ,@IN_현재일시        NVARCHAR(50)
22            ,@IN_현재일자        NVARCHAR(50)
23
24 ⊟   SELECT @IN_실행공인IP      = A.접속공인IP
25          ,@IN_호스트명         = A.접속호스트
26          ,@IN_현재일시         = A.현재일시
27          ,@IN_현재일자         = LEFT(A.현재일시, 8)
28      FROM FTA_세션정보_조회() A
29     WHERE 1 = 1
30
31 ⊟   ----------------------------------------------------------------
32     -- 100 입력값 이상여부 확인
33     ----------------------------------------------------------------
34     SET @IN_로케이션코드       = UPPER(TRIM(@IN_로케이션코드))
35     SET @IN_제품코드          = UPPER(TRIM(@IN_제품코드))
36     SET @IN_제품등급          = UPPER(TRIM(@IN_제품등급))
37     SET @IN_유통기한          = UPPER(TRIM(@IN_유통기한))
38     SET @IN_로트번호          = UPPER(TRIM(@IN_로트번호))
39     SET @IN_이동로케이션코드   = UPPER(TRIM(@IN_이동로케이션코드))
40
41 ⊟   IF  @IN_이동수량 <= 0 BEGIN
42         SELECT ERR_CODE = 11, ERR_MESSAGE = N'이동수량 입력오류'
43         RETURN
44     END
45
46 ⊟   IF @IN_로케이션코드 = @IN_이동로케이션코드 BEGIN
47         SELECT ERR_CODE = 12, ERR_MESSAGE = N'로케이션코드가 동일합니다'
48         RETURN
49     END
50
```

로케이션 이동처리를 위한
입력 데이터를 받을 변수 선언

[그림 7-14] SPJ_200_로케이션재고_이동처리 소스코드 (1/3)

```
51    DECLARE @이동후_로케이션_이동여부    NVARCHAR(10)
52           ,@이동전_로케이션_이동여부    NVARCHAR(10)
53           ,@이동전_로케이션_재고수량    NUMERIC(18, 0)
54
55    -- 이동전 로케이션 체크
56    ------------------------------
57    SELECT @이동전_로케이션_이동여부 = A.이동여부
58      FROM TBC_로케이션 A
59     WHERE 1 = 1
60       AND A.로케이션코드 = @IN_로케이션코드
61
62    IF  @@ERROR <> 0 OR @@ROWCOUNT <> 1 BEGIN
63        SELECT ERR_CODE = 13, ERR_MESSAGE = N'이동후 로케이션코드 오류'
64        RETURN
65    END
66
67    SELECT @이동전_로케이션_재고수량 = ISNULL(SUM(A.재고수량), 0)
68      FROM TBJ_로케이션재고  A
69     WHERE 1 = 1
70       AND A.로케이션코드 = @IN_로케이션코드
71       AND A.제품코드     = @IN_제품코드
72       AND A.제품코드     = @IN_제품코드
73       AND A.제품등급     = @IN_제품등급
74       AND A.유통기한     = @IN_유통기한
75       AND A.로트번호     = @IN_로트번호
76
77    IF  @이동전_로케이션_재고수량 < @IN_이동수량   BEGIN
78        SELECT ERR_CODE = 15, ERR_MESSAGE = N'이동전 로케이션 재고부족'
79        RETURN
80    END
81
82    IF  @이동전_로케이션_이동여부 <> '1' BEGIN
83        SELECT ERR_CODE = 16, ERR_MESSAGE = N'이동전 로케이션 재고이동 불가'
84        RETURN
85    END
86
87    -- 이동후 로케이션 체크
88    ------------------------------
89    SELECT @이동후_로케이션_이동여부 = A.이동여부
90      FROM TBC_로케이션 A
91     WHERE 1 = 1
92       AND A.로케이션코드 = @IN_이동로케이션코드
93
94    IF  @@ERROR <> 0 OR @@ROWCOUNT <> 1 BEGIN
95        SELECT ERR_CODE = 13, ERR_MESSAGE = N'이동후 로케이션코드 오류'
96        RETURN
97    END
98
99    IF  @이동후_로케이션_이동여부 <> '1' BEGIN
100       SELECT ERR_CODE = 14, ERR_MESSAGE = N'이동후 로케이션에 재고이동 불가'
101       RETURN
102   END
```

이동전 로케이션 관련 점검

이동후 로케이션 관련 점검

[그림 7-15] SPJ_200_로케이션재고_이동처리 소스코드 (2/3)

```
104
105
106  -------------------------------------------------------------
107  -- 300 입고전표 확정수량, 로케이션 UPDATE
108  -------------------------------------------------------------
109  DECLARE @OUT_재고반영메시지        NVARCHAR(500)
110         ,@RETURN_VALUE           INT
111
112  EXEC @RETURN_VALUE = [DBO].[SPA000_공통_재고입출고_처리]
113          @IN_반영일자          = @IN_현재일자
114         ,@IN_원인유형          = '재고이동'
115         ,@IN_원인전표유형        = ''
116         ,@IN_원인전표          = ''
117         ,@IN_원인전표상세        = ''
118         ,@IN_사유            = @IN_이동사유
119         ,@IN_제품코드          = @IN_제품코드
120         ,@IN_제품등급          = @IN_제품등급
121         ,@IN_유통기한          = @IN_유통기한
122         ,@IN_로트번호          = @IN_로트번호
123         ,@IN_입출고처코드        = ''
124         ,@IN_입출고처명         = ''
125         ,@IN_이동전로케이션       = @IN_로케이션코드
126         ,@IN_이동후로케이션       = @IN_이동로케이션코드
127         ,@IN_이동수량          = @IN_이동수량
128         ,@IN_등록자ID          = @IN_실행ID
129         ,@IN_등록자IP          = @IN_실행공인IP
130         ,@IN_등록자PG          = @IN_실행PG
131         ,@OUT_결과값          = @OUT_재고반영메시지  OUTPUT
132
133  IF @RETURN_VALUE <> 1 BEGIN
134      SELECT ERR_CODE = 31, ERR_MESSAGE = N'공통재고입출고 처리오류=' + ISNULL(@OUT_재고반영메시지,'')
135      RETURN
136  END
137
138  SELECT ERR_CODE = 1, ERR_MESSAGE = N'정상처리'
139  RETURN
140
141  END;
142
```

재고이동 관련 공통모듈을 활용하여
재고이동 처리

※ 공통모듈 사용으로 일관성과
개발생산성 증가

[그림 7-16] SPJ_200_로케이션재고_이동처리 소스코드 (3/3)

나. 엑셀VBA

(1) 로케이션재고 조회

로케이션별 상세 재고현황을 화면에 보여 주고 사용자가 필요에 따라 원하는 로케이션으로 수량을 이동할 수 있도록 구성하였다. 로케이션 재고 이동을 위한 [SPJ_200_로케이션재고_이동처리] 프로시저에 필요한 입력항목들은 사전에 확인하여 모두 화면에 출력되도록 구성하기를 바란다.

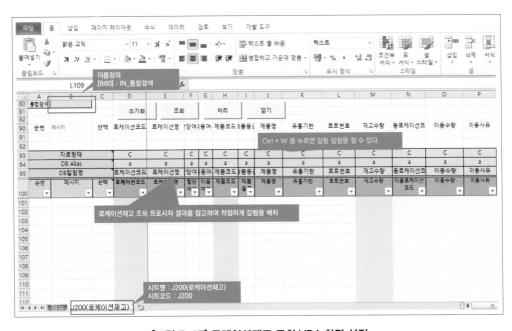

[그림 7-17] 로케이션재고 조회 VBA 화면 설정

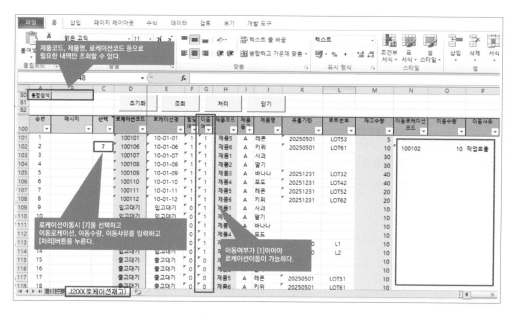

[그림 7-18] 로케이션재고 조회 VBA 실행 예시

```
Sub 기본_조회()

    Dim txt_Sql      As String          ' SQL문장 저장을 위한 변수 선언
    Dim txt_현재시트 As String          ' 현재 작업 시트명을 저장/관리하기 위한 변수 선언

    On Error Resume Next

    txt_현재시트 = ActiveSheet.Name          ' 조회시트명을 변수에 저장
    txt_현재시트코드 = ActiveSheet.CodeName  ' 조회시트코드를 변수에 저장

    Sheets(txt_현재시트).Select     ' 조회시트로 이동

    Call 공통_초기화               ' 101번 라인 이하를 삭제(클리어)시킴

    txt_Sql = "EXEC [dbo].[SPJ200_로케이션재고_조회]        " & vbLf & _
        "      @IN_통합검색      = '<<통합검색>>'        " & vbLf & _
        "     ,@IN_실행ID        = '<<실행ID>>'          " & vbLf & _
        "     ,@IN_실행PG        = '<<실행PG>>'          " & vbLf

    txt_Sql = Replace(txt_Sql, "<<통합검색>>", Trim(Range("IN_통합검색")))
    txt_Sql = Replace(txt_Sql, "<<실행ID>>", Trim(A100.Range("사용자ID")))
    txt_Sql = Replace(txt_Sql, "<<실행PG>>", ActiveSheet.CodeName)

    If 공통_DB1_Connect() = False Then        ' 관리시트에 있는 접속환경으로 DB에 접속함
        MsgBox "[오류]DB연결이 정상적이지 않습니다!!"
        Exit Sub
    End If

    If 공통_DB1_SP조회1(txt_Sql) = False Then  ' txt_Sql변수의 SQL문장을 실행함
        MsgBox "[오류]해당하는 자료가 존재하지 않습니다"
        Exit Sub
    End If
```

[그림 7-19] 로케이션재고 엑셀VBA 조회 관련 소스코드 (1/2)

```
'
 i = 101                                          ' 출력시작을 위한 기준행(제목행 Row 위치값을 설정함)
num_최대조회수 = A100.Range("최대조회건수")          ' 화면에 최대로 조회할 행수
num_열개수 = Application.CountA(Sheets(txt_현재시트).Range("A90:ZZ90")) + 5

Call 공통_화면이벤트_OFF

Do Until (RS1.EOF)                                        ' RS1 Record Set이 끝이 날때까지 Loop까지 계속 반복


    Cells(i, 1) = i - 100

    For kk = 4 To num_열개수

        If Cells(95, kk) <> "" Then

            ' txt_칼럼명 = Cells(95, kk)
            Cells(i, kk) = RS1.Fields(Cells(95, kk)).Value

        End If

    Next

    i = i + 1

    If i > num_최대조회수 Then
        MsgBox "[확인]데이터가 " & num_최대조회수 & "건보다 많습니다. 조회조건을 변경 바랍니다"
        Exit Do
    End If

    RS1.MoveNext                                          ' RecordSet의 다음자료(다음위치)로 이동함

Loop

Cells(101, 3).Select

Call 공통_DB1_Close                                       ' 연결되었던 DB와의 접속을 끊음
Call 공통_화면이벤트_ON


End Sub
```

[그림 7-20] 로케이션재고 엑셀VBA 조회 관련 소스코드 (2/2)

(2) 로케이션재고 이동

로케이션재고 이동처리는 처리구분 [7]을 입력한 내역에 대해 [SPJ_200_로케이션재고_이동처리] 프로시저를 실행하는 로직들로 구성되어 있다. 대부분의 업무 프로세스들은 DB 프로시저에서 실행되기 때문에 엑셀VBA 프로그래밍은 다른 화면들과 크게 다르지 않다.

```vba
Sub 기본_처리()

    Dim txt_Sql      As String        ' SQL문장 저장을 위한 변수 선언
    Dim txt_현재시트 As String        ' 현재 작업 시트명을 저장/관리하기 위한 변수 선언

    On Error Resume Next

    txt_현재시트 = ActiveSheet.Name       ' 조회시트명을 변수에 저장

    Sheets(txt_현재시트).Select           ' 조회시트로 이동

    Call 공통_필터초기화                  ' 필터에 조건이 지정되어 있는 것을 대비하여 필터초기화

    In사용자ID = A100.Range("사용자ID")                   ' 향후 Insert/Update시 사용할 ID,IP,시간등을 변수에 저장
    In_공인IP = A100.Range("공인IP")                      ' 각종 정보는 관리시트에 있음
    In_호스트명 = A100.Range("호스트명")                   ' 각종 정보는 관리시트에 있음
    In_현재일시 = 공통_시스템시간()

    txt_현재시트 = ActiveSheet.Name                       ' 조회시트명을 변수에 저장
    In_현재시트코드 = ActiveSheet.CodeName                ' 조회시트코드를 변수에 저장

    txt_Sql_처리 = "EXEC [dbo].[SPJ200_로케이션재고_이동처리]"   " & vbLf & _
    "          @IN_로케이션코드      = '<<로케이션코드>>'"        " & vbLf & _
    "         ,@IN_제품코드         = '<<제품코드>>'"            " & vbLf & _
    "         ,@IN_제품등급         = '<<제품등급>>'"            " & vbLf & _
    "         ,@IN_유통기한         = '<<유통기한>>'"            " & vbLf & _
    "         ,@IN_로트번호         = '<<로트번호>>'"            " & vbLf & _
    "         ,@IN_이동로케이션코드  = '<<이동로케이션코드>>'"     " & vbLf & _
    "         ,@IN_이동수량         = '<<이동수량>>'"            " & vbLf & _
    "         ,@IN_이동사유         = '<<이동사유>>'"            " & vbLf & _
    "         ,@IN_실행ID          = '<<실행ID>>'"             " & vbLf & _
    "         ,@IN_실행PG          = '<<실행PG>>'"             " & vbLf

    txt_Sql_처리 = Replace(txt_Sql_처리, "<<실행ID>>", Trim(A100.Range("사용자ID")))
    txt_Sql_처리 = Replace(txt_Sql_처리, "<<실행PG>>", ActiveSheet.CodeName)

    Col_로케이션코드 = 공통_칼럼위치(txt_현재시트, 90, "로케이션코드")
    Col_로케이션명 = 공통_칼럼위치(txt_현재시트, 90, "로케이션명")
    Col_제품코드 = 공통_칼럼위치(txt_현재시트, 90, "제품코드")
    Col_제품등급 = 공통_칼럼위치(txt_현재시트, 90, "제품등급")
    Col_제품명 = 공통_칼럼위치(txt_현재시트, 90, "제품명")
    Col_유통기한 = 공통_칼럼위치(txt_현재시트, 90, "유통기한")
    Col_로트번호 = 공통_칼럼위치(txt_현재시트, 90, "로트번호")
    Col_재고수량 = 공통_칼럼위치(txt_현재시트, 90, "재고수량")
    Col_이동로케이션코드 = 공통_칼럼위치(txt_현재시트, 90, "이동로케이션코드")
    Col_이동수량 = 공통_칼럼위치(txt_현재시트, 90, "이동수량")
    Col_이동사유 = 공통_칼럼위치(txt_현재시트, 90, "이동사유")
    Col_비고사항 = 공통_칼럼위치(txt_현재시트, 90, "비고사항")

    Err_flag = 0                                                    ' 향후 에러여부를 체크할 변수 0:정상 1:오류 (초기값은 0)
    tot_cnt = ActiveSheet.Cells.SpecialCells(xlCellTypeLastCell).Row ' 해당시트에 데이터가 입력된 마지막행을 확인

    If 공통_DB1_Connect() = False Then                              ' 관리시트에 있는 접속환경으로 DB에 접속함
        MsgBox "[오류]DB연결이 정상적이지 않습니다!!"
        Exit Sub
    End If
```

[그림 7-21] 로케이션재고 엑셀VBA 처리 관련 소스코드 (1/3)

```
        Err.Clear
        DB_Conn1.BeginTrans                                      ' *** 트랜잭션 시작 ****

        If Err.Number <> 0 Then
            DB_Conn1.RollbackTrans                               ' Begin Tran이 계속 존재하는 경우를 대비하여 Rollback 처리함
            MsgBox "[오류]트랜잭션을 시작하지 못했습니다. 다시 시도 바랍니다"
            Exit Sub
        End If                                                   ' 오류 메시지를 표시한다

        For i = 101 To tot_cnt                                   ' 101번행부터 데이터가 입력되어 있는 행(Row)까지 반복함

            If Cells(i, 2) <> "" Then Cells(i, 2) = ""

            If Cells(i, 3) = "7" And Cells(i, Col_이동로케이션코드) <> "" Then           ' 선택값 7(로케이션이동) 경우

                txt_Sql = txt_Sql_처리

                ' 숫자가 아닌 값이 있을 경우 오류가 발생하기 때문에 예방하는 코드를 추가함
                num_이동수량 = Trim(Cells(i, Col_이동수량))
                If IsNumeric(num_이동수량) = False Then num_이동수량 = 0

                txt_Sql = Replace(txt_Sql, "<<처리구분>>", Trim(Cells(i, 3)))
                txt_Sql = Replace(txt_Sql, "<<로케이션코드>>", Trim(Cells(i, Col_로케이션코드)))
                txt_Sql = Replace(txt_Sql, "<<제품코드>>", Trim(Cells(i, Col_제품코드)))
                txt_Sql = Replace(txt_Sql, "<<제품등급>>", Trim(Cells(i, Col_제품등급)))
                txt_Sql = Replace(txt_Sql, "<<유통기한>>", Trim(Cells(i, Col_유통기한)))
                txt_Sql = Replace(txt_Sql, "<<로트번호>>", Trim(Cells(i, Col_로트번호)))
                txt_Sql = Replace(txt_Sql, "<<이동로케이션코드>>", Trim(Cells(i, Col_이동로케이션코드)))
                txt_Sql = Replace(txt_Sql, "<<이동수량>>", num_이동수량)
                txt_Sql = Replace(txt_Sql, "<<이동사유>>", Trim(Cells(i, Col_이동사유)))

                If 공통_DB1_SP처리(txt_Sql) = False Then          ' txt_Sql변수의 SQL문장을 실행함
                    Err_flag = 1
                    txt_오류메시지 = Err.Description
                    txt_오류메시지 = "오류[" & RS0!ERR_CODE & "] " & RS0!ERR_MESSAGE & " " & txt_오류메시지
                    Cells(i, 2) = txt_오류메시지
                End If

            End If

        Next
```

[그림 7-22] 로케이션재고 엑셀VBA 처리 관련 소스코드 (2/3)

```
        If Err_flag = 0 Then                                     ' 지금까지 오류가 없으면

            Err.Clear
            DB_Conn1.CommitTrans                                 ' 트랜잭션을 정상적으로 완료처리 한다

            If Err.Number = 0 Then                               ' 만약 트랜잭션 완료가 정상이면 정상 메시지를 표시
                MsgBox "[완료]요청한 작업이 완료되었습니다"
            Else
                MsgBox "[오류]최종 Commit 작업에 문제가 생겼습니다, 작업 결과를 확인 바랍니다."
                Err_flag = 1                                     ' 트랜잭션 최종 완료시에 문제가 발생하면 메시지를 표시하고
            End If                                               ' 오류 메시지를 표시한다

        Else

            Err.Clear
            DB_Conn1.RollbackTrans                               ' 위의 업무처리시 오류가 발생하여 Err_flag가 1이면
            MsgBox "[오류]작업중 문제가 발생 했습니다. 확인 요망!!"   ' 트랜잭션을 Rollback 처리하고 오류메시지를 보여 준다

        End If


        Call 공통_DB1_Close                                      ' 모든 작업이 완료되었기 때문에 DB접속을 끊는다

        If Err_flag = 0 Then                                     ' 작업에 이상이 없었다면 다시 정보를 조회하여
            Call 기본_조회                                        ' 정상적으로 입력되었는지를 보여준다.
        End If

End Sub
```

[그림 7-23] 로케이션재고 엑셀VBA 처리 관련 소스코드 (3/3)

4. 로트변경

입출고시 정확한 유통기한, 로트번호를 관리해야 하지만 입고시의 착오, 출고시 다른 로트로 잘 못 출고하는 경우 등 여러 상황으로 인해 전산상의 재고 현황과 실물의 로트번호가 불일치되는 경우가 발생된다.

이러한 경우 오류원인을 분석 및 개선이 필요하며 불일치한 실물재고는 시스템에 로트번호를 정확하게 변경 처리하고 이를 시스템에서 변경이력을 관리해야 한다. 화면은 기존에 우리가 개 발하였던 [로케이션재고]화면과 거의 비슷하며 화면 오른쪽에 변경 유통기한, 로트번호, 변경수 량, 사유 등을 입력 후 처리버튼을 누르면 된다.

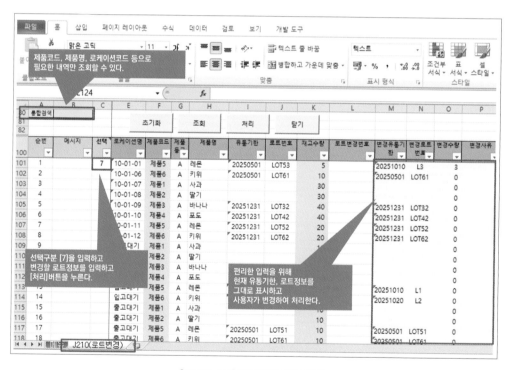

[그림 7-24] 로트변경 화면 예시

가. DB프로시저

(1) 로트변경 조회

[SPJ210_로트변경_조회] 프로시저는 [SPJ200_로케이션재고_조회]와 거의 동일하다. [TBJ_로케이션재고] 테이블과 [TBC_제품], [TBC_로케이션] 등 관련 테이블을 JOIN 하여 결과를 출력한다.

입력의 편의성을 위해 변경될 유통기한, 로트번호는 기존과 유통기한과 로트번호를 동일하게 표시하고 사용자가 이를 참고하여 수정할 수 있도록 구성하였다.

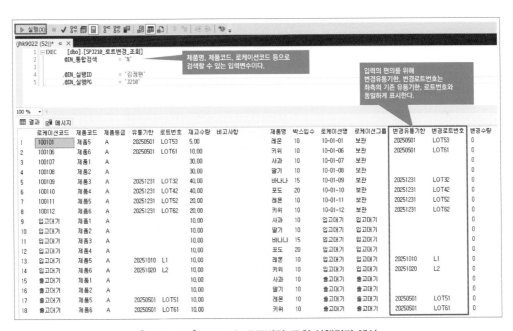

[그림 7-25] SPJ210_로트변경_조회 실행결과 예시

```
 1 ☐ALTER PROCEDURE [dbo].[SPJ210_로트변경_조회]
 2        @IN_통합검색            NVARCHAR(50) = ''
 3
 4       ,@IN_실행ID             NVARCHAR(50)
 5       ,@IN_실행PG             NVARCHAR(50)
 6  AS
 7 ☐BEGIN
 8
 9      SET NOCOUNT ON;
10
11 ☐    DECLARE @IN_실행공인IP      NVARCHAR(50)
12            ,@IN_호스트명         NVARCHAR(50)
13            ,@IN_현재일시         NVARCHAR(50)
14
15 ☐    SELECT @IN_실행공인IP     = A.접속공인IP
16           ,@IN_호스트명        = A.접속호스트
17           ,@IN_현재일시        = A.현재일시
18      FROM FTA_세션정보_조회() A
19     WHERE 1 = 1
20
21      SET @IN_통합검색 = TRIM(@IN_통합검색)
22
23      -- @IN_통합검색에  [%]문자가 포함되지 않았을  경우에는 앞뒤로 [%]값을 붙임
24 ☐    IF CHARINDEX('%', @IN_통합검색, 1) = 0  BEGIN
25         SET @IN_통합검색 = '%' + @IN_통합검색 + '%'
26      END
27
28      -- 결과를 화면에 표시
29 ☐    SELECT A.*
30           ,제품명        = B.제품명
31           ,박스입수      = B.박스입수
32           ,로케이션명     = C.로케이션명
33           ,로케이션그룹   = C.로케이션그룹
34           ,변경유통기한   = A.유통기한
35           ,변경로트번호   = A.로트번호
36           ,변경수량      = 0
37       FROM TBJ_로케이션재고  A
38      INNER JOIN TBC_제품     B ON B.제품코드    = A.제품코드
39      INNER JOIN TBC_로케이션 C ON C.로케이션코드 = A.로케이션코드
40      WHERE 1 = 1
41        AND (  A.로케이션코드 LIKE @IN_통합검색
42           OR A.제품코드     LIKE @IN_통합검색
43           OR B.제품명       LIKE @IN_통합검색
44           OR C.로케이션명   LIKE @IN_통합검색)
45        AND A.재고수량 ◇ 0
46      ORDER BY A.로케이션코드
47
48  END
49  |
```

조회 건수가 많을수 있기 때문에
제품코드, 제품명, 로케이션으로 검색할 수 있도록
[@IN_통합검 색] 변수를 입력 받는다.

LIKE 검색을 위해 앞뒤로 [%]를 붙인다.

[그림 7-26] SPJ_210_로트변경_조회 소스코드

(2) 로트변경 처리

[SPJ210_로트변경_변경처리] 프로시저는 [TBJ_로케이션재고] 테이블에 있는 재고를 사용자가 원하는 로트(유통기한,로트번호)로 변경 처리하는 프로시저이다.

로트변경이 이루어지면 변경전의 로트는 [TBJ_로케이션재고]에서 감소(-)되고 변경후의 로트로 재고가 증가(+)된다. 이와 함께 로트변경 실적은 [TBJ_로트변경] 테이블에 저장된다. 로트변경에 따른 로케이션의 재고 변경은 우리가 지금까지 사용한 [SPA000_공통_재고입출고_처리] 공통모듈을 이용한다.

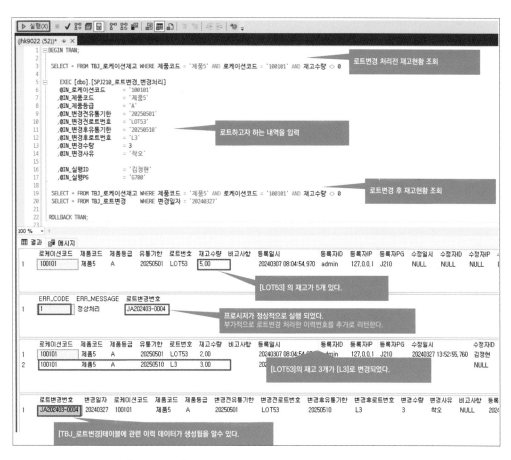

[그림 7-27] SPJ210_로트변경_변경처리 실행결과 예시

```
 1 ⊟ALTER PROCEDURE [dbo].[SPJ210_로트변경_변경처리]
 2      @IN_로케이션코드        NVARCHAR(30)
 3     ,@IN_제품코드          NVARCHAR(30)
 4     ,@IN_제품등급          NVARCHAR(10)
 5     ,@IN_변경전유통기한      NVARCHAR(08)
 6     ,@IN_변경전로트번호      NVARCHAR(30)
 7     ,@IN_변경후유통기한      NVARCHAR(08)
 8     ,@IN_변경후로트번호      NVARCHAR(30)
 9     ,@IN_변경수량          NUMERIC(18, 0)
10     ,@IN_변경사유          NVARCHAR(50)
11
12     ,@IN_실행ID           NVARCHAR(50)
13     ,@IN_실행PG           NVARCHAR(50)
14  AS
15 ⊟BEGIN
16
17      SET NOCOUNT ON;
18
19 ⊟    DECLARE @IN_실행공인IP     NVARCHAR(50)
20             ,@IN_호스트명        NVARCHAR(50)
21             ,@IN_현재일시        NVARCHAR(50)
22             ,@IN_현재일자        NVARCHAR(50)
23
24 ⊟    SELECT @IN_실행공인IP    = A.접속공인IP
25           ,@IN_호스트명       = A.접속호스트
26           ,@IN_현재일시       = A.현재일시
27           ,@IN_현재일자       = LEFT(A.현재일시, 8)
28       FROM FTA_세션정보_조회() A
29      WHERE 1 = 1
30
31 ⊟    ---------------------------------------------------------------
32      -- 100 입력값 이상여부 확인
33      ---------------------------------------------------------------
34      SET @IN_로케이션코드     = UPPER(TRIM(@IN_로케이션코드    ))
35      SET @IN_제품코드        = UPPER(TRIM(@IN_제품코드      ))
36      SET @IN_제품등급        = UPPER(TRIM(@IN_제품등급      ))
37      SET @IN_변경전유통기한    = UPPER(TRIM(@IN_변경전유통기한))
38      SET @IN_변경전로트번호    = UPPER(TRIM(@IN_변경전로트번호))
39      SET @IN_변경후유통기한    = UPPER(TRIM(@IN_변경후유통기한))
40      SET @IN_변경후로트번호    = UPPER(TRIM(@IN_변경후로트번호))
41      SET @IN_변경사유        = UPPER(TRIM(@IN_변경사유      ))
42
43 ⊟    IF @IN_변경수량 <= 0 BEGIN
44          SELECT ERR_CODE = 11, ERR_MESSAGE = '변경수량 비정상'
45          RETURN
46      END
47
48 ⊟    IF @IN_변경전유통기한 = @IN_변경후유통기한 AND @IN_변경전로트번호 = @IN_변경후로트번호 BEGIN
49          SELECT ERR_CODE = 13, ERR_MESSAGE = '변경 유통기한과 로트번호가 동일합니다'
50          RETURN
51      END
52
```

로트변경을 위한
입력 데이터를 받을 변수 선언

[그림 7-28] SPJ_210_로트변경_변경처리 소스코드 (1/4)

```
55    ┌─  ----------------------------------------------------------------
56    │   -- 200 변경전 재고 이상여부 확인
57    │   ----------------------------------------------------------------
58    ┌─  DECLARE @RETURN_VALUE              INT
59    │          ,@OUT_재고반영메시지        NVARCHAR(500)
60    │
61    ┌─  DECLARE @로케이션재고_재고수량          NUMERIC(18, 0)
62    │          ,@로케이션재고_이동가능여부       NVARCHAR(10)
63    │
64    ┌─  SELECT @로케이션재고_재고수량        = A.재고수량
65    │         ,@로케이션재고_이동가능여부   = B.이동여부
66    │     FROM TBJ_로케이션재고 A
67    │    INNER JOIN TBC_로케이션 B ON B.로케이션코드 = A.로케이션코드
68    │    WHERE 1 = 1
69    │      AND A.로케이션코드   = @IN_로케이션코드
70    │      AND A.제품코드       = @IN_제품코드
71    │      AND A.제품등급       = @IN_제품등급
72    │      AND A.유통기한       = @IN_변경전유통기한
73    │      AND A.로트번호       = @IN_변경전로트번호
74    │
75    ┌─  IF  @@ERROR <> 0 OR @@ROWCOUNT <> 1 BEGIN
76    │       SELECT ERR_CODE = 21, ERR_MESSAGE = '로케이션재고 재고 미확인'
77    │       RETURN
78    │   END
79    │
80    ┌─  IF  @로케이션재고_재고수량 < @IN_변경수량 BEGIN
81    │       SELECT ERR_CODE = 22, ERR_MESSAGE = N'재고수량이 부족 합니다'
82    │       RETURN
83    │   END
84    │
85    ┌─  IF  @로케이션재고_이동가능여부 <> '1' BEGIN
86    │       SELECT ERR_CODE = 23, ERR_MESSAGE = N'로트변경이 가능한 로케이션이 아닙니다'
87    │       RETURN
88    │   END
89    │
90    │
```

[그림 7-29] SPJ_210_로트변경_변경처리 소스코드 (2/4)

```
91    ┌─  ----------------------------------------------------------------
92    │   -- 300 로트변경 관련 테이블 INSERT
93    │   ----------------------------------------------------------------
94    │   DECLARE @OUT_신규전표번호     NVARCHAR(50)
95    │
96    ┌─  EXEC @RETURN_VALUE = [dbo].[SPA100_공통_전표번호_채번]
97    │        @IN_출력구분       = '2'      -- OUT_전표번호 변수로 결과값 받음
98    │       ,@IN_전표유형       = 'JA'     -- PA: 입고  SA:출고   JA:로트변경   JB: 등급변경   JC:재고조정
99    │       ,@IN_일자          = @IN_현재일자
100   │       ,@OUT_전표번호      = @OUT_신규전표번호 OUTPUT
101   │                                                    ┌──────────────────────┐
102   ┌─  IF @RETURN_VALUE <> 1  BEGIN                      │ 로트변경 이력번호를        │
103   │       SELECT ERR_CODE = 31, ERR_MESSAGE = '로트변경번호 채번 오류'│ 공통모듈로 채번한다.       │
104   │       RETURN                                        │ 결과를 리턴받기 위해 출고구분[2]설정 │
105   │   END                                               └──────────────────────┘
106   │
107   │   INSERT INTO TBJ_로트변경 (로트변경번호,    변경일자,        로케이션코드,  제품코드,     제품등급,
108   │                         변경전유통기한, 변경전로트번호,
109   │                         변경후유통기한, 변경후로트번호,
110   │                         변경수량,
111   │                         변경사유,
112   │                         등록일시, 등록자ID, 등록자IP, 등록자PG)
113   │                 VALUES (@OUT_신규전표번호, @IN_현재일자,    @IN_로케이션코드,  @IN_제품코드,   @IN_제품등급,
114   │                         @IN_변경전유통기한, @IN_변경전로트번호,
115   │                         @IN_변경후유통기한, @IN_변경후로트번호,
116   │                         @IN_변경수량,
117   │                         @IN_변경사유,
118   │                         @IN_현재일시, @IN_실행ID, @IN_실행공인IP, @IN_실행PG)
119   │
120   ┌─  IF @@ERROR <> 0 OR @@ROWCOUNT <> 1 BEGIN
121   │       SELECT ERR_CODE = 32, ERR_MESSAGE = '로트변경 등록 오류'
122   │       RETURN
123   │   END
124   │
```

[그림 7-30] SPJ_210_로트변경_변경처리 소스코드 (3/4)

```
125        -- 로트변경 출고 (변경전 로트 재고 처리)
126        EXEC @RETURN_VALUE = [DBO].[SPA000_공통_재고입출고_처리]
127             @IN_반영일자          = @IN_현재일자
128            ,@IN_원인유형          = '로트변경'
129            ,@IN_원인전표유형       = '재고'
130            ,@IN_원인전표          = @OUT_신규전표번호
131            ,@IN_원인전표상세       = ''
132            ,@IN_사유             = @IN_변경사유
133            ,@IN_제품코드          = @IN_제품코드
134            ,@IN_제품등급          = @IN_제품등급
135            ,@IN_유통기한          = @IN_변경전유통기한
136            ,@IN_로트번호          = @IN_변경전로트번호
137            ,@IN_입출고처코드       = ''
138            ,@IN_입출고처명        = ''
139            ,@IN_이동전로케이션      = @IN_로케이션코드
140            ,@IN_이동후로케이션      = ''
141            ,@IN_이동수량          = @IN_변경수량
142            ,@IN_등록자ID         = @IN_실행ID
143            ,@IN_등록자IP         = @IN_실행공인IP
144            ,@IN_등록자PG         = @IN_실행PG
145            ,@OUT_결과값          = @OUT_재고반영메시지   OUTPUT
146
147        IF @RETURN_VALUE <> 1 BEGIN
148            SELECT ERR_CODE = 41, ERR_MESSAGE = N'로트변경 출고 처리오류=' + ISNULL(@OUT_재고반영메시지,'')
149            RETURN
150        END
151
152        -- 로트변경 입고 (변경후 로트 재고 처리)
153        EXEC @RETURN_VALUE = [DBO].[SPA000_공통_재고입출고_처리]
154             @IN_반영일자          = @IN_현재일자
155            ,@IN_원인유형          = '로트변경'
156            ,@IN_원인전표유형       = '재고'
157            ,@IN_원인전표          = @OUT_신규전표번호
158            ,@IN_원인전표상세       = ''
159            ,@IN_사유             = @IN_변경사유
160            ,@IN_제품코드          = @IN_제품코드
161            ,@IN_제품등급          = @IN_제품등급
162            ,@IN_유통기한          = @IN_변경후유통기한
163            ,@IN_로트번호          = @IN_변경후로트번호
164            ,@IN_입출고처코드       = ''
165            ,@IN_입출고처명        = ''
166            ,@IN_이동전로케이션      = ''
167            ,@IN_이동후로케이션      = @IN_로케이션코드
168            ,@IN_이동수량          = @IN_변경수량
169            ,@IN_등록자ID         = @IN_실행ID
170            ,@IN_등록자IP         = @IN_실행공인IP
171            ,@IN_등록자PG         = @IN_실행PG
172            ,@OUT_결과값          = @OUT_재고반영메시지   OUTPUT
173
174        IF @RETURN_VALUE <> 1 BEGIN
175            SELECT ERR_CODE = 42, ERR_MESSAGE = N'로트변경 입고 처리오류=' + ISNULL(@OUT_재고반영메시지,'')
176            RETURN
177        END
178
179        -- 900 최종 종료
180        SELECT ERR_CODE = 1, ERR_MESSAGE = N'정상처리', 로트변경번호 = @OUT_신규전표번호
181        RETURN
182
183    END;
```

[그림 7-31] SPJ_210_로트변경_변경처리 소스코드 (4/4)

(3) 로트변경이력 조회

[SPJ219_로트변경이력_조회] 프로시저는 과거 로트변경이 어떻게 처리되었는지 이력을 확인할 수 있다. 로트변경이 완료되면 [TBJ_로트변경] 테이블에 관련 이력이 저장되는데 조회 프로그램에서 이 데이터를 활용한다.

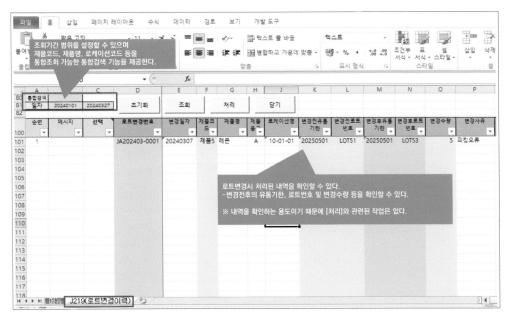

[그림 7-32] J219(로트변경이력) 화면 예시

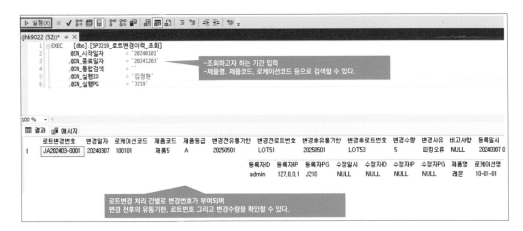

[그림 7-33] [SPJ219_로트변경이력_조회] 실행결과 예시

```
 1  ⊟ALTER PROCEDURE [dbo].[SPJ219_로트변경이력_조회]
 2        @IN_시작일자            NVARCHAR(08)
 3       ,@IN_종료일자            NVARCHAR(08)
 4
 5       ,@IN_통합검색            NVARCHAR(50)
 6
 7
 8       ,@IN_실행ID             NVARCHAR(50)
 9       ,@IN_실행PG             NVARCHAR(50)
10    AS
11  ⊟BEGIN
12
13      SET NOCOUNT ON;
14
15      -- 통합검색 변수 공백 삭제 및 검색% 처리
16      SET @IN_통합검색 = TRIM(@IN_통합검색)
17
18      -- @IN_통합검색에 [%]문자가 포함되지 않았을 경우에는 앞뒤로 [%]값을 붙임
19  ⊟    IF CHARINDEX('%', @IN_통합검색, 1) = 0  BEGIN
20          SET @IN_통합검색 = '%' + @IN_통합검색 + '%'
21      END
22
23  ⊟   ----------------------------------------------------------------
24      -- 100 기본 자료를 조회하여 임시테이블에 저장한다
25      ----------------------------------------------------------------
26  ⊟   SELECT A.*
27          ,B.제품명
28          ,C.로케이션명
29      INTO #TEMP_로트변경조회
30      FROM TBJ_로트변경          A
31      INNER JOIN TBC_제품         B ON B.제품코드   = A.제품코드
32      INNER JOIN TBC_로케이션      C ON C.로케이션코드 = A.로케이션코드
33      WHERE 1 = 1
34        AND A.변경일자    BETWEEN @IN_시작일자 AND @IN_종료일자
35        AND (   A.로케이션코드 LIKE @IN_통합검색
36             OR A.제품코드    LIKE @IN_통합검색
37             OR B.제품명     LIKE @IN_통합검색
38             OR C.로케이션명   LIKE @IN_통합검색)
39
40
41  ⊟   ----------------------------------------------------------------
42      -- 500 최종 결과를 화면에 표시
43      ----------------------------------------------------------------
44  ⊟   SELECT A.*
45      FROM #TEMP_로트변경조회 A
46      WHERE 1 = 1
47      ORDER BY A.로트변경번호, A.제품코드
48
49    END
50
```

조회 건수가 많을 수 있기 때문에
조회기간과
제품코드, 제품명, 로케이션으로 검색할 수 있도록
[@IN_통합검 색] 변수를 입력 받는다.

LIKE 검색을 위해 앞뒤로 [%]를 붙인다.

[그림 7-34] [SPJ219_로트변경이력_조회] 소스코드

나. 엑셀VBA

(1) 로트변경 조회

로트변경을 위해 로케이션재고 현황과 마찬가지로 [TBJ_로케이션재고] 데이터를 화면에 보여
준다. 이를 기반으로 필요한 재고에 대해 로트를 변경할 수 있다. 변경할 로트번호를 입력시 기
존의 로트번호 정보를 표시하고 사용자가 이를 참조하여 변경할 수 있도록 구성하였다.

향후 [SPJ_210_로트변경_변경처리]시 필요한 입력항목들은 모두 화면에 표현되도록 구성하기
를 바란다. (로케이션코드, 제품코드, 유통기한, 로트번호, 제품등급, 변경후유통기한, 변경후로
트번호, 변경수량, 변경사유 등)

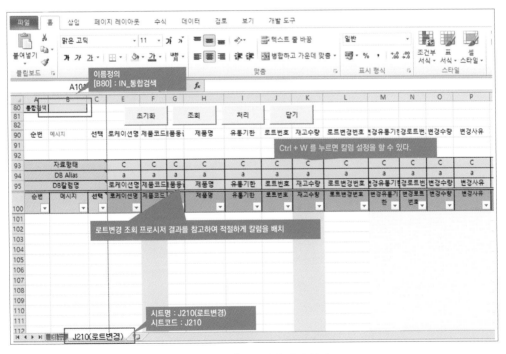

[그림 7-35] 로트변경 화면 설정

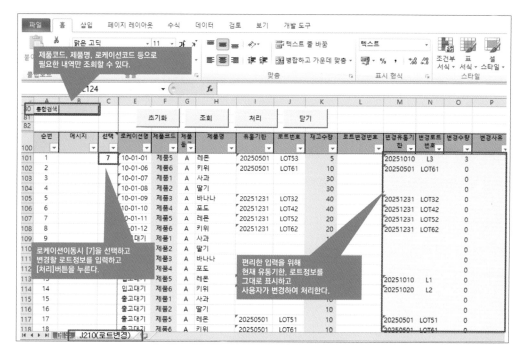

[그림 7-36] 로트변경 화면 실행 예시

```
Sub 기본_조회()

    Dim txt_Sql      As String       ' SQL문장 저장을 위한 변수 선언
    Dim txt_현재시트 As String       ' 현재 작업 시트명을 저장/관리하기 위한 변수 선언

    On Error Resume Next

    txt_현재시트 = ActiveSheet.Name        ' 조회시트명을 변수에 저장
    txt_현재시트코드 = ActiveSheet.CodeName ' 조회시트코드를 변수에 저장

    Sheets(txt_현재시트).Select      ' 조회시트로 이동

    Call 공통_초기화                 ' 101번 라인 이하를 삭제(클리어)시킴

    txt_Sql = "EXEC [dbo].[SPJ210_로트변경_조회]        " & vbLf & _
        "       @IN_통합검색      = '<<통합검색>>'     " & vbLf & _
        "      ,@IN_실행ID        = '<<실행ID>>'       " & vbLf & _
        "      ,@IN_실행PG        = '<<실행PG>>'       " & vbLf

    txt_Sql = Replace(txt_Sql, "<<통합검색>>", Trim(Range("IN_통합검색")))
    txt_Sql = Replace(txt_Sql, "<<실행ID>>", Trim(A100.Range("사용자ID")))
    txt_Sql = Replace(txt_Sql, "<<실행PG>>", ActiveSheet.CodeName)

    If 공통_DB1_Connect() = False Then           ' 관리시트에 있는 접속환경으로 DB에 접속함
        MsgBox "[오류]DB연결이 정상적이지 않습니다!!"
        Exit Sub
    End If

    If 공통_DB1_SP조회1(txt_Sql) = False Then     ' txt_Sql변수의 SQL문장을 실행함
        MsgBox "[오류]해당하는 자료가 존재하지 않습니다"
        Exit Sub
    End If
```

[그림 7-37] 로트변경 엑셀VBA 조회 관련 소스코드 (1/2)

```
'i = 101                                   ' 출력시작을 위한 기준행(제목행 Row 위치값을 설정함)
num_최대조회수 = A100.Range("최대조회건수")      ' 화면에 최대로 조회할 행수
num_열개수 = Application.CountA(Sheets(txt_현재시트).Range("A90:ZZ90")) + 5

Call 공통_화면이벤트_OFF

Do Until (RS1.EOF)                                      ' RS1 Record Set이 끝이 날때까지 Loop까지 계속 반복


    Cells(i, 1) = i - 100

    For kk = 4 To num_열개수

        If Cells(95, kk) <> "" Then

            ' txt_칼럼명 = Cells(95, kk)
            Cells(i, kk) = RS1.Fields(Cells(95, kk).Value)

        End If

    Next

    i = i + 1

    If i > num_최대조회수 Then
        MsgBox "[확인]데이터가 " & num_최대조회수 & "건보다 많습니다. 조회조건을 변경 바랍니다"
        Exit Do
    End If

    RS1.MoveNext                                        ' RecordSet의 다음자료(다음위치)로 이동함

Loop

Cells(101, 3).Select

Call 공통_DB1_Close                                     ' 연결되었던 DB와의 접속을 끊음
Call 공통_화면이벤트_ON


End Sub
```

[그림 7-38] 로트변경 엑셀VBA 조회 관련 소스코드 (2/2)

(2) 로트변경 처리

로트변경은 처리구분 [7]을 입력한 내역에 대해 [SPJ_210_로트변경_변경처리] 프로시저를 실행한다. 대부분의 업무 프로세스들은 DB 프로시저에서 실행되기 때문에 엑셀VBA 로직은 다른 화면들과 다르지 않다.

```vb
Sub 기본_처리()

    Dim txt_Sql      As String         ' SQL문장 저장을 위한 변수 선언
    Dim txt_현재시트 As String         ' 현재 작업 시트명을 저장/관리하기 위한 변수 선언

    On Error Resume Next

    txt_현재시트 = ActiveSheet.Name       ' 조회시트명을 변수에 저장

    Sheets(txt_현재시트).Select           ' 조회시트로 이동

    Call 공통_필터초기화                  ' 필터에 조건이 지정되어 있는 것을 대비하여 필터초기화

    In사용자ID = A100.Range("사용자ID")                  ' 향후 Insert/Update시 사용할 ID,IP,시간등을 변수에 저장
    In_공인IP = A100.Range("공인IP")                      ' 각종 정보는 관리시트에 있음
    In_호스트명 = A100.Range("호스트명")                  ' 각종 정보는 관리시트에 있음
    In_현재일시 = 공통_시스템시간()

    txt_현재시트 = ActiveSheet.Name           ' 조회시트명을 변수에 저장
    In_현재시트코드 = ActiveSheet.CodeName     ' 조회시트코드를 변수에 저장

    txt_Sql_처리 = "EXEC [dbo].[SPJ210_로트변경_변경처리]          " & vbLf & _
        "            @IN_로케이션코드    = '<<로케이션코드>>'      " & vbLf & _
        "           ,@IN_제품코드        = '<<제품코드>>'          " & vbLf & _
        "           ,@IN_제품등급        = '<<제품등급>>'          " & vbLf & _
        "           ,@IN_변경전유통기한  = '<<변경전유통기한>>'    " & vbLf & _
        "           ,@IN_변경전로트번호  = '<<변경전로트번호>>'    " & vbLf & _
        "           ,@IN_변경후유통기한  = '<<변경후유통기한>>'    " & vbLf & _
        "           ,@IN_변경후로트번호  = '<<변경후로트번호>>'    " & vbLf & _
        "           ,@IN_변경수량        = '<<변경수량>>'          " & vbLf & _
        "           ,@IN_변경사유        = '<<변경사유>>'          " & vbLf & _
        "           ,@IN_실행ID          = '<<실행ID>>'            " & vbLf & _
        "           ,@IN_실행PG          = '<<실행PG>>'            " & vbLf
    txt_Sql_처리 = Replace(txt_Sql_처리, "<<실행ID>>", Trim(A100.Range("사용자ID")))
    txt_Sql_처리 = Replace(txt_Sql_처리, "<<실행PG>>", ActiveSheet.CodeName)


    Col_로케이션코드 = 공통_칼럼위치(txt_현재시트, 90, "로케이션코드")
    Col_로케이션명 = 공통_칼럼위치(txt_현재시트, 90, "로케이션명")
    Col_제품코드 = 공통_칼럼위치(txt_현재시트, 90, "제품코드")
    Col_제품등급 = 공통_칼럼위치(txt_현재시트, 90, "제품등급")
    Col_제품명 = 공통_칼럼위치(txt_현재시트, 90, "제품명")
    Col_유통기한 = 공통_칼럼위치(txt_현재시트, 90, "유통기한")
    Col_로트번호 = 공통_칼럼위치(txt_현재시트, 90, "로트번호")
    Col_로트변경번호 = 공통_칼럼위치(txt_현재시트, 90, "로트변경번호")
    Col_변경유통기한 = 공통_칼럼위치(txt_현재시트, 90, "변경유통기한")
    Col_변경로트번호 = 공통_칼럼위치(txt_현재시트, 90, "변경로트번호")
    Col_변경수량 = 공통_칼럼위치(txt_현재시트, 90, "변경수량")
    Col_변경사유 = 공통_칼럼위치(txt_현재시트, 90, "변경사유")
    Col_비고사항 = 공통_칼럼위치(txt_현재시트, 90, "비고사항")

    Err_flag = 0                                              ' 향후 에러여부를 체크할 변수 0:정상 1:오류 (초기값은 0)
    tot_cnt = ActiveSheet.Cells.SpecialCells(xlCellTypeLastCell).Row   ' 해당시트 데이터가 입력된 마지막행을 확인

    If 공통_DB1_Connect() = False Then              ' 관리시트에 있는 접속환경으로 DB에 접속함
        MsgBox "[오류]DB연결이 정상적이지 않습니다!!"
        Exit Sub
    End If
```

[그림 7-39] 로트변경 엑셀VBA 처리 관련 소스코드 (1/3)

```
    Err.Clear
    DB_Conn1.BeginTrans                                      ' *** 트랜잭션 시작 ****

    If Err.Number <> 0 Then
        DB_Conn1.RollbackTrans                              ' Begin Tran이 계속 존재하는 경우를 대비하여 Rollback 처리함
        MsgBox "[오류]트랜잭션을 시작하지 못했습니다. 다시 시도 바랍니다"
        Exit Sub
    End If                                                   ' 오류 메시지를 표시한다


    For i = 101 To tot_cnt                                   ' 101번행부터 데이터가 입력되어 있는 행(Row)까지 반복함

        If Cells(i, 2) <> "" Then Cells(i, 2) = ""
        If Cells(i, Col_로트변경번호) <> "" Then Cells(i, Col_로트변경번호) = ""

        If Cells(i, 3) = "7" Then                ' 선택값 7(로케이션이동) 경우

            txt_Sql = txt_Sql_처리

            ' 숫자가 아닌 값이 있을 경우 오류가 발생하기 때문에 예방하는 코드를 추가함
            num_변경수량 = Trim(Cells(i, Col_변경수량))
            If IsNumeric(num_변경수량) = False Then num_변경수량 = 0

            txt_Sql = Replace(txt_Sql, "<<로케이션코드>>", Trim(Cells(i, Col_로케이션코드)))
            txt_Sql = Replace(txt_Sql, "<<제품코드>>", Trim(Cells(i, Col_제품코드)))
            txt_Sql = Replace(txt_Sql, "<<제품등급>>", Trim(Cells(i, Col_제품등급)))
            txt_Sql = Replace(txt_Sql, "<<변경전유통기한>>", Trim(Cells(i, Col_유통기한)))
            txt_Sql = Replace(txt_Sql, "<<변경전로트번호>>", Trim(Cells(i, Col_로트번호)))
            txt_Sql = Replace(txt_Sql, "<<변경후유통기한>>", Trim(Cells(i, Col_변경유통기한)))
            txt_Sql = Replace(txt_Sql, "<<변경후로트번호>>", Trim(Cells(i, Col_변경로트번호)))
            txt_Sql = Replace(txt_Sql, "<<변경수량>>", num_변경수량)
            txt_Sql = Replace(txt_Sql, "<<변경사유>>", Trim(Cells(i, Col_변경사유)))

            If 공통_DB1_SP처리(txt_Sql) = False Then      ' txt_Sql변수의 SQL문장을 실행함
                Err_flag = 1
                txt_오류메시지 = Err.Description
                txt_오류메시지 = "오류[" & RS0!ERR_CODE & "] " & RS0!ERR_MESSAGE & " " & txt_오류메시지
                Cells(i, 2) = txt_오류메시지
            Else
                Cells(i, Col_로트변경번호) = RS0!로트변경번호
            End If

        End If

    Next
```

[그림 7-40] 로트변경 엑셀VBA 처리 관련 소스코드 (2/3)

```
    If Err_flag = 0 Then                                    ' 지금까지 오류가 없으면

        Err.Clear
        DB_Conn1.CommitTrans                                ' 트랜잭션을 정상적으로 완료처리 한다

        If Err.Number = 0 Then                              ' 만약 트랜잭션 완료가 정상이면 정상 메시지를 표시
            MsgBox "[완료]요청한 작업이 완료되었습니다"
        Else
            MsgBox "[오류]최종 Commit 작업에 문제가 생겼습니다, 작업 결과를 확인 바랍니다."
            Err_flag = 1                                    ' 트랜잭션 최종 완료시에 문제가 발생하면 메시지를 표시하고
        End If                                               ' 오류 메시지를 표시한다

    Else

        Err.Clear
        DB_Conn1.RollbackTrans                              ' 위의 업무처리시 오류가 발생하여 Err_flag가 1이면
        MsgBox "[오류]작업중 문제가 발생 했습니다. 확인 요망!!"   ' 트랜잭션을 Rollback 처리하고 오류메시지를 보여 준다

    End If


    Call 공통_DB1_Close                                     ' 모든 작업이 완료되었기 때문에 DB접속을 끊는다

    If Err_flag = 0 Then                                    ' 작업에 이상이 없었다면 다시 정보를 조회하여
        Call 기본_조회                                       ' 정상적으로 입력되었는지를 보여준다.
    End If

End Sub
```

[그림 7-41] 로트변경 엑셀VBA 처리 관련 소스코드 (3/3)

(3) 로트변경이력 조회

과거에 로트변경 처리된 내역을 확인 하고자 할 때 사용되는 화면이다. [TBJ_로트변경] 테이블에 저장된 데이터를 기반으로 화면이 구성된다. 별도의 [처리]관련된 로직은 없으며 조회 전용으로 개발하였다.

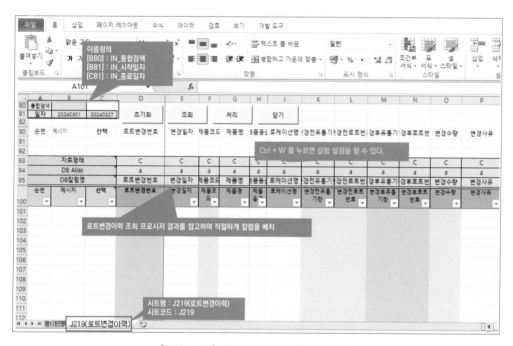

[그림 7-42] 로트변경이력 조회 화면 설정

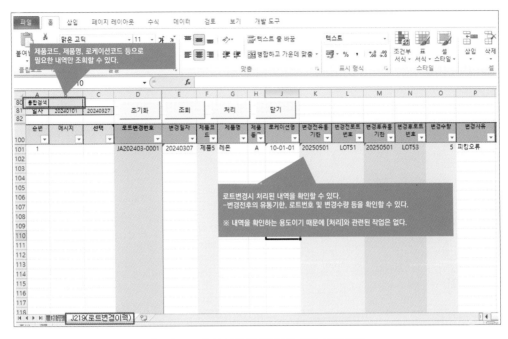

[그림 7-43] 로트변경이력 조회 화면 실행 예시

```
Sub 기본_조회()

    Dim txt_Sql      As String       ' SQL문장 저장을 위한 변수 선언
    Dim txt_현재시트 As String       ' 현재 작업 시트명을 저장/관리하기 위한 변수 선언

    On Error Resume Next

    txt_현재시트 = ActiveSheet.Name           ' 조회시트명을 변수에 저장
    txt_현재시트코드 = ActiveSheet.CodeName   ' 조회시트코드를 변수에 저장

    Sheets(txt_현재시트).Select       ' 조회시트로 이동

    Call 공통_초기화                  ' 101번 라인 이하를 삭제(클리어)시킴

    txt_Sql = "EXEC [dbo].[SPJ219_로트변경이력_조회]       " & vbLf & _
        "      @IN_시작일자      = '<<시작일자>>'       " & vbLf & _
        "     ,@IN_종료일자      = '<<종료일자>>'       " & vbLf & _
        "     ,@IN_통합검색      = '<<통합검색>>'       " & vbLf & _
        "     ,@IN_실행ID        = '<<실행ID>>'         " & vbLf & _
        "     ,@IN_실행PG        = '<<실행PG>>'         " & vbLf

    txt_Sql = Replace(txt_Sql, "<<시작일자>>", Trim(Range("IN_시작일자")))
    txt_Sql = Replace(txt_Sql, "<<종료일자>>", Trim(Range("IN_종료일자")))
    txt_Sql = Replace(txt_Sql, "<<통합검색>>", Trim(Range("IN_통합검색")))
    txt_Sql = Replace(txt_Sql, "<<실행ID>>", Trim(A100.Range("사용자ID")))
    txt_Sql = Replace(txt_Sql, "<<실행PG>>", ActiveSheet.CodeName)

    If 공통_DB1_Connect() = False Then              ' 관리시트에 있는 접속환경으로 DB에 접속함
        MsgBox "[오류]DB연결이 정상적이지 않습니다!!"
        Exit Sub
    End If

    If 공통_DB1_SP조회1(txt_Sql) = False Then        ' txt_Sql변수의 SQL문장을 실행함
        MsgBox "[오류]해당하는 자료가 존재하지 않습니다"
        Exit Sub
    End If
```

[그림 7-44] 로트변경이력 엑셀VBA 조회 관련 소스코드 (1/2)

```
        i = 101                                    ' 출력시작을 위한 기준행(제목행 Row 위치값을 설정함)
        num_최대조회수 = A100.Range("최대조회건수")        ' 화면에 최대로 조회할 행수
        num_열개수 = Application.CountA(Sheets(txt_현재시트).Range("A90:ZZ90")) + 5

        Call 공통_화면이벤트_OFF

        Do Until (RS1.EOF)                                           ' RS1 Record Set이 끝이 날때까지 Loop까지 계속 반복


            Cells(i, 1) = i - 100

            For kk = 4 To num_열개수

                If Cells(95, kk) <> "" Then

                    '  txt_칼럼명 = Cells(95, kk)
                    Cells(i, kk) = RS1.Fields(Cells(95, kk).Value)

                End If

            Next

            i = i + 1

            If i > num_최대조회수 Then
                MsgBox "[확인]데이터가 " & num_최대조회수 & "건보다 많습니다. 조회조건을 변경 바랍니다"
                Exit Do
            End If

            RS1.MoveNext                                            ' RecordSet의 다음자료(다음위치)로 이동함

        Loop

        Cells(101, 3).Select

        Call 공통_DB1_Close                                          ' 연결되었던 DB와의 접속을 끊음
        Call 공통_화면이벤트_ON


End Sub


Sub 기본_처리()

    MsgBox "사용하지 않는 기능입니다"

End Sub
```

> 처리버튼은 사용하지 않지만
> 추후 확장을 위해 유지하였다.
>
> 실행하면 [사용하지 않는 기능입니다] 메시지만 표시된다.

[그림 7-45] 로트변경이력 엑셀VBA 조회 관련 소스코드 (2/2)

5. 등급변경

우리가 개발하는 시스템은 동일한 제품이라도 제품의 상태에서 따라 [A], [B], [C] 등의 등급으로 구분하여 재고관리를 수행할 수 있다. WMS를 운영하면서 파손, 유통기한 경과 등으로 제품의 상태를 등급을 변경해야 할 경우 [등급변경]을 수행한다.

화면은 기존에 우리가 개발하였던 [로케이션재고] 화면과 거의 동일하다. 변경할 등급과 변경수량, 사유 등을 입력하고 처리하면 된다.

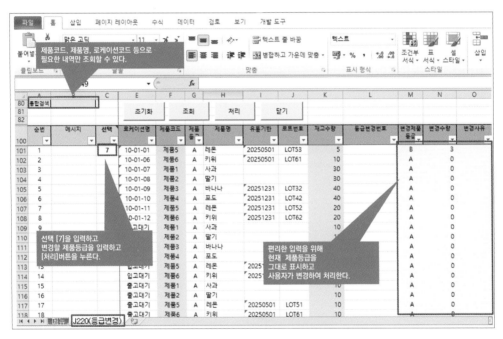

[그림 7-46] 등급변경 화면 예시

가. DB프로시저

(1) 등급변경 조회

[SPJ220_등급변경_조회] 프로시저는 [SPJ200_로케이션재고_조회]와 거의 동일하다. [TBJ_로케이션재고] 테이블과 [TBC_제품], [TBC_로케이션] 등 관련 테이블을 JOIN하여 결과를 출력한다.

로케이션 재고는 보통 조회되는 건수가 많을 수 있기 때문에 [@IN_통합검색] 변수를 활용하여 원하는 내역만 조회할 수 있도록 구성하였다.

입력의 편의성을 위해 변경될 제품등급은 기존의 제품등급과 동일하게 표시될 수 있도록 구성하였다. 사용자는 이를 참고하여 직접 등급을 변경 후 [처리]버튼을 누르면 된다.

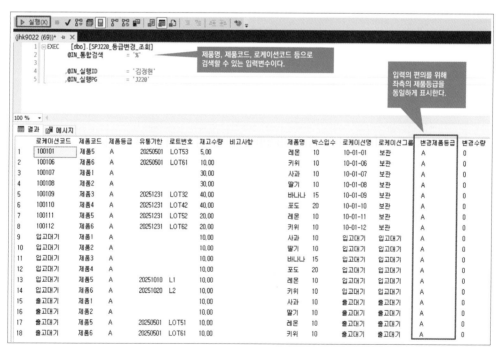

[그림 7-47] SPJ220_등급변경_조회 실행결과 예시

```
1  □ALTER PROCEDURE [dbo].[SPJ220_등급변경_조회]
2        @IN_통합검색           NVARCHAR(50) = ' '
3
4        ,@IN_실행ID            NVARCHAR(50)
5        ,@IN_실행PG            NVARCHAR(50)
6  AS
7  □BEGIN
8
9      SET NOCOUNT ON;
10
11 □   DECLARE @IN_실행공인IP      NVARCHAR(50)
12          ,@IN_호스트명        NVARCHAR(50)
13          ,@IN_현재일시        NVARCHAR(50)
14
15 □   SELECT @IN_실행공인IP   = A.접속공인IP
16          ,@IN_호스트명      = A.접속호스트
17          ,@IN_현재일시      = A.현재일시
18      FROM FTA_세션정보_조회() A
19     WHERE 1 = 1
20
21     SET @IN_통합검색 = TRIM(@IN_통합검색)
22
23     -- @IN_통합검색에  [%]문자가 포함되지 않았을  경우에는 앞뒤로 [%]값을 붙임
24 □   IF CHARINDEX('%', @IN_통합검색, 1) = 0  BEGIN
25         SET @IN_통합검색 = '%' + @IN_통합검색 + '%'
26     END
27
28     -- 결과를 화면에 표시
29 □   SELECT A.*
30          ,제품명         = B.제품명
31          ,박스입수       = B.박스입수
32          ,로케이션명     = C.로케이션명
33          ,로케이션그룹   = C.로케이션그룹
34          ,변경제품등급   = A.제품등급
35          ,변경수량       = 0
36      FROM TBJ_로케이션재고   A
37     INNER JOIN TBC_제품      B ON B.제품코드    = A.제품코드
38     INNER JOIN TBC_로케이션 C ON C.로케이션코드 = A.로케이션코드
39     WHERE 1 = 1
40       AND (   A.로케이션코드 LIKE @IN_통합검색
41           OR A.제품코드     LIKE @IN_통합검색
42           OR B.제품명       LIKE @IN_통합검색
43           OR C.로케이션명   LIKE @IN_통합검색)
44       AND A.재고수량 <> 0
45     ORDER BY A.로케이션코드
46
47  END
48  |
```

조회 건수가 많을수 있기 때문에
제품코드, 제품명, 로케이션으로 검색할 수 있도록
[@IN_통합검 색] 변수를 입력 받는다.

LIKE 검색을 위해 앞뒤로 [%]를 붙인다.

[그림 7-48] SPJ_220_등급변경_조회 소스코드

(2) 등급변경 처리

[SPJ220_등급변경_변경처리] 프로시저는 [TBJ_로케이션재고] 테이블에 있는 재고를 사용자가 원하는 등급으로 실제 변경 처리하는 프로시저이다.

등급변경이 이루어지면 변경전의 등급은 [TBJ_로케이션재고]에서 감소(-)되고 변경후의 등급으로 재고가 증가(+)되며 [TBJ_등급변경] 테이블 변경된 이력을 저장한다. 등급변경 시 로케이션의 재고가 변동이 되기 때문에 [SPA000_공통_재고입출고_처리] 공통모듈을 활용하여 처리된다.

[그림 7-49] SPJ220_등급변경_변경처리 실행결과 예시

```
1  ⊟ALTER PROCEDURE [dbo].[SPJ220_등급변경_변경처리]
2       @IN_로케이션코드        NVARCHAR(30)
3      ,@IN_제품코드           NVARCHAR(30)
4      ,@IN_유통기한           NVARCHAR(08)
5      ,@IN_로트번호           NVARCHAR(30)
6      ,@IN_변경전제품등급      NVARCHAR(10)
7      ,@IN_변경후제품등급      NVARCHAR(10)
8      ,@IN_변경수량           NUMERIC(18, 0)
9      ,@IN_변경사유           NVARCHAR(50)
10
11     ,@IN_실행ID            NVARCHAR(50)
12     ,@IN_실행PG            NVARCHAR(50)
13  AS
14 ⊟BEGIN
15
16     SET NOCOUNT ON;
17
18 ⊟   DECLARE @IN_실행공인IP   NVARCHAR(50)
19          ,@IN_호스트명        NVARCHAR(50)
20          ,@IN_현재일시        NVARCHAR(50)
21          ,@IN_현재일자        NVARCHAR(50)
22
23 ⊟   SELECT @IN_실행공인IP    = A.접속공인IP
24          ,@IN_호스트명        = A.접속호스트
25          ,@IN_현재일시        = A.현재일시
26          ,@IN_현재일자        = LEFT(A.현재일시, 8)
27       FROM FTA_세션정보_조회() A
28      WHERE 1 = 1 |
29
30     -- 100 입력값 이상여부 확인
31     SET @IN_로케이션코드     = UPPER(TRIM(@IN_로케이션코드   ))
32     SET @IN_제품코드        = UPPER(TRIM(@IN_제품코드      ))
33     SET @IN_유통기한        = UPPER(TRIM(@IN_유통기한      ))
34     SET @IN_로트번호        = UPPER(TRIM(@IN_로트번호      ))
35     SET @IN_변경전제품등급   = UPPER(TRIM(@IN_변경전제품등급))
36     SET @IN_변경후제품등급   = UPPER(TRIM(@IN_변경후제품등급))
37     SET @IN_변경사유        = UPPER(TRIM(@IN_변경사유      ))
38
39 ⊟   IF @IN_변경수량 <= 0 BEGIN
40         SELECT ERR_CODE = 11, ERR_MESSAGE = '변경수량 비정상'
41         RETURN
42     END
43
44 ⊟   IF @IN_변경후제품등급 NOT IN ('A','B','C') BEGIN
45         SELECT ERR_CODE = 12, ERR_MESSAGE = '변경 제품등급 코드가 이상합니다'
46         RETURN
47     END
48
49 ⊟   IF @IN_변경전제품등급 = @IN_변경후제품등급  BEGIN
50         SELECT ERR_CODE = 13, ERR_MESSAGE = '변경 제품등급이 동일합니다'
51         RETURN
52     END
```

등급변경을 위한
입력 데이터를 받을 변수 선언

[그림 7-50] SPJ_220_등급변경_변경처리 소스코드 (1/4)

```
56   DECLARE @RETURN_VALUE          INT
57          ,@OUT_재고반영메시지      NVARCHAR(500)
58
59   -------------------------------------------------------------------------------
60   -- 200 변경전 재고 이상여부 확인
61   -------------------------------------------------------------------------------
62   DECLARE @로케이션재고_재고수량        NUMERIC(18, 0)
63          ,@로케이션재고_이동가능여부    NVARCHAR(10)
64
65   SELECT @로케이션재고_재고수량      = A.재고수량
66          ,@로케이션재고_이동가능여부 = B.이동여부
67     FROM TBJ_로케이션재고 A
68    INNER JOIN TBC_로케이션 B ON B.로케이션코드 = A.로케이션코드
69    WHERE 1 = 1
70      AND A.로케이션코드 = @IN_로케이션코드
71      AND A.제품코드     = @IN_제품코드
72      AND A.제품등급     = @IN_변경전제품등급
73      AND A.유통기한     = @IN_유통기한
74      AND A.로트번호     = @IN_로트번호
75
76   IF @@ERROR <> 0 OR @@ROWCOUNT <> 1 BEGIN
77      SELECT ERR_CODE = 21, ERR_MESSAGE = '로케이션재고 재고 미확인'
78      RETURN
79   END
80
81   IF @로케이션재고_재고수량 < @IN_변경수량 BEGIN
82      SELECT ERR_CODE = 22, ERR_MESSAGE = N'재고수량이 부족 합니다'
83      RETURN
84   END
85
86   IF @로케이션재고_이동가능여부 <> '1' BEGIN
87      SELECT ERR_CODE = 23, ERR_MESSAGE = N'등급변경이 가능한 로케이션이 아닙니다'
88      RETURN
89   END
90
91
```

[그림 7-51] SPJ_220_등급변경_변경처리 소스코드 (2/4)

```
92    -------------------------------------------------------------------------------
93    -- 300 등급변경 관련 테이블 INSERT
94    -------------------------------------------------------------------------------
95    DECLARE @OUT_신규전표번호     NVARCHAR(50)
96
97    EXEC @RETURN_VALUE = [dbo].[SPA100_공통_전표번호_채번]
98           @IN_출력구분        '2'        -- OUT_전표번호 변수로 결과값 받음
99          ,@IN_전표유형      = 'JB'       -- PA: 입고  SA:출고   JA:등급변경   JB: 등급변경   JC:재고조정
100         ,@IN_일자          = @IN_현재일자
101         ,@OUT_전표번호      = @OUT_신규전표번호 OUTPUT
102
103   IF @RETURN_VALUE <> 1 BEGIN
104      SELECT ERR_CODE = 31, ERR_MESSAGE = '등급변경번호 채번 오류'
105      RETURN
106   END
107
108   INSERT INTO TBJ_등급변경 (등급변경번호,      변경일자,      로케이션코드,  제품코드,
109                            유통기한,          로트번호,
110                            변경전제품등급,
111                            변경후제품등급,
112                            변경수량,
113                            변경사유,
114                            등록일시, 등록자ID, 등록자IP, 등록자PG)
115                    VALUES (@OUT_신규전표번호,  @IN_현재일자,     @IN_로케이션코드,  @IN_제품코드,
116                            @IN_유통기한,        @IN_로트번호,
117                            @IN_변경전제품등급,
118                            @IN_변경후제품등급,
119                            @IN_변경수량,
120                            @IN_변경사유,
121                            @IN_현재일시, @IN_실행ID, @IN_실행공인IP, @IN_실행PG)
122
123   IF @@ERROR <> 0 OR @@ROWCOUNT <> 1 BEGIN
124      SELECT ERR_CODE = 32, ERR_MESSAGE = '등급변경 등록 오류'
125      RETURN
126   END
127
```

> 등급변경 이력번호를
> 공통모듈로 채번한다.
> 결과를 리턴받기 위해 출고구분[2]설정

[그림 7-52] SPJ_220_등급변경_변경처리 소스코드 (3/4)

```
128          -- 등급변경 출고 (변경전 재고 처리)
129    ┌─    EXEC @RETURN_VALUE = [DBO].[SPA000_공통_재고입출고_처리]
130                 @IN_반영일자              = @IN_현재일자
131               ,@IN_원인유형             = '등급변경'
132               ,@IN_원인전표유형          = '재고'
133               ,@IN_원인전표             = @OUT_신규전표번호
134               ,@IN_원인전표상세          = ''
135               ,@IN_사유               = @IN_변경사유
136               ,@IN_제품코드             = @IN_제품코드
137               ,@IN_제품등급             = @IN_변경전제품등급
138               ,@IN_유통기한             = @IN_유통기한
139               ,@IN_로트번호             = @IN_로트번호
140               ,@IN_입출고처코드          = ''
141               ,@IN_입출고처명           = ''
142               ,@IN_이동전로케이션         = @IN_로케이션코드
143               ,@IN_이동후로케이션         = ''
144               ,@IN_이동수량             = @IN_변경수량
145               ,@IN_등록자ID            = @IN_실행ID
146               ,@IN_등록자IP            = @IN_실행공인IP
147               ,@IN_등록자PG            = @IN_실행PG
148               ,@OUT_결과값             = @OUT_재고반영메시지  OUTPUT
149
150    ┌─    IF @RETURN_VALUE <> 1 BEGIN
151              SELECT ERR_CODE = 41, ERR_MESSAGE = N'등급변경 출고 처리오류=' + ISNULL(@OUT_재고반영메시지,'')
152              RETURN
153          END
154
155          -- 등급변경 입고 (변경후 재고 처리)
156    ┌─    EXEC @RETURN_VALUE = [DBO].[SPA000_공통_재고입출고_처리]
157                 @IN_반영일자              = @IN_현재일자
158               ,@IN_원인유형             = '등급변경'
159               ,@IN_원인전표유형          = '재고'
160               ,@IN_원인전표             = @OUT_신규전표번호
161               ,@IN_원인전표상세          = ''
162               ,@IN_사유               = @IN_변경사유
163               ,@IN_제품코드             = @IN_제품코드
164               ,@IN_제품등급             = @IN_변경후제품등급
165               ,@IN_유통기한             = @IN_유통기한
166               ,@IN_로트번호             = @IN_로트번호
167               ,@IN_입출고처코드          = ''
168               ,@IN_입출고처명           = ''
169               ,@IN_이동전로케이션         = ''
170               ,@IN_이동후로케이션         = @IN_로케이션코드
171               ,@IN_이동수량             = @IN_변경수량
172               ,@IN_등록자ID            = @IN_실행ID
173               ,@IN_등록자IP            = @IN_실행공인IP
174               ,@IN_등록자PG            = @IN_실행PG
175               ,@OUT_결과값             = @OUT_재고반영메시지  OUTPUT
176
177    ┌─    IF @RETURN_VALUE <> 1 BEGIN
178              SELECT ERR_CODE = 42, ERR_MESSAGE = N'등급변경 입고 처리오류=' + ISNULL(@OUT_재고반영메시지,'')
179              RETURN
180          END
181
182          -- 900 최종 점검 종료
183          SELECT ERR_CODE = 1, ERR_MESSAGE = N'정상처리', 등급변경번호 = @OUT_신규전표번호
184          RETURN
185
186    END;
```

[그림 7-53] SPJ_220_등급변경_변경처리 소스코드 (4/4)

(3) 등급변경이력 조회

[SPJ229_등급변경이력_조회] 프로시저는 과거 등급변경이 어떻게 처리되었는지 확인할 수 있다. 등급변경 처리결과는 [TBJ_등급변경] 테이블에 저장되어 있으며 이 데이터를 활용하여 개발한다.

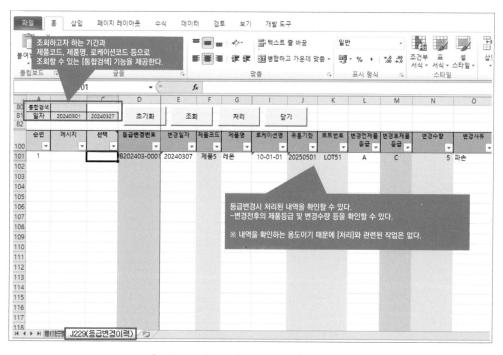

[그림 7-54] J229(등급변경이력) 화면 예시

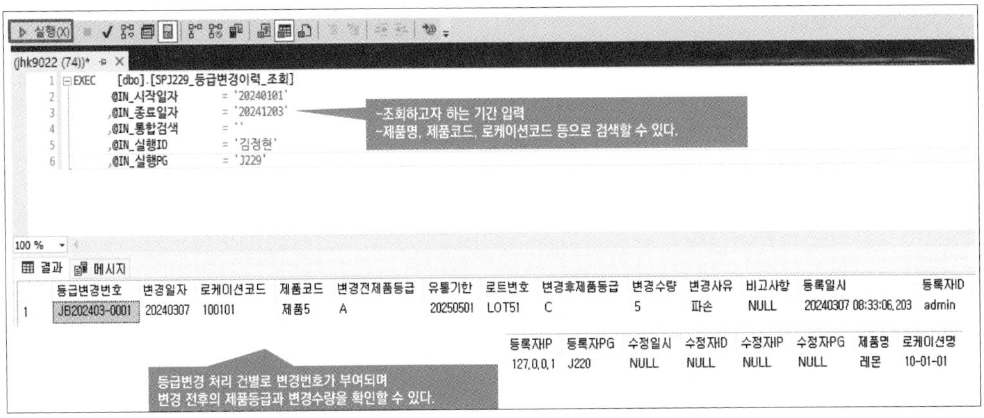

[그림 7-55] [SPJ229_등급변경이력_조회] 실행결과 예시

```sql
ALTER PROCEDURE [dbo].[SPJ229_등급변경이력_조회]
        @IN_시작일자          NVARCHAR(08)
       ,@IN_종료일자          NVARCHAR(08)

       ,@IN_통합검색          NVARCHAR(50)



       ,@IN_실행ID           NVARCHAR(50)
       ,@IN_실행PG           NVARCHAR(50)
AS
BEGIN

    SET NOCOUNT ON;

    -- 통합검색 변수 공백 삭제 및 검색% 처리
    SET @IN_통합검색 = TRIM(@IN_통합검색)

    -- @IN_통합검색에  [%]문자가 포함되지 않았을  경우에는 앞뒤로 [%]값을 붙임
    IF CHARINDEX('%', @IN_통합검색, 1) = 0  BEGIN
        SET @IN_통합검색 = '%' + @IN_통합검색 + '%'
    END

    -----------------------------------------------------------------------------
    -- 100 기본 자료를 조회하여 임시테이블에 저장한다
    -----------------------------------------------------------------------------
    SELECT A.*
          ,B.제품명
          ,C.로케이션명
      INTO #TEMP_등급변경조회
      FROM TBJ_등급변경          A
     INNER JOIN TBC_제품         B ON B.제품코드       = A.제품코드
     INNER JOIN TBC_로케이션      C ON C.로케이션코드 = A.로케이션코드
     WHERE 1 = 1
       AND A.변경일자    BETWEEN @IN_시작일자 AND @IN_종료일자
       AND (   A.로케이션코드 LIKE @IN_통합검색
            OR A.제품코드     LIKE @IN_통합검색
            OR B.제품명       LIKE @IN_통합검색
            OR C.로케이션명   LIKE @IN_통합검색)


    -----------------------------------------------------------------------------
    -- 500 최종 결과를 화면에 표시
    -----------------------------------------------------------------------------
    SELECT A.*
      FROM #TEMP_등급변경조회 A
     WHERE 1 = 1
     ORDER BY A.등급변경번호, A.제품코드

END
```

조회 건수가 많을 수 있기 때문에
조회기간과
제품코드, 제품명, 로케이션으로 검색할 수 있도록
[@IN_통합검 색] 변수를 입력 받는다.

LIKE 검색을 위해 앞뒤로 [%]를 붙인다.

[그림 7-56] [SPJ229_등급변경이력_조회] 소스코드

나. 엑셀VBA

(1) 등급변경 조회

등급변경을 위해 로케이션재고 현황과 마찬가지로 [TBJ_로케이션재고] 데이터를 기반으로 데이터를 보여준다. 이를 기반으로 사용자가 직접 제품등급을 변경할 수 있다. 변경할 등급번호를 입력 시 기존 제품등급을 디폴트로 보여주기 때문에 사용자가 좀 더 편하게 수정 처리할 수 있도록 구성하였다.

향후 [SPJ_220_등급변경_변경처리]시 필요한 입력항목들은 모두 화면에 표현되도록 구성하기를 바란다. (로케이션코드, 제품코드, 유통기한, 등급번호, 제품등급, 변경후제품등급, 변경수량, 변경사유 등)

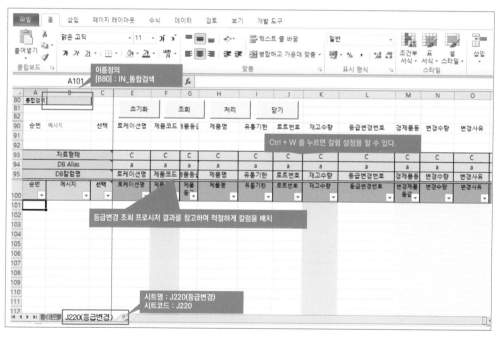

[그림 7-57] 등급변경 화면 설정

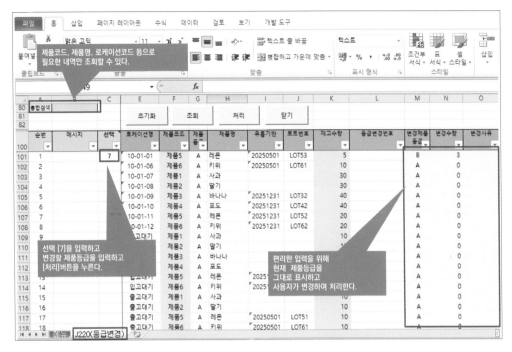

[그림 7-58] 등급변경 화면 실행 예시

```
Sub 기본_조회()

    Dim txt_Sql        As String         ' SQL문장 저장을 위한 변수 선언
    Dim txt_현재시트 As String         ' 현재 작업 시트명을 저장/관리하기 위한 변수 선언

    On Error Resume Next

    txt_현재시트 = ActiveSheet.Name       ' 조회시트명을 변수에 저장
    txt_현재시트코드 = ActiveSheet.CodeName  ' 조회시트코드를 변수에 저장

    Sheets(txt_현재시트).Select           ' 조회시트로 이동

    Call 공통_초기화                      ' 101번 라인 이하를 삭제(클리어)시킴

    txt_Sql = "EXEC [dbo].[SPJ220_등급변경_조회]        " & vbLf & _
          "        @IN_통합검색        = '<<통합검색>>'    " & vbLf & _
          "       ,@IN_실행ID          = '<<실행ID>>'      " & vbLf & _
          "       ,@IN_실행PG          = '<<실행PG>>'      " & vbLf

    txt_Sql = Replace(txt_Sql, "<<통합검색>>", Trim(Range("IN_통합검색")))
    txt_Sql = Replace(txt_Sql, "<<실행ID>>", Trim(A100.Range("사용자ID")))
    txt_Sql = Replace(txt_Sql, "<<실행PG>>", ActiveSheet.CodeName)

    If 공통_DB1_Connect() = False Then        ' 관리시트에 있는 접속환경으로 DB에 접속함
        MsgBox "[오류]DB연결이 정상적이지 않습니다!!"
        Exit Sub
    End If

    If 공통_DB1_SP조회1(txt_Sql) = False Then     ' txt_Sql변수의 SQL문장을 실행함
        MsgBox "[오류]해당하는 자료가 존재하지 않습니다"
        Exit Sub
    End If
```

[그림 7-59] 등급변경 엑셀VBA 조회 관련 소스코드 (1/2)

```
'
i = 101                                          ' 출력시작을 위한 기준행(제목행 Row 위치값을 설정함)
num_최대조회수 = A100.Range("최대조회건수")          ' 화면에 최대로 조회할 행수
num_열개수 = Application.CountA(Sheets(txt_현재시트).Range("A90:ZZ90")) + 5

Call 공통_화면이벤트_OFF

Do Until (RS1.EOF)                                          ' RS1 Record Set이 끝이 날때까지 Loop까지 계속 반복

    Cells(i, 1) = i - 100

    For kk = 4 To num_열개수

        If Cells(95, kk) <> "" Then

            ' txt_칼럼명 = Cells(95, kk)
            Cells(i, kk) = RS1.Fields(Cells(95, kk).Value)

        End If

    Next

    i = i + 1

    If i > num_최대조회수 Then
        MsgBox "[확인]데이터가 " & num_최대조회수 & "건보다 많습니다. 조회조건을 변경 바랍니다"
        Exit Do
    End If

    RS1.MoveNext                                            ' RecordSet의 다음자료(다음위치)로 이동함

Loop

Cells(101, 3).Select

Call 공통_DB1_Close                                         ' 연결되었던 DB와의 접속을 끊음
Call 공통_화면이벤트_ON


End Sub
```

[그림 7-60] 등급변경 엑셀VBA 조회 관련 소스코드 (2/2)

(2) 등급변경 처리

등급변경 처리는 처리구분 [7]을 입력한 내역에 대해 [SPJ_220_등급변경_변경처리] 프로시저를 실행한다. 대부분의 업무 프로세스들은 DB 프로시저에서 실행되기 때문에 엑셀VBA 로직은 전체적으로 거의 동일하다.

```vba
Sub 기본_처리()

    Dim txt_Sql      As String        ' SQL문장 저장을 위한 변수 선언
    Dim txt_현재시트 As String        ' 현재 작업 시트명을 저장/관리하기 위한 변수 선언

    On Error Resume Next

    txt_현재시트 = ActiveSheet.Name     ' 조회시트명을 변수에 저장

    Sheets(txt_현재시트).Select          ' 조회시트로 이동

    Call 공통_필터초기화               ' 필터에 조건이 지정되어 있는 것을 대비하여 필터초기화

    In사용자ID = A100.Range("사용자ID")          ' 향후 Insert/Update시 사용할 ID,IP,시간등을 변수에 저장
    In_공인IP = A100.Range("공인IP")             ' 각종 정보는 관리시트에 있음
    In_호스트명 = A100.Range("호스트명")          ' 각종 정보는 관리시트에 있음
    In_현재일시 = 공통_시스템시간()

    txt_현재시트 = ActiveSheet.Name              ' 조회시트명을 변수에 저장
    In_현재시트코드 = ActiveSheet.CodeName        ' 조회시트코드를 변수에 저장

    txt_Sql_처리 = "EXEC [dbo].[SPJ220_등급변경_변경처리]         " & vbLf & _
    "        @IN_로케이션코드     = '<<로케이션코드>>'      " & vbLf & _
    "       ,@IN_제품코드         = '<<제품코드>>'          " & vbLf & _
    "       ,@IN_유통기한         = '<<유통기한>>'          " & vbLf & _
    "       ,@IN_로트번호         = '<<로트번호>>'          " & vbLf & _
    "       ,@IN_변경전제품등급   = '<<변경전제품등급>>'    " & vbLf & _
    "       ,@IN_변경후제품등급   = '<<변경후제품등급>>'    " & vbLf & _
    "       ,@IN_변경수량         = '<<변경수량>>'          " & vbLf & _
    "       ,@IN_변경사유         = '<<변경사유>>'          " & vbLf & _
    "       ,@IN_실행ID           = '<<실행ID>>'            " & vbLf & _
    "       ,@IN_실행PG           = '<<실행PG>>'            " & vbLf

    txt_Sql_처리 = Replace(txt_Sql_처리, "<<실행ID>>", Trim(A100.Range("사용자ID")))
    txt_Sql_처리 = Replace(txt_Sql_처리, "<<실행PG>>", ActiveSheet.CodeName)

    Col_로케이션코드 = 공통_칼럼위치(txt_현재시트, 90, "로케이션코드")
    Col_로케이션명 = 공통_칼럼위치(txt_현재시트, 90, "로케이션명")
    Col_제품코드 = 공통_칼럼위치(txt_현재시트, 90, "제품코드")
    Col_제품등급 = 공통_칼럼위치(txt_현재시트, 90, "제품등급")
    Col_제품명 = 공통_칼럼위치(txt_현재시트, 90, "제품명")
    Col_유통기한 = 공통_칼럼위치(txt_현재시트, 90, "유통기한")
    Col_로트번호 = 공통_칼럼위치(txt_현재시트, 90, "로트번호")
    Col_등급변경번호 = 공통_칼럼위치(txt_현재시트, 90, "등급변경번호")
    Col_변경제품등급 = 공통_칼럼위치(txt_현재시트, 90, "변경제품등급")
    Col_변경수량 = 공통_칼럼위치(txt_현재시트, 90, "변경수량")
    Col_변경사유 = 공통_칼럼위치(txt_현재시트, 90, "변경사유")
    Col_비고사항 = 공통_칼럼위치(txt_현재시트, 90, "비고사항")

    Err_flag = 0                                              ' 향후 에러여부를 체크할 변수 0:정상 1:오류 (초기값은 0)
    tot_cnt = ActiveSheet.Cells.SpecialCells(xlCellTypeLastCell).Row   ' 해당시트 데이터가 입력된 마지막행을 확인

    If 공통_DB1_Connect() = False Then        ' 관리시트에 있는 접속환경으로 DB에 접속함
        MsgBox "[오류]DB연결이 정상적이지 않습니다!!"
        Exit Sub
    End If
```

[그림 7-61] 등급변경 엑셀VBA 처리 관련 소스코드 (1/3)

```
      Err.Clear
      DB_Conn1.BeginTrans                               ' *** 트랜잭션 시작 ****

      If Err.Number <> 0 Then
          DB_Conn1.RollbackTrans                         ' Begin Tran이 계속 존재하는 경우를 대비하여 Rollback 처리함
          MsgBox "[오류]트랜잭션을 시작하지 못했습니다. 다시 시도 바랍니다"
          Exit Sub
      End If                                            ' 오류 메시지를 표시한다

      For i = 101 To tot_cnt                            ' 101번행부터 데이터가 입력되어 있는 행(Row)까지 반복함

          If Cells(i, 2) <> "" Then Cells(i, 2) = ""
          If Cells(i, Col_로트변경번호) <> "" Then Cells(i, Col_로트변경번호) = ""

          If Cells(i, 3) = "7" Then                     ' 선택값 7(로케이션이동) 경우

              txt_Sql = txt_Sql_처리

              ' 숫자가 아닌 값이 있을 경우 오류가 발생하기 때문에 예방하는 코드를 추가함
              num_변경수량 = Trim(Cells(i, Col_변경수량))
              If IsNumeric(num_변경수량) = False Then num_변경수량 = 0

              txt_Sql = Replace(txt_Sql, "<<로케이션코드>>", Trim(Cells(i, Col_로케이션코드)))
              txt_Sql = Replace(txt_Sql, "<<제품코드>>", Trim(Cells(i, Col_제품코드)))
              txt_Sql = Replace(txt_Sql, "<<유통기한>>", Trim(Cells(i, Col_유통기한)))
              txt_Sql = Replace(txt_Sql, "<<로트번호>>", Trim(Cells(i, Col_로트번호)))
              txt_Sql = Replace(txt_Sql, "<<변경전제품등급>>", Trim(Cells(i, Col_제품등급)))
              txt_Sql = Replace(txt_Sql, "<<변경후제품등급>>", Trim(Cells(i, Col_변경제품등급)))
              txt_Sql = Replace(txt_Sql, "<<변경수량>>", num_변경수량))
              txt_Sql = Replace(txt_Sql, "<<변경사유>>", Trim(Cells(i, Col_변경사유)))

              If 공통_DB1_SP처리(txt_Sql) = False Then      ' txt_Sql변수의 SQL문장을 실행함
                  Err_flag = 1
                  txt_오류메시지 = Err.Description
                  txt_오류메시지 = "오류[" & RS0!ERR_CODE & "] " & RS0!ERR_MESSAGE & " " & txt_오류메시지
                  Cells(i, 2) = txt_오류메시지
              Else
                  Cells(i, Col_등급변경번호) = RS0!등급변경번호
              End If

          End If

      Next
End Sub
```

[그림 7-62] 등급변경 엑셀VBA 처리 관련 소스코드 (2/3)

```
      If Err_flag = 0 Then                              ' 지금까지 오류가 없으면

          Err.Clear
          DB_Conn1.CommitTrans                           ' 트랜잭션을 정상적으로 완료처리 한다

          If Err.Number = 0 Then                         ' 만약 트랜잭션 완료가 정상이면 정상 메시지를 표시
              MsgBox "[완료]요청한 작업이 완료되었습니다"
          Else
              MsgBox "[오류]최종 Commit 작업에 문제가 생겼습니다, 작업 결과를 확인 바랍니다."
              Err_flag = 1                               ' 트랜잭션 최종 완료시에 문제가 발생하면 메시지를 표시하고
          End If                                         ' 오류 메시지를 표시한다

      Else

          Err.Clear
          DB_Conn1.RollbackTrans                         ' 위의 업무처리시 오류가 발생하여 Err_flag가 1이면
          MsgBox "[오류]작업중 문제가 발생 했습니다. 확인 요망!!"   ' 트랜잭션을 Rollback 처리하고 오류메시지를 보여 준다

      End If


      Call 공통_DB1_Close                                ' 모든 작업이 완료되었기 때문에 DB접속을 끊는다

      If Err_flag = 0 Then                              ' 작업에 이상이 없었다면 다시 정보를 조회하여
          Call 기본_조회                                ' 정상적으로 입력되었는지를 보여준다.
      End If

End Sub
```

[그림 7-63] 등급변경 엑셀VBA 처리 관련 소스코드 (3/3)

(3) 등급변경이력 조회

과거에 등급변경 처리된 내역을 추후에 확인 하고자 할 때 사용되는 화면이다. [TBJ_등급변경] 테이블에 저장된 데이터를 기반으로 화면이 구성된다. 별도의 [처리]관련된 로직은 없으며 조회 전용으로 개발하였다.

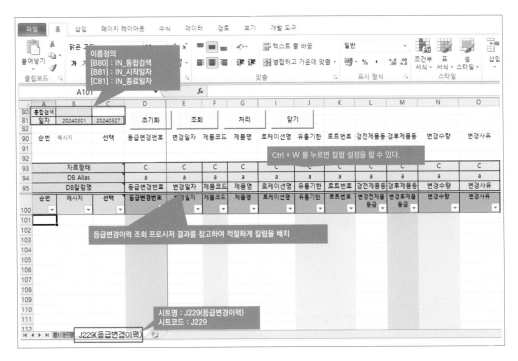

[그림 7-64] 등급변경이력 조회 화면 설정

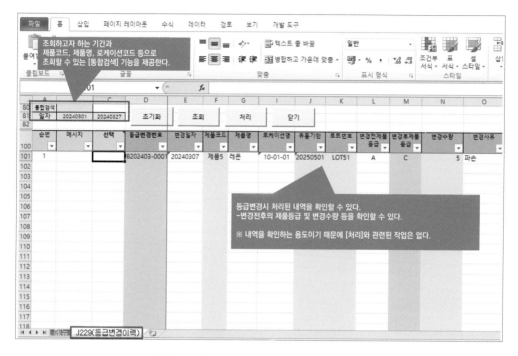

[그림 7-65] 등급변경이력 조회 화면 실행 예시

```
Sub 기본_조회()

    Dim txt_Sql      As String       ' SQL문장 저장을 위한 변수 선언
    Dim txt_현재시트 As String       ' 현재 작업 시트명을 저장/관리하기 위한 변수 선언

    On Error Resume Next

    txt_현재시트 = ActiveSheet.Name       ' 조회시트명을 변수에 저장
    txt_현재시트코드 = ActiveSheet.CodeName ' 조회시트코드를 변수에 저장

    Sheets(txt_현재시트).Select        ' 조회시트로 이동

    Call 공통_초기화                   ' 101번 라인 이하를 삭제(클리어)시킴

    txt_Sql = "EXEC [dbo].[SPJ229_등급변경이력_조회]    " & vbLf & _
            "      @IN_시작일자     = '<<시작일자>>'    " & vbLf & _
            "     ,@IN_종료일자     = '<<종료일자>>'    " & vbLf & _
            "     ,@IN_통합검색     = '<<통합검색>>'    " & vbLf & _
            "     ,@IN_실행ID       = '<<실행ID>>'      " & vbLf & _
            "     ,@IN_실행PG       = '<<실행PG>>'      " & vbLf

    txt_Sql = Replace(txt_Sql, "<<시작일자>>", Trim(Range("IN_시작일자")))
    txt_Sql = Replace(txt_Sql, "<<종료일자>>", Trim(Range("IN_종료일자")))
    txt_Sql = Replace(txt_Sql, "<<통합검색>>", Trim(Range("IN_통합검색")))
    txt_Sql = Replace(txt_Sql, "<<실행ID>>", Trim(A100.Range("사용자ID")))
    txt_Sql = Replace(txt_Sql, "<<실행PG>>", ActiveSheet.CodeName)

    If 공통_DB1_Connect() = False Then      ' 관리시트에 있는 접속환경으로 DB에 접속함
        MsgBox "[오류]DB연결이 정상적이지 않습니다!!"
        Exit Sub
    End If

    If 공통_DB1_SP조회1(txt_Sql) = False Then   ' txt_Sql변수의 SQL문장을 실행함
        MsgBox "[오류]해당하는 자료가 존재하지 않습니다"
        Exit Sub
    End If
```

[그림 7-66] 등급변경이력 엑셀VBA 조회 관련 소스코드 (1/2)

```
    i = 101                                      ' 출력시작을 위한 기준행(제목행 Row 위치값을 설정함)
    num_최대조회수 = A100.Range("최대조회건수")       ' 화면에 최대로 조회할 행수
    num_열개수 = Application.CountA(Sheets(txt_현재시트).Range("A90:ZZ90")) + 5

    Call 공통_화면이벤트_OFF

    Do Until (RS1.EOF)                                    ' RS1 Record Set이 끝이 날때까지 Loop까지 계속 반복

        Cells(i, 1) = i - 100

        For kk = 4 To num_열개수

            If Cells(95, kk) <> "" Then

                ' txt_칼럼명 = Cells(95, kk)
                Cells(i, kk) = RS1.Fields(Cells(95, kk)).Value

            End If

        Next

        i = i + 1

        If i > num_최대조회수 Then
            MsgBox "[확인]데이터가 " & num_최대조회수 & "건보다 많습니다. 조회조건을 변경 바랍니다"
            Exit Do
        End If

        RS1.MoveNext                                     ' RecordSet의 다음자료(다음위치)로 이동함

    Loop

    Cells(101, 3).Select

    Call 공통_DB1_Close                                  ' 연결되었던 DB와의 접속을 끊음
    Call 공통_화면이벤트_ON

End Sub

Sub 기본_처리()

    MsgBox "사용하지 않는 기능입니다"

End Sub
```

> 처리버튼은 사용하지 않지만
> 추후 확장을 위해 유지 하였다.
>
> 실행하면 [사용하지 않는 기능입니다] 메시지만 표시된다.

[그림 7-67] 등급변경이력 엑셀VBA 조회 관련 소스코드 (2/2)

6. 재고조정

WMS를 운영하면서 실수, 분실, 착오 등으로 실물재고와 전산재고 수량이 차이가 발생되는 경우가 있다. 이 때 실물을 기준으로 재고를 전산상의 재고를 조정하게 되는데 이를 재고조정이라 한다.

이러한 경우 실물을 기준으로 차이수량 만큼을 조정 처리하고 이를 이력관리한다. 화면은 기존에 우리가 개발하였던 [로케이션재고]화면과 거의 동일하다. 조정해야 할 수량, 사유 등을 입력하고 처리하면 된다.

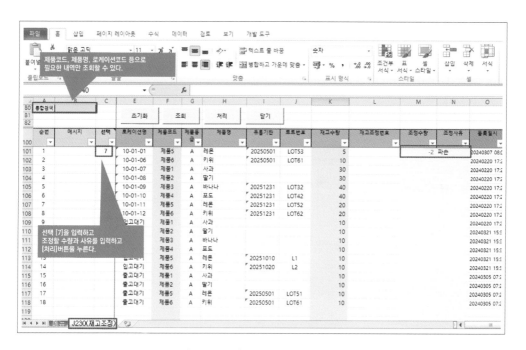

[그림 7-68] 재고조정 화면 예시

가. DB프로시저

(1) 재고조정 조회

[SPJ230_재고조정_조회] 프로시저는 [SPJ200_로케이션재고_조회]와 거의 동일하다. [TBJ_로케이션재고] 테이블과 [TBC_제품], [TBC_로케이션] 등 관련 테이블을 JOIN 하여 결과를 출력한다.

로케이션 재고는 보통 조회되는 건수가 많을 수 있기 때문에 [@IN_통합검색] 변수를 활용하여 원하는 제품이나 로케이션만만 조회할 수 있도록 구성하였다.

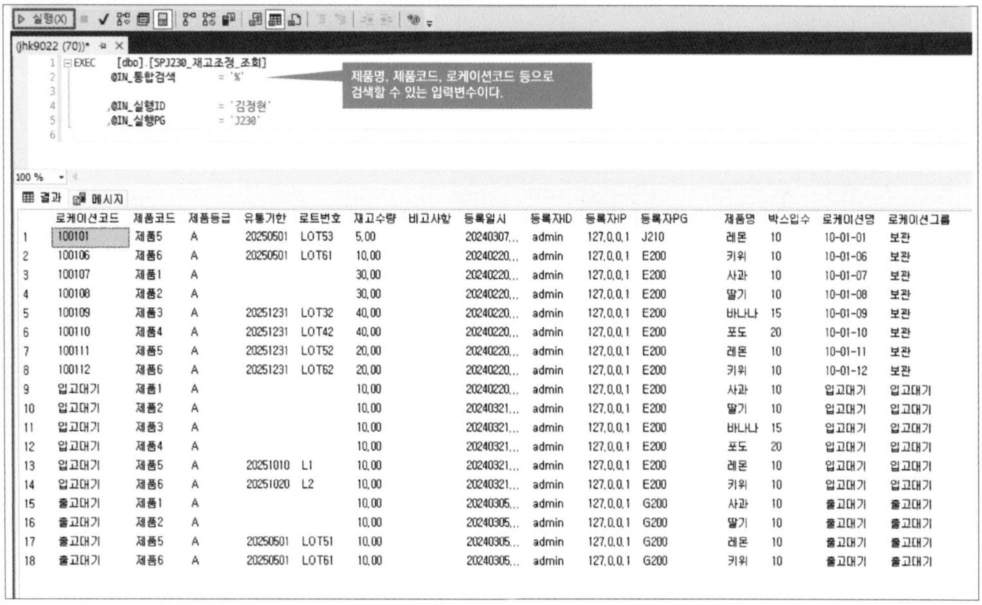

```
EXEC    [dbo].[SPJ230_재고조정_조회]
        @IN_통합검색        = '%'

       ,@IN_실행ID          = '김정현'
       ,@IN_실행PG          = 'J230'
```


	로케이션코드	제품코드	제품등급	유통기한	로트번호	재고수량	비고사항	등록일시	등록자ID	등록자IP	등록자PG	제품명	박스입수	로케이션명	로케이션그룹
1	100101	제품5	A	20250501	LOT53	5.00		20240307...	admin	127.0.0.1	J210	레몬	10	10-01-01	보관
2	100106	제품6	A	20250501	LOT61	10.00		20240220...	admin	127.0.0.1	E200	키위	10	10-01-06	보관
3	100107	제품1	A			30.00		20240220...	admin	127.0.0.1	E200	사과	10	10-01-07	보관
4	100108	제품2	A			30.00		20240220...	admin	127.0.0.1	E200	딸기	10	10-01-08	보관
5	100109	제품3	A	20251231	LOT32	40.00		20240220...	admin	127.0.0.1	E200	바나나	15	10-01-09	보관
6	100110	제품4	A	20251231	LOT42	40.00		20240220...	admin	127.0.0.1	E200	포도	20	10-01-10	보관
7	100111	제품5	A	20251231	LOT52	20.00		20240220...	admin	127.0.0.1	E200	레몬	10	10-01-11	보관
8	100112	제품6	A	20251231	LOT62	20.00		20240220...	admin	127.0.0.1	E200	키위	10	10-01-12	보관
9	입고대기	제품1	A			10.00		20240220...	admin	127.0.0.1	E200	사과	10	입고대기	입고대기
10	입고대기	제품2	A			10.00		20240321...	admin	127.0.0.1	E200	딸기	10	입고대기	입고대기
11	입고대기	제품3	A			10.00		20240321...	admin	127.0.0.1	E200	바나나	15	입고대기	입고대기
12	입고대기	제품4	A			10.00		20240321...	admin	127.0.0.1	E200	포도	20	입고대기	입고대기
13	입고대기	제품5	A	20251010	L1	10.00		20240321...	admin	127.0.0.1	E200	레몬	10	입고대기	입고대기
14	입고대기	제품6	A	20251020	L2	10.00		20240321...	admin	127.0.0.1	E200	키위	10	입고대기	입고대기
15	출고대기	제품1	A			10.00		20240305...	admin	127.0.0.1	G200	사과	10	출고대기	출고대기
16	출고대기	제품2	A			10.00		20240305...	admin	127.0.0.1	G200	딸기	10	출고대기	출고대기
17	출고대기	제품5	A	20250501	LOT51	10.00		20240305...	admin	127.0.0.1	G200	레몬	10	출고대기	출고대기
18	출고대기	제품6	A	20250501	LOT61	10.00		20240305...	admin	127.0.0.1	G200	키위	10	출고대기	출고대기

[그림 7-69] SPJ230_재고조정_조회 실행결과 예시

```
1  ⊟ALTER PROCEDURE [dbo].[SPJ230_재고조정_조회]
2        @IN_통합검색          NVARCHAR(50) = ''
3
4       ,@IN_실행ID            NVARCHAR(50)
5       ,@IN_실행PG            NVARCHAR(50)
6   AS
7  ⊟BEGIN
8
9      SET NOCOUNT ON;
10
11 ⊟     DECLARE @IN_실행공인IP     NVARCHAR(50)
12            ,@IN_호스트명       NVARCHAR(50)
13            ,@IN_현재일시       NVARCHAR(50)
14
15 ⊟     SELECT @IN_실행공인IP    = A.접속공인IP
16           ,@IN_호스트명      = A.접속호스트
17           ,@IN_현재일시      = A.현재일시
18       FROM FTA_세션정보_조회() A
19      WHERE 1 = 1
20
21      SET @IN_통합검색 = TRIM(@IN_통합검색)
22
23      -- @IN_통합검색에 [%]문자가 포함되지 않았을 경우에는 앞뒤로 [%]값을 붙임
24 ⊟     IF CHARINDEX('%', @IN_통합검색, 1) = 0  BEGIN
25          SET @IN_통합검색 = '%' + @IN_통합검색 + '%'
26      END
27
28      -- 결과를 화면에 표시
29 ⊟     SELECT A.*
30           ,제품명        = B.제품명
31           ,박스입수      = B.박스입수
32           ,로케이션명    = C.로케이션명
33           ,로케이션그룹  = C.로케이션그룹
34       FROM TBJ_로케이션재고   A
35      INNER JOIN TBC_제품     B ON B.제품코드   = A.제품코드
36      INNER JOIN TBC_로케이션 C ON C.로케이션코드 = A.로케이션코드
37      WHERE 1 = 1
38        AND (   A.로케이션코드 LIKE @IN_통합검색
39             OR A.제품코드     LIKE @IN_통합검색
40             OR B.제품명       LIKE @IN_통합검색
41             OR C.로케이션명   LIKE @IN_통합검색)
42        AND A.재고수량 ◇ 0
43      ORDER BY A.로케이션코드
44
45   END
46  |
```

조회 건수가 많을수 있기 때문에
제품코드, 제품명, 로케이션으로 검색할 수 있도록
[@IN_통합검 색] 변수를 입력 받는다.

LIKE 검색을 위해 앞뒤로 [%]를 붙인다.

[그림 7-70] SPJ230_재고조정_조회 소스코드

(2) 재고조정 처리

[SPJ230_재고조정_조정처리] 프로시저는 [TBJ_로케이션재고] 테이블에 있는 재고를 사용자가 조정할 수량과 사유를 입력하고 처리하는 처리하는 프로시저이다.

재고조정이 이루어지면 [TBJ_로케이션재고]에서 재고조정 대상 로케이션의 재고를 차감(-)되거나 증가(+)시킬수 있으며 [TBJ_재고조정] 테이블 변경된 이력이 저장된다. 재고조정도 로케이션의 재고가 변동이 되기 때문에 [SPA000_공통_재고입출고_처리] 공통모듈을 활용하여 처리한다.

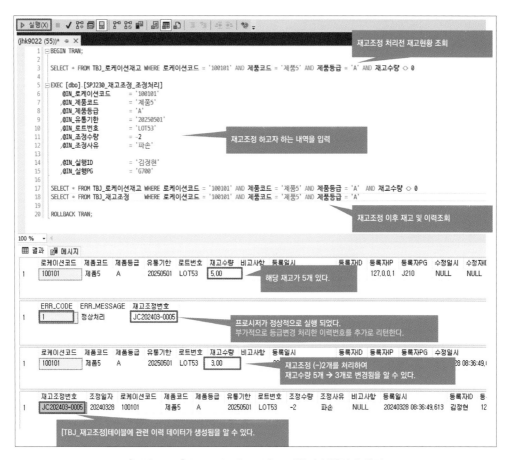

[그림 7-71] SPJ230_재고조정_조정처리 실행결과 예시

```
1  ⊟ALTER PROCEDURE [dbo].[SPJ230_재고조정_조정처리]
2      @IN_로케이션코드        NVARCHAR(30)
3     ,@IN_제품코드          NVARCHAR(30)
4     ,@IN_제품등급          NVARCHAR(10)
5     ,@IN_유통기한          NVARCHAR(08)
6     ,@IN_로트번호          NVARCHAR(30)
7     ,@IN_조정수량          NUMERIC(18, 0)
8     ,@IN_조정사유          NVARCHAR(50)
9
10    ,@IN_실행ID           NVARCHAR(50)
11    ,@IN_실행PG           NVARCHAR(50)
12  AS
13 ⊟BEGIN
14
15    SET NOCOUNT ON;
16
17 ⊟  DECLARE @IN_실행공인IP      NVARCHAR(50)
18           ,@IN_호스트명         NVARCHAR(50)
19           ,@IN_현재일시         NVARCHAR(50)
20           ,@IN_현재일자         NVARCHAR(50)
21
22 ⊟  SELECT @IN_실행공인IP    = A.접속공인IP
23        ,@IN_호스트명       = A.접속호스트
24        ,@IN_현재일시       = A.현재일시
25        ,@IN_현재일자       = LEFT(A.현재일시, 8)
26      FROM FTA_세션정보_조회() A
27     WHERE 1 = 1
28
29 ⊟  DECLARE @RETURN_VALUE        INT
30           ,@OUT_재고반영메시지    NVARCHAR(500)
31
32 ⊟  ----------------------------------------------
33    -- 100 입력값 이상여부 확인
34    ----------------------------------------------
35    SET @IN_로케이션코드    = UPPER(TRIM(@IN_로케이션코드   ))
36    SET @IN_제품코드      = UPPER(TRIM(@IN_제품코드     ))
37    SET @IN_제품등급      = UPPER(TRIM(@IN_제품등급     ))
38    SET @IN_유통기한      = UPPER(TRIM(@IN_유통기한     ))
39    SET @IN_로트번호      = UPPER(TRIM(@IN_로트번호     ))
40    SET @IN_조정사유      = UPPER(TRIM(@IN_조정사유     ))
41
42 ⊟  IF @IN_조정수량 = 0 BEGIN
43       SELECT ERR_CODE = 11, ERR_MESSAGE = '조정수량 비정상'
44       RETURN
45    END
46
```

[그림 7-72] SPJ230_재고조정_조정처리 소스코드 (1/4)

```
47  ┌ DECLARE @재고반영_수량부호  NVARCHAR(10)
48  │         ,@재고반영_수량      NUMERIC(18, 0)
49
50    -- 조정수량의 부호에 따라 처리하는 로직이 다를수 있어 구분함
51  ┌ IF @IN_조정수량 > 0 BEGIN
52        SET @재고반영_수량부호 = '양수'
53        SET @재고반영_수량     = @IN_조정수량
54  ┌ END ELSE BEGIN
55        SET @재고반영_수량부호 = '음수'
56        SET @재고반영_수량     = ABS(@IN_조정수량)
57    END
58
59  ┌ IF @IN_제품등급 NOT IN ('A','B','C') BEGIN
60        SELECT ERR_CODE = 12, ERR_MESSAGE = '제품등급 코드가 이상합니다'
61        RETURN
62    END
63
64  ┌ IF NOT EXISTS (SELECT A.* FROM TBC_제품 A WHERE A.제품코드 = @IN_제품코드) BEGIN
65        SELECT ERR_CODE = 13, ERR_MESSAGE = '제품코드가 비정상 입니다'
66        RETURN
67    END
68
69  ┌ IF NOT EXISTS (SELECT A.*
70  ┌                  FROM TBC_로케이션 A WHERE A.로케이션코드 = @IN_로케이션코드 AND A.이동여부      = '1') BEGIN
71        SELECT ERR_CODE = 13, ERR_MESSAGE = '해당 로케이션 주소가 없거나 이동할 수 없는 로케이션입니다'
72        RETURN
73    END
74
75  ┌ IF  @재고반영_수량부호 = '음수' BEGIN
76
77        DECLARE @로케이션재고_재고수량          NUMERIC(18, 0)
78
79  ┌     SELECT @로케이션재고_재고수량 = A.재고수량
80  │       FROM TBJ_로케이션재고 A
81        WHERE 1 = 1
82          AND A.로케이션코드 = @IN_로케이션코드
83          AND A.제품코드      = @IN_제품코드
84          AND A.제품등급      = @IN_제품등급
85          AND A.유통기한      = @IN_유통기한
86          AND A.로트번호      = @IN_로트번호
87
88  ┌     IF  @@ERROR <> 0 OR @@ROWCOUNT <> 1 BEGIN
89            SET @로케이션재고_재고수량 = 0
90        END
91
92  ┌     IF @로케이션재고_재고수량 < @재고반영_수량 BEGIN
93            SELECT ERR_CODE = 22, ERR_MESSAGE = '조정할 로케이션 재고수량 부족'
94            RETURN
95        END
96
97    END
```

> 재고반영 수량의 부호가 음수일 경우 로케이션에 차감할 수량이 존재하는지를 확인한다.

[그림 7-73] SPJ230_재고조정_조정처리 소스코드 (2/4)

```
99     -----------------------------------------------------------------
100    -- 300 재고조정 관련 테이블 INSERT
101    -----------------------------------------------------------------
102    DECLARE @OUT_신규전표번호       NVARCHAR(50)
103
104    EXEC @RETURN_VALUE = [dbo].[SPA100_공통_전표번호_채번]
105         @IN_출력구분        = '2'      -- OUT_전표번호 변수로 결과값 받음
106        ,@IN_전표유형        = 'JC'     -- PA: 입고  SA:출고   JA:등급조정   JB: 등급조정   JC:재고조정
107        ,@IN_일자           = @IN_현재일자
108        ,@OUT_전표번호       = @OUT_신규전표번호 OUTPUT
109
110    IF @RETURN_VALUE <> 1  BEGIN
111        SELECT ERR_CODE = 31, ERR_MESSAGE = '재고조정번호 채번 오류'
112        RETURN
113    END
114
115    INSERT INTO TBJ_재고조정 (재고조정번호,    조정일자,      로케이션코드,   제품코드,     제품등급,
116                            유통기한,      로트번호,
117                            조정수량,
118                            조정사유,
119                            등록일시, 등록자ID, 등록자IP, 등록자PG)
120                    VALUES (@OUT_신규전표번호,  @IN_현재일자,     @IN_로케이션코드,  @IN_제품코드,    @IN_제품등급,
121                            @IN_유통기한,      @IN_로트번호,
122                            @IN_조정수량,
123                            @IN_조정사유,
124                            @IN_현재일시, @IN_실행ID, @IN_실행공인IP, @IN_실행PG)
125
126    IF @@ERROR <> 0 OR @@ROWCOUNT <> 1 BEGIN
127        SELECT ERR_CODE = 32, ERR_MESSAGE = '재고조정 등록 오류'
128        RETURN
129    END
130
```

재고조정 이력번호를
공통모듈로 채번한다.
결과를 리턴받기 위해 출고구분[2]설정

[그림 7-74] SPJ230_재고조정_조정처리 소스코드 (3/4)

```
131    --------------------------------------------------------------
132    -- 400 재고조정 관련 재고처리
133    --------------------------------------------------------------
134    DECLARE @이동전로케이션      NVARCHAR(30)
135           ,@이동후로케이션      NVARCHAR(30)
136
137    IF  @재고반영_수량부호 = '양수' BEGIN
138       SET @이동전로케이션 = ''
139       SET @이동후로케이션 = @IN_로케이션코드   -- 재고증가
140    END ELSE BEGIN
141       SET @이동전로케이션 = @IN_로케이션코드   -- 재고감소
142       SET @이동후로케이션 = ''
143    END
144
145    EXEC @RETURN_VALUE = [DBO].[SPA000_공통_재고입출고_처리]
146           @IN_반영일자              = @IN_현재일자
147          ,@IN_원인유형             = '재고조정'
148          ,@IN_원인전표유형          = '재고'
149          ,@IN_원인전표              = @OUT_신규전표번호
150          ,@IN_원인전표상세          = ''
151          ,@IN_사유                = @IN_조정사유
152          ,@IN_제품코드             = @IN_제품코드
153          ,@IN_제품등급             = @IN_제품등급
154          ,@IN_유통기한             = @IN_유통기한
155          ,@IN_로트번호             = @IN_로트번호
156          ,@IN_입출고처코드          = ''
157          ,@IN_입출고처명           = ''
158          ,@IN_이동전로케이션        = @이동전로케이션
159          ,@IN_이동후로케이션        = @이동후로케이션
160          ,@IN_이동수량             = @재고반영_수량
161          ,@IN_등록자ID             = @IN_실행ID
162          ,@IN_등록자IP             = @IN_실행공인IP
163          ,@IN_등록자PG             = @IN_실행PG
164          ,@OUT_결과값              = @OUT_재고반영메시지   OUTPUT
165
166    IF @RETURN_VALUE <> 1 BEGIN
167       SELECT ERR_CODE = 41, ERR_MESSAGE = N'재고조정 출고 처리오류=' + ISNULL(@OUT_재고반영메시지,'')
168       RETURN
169    END
170
171
172    --------------------------------------------------------------
173    -- 900 최종 점검 종료
174    --------------------------------------------------------------
175    SELECT ERR_CODE = 1, ERR_MESSAGE = N'정상처리', 재고조정번호 = @OUT_신규전표번호
176    RETURN
177
178    END;
179
```

조정수량의 부호에 따라 재고수량의 증가 또는 감소 처리를 위해 이동전후 로케이션을 설정한다.

[그림 7-75] SPJ230_재고조정_조정처리 소스코드 (4/4)

(3) 재고조정이력 조회

[SPJ239_재고조정이력_조회] 프로시저는 과거 재고조정이 어떻게 처리되었는지 확인할 수 있다. 재고조정 처리결과는 [TBJ_재고조정] 테이블에 저장되며 조회 프로그램에서 이를 활용하여 개발한다.

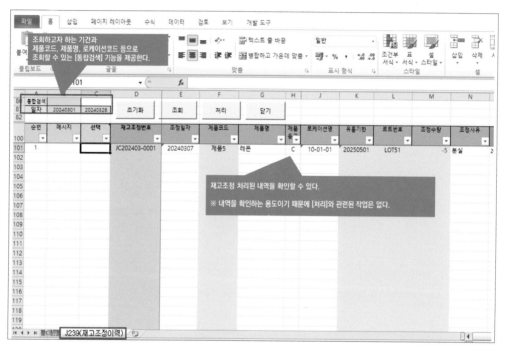

[그림 7-76] J239(재고조정이력) 화면 예시

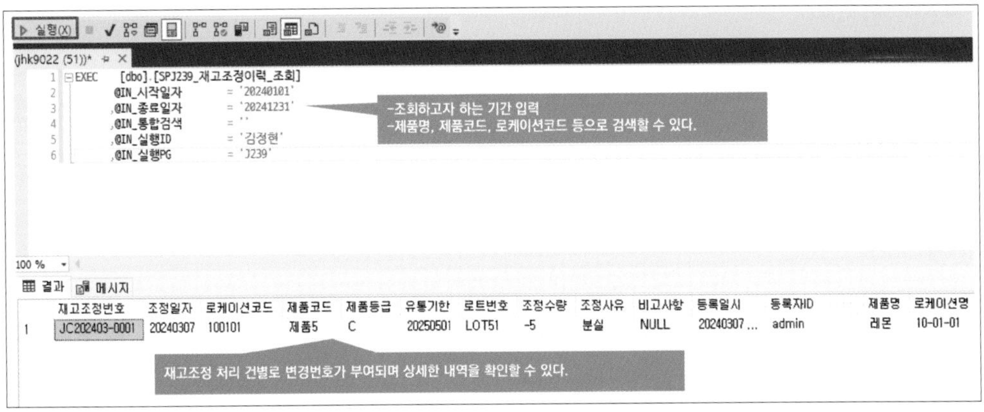

[그림 7-77] [SPJ239_재고조정이력_조회] 실행결과 예시

```
ALTER PROCEDURE [dbo].[SPJ239_재고조정이력_조회]
        @IN_시작일자        NVARCHAR(08)
       ,@IN_종료일자        NVARCHAR(08)

       ,@IN_통합검색        NVARCHAR(50)


       ,@IN_실행ID          NVARCHAR(50)
       ,@IN_실행PG          NVARCHAR(50)
AS
BEGIN

    SET NOCOUNT ON;

    -- 통합검색 변수 공백 삭제 및 검색% 처리
    SET @IN_통합검색 = TRIM(@IN_통합검색)

    -- @IN_통합검색에 [%]문자가 포함되지 않았을  경우에는 앞뒤로 [%]값을 붙임
    IF CHARINDEX('%', @IN_통합검색, 1) = 0  BEGIN
        SET @IN_통합검색 = '%' + @IN_통합검색 + '%'
    END

    ------------------------------------------------------------------------------
    -- 100 기본 자료를 조회하여 임시테이블에 저장한다
    ------------------------------------------------------------------------------
    SELECT A.*
          ,B.제품명
          ,C.로케이션명
      INTO #TEMP_재고조정조회
      FROM TBJ_재고조정           A
     INNER JOIN TBC_제품          B ON B.제품코드      = A.제품코드
     INNER JOIN TBC_로케이션      C ON C.로케이션코드 = A.로케이션코드
     WHERE 1 = 1
       AND A.조정일자    BETWEEN @IN_시작일자 AND @IN_종료일자
       AND (   A.로케이션코드 LIKE @IN_통합검색
            OR A.제품코드     LIKE @IN_통합검색
            OR B.제품명       LIKE @IN_통합검색
            OR C.로케이션명   LIKE @IN_통합검색)


    ------------------------------------------------------------------------------
    -- 500 최종 결과를 화면에 표시
    ------------------------------------------------------------------------------
    SELECT A.*
      FROM #TEMP_재고조정조회 A
     WHERE 1 = 1
     ORDER BY A.재고조정번호, A.제품코드

END
```

조회 건수가 많을수 있기 때문에
조회기간과
제품코드, 제품명, 로케이션으로 검색할 수 있도록
[@IN_통합검 색] 변수를 입력 받는다.

LIKE 검색을 위해 앞뒤로 [%]를 붙인다.

[그림 7-78] [SPJ239_재고조정이력_조회] 소스코드

나. 엑셀VBA

(1) 재고조정 조회

재고조정을 위해 로케이션재고 현황과 마찬가지로 [TBJ_로케이션재고] 데이터를 기반으로 데이터를 보여준다. 이를 기반으로 사용자가 직접 재고수량을 조정할 수 있도록 구성하였다.

향후 [SPJ_220_재고조정_조정처리]시 필요한 입력항목들은 모두 화면에 표현되도록 구성하기를 바란다. (로케이션코드, 제품코드, 유통기한, 등급번호, 제품등급, 조정수량, 조정사유 등)

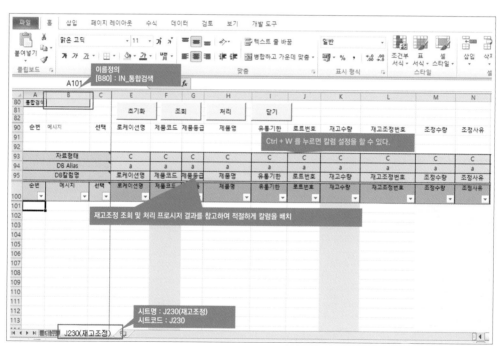

[그림 7-79] 재고조정 화면 설정

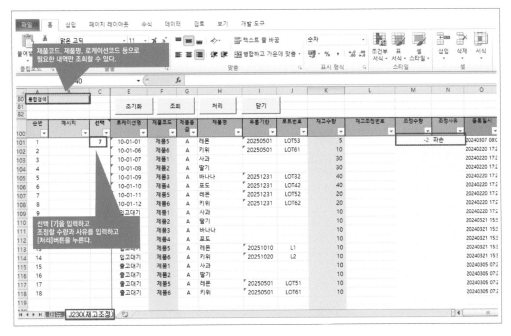

[그림 7-80] 재고조정 화면 실행 예시

```
Sub 기본_조회()

    Dim txt_Sql       As String        ' SQL문장 저장을 위한 변수 선언
    Dim txt_현재시트 As String        ' 현재 작업 시트명을 저장/관리하기 위한 변수 선언

    On Error Resume Next

    txt_현재시트 = ActiveSheet.Name       ' 조회시트명을 변수에 저장
    txt_현재시트코드 = ActiveSheet.CodeName ' 조회시트코드를 변수에 저장

    Sheets(txt_현재시트).Select      ' 조회시트로 이동

    Call 공통_초기화               ' 101번 라인 이하를 삭제(클리어)시킴

    txt_Sql = "EXEC [dbo].[SPJ230_재고조정_조회]          " & vbLf & _
        "        @IN_통합검색    = '<<통합검색>>'       " & vbLf & _
        "       ,@IN_실행ID      = '<<실행ID>>'         " & vbLf & _
        "       ,@IN_실행PG      = '<<실행PG>>'         " & vbLf

    txt_Sql = Replace(txt_Sql, "<<통합검색>>", Trim(Range("IN_통합검색")))
    txt_Sql = Replace(txt_Sql, "<<실행ID>>", Trim(A100.Range("사용자ID")))
    txt_Sql = Replace(txt_Sql, "<<실행PG>>", ActiveSheet.CodeName)

    If 공통_DB1_Connect() = False Then        ' 관리시트에 있는 접속환경으로 DB에 접속함
        MsgBox "[오류]DB연결이 정상적이지 않습니다!!"
        Exit Sub
    End If

    If 공통_DB1_SP조회1(txt_Sql) = False Then       ' txt_Sql변수의 SQL문장을 실행함
        MsgBox "[오류]해당하는 자료가 존재하지 않습니다"
        Exit Sub
    End If
```

[그림 7-81] 재고조정 엑셀VBA 조회 관련 소스코드 (1/2)

```
    i = 101                                            ' 출력시작을 위한 기준행(제목행 Row 위치값을 설정함)
    num_최대조회수 = A100.Range("최대조회건수")        ' 화면에 최대로 조회할 행수
    num_열개수 = Application.CountA(Sheets(txt_현재시트).Range("A90:ZZ90")) + 5

    Call 공통_화면이벤트_OFF

    Do Until (RS1.EOF)                                 ' RS1 Record Set이 끝이 날때까지 Loop까지 계속 반복

        Cells(i, 1) = i - 100

        For kk = 4 To num_열개수

            If Cells(95, kk) <> "" Then

                ' txt_칼럼명 = Cells(95, kk)
                Cells(i, kk) = RS1.Fields(Cells(95, kk).Value)

            End If

        Next

        i = i + 1

        If i > num_최대조회수 Then
            MsgBox "[확인]데이터가 " & num_최대조회수 & "건보다 많습니다. 조회조건을 변경 바랍니다"
            Exit Do
        End If

        RS1.MoveNext                                   ' RecordSet의 다음자료(다음위치)로 이동함

    Loop

    Cells(101, 3).Select

    Call 공통_DB1_Close                                ' 연결되었던 DB와의 접속을 끊음
    Call 공통_화면이벤트_ON


End Sub
```

[그림 7-82] 재고조정 엑셀VBA 조회 관련 소스코드 (2/2)

(2) 재고조정 처리

재고조정 처리는 처리구분 [7]을 입력한 내역에 대해 [SPJ_220_재고조정_조정처리] 프로시저를 실행한다. 대부분의 업무 프로세스들은 DB 프로시저에서 실행되기 때문에 엑셀VBA 로직은 전체적으로 거의 동일하다.

```
Sub 기본_처리()

    Dim txt_Sql       As String       ' SQL문장 저장을 위한 변수 선언
    Dim txt_현재시트 As String       ' 현재 작업 시트명을 저장/관리하기 위한 변수 선언

    On Error Resume Next

    txt_현재시트 = ActiveSheet.Name      ' 조회시트명을 변수에 저장

    Sheets(txt_현재시트).Select          ' 조회시트로 이동

    Call 공통_필터초기화                 ' 필터에 조건이 지정되어 있는 것을 대비하여 필터초기화

    In사용자ID = A100.Range("사용자ID")          ' 향후 Insert/Update시 사용할 ID,IP,시간등을 변수에 저장
    In_공인IP = A100.Range("공인IP")             ' 각종 정보는 관리시트에 있음
    In_호스트명 = A100.Range("호스트명")         ' 각종 정보는 관리시트에 있음
    In_현재일시 = 공통_시스템시간()

    txt_현재시트 = ActiveSheet.Name              ' 조회시트명을 변수에 저장
    In_현재시트코드 = ActiveSheet.CodeName       ' 조회시트코드를 변수에 저장

    txt_Sql_처리 = "EXEC [dbo].[SPJ230_재고조정_조정처리]        " & vbLf & _
             "        @IN_로케이션코드    = '<<로케이션코드>>'   " & vbLf & _
             "       ,@IN_제품코드        = '<<제품코드>>'       " & vbLf & _
             "       ,@IN_제품등급        = '<<제품등급>>'       " & vbLf & _
             "       ,@IN_유통기한        = '<<유통기한>>'       " & vbLf & _
             "       ,@IN_로트번호        = '<<로트번호>>'       " & vbLf & _
             "       ,@IN_조정수량        = '<<조정수량>>'       " & vbLf & _
             "       ,@IN_조정사유        = '<<조정사유>>'       " & vbLf & _
             "       ,@IN_실행ID          = '<<실행ID>>'         " & vbLf & _
             "       ,@IN_실행PG          = '<<실행PG>>'         " & vbLf

    txt_Sql_처리 = Replace(txt_Sql_처리, "<<실행ID>>", Trim(A100.Range("사용자ID")))
    txt_Sql_처리 = Replace(txt_Sql_처리, "<<실행PG>>", ActiveSheet.CodeName)

    Col_로케이션코드 = 공통_칼럼위치(txt_현재시트, 90, "로케이션코드")
    Col_로케이션명 = 공통_칼럼위치(txt_현재시트, 90, "로케이션명")
    Col_제품코드 = 공통_칼럼위치(txt_현재시트, 90, "제품코드")
    Col_제품등급 = 공통_칼럼위치(txt_현재시트, 90, "제품등급")
    Col_제품명 = 공통_칼럼위치(txt_현재시트, 90, "제품명")
    Col_유통기한 = 공통_칼럼위치(txt_현재시트, 90, "유통기한")
    Col_로트번호 = 공통_칼럼위치(txt_현재시트, 90, "로트번호")
    Col_재고조정번호 = 공통_칼럼위치(txt_현재시트, 90, "재고조정번호")
    Col_조정수량 = 공통_칼럼위치(txt_현재시트, 90, "조정수량")
    Col_조정사유 = 공통_칼럼위치(txt_현재시트, 90, "조정사유")
    Col_비고사항 = 공통_칼럼위치(txt_현재시트, 90, "비고사항")

    Err_flag = 0                                                  ' 향후 에러여부를 체크할 변수 0:정상 1:오류 (초기값은 0)
    tot_cnt = ActiveSheet.Cells.SpecialCells(xlCellTypeLastCell).Row    ' 해당시트 데이터가 입력된 마지막행을 확인

    If 공통_DB1_Connect() = False Then           ' 관리시트에 있는 접속환경으로 DB에 접속함
        MsgBox "[오류]DB연결이 정상적이지 않습니다!!"
        Exit Sub
    End If
```

[그림 7-83] 재고조정 엑셀VBA 처리 관련 소스코드 (1/3)

```
        Err.Clear
        DB_Conn1.BeginTrans                                      ' *** 트랜잭션 시작 ****

    If Err.Number <> 0 Then
            DB_Conn1.RollbackTrans                               ' Begin Tran이 계속 존재하는 경우를 대비하여 Rollback 처리함
            MsgBox "[오류]트랜잭션을 시작하지 못했습니다. 다시 시도 바랍니다"
            Exit Sub
    End If                                                       ' 오류 메시지를 표시한다


    For i = 101 To tot_cnt                                       ' 101번행부터 데이터가 입력되어 있는 행(Row)까지 반복함

        If Cells(i, 2) <> "" Then Cells(i, 2) = ""
        If Cells(i, Col_로트변경번호) <> "" Then Cells(i, Col_로트변경번호) = ""

        If Cells(i, 3) = "7" Then                    ' 선택값 7(로케이션이동) 경우

            txt_Sql = txt_Sql_처리

            ' 숫자가 아닌 값이 있을 경우 오류가 발생하기 때문에 예방하는 코드를 추가함
            num_조정수량 = Trim(Cells(i, Col_조정수량))
            If IsNumeric(num_조정수량) = False Then num_조정수량 = 0

            txt_Sql = Replace(txt_Sql, "<<로케이션코드>>", Trim(Cells(i, Col_로케이션코드)))
            txt_Sql = Replace(txt_Sql, "<<제품코드>>", Trim(Cells(i, Col_제품코드)))
            txt_Sql = Replace(txt_Sql, "<<제품등급>>", Trim(Cells(i, Col_제품등급)))
            txt_Sql = Replace(txt_Sql, "<<유통기한>>", Trim(Cells(i, Col_유통기한)))
            txt_Sql = Replace(txt_Sql, "<<로트번호>>", Trim(Cells(i, Col_로트번호)))
            txt_Sql = Replace(txt_Sql, "<<조정수량>>", num_조정수량)
            txt_Sql = Replace(txt_Sql, "<<조정사유>>", Trim(Cells(i, Col_조정사유)))

            If 공통_DB1_SP처리(txt_Sql) = False Then        ' txt_Sql변수의 SQL문장을 실행함
                Err_flag = 1
                txt_오류메시지 = Err.Description
                txt_오류메시지 = "오류[" & RS0!ERR_CODE & "] " & RS0!ERR_MESSAGE & " " & txt_오류메시지
                Cells(i, 2) = txt_오류메시지
            Else
                Cells(i, Col_등급변경번호) = RS0!등급변경번호
            End If

        End If

    Next
End Sub
```

[그림 7-84] 재고조정 엑셀VBA 처리 관련 소스코드 (2/3)

```
    If Err_flag = 0 Then                                        ' 지금까지 오류가 없으면

        Err.Clear
        DB_Conn1.CommitTrans                                    ' 트랜잭션을 정상적으로 완료처리 한다

        If Err.Number = 0 Then                                  ' 만약 트랜잭션 완료가 정상이면 정상 메시지를 표시
            MsgBox "[완료]요청한 작업이 완료되었습니다"
        Else
            MsgBox "[오류]최종 Commit 작업에 문제가 생겼습니다, 작업 결과를 확인 바랍니다."
            Err_flag = 1                                        ' 트랜잭션 최종 완료시에 문제가 발생하면 메시지를 표시하고
        End If                                                  ' 오류 메시지를 표시한다

    Else

        Err.Clear
        DB_Conn1.RollbackTrans                                  ' 위의 업무처리시 오류가 발생하여 Err_flag가 1이면
        MsgBox "[오류]작업중 문제가 발생 했습니다. 확인 요망!!"   ' 트랜잭션을 Rollback 처리하고 오류메시지를 보여 준다

    End If


    Call 공통_DB1_Close                                          ' 모든 작업이 완료되었기 때문에 DB접속을 끊는다

    If Err_flag = 0 Then                                        ' 작업에 이상이 없었다면 다시 정보를 조회하여
        Call 기본_조회                                           ' 정상적으로 입력되었는지를 보여준다.
    End If

End Sub
```

[그림 7-85] 재고조정 엑셀VBA 처리 관련 소스코드 (3/3)

(3) 재고조정이력 조회

과거에 재고조정 처리된 내역을 추후에 확인 하고자 할 때 사용되는 화면이다. [TBJ_재고조정]
테이블에 저장된 데이터를 기반으로 화면이 구성된다. 별도의 [처리]관련된 로직은 없으며 조회
전용으로 개발하였다.

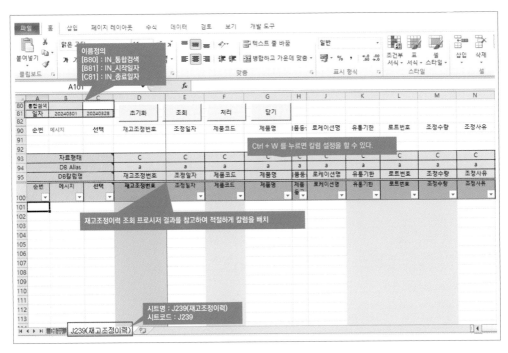

[그림 7-86] 재고조정이력 조회 화면 설정

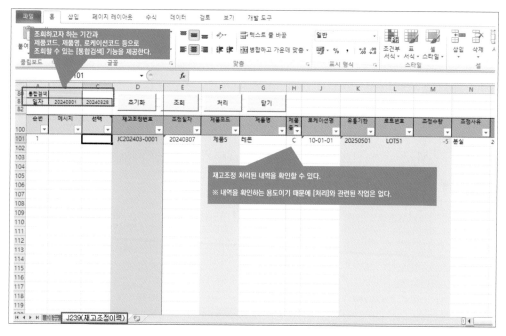

[그림 7-87] 재고조정이력 조회 화면 실행 예시

```
Sub 기본_조회()

    Dim txt_Sql       As String        'SQL문장 저장을 위한 변수 선언
    Dim txt_현재시트 As String         '현재 작업 시트명을 저장/관리하기 위한 변수 선언

    On Error Resume Next

    txt_현재시트 = ActiveSheet.Name        '조회시트명을 변수에 저장
    txt_현재시트코드 = ActiveSheet.CodeName '조회시트코드를 변수에 저장

    Sheets(txt_현재시트).Select          '조회시트로 이동

    Call 공통_초기화                     '101번 라인 이하를 삭제(클리어)시킴

    txt_Sql = "EXEC [dbo].[SPJ239_재고조정이력_조회]     " & vbLf & _
        "        @IN_시작일자    = '<<시작일자>>'      " & vbLf & _
        "       ,@IN_종료일자    = '<<종료일자>>'      " & vbLf & _
        "       ,@IN_통합검색    = '<<통합검색>>'      " & vbLf & _
        "       ,@IN_실행ID      = '<<실행ID>>'        " & vbLf & _
        "       ,@IN_실행PG      = '<<실행PG>>'        " & vbLf

    txt_Sql = Replace(txt_Sql, "<<시작일자>>", Trim(Range("IN_시작일자")))
    txt_Sql = Replace(txt_Sql, "<<종료일자>>", Trim(Range("IN_종료일자")))
    txt_Sql = Replace(txt_Sql, "<<통합검색>>", Trim(Range("IN_통합검색")))
    txt_Sql = Replace(txt_Sql, "<<실행ID>>", Trim(A100.Range("사용자ID")))
    txt_Sql = Replace(txt_Sql, "<<실행PG>>", ActiveSheet.CodeName)

    If 공통_DB1_Connect() = False Then           '관리시트에 있는 접속환경으로 DB에 접속함
        MsgBox "[오류]DB연결이 정상적이지 않습니다!!"
        Exit Sub
    End If

    If 공통_DB1_SP조회1(txt_Sql) = False Then     'txt_Sql변수의 SQL문장을 실행함
        MsgBox "[오류]해당하는 자료가 존재하지 않습니다"
        Exit Sub
    End If
```

[그림 7-88] 재고조정이력 엑셀VBA 조회 관련 소스코드 (1/2)

```
    i = 101                                        ' 출력시작을 위한 기준행(제목행 Row 위치값을 설정함)
    num_최대조회수 = A100.Range("최대조회건수")      ' 화면에 최대로 조회할 행수
    num_열개수 = Application.CountA(Sheets(txt_현재시트).Range("A90:ZZ90")) + 5

    Call 공통_화면이벤트_OFF

    Do Until (RS1.EOF)                                          ' RS1 Record Set이 끝이 날때까지 Loop까지 계속 반복

        Cells(i, 1) = i - 100

        For kk = 4 To num_열개수

            If Cells(95, kk) <> "" Then

                ' txt_칼럼명 = Cells(95, kk)
                Cells(i, kk) = RS1.Fields(Cells(95, kk).Value)

            End If

        Next

        i = i + 1

        If i > num_최대조회수 Then
            MsgBox "[확인]데이터가 " & num_최대조회수 & "건보다 많습니다. 조회조건을 변경 바랍니다"
            Exit Do
        End If

        RS1.MoveNext                                           ' RecordSet의 다음자료(다음위치)로 이동함

    Loop

    Cells(101, 3).Select

    Call 공통_DB1_Close                                        ' 연결되었던 DB와의 접속을 끊음
    Call 공통_화면이벤트_ON

End Sub


Sub 기본_처리()

    MsgBox "사용하지 않는 기능입니다"

End Sub
```

> 처리버튼은 사용하지 않지만
> 추후 확장을 위해 유지하였다.
>
> 실행하면 [사용하지 않는 기능입니다] 메시지만 표시된다.

[그림 7-89] 재고조정이력 엑셀VBA 조회 관련 소스코드 (2/2)

7. 로케이션재고이력 조회

로케이션재고이력 조회 화면은 [TBJ_로케이션재고_이력]에 저장된 재고이력을 조회한다.

지금까지 WMS 시스템에서 입고확정, 출고지시, 출고확정, 로트변경, 등급변경, 재고조정, 로케이션 이동처리 그리고 이와 관련된 모든 취소관련 화면들을 수행하면 [TBJ_로케이션재고] 테이블에 변경이 발생되며 이와 동시에 [TBJ_로케이션재고_이력] 테이블에 재고가 어떻게 변동되었는지를 기록 관리하고 있다.

지금까지 우리가 로케이션재고를 변경하기 위해 [SPA200_공통_UDT현재고_조회] 공통모듈을 활용하였다. 이 공통모듈에서 로케이션재고 관련 변경뿐 아니라 재고이력 테이블에 이력을 함께 저장한다.

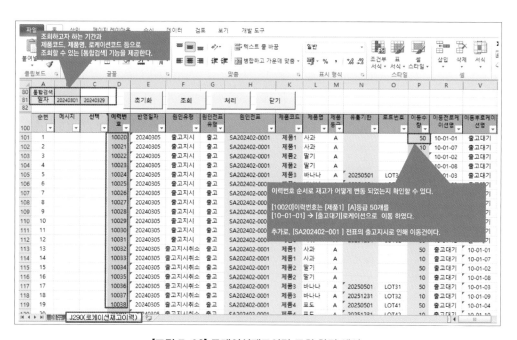

[그림 7-90] 로케이션재고이력 조회 화면 예시

가. DB프로시저

별도의 입력 이나 수정 같은 데이터 갱신이 없기 때문에 조회 프로시저인 [SPJ290_로케이션재고이력_조회] 프로시저 하나만 개발하면 된다.

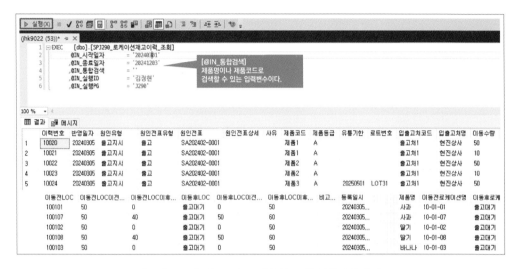

[그림 7-91] SPJ290_로케이션_조회 실행결과 예시

```
1  ⊟ALTER PROCEDURE [dbo].[SPJ290_로케이션재고이력_조회]
2         @IN_시작일자              NVARCHAR(08)
3        ,@IN_종료일자              NVARCHAR(08)
4
5        ,@IN_통합검색              NVARCHAR(50)
6
7
8        ,@IN_실행ID               NVARCHAR(50)
9        ,@IN_실행PG               NVARCHAR(50)
10  AS
11 ⊟BEGIN
12
13     SET NOCOUNT ON;
14
15     -- 통합검색 변수 공백 삭제 및 검색% 처리
16     SET @IN_통합검색 = TRIM(@IN_통합검색)
17
18     -- @IN_통합검색에 [%]문자가 포함되지 않았을 경우에는 앞뒤로 [%]값을 붙임
19 ⊟   IF CHARINDEX('%', @IN_통합검색, 1) = 0  BEGIN
20        SET @IN_통합검색 = '%' + @IN_통합검색 + '%'
21     END
22
23 ⊟   ----------------------------------------------------------------
24     -- 100 기본 자료를 조회하여 임시테이블에 저장한다
25     ----------------------------------------------------------------
26 ⊟   SELECT A.*
27          ,B.제품명
28          ,이동전로케이션명 = C.로케이션명
29          ,이동후로케이션명 = D.로케이션명
30       INTO #TEMP_로케이션재고이력
31       FROM TBJ_로케이션재고_이력   A
32      INNER JOIN TBC_제품          B ON B.제품코드     = A.제품코드
33      LEFT JOIN TBC_로케이션       C ON C.로케이션코드 = A.이동전LOC
34      LEFT JOIN TBC_로케이션       D ON D.로케이션코드 = A.이동후LOC
35      WHERE 1 = 1
36        AND LEFT(A.등록일시, 8)  BETWEEN @IN_시작일자 AND @IN_종료일자
37        AND (   A.이동전LOC      LIKE @IN_통합검색
38            OR C.로케이션명     LIKE @IN_통합검색
39            OR A.이동후LOC      LIKE @IN_통합검색
40            OR D.로케이션명     LIKE @IN_통합검색
41            OR A.제품코드       LIKE @IN_통합검색
42            OR B.제품명         LIKE @IN_통합검색
43            OR C.로케이션명     LIKE @IN_통합검색)
44
45     ----------------------------------------------------------------
46     -- 500 최종 결과를 화면에 표시
47     ----------------------------------------------------------------
48 ⊟   SELECT A.*
49       FROM #TEMP_로케이션재고이력 A
50      WHERE 1 = 1
51      ORDER BY A.이력번호, A.제품코드
52   END
```

> 제품이 많을 경우
> 제품코드나 제품명으로 검색할 수 있도록
> [@IN_통합검색] 변수를 입력 받는다.

> LIKE 검색을 위해 앞뒤로 [%]를 붙인다.

[그림 7-92] SPJ_290_로케이션재고이력_조회 소스코드

나. 엑셀VBA

로케이션재고이력 조회 화면은 [SPJ_290_로케이션_조회] 프로시저의 입력과 결과값을 참고하여 화면을 구성하면 된다.

[처리]버튼은 당장 필요는 없지만 향후 확장을 고려하여 그대로 두었으며 "사용할 수 없다"는 메시지만 출력되고 별도 동작은 하지 않도록 하였다.

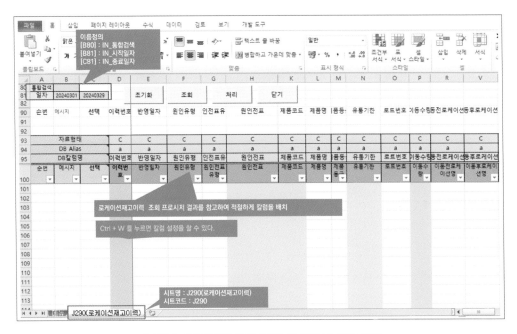

[그림 7-93] 로케이션재고이력 조회 VBA 화면 설정

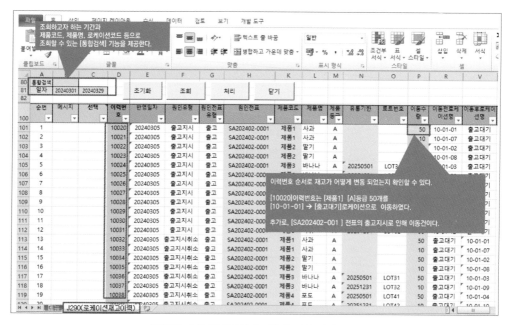

[그림 7-94] 로케이션재고이력 조회 화면 예시

```
Sub 기본_조회()

    Dim txt_Sql      As String        ' SQL문장 저장을 위한 변수 선언
    Dim txt_현재시트 As String        ' 현재 작업 시트명을 저장/관리하기 위한 변수 선언

    On Error Resume Next

    txt_현재시트 = ActiveSheet.Name       ' 조회시트명을 변수에 저장
    txt_현재시트코드 = ActiveSheet.CodeName ' 조회시트코드를 변수에 저장

    Sheets(txt_현재시트).Select         ' 조회시트로 이동

    Call 공통_초기화                    ' 101번 라인 이하를 삭제(클리어)시킴

    txt_Sql = "EXEC [dbo].[SPJ290_로케이션재고이력_조회]        " & vbLf & _
    "           @IN_시작일자     = '<<시작일자>>'          " & vbLf & _
    "          ,@IN_종료일자     = '<<종료일자>>'          " & vbLf & _
    "          ,@IN_통합검색     = '<<통합검색>>'          " & vbLf & _
    "          ,@IN_실행ID       = '<<실행ID>>'            " & vbLf & _
    "          ,@IN_실행PG       = '<<실행PG>>'            " & vbLf

    txt_Sql = Replace(txt_Sql, "<<시작일자>>", Trim(Range("IN_시작일자")))
    txt_Sql = Replace(txt_Sql, "<<종료일자>>", Trim(Range("IN_종료일자")))
    txt_Sql = Replace(txt_Sql, "<<통합검색>>", Trim(Range("IN_통합검색")))
    txt_Sql = Replace(txt_Sql, "<<실행ID>>", Trim(A100.Range("사용자ID")))
    txt_Sql = Replace(txt_Sql, "<<실행PG>>", ActiveSheet.CodeName)

    If 공통_DB1_Connect() = False Then            ' 관리시트에 있는 접속환경으로 DB에 접속함
        MsgBox "[오류]DB연결이 정상적이지 않습니다!!"
        Exit Sub
    End If

    If 공통_DB1_SP조회1(txt_Sql) = False Then      ' txt_Sql변수의 SQL문장을 실행함
        MsgBox "[오류]해당하는 자료가 존재하지 않습니다"
        Exit Sub
    End If
```

[그림 7-95] 로케이션재고이력 엑셀VBA 조회 관련 소스코드 (1/2)

```
    Call 공통_화면이벤트_OFF

    Do Until (RS1.EOF)                                    ' RS1 Record Set이 끝이 날때까지 Loop까지 계속 반복

        Cells(i, 1) = i - 100

        For kk = 4 To num_열개수

            If Cells(95, kk) <> "" Then

                ' txt_칼럼명 = Cells(95, kk)
                Cells(i, kk) = RS1.Fields(Cells(95, kk).Value)

            End If

        Next

        i = i + 1

        If i > num_최대조회수 Then
            MsgBox "[확인]데이터가 " & num_최대조회수 & "건보다 많습니다. 조회조건을 변경 바랍니다"
            Exit Do
        End If

        RS1.MoveNext                                      ' RecordSet의 다음자료(다음위치)로 이동함

    Loop

    Cells(101, 3).Select

    Call 공통_DB1_Close                                   ' 연결되었던 DB와의 접속을 끊음
    Call 공통_화면이벤트_ON

End Sub
```

> 처리버튼은 당장 필요는 없지만
> 향후 확정성을 위해 메시지만 출력하고 종료한다.

```
Sub 기본_처리()

    MsgBox "[확인]현재는 사용할수 없습니다"
    Exit Sub

End Sub
```

[그림 7-96] 로케이션재고이력 엑셀VBA 조회 관련 소스코드 (2/2)

8. 재고수불 조회

[재고수불]은 현재 시점의 재고를 보여주는 [현재고 조회], [로케이션재고 조회] 화면과 다르게 과거의 특정 시점에 재고가 몇 개가 있었는지를 조회할 수 있는 화면이다.

재고수불 화면은 [시작일자]와 [종료일자]를 입력 받는다. 시작일자 이전에 발생된 입고 또는 출고 출고 수량을 계산하여 시작시점에 몇 개의 재고가 있었는지를 알 수 있는데 이것이 [기초수량]이다. 시작일자와 종료일자 사이의 범위에 있는 입고수량, 출고수량 그리고 등급변경, 재고조정 내역들이 집계되어 [기초수량 + 입고수량 − 출고수량]을 계산하고 이를 기반으로 종료일자 시점 수량인 [기말수량]을 계산할 수 있다.

우리가 개발하는 재고수불은 제품코드와 제품등급을 기준으로 집계되기 때문에 [로트변경]과 관련된 데이터는 수불내역 집계에 포함되지 않는다. 같은 제품코드 내에서 로트변경이 이루어지기 때문에 수불상으로는 변동이 없기 때문이다.

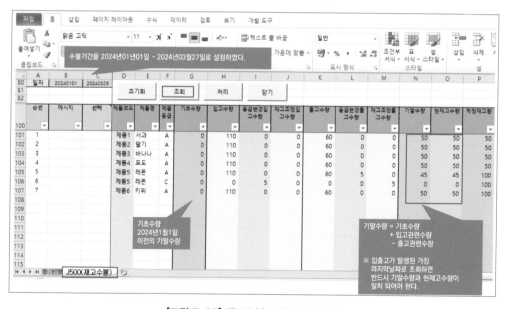

[그림 7-97] 재고수불 조회 화면 예시

가. DB프로시저

재고수불을 계산하기 위해서는 입고, 출고 데이터를 전체적으로 읽어서 데이터를 집계해야 한다. 수불조회기간을 [20240601] ~ [20240720]까지 설정한 경우 5월 31일 이전의 데이터들은 기초수량에 반영되고 6월 1일부터 7월 20일까지의 데이터들을 각종 입출고 수량을 집계한다. 이를 기반으로 각 제품의 기말수량을 계산된다.

단 한번도 입고 또는 출고가 되지 않은 제품들도 조회하는 화면에 포함될 수 있도록 로직을 추가하였다. 해당 제품들은 기초수량, 입고수량, 출고수량, 기말수량이 모두 0으로 출력된다.

프로시저 내에서 재고수불을 계산하기 위해서 [#TEMP_수불작업] 임시테이블을 생성하여 활용하고 있는데 그 이유는 입고 또는 출고가 하나도 발생되지 않은 경우, 입고는 있지만 출고가 없는 경우, 반대로 출고는 존재 하지만 입고가 없는 경우 등 다양한 형태가 존재한다.

이러한 상황에서 재고수불을 생성하기 위해 하나의 SELECT명령으로 작성하기에는 복잡하고 어렵기 때문에 임시테이블을 적극적으로 활용하였다. MS SQL 데이터베이스에서는 임시테이블을 사용하더라고 시스템 부하가 비교적 적고 잘 사용하면 오히려 시스템 성능이나 개발 생산성을 향상시킬 수 있는 장점이 있다.

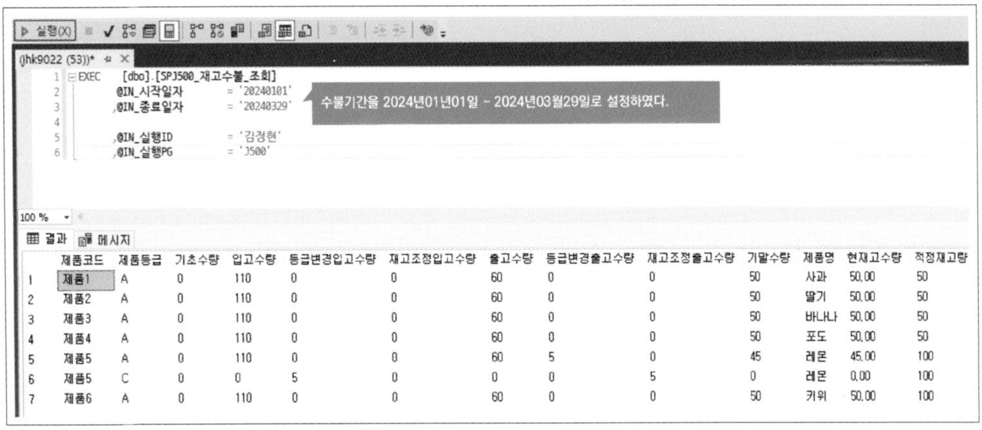


```
EXEC    [dbo].[SPJ500_재고수불_조회]
        @IN_시작일자        = '20240101'
       ,@IN_종료일자        = '20240329'

       ,@IN_실행ID          = '김경현'
       ,@IN_실행PG          = 'J500'
```

	제품코드	제품등급	기초수량	입고수량	등급변경입고수량	재고조정입고수량	출고수량	등급변경출고수량	재고조정출고수량	기말수량	제품명	현재고수량	적정재고량
1	제품1	A	0	110	0	0	60	0	0	50	사과	50.00	50
2	제품2	A	0	110	0	0	60	0	0	50	딸기	50.00	50
3	제품3	A	0	110	0	0	60	0	0	50	바나나	50.00	50
4	제품4	A	0	110	0	0	60	0	0	50	포도	50.00	50
5	제품5	A	0	110	0	0	60	5	0	45	레몬	45.00	100
6	제품5	C	0	0	5	0	0	0	5	0	레몬	0.00	100
7	제품6	A	0	110	0	0	60	0	0	50	키위	50.00	100

[그림 7-98] SPJ500_재고수불_조회 실행결과 예시

```
 1 ┌─ALTER PROCEDURE [dbo].[SPJ500_재고수불_조회]
 2  │      @IN_시작일자          NVARCHAR(08)
 3  │     ,@IN_종료일자          NVARCHAR(08)
 4  │
 5  │      ,@IN_실행ID           NVARCHAR(50)
 6  │     ,@IN_실행PG           NVARCHAR(50)
 7  AS
 8 ┌─BEGIN
 9  │
10  │     SET NOCOUNT ON;
11  │
12 ┌─    DECLARE @IN_실행공인IP     NVARCHAR(50)
13  │            ,@IN_호스트명       NVARCHAR(50)
14  │            ,@IN_현재일시       NVARCHAR(50)
15  │
16 ┌─    DECLARE @RETURN_VALUE     INT,
17  │            @OUT_메세지        NVARCHAR(500)
18  │
19 ┌─    SELECT @IN_실행공인IP    = A.접속공인IP
20  │          ,@IN_호스트명      = A.접속호스트
21  │          ,@IN_현재일시      = A.현재일시
22  │      FROM FTA_세션정보_조회() A
23  │     WHERE 1 = 1
24  │
25 ┌─    ---------------------------------------------------------------
26  │     -- 100 여러 유형을 하나로 통합하기 위해 작업임시테이블을 생성한다
27  │     ---------------------------------------------------------------
28 ┌─    CREATE TABLE #TEMP_수불작업 (
29  │         제품코드            NVARCHAR(30)
30  │        ,제품등급            NVARCHAR(30)
31  │        ,기초수량            NUMERIC(18, 0) DEFAULT 0
32  │        ,입고수량            NUMERIC(18, 0) DEFAULT 0
33  │        ,등급변경입고수량     NUMERIC(18, 0) DEFAULT 0
34  │        ,재고조정입고수량     NUMERIC(18, 0) DEFAULT 0
35  │        ,출고수량            NUMERIC(18, 0) DEFAULT 0
36  │        ,등급변경출고수량     NUMERIC(18, 0) DEFAULT 0
37  │        ,재고조정출고수량     NUMERIC(18, 0) DEFAULT 0
38  │        ,작업구분            NVARCHAR(30)
39  │     )
40  │
```

[그림 7-99] SPJ500_재고수불_조회 소스코드 (1/4)

```
                    임시테이블에 입출고 유형별로 전표를 읽어 집계 처리한다.

41          -- 입고데이터를 임시테이블에 저장
42     INSERT INTO #TEMP_수불작업 (제품코드, 제품등급, 기초수량, 입고수량, 작업구분)
43     SELECT A.제품코드, A.제품등급
44           ,기초수량 = SUM(IIF(B.입고일자 <  @IN_시작일자, IIF(C.반품여부 = '1', A.입고확정수량 * -1, A.입고확정수량), 0))
45           ,입고수량 = SUM(IIF(B.입고일자 >= @IN_시작일자, IIF(C.반품여부 = '1', A.입고확정수량 * -1, A.입고확정수량), 0))
46           ,작업구분 = '입고'
47       FROM TBE_입고D A
48     INNER JOIN TBE_입고H    B ON B.입고번호 = A.입고번호
49     INNER JOIN TBA_입고구분 C ON C.입고구분 = B.입고구분
50      WHERE 1 = 1
51        AND A.상태코드  = '90'
52        AND B.입고일자 <= @IN_종료일자
53      GROUP BY A.제품코드, A.제품등급
54
55          -- 출고데이터를 임시테이블에 저장
56     INSERT INTO #TEMP_수불작업 (제품코드, 제품등급, 기초수량, 출고수량, 작업구분)
57     SELECT A.제품코드, A.제품등급
58           ,기초수량 = SUM(IIF(B.출고일자 <  @IN_시작일자, IIF(C.반품여부 = '1', A.출고확정수량     , A.출고확정수량 * -1), 0))
59           ,출고수량 = SUM(IIF(B.출고일자 >= @IN_시작일자, IIF(C.반품여부 = '1', A.출고확정수량 * -1, A.출고확정수량     ), 0))
60           ,작업구분 = '출고'
61       FROM TBG_출고D A
62     INNER JOIN TBG_출고H    B ON B.출고번호 = A.출고번호
63     INNER JOIN TBA_출고구분 C ON C.출고구분 = B.출고구분
64      WHERE 1 = 1
65        AND A.상태코드  = '90'
66        AND B.출고일자 <= @IN_종료일자
67      GROUP BY A.제품코드, A.제품등급
68
69          -- 등급변경 입고
70     INSERT INTO #TEMP_수불작업 (제품코드, 제품등급, 기초수량, 등급변경입고수량, 작업구분)
71     SELECT A.제품코드, A.변경후제품등급
72           ,기초수량        = SUM(IIF(A.변경일자 <  @IN_시작일자, A.변경수량, 0))
73           ,등급변경입고수량 = SUM(IIF(A.변경일자 >= @IN_시작일자, A.변경수량, 0))
74           ,작업구분 = '등급변경입고'
75       FROM TBJ_등급변경 A
76      WHERE 1 = 1
77        AND A.변경일자 <= @IN_종료일자
78      GROUP BY A.제품코드, A.변경후제품등급
79
80          -- 등급변경 출고
81     INSERT INTO #TEMP_수불작업 (제품코드, 제품등급, 기초수량, 등급변경출고수량, 작업구분)
82     SELECT A.제품코드, A.변경전제품등급
83           ,기초수량        = SUM(IIF(A.변경일자 <  @IN_시작일자, A.변경수량 * -1, 0))
84           ,등급변경출고수량 = SUM(IIF(A.변경일자 >= @IN_시작일자, A.변경수량     , 0))
85           ,작업구분 = '등급변경출고'
86       FROM TBJ_등급변경 A
87      WHERE 1 = 1
88        AND A.변경일자 <= @IN_종료일자
89      GROUP BY A.제품코드, A.변경전제품등급
90
```

[그림 7-100] SPJ500_재고수불_조회 소스코드 (2/4)

```
                                            임시테이블에 입출고 유형별로 전표를 읽어 집계 처리한다.

91        -- 재고조정 입고
92   ┌─   INSERT INTO #TEMP_수불작업 (제품코드, 제품등급, 기초수량, 재고조정입고수량, 작업구분)
93        SELECT A.제품코드, A.제품등급
94                ,기초수량            = SUM(IIF(A.조정일자 <  @IN_시작일자, A.조정수량, 0))
95                ,재고조정입고수량    = SUM(IIF(A.조정일자 >= @IN_시작일자, A.조정수량, 0))
96                ,작업구분 = '재고조정입고'
97          FROM TBJ_재고조정 A
98         WHERE 1 = 1
99           AND A.조정일자 <= @IN_종료일자
100          AND A.조정수량  > 0
101        GROUP BY A.제품코드, A.제품등급
102
103       -- 재고조정 출고
104  ┌─   INSERT INTO #TEMP_수불작업 (제품코드, 제품등급, 기초수량, 재고조정출고수량, 작업구분)
105       SELECT A.제품코드, A.제품등급
106               ,기초수량            = SUM(IIF(A.조정일자 <  @IN_시작일자, ABS(A.조정수량) * -1, 0))
107               ,재고조정출고수량    = SUM(IIF(A.조정일자 >= @IN_시작일자, ABS(A.조정수량), 0))
108               ,작업구분 = '재고조정출고'
109         FROM TBJ_재고조정 A
110        WHERE 1 = 1
111          AND A.조정일자 <= @IN_종료일자
112          AND A.조정수량  < 0
113       GROUP BY A.제품코드, A.제품등급
```

[그림 7-101] SPJ500_재고수불_조회 소스코드 (3/4)

```
115  ┌─   ----------------------------------------------------------------
116       -- 900 최종 결과를 집계하고 출력한다
117       ----------------------------------------------------------------
118
119       -- 현재 시점의 로케이션재고를 집계한다          현시점의 재고수량도 보여주기 위해
120  ┌─   SELECT A.제품코드, A.제품등급                   임시테이블에 로케이션재고 수량을 집계한다.
121             ,현재고수량 = SUM(A.재고수량)
122        INTO #TEMP_재고수불_현재고
123        FROM TBJ_로케이션재고 A
124       WHERE 1 = 1
125       GROUP BY A.제품코드, A.제품등급
126
127
128       -- 최종 결과를 집계하고 출력한다               임시테이블로 집계한 데이터를 기반으로 최종
129  ┌─   SELECT A.제품코드, A.제품등급                  조회 결과를 생성한다.
130             ,기초수량         = SUM(A.기초수량)
131             ,입고수량         = SUM(A.입고수량)
132             ,등급변경입고수량 = SUM(A.등급변경입고수량)
133             ,재고조정입고수량 = SUM(A.재고조정입고수량)
134             ,출고수량         = SUM(A.출고수량)
135             ,등급변경출고수량 = SUM(A.등급변경출고수량)
136             ,재고조정출고수량 = SUM(A.재고조정출고수량) |
137             ,기말수량         = SUM(A.기초수량)
138                              + SUM(A.입고수량) + SUM(A.등급변경입고수량) + SUM(A.재고조정입고수량)
139                              - SUM(A.출고수량) - SUM(A.등급변경출고수량) - SUM(A.재고조정출고수량)
140             ,B.제품명
141             ,현재고수량       = ISNULL(C.현재고수량   , 0)
142             ,적정재고량       = ISNULL(B.적정재고량   , 0)
143         FROM #TEMP_수불작업 A
144         LEFT JOIN TBC_제품           B ON B.제품코드 = A.제품코드
145         LEFT JOIN #TEMP_재고수불_현재고 C ON C.제품코드 = A.제품코드 AND C.제품등급 = A.제품등급
146        WHERE 1 = 1
147        GROUP BY A.제품코드, A.제품등급, B.제품명, ISNULL(C.현재고수량, 0), ISNULL(B.적정재고량, 0)
148        ORDER BY A.제품코드, A.제품등급
149
150  END
151
```

[그림 7-102] SPJ500_재고수불_조회 소스코드 (4/4)

나. 엑셀VBA

재고수불 화면은 [SPJ500_재고수불_조회] 프로시저 결과를 참고하여 칼럼을 설정하고, 소스 코드 중 DB 프로시저 실행 부분만 일부 수정하면 간단히 개발할 수 있다. 입력이나 수정 작업 이 따로 없기 때문에 비교적 간단하다.

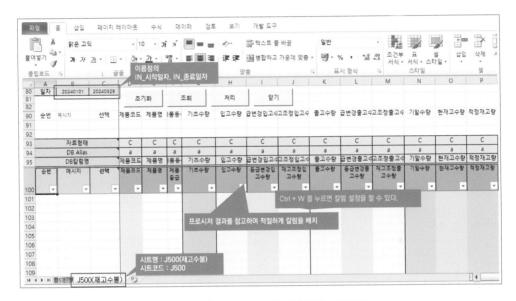

[그림 7-103] 재고수불 조회 엑셀 칼럼 설정 화면

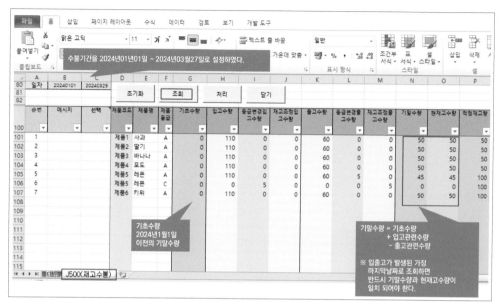

[그림 7-104] 재고수불 조회 화면 실행 예시

```
Sub 기본_조회()

    Dim txt_Sql        As String        ' SQL문장 저장을 위한 변수 선언
    Dim txt_현재시트 As String          ' 현재 작업 시트명을 저장/관리하기 위한 변수 선언

    On Error Resume Next

    txt_현재시트 = ActiveSheet.Name        ' 조회시트명을 변수에 저장
    txt_현재시트코드 = ActiveSheet.CodeName ' 조회시트코드를 변수에 저장

    Sheets(txt_현재시트).Select        ' 조회시트로 이동

    Call 공통_초기화                   ' 101번 라인 이하를 삭제(클리어)시킴

    txt_Sql = "EXEC [dbo].[SPJ500_재고수불_조회]       " & vbLf & _
            "        @IN_시작일자      = '<<시작일자>>'     " & vbLf & _
            "       ,@IN_종료일자      = '<<종료일자>>'     " & vbLf & _
            "       ,@IN_실행ID        = '<<실행ID>>'       " & vbLf & _
            "       ,@IN_실행PG        = '<<실행PG>>'       " & vbLf

    txt_Sql = Replace(txt_Sql, "<<시작일자>>", Trim(Range("IN_시작일자")))
    txt_Sql = Replace(txt_Sql, "<<종료일자>>", Trim(Range("IN_종료일자")))
    txt_Sql = Replace(txt_Sql, "<<실행ID>>", Trim(A100.Range("사용자ID")))
    txt_Sql = Replace(txt_Sql, "<<실행PG>>", ActiveSheet.CodeName)

    If 공통_DB1_Connect() = False Then              ' 관리시트에 있는 접속환경으로 DB에 접속함
        MsgBox "[오류]DB연결이 정상적이지 않습니다!!"
        Exit Sub
    End If

    If 공통_DB1_SP조회1(txt_Sql) = False Then        ' txt_Sql변수의 SQL문장을 실행함
        MsgBox "[오류]해당하는 자료가 존재하지 않습니다"
        Exit Sub
    End If
```

[그림 7-105] 재고수불 조회 VBA 소스코드 (1/2)

```
    Call 공통_화면이벤트_OFF

    Do Until (RS1.EOF)                         ' RS1 Record Set이 끝이 날때까지 Loop까지 계속 반복

        Cells(i, 1) = i - 100

        For kk = 4 To num_열개수

            If Cells(95, kk) <> "" Then

                ' txt_칼럼명 = Cells(95, kk)
                Cells(i, kk) = RS1.Fields(Cells(95, kk).Value)

            End If

        Next

        i = i + 1

        If i > num_최대조회수 Then
            MsgBox "[확인]데이터가 " & num_최대조회수 & "건보다 많습니다. 조회조건을 변경 바랍니다"
            Exit Do
        End If

        RS1.MoveNext                           ' RecordSet의 다음자료(다음위치)로 이동함

    Loop

    Cells(101, 4).Select

    Call 공통_DB1_Close                         ' 연결되었던 DB와의 접속을 끊음
    Call 공통_화면이벤트_ON

End Sub
```

> 처리버튼은 당장 필요는 없지만
> 향후 확정성을 위해 메시지만 출력하고 종료한다.

```
Sub 기본_처리()

    MsgBox "[확인]현재는 사용할수 없습니다"
    Exit Sub

End Sub
```

[그림 7-106] 재고수불 조회 VBA 소스코드 (2/2)

9. 제품일자수불

앞에서 개발한 [재고수불]은 여러 제품코드에 대해 입출고수량 및 기초, 기말재고를 확인할 수 있는 프로그램이라면 [제품일자수불]은 하나의 제품코드에 대해서 일자별로 상세한 수불 내역을 조회할 수 있다.

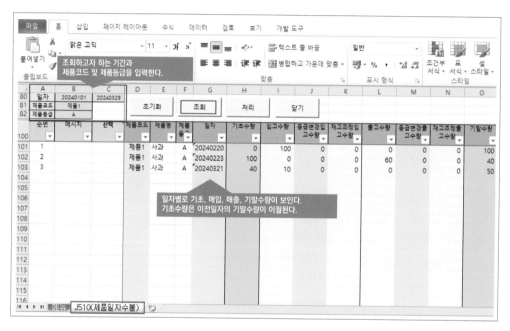

[그림 7-107] 제품일자수불 조회 화면 예시

가. DB프로시저

제품일자수불 역시 재고수불과 마찬가지로 해당하는 제품의 모든 입고, 출고 데이터를 읽어서 데이터를 가공해야 한다. 수불조회기간을 [20240101] ~ [20230329]로 설정한 경우 1월 1일 이전의 데이터들은 [20230101]자의 기초수량으로 집계하고, 나머지는 해당일자의 입고수량과 출고수량으로 집계한다. 이후 일자별로 기말수량과 기초수량을 계산하면 최종 일자별 수불이 완성된다.

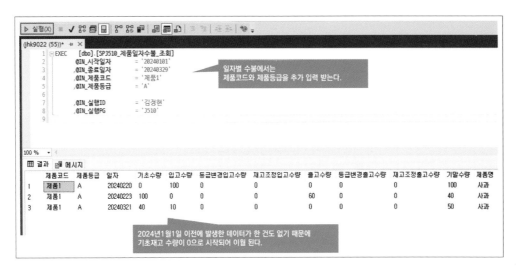

[그림 7-108] SPJ510_제품일자수불_조회 실행 예시

```
 1  ⊟ALTER PROCEDURE [dbo].[SPJ510_제품일자수불_조회]
 2         @IN_시작일자           NVARCHAR(08)
 3        ,@IN_종료일자           NVARCHAR(08)
 4        ,@IN_제품코드           NVARCHAR(30)
 5        ,@IN_제품등급           NVARCHAR(10)
 6
 7        ,@IN_실행ID            NVARCHAR(50)
 8        ,@IN_실행PG            NVARCHAR(50)
 9    AS
10  ⊟BEGIN
11
12      SET NOCOUNT ON;
13
14  ⊟   DECLARE @IN_실행공인IP    NVARCHAR(50)
15           ,@IN_호스트명         NVARCHAR(50)
16           ,@IN_현재일시         NVARCHAR(50)
17
18  ⊟   SELECT @IN_실행공인IP   = A.접속공인IP
19          ,@IN_호스트명        = A.접속호스트
20          ,@IN_현재일시        = A.현재일시
21       FROM FTA_세션정보_조회() A
22      WHERE 1 = 1
23
24  ⊟   ----------------------------------------------------------------
25      -- 100 제품코드, 제품등급 등 값 검증, 조정
26      ----------------------------------------------------------------
27      SET @IN_시작일자 = UPPER(TRIM(@IN_시작일자))
28      SET @IN_종료일자 = UPPER(TRIM(@IN_종료일자))
29      SET @IN_제품코드 = UPPER(TRIM(@IN_제품코드))
30      SET @IN_제품등급 = UPPER(TRIM(@IN_제품등급))
31
32      IF  @IN_제품코드 IS NULL OR @IN_제품코드 = ''  SET @IN_제품코드 = '%'
33      IF  @IN_제품등급 IS NULL OR @IN_제품등급 = ''  SET @IN_제품등급 = '%'
34
35  ⊟   ----------------------------------------------------------------
36      -- 200 여러 유형을 하나로 통합하기 위해 작업임시테이블을 생성한다
37      ----------------------------------------------------------------
38  ⊟   CREATE TABLE #TEMP_수불작업 (
39        제품코드            NVARCHAR(30)
40       ,제품등급            NVARCHAR(30)
41       ,일자               NVARCHAR(08)
42       ,기초수량            NUMERIC(18, 0) DEFAULT 0
43       ,입고수량            NUMERIC(18, 0) DEFAULT 0
44       ,등급변경입고수량     NUMERIC(18, 0) DEFAULT 0
45       ,재고조정입고수량     NUMERIC(18, 0) DEFAULT 0
46       ,출고수량            NUMERIC(18, 0) DEFAULT 0
47       ,등급변경출고수량     NUMERIC(18, 0) DEFAULT 0
48       ,재고조정출고수량     NUMERIC(18, 0) DEFAULT 0
49       ,작업구분            NVARCHAR(30)
50      )
51
```

[그림 7-109] SPJ510_제품일자수불_조회 소스코드 (1/4)

```
52      -- 입고데이터를 임시테이블에 저장
53    ┌ INSERT INTO #TEMP_수불작업 (제품코드, 제품등급, 일자, 기초수량, 입고수량, 작업구분)
54      SELECT A.제품코드, A.제품등급
55            ,일자       = IIF(B.입고일자 <  @IN_시작일자, @IN_시작일자, B.입고일자)
56            ,기초수량 = SUM(IIF(B.입고일자 <  @IN_시작일자, IIF(C.반품여부 = '1', A.입고확정수량 * -1, A.입고확정수량), 0))
57            ,입고수량 = SUM(IIF(B.입고일자 >= @IN_시작일자, IIF(C.반품여부 = '1', A.입고확정수량 * -1, A.입고확정수량), 0))
58            ,작업구분 = '입고'
59       FROM TBE_입고D A
60      INNER JOIN TBE_입고H    B ON B.입고번호 = A.입고번호
61      INNER JOIN TBA_입고구분 C ON C.입고구분 = B.입고구분
62      WHERE 1 = 1
63        AND A.제품코드 LIKE @IN_제품코드
64        AND A.제품등급 LIKE @IN_제품등급
65        AND A.상태코드    = '90'
66        AND B.입고일자   <= @IN_종료일자
67      GROUP BY A.제품코드, A.제품등급, IIF(B.입고일자 <  @IN_시작일자, @IN_시작일자, B.입고일자)
68
69      -- 출고데이터를 임시테이블에 저장
70    ┌ INSERT INTO #TEMP_수불작업 (제품코드, 제품등급, 일자, 기초수량, 출고수량, 작업구분)
71      SELECT A.제품코드, A.제품등급
72            ,일자       = IIF(B.출고일자 <  @IN_시작일자, @IN_시작일자, B.출고일자)
73            ,기초수량 = SUM(IIF(B.출고일자 <  @IN_시작일자, IIF(C.반품여부 = '1', A.출고확정수량        , A.출고확정수량 * -1), 0))
74            ,출고수량 = SUM(IIF(B.출고일자 >= @IN_시작일자, IIF(C.반품여부 = '1', A.출고확정수량 * -1, A.출고확정수량       ), 0))
75            ,작업구분 = '출고'
76       FROM TBG_출고D A
77      INNER JOIN TBG_출고H    B ON B.출고번호 = A.출고번호
78      INNER JOIN TBA_출고구분 C ON C.출고구분 = B.출고구분
79      WHERE 1 = 1
80        AND A.제품코드 LIKE @IN_제품코드
81        AND A.제품등급 LIKE @IN_제품등급
82        AND A.상태코드    = '90'
83        AND B.출고일자   <= @IN_종료일자
84      GROUP BY A.제품코드, A.제품등급, IIF(B.출고일자 <  @IN_시작일자, @IN_시작일자, B.출고일자)
85
86      -- 등급변경 입고
87    ┌ INSERT INTO #TEMP_수불작업 (제품코드, 제품등급, 일자, 기초수량, 등급변경입고수량, 작업구분)
88      SELECT A.제품코드, A.변경후제품등급
89            ,일자              = IIF(A.변경일자 <  @IN_시작일자, @IN_시작일자, A.변경일자)
90            ,기초수량          = SUM(IIF(A.변경일자 <  @IN_시작일자, A.변경수량, 0))
91            ,등급변경입고수량 = SUM(IIF(A.변경일자 >= @IN_시작일자, A.변경수량, 0))
92            ,작업구분 = '등급변경입고'
93       FROM TBJ_등급변경 A
94      WHERE 1 = 1
95        AND A.변경일자        <= @IN_종료일자
96        AND A.제품코드       LIKE @IN_제품코드 |
97        AND A.변경후제품등급 LIKE @IN_제품등급
98      GROUP BY A.제품코드, A.변경후제품등급, IIF(A.변경일자 <  @IN_시작일자, @IN_시작일자, A.변경일자)
99
```

[그림 7-110] SPJ510_제품일자수불_조회 소스코드 (2/4)

```
100        -- 등급변경 출고
101 ⊟   INSERT INTO #TEMP_수불작업 (제품코드, 제품등급, 일자, 기초수량, 등급변경출고수량, 작업구분)
102      SELECT A.제품코드, A.변경전제품등급
103          ,일자              = IIF(A.변경일자 <  @IN_시작일자, @IN_시작일자, A.변경일자)
104          ,기초수량          = SUM(IIF(A.변경일자 <  @IN_시작일자, A.변경수량 * -1, 0))
105          ,등급변경출고수량  = SUM(IIF(A.변경일자 >= @IN_시작일자, A.변경수량      , 0))
106          ,작업구분 = '등급변경출고'
107        FROM TBJ_등급변경 A
108       WHERE 1 = 1
109         AND A.제품코드        LIKE @IN_제품코드
110         AND A.변경전제품등급 LIKE @IN_제품등급
111         AND A.변경일자        <= @IN_종료일자
112       GROUP BY A.제품코드, A.변경전제품등급, IIF(A.변경일자 <  @IN_시작일자, @IN_시작일자, A.변경일자)
113
114        -- 재고조정 입고
115 ⊟   INSERT INTO #TEMP_수불작업 (제품코드, 제품등급, 일자, 기초수량, 재고조정입고수량, 작업구분)
116      SELECT A.제품코드, A.제품등급
117          ,일자              = IIF(A.조정일자 <  @IN_시작일자, @IN_시작일자, A.조정일자)
118          ,기초수량          = SUM(IIF(A.조정일자 <  @IN_시작일자, A.조정수량, 0))
119          ,재고조정입고수량  = SUM(IIF(A.조정일자 >= @IN_시작일자, A.조정수량, 0))
120          ,작업구분 = '재고조정입고'
121        FROM TBJ_재고조정 A
122       WHERE 1 = 1
123         AND A.제품코드 LIKE @IN_제품코드
124         AND A.제품등급 LIKE @IN_제품등급
125         AND A.조정일자    <= @IN_종료일자
126         AND A.조정수량    > 0
127       GROUP BY A.제품코드, A.제품등급, IIF(A.조정일자 <  @IN_시작일자, @IN_시작일자, A.조정일자)
128
129        -- 재고조정 출고
130 ⊟   INSERT INTO #TEMP_수불작업 (제품코드, 제품등급, 일자, 기초수량, 재고조정출고수량, 작업구분)
131      SELECT A.제품코드, A.제품등급
132          ,일자              = IIF(A.조정일자 <  @IN_시작일자, @IN_시작일자, A.조정일자)
133          ,기초수량          = SUM(IIF(A.조정일자 <  @IN_시작일자, ABS(A.조정수량) * -1, 0))
134          ,재고조정출고수량  = SUM(IIF(A.조정일자 >= @IN_시작일자, ABS(A.조정수량), 0))
135          ,작업구분 = '재고조정출고'
136        FROM TBJ_재고조정 A
137       WHERE 1 = 1
138         AND A.제품코드 LIKE @IN_제품코드
139         AND A.제품등급 LIKE @IN_제품등급
140         AND A.조정일자    <= @IN_종료일자
141         AND A.조정수량    < 0
142       GROUP BY A.제품코드, A.제품등급, IIF(A.조정일자 <  @IN_시작일자, @IN_시작일자, A.조정일자)
143
```

[그림 7-111] SPJ510_제품일자수불_조회 소스코드 (3/4)

```
144    -------------------------------------------------------------------------------
145    -- 900 최종 결과를 집계하고 출력한다
146    -------------------------------------------------------------------------------
147
148    -- 최종 결과를 집계하고 출력한다
149    SELECT A.제품코드, A.제품등급, A.일자
150          ,기초수량          = SUM(A.기초수량)
151          ,입고수량          = SUM(A.입고수량)
152          ,등급변경입고수량   = SUM(A.등급변경입고수량)
153          ,재고조정입고수량   = SUM(A.재고조정입고수량)
154          ,출고수량          = SUM(A.출고수량)
155          ,등급변경출고수량   = SUM(A.등급변경출고수량)
156          ,재고조정출고수량   = SUM(A.재고조정출고수량)
157          ,기말수량          = CONVERT(NUMERIC(18, 0), 0)
158          ,B.제품명
159          ,제품등급별순번     = DENSE_RANK() OVER(PARTITION BY A.제품코드, A.제품등급 ORDER BY A.일자)
160      INTO #TEMP_일자수불결과
161      FROM #TEMP_수불작업 A
162      LEFT JOIN TBC_제품            B ON B.제품코드 = A.제품코드
163     WHERE 1 = 1
164     GROUP BY A.제품코드, A.제품등급, A.일자, B.제품명
165     ORDER BY A.제품코드, A.제품등급
166
167    -- 일자별 기초수량과 기말수량을 계산한다
168    UPDATE A SET
169            A.기초수량 = IIF(A.제품등급별순번 = 1, A.기초수량,
170                        (SELECT ISNULL(SUM(X.기초수량
171                            + X.입고수량 + X.등급변경입고수량 + X.재고조정입고수량
172                            - X.출고수량 - X.등급변경출고수량 - X.재고조정출고수량), 0)
173                        FROM #TEMP_일자수불결과 X
174                       WHERE X.제품코드      = A.제품코드
175                         AND X.제품등급      = A.제품등급
176                         AND X.제품등급별순번 < A.제품등급별순번))
177           ,A.기말수량 =   (SELECT ISNULL(SUM(X.기초수량
178                            + X.입고수량 + X.등급변경입고수량 + X.재고조정입고수량
179                            - X.출고수량 - X.등급변경출고수량 - X.재고조정출고수량), 0)
180                        FROM #TEMP_일자수불결과 X
181                       WHERE X.제품코드      = A.제품코드
182                         AND X.제품등급      = A.제품등급
183                         AND X.제품등급별순번 <= A.제품등급별순번)
184      FROM #TEMP_일자수불결과 A
185     WHERE 1 = 1
186
187    -- 최종결과를 화면에 출력
188    SELECT A.*
189      FROM #TEMP_일자수불결과 A
190     WHERE 1 =1
191     ORDER BY A.제품코드, A.제품등급, A.일자
192
193    END
194
```

[그림 7-112] SPJ510_제품일자수불_조회 소스코드 (4/4)

나. 엑셀VBA

재고수불 화면과 과정이 동일하다. DB 프로시저 결과를 참고하여 칼럼을 정의하고, 표준적인
소스코드에 DB 프로시저 관련 부분만 수정하면 빠르게 조회 화면을 완성할 수 있다.

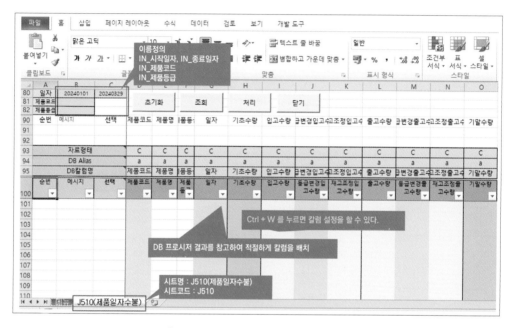

[그림 7-113] 제품일자수불 칼럼 맵핑

```
Sub 기본_조회()

    Dim txt_Sql      As String          ' SQL문장 저장을 위한 변수 선언
    Dim txt_현재시트 As String          ' 현재 작업 시트명을 저장/관리하기 위한 변수 선언

    On Error Resume Next

    txt_현재시트 = ActiveSheet.Name          ' 조회시트명을 변수에 저장
    txt_현재시트코드 = ActiveSheet.CodeName ' 조회시트코드를 변수에 저장

    Sheets(txt_현재시트).Select          ' 조회시트로 이동

    Call 공통_초기화                     ' 101번 라인 이하를 삭제(클리어)시킴

    txt_Sql = "EXEC [dbo].[SPJ510_제품일자수불_조회]          " & vbLf & _
        "          @IN_시작일자       = '<<시작일자>>'          " & vbLf & _
        "         ,@IN_종료일자       = '<<종료일자>>'          " & vbLf & _
        "         ,@IN_제품코드       = '<<제품코드>>'          " & vbLf & _
        "         ,@IN_제품등급       = '<<제품등급>>'          " & vbLf & _
        "         ,@IN_실행ID         = '<<실행ID>>'          " & vbLf & _
        "         ,@IN_실행PG         = '<<실행PG>>'          " & vbLf

    txt_Sql = Replace(txt_Sql, "<<시작일자>>", Trim(Range("IN_시작일자")))
    txt_Sql = Replace(txt_Sql, "<<종료일자>>", Trim(Range("IN_종료일자")))
    txt_Sql = Replace(txt_Sql, "<<제품코드>>", Trim(Range("IN_제품코드")))
    txt_Sql = Replace(txt_Sql, "<<제품등급>>", Trim(Range("IN_제품등급")))
    txt_Sql = Replace(txt_Sql, "<<실행ID>>", Trim(A100.Range("사용자ID")))
    txt_Sql = Replace(txt_Sql, "<<실행PG>>", ActiveSheet.CodeName)

    If 공통_DB1_Connect() = False Then          ' 관리시트에 있는 접속환경으로 DB에 접속함
        MsgBox "[오류]DB연결이 정상적이지 않습니다!!"
        Exit Sub
    End If

    If 공통_DB1_SP조회1(txt_Sql) = False Then          ' txt_Sql변수의 SQL문장을 실행함
        MsgBox "[오류]해당하는 자료가 존재하지 않습니다"
        Exit Sub
    End If
```

[그림 7-114] 제품일자수불 VBA 조회 소스코드 (1/2)

```
        Call 공통_화면이벤트_OFF

        Do Until (RS1.EOF)                              ' RS1 Record Set이 끝이 날때까지 Loop까지 계속 반복

            Cells(i, 1) = i - 100

            For kk = 4 To num_열개수

                If Cells(95, kk) <> "" Then

                    '  txt_칼럼명 = Cells(95, kk)
                    Cells(i, kk) = RS1.Fields(Cells(95, kk).Value)

                End If

            Next

            i = i + 1

            If i > num_최대조회수 Then
                MsgBox "[확인]데이터가 " & num_최대조회수 & "건보다 많습니다. 조회조건을 변경 바랍니다"
                Exit Do
            End If

            RS1.MoveNext                                ' RecordSet의 다음자료(다음위치)로 이동함

        Loop

        Cells(101, 4).Select

        Call 공통_DB1_Close                             ' 연결되었던 DB와의 접속을 끊음
        Call 공통_화면이벤트_ON

    End Sub


    Sub 기본_처리()

        MsgBox "[확인]현재는 사용할수 없습니다"
        Exit Sub

    End Sub
```

처리버튼은 당장 필요는 없지만
향후 확정성을 위해 메시지만 출력하고 종료한다.

[그림 7-115] 제품일자수불 VBA 조회 소스코드 (2/2)

Chapter
08

DB 공통모듈

제8장_ DB 공통모듈

1. 개 요

시스템을 개발할 때 수많은 하위 프로그램들로 구성되어 있다. 하위 프로그램들을 작성하면서 동일하거나 유사한 기능들을 각자 따로 일일이 코딩을 한다면 개발해야 할 분량도 많아지고 향후 기능개선이나 오류 등으로 일괄적으로 수정을 해야 하는 경우 일일이 해당하는 부분을 찾아서 각각 수정해야 한다. 여간 수고스러울 뿐만 아니라, 생산성도 떨어지고 개발자의 실수 등으로 시스템에 또 다른 중대한 오류가 발생할 가능성이 커진다.

DB 시스템 공통모듈은 개발 시 빈번하게 사용되는 저장프로시저나 Function을 표준화 하여 개발하고 이를 필요로 하는 DB 저장프로시저가 활용함으로써 개발 생산성을 향상 시킬 수 있을 뿐 아니라 향후 기능 개선이나 확장이 용이한 장점이 있다.

지금까지 우리는 공통모듈에 대해 그 기능을 구체적으로 알지 못했다 하더라도 표준화된 공통 모듈을 활용하여 개발 생산성도 높이고 오류도 최소화 할 수 있었다. 이번 장에서는 DB 공통모 듈에 대해 자세히 살펴보도록 하자.

기 능		내 용
Function	FTA_세션정보_조회	현재 세션, 로그인명, 현재일시, IP주소, PC명 등 사용자의 접속 정보를 제공한다.
프로시저	SPA000_공통_재고입출고_처리	로케이션재고에 수량을 반영하고자 할 때 사용된다. 입출고 등 재고 변동이 발생되는 모든 로직에 활용된다.
	SPA100_공통_전표번호_채번	입고번호, 출고번호, 로트변경번호 등 중복없이 각종 전표번호를 부여 받고자 할 때 사용되는 공통모듈이다. DB의 SEQUENCE를 활용한다.
	SPA200_공통_UDT현재고_조회	입출고 화면이나 작업 시 재고현황 데이터를 제공받을 수 있다. 여러행의 테이블 형태의 결과값을 리턴한다. 향후, 결과값이 형태가 변경되거나 확장될 수 있기 때문에 사용자 정의 테이블을 활용하여 임시테이블을 생성한다.

[그림 8-1] DB 공통모듈 목록

2. FTA_세션정보_조회( )

DB 저장 프로시저를 개발할 때 현재의 시간이나 접속한 IP접속 주소, 세션번호 등이 기본적인 접속환경 관련 데이터들이 필요한 경우가 많다. 이러한 정보들을 일일이 조회하기 위해 SELECT 명령을 작성하는 것 보다는 DB의 Function 을 활용하여 공통모듈로 작성 한다면 보다 개발 편의성을 높일 수 있다.

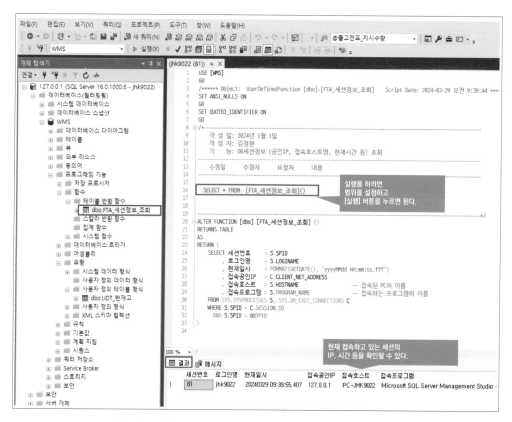

[그림 8-2] FTA_세션정보_조회 Function 소스코드 및 결과

만약, Function을 실행 하였는데 데이터베이스에서 권한과 관련된 오류가 발생된다면 "GRANT VIEW SERVER STATE"라는 명령을 실행하여 사용자에게 권한을 부여하면 오류 없이 실행된다.

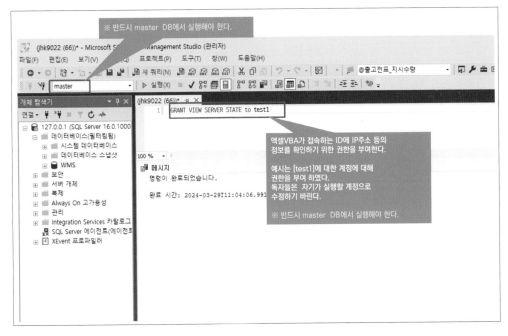

[그림 8-3] GRANT VIEW SERVER STATE 권한 설정 방법

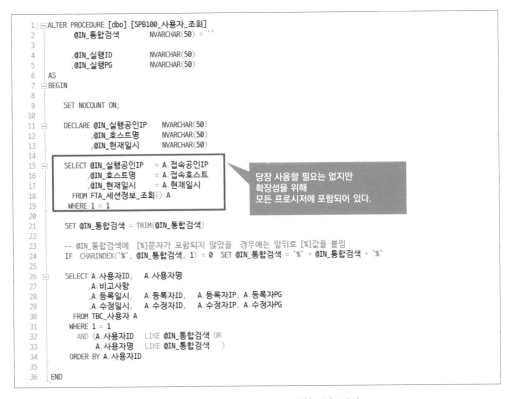

[그림 8-4] FTA_세션정보_조회( ) 적용 예시

3. SPA000_공통_재고입출고_처리

WMS에서 로케이션 재고를 변경하는 프로세스들이 많았다. 입고확정 및 취소처리, 출고지시와 출고확정, 로트변경, 등급변경, 재고조정, 로케이션재고이동 등 많은 프로그램들에서 로케이션 재고를 증가 또는 감소시키는 작업들을 수행하였다.

그런데, 많은 프로그램들이 제각각 SQL명령(SELECT, INSERT, UPDATE, DELETE 등)으로 개별적으로 프로그래밍한다면 개발자에 따라 일부 로직에 차이가 발생할 수 있고 이로 인해 일관된 결과를 기대하기 어렵거나 중대한 오류가 발생될 수 있다.

우리가 개발하는 WMS 시스템에서 매우 중요한 로케이션재고 변경 작업을 공통 모듈로 개발 및 활용함으로써 개발자들의 생산성과 일관되고 정확한 결과를 기대할 수 있다. 공통모듈에서는 로케이션 재고의 증가 또는 감소 뿐만 아니라 이에 따른 이력 데이터도 함께 생성 관리하도록 하였다.

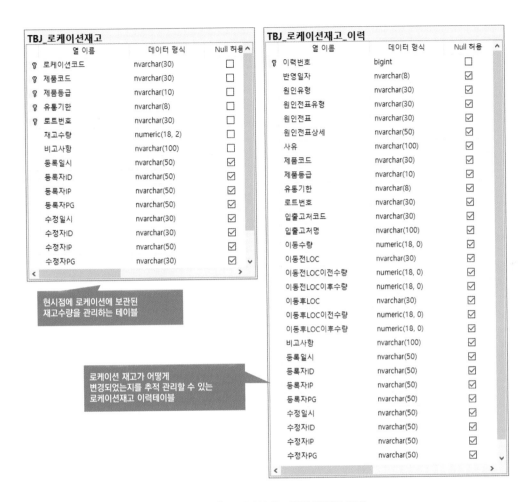

TBJ_로케이션재고

열 이름	데이터 형식	Null 허용
🔑 로케이션코드	nvarchar(30)	☐
🔑 제품코드	nvarchar(30)	☐
🔑 제품등급	nvarchar(10)	☐
🔑 유통기한	nvarchar(8)	☐
🔑 로트번호	nvarchar(30)	☐
재고수량	numeric(18, 2)	☐
비고사항	nvarchar(100)	☐
등록일시	nvarchar(50)	☑
등록자ID	nvarchar(50)	☑
등록자IP	nvarchar(50)	☑
등록자PG	nvarchar(50)	☑
수정일시	nvarchar(30)	☑
수정자ID	nvarchar(30)	☑
수정자IP	nvarchar(50)	☑
수정자PG	nvarchar(30)	☑

현시점에 로케이션에 보관된 재고수량을 관리하는 테이블

TBJ_로케이션재고_이력

열 이름	데이터 형식	Null 허용
🔑 이력번호	bigint	☐
반영일자	nvarchar(8)	☑
원인유형	nvarchar(30)	☑
원인전표유형	nvarchar(30)	☑
원인전표	nvarchar(30)	☑
원인전표상세	nvarchar(50)	☑
사유	nvarchar(100)	☑
제품코드	nvarchar(30)	☑
제품등급	nvarchar(10)	☑
유통기한	nvarchar(8)	☑
로트번호	nvarchar(30)	☑
입출고처코드	nvarchar(30)	☑
입출고처명	nvarchar(100)	☑
이동수량	numeric(18, 0)	☑
이동전LOC	nvarchar(30)	☑
이동전LOC이전수량	numeric(18, 0)	☑
이동전LOC이후수량	numeric(18, 0)	☑
이동후LOC	nvarchar(30)	☑
이동후LOC이전수량	numeric(18, 0)	☑
이동후LOC이후수량	numeric(18, 0)	☑
비고사항	nvarchar(100)	☑
등록일시	nvarchar(50)	☑
등록자ID	nvarchar(50)	☑
등록자IP	nvarchar(50)	☑
등록자PG	nvarchar(50)	☑
수정일시	nvarchar(50)	☑
수정자ID	nvarchar(50)	☑
수정자IP	nvarchar(50)	☑
수정자PG	nvarchar(50)	☑

로케이션 재고가 어떻게 변경되었는지를 추적 관리할 수 있는 로케이션재고 이력테이블

[그림 8-5] 로케이션재고 관련 테이블 구조

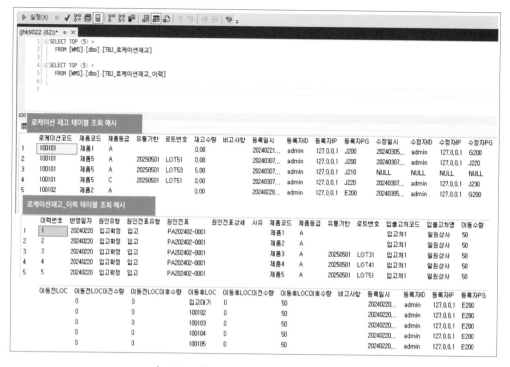

[그림 8-6] 로케이션재고 테이블 조회 예시

```
  1 ┌ DECLARE @RETURN_VALUE  INT,
  2 │         @OUT_결과값     NVARCHAR(500)
  3
  4   BEGIN TRAN;
  5
  6   -- 공통모듈 실행전 재고
  7   SELECT * FROM TBJ_로케이션재고 WHERE 제품코드 = '제품1' AND 로케이션코드 IN ('100107','100108')
  8
  9 ┌ EXEC @RETURN_VALUE = [DBO].[SPA000_공통_재고입출고_처리]
 10      @IN_반영일자           = '20180401'   -- 재고실적 반영이 되어야 하는 일자 YYYYMMDD
 11     ,@IN_원인유형           = '재고이동'    -- 재고변동이 생긴 형태 (입고, 재고이동, 출고 등)
 12     ,@IN_원인전표유형        = ''          -- 세부유형코드 (예: 입고, 출고, 재고이동)
 13     ,@IN_원인전표           = ''          -- 세부근거 전표번호
 14     ,@IN_원인전표상세        = ''          -- 세부근거 전표번호
 15     ,@IN_사유              = ''          -- 세부근거 사유 (예: 기초확정, 로케이션이동 등)
 16     ,@IN_제품코드           = '제품1'      -- 제품코드
 17     ,@IN_제품등급           = 'A'         -- 제품등급
 18     ,@IN_유통기한           = ''          -- 유통기한
 19     ,@IN_로트번호           = ''          -- 로트번호
 20     ,@IN_입출고처코드        = ''          -- 입출고처코드 / 창고코드
 21     ,@IN_입출고처명          = ''          -- 입출고처명
 22     ,@IN_이동전로케이션       = '100107'    -- 이동전(FROM) 로케이션코드 (공백가능)
 23     ,@IN_이동후로케이션       = '100108'    -- 이동(TO)   로케이션코드 (공백가능)
 24     ,@IN_이동수량           = 10          -- 이동/변동된 수량 (이후 로케이션코드 기준)
 25     ,@IN_등록자ID           = N'jhk9022'
 26     ,@IN_등록자IP           = N'112'
 27     ,@IN_등록자PG           = N'B100'
 28     ,@OUT_결과값            = @OUT_결과값  OUTPUT
 29
 30 ┌ SELECT '@OUT_결과값'  = @OUT_결과값
 31         ,'RETURN VALUE' = @RETURN_VALUE
 32
 33   -- 공통모듈 실행전 재고
 34   SELECT * FROM TBJ_로케이션재고 WHERE 제품코드 = '제품1' AND 로케이션코드 IN ('100107','100108')
 35   SELECT TOP 1 * FROM TBJ_로케이션재고_이력 ORDER BY 이력번호 DESC
 36
 37   ROLLBACK TRAN;
```

[@IN_이동전 로케이션] --재고이동--〉   [@IN_이동후 로케이션]

재고감소(-)   재고증가(+)

※ 로케이션주소가 공백이면 해당 재고처리를 하지 않는다.
　 (예제에서는 이동전로케이션 재고감소, 이동후코레이션 재고증가된다.)

[그림 8-7] SPA000_공통_재고입출고_처리 실행예시 (1/2)

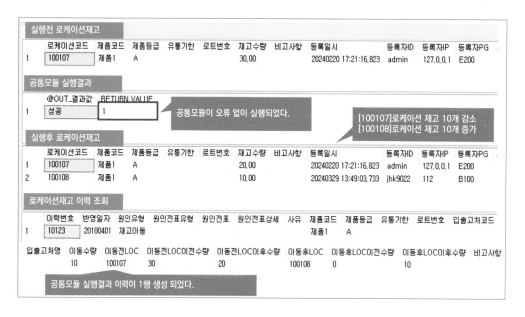

[그림 8-8] SPA000_공통_재고입출고_처리 실행예시 (2/2)

```
1  ⊟ALTER PROCEDURE [dbo].[SPA000_공통_재고입출고_처리]
2     @IN_반영일자              NVARCHAR(08)   -- 재고실적 반영이 되어야 하는 일자 YYYYMMDD
3    ,@IN_원인유형              NVARCHAR(50)   -- 재고변동이 생긴 형태 (입고, 재고이동, 출고 등)
4    ,@IN_원인전표유형           NVARCHAR(50)   -- 세부유형코드 (예: 입고, 출고, 재고이동)
5    ,@IN_원인전표              NVARCHAR(50)   -- 세부근거 전표번호
6    ,@IN_원인전표상세           NVARCHAR(50)   -- 세부근거 전표번호
7    ,@IN_사유                NVARCHAR(50)   -- 세부근거 사유 (예: 기초확정, 로케이션이동 등)
8    ,@IN_제품코드              NVARCHAR(30)   -- 제품코드
9    ,@IN_제품등급              NVARCHAR(10)   -- 제품등급
10   ,@IN_유통기한              NVARCHAR(08)   -- 유통기한
11   ,@IN_로트번호              NVARCHAR(30)   -- 로트번호
12   ,@IN_입출고처코드           NVARCHAR(30)   -- 입출고처코드 / 창고코드
13   ,@IN_입출고처명            NVARCHAR(100)  -- 입출고처명
14   ,@IN_이동전로케이션          NVARCHAR(50)   -- 이동전(FROM) 로케이션코드 (공백가능)
15   ,@IN_이동후로케이션          NVARCHAR(50)   -- 이동후(TO)  로케이션코드 (공백가능)
16   ,@IN_이동수량             NUMERIC(18,2)  -- 이동/변동된 수량 (이후 로케이션코드 기준)
17   ,@IN_등록자ID             NVARCHAR(50)
18   ,@IN_등록자IP             NVARCHAR(50)
19   ,@IN_등록자PG             NVARCHAR(50)
20   ,@OUT_결과값              NVARCHAR(2000) OUTPUT
21
22    AS
23  ⊟BEGIN
24
25      SET NOCOUNT ON
26
27      SET @IN_이동전로케이션 = TRIM(ISNULL(@IN_이동전로케이션,''))
28      SET @IN_이동후로케이션 = TRIM(ISNULL(@IN_이동후로케이션,''))
29      SET @IN_제품코드      = TRIM(ISNULL(@IN_제품코드      ,''))
30      SET @IN_제품등급      = TRIM(ISNULL(@IN_제품등급      ,''))
31      SET @IN_유통기한      = TRIM(ISNULL(@IN_유통기한      ,''))
32      SET @IN_로트번호      = TRIM(ISNULL(@IN_로트번호      ,''))
33
34  ⊟   DECLARE @IN_실행공인IP    NVARCHAR(50)
35             ,@IN_호스트명     NVARCHAR(50)
36             ,@IN_현재일시     NVARCHAR(50)
37
38  ⊟   SELECT @IN_실행공인IP  = A.접속공인IP
39            ,@IN_호스트명    = A.접속호스트
40            ,@IN_현재일시    = A.현재일시
41       FROM FTA_세션정보_조회() A
42      WHERE 1 = 1
43
```

[그림 8-9] SPA000_공통_재고입출고_처리 소스코드 (1/4)

```
44  DECLARE @NUM_이동전로케이션_기존수량  NUMERIC(18,2) = 0,
45          @NUM_이동후로케이션_기존수량  NUMERIC(18,2) = 0,
46          @NUM_이동전로케이션_최종수량  NUMERIC(18,2) = 0,
47          @NUM_이동후로케이션_최종수량  NUMERIC(18,2) = 0
48
49  IF @IN_이동수량 = 0 BEGIN
50      SET @OUT_결과값 = N'변동수량확인필요'
51      RETURN(1)
52  END
53
54  -- 200 작업 시작전 로케이션재고 수량을 읽음 (향후 이력 테이블에 기록하기 위함)
55  SELECT @NUM_이동전로케이션_기존수량 = ISNULL(SUM(CASE WHEN A.로케이션코드 = @IN_이동전로케이션 THEN A.재고수량 ELSE 0 END),0)
56        ,@NUM_이동후로케이션_기존수량 = ISNULL(SUM(CASE WHEN A.로케이션코드 = @IN_이동후로케이션 THEN A.재고수량 ELSE 0 END),0)
57      FROM TBJ_로케이션재고 A (NOLOCK)
58      WHERE 1 = 1
59        AND A.로케이션코드 IN (@IN_이동전로케이션, @IN_이동후로케이션)
60        AND A.제품코드     = @IN_제품코드
61        AND A.제품등급     = @IN_제품등급
62        AND A.유통기한     = @IN_유통기한
63        AND A.로트번호     = @IN_로트번호
64
65  -- 300 로케이션재고 등록 (이동전로케이션(FROM) 기준)
66  IF @IN_이동전로케이션 <> ''      BEGIN
67
68      UPDATE A
69         SET A.재고수량      = 재고수량 + (@IN_이동수량 * -1)
70            ,A.수정일시      = @IN_현재일시
71            ,A.수정자ID      = @IN_등록자ID
72            ,A.수정자IP      = @IN_등록자IP
73            ,A.수정자PG      = @IN_등록자PG
74         FROM TBJ_로케이션재고 A
75        WHERE 1 = 1
76          AND 로케이션코드 = @IN_이동전로케이션
77          AND 제품코드     = @IN_제품코드
78          AND 제품등급     = @IN_제품등급
79          AND 유통기한     = @IN_유통기한
80          AND 로트번호     = @IN_로트번호
81          AND 재고수량     >= @IN_이동수량
82
83      IF @@ERROR <> 0 OR @@ROWCOUNT <> 1 BEGIN
84          SET @OUT_결과값 = CONCAT('이동전 로케이션 오류=', @IN_이동전로케이션, ' 제품코드=', @IN_제품코드,
85                                  ' 유통기한=', @IN_유통기한, ' 로트=', @IN_로트번호)
86          RETURN(86)
87      END
88
89      SET @NUM_이동전로케이션_최종수량 = @NUM_이동전로케이션_기존수량 + (@IN_이동수량 * -1)
90  END
91
```

[그림 8-10] SPA000_공통_재고입출고_처리 소스코드 (2/4)

```
92   ┌   --------------------------------------------------------
93   │   -- 400 로케이션재고 등록 (이동후로케이션(TO) 기준)
94   │   --------------------------------------------------------
95   ┌   IF ISNULL(@IN_이동후로케이션, '') <> ''    BEGIN
96   │
97   ┌       MERGE TBJ_로케이션재고 AS T
98   │       USING (SELECT 로케이션코드 = @IN_이동후로케이션
99   │                    ,제품코드      = @IN_제품코드
100  │                    ,제품등급      = @IN_제품등급
101  │                    ,유통기한      = @IN_유통기한
102  │                    ,로트번호      = @IN_로트번호
103  │       ) AS S
104  │       ON (   T.로케이션코드 = S.로케이션코드
105  │          AND T.제품코드      = S.제품코드
106  │          AND T.제품등급      = S.제품등급
107  │          AND T.유통기한      = S.유통기한
108  │          AND T.로트번호      = S.로트번호
109  │       )
110  │       WHEN MATCHED THEN
111  │           UPDATE SET
112  │               T.재고수량      = ISNULL(T.재고수량, 0) + @IN_이동수량
113  │              ,T.수정일시      = @IN_현재일시
114  │              ,T.수정자ID      = @IN_등록자ID
115  │              ,T.수정자IP      = @IN_등록자IP
116  │              ,T.수정자PG      = @IN_등록자PG
117  │       WHEN NOT MATCHED BY TARGET THEN
118  │           INSERT
119  │               (제품코드,      제품등급,
120  │               로케이션코드,   유통기한,          로트번호,
121  │               재고수량,
122  │               등록일시,       등록자ID,          등록자IP,      등록자PG)
123  │           VALUES
124  │               (S.제품코드,     S.제품등급,
125  │               S.로케이션코드, S.유통기한,        S.로트번호,
126  │               @IN_이동수량,
127  │               @IN_현재일시,    @IN_등록자ID,    @IN_등록자IP, @IN_등록자PG);
128  │
129  │
130  │       SET @NUM_이동후로케이션_최종수량 = @NUM_이동후로케이션_기존수량 + @IN_이동수량
131  │
132  │   END
133  │
```

[그림 8-11] SPA000_공통_재고입출고_처리 소스코드 (3/4)

```
134      -----------------------------------------------------------
135      -- 500 로케이션재고이력 기록
136      -----------------------------------------------------------
137      INSERT INTO TBJ_로케이션재고_이력 (반영일자,          원인유형,              원인전표유형,          원인전표,
138                                      원인전표상세,       사유,
139                                      제품코드,          제품등급,              유통기한,              로트번호,
140                                      입출고처코드,       입출고처명,            이동수량,              비고사항,
141                                      이동전LOC,         이동전LOC이전수량,     이동전LOC이후수량,
142                                      이동후LOC,         이동후LOC이전수량,     이동후LOC이후수량,
143                                      등록일시,          등록자ID,              등록자IP,              등록자PG)
144                          VALUES (@IN_반영일자,         @IN_원인유형,          @IN_원인전표유형,     @IN_원인전표,
145                                      @IN_원인전표상세,  @IN_사유,
146                                      @IN_제품코드,      @IN_제품등급,          @IN_유통기한,          @IN_로트번호,
147                                      @IN_입출고처코드,  @IN_입출고처명,        @IN_이동수량,          '',
148                                      @IN_이동전로케이션, @NUM_이동전로케이션_기존수량, @NUM_이동전로케이션_최종수량,
149                                      @IN_이동후로케이션, @NUM_이동후로케이션_기존수량, @NUM_이동후로케이션_최종수량,
150                                      @IN_현재일시,    @IN_등록자ID,   @IN_등록자IP, @IN_등록자PG);
151
152      IF @@ERROR ◇ 0 OR @@ROWCOUNT ◇ 1 BEGIN
153          SET @OUT_결과값 = N'재고이력 등록오류'
154          RETURN(50)
155      END
156
157
158      SET @OUT_결과값 = N'성공'
159      RETURN(1)
160
161  END
```

[그림 8-12] SPA000_공통_재고입출고_처리 소스코드 (4/4)

4. SPA100_공통_전표번호_채번

입고 또는 출고전표를 등록 관리하려면 이를 관리하기 위한 전표번호를 신규로 채번받아서 관리해야 한다. 이러한 전표번호들은 관련테이블에서 기본키(Primary Key) 역할을 수행한다.

전표번호는 어떠한 경우라도 중복이 되지 않도록 처리해야 하는데 데이터베이스의 시퀀스(Sequence) 기능을 활용하면 여러 사용자가 동시에 전표번호를 요청하더라도 충돌이나 중복되지 않고 빠르게 고유한 번호를 각각 부여할 수 있다.

전표번호 채번규칙

구분자 (PA)	년월 (YYYYMM)	—	일련번호 (4자리)

```
PA : 입고        202503              0001
SA : 출고        202712               ~
JA : 로트변경                        9999
JB : 등급변경
JC : 재고조정
```

예) PA202407-0001 : 2024년 07월에 1번째로 채번한 입고번호
    SA202512-0007 : 2025년 12월에 7번째로 채번한 출고번호
    JC202503-0009 : 2025년 03월에 9번째로 채번한 재고조정번호

※ DB 시퀀스(SEQUENCE) 를 활용하여 전표번호 중복 채번이 되지 않도록 처리

[그림 8-13] 전표번호 채번 규칙

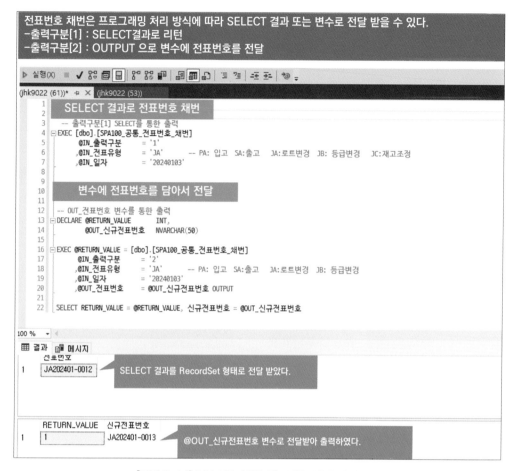

[그림 8-14] SPA100_공통_전표번호_채번 실행결과

[SPA100_공통_전표번호_채번]의 소스코드를 살펴 보기 전에 전표번호 채번에 사용되는 시퀀스(Sequence)를 어떻게 생성하고 생성된 시퀀스는 어디에서 확인할 수 있는지 정리하였다. 향후 전표번호 등의 고유한 순번 값이 필요할 경우에는 반드시 시퀀스를 활용하기를 권장한다.

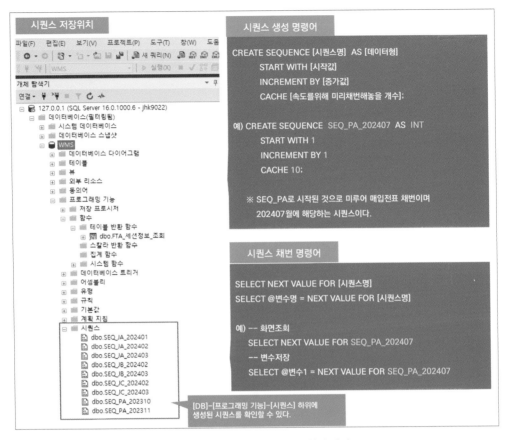

[그림 8-15] DB SEQUENCE 처리 예시

[입고번호]와 [출고번호]등은 매월마다 새로이 1번부터 순번이 부여되도록 설계하였다. 그렇게 하려면 시퀀스도 매월마다 새로운 이름으로 새롭게 생성하여 하여야 한다. 그런데 매월마다 시퀀스의 이름이 바꿀 수 있도록 프로그래밍하려면 꽤 까다롭고 어렵다.

이러한 문제를 해결하기 위해서는 동적SQL(Dynamic SQL)의 적용이 필요하다. 동적SQL은 변수에 SQL문장을 상황에 맞게 만들고 이를 EXEC 명령어로 실행하면 굉장히 유연하게 대응할 수 있는 장점이 있다.

추가로, 시퀀스를 관리자 등에 의해 시퀀스가 삭제될 수도 있는데 이러한 상황에서도 기존에 채번된 마지막 순번을 확인하여 다시 시퀀스를 생성하고 정상적으로 채번될 수 있도록 공통 모듈을 개발하였다. 소스코드가 조금 난해하고 어려울 수 있는데 해석이 어렵다면 활용법만 제대로 확인하고 추후에 추가 학습을 권장한다.

```
 1  ALTER PROCEDURE [dbo].[SPA100_공통_전표번호_채번]
 2      @IN_출력구분              NVARCHAR(1) = '1'        -- 1: SELECT를 통한 출력
 3                                                        -- 2: SELECT 출력하지 않고 OUT_전표번호로만 전달
 4
 5      ,@IN_전표유형             NVARCHAR(30)             -- PA: 입고  SA:출고    JA:로트변경   JB: 등급변경    JC:재고조정
 6      ,@IN_일자                NVARCHAR(08) = ''        -- YYYYMMDD 또는 YYYYMM 입력 (미입력시 현재일자)
 7      ,@OUT_전표번호            NVARCHAR(50) = '' OUTPUT
 8  AS
 9  BEGIN
10
11      SET NOCOUNT ON;
12
13      DECLARE @TXT_시퀀스명        NVARCHAR(50)
14             ,@TXT_일자검검        NVARCHAR(20)
15             ,@TXT_쿼리문장        NVARCHAR(500)
16             ,@NUM_최대값          INT
17             ,@NUM_신규채번        INT
18
19      -- 일자 입력값이 공백일 경우에는 현재년월을 입력
20      IF @IN_일자 IS NULL OR @IN_일자 = '' SET @IN_일자 = LEFT(@IN_현재일시, 8)
21
22      IF @IN_전표유형 = 'PA' BEGIN             PA 입고전표 시작
23
24          SET @TXT_시퀀스명 = N'SEQ_PA_' + LEFT(@IN_일자, 6)
25
26          IF OBJECT_ID(@TXT_시퀀스명) IS NULL BEGIN
27
28              SELECT @NUM_최대값 = ISNULL(MAX(RIGHT(A.입고번호,4)) + 1, 1)
29                FROM TBE_입고H A (NOLOCK)
30               WHERE 1 = 1
31                 AND A.입고번호 LIKE 'PA' + LEFT(@IN_일자, 6) + '%'
32
33              SET @TXT_쿼리문장 = N'CREATE SEQUENCE ' + @TXT_시퀀스명 + '
34                                          AS INT
35                                          START WITH ' + CONVERT(NVARCHAR, @NUM_최대값) + '
36                                          INCREMENT BY 1
37                                          CACHE 10;  '
38
39              EXEC (@TXT_쿼리문장)
40
41          END
42
43          SET @TXT_쿼리문장 = N'SELECT @NUM_신규채번 =  NEXT VALUE FOR ' + @TXT_시퀀스명
44          EXEC SP_EXECUTESQL @TXT_쿼리문장, N'@NUM_신규채번 INT OUTPUT', @NUM_신규채번 = @NUM_신규채번 OUTPUT
45
46          SET @OUT_전표번호 = 'PA' + LEFT(@IN_일자, 6) + '-' +  FORMAT(@NUM_신규채번, '0000')
47
48          IF @IN_출력구분 = '1'  BEGIN
49              SELECT 전표번호 = @OUT_전표번호
50          END
51
52          RETURN(1)                PA 출고전표 종료
```

[그림 8-16] 공통 전표번호 채번 소스코드 (1/5)

```
54  END ELSE IF @IN_전표유형 = 'SA' BEGIN        SA 출고전표 시작
55
56      SET @TXT_시퀀스명 = N'SEQ_SA_' + LEFT(@IN_일자, 6)
57
58      IF OBJECT_ID(@TXT_시퀀스명) IS NULL BEGIN
59
60          SELECT @NUM_최대값 = ISNULL(MAX(RIGHT(A.출고번호,4)) + 1, 1)
61            FROM TBG_출고H A (NOLOCK)
62           WHERE 1 = 1
63             AND A.출고번호 LIKE 'SA' + LEFT(@IN_일자, 6) + '%'
64
65          SET @TXT_쿼리문장 = N'CREATE SEQUENCE ' + @TXT_시퀀스명 + '
66                                        AS INT
67                                        START WITH ' + CONVERT(NVARCHAR, @NUM_최대값) + '
68                                        INCREMENT BY 1
69                                        CACHE 10; '
70
71          EXEC (@TXT_쿼리문장)
72
73      END
74
75      SET @TXT_쿼리문장 = N'SELECT @NUM_신규채번 =  NEXT VALUE FOR ' + @TXT_시퀀스명
76
77      EXEC SP_EXECUTESQL @TXT_쿼리문장, N'@NUM_신규채번 INT OUTPUT', @NUM_신규채번 = @NUM_신규채번 OUTPUT
78
79      SET @OUT_전표번호 = 'SA' + LEFT(@IN_일자, 6) + '-' + FORMAT(@NUM_신규채번, '0000')
80
81      IF @IN_출력구분 = '1'  BEGIN
82          SELECT 전표번호 = @OUT_전표번호
83      END
84
85
86      RETURN(1)        SA 출고전표 종료
```

[그림 8-17] 공통 전표번호 채번 소스코드 (2/5)

```
88  END ELSE IF @IN_전표유형 = 'JA' BEGIN        JA 로트변경 시작
89
90      SET @TXT_시퀀스명 = N'SEQ_JA_' + LEFT(@IN_일자, 6)
91
92      IF OBJECT_ID(@TXT_시퀀스명) IS NULL BEGIN
93
94          SELECT @NUM_최대값 = ISNULL(MAX(RIGHT(A.로트변경번호,6)) + 1, 1)
95            FROM TBJ_로트변경 A (NOLOCK)
96           WHERE 1 = 1
97             AND A.로트변경번호 LIKE 'JA' + LEFT(@IN_일자, 4) + '%'
98
99          SET @TXT_쿼리문장 = N'CREATE SEQUENCE ' + @TXT_시퀀스명 + '
100                                       AS INT
101                                       START WITH ' + CONVERT(NVARCHAR, @NUM_최대값) + '
102                                       INCREMENT BY 1
103                                       CACHE 10; '
104
105         EXEC (@TXT_쿼리문장)
106
107     END
108
109     SET @TXT_쿼리문장 = N'SELECT @NUM_신규채번 =  NEXT VALUE FOR ' + @TXT_시퀀스명
110
111     EXEC SP_EXECUTESQL @TXT_쿼리문장, N'@NUM_신규채번 INT OUTPUT', @NUM_신규채번 = @NUM_신규채번 OUTPUT
112
113     SET @OUT_전표번호 = 'JA' + LEFT(@IN_일자, 6) + '-' + FORMAT(@NUM_신규채번, '0000')
114
115     IF @IN_출력구분 = '1'  BEGIN
116         SELECT 전표번호 = @OUT_전표번호
117     END
118
119     RETURN(1)        JA 로트변경 종료
120
```

[그림 8-18] 공통 전표번호 채번 소스코드 (3/5)

```
121  END ELSE IF @IN_전표유형 = 'JB' BEGIN          JB 등급전환 시작
122
123      SET @TXT_시퀀스명 = N'SEQ_JB_' + LEFT(@IN_일자, 6)
124
125      IF  OBJECT_ID(@TXT_시퀀스명) IS NULL BEGIN
126
127          SELECT @NUM_최대값 = ISNULL(MAX(RIGHT(A.등급변경번호,4)) + 1, 1)
128            FROM TBJ_등급변경 A (NOLOCK)
129            WHERE 1 = 1
130              AND A.등급변경번호 LIKE 'JB' + LEFT(@IN_일자, 6) + '%'
131
132          SET @TXT_쿼리문장 = N'CREATE SEQUENCE ' + @TXT_시퀀스명 + '
133                                AS INT
134                                START WITH ' + CONVERT(NVARCHAR, @NUM_최대값) + '
135                                INCREMENT BY 1
136                                CACHE 10; '
137
138          EXEC (@TXT_쿼리문장)
139
140      END
141
142      SET @TXT_쿼리문장 = N'SELECT @NUM_신규채번 =  NEXT VALUE FOR ' + @TXT_시퀀스명
143
144      EXEC SP_EXECUTESQL @TXT_쿼리문장, N'@NUM_신규채번 INT OUTPUT', @NUM_신규채번 = @NUM_신규채번 OUTPUT
145
146      SET @OUT_전표번호 = 'JB' + LEFT(@IN_일자, 6) + '-' + FORMAT(@NUM_신규채번, '0000')
147
148      IF  @IN_출력구분 = '1'  BEGIN
149          SELECT 전표번호 = @OUT_전표번호
150      END
151
152      RETURN(1)          JB 등급전환 종료
153
```

[그림 8-19] 공통 전표번호 채번 소스코드 (4/5)

```
154  END ELSE IF @IN_전표유형 = 'JC' BEGIN          JB 등급전환 시작
155
156      SET @TXT_시퀀스명 = N'SEQ_JC_' + LEFT(@IN_일자, 6)
157
158      IF  OBJECT_ID(@TXT_시퀀스명) IS NULL BEGIN
159
160          SELECT @NUM_최대값 = ISNULL(MAX(RIGHT(A.재고조정번호,4)) + 1, 1)
161            FROM TBJ_재고조정 A (NOLOCK)
162            WHERE 1 = 1
163              AND A.재고조정번호 LIKE 'JC' + LEFT(@IN_일자, 6) + '%'
164
165          SET @TXT_쿼리문장 = N'CREATE SEQUENCE ' + @TXT_시퀀스명 + '
166                                AS INT
167                                START WITH ' + CONVERT(NVARCHAR, @NUM_최대값) + '
168                                INCREMENT BY 1
169                                CACHE 10; '
170
171          EXEC (@TXT_쿼리문장)
172
173      END
174
175      SET @TXT_쿼리문장 = N'SELECT @NUM_신규채번 =  NEXT VALUE FOR ' + @TXT_시퀀스명
176
177      EXEC SP_EXECUTESQL @TXT_쿼리문장, N'@NUM_신규채번 INT OUTPUT', @NUM_신규채번 = @NUM_신규채번 OUTPUT
178
179      SET @OUT_전표번호 = 'JC' + LEFT(@IN_일자, 6) + '-' + FORMAT(@NUM_신규채번, '0000')
180
181      IF @IN_출력구분 = '1'  BEGIN
182          SELECT 전표번호 = @OUT_전표번호
183      END
184
185      RETURN(1)          JB 등급전환 종료
186
187  END
188
189  RETURN(99)
190
191
192  END;
193
```

[그림 8-20] 공통 전표번호 채번 소스코드 (5/5)

5. SPA200_공통_UDT현재고_조회

WMS 시스템에서 재고가 로케이션에 분산되어 관리되고 있기 때문에 창고의 보관된 재고를 총 수량이나 가용재고 등을 확인하려면 비교적 복잡한 형태의 SQL문장을 실행해야만 정보를 확인할 수 있다.

입고등록, 출고등록, 출고지시, 현재고 등의 여러 화면들에서 창고의 현재고 정보들을 함께보여 주는 경우가 많은데 매번 코딩하기에는 귀찮고, 조금이라도 로직이 다를 경우에는 서로 다른 결과를 보여 주어서 오류나 혼란이 발생할 수 있는 문제가 있다.

더구나, 현재고 데이터는 하나의 숫자값이 아니다. 제품코드별로 총수량, 가용재고 등을 포함하고 있는 테이블(표)이다. 애석하게도 DB의 저장프로시저간에 테이블 형태의 결과 값을 전달 받기가 쉽지가 않다.

테이블 형태의 결과값을 전달받기 위해 임시테이블을 사용하여 전달 받을 수는 있지만 결과 테이블(표)의 구조나 형태가 바뀐다면 일일이 찾아서 프로시저를 변경해 주어야 하기 때문에 유지보수에 어려움이 따른다. 이러한 문제를 해결하기 위해 UDT(User Define Table, 사용자 정의 테이블)을 활용하면 유연하게 테이블(표)형태의 결과값을 전달할 수 있다.

임시테이블은 생성한 프로시저 내에서만 유지되고 종료되면 사라져 버리는 특성이 있기 때문에 반드시 UDT로 정의된 테이블은 호출하는 프로시저에서 먼저 생성한 후에 공통모듈을 호출해야 원하는 결과를 얻을 수 있다는 점을 꼭 기억해 두자.

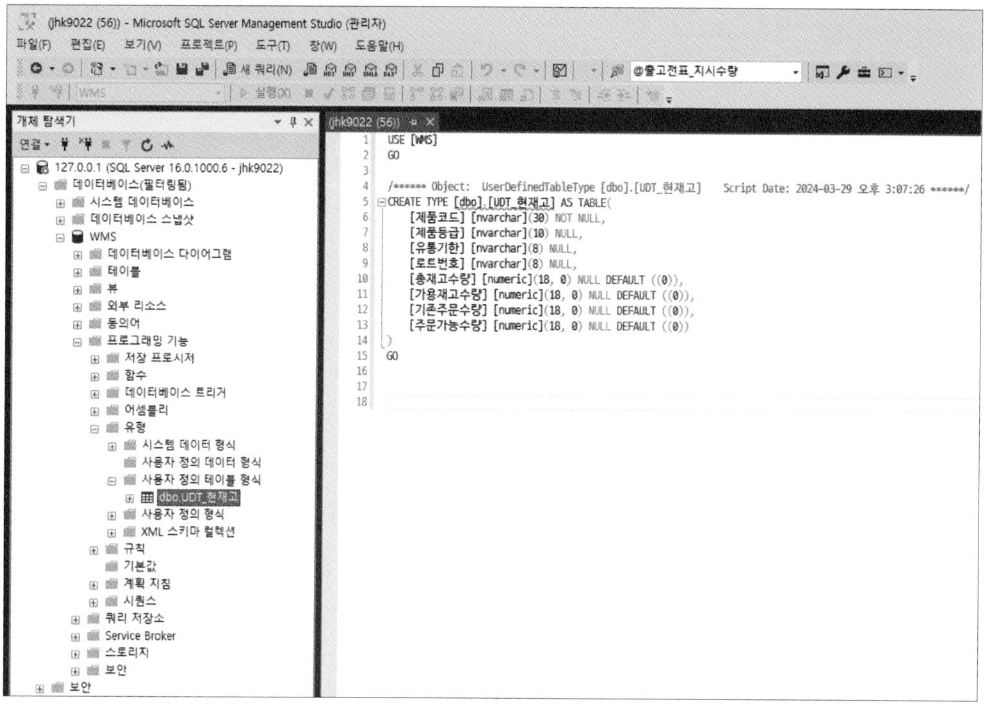

[그림 8-21] UDT_현재고 테이블 정의

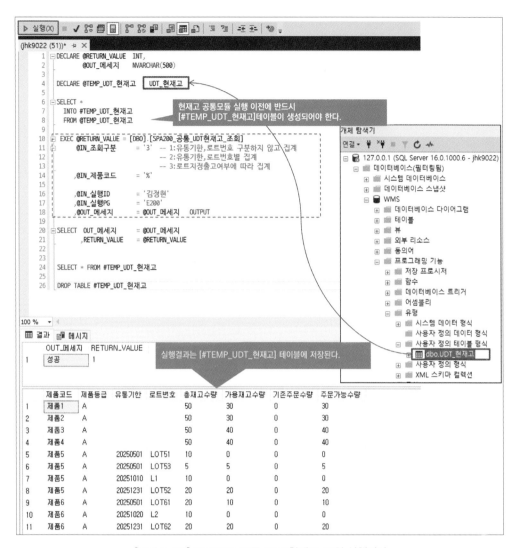

[그림 8-22] SPA200_공통_UDT현재고_조회 실행결과

```
 1  □ALTER PROCEDURE [dbo].[SPA200_공통_UDT현재고_조회]
 2  □   @IN_조회구분           NVARCHAR(30) = '1'      -- 1:유통기한,로트번호 구분하지 않고 집계 (주문가능수량 표시안함)
 3                                                    -- 2:유통기한,로트번호별 집계           (주문가능수량 표시안함)
 4                                                    -- 3:로트지정출고여부에 따라 집계        (주문가능수량 표시)
 5     ,@IN_제품코드            NVARCHAR(30) = '%'
 6
 7     ,@IN_실행ID             NVARCHAR(50)
 8     ,@IN_실행PG             NVARCHAR(50)
 9     ,@OUT_메세지            NVARCHAR(2000)  OUTPUT
10  AS
11  □BEGIN
12
13      SET NOCOUNT ON;
14
15  □   DECLARE @IN_실행공인IP     NVARCHAR(50)
16              ,@IN_호스트명        NVARCHAR(50)
17              ,@IN_현재일시        NVARCHAR(50)
18              ,@IN_입고일시        NVARCHAR(50) = ''
19              ,@IN_출고일시        NVARCHAR(50) = ''
20
21  □   SELECT @IN_실행공인IP    = A.접속공인IP
22             ,@IN_호스트명       = A.접속호스트
23             ,@IN_현재일시       = A.현재일시
24        FROM FTA_세션정보_조회() A
25       WHERE 1 = 1
26
27
28  □   ----------------------------------------------------------------
29      -- 100 #TEMP 관련 테이블 초기화
30      ----------------------------------------------------------------
31  □   IF OBJECT_ID(N'[tempdb].[dbo].[#TEMP_UDT_현재고]', 'U') IS NULL BEGIN
32
33         DECLARE @TEMP_UDT_현재고    UDT_현재고
34
35  □      SELECT *
36           INTO #TEMP_UDT_현재고
37           FROM @TEMP_UDT_현재고
38
39  □   END ELSE BEGIN
40
41  □      IF EXISTS (SELECT * FROM #TEMP_UDT_현재고) BEGIN
42             TRUNCATE TABLE #TEMP_UDT_현재고
43          END
44
45      END
46
```

[그림 8-23] SPA200_UDT현재고_조회 소스코드 (1/3)

```
47    --------------------------------------------------------------------------
48    -- 500 재고정보 생성하여 임시테이블에 저장
49    --------------------------------------------------------------------------
50    IF  @IN_조회구분 = '1' BEGIN
51        INSERT INTO #TEMP_UDT_현재고 (제품코드, 제품등급, 유통기한, 로트번호, 총재고수량, 가용재고수량)
52        SELECT A.제품코드    ,A.제품등급
53              ,유통기한     = ''
54              ,로트번호     = ''
55              ,총재고수량   = SUM(A.재고수량)
56              ,가용수량     = SUM(IIF(ISNULL(C.할당여부, '0') = '1', A.재고수량, 0))
57          FROM TBJ_로케이션재고 A
58         INNER JOIN TBC_제품     B ON B.제품코드      = A.제품코드
59          LEFT JOIN TBC_로케이션 C ON C.로케이션코드 = A.로케이션코드
60         WHERE 1 = 1
61           AND A.제품코드 LIKE @IN_제품코드
62           AND A.재고수량 <> 0
63         GROUP BY A.제품코드   ,A.제품등급
64
65    END ELSE IF @IN_조회구분 = '2' BEGIN
66        INSERT INTO #TEMP_UDT_현재고 (제품코드, 제품등급, 유통기한, 로트번호, 총재고수량, 가용재고수량)
67        SELECT A.제품코드    ,A.제품등급
68              ,유통기한     = A.유통기한
69              ,로트번호     = A.로트번호
70              ,총재고수량   = SUM(A.재고수량)
71              ,가용수량     = SUM(IIF(ISNULL(C.할당여부, '0') = '1', A.재고수량, 0))
72          FROM TBJ_로케이션재고 A
73         INNER JOIN TBC_제품     B ON B.제품코드      = A.제품코드
74          LEFT JOIN TBC_로케이션 C ON C.로케이션코드 = A.로케이션코드
75         WHERE 1 = 1
76           AND A.제품코드 LIKE @IN_제품코드
77           AND A.재고수량 <> 0
78         GROUP BY A.제품코드   ,A.제품등급, A.유통기한, A.로트번호
79
```

[그림 8-24] SPA200_UDT현재고_조회 소스코드 (2/3)

```
80  □  END ELSE IF @IN_조회구분 = '3' BEGIN
81         -- 이미 출고등록 되어 있고 아직 출고처리 되지 않은 수량 집계
82  □     IF OBJECT_ID(N'[tempdb].[dbo].[#TEMP_UDT_현재고_기존주문수량]', 'U') IS NOT NULL  BEGIN
83             DROP TABLE #TEMP_UDT_현재고_기존주문수량
84         END
85
86  □     SELECT A.제품코드, A.제품등급
87                ,유통기한    = IIF(C.로트지정출고여부 = '1', A.유통기한, '')
88                ,로트번호    = IIF(C.로트지정출고여부 = '1', A.로트번호, '')
89                ,기주문수량  = SUM(A.출고예정수량)
90           INTO #TEMP_UDT_현재고_기존주문수량
91           FROM TBG_출고D A
92           INNER JOIN TBG_출고H    B ON B.출고번호   = A.출고번호
93           INNER JOIN TBC_제품     C ON C.제품코드   = A.제품코드
94           INNER JOIN TBA_출고구분 D ON D.출고구분   = B.출고구분  AND D.반품여부 = '0'  -- 반품제외
95           WHERE 1 = 1
96             AND A.상태코드 = '10'
97           GROUP BY A.제품코드, A.제품등급
98                   ,IIF(C.로트지정출고여부 = '1', A.유통기한, '')
99                   ,IIF(C.로트지정출고여부 = '1', A.로트번호, '')
100
101        -- 최종 현재고 계산
102  □     INSERT INTO #TEMP_UDT_현재고 (제품코드, 제품등급, 유통기한, 로트번호, 총재고수량, 가용재고수량, 주문가능수량)
103        SELECT A.제품코드  ,A.제품등급
104               ,유통기한    = IIF(B.로트지정출고여부 = '1', A.유통기한, '')
105               ,로트번호    = IIF(B.로트지정출고여부 = '1', A.로트번호, '')
106               ,총재고수량  = SUM(A.재고수량)
107               ,가용재고수량 = SUM(IIF(ISNULL(C.할당여부, '0') = '1', A.재고수량, 0))
108               ,주문가능수량 = 0
109          FROM TBJ_로케이션재고              A
110          INNER JOIN TBC_제품      B ON B.제품코드      = A.제품코드
111          LEFT JOIN TBC_로케이션   C ON C.로케이션코드 = A.로케이션코드
112          WHERE 1 = 1
113            AND A.제품코드 LIKE @IN_제품코드
114            AND A.재고수량 ◇ 0
115          GROUP BY A.제품코드  ,A.제품등급
116                  ,IIF(B.로트지정출고여부 = '1', A.유통기한, '')
117                  ,IIF(B.로트지정출고여부 = '1', A.로트번호, '')
118
119        -- 주문가능수량 계산
120  □     UPDATE A SET
121               A.기존주문수량 = ISNULL(B.기주문수량, 0)
122              ,A.주문가능수량 = A.가용재고수량 - ISNULL(B.기주문수량, 0)
123          FROM #TEMP_UDT_현재고 A
124          LEFT JOIN #TEMP_UDT_현재고_기존주문수량 B ON B.제품코드   = A.제품코드
125                                                 AND B.제품등급   = A.제품등급
126                                                 AND B.유통기한   = A.유통기한
127                                                 AND B.로트번호   = A.로트번호
128          WHERE 1 = 1
129     END
130     -- 900 공통모듈 종료
131     SET @OUT_메세지 = '성공'
132     RETURN(1)
133  END;
134  |
```

[그림 8-25] SPA200_UDT현재고_조회 소스코드 (3/3)

Chapter
09

엑셀VBA
공통모듈

제9장_ 엑셀VBA 공통모듈

1. 개 요

엑셀VBA 공통모듈은 개발 시 DB와의 연결 및 연결해제, 프로시저나 SQL 명령의 실행, 공통화된 버튼의 실행, 메뉴 처리 등의 주요 기능들에 대해 표준화하여 개발하고, 이를 프로그램 개발시 활용함으로써 개발 생산성 향상과 오류 대응과 시스템 확장에 유리하다.

지금까지 우리는 공통모듈에 대해 그 기능을 구체적으로 알지 못하더라도 이미 표준화된 공통모듈을 사용하였다. 이번 장에서는 시스템 공통모듈의 구조와 내용에 대해 자세히 살펴본다.

시스템 공통모듈은 엑셀VBA 개발환경의 모듈(Module) 영역에 저장되어 있다. 크게 4개의 모듈에 분산하여 저장되어 있다. (A10공통, A20공통_DB, A30메뉴, Z10개발작업)

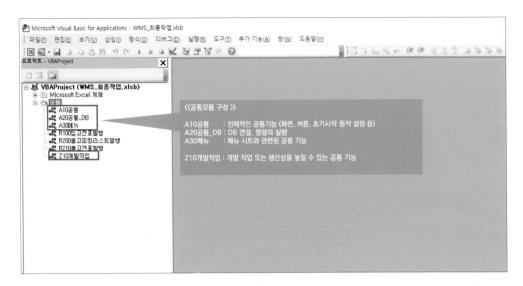

[그림 9-1] 공통모듈 구성

2. A10공통

[A10공통] 모듈은 엑셀VBA의 기본적인 기능이나 버튼 등을 표준화하고 공통화하는데 필요한 기능들이 포함되어 있다.

기 능	내 용
공통변수	시스템 환경이나 DB 관련 전역변수 등을 선언
Auto_open( )	처음 파일을 열었을 때 실행하는 모듈 (모든 시트를 숨기고 로그인 시트를 오픈한다)
Auto_close( )	실행파일을 닫았을 때 실행하는 모듈
공통_전체시트잠금( )	[메뉴]시트를 제외하고 모든 시트를 닫는다
공통_초기화_버튼( )	[초기화] 버튼을 눌렀을 때 실행해야 할 공통 기능 실행
공통_초기화( )	데이터 그리드 영역이 101행 이하 데이터 삭제 등 수행
공통_조회_버튼( )	[조회] 버튼을 눌렀을 때 실행해야 할 공통 기능 실행
공통_처리_버튼( )	[처리] 버튼을 눌렀을 때 실행해야 할 공통 기능 실행
공통_시트닫기_버튼( )	현재의 시트를 닫는 공통 기능
공통_칼럼위치( )	칼럼의 위치를 숫자 형태로 리턴해 주는 공통 Function
공통_필터초기화( )	필터에 조건이 걸려 있을 경우 초기화 하는 공통 모듈
공통_시스템시간( )	현재 PC의 시스템 시간을 리턴해 주는 공통 Function
공통_화면이벤트_OFF( )	속도 개선을 위해 화면갱신, Event 동작, 자동계산 모드 등을 중지시킴
공통_화면이벤트_ON( )	정상적인 상태로 화면갱신, Event 동작, 자동계산 모드 복귀
공통_시트명( )	시트코드를 전달하면 시트명을 리턴해 주는 공통 Function

[그림 9-2] A10공통 주요 기능 목록

(1) 공통변수

공통변수는 시스템에서 공통적으로 활용해야 할 변수를 말한다. [Public]으로 설정하면 해당 모듈 뿐 아니라 엑셀VBA 어디에서도 해당 변수를 사용할 수 있다.

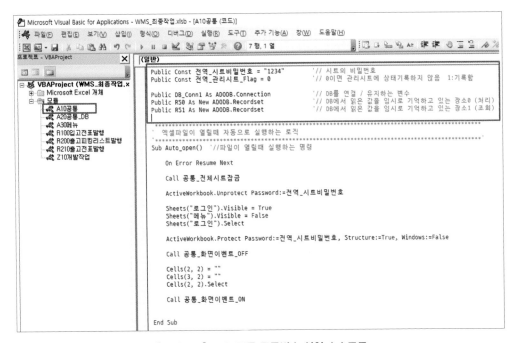

[그림 9-3] A10_공통 공통변수 선언 소스코드

"전역_시트비밀번호" 전역변수는 메뉴를 통해 열지 않은 화면(시트)를 사용자가 임의로 열지 못하도록 시트를 숨김 처리를 할 때, 비밀번호(암호)를 부여하는데 이 때 사용될 암호를 저장하기 위한 용도이며, 고정된 값이기 때문에 "Const"라는 옵션이 붙어 있다.

"전역_관리시트_Flag" 전역 변수는 향후 DB에서 명령을 실행할 때 어떤 명령을 마지막으로 실행했는지 그리고 그 결과값을 "관리시트"에 기록할 수 있는데 "1"을 설정하면 마지막 실행 명령을 기록하며 상대적으로 실행 속도가 저하될 수 있다. 만약, "0"으로 설정하면 아무 작업도 하지 않기 때문에 속도 저하없이 실행된다. 향후 [A20공통_DB]모듈에서 해당 변수의 쓰임을 확인할 수 있다.

"DB_Conn1" 전역변수는 엑셀VBA에서 DB를 연결과 관련된 변수이다. ADO DB연결을 위한 Connection을 위한 값을 저장하기 위한 변수이며, 이 변수를 통해 DB 연결이 유지된다.

"RS0", "RS1", 전역변수는 DB에서 레코드셋(RecordSet) 형태의 결과 값을 전달받을 때 사용되는 변수이다. 이 변수는 "A20공통_DB" 모듈에서 주로 사용된다.

(2) Auto_Open( )

Auto_Open( )은 엑셀VBA 파일이 처음 열릴 때 실행된다. 판매재고관리 엑셀VBA 파일이 처음 실행되면 기존에 열려있던 시트는 모두 사용자가 볼 수 없도록 숨김 처리하고, [로그인] 시트만 사용자가 볼 수 있도록 처리한다.

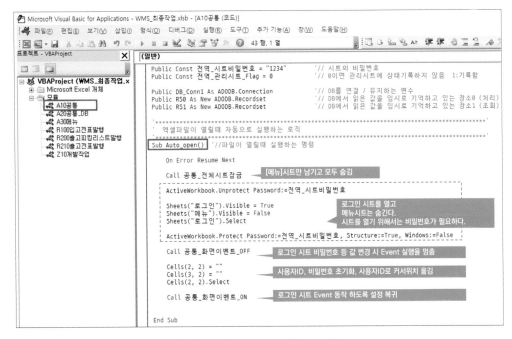

[그림 9-4] Auto_Open( ) 소스코드

(3) Auto_Close( )

Auto_Close( )는 엑셀VBA 파일이 닫힐 때, 종료될 때 실행된다. 엑셀VBA 프로그램을 사용 중에 사용자에 의해 엑셀 파일이 일부라도 변경 변경될 수 있기 때문에 "변경된 사항을 저장 하시겠습니까?" 와 같은 메시지가 발생될 수 있는데, 이 메시지 없이 바로 종료할 수 있도록 하기 위한 코드가 포함되어 있다. (Application.DisplayAlerts = False)

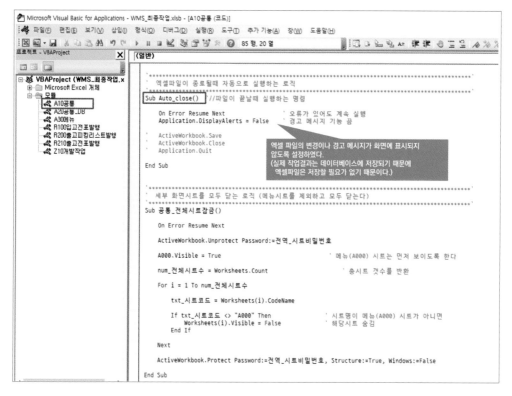

[그림 9-5] Auto_Close( ) 소스코드

(4) 공통_전체시트잠금( )

공통_전체시트잠금( )은 Auto_Open( )이나 [메뉴]관련 소스코드에서 많이 볼 수 있는데 전체시트 중 [메뉴]시트를 제외 한 모든 시트를 숨김 처리할 때 사용된다. 사용자가 임의로 화면(시트)를 열어볼 수 없도록 통합문서 보호를 수행 하는데 이 때 공통변수인 [전역_시트비밀번호]라는 전역변수가 사용된다.

추가로 엑셀파일은 최소한 하나의 시트는 열려 있어야 한다는 점도 알아 두면 좋겠다. 만약 프로그램이나 사용자가 임의로 모든 시트를 숨김 처리를 하면 마지막 시트를 숨길 때 [하나 이상의 시트가 존재해야 한다]는 오류가 발생된다.

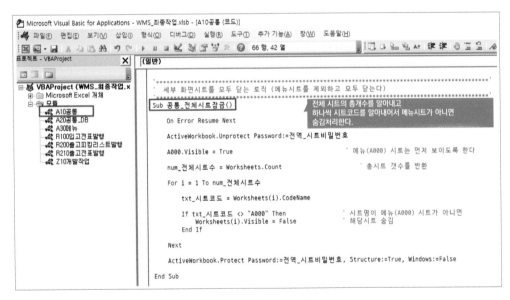

[그림 9-6] 공통_전체시트잠금( ) 소스코드

(5) 공통_초기화_버튼( )

우리가 개발하는 대부분의 엑셀 화면들은 [초기화], [조회], [처리], [종료] 버튼이 있다. 각각의 화면(시트)에서 일일이 버튼을 만들고, 만들어진 버튼에 매크로를 일일이 연결해야 한다면 불편하고 귀찮다. 그리고 생산성도 떨어진다.

공통_초기화_버튼( ) 프로시저를 각 업무화면에 있는 초기화 버튼에 연결하면 다른 시트의 버튼들을 복사하고 추가적인 소스 코딩이나 수정없이 개발할 수 있다.

왜냐하면 공통_초기화_버튼( )의 소스코드를 살펴 보면 현재 사용자가 보고 있는 화면(시트)의 기본_초기화( )를 대신 호출하기 때문이다. 이를 통해 불필요한 프로그래밍 코딩을 줄일 수 있다.

Call Sheet(ActiveSheet.Name).기본_초기화
→ 현재 위치한 시트의 기본_초기화( ) 프로시저를 실행

공통_초기화_버튼( )은 다음과 같은 순서로 실행된다.

1. **공통_초기화( ) 실행 : 필터를 초기화 한다 (세부사항은 아래에서 별도 설명)**
   100행 ~ 10000행까지 영역을 초기화
2. **현재 커서가 위치한 시트의 "기본_초기화( )" 실행**

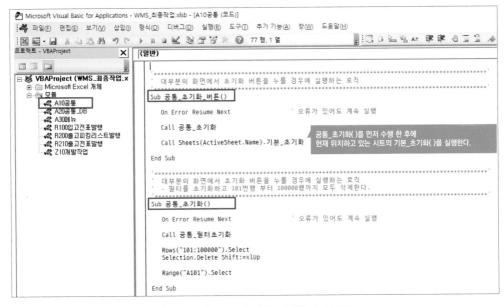

[그림 9-7] 공통_초기화_버튼( ) 소스코드

(6) 공통_초기화( )

표준화면(시트)에서는 101행부터 사용자에게 제공할 데이터를 화면에 출력하는 영역이다.

공통_초기화( )는 101행 이후에 남아 있는 데이터를 모두 지우는 초기화 작업을 수행한다. 사용자가 필터를 설정한 경우에는 제대로 데이터가 지워지지 않을 수 있기 때문에 먼저 필터를 해제하는 공통모듈을 실행한다.

100,000행 이후는 일반적으로 데이터가 출력되거나 입력되는 경우가 거의 없기 때문에 시스템의 성능을 고려하여 101행부터 100,000행까지만 데이터를 삭제토록 하였다. 만약 대용량의 데이터를 처리해야 하는 환경이라면 1,048,576행까지로 범위를 수정하면 된다.

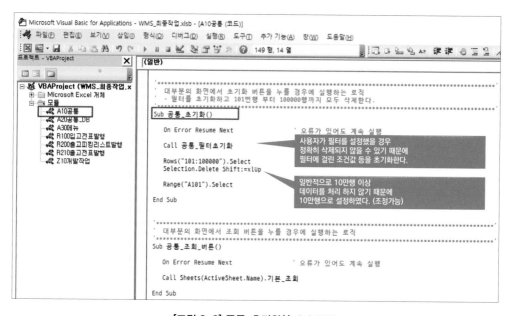

[그림 9-8] 공통_초기화( ) 소스코드

(7) 공통_조회_버튼( )

공통_초기화_버튼( )과 마찬가지로 일일이 화면(시트)에서 각각 개발한 조회 관련 프로시저(서브루틴)과 조회 버튼을 일일이 연결해야 하는 불편함을 개선하기 위해 공통_조회_버튼( )을 만들었다.

다른 시트를 복사하여 새로운 화면을 개발 하더라도 수정 없이 해당 기능을 구현할 수 있는 장점이 있다.

Call Sheet(ActiveSheet.Name).기본_조회
→ 현재 위치한 시트의 기본_조회( ) 프로시저를 실행

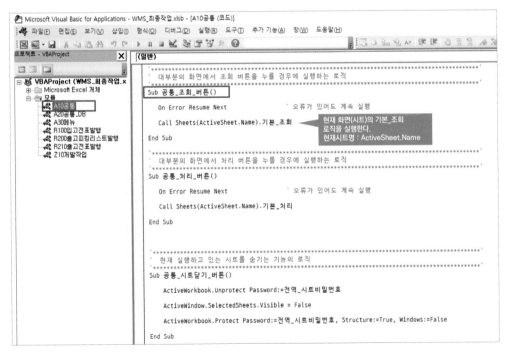

[그림 9-9] 공통_조회_버튼( ) 소스코드

(8) 공통_처리_버튼( )

공통_초기화_버튼( ) 및 공통_조회_버튼( )과 마찬가지로 일일이 화면(시트)에서 각각 개발한 처리 관련 프로시저(서브루틴)과 처리 버튼을 연결해야 하는 불편함을 개선하기 위해 공통_처리_버튼( )을 만들었다.

다른 시트를 복사하여 새로운 화면을 개발하더라도 수정 없이 해당 기능을 구현할 수 있는 장점이 있다.

Call Sheet(ActiveSheet.Name).기본_처리

→ 현재 위치한 시트의 기본_처리( ) 프로시저를 실행

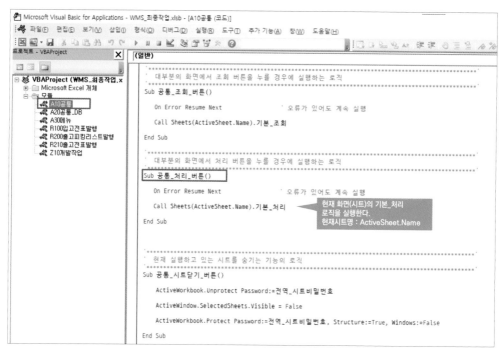

[그림 9-10] 공통_처리_버튼( ) 소스코드

(9) 공통_칼럼위치( ) Function

엑셀 화면 하단의 데이터가 표시되는 영역의 칼럼 위치는 사용자나 개발자에 의해 등으로 언제든지 칼럼의 위치가 변경되어야 시스템을 유연하게 대응할 수 있다. 프로그램을 개발하면서 칼럼의 위치를 고정되어 있다는 전제로 개발하게 되면, 칼럼이 추가되거나 위치가 조금이라도 바뀌어도 프로그램을 일일이 찾아서 수정해야 하기 때문에 유지보수에 어려움이 따른다.

이러한 문제점을 해결하기 위해 칼럼의 위치를 변수(예: Col_제품명, Col_매입번호 …)에 현재 열의 위치를 찾아서 저장하고, 이를 프로그래밍에 활용한다. 이 때 필요한 공통함수가 바로 공통_칼럼위치( )이다.

만약, 해당하는 칼럼의 위치를 찾지 못했을 경우에는 [0]이 리턴된다. 내부적으로는 엑셀의 Match 함수를 사용하여 해당 칼럼의 위치한 열(Column) 값을 찾아서 리턴한다. 즉, 해당 칼럼이 몇 번째 열에 위치하고 있는지를 알 수 있다.

만약, B500(제품) 화면에서 [제품명]의 위치는 [E]열에 위치하고 있기 때문에 [5]를 리턴한다. 만약, [제품명]의 위치를 [F]열로 사용자가 이동했다면 [6]을 리턴할 것이다.

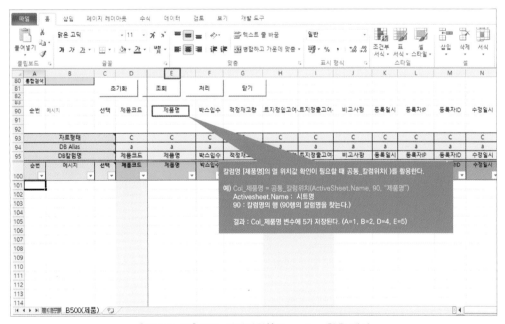

[그림 9-11] 공통_칼럼위치( ) Function 활용 예시

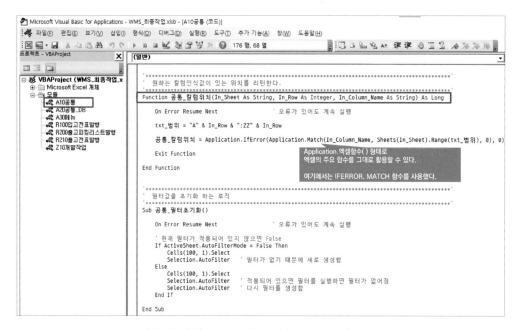

[그림 9-12] 공통_칼럼위치( ) Function 소스코드

(10) 공통_필터초기화( )

표준적인 화면(시트)들은 100행(사용자 칼럼명 표시)에 사용자가 원하는 데이터를 검색하기 위해 필터가 적용되어 있다. 그런데 사용자가 이 필터에 조건을 설정 후 프로그램에서 어떤 처리를 하게 되면 필터 적용으로 인해 오류가 발생될 수 있다.

공통_필터초기화( )는 필터의 조건을 모두 초기화하는 역할을 수행한다. 즉, 필터 설정이 되어 있는 부분을 해제하고 처음 상태로 되돌리는 역할을 수행한다.

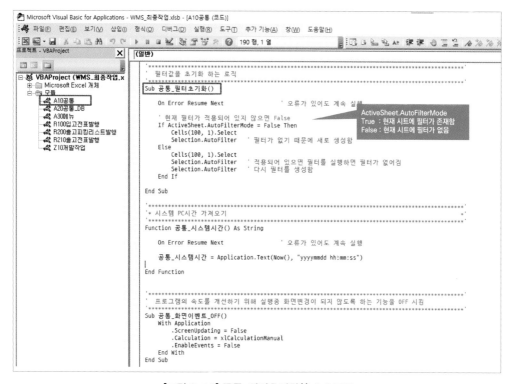

[그림 9-13] 공통_필터초기화( ) 소스코드

(11) 공통_시스템시간( ) Function

PC의 현재시간을 얻고자 할 때 사용되는 공통 함수이다. 결과는 PC의 현재시간을 가져와서
[YYYYMMDD hh:mm:ss]의 형태로 리턴한다.

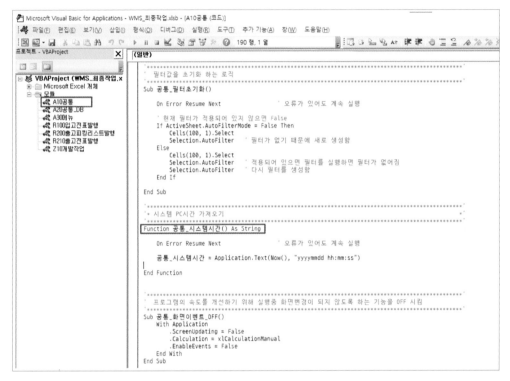

[그림 9-14] 공통_시스템시간( ) Function 소스코드

(12) 공통_화면이벤트_ON( ) 또는 OFF( )

다음과 같은 경우에 해당 공통모듈을 사용하면 좋다.

첫 번째, 엑셀VBA 프로그램으로 많은 양의 데이터를 엑셀 시트에 값을 입력하거나 수정하는 경우에 명령이 실행될 때 마다 사용자에게 최신의 변경된 화면을 보여 준다. 그러다 보니 실제 데이터 처리하는 시간보다 화면을 처리하는 시간이 과도하게 많아져 시스템의 속도가 급격히 떨어지는 경우가 발생될 수 있다.

두 번째, 셀이나 시트에 값이 변경되거나 위치가 이동되면 엑셀은 그에 해당하는 이벤트(Evnet)가 발생되고, 우리는 이 이벤트를 활용하여 자동으로 어떤 처리를 할 수 있도록 프로그래밍 할 수 있었다.

예) 로그인시 암호만 입력하면 바로 로그인 처리 되도록 이벤트 개발

입력이나 수정시 값을 입력하면 선택에 "1"이 자동으로 표시 되는 이벤트를 개발

그런데, 위와 같은 이벤트 처리 상황에서 다시 다른 이벤트가 호출되어 무한 반복이 되거나 비정상적인 상황이 발생되는 경우

세 번째, 엑셀 계산 작업이 너무 오래 걸려서 엑셀 계산모드를 "수동모드"로 변경 해야 할 경우이다. 엑셀에서 데이터가 변경되면 관련되는 수식 결과를 다시 계산한다. 이 때문에 과도하게 시스템이 느려지는 경우가 발생하기도 한다.

위의 세 가지 상황에서 공통_화면이벤트_OFF( )를 실행하면 다음과 같이 설정이 바뀌면서 관련 문제를 해결할 수 있다.

1. **자동 계산모드 → 수동 계산모드로 변경 (Application.Calculation = xlCalculationManual)**
2. **변경된 내용의 화면 표시 안함 (Application. ScreenUpdating= False)**
3. **셀이나 시트 등의 동작이벤트 중지 (Application. EnableEvents= False)**

다시 정상적인 모드로 복귀하려면 공통_화면이벤트_ON( )을 실행하면 된다. ON이 실행되는 순간 화면에 반영되지 않은 사항들이 화면에 표시되며 자동계산모드로 전환됨과 동시에 이벤트가 정상적으로 발생한다.

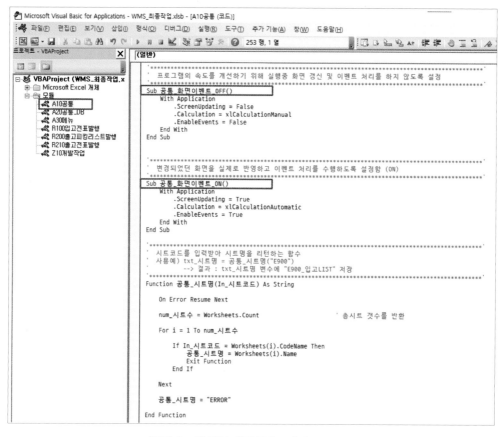

[그림 9-15] 공통_화면이벤트 관련 소스코드

(13) 공통_시트명( ) Function

우리가 개발하는 화면(시트)의 이름은 사용자의 요구에 의해 변경될 수 있기 때문에 프로그램 내부에서는 시트코드를 활용하는 것이 더 유리하다. 공통_시트명( )은 원하는 [시트코드]를 입력하면 해당하는 [시트이름]을 리턴받을 수 있는 함수(Function)이다.

예를 들어, 제품 등록을 위한 시트의 이름은 [제품]이고, 시트코드는 [B500]인 상태에서 사용자가 시트의 이름을 [제품등록]으로 변경해 달라고 하는 상황을 가정해 보자. 만약 시트명을 활용하여 프로그램을 개발했다면 일일이 [제품]이라는 시트명을 사용한 소스코드를 찾아서 변경하는 불편함을 감수해야 한다.

txt_시트명 = 공통_시트명("B500")

위의 명령을 실행하면 "txt_시트명" 변수를 통해 변경된 "제품등록" 이라는 시트명을 바로 확인할 수 있다. 이를 통해 시트명이 바뀌더라도 프로그램 소스코드 변경 없는 유연한 시스템을 개발할 수 있다.

추가로, 반대 상황이 시트명으로 시트코드를 알고자 할 경우에는 다음과 같이 명령을 실행하면 된다.

txt_시트코드 = Sheet("B500_제품").Name

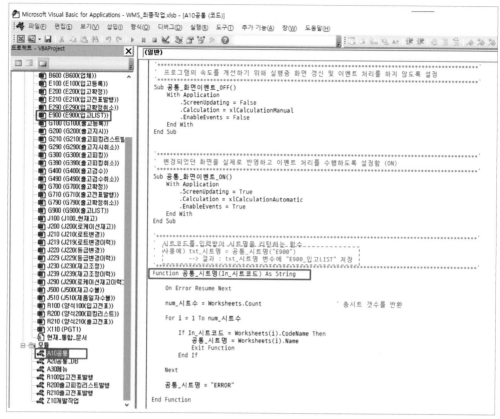

[그림 9-16] 공통_시트명( ) Function 소스코드

3. A20공통_DB

[A20공통_DB] 모듈은 데이터베이스에 접속하거나 프로시저나 SQL 명령을 실행과 관련된
공통모듈이다. 이 공통모듈은 A10_공통에 전역변수로 정의된 DB_Conn1, RS0, RS1등의
ADODB 관련 Connection 및 레코드셋(RecordSet) 변수를 활용한다.

구분	기 능	내 용
Function	공통_DB1_Connect( )	DB를 사용할 수 있도록 연결한다. Function (성공여부 리턴)
Sub	공통_DB1_Close( )	더 이상 사용할 필요가 없는 DB를 닫는다.
Function	공통_DB1_SP조회1( )	[조회]관련 프로시저 실행시 사용한다. 결과는 [RS1]레코드셋에 저장된다. RS1 레코드셋에 데이터가 한건 이라도 있는지 없는지만 체크한다.
Function	공통_DB1_SP처리( )	[처리]관련 프로시저 실행시 사용한다. 결과는 [RS0]레코드셋에 저장한다. [ERR_CODE]와 [ERR_MESSAGE] 칼럼의 값을 체크하여 오류 여부를 판별한다.
Function	공통_RS1_칼럼명존재여부( )	RS1 레코드셋에 해당 칼럼명이 존재하는지 여부를 리턴함 (Function)

```
Public DB_Conn1 As ADODB.Connection        '// DB를 연결 / 유지하는 변수
Public RS0 As New ADODB.Recordset          '// DB에서 읽은 값을 임시로 기억하고 있는 장소0 (처리)
Public RS1 As New ADODB.Recordset          '// DB에서 읽은 값을 임시로 기억하고 있는 장소1 (조회)
```

[A10_공통] 모듈에 정의된
DB_Conn1, RS0, RS1 전역변수(Public)를 사용한다.

[그림 9-17] A20공통_DB 주요 기능 목록

(1) 공통_DB1_Connect( )

엑셀VBA에서 데이터베이스에 명령을 전송하기 위해서는 먼저 데이터베이스에 연결해야 한다. 우리가 특정인과 통화하려면 전화번호를 입력하고 통화 버튼을 눌러 상대방이 전화를 받아야 통화가 가능한 것과 같은 원리다.

반드시 공통_DB1_Connect( )이 성공적으로 수행되어야 해당 DB에 원하는 명령을 실행할 수 있다. 각자 DB를 설치한 환경에 따라 ConnectionString 값이 다르기 때문에 접속 오류가 발생될 수 있다. 먼저 SSMS 등의 통합관리도구 등에서 접속 여부를 확인 하고 엑셀VBA 실행파일의 설정값을 변경하기 바란다.

판매재고관리시스템에서는 [관리시트]에 ConnectionString 설정값이 저장되어 있다. 각자 환경에 맞도록 설정값을 변경하기 바란다.

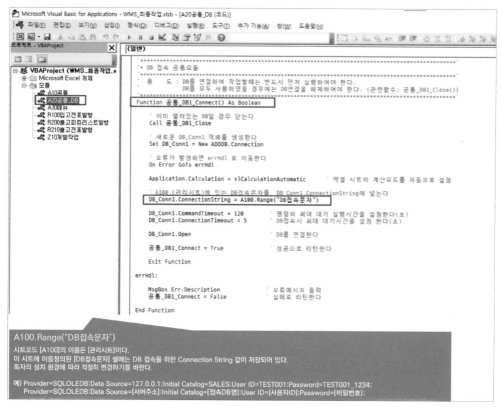

[그림 9-18] 공통_DB1_Connect Function 소스코드

(2) 공통_DB1_Close( )

공통_DB1_Close( )는 연결 중인 데이터베이스를 더 이상 사용할 필요가 없어 연결을 종료할 때 사용한다. 일반적으로 DB를 사용하지 않고 계속 연결만 하고 있을 경우에도 데이터베이스에 부하를 줄 수 있다. 필요한 시점에 데이터베이스를 연결하고, 사용이 완료되면 바로 접속을 끊을 것을 권장한다.

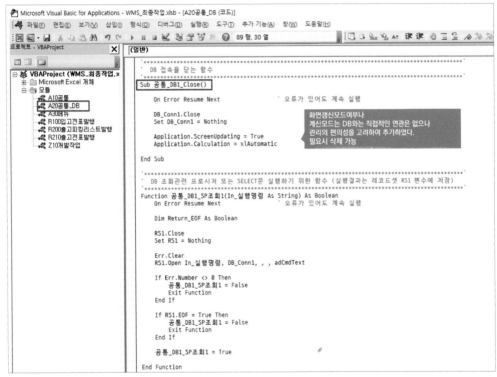

[그림 9-19] 공통_DB1_Close( ) 소스코드

(3) 공통_DB1_SP조회1( )

DB1_Connect( )을 통해 연결되어 있는 [DB1]연결 객체를 이용하여 조회와 관련된 프로시저를 실행한다. 실행된 결과는 결과를 [RS1]레코드셋 변수로 결과를 확인할 수 있다.

조회 관련 명령을 실행한 경우에는 [RS1]레코드셋 변수에 조회 결과가 저장되어 있는데, 만약 [RS1]변수에 1행 이상의 값이 있다면 정상적으로 실행된 것으로 판단하고 True(참)을 리턴한다. 그런데 아무런 값도 없다면 제대로 실행되지 않았거나 해당하는 조회 결과가 없기 때문에 False(거짓)을 리턴한다.

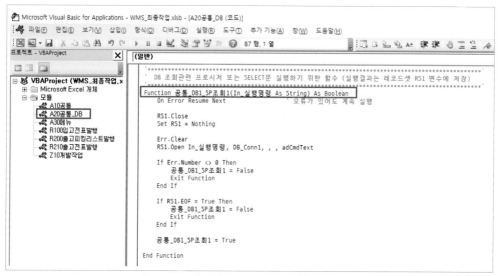

[그림 9-20] 공통_DB1_SP조회1( ) 소스코드

(4) 공통_DB1_SP처리( )

DB1_Connect( )을 통해 연결되어 있는 [DB1]연결 객체를 이용하여 처리 관련 DB프로시저를 실행한다. 실행된 결과는 결과를 [RS0] 레코드셋 변수로 결과를 확인할 수 있다.

DB의 처리관련 프로시저에는 개발 표준으로 반드시 [ERR_CODE]와 [ERR_MESSAGE]칼럼으로 처리결과를 리턴하도록 코딩되어 있다.

[ERR_CODE]값이 [1]이 경우에는 정상적으로 처리된 것이다. 만약, [1]이 아닐 경우에는 프로시저 실행 시 무엇인가 문제가 있다고 판단하고 [ERR_MESSAGE]값 등을 참고하여 원인 등을 확인하기를 바란다.

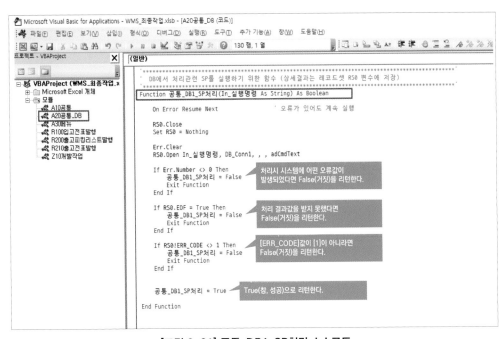

[그림 9-21] 공통_DB1_SP처리 소스코드

4. A30메뉴

[A30메뉴]모듈에는 하나의 프로시저(서브루틴)만 존재한다.

[메뉴]시트 내에 관련되는 프로그램 소스코드가 있어도 된다. 하지만 다른 화면(시트)을 조작하거나 다른 시트에 값을 변경하는 등을 수행할 경우 오류가 발생할 가능성이 있어 별도의 모듈로 분리하여 작성하였다. 엄밀히 말하면, [A30메뉴] 모듈은 공통모듈이 아닌 셈이다.

메뉴시트에서는 [메뉴명]이 표시되어 있고 바로 오른쪽에 숨어있는 셀(Cell)에 해당하는 메뉴명의 시트코드가 설정되어 있다. 숨겨 놓은 이유는 개발자에게는 시트코드가 필요하지만 일반 사용자들은 알 필요가 없고 오히려 해당 값을 변경하면 오류가 발생하거나 다른 문제가 발생할 수 있기 때문이다.

숨겨진 셀에는 메뉴명의 앞자리 4자리를 가져오는 함수식이 포함하고 있는데 이 값을 활용하여 시트코드를 확인하고 원하는 엑셀화면을 사용자가 볼 수 있도록 숨김 해제 처리를 할 수 있다.

우리가 개발하는 시스템에서는 포함하지 않았지만 단순히 특정 메뉴를 호출 및 실행하는 역할 뿐만 아니라 해당 사용자가 이 화면을 사용할 수 있는지에 대한 권한관리 그리고 이 화면을 언제 호출했는지 등에 대한 이력관리의 기능도 향후 추가 확장할 수 있다.

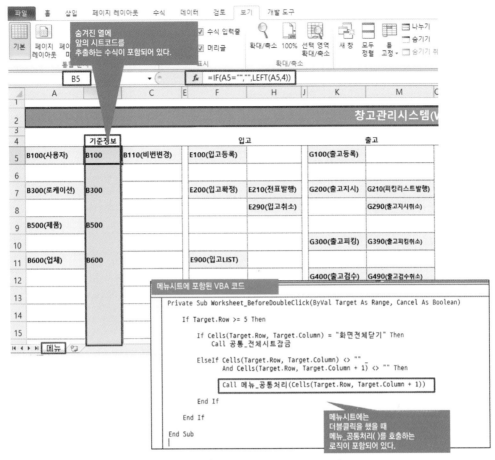

[그림 9-22] [A000] 메뉴 시트 구조 및 더블클릭 소스코드

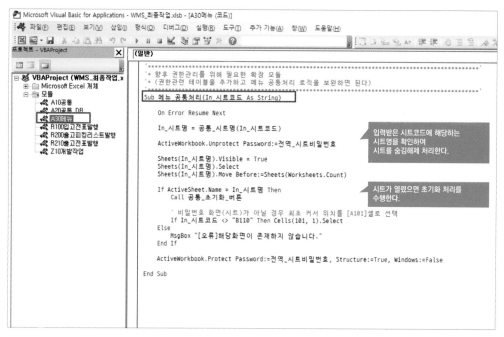

[그림 9-23] 메뉴_공통처리( ) 소스코드

5. Z10개발작업

[Z10개발작업] 모듈은 개발자의 생산성 향상을 위해 만들었다. [Ctrl+W] 단축키와 Col_칼럼명 변수를 일괄적으로 생성할 수 있는 기능들이 포함되어 있다.

기 능	내 용
Z칼럼명표시( )	단축키(Ctrl+W)를 통해 화면의 칼럼을 설정할 수 있는 영역을 표시하거나 숨길 수 있다.
Z스크립트생성( )	화면의 칼럼에 대한 Col_칼럼명 변수를 자동으로 생성할 수 있다.

[그림 9-24] Z개발작업 주요 기능 목록

(1) Z칼럼명표시( )

지금까지 화면 칼럼 설정을 위해 사용한 [Ctrl+W]키와 관련된 소스코드이다. [Ctrl+W] 단축키를 누르면 숨겨져 있던 칼럼 속성값을 설정할 수 있는 숨겨진 영역이 표시된다. 다시 한번 더 [Ctrl+W] 단축키를 누르면 설정 화면이 사용자가 볼 수 없도록 다시 숨김처리된다.

즉, 화면 설정과 관련된 영역은 90행부터 95행까지의 영역인데 이 영역을 개발자가 볼 수 있도록 보여 주거나 숨기도록 하는 기능이다.

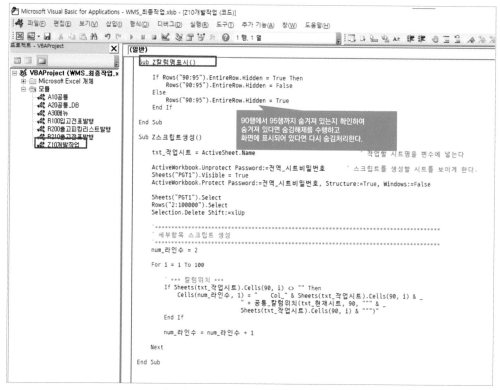

[그림 9-25] Z칼럼명표시( ) 소스코드

[그림 9-26] Z칼럼명표시( ) Ctrl+W 단축키 설정

(2) Z스크립트생성( )

화면에 표시되는 칼럼의 위치는 사용자나 개발자에 의해 변경될 수 있다. 칼럼의 위치가 변경되더라도 프로그램 소스는 변경하지 않도록 하기 위해, 각 칼럼의 열(Column) 위치값을 프로그램내에서 알 수 있도록 Col_칼럼명(예: Col_제품코드, Col_제품명 …) 변수를 많이 사용하였다.

Col_칼럼명 변수를 일일이 코딩 하면 개발자 입장에서 여간 불편하고, 시간도 많이 걸린다. 이러한 불편함을 조금이라도 줄여 보고자 만든 것이 Z스크립트생성( )이다.

사용방법이 현재 Col_칼럼명이 필요한 화면을 열려 있는 상태에서 엑셀VBA 개발환경을 열고 Z스크립트생성( )을 실행하면 된다. 실행결과는 [PGT1]라는 시트에 관련 스크립트가 생성되며, 이 스크립트를 복사하여 프로그램에 활용하면 된다.

[그림 9-27] Col_칼럼명 변수 관련 예시

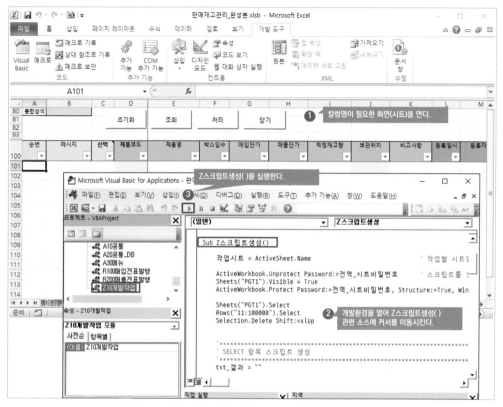

[그림 9-28] B500_제품 화면 Col_칼럼명 자동생성 예시

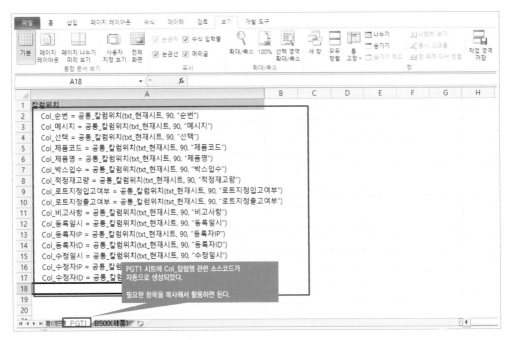

[그림 9-29] B500_제품 화면 Col_칼럼명 자동생성 결과 예시

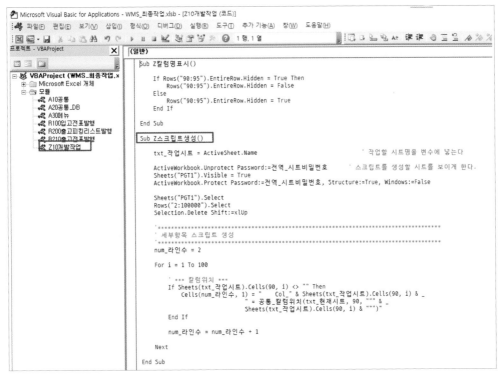

[그림 9-30] Z스크립트생성( ) 소스코드

위드클라우드 출간도서

MS SQL Server 기본에서 실무까지

저자 : 김정현, 유옥수
발행일 : 2020년 9월 30일
분야 : 컴퓨터
ISBN : 979-11-970240-0-9 (13000)

데이터베이스(DB)의 기초지식과 MS SQL Server의 설치, DB의 생성, SQL 활용 등 데이터베이스의 기초적인 지식 외에 데이터베이스를 활용하여 각종 업무를 자동화 하거나 분석할 수 있는 DB 프로그래밍 언어인 저장프로시저(Stored Procedure)를 중점적으로 다루고 있다.

독자가 이해하기 쉽도록 영어로 된 테이블명, 필드명을 한글화하여 소스 코드를 제공 하고 있기 때문에 보다 쉽게 이해할 수 있도록 편의성을 제공 하고 있으며 바로 실무에서 활용 할 수 있는 다양한 예제 프로그래밍 소스 코드를 제공하고 있다.

MS SQL과 엑셀VBA로 만드는 판매재고관리시스템

저자 : 김정현, 유옥수
발행일 : 2023년 11월 1일
분야 : 컴퓨터
SBN 979-11-970240-1-6 (13000)

기업들은 물론 일상생활 속에서 모바일, AI, 빅데이터, DT 등의 다양한 최신 IT기술들을 적극적으로 활용하고 있다. 하지만 아직도 많은 기업들은 예산의 한계, 투자에 대한 부담, 내부 역량 부족 등으로 IT기술들을 제대로 적용하지 못하고, 수작업이나 단순 엑셀 작업에 의존하고 있다.

이 책은 엑셀 VBA와 SQL Server 데이터베이스의 장점을 결합하여 기업 활동에서 가장 보편적인 프로세스인 매재고관리 시스템을 직접 개발함으로써 개발 역량을 키우고 더 나아가서 이를 활용해 독자가 스스로 각종 업무시스템을 개발할 수 있도록 화면, 소스코드, 개발방법 등을 설명한다.

WMS원리와 이해 (2024개정판)

저자 : 김정현, 이만조
발행일 : 2023년 12월 1일
분야 : 물류관리
ISBN 979-11-970240-2-3 (93320)

여러 물류 시스템이 존재하고 있지만 그중에서도 WMS(창고관리) 시스템은 물류 프로세스의 기반을 다루고 있는 만큼 가장 중요하고 우선적으로 도입 활용하고 있다.

이 책은 물류를 배우고자 하는 독자들이나 실무자들에게 WMS의 기본 개념부터 시스템이 구동되는 원리를 알기 쉽게 제공하고 있다.

엑셀로 만드는 WMS(물류창고관리시스템)

저자 : 김정현, 박종석
발행일 : 2024년 7월 1일
분야 : 물류관리
ISBN : 979-11-970240-0-9 (13000)

이 책은 엑셀VBA(매크로)와 MS SQL Server 데이터베이스를 활용하여 WMS(물류창고관리시스템)을 직접 개발 및 활용할 수 있도록 주요 프로세스를 설명하고 개발을 위한 프로그램 소스코드 등을 제공한다.

처음 접하는 독자도 쉽게 파악할 수 있도록, 시스템을 설치하는 방법부터 WMS의 주요 프로세스인 기준정보, 입고, 출고, 재고관리 등의 화면 설계와 개발과정까지 자세히 설명하고 있다.

이 책을 따라하다 보면, 독자는 자신이 원하는 업무시스템을 스스로 개발하여 IT개발 역량을 향상시킬 수 있을 것이다.

엑셀로 만드는 WMS
(물류창고관리시스템)
엑셀VBA 및 MS SQL Server 활용

1판 1쇄 발행 2024년 7월 1일

지 은 이	김정현 (kjh105208@naver.com, jhk9022@asetec.co.kr)
	박종석 (jspark@asetec.co.kr)
펴 낸 이	최봉은 (rainsun@widcloud.com)
디 자 인	남연정
펴 낸 곳	위드클라우드
출판등록	제406-2019-000082호
등록일자	2019년 7월 30일
주 소	경기도 파주시 능안로 37 한라 113-1001
I S B N	979-11-970240-3-0
정 가	75,000원

이 책은 소스코드를 읽기 쉽도록 네이버 나눔고딕 코딩글꼴 d2Coding을 사용하였습니다.